"十二五"国家重点图书出版规划项目
四川建设西部文化强省重点项目

章玉钧 谭继和 主编

巴蜀文化通史
巴蜀文化研究论著索引【二】

李敬洵 编

四川人民出版社

巴蜀文化研究论著索引 [二] 目录

第四章 百业文化 — 485

一、一般论著 / 487

二、农业 / 501

三、工业 / 546

四、交通运输和邮电通信 / 614

五、商业 / 644

六、货币与金融 / 661

七、人口、赋税、度量衡 / 682

第五章 学术科技 — 691

一、学术 / 693

二、史学 / 738

三、考古 / 953

四、科技医卫 / 1091

第四章 百业文化

一、一般论著

篇、书名	著(译)编者	出处	卷、期	年月日
四川省——经济地理的概观	（中川）	蒙古	8卷3、4期	1941
四川经济建设之地理基础与问题	张保升	地学集刊	4卷1、2期	1946
四川的经济和地质	翁文灏 吴达铨	新世界	73期	
四川红色盆地的侵蚀地形与沉积地形及其经济意义——现世地质史上一个典型盆地的研究	邹豹君	南洋大学学报	3期	1969
广元大巴山之经济地理与经济建设	王成敬	四川经济季刊	1卷2期	1944
乐山经济地理	莫窜	川南工商	1卷2期	1944
成渝路区之经济地理与经济建设	王成敬	四川省银行经济研究处		1945
四川经济地图集	周立三等	中国地理研究所		1946
西南地区经济地理	孙敬之	科学出版社		1960
四川省经济地理	刘清泉 高宇天	四川科学技术出版社		1985
重庆市经济地理	重庆市经济地理编辑委员会	重庆出版社		1987
绵阳经济地理	程松寒	成都科技大学出版社		1991
成都经济地理大辞典	成都经济地理大辞典编纂委员会	天地出版社		1996
凉山经济地理	仰协 张旭	四川科学技术出版社		1998
四川在中国经济之地位	徐新六	四川经济月刊	3卷1期	1935
四川省自给自足的可能性		东亚	15卷3号	1942
西南中国の開發について	和田清	史学雜誌	55編8号	1944
古代四川经济区的历史地位	刘方键 彭通湖	社会科学研究	1期	1985
四川省经济发展与城市分布	黄炳康	经济地理	1期	1988
古代长江上游的经济开发	中国魏晋南北朝史学会等	西南师范大学出版社		1989
历代四川物价史料	四川《物价志》编纂委员会	西南财经大学出版社		1989

续表一

篇、书名	著(译)编者	出处	卷、期	年月日
略论四川古文化的物资流动机制	段渝	社会科学报		1990.12.6
徐中舒论古代四川经济文化		中华文化论坛	2期	1996
巴蜀大开发的历史考察	张莉红	巴蜀史志	2期	2000
四川在古代的开发历史	张石红	文史杂志	3期	2000
古代长江上游地区的大开发及其历史启示	张莉红	社会科学研究	2期	2001
古蜀名产集萃	冯一下	成都风物	5辑	1983
川渝经济探研	卢华语	重庆出版社		2002
古今重庆发展浅析	唐学锋	重庆社会科学	3期	1992
近年来古代重庆经济研究综述	卢华语	重庆三峡学院学报	2期	2001
古代重庆经济研究	卢华语	重庆出版社		2002
历史时期三峡地区的经济开发与生态变迁	蓝勇	中国历史地理论丛	1期	1992
历史时期三峡地区的移民与经济开发	蓝勇	经济地理	4期	1992
三峡经济开发的历史教训	蓝勇	光明日报		1994.2.23
深谷回音——三峡经济开发的历史反思	蓝勇	西南师范大学出版社		1994
三峡移民与西南开发	蓝勇	经济导报	8期	1996
三峡地区经济近代化史略	孔会	湖北三峡学院学报	6期	1999
苗族开发川东南的贡献	蔡盛炽	民族论坛	1期	1992
古代土家族地区开发简论	段超	江汉论坛	11期	2001
土家族区域经济发展史	邓辉	中央民族大学出版社		2002
绵阳古代经济发展的三次高峰	蒋志	绵阳师范高等专科学校学报	1期	2002
论重庆文化与重庆经济发展	陈适宜等	重庆大学学报（社科）	1期	2004
汉以前之四川社会及其经济之发展	吴致华	中国经济	2卷10期	1934
"蹲鸱"与蜀先民的食物生存	季智慧	文史杂志	2期	1990
试论成都平原早蜀文化的社会经济	巴家云	四川文物	1期	1992
从考古发现看古蜀生产经济	杨德谦	中华文化论坛	3期	1994
商周时期蜀文化的经济生活及相关问题	宋治民	考古文物研究——纪念西北大学考古专业成立四十周年文集		1996
试论长江三峡地区大溪地区的原始渔猎	王家德	江汉考古	3期	1994

续表二

篇、书名	著(译)编者	出处	卷、期	年月日
试论先秦时期的三峡经济文化带	屈小强	天府新论	5期	1994
三峡地区古代渔猎综论	王家德	四川文物	2期	1995
试论三峡地区大溪文化的经济活动及其与地理环境的关系	吴小平	江汉考古	2期	1998
论古代三峡水上交通的开发对经济的影响	李良品 谭清宣	重庆交通学院学报（社科）	4期	2002
古代峡江地区聚落变迁与社区经济发展态势探论	钟礼强	中国社会经济史研究	3期	2003
试论巴人对乌江流域的开发	曾超	涪陵师范学院学报	1期	2004
		贵州文史丛刊	1期	2004
秦在巴蜀的经济管理制度试析——说青川秦牍、"成亭"漆器印文和蜀戈铭文	罗开玉	四川师院学报（社科）	4期	1982
试析战国后期巴蜀经济发展的原因	张军	唐都学刊	2期	2000
秦汉到隋唐四川盆地经济区的能量与信息交换	谢元鲁	四川师范大学学报（社科）	2期	1990
试论秦汉魏晋南北朝三峡地区的社会经济	赵昆生 张娟	重庆师范大学学校（哲社）	5期	2004
秦汉时期的"西南夷"经济	王子今	贵州社会科学	1期	1992
略论秦汉巴蜀地区经济发展的不平衡	张冬梅	文史杂志	3期	1998
秦汉时代的四川开发与城市体系	段渝	社会科学研究	6期	2000
西蜀经济圈的形成与发展——以秦汉时代为中心的讨论	侯虹	盐文化研究论丛	1辑	2005
论汉唐间巴蜀地区开发的历史经验	姚乐野	华中科大学报（社科）	2期	2005
"史记"中的云南——汉初与关中和巴蜀之间的经济交流	尤中	云南日报		1962.3.15
汉初四川的经济	谭晓钟	中华文化论坛	3期	1999
试论秦汉魏晋南北朝三峡地区的社会经济	赵昆生 张娟	重庆师范大学学报	5期	2004
蜀国的经济与社会	沈鑑	学思	2卷10期	1942
诸葛亮治蜀时期的经济情况及"南中"之征	戴良佐	教学与研究汇刊（人文）	3期	1958
诸葛亮的法家路线与蜀汉生产的发展	成都市武侯祠文物保护所等	四川大学学报	2期	1974
三国时期蜀国经济的发展	王珍	史学月刊	3期	1982
论诸葛亮相蜀的理财方略	邓前成	云南师范大学学报（哲社）	4期	2000

续表三

篇、书名	著(译)编者	出处	卷、期	年月日
论蜀相诸葛的战时财政经济措施	邓前程	西藏民族学院学报（哲社）	1 期	2002
蜀汉政权兴衰的经济分析	魏 勤	闽江学院学报	3 期	2003
魏晋南朝蛮、僚、俚族对南方经济发展的贡献	张泽洪	中国社会经济史研究	2 期	1989
成汉古巴蜀开发历史略论稿	李绍先	德阳教育学院学报	4 期	2001
吐谷浑社会经济和政治制度初探	崔永红	青海社会科学	5 期	1983
唐代剑南道的经济状况与李唐的兴亡关系	冯汉镛	中国史研究	1 期	1982
唐代成都的经济地位试探	何汝泉	社会科学研究	6 期	1982
四川唐代贡品述略	龚元建	西南师范大学学报（哲社）	1 期	1995
唐代山南道贡品述略	黎 英	重庆三峡学院学报	2 期	2002
唐代成都的经济景况	黄敏枝	中国历史学会史学集刊	19 期	1987
唐代重庆商品经济初探	卢华语	南华大学学报（社科）	4 期	2001
从杜甫的夔州诗看唐代夔州经济	卢华语	西南师范大学学报（社科）	6 期	2003
唐代山南西道经济发展的结构问题	周尚兵	首都师大学报（社科）	2 期	2005
论前后蜀经济发展及其原因	武建国	四川大学学报（哲社）	1 期	1983
宋代四川经济史余录	森住利直	历史学研究	1 卷 5 号	1934
关于南宋四川的对籴	森住利直	史渊	10 辑	1935
南宋余玠恢复四川经济的措施及其作用	陈世松	社会科学研究	6 期	1981
宋代农民起义对社会经济的影响	胡昭曦	西南师范学院学报（社科）	2 期	1983
宋代成都经济特点试探	谢元鲁	中国社会经济史研究	3 期	1983
宋代四川的农村商品生产	贾大泉	西南师范大学学报（社科）	1 期	1985
宋代四川经济述论	贾大泉	四川省社会科学院出版社		1985
宋代四川城市经济的发展	贾大泉	四川师范大学学报（社科）	2 期	1986
宋代四川经济发展的不平衡性	张邦炜 贾大泉	西南师范大学学报（社科）	2 期	1989
		中国历史地理论丛	3 期	1989
宋代四川商品经济史研究	林文勋	云南大学出版社		1994
北宋蜀道经济的盛衰	梁中效	成都大学学报（社科）	3 期	1995
宋代眉山苏氏家族经济生活试探	马斗成	临沂师专学报	2 期	1997
宋代川峡四路荒政特点浅析	王涯军 杨伟兵	贵州社会科学	6 期	1998
试论宋代四川经济特殊性	吴擎华	中华文化论坛	1 期	2004

续表四

篇、书名	著(译)编者	出处	卷、期	年月日
宋代蜀道城市与区域经济述论	梁中效	西南师范大学学报（社科）	5期	2005
明代朝贡对藏区经济发展的影响	彭陟焱 周毓华	中国藏学	4期	1998
川楚豫皖流民与陕南经济的盛衰	孙达人	中国农民战争史研究集刊3辑		1983
明清山区资源开发特点论述——以秦岭-大巴山区为例	张建民	武汉大学学报（哲社）	6期	1999
署四川总督锡奏复陈川屯垦商矿能否试情行折	锡良	东方杂志	1卷2期	1904
清代西文中国经济史料四则	方豪	东方杂志	39卷4号	1943
清乾嘉年间南巴老林地区的经济研究	李蔚	兰州大学学报	1期	1957
清代凉山彝族地区的经济发展	徐铭	西南民族学院学报（哲社）	3期	1983
论清代对凉山彝区的经济开发	杨明洪	民族研究	2期	1995
清代四川凉山彝族地区经济开发及其对环境变迁的影响	朱圣钟	暨南史学	3辑	2004
清初四川外来移民和经济发展	郭松义	中国经济史研究	4期	1988
清代四川の地域経済——移入代替棉業の形成と巴県牙行	山本進	史学雑誌	100卷12期	1991
清代大巴山区山地开发研究	爱德华·B.费梅尔	中国历史地理论丛	2期	1991
清代四川的广东移民经济活动	刘正刚	中国社会经济史研究	4期	1992
清代四川的福建移民经济活动	刘正刚	中国社会经济史研究	1期	1994
清代三峡地区移民与经济开发	蓝勇	史学月刊	5期	1992
清代四川藏区社会经济状况	彭朝贵	四川藏学研究	4辑	1997
论清代重庆在川东经济中心地位的形成	郑维宽	西南师范大学学报（社科）	3期	1998
清代移民与川西藏区开发	刘正刚 唐伟华	西藏研究	1期	2002
环境、移民与社会经——清代川、湖、陕交界地区的经济开发和民间风俗之一	郑哲雄等	清史研究	3期	2004
从甲午战争到辛亥革命时期帝国主义对四川经济侵略	胡昭曦	历史教学	11、12期	1961
关于近代四川资本主义初步发展的几个问题	林顿	四川大学学报（哲社）	3期	1984
鸦片战争前四川商品经济的发展与资本主义萌芽	张学君	西南师范大学学报（社科）	4期	1986

续表五

篇、书名	著(译)编者	出处	卷、期	年月日
近现代四川场镇经济志 第一集	杜受祜 张学君	四川省社会科学院出版社		1986
近现代四川场镇经济志 第二集	杜受祜 张学君	四川省社会科学院出版社		1987
近现代四川场镇经济志 第三集	杜受祜 张学君	四川科学技术出版社		1990
近代四川物价史料	李竹溪等	四川科学技术出版社		1987
近代外商在四川的投资活动	张莉红	中国经济史研究	2 期	1993
近现代四川回族经济文化述略	张泽洪	宁夏社会科学	1 期	1995
商会与近代四川的民族资本	席萍安	文史杂志	3 期	1999
四川近代经济史	彭通湖	西南财经大学出版社		2000
强国兴川之梦——四川经济一百年(1901-2000)	谭晓钟	中华文化论坛	3 期	2001
辛亥革命前后的四川经济开发——兼论辛亥革命对四川开发的促进	王雅梅 谭晓钟	西昌师范高等专科学校学报	4 期	2001
近代四川开发之历史借鉴	王克强	天府新论	1 期	2003
近代长江上游城乡关系研究	隗瀛涛	天地出版社		2003
从近代开始的成都与重庆的竞争	张 彦 陈礼军	天府新论	6 期	2005
四川民生之经济	中行研究室	复兴月刊	3 卷 6 期	1935
川局调整后之新气象——经济建设方面新气象之鸟瞰		国讯旬刊	183 期	1938
抗战前夜的四川经济	吴藻溪	四川经济季刊	1 卷 2 期	1944
试论刘湘任省主席期间对四川经济建设所作的贡献	骆永寿	四川教育学院学报	4 期	1993
四川产业一瞥		四川经济月报	4 卷 2-4 期	1937
现阶段的四川建设事业	贺盖文	东方杂志	35 卷 14 期	1938
四川经济参考资料	张肖等	新经济	2 卷 5 期	1939
四川经济的现状与将来	高叔康	新经济	7 卷 11 期	1942
四川经济建设之我见	李惟建	大公报		1944.9.23
战时征工与特种工程之完成——《四川与对日抗战》第五章第三节	周开庆	四川文献	97 期	1970
抗日战争时期四川及周边地区的经济与文教	侯德础	四川人民出版社		2005

续表六

篇、书名	著(译)编者	出处	卷、期	年月日
从地狱到天堂——访十年前成都"特区"	蓝羽	四川日报		1959.9.18
20世纪30年代成都市产业结构分析	李德英	历史档案	3期	1998
重庆工商史料选辑（1-5辑）	中国民主建国会重庆市委员会、重庆市工商业联合会	编者刊		1962-1964
重庆经济中心的形成及其演进	周永林	重庆日报		1982.6.5
重庆工商史料（第一辑）	中国民主建国会重庆委员会、重庆市工商业联合会文史资料工作委员会			1982
重庆工商史料（第二辑）——重庆近代工交企业选录	中国民主建国会重庆委员会、重庆市工商业联合会文史资料工作委员会	重庆出版社		1983
重庆工商史料（第三辑）——重庆工商人物志	中国民主建国会重庆委员会、重庆市工商业联合会文史资料工作委员会	重庆出版社		1984
重庆工商史料（第四辑）	中国民主建国会重庆委员会、重庆市工商业联合会文史资料工作委员会	重庆出版社		1985
重庆工商史料（第五辑）——抗战时期重庆民营工业掠影	中国民主建国会重庆委员会、重庆市工商业联合会文史资料工作委员会	重庆出版社		1986
重庆工商史料（第六辑）——聚兴诚银行	中国民主建国会重庆委员会、重庆市工商业联合会文史资料工作委员会	西南师范大学出版社		1987
重庆工商史料（第七辑）——重庆5家著名银行	中国民主建国会重庆委员会、重庆市工商业联合会文史资料工作委员会	西南师范大学出版社		1989

续表七

篇、书名	著(译)编者	出处	卷、期	年月日
重庆工商史料（第八辑）——人物专辑	中国民主建国会重庆委员会、重庆市工商业联合会文史资料工作委员会	重庆市工商业联合会		1992
五四前后的重庆政治经济状况	杨付军	重庆党史研究资料	11、12期	1984
19世纪80年代长江中游地区与重庆经济的联系	李约德	重庆地方志资料	2期	1986
重庆经济中心在近代是怎么形成的	刘方健	财经科学	6期	1986
近代重庆经济与社会发展（1876-1949）	周勇 刘景修	四川大学出版社		1987
重庆经济与近代社会	周勇	重庆地方志	3期	1988
近代重庆经济中心的初步形成	周勇	社会科学研究	5期	1989
重庆百年经济风云	伊文	企业销售	5期	1997
重庆战时生产局和美国经济援华政策	翁文灏	文史资料选辑	17辑	1961
《重庆战时生产局》文中的补充	翁文灏	文史资料选辑	30辑	1962
抗战后期的中国战时生产局	李安庆 孙文范	社会科学战线	1期	1989
关于中国战时生产局研究的几个问题	张国镛	重庆地方志	5期	1991
关于中国战时生产局的几个问题	张国镛	近代史研究	4期	1992
抗战时期重庆战时生产局的建立及其作用	李湘敏	中国社会经济史研究	4期	1999
抗战时期重庆经济与陕甘宁边区经济的不同发展趋势	赵权壁	重庆党史研究资料	4期	1987
陪都时期的计划管理	重庆市计划修志办公室	重庆经济研究	4期	1987
抗战期间在重庆成立的中国战时生产局	袁瀛丰	重庆地方志	2期	1988
华侨与战时陪都经济	钟铁	重庆地方志	2期	1992
抗战时期华侨在延安和重庆投资的比较	钟铁	八桂侨史	4期	1993
抗战期间迁渝的工商业	吴云	重庆党史研究资料	2期	1995
抗战时期重庆的经济	韩渝辉	重庆出版社		1995
国府迁渝与西南经济开发	唐润明	档案史料与研究	3期	1997

续表八

篇、书名	著（译）编者	出处	卷、期	年月日
泸州工商史料	四川省泸州市民建工商联工商史料工作委员会	编者刊		1986
长寿县城的变迁及工商业的发展	徐明虎	重庆地方志	3、4 期	1987
川东经济中心——万县在近代之崛起	田永秀	重庆师院学报（哲社）	4 期	1998
试论川东经济中心的转移	田永秀	天府新论	6 期	1998
计划经济与川西南区	邢必信等	资源委员会季刊	1 卷 2－8 期	1939
川西南之资源与经济建设概况	黄 雍	中央周刊	2 卷 38、40 期	1940
川西北区经济建设概要	周泽亨	四川经济季刊	1 卷 4 期	1944
川康建设方案全文（上）（下）		康导月刊	2 卷 3、4 期	1939
抗战期间川康的经济发展	王聿均	中华民国历史与文化讨论集	4 册	1983
		近代中国	47 期	1985
近代中国史料丛刊正编 610 号：国民参政会川康建设视察团报告书	沈云龙	文海出版社		1965
国民参政会川康建设视察团	华 生	四川文献	143、144 期	1974
试论抗战时期川康建设视察团之缘起	阿牛曲哈莫	西昌学院学报（社科）	3 期	2003
川陕革命根据地经济建设中的"左"倾错误及其危害	温贤美 李文义	社会科学研究	3 期	1985
红军对川陕苏区开发的历史启示	毕瑛涛	达县师范高等专科学校学报	3 期	2002
川陕苏区大力发展社会生产力的实践	唐敦教	达县师范高等专科学校学报	6 期	2004
古代巴国物产	邵红峰	重庆地方志	4 期	1992
四川省之物产	中行研究所	复兴月刊	3 卷 6、7 期	1935
四川各县物产调查		工商半月刊	7 卷 21、22 号	1935
四川资源调查		四川经济月刊	6 卷 5 期	1936
由物资上所见之四川省	普 影	吾友	2 卷 10 期	1942
川中公路及乐西公路沿线经济财政调查	朱 俊	财政评论	6 卷 5 期	1941
四川资源调查		解放日报		1942.1.18

续表九

篇、书名	著(译)编者	出处	卷、期	年月日
四川各县经济概况		四川经济季刊	1卷1期	1943
			1卷2期	1944
四川各县经济动态		四川经济季刊	2卷2期	1945
四川经济概况	张润苍	四川经济季刊	3卷3期	1946
四川物产记	青峯	四川文献	89-100期	1970
			101-103期	1971
四川经济志	周开庆	台湾图书馆馆刊	5卷3、4期	1972
四川经济志	周开庆	台湾商务印书馆		1972
峡区事业纪要	峡防团务局	编者刊		1933
广安资中产业调查		四川经济月刊	4卷2期	1935
合川产物调查		四川经济月刊	4卷2期	1935
成都经济	谭寿清	经济汇报	5卷9、10期	1942
酉阳县经济概况	樊雪亭	四川经济季刊	1卷3期	1944
中江经济概况	王荫槐	四川经济季刊	1卷3期	1944
广汉经济概况	李树成	四川经济季刊	1卷4期	1944
犍为经济概况	沈德源	四川经济季刊	1卷4期	1944
江北县经济概况	金鼎城	四川经济季刊	1卷4期	1944
自贡市经济概况	张孝沐	四川经济季刊	1卷4期	1944
石砫县经济概况	陈鸿佑	四川经济季刊	1卷4期	1944
仁寿经济概况	宋兆麟	四川经济季刊	1卷4期	1944
德阳经济概况	陈勋国	四川经济季刊	2卷1期	1945
广元经济概况	白幼鹏	四川经济季刊	2卷1期	1945
峨嵋经济概况	李启镛	四川经济季刊	2卷1期	1945
南江经济概况	王希贤	四川经济季刊	2卷3期	1945
灌县经济概况	陶麟	四川经济季刊	2卷3期	1945
绵竹县的特产——酒、烟、煤	苏众农	四川经济季刊	2卷3期	1945
大邑经济概况	赵东明	四川经济季刊	2卷4期	1945
金堂经济概况	罗学琴	四川经济季刊	2卷4期	1945
巴中县经济概况	郑一川	四川经济季刊	2卷4期	1945

续表一〇

篇、书名	著(译)编者	出处	卷、期	年月日
荣县经济概况	丁博渊	四川经济季刊	2卷4期	1945
武隆县经济概况	操若刚	四川经济季刊	2卷4期	1945
长宁县经济概况	陈位中	四川经济季刊	3卷1期	1946
名山经济概况	方志良	四川经济季刊	3卷2期	1946
黔江地方物产	徐银清	黔江文史	6辑	1992
遂宁市社会经济辞典	刘百钧	西南财经大学出版社		1995
四川之边地与开发	陈济涛	川边季刊	1卷1期	1935
四川松理懋茂汶屯区屯政纪要	松理懋茂汶屯殖督办公署	编者刊		1936
理番之开发问题	刘恩兰	边政公论	2卷1、2期	1943
四川理番高地四土之社会经济	刘恩兰	地理学报	2期	1950
杂古脑喇嘛寺的经济组织	李有义	边政公论	1卷9、10期	1942
		藏事论文选·宗教集	下卷	1985
羌民的经济活动形式	胡鉴民	民族学研究集刊	4期	1944
从茂汶雁门乡的调查看解放前羌族的社会经济结构	西师历史系四川少数民族史考察组	民族研究	3期	1959
羌族地区近代经济资料汇辑（初稿）	中国科学院民族研究所四川少数民族社会历史调查组	编者刊		1963
四川羌族地区社会经济的历史发展和变化	曾唯一	四川师院学报（社科）	3期	1982
羌族经典中所涉及的成都开发	赵曦	文史杂志	3期	1992
川西北藏族游牧部落的经济形态	杨明	西南民族大学学报（人文）	1期	1986
川西北草地牧区民主改革前的寺院经济	杨明	西南民族大学学报（人文）	2期	1987
西康省——经济地理的概观	（中川）	蒙古	8卷5号	1941
西康经济地理	曾文甫	西康经济季刊	9期	1944
中国之富源——康藏	亡羊	康藏前锋	1卷3期	1933
富饶的康藏高原	李璞	科学大众	1月号	1954
康藏高原自然情况和资源的介绍	李璞	科学通报	2期	1954
		地理知识	4期	1954
		新华月报	4期	1954

续表一一

篇、书名	著(译)编者	出处	卷、期	年月日
西康迷信对于经济上之影响	佚名	蒙藏周报	10期	1929
康藏财政交通之根本建设	张六师	新亚细亚	1卷1期	1930
建设西康计划	江安西	蒙藏周报	48期	1930
西康之工商业		西北研究	2期	1931
西康经济状况	杨仲华	蒙藏周报	69期	1931
西康之经济与政治	国西	蒙藏旬刊	47期	1933
整顿国防与开发西康		蒙藏月报	1卷2期	1934
康藏茶盐问题	言	康藏前锋	1卷8期	1934
如何实施西康之生产教育		康藏前锋	1卷9期	1934
西康之经济概况	陆诒	开发西北	2卷2期	1934
西康过去及现在之经济情形		川边季刊	1卷1期	1935
怎样去开发西康	彭丰根	边事研究	1卷2期	1935
西康过去经营概况及将来开发实施步骤	龙守贤	边事研究	1卷4期	1935
繁荣西康之办法		蒙藏月报	2卷4期	1935
从西康富源说到开发西康的必要	裕恒	康藏前锋	2卷4、5期	1935
西康建设计划		西陲宣化	1卷4、5期	1936
西康经济之概观	邱怀瑾	边事研究	4卷1期	1936
建设新西康应注意交通移民土地三问题之一贯性	张子惠	康导月刊	1卷5期	1939
如何建设新西康	杨骥等	康导月刊	1卷5期	1939
旧西康与新西康	文阶	康导月刊	1卷5期	1939
建设新西康之刍议	马栋材	康导月刊	1卷5期	1939
建设新西康之纲领	邱述龄	康导月刊	1卷5期	1939
建设新西康简纲	陈先柱	康导月刊	1卷5期	1939
建设新西康略议	肖徽铭	康导月刊	1卷5期	1939
民国廿五年前西康不能展布与建设原因	洪裕昆	康导月刊	1卷5期	1939
建设新西康之基础	立人	康导月刊	1卷5期	1939
建设新西康之我见	蒙永锡	康导月刊	1卷5期	1939
建设新西康应如何澄清西康吏治	段崇实	康导月刊	1卷5期	1939
建设西康应侧重宁属	黄树玉	康导月刊	1卷5期	1939

续表一二

篇、书名	著（译）编者	出处	卷、期	年月日
我之新西康建设观	黄宁宇	康导月刊	1卷5期	1939
建设新西康必经之路	付益永	康导月刊	1卷5期	1939
建设新西康应廓清作官积弊发扬作事精神	徐蕴智	康导月刊	1卷5期	1939
建设三民主义的新西康	黄秉陆	康导月刊	1卷5期	1939
推倒旧西康建设新西康	许文超	康导月刊	1卷5期	1939
建设新西康应彻底改进关外教育	王政孚	康导月刊	1卷5期	1939
建设新西康应解决翻译人才问题	宋济元	康导月刊	1卷5期	1939
一年来之西康建设		康导月刊	1卷8期	1939
西康之经济透视	邱怀瑾	边事研究	9卷5、6期	1939
康人经济活动之研讨	彭鸿恩	康导月刊	2卷7期	1940
西康经济建设纲要		康导月刊	2卷9期	1940
宝藏未兴之西康省		经济丛报	2卷11期	1940
西康经济建设之回顾与前瞻	刘贻燕	康导月刊	3卷1期	1940
西康经济建设概况		康导月刊	3卷2、3期	1940
西康产业概况	孙翰文	西北论衡	8卷19期	1940
西康经济建设之过去与现在	刘文辉	新宁远	1卷6、7期	1941
建设新西康之我见	沅甫	康导月刊	3卷8、9期	1941
西康经济建设鸟瞰	刘文辉	中央周刊	4卷12期	1941
西康建设之回顾与展望	钱梦超	益世报（渝）		1941.11.20
西康经济建设述要	刘文辉	西康经济季刊	1期	1942
康藏经济	王一影	中农月刊	3卷7期	1942
开发西康之意义及其途径	孙明经	西南边疆	14期	1942
西康经济建设鸟瞰	张显丰	康导月刊	5卷4期	1943
一年来之西康建设	刘贻燕	康导月刊	5卷11、12期	1944
边疆垦殖与社会工作	任乃强	社会建设	1卷1、2期	1945
从独一味说到开发边疆	任乃强	农业经济	1卷2期	1945
西康经济建设之暗礁	张志远	康导月刊	6卷7—9期	1945

续表一三

篇、书名	著(译)编者	出处	卷、期	年月日
十九世纪末二十世纪初帝国主义的侵略与四川藏区的商品经济	杨亮升	西南民族学院学报（哲社）	3期	1987
财政部视察李如霖关于开发康藏边区经济的报告	冯蓉	民国档案	3期	1993
西康经济史资料概观	吴建国	西南民族学院学报（哲社）	11期	2002
西康土地出产风俗纪略		蒙藏周报	10期	1929
西康各县垦牧物产调查		蒙藏周刊	42、43、46、50、54、63、66、67期	1930.10－1931.4
西康物产调查		康藏前锋	创刊号	1933
康藏土产调查		康藏前锋	2卷4期	1934
			2卷5期	1935
西康各县物产调查		工商半月刊	7卷21、23期	1935
泸定县物产调查表		工商半月刊	2卷11期	1930
西康巴安富源之略述及其开发之必要	刘绍禹	康藏前锋	3卷7期	1936
理化巴安新建设		边政公论	1卷3、4期	1941
西康德格社会经济鸟瞰	李安宅	大公报（沪）·经济周刊	7-9期	1946.10.14－28
德格土司及其辖区的社会经济结构	张江华	民族学研究	11辑	1993
理化喇嘛寺之经营组织	贺觉非	西康经济季刊	14期	1947
甘孜喇嘛、土头经济概况一瞥	白宗润	西康经济季刊	14期	1947
藏传佛教寺庙经济的变化——四川甘孜、德格两县寺庙经济活动的调查	杨健吾	中国藏学	4期	1988
民主改革前四川藏传佛教的寺庙经济	谷千	西藏研究	2期	1998
独立倮倮在社会经济学上研究的蠡测	杨成志	西南研究	2期	1932
川边宁属各县概况		康藏前锋	2卷5期	1934 1935
开发西南倮倮民族的商榷	为忍	边事研究	10卷4期	1939
西康省西昌县之社会经济概况	刘青山	中农月刊	1卷3期	1940

续表一四

篇、书名	著(译)编者	出处	卷、期	年月日
西康宁属八县农产及矿产概况	刘凤竹	经济汇报	6卷8期	1942
论宁边区之经建步骤	任乃强	康藏研究	3期	1946
凉山倮民经济概况	谢开明	边政月刊	2卷4-6期	1946
川康夷区建设计划	徐益棠	边疆通讯	4卷8、9期	1947
我在夷区实施建设的经验	岭光电	边疆通讯	4卷8、9期	1947
冕宁地方经营概况	王明卿	西康经济季刊	14期	1947
大小凉山开发概论	任映沧	西南夷务丛书社		1947
西康省大凉山彝族的社会经济制度	张向千	教学与研究	3期	1954

二、农业

（一）一般论著

篇、书名	著(译)编者	出处	卷、期	年月日
四川农业区域	侯学焘	地理	5卷1、2期	1945
四川农业地理	中国科学院成都地理研究院所	四川人民出版社		1980
四川历史农业地理概论	郭声波	中国历史地理论丛	3期	1989
明代云贵川农业地理研究	陈国生	西南师范大学出版社		1997
成都平原东北部农业地理	周立三	地理	2卷3、4期	1942
川黔境内农作物分布与地理环境	侯学煜	中华农学会报	174期	1942
四川省农作物生产力的地理分布	任美锷	地理学报	16卷	1950
历史时期四川手工业原料作物的分布	郭声波	中国历史地理论丛	1	1990
历史时期四川粮食作物的地理分布	郭声波	中国历史地理论丛	3期	1990
四川山地丘陵土地资源的利用与生态平衡	严昶升	生态学杂志	3期	1982
四川盆地农业区的形成历史与地理因素分析	陈家其	云南地理环境研究	2期	1993

续表一

篇、书名	著(译)编者	出处	卷、期	年月日
四川历史上农业土地资源利用与水土流失	郭声波	中国农史	3期	2003
岷江峡谷之土地利用	杨利普等	地理学报	13卷2期	1946
成都平原之土地利用	杨利普等	地理学报	14卷1期	1947
长江三峡人地关系的历史思考	蓝勇	光明日报		2003.2.18
四川盆地之气候与农业	王成敬	新经济	1卷11期	1942
评李查逊著《四川之土壤与农业》	陈思凤	地理	2卷3、4期	1942
四川之土壤与农业	朱海帆	农报	28-33期	1942
四川之土壤——土壤与农业	余皓 李庆逵	土壤专报	24期	1945
汉渝公路中段暨渠江流域之土壤与土地利用	陈恩凤 刘培桐	地理集刊	1期	1943
彭县什邡之土壤——土壤与农作物之关系	陆发熹	土壤专报	1期	1943
两个严重问题——土壤冲刷与肥料缺乏	彭家元	川农所简报	17期	1940
土壤冲蚀田间试验报告	黄瑞采 陈骥	土壤季刊	4卷12期	1944
下川东土壤冲刷之现状及其防治方法之检讨	陈鸿佑	农业推广通讯	8卷3期	1946
嘉陵江流域土壤冲蚀及防淤问题	李连捷 何金海	土壤季刊	5卷3期	1946
四川省内江甘蔗生长情况与土壤性质之关系	孙羲 刘海蓬	土壤季刊	1卷2期	1940
四川省遂宁棉作土壤简述	侯学昱	土壤季刊	1卷1期	1940
新都郫县什邡烟草土壤概述	陆发熹	川农所简报	5卷7-9期	1943
川西兰靛作物生长情形及其所受土壤性质之影响	陆发熹	川农所简报	5卷7-9期	1943
农桑自古甲"天府"——四川农业史札记	谢忠梁	思想战线	5期	1978
重庆地区古农书联合目录	《重庆地区古农书联合目录》编辑委员会	编者刊		1989
古今重庆农业经济纪略	王憬秋	四川地方志	5期	1991
历史时期三峡地区农副业开发研究	蓝勇	中国农史	3期	1995

续表二

篇、书名	著(译)编者	出处	卷、期	年月日
历史时期长江三峡地区的农业开发进程及其经验教训	辛德勇	历史地理	16辑	2000
历史时期长江三峡粮食作物嬗替的特征、成因及其影响——与川西平原、江南地区相比	钟春来	重庆三峡学院学报	5期	2001
大溪文化的农业	王杰	农业考古	1期	1987
巴蜀先民的分布与农业的起源试探	郭声波	四川文物	3期	1993
探讨早期成都平原农业发展应注意的几个问题	姜世碧	文物考古研究		1993
三星堆农副业与神禖文化探讨	黄剑华	四川文物	4期	2001
成都平原先秦农业初探	姜世碧	农业考古	3期	2002
金沙考古凸现商周粗	张珏娟	四川日报		2003.2.25
秦汉时期四川的农业开发	郭声波 陈铁军	西南师范大学学报（社科）	4期	1993
秦至蜀汉巴蜀地区的农林牧渔副业	罗开玉	四川文物	5期	1994
秦汉时期西南夷地区的农业开发	王勇	中国农史	3期	2002
记汉中出土的汉代陂地模型	秦中行	文物	3期	1976
考古材料所见汉代的四川农业	刘志远	文物	12期	1979
记四川有关农业方面的汉代画像砖	四川省博物馆	农业考古	1期	1983
从陶俑看四川汉代农夫形象和农具	史占扬	农业考古	1期	1985
汉代四川农作和庄园习俗的再现——成都西郊出土的东汉画像石浅析	史占扬	农业考古	2期	1988
汉代四川农业方面几个问题的探讨	巴家云	四川文物	6期	1988
从汉画像看四川、山东、陕北的汉代农业	王玉金	南部学坛	5期	1990
成都汉代农业考古概述	姜世碧	农业考古	3期	1992
三峡地区两汉时期农业发展状况初探	蒋晓春	四川大学学报（哲社）	5期	2004
三国时期农村经济的破坏与复兴	何兹全	食货	1卷5期	1935
三国时代之屯田	吴云端	中央日报		1947.6.11
由户口变动看蜀汉时期巴蜀地区的地主经济	蒋福亚	北京师院学报	2期	1978
略论诸葛亮的重农思想及其影响	谭书龙	乐山师范学院学报	2期	2005
唐代蜀中农业发展原因补议——水旱灾害的稀少	潘孝伟	中国农史	2期	1990

续表三

篇、书名	著(译)编者	出处	卷、期	年月日
北宋以前汉中地区的农业开发	马 强	中国农史	2期	1999
南宋粮价细表	汪圣铎	中国社会经济史研究	3期	1985
宋代川峡地区农业生产述论	韩茂莉	中国史研究	4期	1992
宋代川峡四路荒政特点浅析	王涯军 杨伟兵	贵州社会科学	3期	1998
南宋高宗朝的川陕军粮问题	史继刚	西南师范大学学报（哲社）	2期	1999
元代西南地区农牧经济的发展	吴宏岐 汪新生	中国历史地理论丛	4期	1993
元代西南地区农业经济的地域特征	吴宏岐	西南师范大学学报（哲社）	4期	1994
元明清时代四川盆地的农田垦殖	郭声波	中国历史地理论丛	4期	1988
明代三峡地区的移民与农业垦殖	田 强	湖北民族学院学报（社科）	2期	1998
明清时期三峡地区农业垦殖与农田水利建设研究	蓝 勇	中国农史	2期	1996
清末四川农政改革	王 笛	历史知识	6期	1985
清末四川农业改良	王 笛	中国农史	2期	1986
清代四川人口、耕地及粮食问题（上）（下）	王 笛	四川大学学报（哲社）	3、4期	1989
论四川农村"耕织结合"的分离过程及其局限	谢 放	近代史研究	1期	1990
清代农田的单位面积产量考辨	黄冕堂	文史哲	3期	1990
清末民初四川农村商品经济与社会变迁	谢 放	四川大学学报（哲社）	4期	1990
清代前期湖南、四川的小农经济	方 行	中国史研究	2期	1991
试析清代四川羌区农业的发展和劳动力问题	秦和平	中国农史	3期	1991
乾嘉垦殖对四川农业生态及社会发展影响初探	蓝 勇	中国农史	1期	1993
清代四川的人地矛盾、生态恶化及其对策	陈国生	社会科学研究	3期	1995
对清代前期四川储粮的考察	赵永康	西南师范大学学报（哲社）	4期	1995
清代川粮储备及其历史意义	赵永康	史学月刊	6期	1995
		中国农史	1期	1996
清初恢复和发展四川农业的举措	李三谋	四川师范大学学报（社科）	1期	1996
晚清四川农民经济生活研究	何一民	中国经济史研究	1期	1996

续表四

篇、书名	著(译)编者	出处	卷、期	年月日
清代三峡地区的移民与农业垦殖	田 强 曾献斌	宜昌师专学报	1期	1996
		三峡学刊	1期	1997
		湖北民族学院学报（社科）	2期	1998
清代四川闽粤移民的农业生产	刘正刚	中国经济史研究	4期	1996
清前期移民措施及四川农业经济的恢复和发展	邓前成	云南教育学院学报（哲社）	4期	1998
清前期四川粮食产量及外运量的估计问题	谢 放	四川大学学报（哲社）	6期	1999
清代四川农村社会经济史	彭朝贵 王 炎	天地出版社		2001
清代秦岭、大巴山区的农业开发与生态变迁	王向红	海南师范学院学报（社科）	5期	2003
清代四川客家人农业经营状况	张学君	天府新论	6期	2003
清代四川粮食亩产与农业劳动生产率研究	周邦君	中国农史	3期	2005
近代四川的农民生活	吕实强	"中研院"近代史研究集刊	7期	1978
重庆开埠后四川农村经济的变化	彭通湖	四川大学学报（哲社）	2期	1992
辛亥革命前的四川富农经济	谢 放	近代史研究	3期	1992
近代四川农村流民的形成及原因	牛晓萍	西南民族大学学报（人文）	12期	2003
论近代四川商业性农业的发展	陈 岗	达县师专学报（社科）	6期	2005
论民国时期四川农业的变迁	陈国生	四川师范大学学报（社科）	1期	1997
四川农村经济	吕平登	商务印书馆		1936
四川农业经济问题	叶宗高	经济汇报	1卷11期	1940
四川主要农产品概述		经济汇报	1卷12期	1940
四川农业经济概况	崔永楫	财政评论	3卷5期	1940
四川省三十县农产之调查	杨铭崇	农报	5卷7—9期	1940
抗战期中的四川粮食	伍国贤	中央周刊	3卷13期	1940
内江县之农村经济	应廉耕	中农月刊	2卷5期	1941
近年来四川农业改进概况	彭 馨	经济汇报	4卷3期	1941
川南农村杂写	华 龙	国讯旬刊	293期	1941
乐山县农村经济调查初步报告	中国农民银行四川省农村经济调查委员会	中农月刊	3卷1期	1942

续表五

篇、书名	著(译)编者	出处	卷、期	年月日
高山垦殖举例——大巴山上大九湖	楼桐茂	地理	2卷3、4期	1942
地狱中的"天府"农民		解放日报		1942.2.1
抗战以来四川之农业	董时进	四川经济季刊	1卷1期	1943
三十二年之四川农业	陈洪进	四川经济季刊	1卷2期	1944
眉山县镇江乡第二保农村经济概况	李玉璋	四川经济季刊	1卷4期	1944
四川农民之经济地位	卜凯（翁绍耳）	中国农民	4卷2、3期	1944
三十三年度四川之农业	叶懋等	四川经济季刊	2卷2期	1945
四川农村副业调查	孙虎臣	四川经济季刊	2卷1期	1945
四川各县农业概况		四川经济季刊	2卷2期	1945
四川农业现状及其改进	孙虎臣等	四川经济季刊	2卷3期	1945
战时四川粮食生产	刘秋篁	四川经济季刊	2卷4期	1945
三十四年四川之农业	孙虎臣等	四川经济季刊	3卷2期	1946
七年来之四川农情报告	叶懋等	四川经济季刊	3卷2期	1946
发展四川农业特产与川农经济之改善	刘秋篁	四川经济季刊	3卷3期	1946
四川绵阳县农情动态	刘鼎	中农月刊	7卷7、8期	1946
透视川西的农地与农村	小庄	观察	5卷4期	1948
四川粮食问题之研究	赵令景	民国二十年代中国大陆土地问题资料		1977
綦江农村经济之研究	张登岳	民国二十年代中国大陆土地问题资料		1977
犍为农村经济之研究	易甲瀛	民国二十年代中国大陆土地问题资料		1977
巴县农村经济之研究	王国栋	民国二十年代中国大陆土地问题资料		1977
摒山农村经济之研究	李鉴济	民国二十年代中国大陆土地问题资料		1977
试论抗战时期四川农业的艰难发展	侯德础	四川师范大学学报（社科）	6期	1987
抗战时期四川小农经济与社会变迁	谢放	庆祝抗战胜利五十周年两岸学术研讨会论文集		1996
全国粮食管理局对战时四川粮荒因应措施之探讨——民国二十九年七月—三十年六月	简笙簧	中华民国史专题论文集：第五届讨论会		2000
抗战时期四川省粮食调查统计工作	胡震亚	四川档案	5期	2005

续表六

篇、书名	著(译)编者	出处	卷、期	年月日
大邑农业今昔	中国人民政治协商会议四川省大邑县委员会文史资料委员会	编者刊		1996
四川省合作金库之概况	冯秋农	商业月报	18卷8、9期	1938
四川省合作事业述评	一 之	合作月刊	9、10期	1939
四川建设中之合作事业	王达三	政治建设	3卷3期	1940
合作建设计划在四川	许昌龄	合作事业	3卷12期	1941
抗战以来四川之合作事业	伍玉璋	四川经济季刊	1卷1期	1943
现阶段的四川合作事业	任敏华	四川经济季刊	2卷1期	1945
农民自治建设中的温江乡村	施中一	国讯旬刊	248期	1940
四川农村建设之路	陈 林	四川经济季刊	3卷3期	1946
四川省农业合作经济史料	《四川省农业合作经济史料》编辑组	四川科学技术出版社		1989
嘉陵江三峡乡村建设实验区概况	北碚月刊社	编者刊		1938
卢作孚的乡村建设理论与实践述论	王安平	社会科学研究	5期	1997
北碚扶植自耕农示范区史料选编		档案史料与研究	3期	1997
论"北碚扶植自耕农示范区"	黄立人 章 欣	"20世纪中国社会史与社会变迁"学术讨论会论文选集		1997
民国时期乡建运动中一个成功的范例——卢作孚乡村建设述论	苟翠屏	"20世纪中国社会史与社会变迁"学术讨论会论文选集		1997
论卢作孚乡村建设之路	刘重来	西南师范大学学报（哲社）	4期	1998
北碚扶植自耕农前后	廖泽文	重庆晚报		1999.2.3
卢作孚及其创造的北碚奇迹	赵晓铃	重庆与世界	4期	2000
论卢作孚在北碚峡防局的廉政建设	刘重来 陈晓华	重庆社会科学	1期	2001
卢作孚乡村现代化思想与实践评述	龙汉武	武汉交通管理干部学院学报	1期	2001
论卢作孚的农村金融建设思想与实践	刘重来 陈晓华	西南师范大学学报（人文）	3期	2002
试论卢作孚在民国乡村建设运动中的历史地位——兼谈民国两类乡建模式的比较	郭剑鸣	四川大学学报（哲社）	5期	2003

续表七

篇、书名	著(译)编者	出处	卷、期	年月日
论卢作孚"乡村现代化"建设模式	刘重来	重庆社会科学	1期	2004
试论民国时期卢作孚在北碚的卫生建设对"乡村现代化"的意义	龙海	重庆社会科学	9期	2005
土司时期土家族地区的农业经济	段超	中国农史	1期	2000
清代改土归流后土家族地区的农业经济开发	段超	中国农史	3期	1998
四川东南边区酉秀黔彭石五县垦殖调查报告书	程绍行	四川省政府建设厅		1938
甘孜阿坝地区农业类型的初步研究	程鸿	地理学报	29卷2期	1963
阿坝藏族自治州农牧业分区的有关问题	徐茂其	西南师院学报（自然）	1期	1979
理番县之水土保持问题	刘恩兰	边政公论	1卷9、10期	1942
理番农村经济概况	周荣基	中农月刊	3卷9期	1942
四川理番高地四土之社会经济	刘恩兰	地理学报	17卷	1950
阿坝县青稞农业气候分析	游正华 陈坚	四川气象	1期	1985
四川甘孜州地区水热等生态条件对耕作制度形成的效应	王泰伦	耕作与栽培	5期	1985
甘孜州南部地区农业类型与农业分区	孙尚志	青藏高原研究·横断山考察文集	2集	1986
金川县农业生产条件与资源开发	李明森	山地研究	4期	1989
康区十四县气候土壤调查	冯云仙	开发西北	2卷2期	1934
西康西北垦殖概况		蒙藏周报	36期	1930
西康农业概况		蒙藏周报	39－41期	1930
清末西康之荒地调查		边政月刊	8期	1931
清末西康垦务档案拾残		边政月刊	9期	1932
开发康藏与之垦殖政策	腾蛟	康藏前锋	1卷3期	1933
			1卷5期	1934
西康之垦殖问题	隐	康藏前锋	1卷4期	1933
垦殖康藏与中国前途	刘沛苍	康藏前锋	1卷8期	1934
西康可耕地之调查		康藏前锋	1卷8期	1934
西康之垦务	陆治	开发西北	2卷2期	1934
西康之农林畜牧	任筱庄	开发西北	2卷2期	1934

续表八

篇、书名	著(译)编者	出处	卷、期	年月日
康藏土产调查		康藏前锋	2卷4、5期	1935
Hsiang Cheng or Du Halde's "Land of the Lamas"	J. H. Edgar	Journal of the West China Border Research Society	Vol. 7	1935
安良坝在移民垦殖期中之重要性	郑独嵘	康导月刊	创刊号	1938
西康农产品统计		川边季刊	1卷2期	1935
西康高原之农业与移殖	郑象铣	边政公论	2卷11、12期	1943
西康农业建设之前瞻	段天爵	西康经济季刊	8期	1944
五年来西康农业建设之回顾	刘贻燕	西康经济季刊	8期	1944
康人农业家庭组织的研究	谭英华	边政公论	3卷6、8、9期	1944
			4卷2、3期	1945
近代四川藏区农业发展	徐君	四川藏学研究	4辑	1997
清末、民国时期西康地区的农业改进及其实际成效	王川	民国档案	4期	2004
民国时期"西康农事试验场"的设置及其实际成效	王川	西藏大学学报	1期	2004
民国后期"西康省农业改进所"的设立始末及其历史意义——四川藏区农业近代化起源研究之一	王川	西藏大学学报	1期	2005
大小凉山之畜牧业与农耕制度	任映沧	四川经济季刊	2卷1期	1945.1
凉山彝族的犁耕农业	宋兆麟	农业考古	2期	1981
泸沽湖畔摩梭人的农业	宋兆麟	农业考古	1期	1982
凉山古代农业的初步研究	游乐业	中国农史	2期	1987
民国四川凉山地区垦殖述评	郎伟	中央民族学院学报	1期	1988
清代以来凉山彝族农业发展原因及影响	秦和平	中国农史	2期	1990

（二）农业生产

篇、书名	著(译)编者	出处	卷、期	年月日
巴县水稻调查报告	张翼翔	四川农业	1卷9期	

续表一

篇、书名	著(译)编者	出处	卷、期	年月日
四川稻作改进事业之回顾与前瞻	管相恒	农业推广通讯	6卷1、2期	1944
从出土文物看安宁河流域种植稻谷的历史	黄承宗	农业考古	2期	1982
四川成都凤凰山出土的西汉炭化水稻及有关遗物	徐鹏章	农业考古	3期	1998
从DNA看四川盆地的稻作起源	佐藤洋一郎（岳晓桦）	稻作陶器和都市的起源		2000
四川青川秦律与稻作农业	罗二虎	四川大学学报（哲社）	4期	2001
四川水稻发展小史	陈虹	农业考古	1期	2004
四川布依族稻作文化习俗（节选）	杨健吾	中国原生态稻作民俗文化抢救与保护——黎平国际学术研讨会论文选		2005
青稞的由来和发展	王治	农业考古	1期	1991
粟（小米农业）经长江上游南传的途径与方式	李星星	中华文化论坛	4期	2005
汉代的种芋画像实物与古代种芋略考	刘文杰	四川文物	4期	1985
从采芋画像砖看古代四川芋的栽种	姜世碧	成都文物	4期	1989
四川芋薯类作物的消长研究	陈虹	农业考古	3期	2002
谈四川凉山的燕麦种植	黄承宗	农业考古	1期	2000
玉米的种植与美洲的发现新探	王家祐 史岩	社会科学研究	3期	1982
清初移民与玉米甘薯在四川地区的传播	李映发	中国农史	2期	2003
战时四川之棉业检讨		经济研究	1卷3期	1939
战时四川棉业问题	胡竞良	新经济	1卷12期	1939
四川棉花之经济地理	高福珍	志林	1期	1940
西康宁属木棉初步调查	于绍杰	农报	5卷4-6期	1940
西康省棉产现状	于绍杰	新宁远	1卷6、7期	1941
四川植棉事业之展望	李守尧	四川经济季刊	2卷4期	1945
抗战以来四川棉业之推广	任敏华	四川经济季刊	2卷4期	1945
四川之棉作	魏文元	四川经济季刊	3卷4期	1946
四川棉区之气候土壤与植棉问题	龙耀宣	四川经济季刊	3卷4期	1946

续表二

篇、书名	著(译)编者	出处	卷、期	年月日
四川棉作肥料问题之研讨	张学广	四川经济季刊	3卷4期	1946
十年来之四川棉作试验与研究	程光弈	四川经济季刊	3卷4期	1946
十年来之四川棉作推广与增产	殷维藩	四川经济季刊	3卷4期	1946
十年来四川中棉品种比较试验之经过及研究	杨信武	四川经济季刊	3卷4期	1946
四川棉作之生育情况之初步调查	左学善	农报	12卷3期	1947
四川植棉史话	曲辰	成都晚报		1963.5.12
四川棉花栽培史话	曲辰	四川日报		1963.10.26
西康禁烟问题	常	康藏前锋	2卷8期	1935
禁烟总监令各县填报禁烟禁毒概况		四川月报	9卷4期	1936
蒋政权在川西边区禁烟的真象	米庆云	文史资料选辑	33辑	1963
西康鸦片流毒造成荥经事变的经过	陈耀伦	文史资料选辑	33辑	1963
辛亥以后四川的烟祸	胡次威	上海文史资料选辑	18期	1964
清末四川省におけるアヘンの商品生産	新村容子	東洋学報	60卷3、4号	1978
"禁政"黑幕	丁东	龙门阵	5辑	1981
"防区制"时期四川的鸦片烟祸	李隆昌	西南师范大学学报（社科）	4期	1986
四川军阀时期的烟祸	龙岱	西南民族学院学报（哲社）	增刊	1986
试述鸦片种销对近代凉山彝族地区社会发展的消极影响	潘蛟	中央民族学院学报	1期	1987
试论鸦片与西南军阀经济特点之一	杨学东	湘潭大学学报（社科）	增刊	1987
四川省禁烟督办公署的设立及其业务	朱文原	"国史馆"学术集刊		1995
罂粟花败血花红——红四方面军川北禁烟纪实	阮凌曦	党史纵览	5期	1996
近代湘鄂川边鸦片种植及其危害	陈廷亮	吉首大学学报（社科）	4期	1997
旧重庆的毒品祸害	欧阳平	红岩春秋	5期	1997
近代中国烟毒写真——忆四川烟祸	谢藻生	河北人民出版社		1997
近代中国烟毒写真——川江烟毒走私见闻	陈锦帆	河北人民出版社		1997
近代中国烟毒写真——经营"特业"五年记略	曾俊臣	河北人民出版社		1997
近代中国烟毒写真——西康省雅属的烟祸	杨国治	河北人民出版社		1997
近代中国烟毒写真——旧西康烟祸见闻记	余彦富	河北人民出版社		1997

续表三

篇、书名	著(译)编者	出处	卷、期	年月日
近代中国烟毒写真——"烟都"枪声	李焜富	河北人民出版社		1997
近代中国烟毒写真——西康烟毒与荥经事变	陈耀伦	河北人民出版社		1997
近代中国烟毒写真——西昌鸦片祸害一瞥	林如渊	河北人民出版社		1997
近代中国烟毒写真——西昌禁烟琐记	赵乐群	河北人民出版社		1997
近代中国烟毒写真——鸦片烟在成都	廖季威 白景纯	河北人民出版社		1997
近代中国烟毒写真——烟毒弥漫的邛崃	张永春	河北人民出版社		1997
近代中国烟毒写真——判处死刑的大烟犯漏网记	郁生	河北人民出版社		1997
近代中国烟毒写真——解放前江津烟毒	邹遂良	河北人民出版社		1997
近代中国烟毒写真——宜宾烟祸纪要	宜宾政协文史办	河北人民出版社		1997
近代中国烟毒写真——自贡"烟王"	罗从修	河北人民出版社		1997
近代中国烟毒写真——解放前理县的鸦片种植	桑梓侯	河北人民出版社		1997
近代中国烟毒写真——鸦片在简阳的流毒	曾兆姜	河北人民出版社		1997
近代中国烟毒写真——民国川西边区禁烟的真像	米庆云	河北人民出版社		1997
近代中国烟毒写真——宁属禁政见闻	宁文光	河北人民出版社		1997
近代中国烟毒写真——富顺县鸦片流毒与肃清	苏铁生	河北人民出版社		1997
近代中国烟毒写真——綦江禁烟简史	黄资训	河北人民出版社	下卷	1997
近代中国烟毒写真——綦江县禁绝鸦片烟毒工作片断	高镇如	河北人民出版社	下卷	1997
近代中国烟毒写真——大足县的禁烟	邓治平 王绍武	河北人民出版社	下卷	1997
近代中国烟毒写真——民国时期长寿禁烟概况	樊秉权	河北人民出版社	下卷	1997
川陕苏区的禁毒考察	陈以政	四川文物	2期	1999

续表四

篇、书名	著(译)编者	出处	卷、期	年月日
川陕苏区的禁烟运动	章江心	文史杂志	4期	1999
二三十年代鸦片与四川城镇税捐关系之认识	秦和平	城市史研究	19、20辑	2000
鸦片与民国时期的西南社会	黎虹	西南民族学院学报（哲社）	12期	2001
四川鸦片问题与禁烟运动	秦和平	四川民族出版社		2001
近代四川藏区鸦片贸易及其社会危害	刘君	中国藏学	3期	2002
从赵尔巽档案看清末四川禁烟	王克强	清史研究	2期	2003
		四川档案	1期	2004
The Venomous Course of Southwestern Opium: Qing Prohibition in Yunnan, Sichuan, and Guizhou in the Early Nineteenth Century	David A. Bello	Journal of Asian Studies	Vol. 4 No. 62	2003
邻水县烟草事业大事记	邻水县烟草专卖局、邻水县烟草公司	编者刊		1992
邻水县烟叶生产历程	邻水县烟草专卖局、邻水县烟草公司	编者刊		1992
中国西南2000年来五种热带亚热带经济作物种植分布变迁及影响	蓝勇	自然资源	2期	1991
四川省柑桔之品质	章文才等	金陵学报	9卷1、2期	1939
巴县铜罐乡的橘子	周永林	现代农民	3卷1期	1940
江津甜橙生产之研究	胡帮宪	中农月刊	3卷4期	1942
四川柑橘	胡昌炽	川南工商	2卷11期	1945
四川的柑桔	刘秋簧	四川经济季刊	3卷2期	1946
成都柑桔之成分	陈朝玉等	中华农学会会报	184期	1947
四川的广柑	鹏年	工商导报		1955.3.16
我国橘类植物由来的初步探索	戴蕃瑨	西南师院学报（自然）	1期	1979
重庆柑桔史话	曾祥恭	重庆日报		1981.12.20
关于"蜀汉江陵千树桔"的考证	李懋声	中国柑桔	1期	1982
司马迁笔下的柑桔产区——与李懋声同志商榷	陈宾如	中国柑桔	4期	1982
江津广柑栽培历史初考	彭卫明	农业考古	2期	1983
长寿、垫江、梁山柚类调查报告（民国二十三年）		四川档案史料	2期	1983

续表五

篇、书名	著(译)编者	出处	卷、期	年月日
合江荔枝调查		川农所简报	3卷11、12期	1941
天宝岁贡荔枝考	毛一波	大陆杂志	35期	1967
荔枝与杨贵妃	樸人	"中央日报"		1969.6.17
泸州"妃子笑"	承朴	旅游天府	2期	1981
不能全怪杨贵妃	蒲国树	旅游天府	1期	1982
四川荔枝栽培史略谈	彭宁松	农业考古	1期	1985
四川荔枝种植分布的历史考证	蓝勇	西南师范大学学报（自然）	4期	1985
对《宜宾地区茶叶生产历史初探》和《四川荔枝栽培史略谈》二文的几点商榷	蓝勇	农业考古	1期	1986
杨贵妃与"重庆荔枝"	王永华	重庆晚报		1986.6.8
神州何处妃子笑	蓝勇	文汇报		1986.8.12
杨贵妃食荔产地考	蓝勇	史学月刊	1期	1988
重庆荔枝考	蓝勇	四川果树科技	1期	1988
中国西南荔枝种植分布的历史考证	蓝勇	中国农史	3期	1988
近2000年长江上游荔枝分布北界推移与气温波动	蓝勇	第四纪研究	1期	1998
成都荔枝与十二世纪的寒冷气候	郭声波	中国历史地理论丛	3期	1989
金阳花椒	孙芝和	野生植物研究	2期	1985
我国花椒的栽培起源与地理分布	曾京京	中国农史	4期	2000
中国花椒之乡建碑记	梁寒橹	巴蜀史志	2期	2004
从地名看四川地区历史时期的芭蕉生产	蓝勇	地名知识	2期	1990
西康出产水果		康藏前锋	2卷1期	1934
凉山石榴种植历史琐谈	黄启敏	农业考古	3期	2001
战国秦汉时期西南铁农具的传播与分布	周万利	西南师范大学学报（社科）	1期	2000
四川木里出土的汉代农具	黄承宗	农业考古	1期	1981
四川西昌出土的古代农具	黄承宗	农业考古	2期	1987
四川原始农具初议	柳春鸣	四川文物	增刊	1996
耱秧耱了三千年	曲辰	四川日报		1962.8.8
汉砖上的耱秧形象	王有鹏	成都日报		1980.7.24
汉代"耱秧画像砖"的再认识	刘兴林	华夏考古	4期	2002

续表六

篇、书名	著(译)编者	出处	卷、期	年月日
东汉石刻水塘水田图象略说——兼谈我国古代中耕积肥的历史	沈仲常	农业考古	2 期	1981
《采莲》、《采芋》画像实物的一点启示	姜世碧	成都文物	3 期	1992
刀耕火种重评	蓝勇	学术研究	1 期	2000
清代四川的冬水田	张芳	古今农业	1 期	1997
清代四川粮食亩产与农业劳动生产率研究	周邦君	中国农史	3 期	2005
四川省解放前的遗传育种研究	洪锡均	中国农史	2 期	1990
四川农家肥料	刘主生	四川农业月刊	1 卷 3 期	1934
成都市肥料业概况		四川经济月刊	5 卷 2、3 期	1936
成都市人粪尿骨粉及油饼调查		建设周讯	5 卷 2 期	1938
资、仁、资、简四县甘蔗品种与绿肥调查报告		建设周讯	6 卷 6 期	1938
成都市之骨粉生产运销调查	谢成远	建设周讯	8 卷 10 期	1939
堆肥的好处	四川省立教育学院农化组	北碚	3 卷 4 期	1940
绿肥浅说	贾植三	北碚	3 卷 4 期	1940
三十年度肥料推广计划		川农所简报	3 卷 5、6 期	1941
Observations on the Use of Nightsoil as a Manure in Szechwan	H. L. Richardsom、Y. Wang	Journal of the West China Border Research Society	Vol. 13 A，B	1941
川西坝地栽培烤烟的施肥问题	维廉	现代农民	6 卷 9 期	1943
遂宁棉田肥料试验及其检讨	倪金柱	农业推广通讯	7 卷 2 期	1945
四川的骨粉事业	邹时夫	四川经济季刊	2 卷 1 期	1945
四川棉作肥料问题之研讨	张广学	四川经济季刊	3 卷 4 期	1946
蒸骨粉之研究	何兴蹯	川农所简报	7 卷 12 期	1946
漫谈四川之磷肥问题	何兴蹯	科学月刊	12 期	1947
四川冬水田泡青之研究	彭家元等	科学月刊	15 期	1947
川省将兴办肥料厂		征信新闻	725 期	1947
川省农业公司在各地设立骨粉厂		征信新闻	795 期	1947
康定蒸制骨粉厂与西康粮食问题	张润	西康经济季刊	5、6 期	1948

续表七

篇、书名	著(译)编者	出处	卷、期	年月日
川东害虫之初步调查	江志道	四川农业月刊	1卷10期	1934
			2卷1、2期	1935
川省农产品各种虫害损失调查		四川月报	8卷1期	1936
农林植物虫害防治工作回述	陈方洁	建设周讯	4卷8、9期	1938
四川作物病虫害之防治	庄纾	农业推广通讯	3卷3期	1941
西康省害虫防治工作经过	李凤荪	农业推广通讯	3卷5期	1941
西康之虫害问题	郑凤瀛	西北研究	3卷10期	1941
抗战六年来四川害虫之防治	黄至溥	农报	8卷19-24期	1943
川省稻作病害初志	吴光远	建设周讯	6卷4期	1938
烟田麻田栽植谷子螟害问题		建设周讯	8卷6期	1939
四川水稻螟虫之研究与防治概况	黄至溥	农林新报	1卷2、3期	1940
廿九年四川省治螟实施办法纲要		农业推广通讯	2卷5期	1940
治螟推广方法之商榷	仇鏊宜	农业推广通讯	3卷4期	1941
三十年治螟之实施办法大纲		农业推广通讯	3卷5期	1941
		川农所简报	3卷5、6期	1941
三年来川省水稻螟患情形及防治成效	吴福桢 黄至溥	农业推广通讯	3卷6期	1941
病虫防治组三十年度防治水稻螟虫工作报告		农业推广通讯	3卷1期	1942
四年来的治螟推广	黄楷	农业推广通讯	3卷5-7期	1942
四川治螟工作之我见	语农	农业推广通讯	7卷2期	1945
川南两季稻螟虫害生活史及其防治	肖刚柔	农业推广通讯	8卷8-10期	1946
水稻之秆腐病	吴光远	中华农学会报	176期	1943
西康小麦受黑穗病情况		四川月报	11卷3期	1937
四川麦作病虫之分布及其损失估计		建设周讯	7卷4期	1938
农业改进所防治麦类黑穗病		四川经济月刊	10卷4、5期	1938
川北四县麦作黑穗病防治结果		川农所简报	6期	1939

续表八

篇、书名	著（译）编者	出处	卷、期	年月日
四川省三十年度麦类黑穗病防治实施大纲		川农所简报	3卷5、6期	1941
灰水浸种防除麦类黑穗病在遂宁奉节四年来工作记实	叶德备 赵诚修	农业推广通讯	4卷6期	1942
民国廿七年棉场治蚜示范推广概况	吴达璋	建设周讯	4卷3、4期	1937
川省重要棉虫初步研究报告	吴达璋	建设周讯	5卷3、4期	1938
			6卷1、2期	1938
廿七年度棉麦病虫防治实验结果		川农所简报	4期	1939
廿七年四川省防治棉虫经过	傅胜发	建设周讯	10卷5-8期	1940
民国廿八年川北八县防治棉虫病经过	傅胜发	建设周讯	10卷13-18期	1940
四年来防治棉病虫之推广经验	傅胜发 凌傅逮	农业推广通讯	3卷4期	1941
防治棉虫推广上亟待解决的几个问题	凌傅逮	农业推广通讯	3卷5期	1941
六年来四川防治棉病虫增产成效概况	王修成	农业推广通讯	6卷7期	1944
四川省重要棉虫之调查		川农所简报	6卷6-8期	1944
十年来四川棉病虫防治研究	夏慎修	四川经济季刊	3卷4期	1946
四川棉病虫害概况	魏文元等	四川经济季刊	4卷1期	1947
四川棉作害虫种类分布及为害情形之简报	夏慎修	四川科学农业	1卷1期	1947
民国廿六年郫县大烟病害调查	刘泽	建设周讯	2卷7期	1937
成都平原之烟草病害	朱健人	建设周讯	2卷6期	1937
四川什邡烟草害虫调查报告	陶家驹	农报	4卷20期	1937
廿七年川西烟草虫害损失之估计	马宜亭	建设周讯	6卷24期	1938
四川叶烟之主要病虫及其防治之商榷	魏景超	农林新报	16-18期	1941
四川金堂烟青虫之研究	刘国士 陶家驹	农业推广研究	5卷1期	1943
成都市区附近之蔬菜害虫防治推广	曹诚一	农业推广通讯	3卷5期	1941
防治四县红腊介壳虫结果		川农所简报	4期	1939
推广防治柑橘红腊介壳虫之经过	陈方洁	建设周讯	8卷8、9期	1939

续表九

篇、书名	著(译)编者	出处	卷、期	年月日
网纹棉介壳虫之形性考查及药剂防治实验	陈方洁 庞炳文	中华农学会报	182期	1945
成都甘蔗之主要贮藏病害及其防治之商榷	殷恭毅	农林新报	16-18期	1941
甘蔗棉蚜防治之研究	王启植	农业推广通讯	4卷9、10期	1942
松毛虫之观察及其防治法	江志道	四川农业	2卷4期	1935
南充桑树害虫调查及主要害虫防治法	周点梅	建设通讯	5卷3期	1938
土蚕防治法		川农所简报	17期	1940
地老虎之防治与今后之防治推广	王启植	农业推广通讯	3卷4期	1941
川北梨木虱之考查及防治记要	况汝佐	农报	7卷1-3期	1942
江津之柑蛆	陈方洁 王飞鹏	科学农业	1期	1943
四川古代渔业综述	姜世碧	四川文物	6期	1995
考古学所见长江三峡夏商周时期的渔业生产	武仙竹	江汉考古	3期	2002
略论四川汉代的渔业生产	巴家云	四川文物	4期	1993
巴人与鸬鹚渔业	武仙竹	农业考古	1期	2004
四川淡水养殖业展望	付万方	水产月刊(复刊)	3卷3期	1948
渝水名鱼琐谈	邵红峰	重庆地方志	6期	1991
先秦时期四川畜牧业初考	李永桂	四川畜牧兽医	2期	1990
从出土文物看万县地区古代畜牧业的发展	李永桂等	四川畜牧兽医	3期	1993
成都石羊乡出土王莽时期斗鸡图	朱章义	农业考古	1期	1999
四川汉代陶家畜家禽模型试析	姜世碧	农业考古	3期	2003
二十世纪四川畜牧业大事回顾	李永桂	四川畜牧兽医	11期	1999
历史时期四川大牲畜养殖的地理差异	郭声波	中国农史	2期	2001
四川省地方猪种资源的分布、选育和利用		四川畜牧兽医	4期	1978
四川省地方猪种同种异名的鉴别方法	段诚中	中国畜牧杂志	6期	1980
四川省盆周山区地方猪种资源调查研究报告	省畜牧兽医研究所育种研究室	四川畜牧兽医	3期	1981
四川省地方猪种类型及其主要性状的初步分析	龙天厚 段诚中	中国畜牧杂志	3期	1981
四川养猪历史初探	段诚中	今日种业	3期	1981

续表一〇

篇、书名	著(译)编者	出处	卷、期	年月日
四川出土有关古代养猪的文物	魏达议 段诚中	农业考古	2期	1982
谈西昌出土的陶猪模型	黄承宗	农业考古	1期	1984
四川养猪史	李永桂	四川畜牧兽医	4期	1996
近代四川养猪史	王 成	四川畜牧兽医	7-10期	1999
民国时期的四川养猪业	王 成 徐旺生	中国生物学史暨农学史学术讨论会论文集		2003
20世纪前50年中国四川养猪史	王 成 徐旺生	2003北京国际养猪研讨会暨展览会论文集		2003
荣昌猪	前 进	科学大众	9期	1957
荣昌猪		四川畜牧兽医	4期	1978
地方优良猪种——荣昌猪	李恢绪	农村百事通	4期	1999
荣昌猪的历史、现状与发展对策	张全生 肖国生	畜牧兽医杂志	1期	2004
		猪业在线	5期	2005
成华猪的调查	龙天厚等	中国畜牧杂志	11期	1964
成华猪品种普查报告	成都市畜牧兽医站等	四川畜牧兽医	2期	1974
成华猪		四川畜牧兽医	4期	1978
成华猪	成 音	成都日报		1979.2.24
内江猪		四川畜牧兽医	4期	1978
母性好的地方优良猪种——内江猪	龚铭鑫	农村百事通	1期	2005
雅南猪		四川畜牧兽医	4期	1978
地方良种"雅南猪"简介	段诚中	四川农业科技	3期	1980
川东北地区黄牛来源初探	田友庆 吴光瑜	四川畜牧兽医	3期	1982
关于川、鄂、陕三省交界地区黄牛同种异名问题的考查报告	川、鄂、陕三省黄牛考查组	中国良种黄牛	3期	1983
四川西部黄牛的染色体核型与分类初探	龚荣慭等	西南民族学院学报（畜牧兽医）	4期	1987
四川黄牛的研究	张成忠等	黄牛杂志	2期	1992
四川黄牛起源刍议	袁季广等	西南民族学院学报（自然）	3期	1992
峨边花牛调查报告	郑泽林等	畜牧兽医杂志	4期	1985
		中国畜牧杂志	6期	1985
		四川农业科技	5期	1986

续表——

篇、书名	著(译)编者	出处	卷、期	年月日
峨边花牛品种特性研究报告	郑泽林等	中国黄牛	2期	1987
平武县黄牛品种资源调查	钟光辉等	西南民族学院学报（自然）	1期	1991
四川平武黄牛的外貌特征与体尺测定研究	苟兴能等	黄牛杂志	4期	2002
四川耕牛今昔观（上）（下）	李永桂	四川畜牧兽医	2、3期	1995
松潘畜牧环境	陈万聪	西南边疆	15期	1942
阿坝州畜牧经济发展简述	周明禄	四川民族史志	2期	1988
西康畜产及野兽概况		蒙藏周报	32期	1930
西康畜牧状况	杨仲华	蒙藏周报	48期	1930
改良西康畜牧之我见		康藏前锋	1卷10、11期	1934
西康的畜牧事业	沪记者川康考察团	开发西北	2卷2期	1934
改进西康畜牧业之我见	姜仲明	康藏前锋	2卷2期	1935
西康的畜牧问题	谭辅之	蒙藏月报	7卷1期	1937
西康省畜牧事业纲领	蒋宗三	康导月刊	2卷9期	1940
西康畜牧问题	蒋君章	边政公论	1卷9、10期	1942
西康畜牧改进意见书	柯愈彰	康导月刊	3卷10、11期	1942
西康畜牧生产问题	蒋森	康导月刊	5卷9期	1943
西康宁属区之畜牧业	郑象铣	边政公论	3卷3期	1944
康藏自然地理与畜牧业	苏永煊 卢登仁	地理知识	11期	1950
凉山古代畜牧史略（一）（二）	李鑫	四川畜牧兽医	3、4期	1990
保护和利用四川马匹资源	王教勋	四川草原	2期	1985
汉代汉源"天马"的历史考查	龙先举	中国农史	2期	1987
西康马种	靖唐	康导月刊	5卷6期	1943
西南马的历史考	邹嘉琦等	养马杂志	创刊号	1980
凉山古代的养马业	黄承宗	农业考古	1期	1994
建昌马调查报告	濮家驹等	畜牧与兽医	3期	1956
建昌马	黄承宗	历史知识	5期	1981
建昌马起源考	李鑫	四川畜牧兽医	4期	1992
四川省安宁河谷地区发现矮马	王教勋	四川草原	4期	1983

续表一二

篇、书名	著(译)编者	出处	卷、期	年月日
安宁果下马考察初报	黄怀昭	畜牧兽医杂志	2期	1985
西康之羊毛生产事业	陈德模	西康经济季刊	8期	1944
凉山彝族自治州养羊史略	李 鑫 韦庆兰	四川畜牧兽医	2期	1994
四川凉山彝族古代养羊考	黄承宗	农业考古	1期	1996
屏山黑山羊品种介绍		山区开发	8期	2002
藏系绵羊、九龙牦牛		四川民族史志	2期	1988
康藏人之牛	流 均	康导月刊	5卷2、3期	1943
西康之毛牛	梁达新	边疆通讯	5卷5期	1948
甘孜州牦牛的起源	王 冶	农业考古	2期	1986
四川牦牛发展沿革	刘祖波	中国牦牛	2期	1989
我国近代牦牛资源和选育研究史略	蔡 立	西南民族学院学报（畜牧兽医）	3期	1988
肉用型良种牦牛——九龙牦牛调查研究	蔡 立	中国牦牛	1期	1980
麦洼牦牛	蔡伯凌	中国牦牛	1期	1981
红原牦牛调查	刘期桂	中国牦牛	3期	1981
木里牦牛史料	黄友鹰	中国牦牛	1期	1983
宝兴牦牛调查	宝兴县畜牧局	四川草原	2期	1984
色达县牦牛调查	陆宏开 伍典汉	中国牦牛	3期	1986
金川县热它牦牛的生境条件、特征及生产性能	刘 皓	中国牦牛	1期	1987
甘孜县牦牛调查	胡安刚等	西南民族学院学报（畜牧兽医）	4期	1987
建昌鸭调查报告	濮家驹等	畜牧与兽医	1期	1957
建昌鸭	吴忠宇	家禽	4期	1981
建昌鸭小考	黄承宗	农业考古	1期	1986
凉山珍禽——建昌鸭	何绍江	四川农业科技	3期	1986
建昌鸭	阳远光	养禽与禽病防治	3期	1994
峨眉黑鸡	姜明元	家禽	4期	1982
简述凉山古代养鸡资料	黄承宗	农业考古	3期	1995
四川蜜蜂、白蜡虫及木耳养殖史研究	陈 虹 陈铁军	古今农业	3期	1993

续表一三

篇、书名	著(译)编者	出处	卷、期	年月日
峨嵋县之白腊业		四川月报	7卷3期	1935
四川白腊虫业概况及今后改进之方策	何一行	中国建设	13卷6期	1936
		四川月报	9卷1期	1936
抗战期中之白腊虫事业	忻介六	东方杂志	37卷3期	1940
洪雅白腊业概况	杜咏棠	建设周讯	10卷19、22期	1940
白腊虫在西康		西南实业通讯	4卷4期	1941
宁属特产——白腊虫	陈佛曾	新宁远	1卷8、9期	1941
川康白腊改进刍议	曾省	科学世界	10卷5期	1941
四川峨嵋县之白腊		农报	6卷16、18期	1941
四川白腊的产销概况	众兴	现代农民	5卷1期	1942
乐山的白腊虫	相仲祥	新经济	6卷7期	1942
峨眉山的宝藏——白蜡	李正伦	中药通报	5期	1956
我国白蜡虫养殖简史	黄森木	农业考古	2期	1986
邛都虫子嘉州蜡——四川历史上的一大富源	陆文熙	西昌师专学报	3期	1996
谈凉山历史上的白蜡虫养殖业	黄承宗	农业考古	3期	2000
历史上四川虫白蜡生产的地域性分工合作	陆文熙	西南民族大学学报（人文）	12期	2003
中国白蜡虫的养殖及白蜡的西传	龙村倪	中国农史	4期	2004
四川银耳概况	郑稷熙	科学	18卷1期	1934
从彝族对野蜂的利用看人类由食蜂到养蜂的发展	宋兆麟	中国农史	1期	1982

（三）土地制度

篇、书名	著(译)编者	出处	卷、期	年月日
青川县出土秦更修田律木牍——四川青川县战国墓发掘简报	四川省博物馆、青川县文化馆	文物	1期	1982
青川出土木牍文字简考	李昭和	文物	1期	1982
释青川秦墓木牍	于豪亮	文物	1期	1982

续表一

篇、书名	著(译)编者	出处	卷、期	年月日
青川秦墓木牍内容探讨	林剑鸣	考古与文物	6期	1982
释青川秦牍的田亩制度	杨宽	文物	7期	1982
青川新出秦田律木牍及其相关问题	黄盛璋	文物	9期	1982
青川郝家坪秦牍研究	李学勤	文物	10期	1982
四川青川秦墓为田律木牍考释——并略论我国古代田亩制度	胡澱咸	安徽师范大学学报（哲社）	3期	1983
秦田律考释	田宜超 刘钊	考古	6期	1983
青川秦墓木牍"为田律"所反映的田亩制度	胡平生	文史	19辑	1983
论青川秦牍中的"为田"制度	张金光	文史哲	6期	1985
青川郝家坪秦墓木牍研究之我见	丁光勋	历史教学问题	2期	1986
解读青川秦墓木牍的一把钥匙	胡平生 韩自强	文史	26辑	1986
青川秦牍《田律》争议问题总议	黄盛璋	农业考古	2期	1987
青川秦牍《为田律》所规定的"为田"制	罗开玉	考古	8期	1988
关于青川秦牍的年代	王云	四川文物	5期	1989
青川秦墓木牘を読む	楠山修作	東方学	79辑	1990
青川秦牍《为田律》再研究	罗开玉	四川文物	3期	1992
青川秦牍《更修为田律》适用范围管见	张金光	四川文物	5期	1993
青川秦牍《为田律》研究	罗开玉	简牍学研究	2辑	1998
蜀汉的土地制度	缪钺	成都日报		1963.3.22
论诸葛亮在北伐过程中的屯田	林成西	中国史研究	1期	1985
从出土文物谈诸葛亮在汉中的军屯	郭清光	成都大学学报（社科）	3期	1986
杜甫在夔州的瀼西与东屯庄	鞠清远	食货	3卷8期	1936
田钦全寄進正法院常住田記——碑文の作者楊天恵と田地所在	佐竹靖彦	中国社会・制度・文化史の諸問題（日野開三郎博士頌寿記念）		1987
宋初の莊園について——成都府・后蜀国節度使田欽若の所領を中心として	丹乔二	史潮	87号	1964
宋代四川の佃戸制	周藤吉之	唐宋社会經濟史研究		1965
宋代四川夔州路の民族問題と土地所有問題	佐竹靖彦	史林	50卷6号	1967
			51卷1号	1968

续表二

篇、书名	著(译)编者	出处	卷、期	年月日
東坡詩の買田の語について	西野貞治	人文研究（大阪市立大学文学部紀要）	19卷10号	1968
"择旁户"与"释房户"——关于《宋史·刘师道传》一个字的校勘问题	裴汝诚 顾吉辰	文史	8辑	1980
The Rights of Tenants in Mid-Qing Sichuan: A Study of Land-Related Lawsuits in the Baxian Archives	Madeleine. Zelin	Journal f Asian Studies	Vol. 45, No. 3	1986
明清四川地亩数的评价及其它	郭声波	中国史研究	2期	1990
明清长江三峡地区外来移民与土地利用	杨伟兵	重庆社会科学	3期	2001
清代前期巴县土地租佃关系档案选登		四川档案史料	3期	1983
清代重庆地区农田租佃关系中的几个问题	李映发	历史档案	1期	1985
康熙五十六年《张渭瑞出卖熟荒山田契约》评介	易 弓	历史档案	1期	1989
清初四川兴屯试探	鲁子健	社会科学研究	2期	1990
清代四川农村雇工问题：一个乡土角度的考察	周邦君	古今农业	4期	2005
辛亥革命后四川农村土地剥削情况初探	何承朴	四川师范大学学报（社科）	3期	1983
四川省租佃制度	中国农民银行四川农村经济调查委员会	编者刊		1941
四川土地陈报之成果	祝 平	中国农民	1卷2、3期	1942
四川之大佃契约	洪文澜	中央日报		1942.1.15
四川农棉地权形态的研究	王勤庄	新经济	10卷2期	1943
崇庆县的租佃情形	曹茂良	四川经济季刊	1卷1期	1943
四川的租佃问题	赵宗名	四川经济季刊	4卷2-4期	1947
抗日战争至解放前夕四川土地租佃关系	王 统	史学月刊	9期	1960
四川省土地陈报之研究	欧学芳	民国二十年代中国大陆土地问题资料		1977
成都华阳地整理之研究	康捷生	民国二十年代中国大陆土地问题资料		1977

续表三

篇、书名	著(译)编者	出处	卷、期	年月日
四川土地整理计划及其办理经过	龚永涛	民国二十年代中国大陆土地问题资料		1977
富顺县陈报处各项章则表格	陈鹏飞	民国二十年代中国大陆土地问题资料		1977
犍为经济建设与土地问题之关系	赵启祥	民国二十年代中国大陆土地问题资料		1977
成渝铁路成都平原之土地利用问题	马学芳	民国二十年代中国大陆土地问题资料		1977
犍为土地利用之研究	袁初群	民国二十年代中国大陆土地问题资料		1977
屏山附近各地垦殖之研究	徐书琴	民国二十年代中国大陆土地问题资料		1977
綦江水利工程与土地利用之关系	范守荣	民国二十年代中国大陆土地问题资料		1977
宜宾土地利用之研究	陈鹏飞	民国二十年代中国大陆土地问题资料		1977
自流井土地利用之调查	张树植	民国二十年代中国大陆土地问题资料		1977
成都平原租佃制度之研究	陈太先	民国二十年代中国大陆土地问题资料		1977
北碚一带房租地租之研究	来元业	民国二十年代中国大陆土地问题资料		1977
南温泉房地租之研究	孙丹五	民国二十年代中国大陆土地问题资料		1977
嘉陵江三峡乡村建设实验区土地分配	陈恕哉	民国二十年代中国大陆土地问题资料		1977
綦江县地价之研究	于兴波	民国二十年代中国大陆土地问题资料		1977
成都市地价与房租之研究		民国二十年代中国大陆土地问题资料		1977
重庆市地价与房租之研究	董国祥	民国二十年代中国大陆土地问题资料		1977
宜宾地价之研究	丘信	民国二十年代中国大陆土地问题资料		1977
成渝铁路沿线地价之研究	黄人俊	民国二十年代中国大陆土地问题资料		1977
重庆市一年来地价之变动	邢长铭	民国二十年代中国大陆土地问题资料		1977

续表四

篇、书名	著(译)编者	出处	卷、期	年月日
川滇铁路宜昆段地价及土地征收之研究	聂闻锋	民国二十年代中国大陆土地问题资料		1977
四川农业金融与地权异动之关系	李铮虹	民国二十年代中国大陆土地问题资料		1977
成渝铁路沿线土地征收之经过	陆士圻	民国二十年代中国大陆土地问题资料		1977
成都实习调查日记	李惩骄	民国二十年代中国大陆土地问题资料		1977
成都等处实习调查日记	龚永涛	民国二十年代中国大陆土地问题资料		1977
成都及华阳实习调查日记	康捷生	民国二十年代中国大陆土地问题资料		1977
成都市及资中隆昌实习调查日记	黄人俊	民国二十年代中国大陆土地问题资料		1977
四川郫县实习调查日记	欧学芳	民国二十年代中国大陆土地问题资料		1977
乐山等县实习调查日记	金海同	民国二十年代中国大陆土地问题资料		1977
四川乐山实习调查日记	易甲瀛	民国二十年代中国大陆土地问题资料		1977
乐山及眉山实习调查日记	赵启祥	民国二十年代中国大陆土地问题资料		1977
嘉定眉山等县实习调查日记	李鉴济	民国二十年代中国大陆土地问题资料		1977
嘉定及犍为调查实习日记	易甲瀛	民国二十年代中国大陆土地问题资料		1977
四川嘉定及雷波马摒实习调查日记	徐书琴	民国二十年代中国大陆土地问题资料		1977
泸县富顺等县实习调查日记	丘信	民国二十年代中国大陆土地问题资料		1977
泸县及富顺实习调查日记	万德麟	民国二十年代中国大陆土地问题资料		1977
泸县富顺实习调查日记报告	杨予英	民国二十年代中国大陆土地问题资料		1977
泸县富顺及昆明实习调查日记	聂文锋	民国二十年代中国大陆土地问题资料		1977
泸州富顺宜宾实习调查日记	杨予英	民国二十年代中国大陆土地问题资料		1977

续表五

篇、书名	著(译)编者	出处	卷、期	年月日
四川富顺实习调查日记	陈鹏飞	民国二十年代中国大陆土地问题资料		1977
江北巴县及綦江实习调查日记	范守荣	民国二十年代中国大陆土地问题资料		1977
江北巴县实习调查日记	张登岳	民国二十年代中国大陆土地问题资料		1977
巴县江北县实习调查日记	王国栋	民国二十年代中国大陆土地问题资料		1977
四川重庆及南温泉实习调查日记	陈悫哉	民国二十年代中国大陆土地问题资料		1977
江巴两县及南温泉实习调查日记	孙丹五	民国二十年代中国大陆土地问题资料		1977
巴县及重庆市实习调查日记	吴秀生	民国二十年代中国大陆土地问题资料		1977
江北及綦江实习调查日记	于兴波	民国二十年代中国大陆土地问题资料		1977
江北巴县资中实习调查日记	辜勉	民国二十年代中国大陆土地问题资料		1977
重庆及巴县实习调查日记	张伯芹	民国二十年代中国大陆土地问题资料		1977
巴县成都简阳资中实习调查日记	轶名	民国二十年代中国大陆土地问题资料		1977
成都及巴县实习调查日记	陈太先	民国二十年代中国大陆土地问题资料		1977
彭山县土地陈报处业务报告	朱霄龙	民国二十年代中国大陆土地问题资料		1977
崇宁县土地陈报办事处业务报告	彭文和	民国二十年代中国大陆土地问题资料		1977
重庆市实习调查日记	董国祥	民国二十年代中国大陆土地问题资料		1977
巴县成都实习调查日记	吴重齐	民国二十年代中国大陆土地问题资料		1977
重庆市及南温泉实习调查日记	李铮虹	民国二十年代中国大陆土地问题资料		1977
重庆市及自流井实习调查日记	张树植	民国二十年代中国大陆土地问题资料		1977
巴县及重庆市实习调查日记	邢长铭	民国二十年代中国大陆土地问题资料		1977

续表六

篇、书名	著(译)编者	出处	卷、期	年月日
湘西屯田调查及巴县实习日记	刘汉源	民国二十年代中国大陆土地问题资料		1977
民国时期川西田地及租佃问题	曹芬	成都文物	3期	2000
从成都平原租佃纠纷个案论押租制的双重意义	李德英	历史档案	1期	2005
川陕苏区的土地革命	温贤美 永向前	社会科学研究	3期	1979
从几件文物看川陕根据地的土地革命	温贤美	四川文物	3期	1984
从《红军公田牌》看川陕苏区的公军公田制	张启明	四川文物	3期	1992
从一张文告看红军在羌族地区实行的土地革命运动	黄清华	四川文物	1期	1997
川陕革命根据地与其他革命根据地土地政策之比较	罗其芳	达县师范高等专科学校学报	3期	2002
川陕苏区"红军公田"制探析	罗其芳	达县师范高等专科学校学报	3期	2004
川陕苏区土地革命述评	罗其芳	西南民族大学学报（人文）	7期	2004
清末西康之荒地调查		边政月刊	8卷	1931
四川理县甘堡藏区清乾隆时二田契试析	李绍明	民族研究	3期	1999
清末川边屯垦与牧争地问题探析	邹礼洪	西华大学学报（哲社）	4期	2005
Hsiang Ch'eng, or Du Halde's "Land of the Lamas"	J. H. Edgar	Journal of the West China Border Research Society	Vol. 7	1935
康藏部落社会的土地制度	陈洪进	中国农村	7卷11期	1942
两盐红照地之内容及其解决之途径	傅真元	康导月刊	4卷 8、9期	1942
西康土地问题	吴文晖 李鉴华	边政公论	3卷6期	1944
西康省两盐土司红照地产权整理之现况及其展望	刘洭文	西康经济季刊	15、16期	1948
康区土地契约档案例析	天荒 乐子	四川档案	3期	1989
猓族之农奴	钤	康导月刊	1卷5期	1939
凉山彝族奴隶社会的押租制	徐铭	西南民族学院学报（哲社）	1期	1983
凉山彝区租佃关系的性质	胡波	西南民族学院学报（哲社）	4期	1982
凉山土目地区的土地领种制	列索子哈	思想战线	6期	1987
凉山彝区近代土地租佃及押租制	秦和平	西南民族学院学报（哲社）	3期	1988

续表七

篇、书名	著（译）编者	出处	卷、期	年月日
论民主改革前凉山彝区租佃制的性质	李绍明	思想战线	4 期	1991
凉山彝族土地关系的特点——出租者向承租者服劳役	刘 宇	云南人民出版社		1999
清代彝族地区土地买卖、典当和租佃分析	王明东	云南民族学院学报（哲社）	3 期	2002

（四）水利

篇、书名	著（译）编者	出处	卷、期	年月日
四川水利史略	刘子健	四川建设	1 卷 2 期	1944
古代的水利事业	施子山	四川日报		1982.1.7
四川水利史研究（1 辑）	四川省水利学会水利史研究学会	编者刊		1983
四川历代水利名著汇释	四川省水利电力厅	四川科学技术出版社		1989
关于四川古代之井制	刘铭恕	说文月刊	3 卷 9 期	1943
治水及其人物	姜蕴刚	说文月刊	3 卷 9 期	1943
大禹与李冰治水的关系	黄芝岗	说文月刊	3 卷 9 期	1943
成都平原上的古代人工河流——法家路线在四川的丰功伟绩	魏达议	资料	4 期	1975
二郎擒龙的神话与开明凿宝瓶口的史实	喻权域	资料	1	1978
		四川文物	3	1988
成都平原古代人工河流辨解	魏达议	中国史研究	4 期	1979
岷江水利与巴蜀繁荣	剑 虹	历史知识	5 期	1980
"鳖灵治水"试析——关于四川水利史的一个问题	郭发明	历史知识	1 期	1982
"鳖灵决玉山"纵横论——兼析《蜀王本纪》的写作背景	罗开玉	四川师范大学学报（社科）	1 期	1984
"开明决玉垒"辨	钟天康	成都大学学报（社科）	1 期	1988
成都古代水利设施的发现	王 毅	四川水利	1 期	1990
从考古发现看川西平原治水的起源与发展	王 毅	华西考古研究	1 辑	1991
考古所见川西先秦两汉水利	雷玉华	古今农业	1 期	1992

续表一

篇、书名	著(译)编者	出处	卷、期	年月日
古代巴蜀の治水伝説の舞台とその背景——蜀開明から秦李へ	鶴間和幸	中国水利史の研究		1995
		中国西南的古代交通与文化		1994
文明从治水开始	黄剑华	四川文物	5期	1999
古蜀与美索不达米亚——从灌溉系统的比较分析看古代文明的可持续发展	邹一清	中华文化论坛	2期	2005
鳖灵蜀中治水研究——兼论鳖灵部落西进、"王蜀"之历史进程	李绍先	德阳教育学院学报	3期	2005
历代都江堰功小传	钱茂、秦楠辑，钱茂撰，王人文补正	成都刊本		1911
		临海秦氏四休堂丛书本		1944
		广文书局		1978
灌县都江堰整顿计划		四川月报	1卷4期	1932
都江堰工程查勘纪略		四川月报	3卷5期	1933
灌县都江堰灌溉区域概况		四川月报	5卷2期	1934
四川都江堰灌溉区域图说序	向傅山	方志月刊	7卷3期	1934
四川都江堰灌溉工程	孙辅世	水利月刊	7卷6期	1934
灌县飞沙堰冲溃		四川月报	7卷1期	1935
飞沙堰决堤略志		四川经济月刊	4卷3期	1935
四川兴建灌县都江堰		禹贡	4卷8期	1935
都江堰工程计划		四川经济月刊	5卷1期	1936
都江堰水利工程计划书		四川月报	8卷2期	1936
都江堰工程概况		四川经济月刊	6卷3期	1936
都江堰大修开始		四川经济月刊	6卷5期	1936
都江堰特修工程		四川经济月刊	6卷6期	1936
都江堰水利调查	邬仪	建设周讯	2卷1、2期	1937
查勘沟通都江堰内外江报告书	张沅	建设周讯	4卷2期	1937
都江堰开堰迟早与成都平原水稻之关系	陶然 康世光	建设周讯	4卷5期	1937
民国二十六年都江堰第二次抢修工程计划书		建设周讯	2卷10期	1937
办理救济都江堰内外江尾堰缺水经过	四川水利局	建设周讯	6卷14期	1938
都江堰		新四川	1卷1期	1939

续表二

篇、书名	著(译)编者	出处	卷、期	年月日
四川省都江堰水利概况	四川水利局	四川统计月报	1卷1期	1939
四川省都江堰流域测量队报告书		建设周讯	7卷25、26期	1939
廿六年度都江堰流域各县地方水利工程报告		建设周讯	8卷1、2期	1939
沟通内外两江工程计划		建设周讯	8卷3、4期	1939
华西水利巨观之都江堰	邵 介	政治建设	3卷1期	1940
四川都江堰水利述要	赵天骥	西北论衡	8卷17、18期	1940
都江堰的水利工程	陈励途	东方杂志	38卷12号	1941
都江堰与成都平原之水利	杨绂章	川康建设	1卷1期	1943
都江堰的水利	张保升	地学集刊	1卷2期	1943
		华文月刊	2卷2、3期	1943
竹落	王献唐	说文月刊	3卷9期	1943
川西都江堰水利概况	朱富藻	农业推广通讯	5卷9期	1943
都江堰水利工程述要及其改善计划大纲	四川省水利局	编者刊		1943
四川著名灌溉工程——都江堰	江 横	人民日报		1950.10.6
最古的灌溉工程——都江堰	王鞠侯	进步青年	237期	1951
伟大的都江堰	罗 农	科学大众	7期	1954
都江堰	杜镇福	人民中国	22期	1954
都江堰介绍	都江堰管理处	编者刊		1954
都江堰	严 辰	旅行家	2期	1955
我国古代的科学创造	黄宗甄	工商导报		1955.3.25
"都江堰"二千二百年	为 屏	中国青年报		1957.2.13
都江堰和官渠堰	何基沣	旅行家	1期	1958
蜀志和都江堰	中共北京市委办公厅	编者刊		1958
都江堰	曾金祥	成都日报		1961.4.23
都江堰	禾 千	人民日报		1961.5.7
灌县都江堰	黄 寿	"中央日报"		1967.1.22
法家路线促进了都江堰的兴建	四川省博物馆	四川通讯	10期	1974

续表三

篇、书名	著(译)编者	出处	卷、期	年月日
历史的见证——从都江堰灌区的建设看人民群众的伟大创造力		人民日报		1974.7.16
法家路线促进我国历史上科学技术的发展		光明日报		1974.7.21
商鞅变法促水利，李冰兴修都江堰	徐国芬	解放日报		1974.9.2
法家路线与都江堰	魏启朋 张筑生	四川日报		1974.9.21
法家路线对秦国三大水利工程的促进作用	清华大学水利系理论小组	光明日报		1974.10.18
都江堰是秦国推行法家路线的胜利成果	马延华	重庆日报		1974.11.6
都江堰的建成是法家路线的胜利	隋 岗	辽宁日报		1974.12.16
革命就是解放生产力——从都江堰的兴建看革命和生产的关系	长春市轻化工局第八期工人儒法斗争史学习班	吉林日报		1974.12.19
都江堰的建设与两条路线斗争	鲁子健	资料	1期	1975
关于都江堰的几个问题	谢忠梁	资料	1期	1975
都江堰的兴建是法家路线的胜利	隋 岗	大连工学院学报	2期	1975
关于都江堰历史的两个问题	谢忠梁	四川大学学报（哲社）	3期	1975
都江堰的修建及其伟大成就	唐光沛	资料	4期	1975
都江堰	四川省水利局	四川人民出版社		1975
清代都江堰的重建	唐光沛	四川大学学报（自然）	3期	1976
从都江堰看劳动人民的治水、治沙经验（上）（下）	成都工学院水工、农水、水文专业理论学习组	力学	4期	1976
			1期	1977
宝瓶口和沱江是李冰之前开凿的	喻权域	历史研究	1期	1978
都江堰宝瓶口主要是用什么方法凿成的	谢忠梁	四川大学学报（自然）	1期	1978
都江堰的变迁	沈果正	四川大学学报（哲社）	4期	1979
都江堰	杨瑞文	成都日报		1979.1.11
都江堰的"水经"	杨瑞文	成都日报		1979.5.10
谈"水则"	杨瑞文	成都日报		1979.9.17
都江堰的最早记载——读《史记·河渠书》	文 石	灌县风物	1期	1981
都江堰名称的演变	唐光沛	地名知识	1期	1981

续表四

篇、书名	著(译)编者	出处	卷、期	年月日
都江堰的泥沙	徐慕菊	泥沙研究	1期	1981
大堰飞沙，千秋奇话	张大放	文明	1期	1981
古都江堰渠首枢纽布置的研究	熊达成	成都科技大学学报	2期	1981
都江堰工程简介	韩爱敏	中学地理教学参考	3期	1981
中国四川省都江堰の水利と甲府盆地の水利について	内田和子	中国研究月报	403卷	1981
都江堰文献志	都江堰文献志编委会	四川省水利水电勘测设计院		1981
都江堰水利系统工程的辩证法	熊达成	大自然探索	1辑	1982
都江堰——中国最早的水文站	王贵德	水文	1期	1982
都江鱼咀史话	熊达成	成都科技大学学报	2期	1982
试谈都江堰内外江分流比	吕建华等	农田水利与小水电	2期	1982
都江堰为什么名扬中外	喻权域	旅游天府	2期	1982
历史的借鉴——试论都江堰何以经久不衰	肖　帆　易文光	中国水利	3期	1982
都江堰古史新论	喻权域	社会科学研究	3期	1982
岷江都江堰河段河道演变和都江堰工程布局的发展	陈家扬	泥沙研究	4期	1982
修都江堰完全是李冰的功劳吗	喻文摘	旅游天府	4期	1982
都江堰铁牛与中国古代大型冶金工程	莫锦江	十驾	4、5期	1982
关于兴建都江堰的几个历史问题	田　尚　邓自欣	史学月刊	5期	1982
鳖灵凿宝瓶口　李冰修都江堰	金永堂	社会科学研究	6期	1982
都江堰确为李冰所建——与喻权域同志商榷	王纯五　罗树凡	社会科学研究	6期	1982
关于都江堰历史的几个问题——与喻权域同志商榷	燕边	社会科学研究	1期	1983
都江堰的科学价值及"古为今用"的巨大效益	吴敏良	农业考古	2期	1983
蜀西明珠——都江堰	张宝政	地球	3期	1983
灌县都江堰水利志	《灌县都江堰水利志》编辑组	编者刊		1983
古代都江堰情况探原	徐中舒	四川文物	1期	1984
试论都江堰渠首工程布局的合理性与治沙经验	金永堂	水利学报	2期	1984
水则卧铁鱼嘴	熊达成	成都文物	2期	1984

续表五

篇、书名	著(译)编者	出处	卷、期	年月日
都江堰古迹——水则和卧铁	都江堰志编辑室	四川地方志通讯	2期	1984
都江堰	灌县文物保管所	四川人民出版社		1984
试论都江堰的兴建与蜀王开明的关系	冯广宏	天府新论	1期	1985
都江堰在李冰之前三百年已有基础	欧阳惠筠	新华文摘	1期	1985
都江堰的马槎	熊达成	成都文物	4期	1985
从系统科学原理看都江堰渠首工程	范文涛等	自然杂志	12期	1985
四川水利史研究（都江堰专辑）	四川省水利学会水利史研究委员会、四川省水利学会都江堰管理局会员组	编者刊		1985
都江堰	四川省水利电力局、四川人民出版社	四川人民出版社		1985
初论战国、秦汉两次水利建设高潮——兼说都江堰工程史	彭曦	农业考古	1期	1986
系统工程学在都江堰古老工程上的早期运用	吴敏良	农业考古	1期	1986
话说都江堰	郭嘉桓	开封教育学院学报	2期	1986
试论都江堰经久不衰的原因	邓自欣 田尚	中国史研究	3期	1986
都江堰"软"、"硬"建筑及其历史发展	黎沛虹	社会科学研究	5期	1986
都江堰	四川省水利电力厅都江堰管理局	水利电力出版社		1986
我国古代运用系统工程思想的典范——都江堰水利工程	邓正龙 方律休	系统工程理论与实践 成都科技大学学报	1期 2期	1987 1988
天府银河	易文光	水利天地	1期	1987
都江堰史研究	四川水利电力厅	四川省社会科学院出版社		1987
四川省都江堰志	《四川省都江堰志》编辑室	编者刊		1987
都江堰水利工程	田锡祜	中学地理教学参考	2期	1988
继承 总结 开发——编写《都江堰》水利技术史的体会	熊达成	文史杂志	2期	1988

续表六

篇、书名	著(译)编者	出处	卷、期	年月日
灌江备考	郭迎堂	中国水利	5期	1988
清朝丁宝桢大修都江堰	阎培志	水利天地	5期	1988
历史上关于都江堰竹笼结构的争论	冯广宏	中国水利	5期	1988
都江堰创建之谜	冯广宏	水利天地	6期	1988
我国著名的水利工程体系——都江堰	铁军	成都师专学报	1期	1989
略论都江鱼咀的分水功能——兼谈"分四六"的含义	刘星辉	四川水利	2期	1989
都江堰渠首工程系统分析（上）——概述历史典籍与定性论述	范文涛等	系统工程学报	1期	1990
都江堰渠首工程系统分析（下）——数学模型、自然启示与改进意见	范文涛等	系统工程	3期	1990
		系统工程理论与实践	6期	1990
都江堰工程分水排沙的系统科学原理初探	胡振鹏	南昌大学学报（工科）	2期	1991
都江堰研究的新视角	叶茂林	中国史研究动态	5期	1991
试论历史上都江堰代表性工程的转移	刘星辉	四川水利	1期	1992
也谈都江堰的名称	赵毅	中国科技史料	3期	1992
都江堰水利工程技术的历史演进	郭声波	中国历史地理论丛	4期	1992
都江堰在科学技术史上的价值及其当今发展与社会经济效益	李映发	水利经济	1期	1993
都江堰在科学技术史上的价值	李映发	四川大学学报（哲社）	2期	1993
从湔棚到都江堰——都江堰称谓考说	韩杰	历史教学	3期	1993
试论都江堰修建与李冰崇拜	周九香	中国史研究	1期	1994
都江堰的科学和历史：因势利导不断完善	郭发明	四川水利	1期	1994
吉当普改制大修都江堰的历史地位	郭仲明	水电科技信息	1期	1994
中国水利专家揭开都江堰千古不淤之谜	芬	上海水利	2期	1994
浅论都江堰灌区水利工程的艺术属性	王进军	四川水利	3期	1994
都江堰创建及发展的历史奇功	吴敏良	文史杂志	4期	1994
略论都江堰的历史地位	韩华	四川水利	4期	1994
清代至民国时期的都江堰灌区管理	谭徐明	中国水利	4期	1994
无闸有口 设堰飞沙 都江堰千古不衰之谜大白于世	蒋作平 杨全新	科技文萃	6期	1994

续表七

篇、书名	著（译）编者	出处	卷、期	年月日
中国四川都江堰建堰二千二百五十周年国际学术研讨会论文集	四川省都江堰管理局	编者刊		1994
都江堰（公元前二百五十六年—公元一千九百九十四年）	四川省都江堰管理局	编者刊		1994
水则漫话	胡长江	水利天地	3期	1995
都江堰巨系统结构初探	黄伟军	四川水利	6期	1995
创建都江堰的历史背景	胡长江	四川水利	2期	1996
中国古代水利工程奇迹——都江堰	唯 真	科学启蒙	3期	1996
一份珍贵的清代宝瓶口水位观测报告	胡长江	四川水利	4期	1996
都江堰渠首工程的科学性	焦爱萍	黄河水利教育	4期	1996
刍议都江堰传统工程与现代化	邱 锦	四川水利	6期	1996
都江堰水利工程	山 玉	中华魂	8期	1996
漫话"水则"	李炳芝	吉林水利	9期	1996
都江堰——著名的古代水利工程	圻 子	吉林水利	10期	1996
都江堰历史和现实若干问题的思考	周九香	文史杂志	1期	1997
都江堰		中华文化论坛	1期	1997
千古奇功都江堰	王纯五	都江堰市民间文艺家协会		1997
都江堰水文、泥沙自控调度初探	陈信华	水文	1期	1998
奇伟的都江堰	黄 英	中外文化交流	2期	1998
浅析河流地貌在都江堰建设上的意义	郭耀文	河海大学学报	3期	1998
浅谈都江堰渠首工程防洪	任 平	四川水利	3期	1998
论都江堰系统工程的生存和发展	刘 东 刘端直	系统辩证学学报	4期	1998
都江堰	周 鹰	文化交流	4期	1998
都江堰古今谈	金永堂	科技潮	6期	1998
都江堰的启示	冯雁军	中外房地产导报	8期	1998
都江堰	俞 明	瞭望新闻周刊	17期	1998
论都江堰水利工程的系统辩证原理	汪富泉等	系统辩证学学报	1期	1999
论河流地貌在水利建设上的作用——以都江堰为例	郭耀文	泥沙研究	2期	1999
科技进步与都江堰的完善和发展	张华松	四川水利	3期	1999
都江堰——伟大的世界工程	陶知章	环渤海经济瞭望	5期	1999

续表八

篇、书名	著(译)编者	出处	卷、期	年月日
从都江堰看长江治水	张鼓峰	观察与思考	7期	1999
李冰的治水决策	杨飙	决策与信息	12期	1999
诸葛亮对都江堰的保护及其他	卞再彬	成都文物	1期	2000
水工典范都江堰	谢丽	国土与自然资源研究	1期	2000
古代大型的系统工程——都江堰	张芳	古今农业	2期	2000
历史上都江堰灌区的水费	邓涌涌	中国农村水利水电	8期	2000
丁宝桢治理都江堰	鲁子健	全面的总结 科学的评价——丁宝桢诞辰180周年纪念暨学术研讨会论文集		2000
都江堰——一种文化现象	肖帆 阳本福	海河水利	3期	2001
司马错平定巴蜀与李冰兴建都江堰	张骅	海河水利	4期	2001
2200多年来都江堰的效能为何历久不衰	林承坤 吴小根	自然杂志	4期	2001
都江堰	张锦纯	上海集邮	5期	2001
福荫千秋——都江堰	徐进	经营管理者	5期	2001
都江堰水利工程的历史演变和科学辩证法	罗启惠 谈有余	四川教育学院学报	5期	2001
都江堰——中国古老的水利工程	卞再彬	Women of China	5期	2001
可持续发展的典范——都江堰	陈文文	地理教学	7期	2001
都江堰	宋如海	天地出版社		2001
世界文化遗产保护应充分考虑都江堰工程的独特性	李映发	四川水利	1期	2002
清代都江堰灌区水费征收的变迁与启示	陈渭忠	四川水利	1期	2002
都江堰是本土科学结晶	冯广宏	四川水利	3期	2002
都江堰1798年度岁修核销报告	周九香	四川水利	5期	2002
拥抱大地——利用自然的杰作：都江堰	石中元	建筑装饰材料世界	5期	2002
都江堰	罗开玉	寻根	6期	2002
千年流芳都江堰	史德翔	丝绸之路	11期	2002
郑国渠与都江堰——战国秦的扇形地开发	大川裕子	周秦社会与文化研究——纪念中国先秦史学会成立20周年学术研讨会论文集		2002
都江堰历史文化之谜	蒋永志	四川民族出版社		2002
都江堰水利系统的地球科学思想	陈智梁	第四纪研究	2期	2003

续表九

篇、书名	著(译)编者	出处	卷、期	年月日
论都江堰工程所表明的古羌、蜀文化的先进性	周述椿	文史杂志	2期	2003
《史记·河渠书》"蜀守冰凿离堆"指的不是都江堰离堆吗——评《辞海》"离堆"①、②及相关词条注文	刘星辉	四川水利	2期	2003
谈都江堰的修建历程	周述椿	成都文物	3期	2003
都江堰简介		四川水利	5期	2003
都江堰发展回顾	冯广宏	四川水利	5期	2003
都江堰	徐 康	四川省情	10期	2003
神奇的水利工程遗产——都江堰	刘希信	中学地理教学参考	11期	2003
都江堰：水利工程史上的奇迹	张成岗 张尚弘	工程研究——跨学科视野中的工程	1辑	2004
都江堰的保护和发展是辩证的统一	郭发明	四川水利	1期	2004
漫话"遵旧制，毋擅变"	胡长江	四川水利	1期	2004
都江堰发展与保护中的若干问题探讨	吴平勇	四川水利	1期	2004
试论都江堰的哲学内涵与文化底蕴	赵 敏	河海大学学报（哲社）	3期	2004
李冰精神与都江堰文化	李映发	四川水利	5期	2004
都江堰——我国传统治水文化的璀璨明珠	李可可 黎沛虹	水利发展研究	9期	2004
		中国水利	18期	2004
从都江堰持续利用看水利工程科学管理	刘 宁	中国水利	18期	2004
与时俱进、中国特色的都江堰	冯广宏	中国水利	18期	2004
历史的都江堰是变化的都江堰	王绍良	中国水利	18期	2004
造化与传承——都江堰经久不衰、持续发展的文化动因	肖帆等	中国水利	18期	2004
		河海大学学报（哲社）	4期	2005
从都江堰看水利工程寿命的决定因素	贾金生	中国水利	18期	2004
都江堰工程是对人类的贡献	戈派拉克瑞斯南	中国水利	18期	2004
要让全世界都了解都江堰	格拉夫·瓦特	中国水利	18期	2004
从现代水利科技看中国古代的都江堰	许志方	中国水利	18期	2004
都江堰古水利工程运行2260年的科学原理	王光谦	中国水利	18期	2004
与时俱进人水和谐的千秋伟业	孙砚方	中国水利	18期	2004
都江堰——水利奉献给世界文明的瑰宝		中国水利	18期	2004

续表一〇

篇、书名	著(译)编者	出处	卷、期	年月日
清代都江堰灌区水费探析	谢继华	四川大学学报（哲社）	增刊	2004
沧桑变迁都江堰（上）	李翊 杨勤	中国水利报		2004.7.27
沧桑变迁都江堰（下）	李翊 杨勤	中国水利报		2004.7.29
都江堰史	都江堰管理局	科学出版社		2004
都江堰水利词典	都江堰管理局	科学出版社		2004
都江堰水利可持续发展研究	都江堰管理局	科学出版社		2004
都江堰水文化与可持续发展	张帅	四川水利	1期	2005
从都江堰水利工程看可持续建筑	康志华	四川建筑	2期	2005
贺龙指挥解放军抢修都江堰	卞再斌	成都文物	2期	2005
请教都江堰（上）（中）（下）——2200年视野中的可持续发展	0问题研究小组	绿色中国	3-5期	2005
都江堰与成都二江	陈渭忠	四川水利	4期	2005
两种古代环境伦理学思想的比较——都江堰与现代大坝对比分析	张敏 王益谦	四川经济管理学院学报	4期	2005
都江堰科学技术的传播与发展	李映发	四川水利	6期	2005
都江堰是"以水治水"的成功范例	邹礼洪	西华大学学报（哲社）	6期	2005
从都江堰持续利用看水利工程科学管理	刘宁	2005中国水利发展报告		2005
都江堰	陈燕白 王晓彬	中国旅游出版社		2005
神话、巫术与祭祀——都江堰清明放水节的来龙去脉	蒋永志	中国文联出版社		2005
汉代成都水利发展概貌	王方	成都文物	4期	1997
从考古发现看汉代成都水利的发展	王方	四川文物	3期	1999
诸葛九里堤	质一 力刃	旅游天府	3期	1981
九里堤与诸葛亮		成都日报		1982.2.4
古代蜀の水利開発と社会——《三国志》の歴史背景	藤田勝久	日中文化研究	10号	1996
四川理县出土的一部明代水利著作——董时明的《三吴水利便览》	张勋燎	文物	4期	1974
光绪三十年万县知县劝兴水利告示	四川省万县市档案馆	历史档案	3期	1995

续表——

篇、书名	著(译)编者	出处	卷、期	年月日
清代邛州回澜塔溯源——兼论回澜塔与栏杆堰水利工程	胡立嘉	成都文物	2期	1998
成都平原近代的水事纠纷	陈渭忠	四川水利	5期	2005
乐山古代水利初探	胡方平	乐山师专学报（社科）	3期	1994
采录南部整顿水利森林提议案	谢庶常	川西北建设学会会刊	2期	1923
The Szechwanese Use of their Water Resources for Agriculture	D. S. Dye	Journal of the West China Border Research Society	Vol. 3	1926–1929
省建设厅救济山田坝田水利办法		四川月报	1卷2期	1932
堰水灌溉之法——什邡县旧志		川西北建设学会会刊	2期	1932
犍为之水利		四川月报	2卷6期	1933
綦江县实行开发水利		四川月报	3卷5期	1933
四川农田灌溉问题	刘主生	四川农业月刊	1卷5期	1934
岳池县整修水利		四川月报	5卷4期	1934
新繁之水利		四川月报	5卷5期	1934
江北农田水利概况		江北建设特刊		1934
西川水利概况	何民彝	实业统计	3卷4期	1935
四川水利建设近况		四川经济月刊	4卷6期	1935
嘉陵江三峡乡村建设实验区凿塘筑堰计划书	刘选青	工作月刊	1卷3期	1936
成都平原之水利	鲍觉民	政治经济学报	5卷第2期	1936
整理川西水利计划		四川经济月刊	5卷2、3期	1936
各地水利之进行		四川经济月刊	6卷6期	1936
各地水利之推行		四川经济月刊	7卷1、2期	1937
三台涪江灌溉区工程计划		四川月报	11卷2期	1937
水利特刊		建设周讯	1卷12期	1937
整理四川水利的方法和步骤	邹吉安	川大周刊	5卷17期	1937
水利整顿情形		四川经济月刊	9卷4期	1938
川建厅积极兴办农田水利		四川经济月刊	10卷3期	1938
川南水利勘测汇志		四川经济月报	10卷6期	1938
三峡实验区改进农田水利及发展水利之设计	刘梦锡 林平一	北碚	2卷7–12期	1938

续表一二

篇、书名	著(译)编者	出处	卷、期	年月日
一年来水利事业之回顾		建设周讯	4卷 8、9期	1938
一年来四川水利与工务纪要		建设周讯	4卷 10、11期	1938
三台县涪江桃李太三镇灌溉工程及永成渠整理工程	四川水利局	建设周讯	6卷11期	1938
电力灌溉之一个实例——四川省金堂县之水电灌溉事业	罗志如等	资源委员会月刊	1卷1期	1939
整理彭县官渠堰灌溉工程实施细则		建设周讯	8卷 1、2期	1939
四川二十县农田水利调查报告		建设周讯	8卷 1、2期	1939
彭县湔江整理工程计划书		建设周讯	8卷 1、2期	1939
温江玉石堤放淤工程计划		建设周讯	8卷 1、2期	1939
石亭江灌溉区整理工程计划		建设周讯	8卷 1、2期	1939
绵阳袁公堰工程计划书		建设周讯	8卷 1、2期	1939
绵阳袁公堰工程实施细则		兼设周讯	8卷 1、2期	1939
踏勘射洪涪江大榆坝灌溉工程计划		建设周讯	8卷 1、2期	1939
三台涪江灌溉区工程计划书		建设周讯	8卷 1、2期	1939
统筹办理通济堰灌溉工程计划		建设周讯	8卷 1、2期	1939
整理青神鸿化堰进水口工程		建设周讯	8卷 1、2期	1939
勘拟青神普兴堰整理工程计划		建设周讯	8卷 1、2期	1939
夹江河堰查勘报告书		建设周讯	8卷 1、2期	1939
峨嵋河堰整理工程计划		建设周讯	8卷 1、2期	1939
彭山青龙场武阳江护岸工程计划书		建设周讯	8卷 3、4期	1939

续表一三

篇、书名	著(译)编者	出处	卷、期	年月日
青神上盐关岷江护岸工程计划书		建设周讯	8卷3、4期	1939
眉山太和镇岷江护岸工程计划书		建设周讯	8卷3、4期	1939
眉山太平场岷江护岸工程计划书		建设周讯	8卷3、4期	1939
眉山候河防洪工程计划		建设周讯	8卷3、4期	1939
眉山东门外岷江支流整理工程计划		建设周讯	8卷3、4期	1939
绵阳城北堤防防护工程计划		建设周讯	8卷3、4期	1939
绵阳黄许镇绵阳河整理工程计划		建设周讯	8卷3、4期	1939
疏浚彭县牧马河工程计划		建设周讯	8卷3、4期	1939
农田水利贷款会已勘测八十县工程		四川经济月刊	11卷1、2期	1939
绵阳开凿袁公堰与龙西堰		四川经济月刊	11卷1、2期	1939
新彭眉三县请省政府重修通济堰		四川经济月刊	11卷1、2期	1939
四川之水利事业	郑国琳	新四川	1卷3期	1939
三台郑泽堰及整理永成堰工程纪略		新四川	1卷3期	1939
		川南工商	1卷3期	1944
四川省农田水利查勘报告	许心武	导淮委员会半年刊	3期	1939
四川水利局廿八年度施政纲要		建设周讯	7卷25、26期	1939
绵阳龙西堰工程纪要	张曙瑨	水利特刊	2卷4期	1940
绵阳县涪翁埝工程实录	朱培寿	中农月刊	2卷12期	1941
成都平原的水利	邵 介	东方杂志	38卷2期	1941
视察灌县等处水利工程报告		行政院水利委员会季刊	1卷2、3期	1942
岷江整理工程概况		行政院水利委员会季刊	1卷2、3期	1942
四川省农田水利论述	张季春	行政院水利委员会季刊	1卷4期	1942

续表一四

篇、书名	著(译)编者	出处	卷、期	年月日
四川省水利建设概况及其对于工矿业之关系		西南实业通讯	6卷5期	1942
四川需要小型农田水利	陈正谟	四川经济季刊	1卷1期	1943
涪江中游之水利建设	王成敬	四川经济季刊	1卷1期	1943
近年我国各省完成之灌溉排水工程统计		中农经济统计	3卷9期	1943
四川水利建设与其经济价值	张肖梅	西南实业通讯	8卷5期	1943
南川吐文坝罗秀坝东乡坝灌溉区之查勘		导淮委员会半年刊	10、11期	1943
四川两年来之水利事业		四川建设	1卷2期	1944
犍为清水溪电力灌溉工程		川南工商	1卷3期	1944
牛头埝工程概况		川南工商	1卷5、6期	1944
四川江北县郭家沱虹吸溢道模型试验报告书	谭葆泰	行政院水利委员会月刊	2卷2期	1945
川北大建设的开始		川南工商	2卷3期	1945
一年来四川之水利建设及展望	何北衡	川南工商	2卷3期	1945
四川省水利工程计划刍议	川建设厅设计考核委员会	川南工商	2卷3期	1945
抗战时期资源委员会在川西开发水力资源的回忆	屠达	中国水力发电史料	3期	1996
普遍发展四川农田水利刍议	李孔遗	四川经济季刊	3卷1期	1946
川省水利工程建设厅统计概要		征信新闻	592期	1947.2.22
中农行第一期大小型农田水利贷款		征信新闻	790期	1947.9.9
四川省之水利	李元亮	科学大众	2月号	1948
通济堰及其扩建	巩坚璧	四川水利	2期	1994
千年古堰——通济堰	李树全	四川水利	5期	1997
查勘荥经农田水利报告书		建设周讯	8卷1、2期	1939
查勘天全天全坝始阳坝多功坝农田水利报告		建设周讯	8卷1、2期	1939
沙河堡窝地灌溉计划		建设周讯	8卷1、2期	1939
举办西康水文测量与河道测量刍议	李肇端	康导月刊	2卷2期	1939
汉源流沙河各自流灌溉区查勘记		康导月刊	2卷9期	1940
宁属水利查勘记	王志超	康导月刊	3卷4期	1940

续表一五

篇、书名	著(译)编者	出处	卷、期	年月日
西康泸定磨西面之水利问题	李承三	地质论评	5期	1940
西康省水利建设三年计划		康导月刊	3卷8、9期	1941
川康农田水利与抗战建国	徐伯川	科学世界	10卷5期	1941
西康全水利事业		蒙藏月刊	1卷13、14期	1941
西康水利事业		康导月刊	3卷8、9期	1941
建设安宁渠与粮食增产之关系	徐孝恢	康导月刊	3卷12期	1942
安宁河与宁属水利	王汝霖	川滇西路季刊	5期	1944
泸定磨西水利事业之今后观	沈道琛	西康经济季刊	14期	1947

（五）林业

篇、书名	著(译)编者	出处	卷、期	年月日
西康东部森林概况	谭锡畴	实业部地质调查所		1930
西康东部森林之初步观察	郑万钧	边政	8期	1932
四川重要林木生长之研究	邵维坤	中华农学会报	165期	1938
川康滇边四大河流森林报告	顾谦吉等	资源委员会月刊	1卷8期	1939
川西杉木之分布及其生长研究	本会森林测勘团	农业推广通讯	3卷7期	1941
川黔边境经济树木之分布与其地理环境	侯学煜	地理	2卷1、2期	1942
康宁雅三属交界区域森林概况	石明章	西康经济季刊	2-4期	1943
西康洪坝森林调查报告	（姚开元）	中农月刊	7卷9、10期	1946
《四川与西康东部之森林》（郑万钧著）	任美鄂	地理学报	14卷3、4期	1947
冕宁"古森林"的研究	刘和林 王德银	林业科学	4期	1984
四川古代森林的变迁	林鸿荣	农业考古	1期	1985
历史时期四川森林的变迁（续）	林鸿荣	农业考古	2期	1985
			1期	1986
秦岭森林的历史变迁及其反思	周云庵	中国历史地理论丛	1辑	1993

续表一

篇、书名	著(译)编者	出处	卷、期	年月日
历史时期三峡地区森林资源分布变迁	蓝 勇	中国农史	4期	1993
陪都各界的造林运动及其办法	钱建明	档案史料与研究	2期	1995
青藏高原东南缘——甘孜州的森林植物资源	贺家仁	资源节约和综合利用	3期	1997
历史时期长江三峡地区森林植被分布的演变研究	蓝 勇 杨伟兵	历史地理	16辑	2000
长江流域森林变迁的历史考察	周宏伟	中国农史	4期	1999
青藏高原东南缘——甘孜州森林地理	贺家仁	资源节约和综合利用	2期	2000
历史时期蜀道地带森林的分布与变迁	马 强	天水师专学报	2期	2000
		中国农史	2期	2003
民国三十六年西康省的植树节及其造林评价	王 川	西藏民族学院学报（哲社）	3期	2004
从重庆地名看当地的森林变迁	万良华 黄权生	重庆三峡学院学报	4期	2005
川康之楠木	杨衔晋	民主与科学	1卷9、10期	1945
川康及湖北之樟科植物	王作宾	西北农报	2卷7期	1947
楠木古今浅谈	赵 冀	四川林业科技	3期	1980
古代的楠木及其分布变迁	林鸿荣	四川林业科技	4期	1988
历史时期中国楠木地理分布变迁研究	蓝 勇	中国历史地理论丛	4期	1995
四川林木病害研究Ⅰ：四川林木病害研究简史	陈守常	四川林业科技	3期	1987
明代四川木材的经营及其弊害	郑俊彬	庆祝王恢教授九秩嵩寿论文集		1997
明清朝廷四川采木研究	姜舜源	中国紫禁城学会论文集	2辑	1997
		故宫博物院院刊	4期	2001
明清时期的皇木采办	蓝 勇	历史研究	6期	1994
四川屏山县神木山祠考	蓝 勇	四川文物	2期	2001
明清皇木采办遗迹考	蓝 勇	中国历史文物	4期	2005
清代采办楠木史料选		历史档案	3期	1993
四川省之林业概况	程觉民	中国农民	2卷6期	1942
四川之伐木业	董新堂	中农月刊	5卷5、6期	1944
四川之林业	董新堂	中国农民银行		1968

续表二

篇、书名	著(译)编者	出处	卷、期	年月日
乐山木材业之初步调查	中央工业试验所木材试验室	经济汇刊	3卷11、12期	1941
成都木材业之初步调查	中央工业试验所木材试验室	经济汇报	4卷11期	1941
历史时期三峡地区农林副业开发研究	蓝勇	中国农史	3期	1995
历史上长江上游的森林砍伐与保护的历史思考	蓝勇	光明日报		1999.7.30

三、工业

（一）一般论著

篇、书名	著(译)编者	出处	卷、期	年月日
从三星堆遗址看早蜀文化的手工业	朱章义	成都文物	4期	1988
历史时期四川手工业原料作物的分布	郭声波	中国历史地理论丛	1期	1990
公元三至九世纪四川手工业的发展	傅正初	四川师范大学学报（社科）	2期	1992
清代中叶川陕湖三省边区手工业形态及其历史意义	傅衣凌	傅衣凌明清社会经济史论文集		1982
洋工程师不可尽信	陈一石	龙门阵	2辑	1981
1937年前四川近代工业发展迟滞的原因	刘方健	财经科学	5期	1985
四川资本主义近代工业的产生和初步发展	张学君	中国经济史研究	4期	1988
四川近代工业史	张学君 张莉红	四川人民出版社		1990
清末成都实业劝工会	鲜于浩	四川文物	2期	1993
论清末民初成都工商同业组织	李柏槐	历史档案	1期	2005
四川长寿县工厂调查表		工商半月刊	3卷11期	1931
四川省绵竹县工厂调查表		工商半月刊	3卷11期	1931
四川的工业	胡庶华	时事月报	11卷3期	1934
今日的新四川重工业与电化工业	陈元怀	中国青年	3卷1、2期	1940
四川工厂调查录	高德超	经济建设季刊	1卷2期	1942
抗战以来四川之工业	李紫翔	四川经济季刊	1卷1期	1943

续表一

篇、书名	著(译)编者	出处	卷、期	年月日
川西南实业一瞥	朱先煌	四川经济季刊	1卷1期	1943
四川工业建设之演进及其前途	吴寄寒	大学	2卷5期	1943
川西工业建设印象之一斑	黄肇兴	新经济	9卷5期	1943
成都市小手工业调查概况	冯若斯	新新新闻报馆文化服务部		1943
四川西南区工业鸟瞰	张圣轩	四川经济季刊	1卷2期	1944
战时四川工业概况	淦克超	四川经济季刊	1卷2期	1944
三十二年四川工业之回顾与前瞻	张圣轩	四川经济季刊	1卷2期	1944
成都工业现状及其发展途径	张圣轩	四川经济季刊	1卷4期	1944
林继庸与迁川工厂	赤松子	醒狮	1卷6期	1963
抗战民营厂矿迁川简述	林继庸	四川文献	62期	1967
抗战期间刘氏企业迁川经过	刘念智	文史资料选辑	68辑	1980
对第六十八辑《抗战期间刘氏企业迁川经过》的订正	刘公诚	文史资料选辑	76辑	1981
抗战期间上海内迁工厂与四川民族工业	孙果达	社会科学研究	5期	1985
抗战时期厂矿迁渝情况述略	张策佳	重庆地方志资料	1期	1986
抗日战争前后四川工业的发展和变化	熊甫	中国经济史研究论丛		1986
迁渝工矿企业在战时后方工业经济中的地位和影响	张策佳	重庆师范大学学报（哲社）	3期	1988
抗战时期重庆工业结构的变迁及特点	陈建智	理论建设	4期	1988
抗战前后重庆工业的兴衰	饶亚	理论建设	6期	1988
抗战时期重庆工业发展刍论	唐润明	重庆师范大学学报（哲社）	3期	1989
抗战时期的重庆星五聚餐会	廖笃琼	西南师范大学学报（社科）	3期	1989
抗战时期内迁西南的工商企业	西南地区文史资料协作会议	云南人民出版社		1989
从抗战时期重庆民族工业的兴衰看中国民族资本的历史命运	王学敏	教学与研究	2期	1990
抗战时期重庆的民营钢铁机器工业	张有高	民国档案	3期	1992
抗战时期四川工业的兴衰	刘子建	天府新论	6期	1994
抗战时期资源委员会厂矿的兴衰	王卫星	江海学刊	5期	1996
资源委员会与战时国防重工业建设	王卫星	抗日战争研究	4期	1997
Chongqing's Most Wanted: Worken Mobility and Resistance in China, a Nationalist Arsenals, 1937 to 1945	Joshua. Howard	Modem Asian Steudies	Vol. 37, No. 4	1997

续表二

篇、书名	著(译)编者	出处	卷、期	年月日
抗战时期重庆民营工业的兴衰及其历史启示	张超林	重庆社会科学	6期	2002
论抗战与四川工业的发展	王红	自贡师专学报	2期	2003
论抗日战争时期四川工业的发展	何宁	西华大学学报（哲社）	3期	2005
抗战时期重庆工业的外引内联述论	张国镛 张成明	西南师范大学学报（社科）	4期	2005
抗战结束期之四川工业	刘敏	四川经济季刊	2卷4期	1945
从历史教训中看今后的四川工业	刘敏	四川经济季刊	3卷3期	1946
李劼人的实业活动	冉华德	文史杂志	5期	1996
Deindustrialization in the Chinese Countryside: Handicarafts and Devel-op-Ment in Jiajiang (Sichuan) 1935 to 1978	Jacob. Eyferth	The China Quarterly	Vol. 173	2003
民国时期成都同业公会的行业管理	李柏槐	四川大学学报（哲社）	2期	2005
民国前期内地城市工人生活研究——以成都为例	李映涛	中华文化论坛	4期	2005
西康实业概况	王孟周	边政月刊	9期	1932
西康各县外侨兴办事业调查表		康藏前锋	1卷9期	1934
西康实业与欧亚问题	汪德裕	边锋半月刊	2卷2期	1934
西康之工业制品	显	康藏前锋	2卷4期	1934
			2卷5期	1935
西康实业纪要	高长柱	开发西北	4卷1、2期	1935
西康产业述要		康导月刊	2卷4期	1939
会理行业考查之经过	雷孝实	新宁远	1卷8、9期	1941

（二）纺织业

篇、书名	著(译)编者	出处	卷、期	年月日
汉代蜀布考	朱希祖	文科研究所集刊	1期	1943
		朱希祖先生文集（三）		1979
汉代画像砖上的织机图	石湍	成都日报		1980.9.4
蜀布考	任乃强	中国纺织科技史资料	6集	1981

续表一

篇、书名	著(译)编者	出处	卷、期	年月日
从汉画石刻织机看四川古代纺织业	李复华 章映阁	四川日报		1982.6.20
汉代蜀布之形制与交通路线——汉代布帛研究举例	徐菁莲	中国历史学会史学集刊	29期	1997
四川之夏布业		四川省月报	4卷6期	1934
川西大麻调查报告	余秀茂等	中农月刊	2卷3期	1941
刍议四川丝绸文化	朱万民	四川蚕业	2期	1993
		浙江丝绸工学院学报	3期	1993
四川丝绸古今谈（一） 嫘祖与丝绸	赖武	今日四川	2期	1996
四川丝绸古今谈（二） 锦绣成都	赖武	今日四川	3期	1996
巴蜀丝绸史话	李继高	四川蚕业	3期	1996
盐亭——中国丝绸发展的摇篮	廖伦旭	四川丝绸	3期	1997
巴蜀丝绸对世界古代文明的贡献	段渝	文史杂志	4期	1997
重庆蚕桑丝绸业略述	刘隆华	重庆地方志	5期	1987
神话与川蜀茧丝业	雷华 李恬	天府新论	6期	1997
四川蚕织业诗词歌赋选1-6	孙先知 胡祉牲	四川丝绸	4期	2001
			1-4期	2002
			1期	2003
历史时期四川蚕桑事业的兴衰	郭声波	中国农史	3期	2002
蜀锦川丝	胡祉牲	四川丝绸	2-4期	2003
			1期	2004
四川蚕茧生产的历史	孙先知	四川丝绸	3、4期	2003
			1-3期	2004
泸州蚕业史初探	喻星	四川蚕业	2期	1993
蚕丛考	任乃强	中国纺织科技史资料	4集	1981
我国古代的蛮人与蚕丝起源的传说	榕嘉	四川丝绸	4期	2001
从战国采桑图看四川养蚕及丝织业的历史	何颐康	四川文物	1期	1991
唐代四川桑蚕丝绸业特点刍议	卢华语	西南师范大学学报（哲社）	1期	1996
唐宋两代产丝地域考（附表）	杜光简	责善半月刊	2卷5期	1941
四川唐代纺织产品初探	卢华语	西南师范大学学报（社科）	4期	1987
唐代重庆纺织产品刍议	卢华语	衡阳师范学院学报（社科）	2期	2001

续表二

篇、书名	著(译)编者	出处	卷、期	年月日
前后蜀丝织业的发展及其影响	王瑛	四川文物	3期	2000
宋代四川的丝绸业	苏杭	丝绸史研究	2期	1985
宋代铜摆件，再现昔日缂丝工坊	刘朝霞	四川丝绸	4期	2004
清代秦巴山区的柞蚕放养	肖正洪	中国农史	4期	1992
从皇泽寺《蚕桑十二事图》碑刻看四川古代的养蚕业	何大彦等	丝绸史研究	2期	1988
蚕桑生产与近代四川农村经济	彭书全	四川师范大学学报（社科）	4期	1989
近百年（1895-1994）四川蚕丝业	孙先知	四川丝绸	1、2期	1997
四川之丝业		档案史料与研究	3期	1997
神农最要	陈开沚	农业出版社		1956
陈开沚与三台蚕丝	赵廉	四川丝绸	2期	1995
陈宛溪与四川早期现代化	张莉红	巴蜀史志	2期	2005
振兴四川蚕丝业先行者——陈开沚	孙先知	四川丝绸	4期	2005
四川蚕桑公社简史	叶昌林	重庆地方志资料	2期	1986
四川蚕桑公社始末	叶昌林	蚕学通讯	2期	1987
目前四川的蚕丝业	邵家祥	蚕丝杂志	1卷3期	1947
嘉陵锦绣——南充第二制丝厂厂史	中共南充第二制丝厂党委会、四川省文联	四川人民出版社		1960
抗战时期的四川蚕桑业	陈慈玉	"中研院"近代史研究所集刊	16期	1987
南充地方志蚕丝资料汇编	刘泽许	《南充蚕丝志》办公室		1987
南充蚕丝之最	四川省南充地区茧丝绸公司	中国经济出版社		1989
回忆两次入川两度兼四川原丝业公司技术顾问的几件往事	韩惠卿	蚕学通讯	1期	1994
日帝人造丝扼制了川西丝业和丝织业的生路	克襄	工商导报		1951.2.26
四川蚕丝业的过去、现在与将来	李枂	中国纺织	7月号	1957
川康桑树自然分布及地理之研究	赵鸿基	中华农学会报	174期	1942
宁属制丝业之展望	吴德基	新宁远	1卷6、7期	1941
蜀锦——缎为蜀中原产六朝时由蜀输入江南	徐中舒	说文月刊	3卷7期	1942
蜀锦图案说明	沈从文	历史教学	4期	1955

续表三

篇、书名	著(译)编者	出处	卷、期	年月日
蜀中锦	沈从文	装饰	6期	1959
蜀锦	张仰浚	装饰	6期	1959
浅谈蜀锦	李道生	成都晚报		1960.2.11
蜀锦史话	兰桐	成都晚报		1961.6.25
成都设置锦官始于蜀汉	缪钺	成都晚报		1962.7.12
蜀锦史话	李枒	浙江丝绸	10期	1963
机杼声里话蜀锦	王君平	四川日报		1979.1.18
漫话蜀锦	蒲生一	成都日报		1979.8.13
蜀锦史话	《蜀锦史话》编写组	四川人民出版社		1979
清代蜀锦机	叶萍	群众文艺	3期	1980
汉代的"蜀郡工官"和"广汉郡工官"	方诗铭	历史知识	5期	1980
诸葛亮与蜀锦	余涛	旅游天府	4期	1982
第一代蜀绣工人是男工	田凤	成都日报		1982.10.3
蜀锦研究	余涛	丝绸	5期	1983
近代四川省机械制丝业之发展	陈慈玉	食货	14卷7、8期	1983
嘉庆楚黄机房提花会绫大绫各帮示碑帖跋	伍仕谦	四川文物	1期	1984
蜀锦对丝绸之路的贡献	余涛	丝绸史研究	2期	1985
蜀锦小知识	俞亚山	成都纺织高等专科学校学报	4期	1994
卓文君与文君锦	孙先知	四川丝绸	4期	1998
蜀锦传统工艺研究1-3	王君平 王斌	四川丝绸	1-3期	2000
		四川纺织科技	3-6期	2000
蜀锦	孙先知	四川丝绸	3期	2000
蜀锦的代表产品及其生产工艺	王君平 王维	四川纺织科技	1期	2002
蜀锦的寓合纹样	王君平 王维	四川纺织科技	3期	2002
蜀锦图案风格及其发展沿革	王君平 王斌	四川纺织科技	4期	2002
蜀锦图案风格及其发展沿革（续）	王君平 王斌	四川纺织科技	5期	2002
源远流长的蜀锦工艺	章江心	文史杂志	5期	2002

续表四

篇、书名	著(译)编者	出处	卷、期	年月日
蜀锦文化初探	邓 晓	四川丝绸	3 期	2003
古蜀锦花楼织锦机工艺	黄修忠	四川丝绸	3 期	2005
蜀绣	张德育	装饰	1 期	1959
驰誉中外的蜀绣	林 边	成都日报		1979.10.8
话说蜀绣	李淑芸	文史杂志	3 期	1987
论蜀绣蜀锦的起源	陈显丹	四川文物	3 期	1992
巴蜀奇葩——蜀绣	高得华	科技与经济画报	2 期	1995
五彩丝缕绣工夫	吴 庐	今日四川	1 期	1998
蜀绣	瑗 立	职高生	10 期	1998
蜀绣	孙先知	四川丝绸	4 期	2000
四川手工业纺织业之概况	吴味经	新经济	5 卷 5 期	1941
成都棉织业工人	东 南	中国劳动	2 卷 6 期	1942
四川之棉纱业		四川月报	5 卷 1 期	1943
为西昌筹办五千锭纱厂设计	张志远	康藏研究	3 期	1946
旧中国重庆机器棉纺织工业展初探	陈昌智	中国社会经纪史研究	4 期	1984
抗战时期的重庆机器棉纺织工业	陈昌智	重庆社会科学	4 期	1986
试论旧中国重庆机器棉纺织工业的发展特点	陈昌智	中国经济史研究论丛		1986
清末四川棉织手工工场的发生和发展	林 顿 龙 岱	中国经济史研究论丛		1986
纺织工业家苏汰馀生平事略	张钧陶	中国经济史研究论丛		1986
抗日战争时期的重庆纺织业	陈自强等	中国近代纺织史研究资料汇编	6 期	1989
抗战前的四川纺织业	公 民	中国近代纺织史研究资料汇编	9 期	1990
以重庆为中心的四川近代纺织业	周宏佑	中国近代纺织史研究资料汇编	12 期	1991
解放前璧山县纺织业的三起三落	周 青	重庆地方志	1 期	1992
近代四川棉纺织技术和设备的演进	周宏佑	中国纺织大学学报	3 期	1994
19 世纪末 20 世纪初四川传统棉纺织业的解体	周建林	成都纺织高等专科学校学报	3 期	1998
重庆第二棉纺织厂厂史简介 1923 - 1985	重庆第二棉纺织厂厂史编辑委员会	编者刊		1986

续表五

篇、书名	著(译)编者	出处	卷、期	年月日
重庆第一棉纺织厂厂史 1919-1988	重庆第一棉纺织厂厂史编辑委员会	编者刊		1989
西康毛织工厂之回顾	尊泉	康藏前锋	1卷3期	1933
Dyestuffs used by the Ch'uan Miao	W. G. Sewell、S. H. Wei	Journal of the West China Border Research Society	Vol. 10	1938
四川苗族蜡染	曾水向	辽宁美术出版社		1994
凉山彝族的踞织机——兼谈河姆渡文化的纺织技术	宋兆麟 牟永抗	凉山彝族奴隶制研究	1期	1982
凉山彝族古老的炼染技术	冯敏	中国纺织美术	1期	1999
凉山彝族的传统纺毛工艺	冯利 宋兆麟	云南民族学院学报（哲社）	2期	2001
会东刺绣	会东县文化馆	四川美术出版社		1986
会东挑花	会东县文化站	四川美术出版社		1987
会东民族民间挑花刺绣艺术		民族论丛	7辑	1989
川西嘉戎藏族刺绣、纺织品的表现形式及造型特征	袁姝丽等	天府新论	5期	2004
谈羌族民间刺绣和剪纸艺术	罗徕	西南民族大学学报（人文）	5期	2005

（三）陶瓷业

篇、书名	著(译)编者	出处	卷、期	年月日
Identification of Szechwan Porcelains by Chemical Analysis	Kao Yu-Lin	Journal of the West China Border Research Society	Vol. 11	1939
四川古代的陶瓷器用	傅振伦	文史杂志	3卷5、6期	1944
四川陶瓷概论	杨啸谷	华西文物	1期	1951
祖国伟大的发明——瓷器：介绍四川省博物馆瓷器陈列室	刘廷璧	工商导报		1955.12.27
川西古代瓷器调查记	徐鹏章	文物参考资料	2期	1958
四川陶瓷史资料	四川陶瓷史编写组	编者刊	1辑	1977
试谈四川古代瓷器的发展及工艺	陈丽琼	四川省史学会史学论文集		1982
试谈四川天目	陈丽琼	景德镇陶瓷	1期	1983

续表一

篇、书名	著(译)编者	出处	卷、期	年月日
四川古陶瓷研究（一）	《四川古陶瓷研究》四川省社会科学院出版社编辑组			1984
四川古陶瓷研究（二）	《四川古陶瓷研究》四川省社会科学院出版社编辑组			1984
四川日用陶瓷工业发展概况	邓志荣	陶瓷研究	1 期	1987
四川古代陶瓷	陈丽琼	重庆出版社		1987
试谈四川的古外销贸易瓷	陈丽琼	中国古代陶瓷的外销		1988
从古代四川文化流通路线探讨四川古陶瓷的发展	津久井薫	中国古陶瓷研究	9 辑	2003
四川古瓷的造型和纹饰研究	魏崴	四川文物	3 期	2003
试论大溪文化陶器的特点	张绪球等	江汉考古	2 期	1982
浅说大溪文化陶器的渗碳工艺	李文杰 黄素英	江汉考古	4 期	1985
大溪文化陶器纹饰浅析	高中晓	湖南考古辑刊	3 辑	1986
试谈快轮所制陶器的识别——从大溪文化晚期轮制器谈起	李文杰	文物	10 期	1988
大溪文化彩陶纹饰简析	闵萍	史前研究		2000
巴蜀时期的陶器	晓闻	四川文物·三星堆古蜀文化研究专辑		1992
三星堆出土陶器研究	刘新生	四川文物	2 期	1994
四川三星堆遗址700件陶器全部修复	刘谨 苑坚	人民日报		2003.7.29
四川雅安沙溪遗址陶器及相关问题的初步研究	李明斌	考古	2 期	1999
四川两汉时期的陶瓷	晓闻	成都文物	4 期	1991
三峡地区汉代陶器初探	朱顺龙 褚馨	文化遗产研究集刊	3 辑	2003
试揭何稠绿瓷之秘	金家广	考古与文物	2 期	1990
四川六朝青瓷研究	何志国 蜀迟	成都文物	4 期	1991
四川六朝瓷器初论	何志国	考古	7 期	1992
略谈成都地区青瓷的发展	刘平	文物考古研究		1993
四川原始青瓷产地的探索	单洁等	文物研究	13 辑	2002

续表二

篇、书名	著(译)编者	出处	卷、期	年月日
关于"四川唐三彩"的初步考察情况	余祖信	四川工艺美术	1期	1983
"扬一益二"话成都陶瓷	范仲远	文史杂志	3期	2003
唐宋时期四川陶瓷装饰艺术特点	陈丽琼	西南师范学院学报（哲社）	4期	1985
四川唐宋"省油灯"的鉴赏与辨伪	张天琚	艺术市场	7期	2005
重庆宋代天目瓷	陈丽琼	重庆师范学院学报	2期	1983
荣昌县出土一批宋代窖藏瓷器	李笃君	重庆日报		1987.2.7
南宋四川地区黑瓷生产的技术来源初论	唐炜	青年考古学家	12期	2000
黑釉瓷的佼佼者——曜变	檀瑞林	四川文物	1期	2000
略述宋代黑釉描金器	帅建英	四川文物	1期	2000
宋代四川における陶瓷器流通	藤田慎一	仏教大学大学院纪要	30号	2002
四川发现的南宋青瓷和青白瓷器与日本、韩国传世品的比较	毛求学	四川文物	6期	2004
水井街酒坊遗址中的陶瓷文化	张润生	四川文物	6期	2001
成都水井街酒坊遗址出土青花瓷及相关问题初探	陈德富	四川文物	6期	2001
会理绿釉陶	钟俭昭	景德镇陶瓷	1期	1983
浅谈四川会理陶瓷	冯德安	四川工艺美术	1期	1983
四川会理陶的今昔	冯德安	陶瓷杂志	3期	1983
四川省古窑址	陈万里 冯先铭	故宫博物院院刊	2期	1960
四川省古窑址	冯先铭	故宫博物院院刊	1期	1980
四川古代瓷窑调查表		史学论文集		1982
四川武胜匡家堰汉代砖窑试掘记	陈丽琼	考古与文物	2期	1980
本市首次发现汉代窑坑	毛求学	成都日报		1982.12.18
忠县上油坊遗址发掘西周遗存和汉代窑址	全洪 覃杰	中国文物报		2002.2.1
宋代石炉栅馒头窑	陈丽琼	河北陶瓷	4期	1982
四川地区的馒头窑	颜劲松	成都文物	1期	2004
成都附近古窑址调查记略	林向	文物	2期	1966
川西古窑址和古陶瓷	李景禹	成都文物	4期	1991
四川邛州古窑址	贝德福（成恩元）	中国杂志	26卷1期	1931
访邛崃十方堂古窑记	杨枝高	华西学报	4期	1936

续表三

篇、书名	著(译)编者	出处	卷、期	年月日
唐邛窑奇品	罗希成	美术生活	12月号	1936
The Pottery of Ch'iun Lai	D. C. Graham	Journal of the West China Border Research Society	Vol. 11	1939
邛窑	魏尧西	风土杂志	2卷2期	1943
邛窑志略	魏尧西	东方杂志	42卷17号	1946
四川邛崃县发现古代窑墩及陶片	罗永祚	文物参考资料	10期	1955
四川邛崃县出土的唐灯台及其他	邓佐平	考古通讯	5期	1957
邛窑省油灯	省历	成都晚报		1962.1.7
邛陶多姿	邛新	四川日报		1978.8.11
邛窑和省油灯	古今	成都日报		1982.10.21
邛窑新探	陈丽琼	古陶窑研究	2期	1982
千年盛衰话邛陶	徐学军 罗俊林	成都晚报		1983.7.30
邛陶古今	何平扬	四川工艺美术	1期	1983
邛窑遗址	魏尧西 黄微曦	邛崃文物志		1983
邛窑调查纪实	黄微曦	景德镇陶瓷	2期	1984
漫话古邛窑	余祖信	中国陶瓷	3期	1984
两件反映道教内容的邛窑瓷器	刘家琳	文物	10期	1984
大邑瓷窑遗址今何在	胡亮	成都文物	1期	1985
邛窑彩釉的兴起及其继承问题	唐昌朴	西南师范大学学报(哲社)	1期	1986
邛崃县什邡堂古瓷窑遗址被定为省级文物保护单位	许龙 余勇	四川文物	4期	1987
上海博物馆藏唐邛窑乐伎俑和白釉印花婴戏图碟	周丽丽	东南文化	1期	1991
四川邛崃县固驿瓦窑山古瓷窑遗址发掘简报	陈显双等	南方民族考古		1991
邛崃什邡堂窑遗址	晓闻	成都文物	3期	1992
邛窑与铜官窑的关系及邛窑可能有外销	陈丽琼	四川文物	增刊	1996
略论邛崃瓦窑山窑址发掘的意义	陈德富	成都文物	4期	1998
邛窑出土铭文器初探	汪雄 李子军	成都文物	1期	1999
也说邛窑省油灯——兼与陈德富先生商榷	姚军	成都文物	3期	2000

续表四

篇、书名	著(译)编者	出处	卷、期	年月日
关于邛窑省油灯问题的探讨	姚军	四川文物	3期	2001
邛窑白瓷及相关问题之探讨	陈德富	成都文物	4期	2001
邛窑彩绘瓷	智雁	市场报		2001.5.19
邛窑彩绘瓷的鉴赏	李知宴	中国文物报·收藏鉴赏周刊		2001.7.18
邛窑——邛窑古陶瓷研究论文资料选编	邛崃文物管理所	编者刊		2001
邛窑古陶瓷研究	耿宝昌	中国科学技术大学出版社		2002
邛窑文化走向全国	陈德富	成都文物	1期	2003
晚唐时期寿州窑、长沙窑和邛窑产品的异同比较	周雪梅	中国古陶瓷研究	9辑	2003
邛窑和长沙窑的比较研究	李知宴	中国古陶瓷研究	9辑	2003
邛窑长沙窑的艺术风采和辨伪 第一讲	李知宴	收藏界	2期	2004
邛窑长沙窑的艺术风采和辨伪 第二讲	李知宴	收藏界	3期	2004
邛窑长沙窑的艺术风采和辨伪 第三讲	李知宴	收藏界	4期	2004
邛窑长沙窑的艺术风采和辨伪 第四讲	李知宴	收藏界	5期	2004
长沙窑与李白杜甫	傅举宥	文物天地	3期	2004
"长沙窑"源于"邛窑"说——兼与周世荣、刘伯元先生商榷	张天琚	中国文物报		2004.6.16
四川"邛三彩"及其工艺的传播	张天琚	中国文物报		2004.9.8
长沙窑源于邛窑再说——兼读《神州代有名窑出 各领风骚独自妍》并答罗平章先生	张天琚	中国文物报		2004.12.8
邛窑陶瓷窑具与装烧工艺初探	伍秋鹏	四川文物	1期	2005
"邛三彩"探索	何平扬	上海工艺美术	2期	2005
论邛窑对唐代成都经济的影响	范仲远	四川师范大学学报（社科）	4期	2005
邛窑花釉瓷与梓桐窑"类钧釉"瓷的辨析	张天琚	收藏界	9期	2005
再谈"长沙窑源于邛窑说"——兼答罗平章先生	张天琚	东方博物	14辑	2005
关于"邛窑和长沙窑关系"争论的若干问题	张天琚	东方博物	16辑	2005

续表五

篇、书名	著(译)编者	出处	卷、期	年月日
岳州窑系传千古 自有芬芳昭后人——再评张天琚先生"长沙窑源于邛窑说"	罗平章	中国文物报		2005.3.2
The Liu Li Ch'ang Kilnsite	D. C. Graham	Journal of the West China Border Research Society	Vol. 11	1939
四川华阳县琉璃厂调查记	林坤雪	文物参考资料	9 期	1956
成都琉璃厂古窑		成都晚报		1983.1.3
成都琉璃厂窑址	陈德富 霍大清	成都文物	3 期	1984
成都琉璃厂窑宋双鱼纹盆	吕成龙	四川文物	3 期	1993
成都琉璃厂窑北宋窑工印记	蒲存忠	四川文物	6 期	2004
成都青羊宫古遗址清理简报	四川省文管会	考古通讯	2 期	1956
成都市西郊青羊宫古窑址试掘简报	江学礼 陈建中	文物参考资料	6 期	1956
成都青羊宫遗址试掘简报	江学礼 陆德良	考古	8 期	1959
青羊宫隋唐瓷窑遗址		成都文物	1 期	1983
成都青羊宫窑址调查	翁善良	景德镇陶瓷	2 期	1984
略谈成都青羊宫窑的烧制工艺特点	杨渝泉等	成都文物	4 期	1992
青羊宫窑初探	刘雨茂	文物考古研究		1993
成都市西郊发现隋唐瓷窑遗址	文贤书	四川日报		1983.5.7
四川崇宁县铁砧山的古窑址	支沅洪	文物参考资料	3 期	1956
四川省新津县邓双乡发现古代窑址二处	罗永祚	文物参考资料	1 期	1957
四川彭县金城窑白瓷	魏达议	资料	1 期	1978
四川彭县南街酱园厂出土窑藏青花瓷器	彭县文化馆	文物	3 期	1978
略谈彭县磁峰窑白瓷的装饰艺术	蜀 迟	历史知识	3 期	1980
四川彭县磁峰窑址调查记	四川省文管会、彭县文化馆	考古	1 期	1983
四川彭州窑制瓷工艺初探	丁祖春	景德镇陶瓷	1 期	1983
彭县磁峰窑遗址	晓 闻	成都文物	4 期	1992
灌县马家古瓷窑遗址试掘记	四川省文管会、灌县文管所	考古与文物	6 期	1984
都江堰发现宋代窑址群	周其俊	文汇报		2000.3.10

续表六

篇、书名	著(译)编者	出处	卷、期	年月日
都江堰发现西南地区最大宋代窑址	张擎 黄晓枫	中国文物报		2000.6.14
都江堰市金凤窑址发掘简报	成都市文物考古工作队、成都市文物考古研究所	文物	2期	2002
蒲江县发现宋代古瓷窑遗址	廖启清	成都晚报		1983.7.28
Chien Yao Kiln Site Near Chungking Szechwan	D. C. Graham	Journal of the West China Border Research Society	Vol. 10	1938
重庆附近之建窑窑址	大卫·格耒汉姆	华西学报	10期	1938
重庆市发现宋代黑釉瓷和古瓷窑址		史学情报	4期	1982
重庆涂山发掘出两座宋代瓷窑遗址		中国旅游报		1986.3.11
曜变纹釉瓷在渝首次出土	谭盛炯	文物报		1986.2.7
重庆在涂山瓷窑遗址中发现世界至宝"曜变"釉	王世晋	四川日报		1986.3.12
重庆发现世界罕见的"曜变"釉		光明日报		1986.3.12
"曜变"纹釉与重庆涂山窑	李鹏	人民日报（海外）		1986.3.25
重庆市涂山宋代瓷窑试掘报告	重庆市博物馆	考古	10期	1986
四川重庆市涂山锯木湾宋代瓷窑发掘简报	重庆市博物馆等	考古	3期	1991
重庆市巴县清溪宋代瓷窑址	重庆市博物馆、巴县文物管理所	考古学集刊	13集	2000
巫山双堰塘遗址考古发现典型西周陶窑	梁中合等	中国文物报		2002.6.14
涂山窑酱园窑址发掘的新收获	林必忠 李大地	重庆历史与文化	2期	2003
重庆宋代涂山窑考古调查的初步收获	林必忠 李大地	重庆历史与文化	2期	2003
重庆宋代涂山窑遗址出土遗物数万件	林必忠 李大地	中国文物报		2004.1.2
四川广元黑釉窑初探	王家祐	文物参考资料	3期	1955
四川广元瓷窑的调查收获	重庆市博物馆	考古与文物	4期	1982
广元黑釉瓷窑调查记	魏达议 高久成	景德镇陶瓷	1期	1983

续表七

篇、书名	著(译)编者	出处	卷、期	年月日
广元市瓷窑铺窑址发掘简报	四川省文物考古研究所、广元市文物保护管理所	四川文物	3期	2003
四川西昌高枧唐代瓦窑发掘简报	四川省博物馆等	文物	6期	1977
凉山州古陶瓷窑址考察记略	唐昌朴	雅砻江下游考察报告		1983
四川江油市青莲古瓷窑址调查	黄石林	考古	12期	1990
达县瓷碗铺发现宋代窑址	任超俗	四川文物	1期	1993
横山子古窑遗址定名考述——四川陶瓷考古札记之一	陈德富	成都文物	3期	1999
营沟头古窑址清理获重要成果	张自成	中国文物报		1999.9.1
酒文化辉煌历史的新见证——专家笔谈泸州营沟头古瓷窑址	马文宽等	中国文物报		1999.9.1
泸州老窖（营沟头）青瓷窑研究	郭可夫	四川文物	2期	2002
四川达州市通川区瓷碗铺瓷窑遗址发掘简报	蔡革等	四川文物	4期	2005
巫山彩陶	省历	四川日报		1962.6.10
大邑县出土的细石器和陶器	古光	成都文物	1期	1985
红陶球	史占扬	文物天地	2期	1986
四川大邑县出土两件东汉青瓷罐	丁祖春	文物	11期	1984
重庆市发现西汉陶井圈	蒋万锡	考古与文物	4期	1984
记成汉墓出土的两件文物	魏达议	成都文物	1期	1985
扣如哀玉轻且坚——杜甫诗中的大邑白瓷	魏西尧	成都日报		1980.10.2
杜甫草堂出土唐代陶瓷器物初探	丁浩	中国历史文物	2期	2002
杜甫草堂出土唐代瓷器	草堂寺	中国文物报·收藏鉴赏周刊		2002.3.6
诗圣眼中的"大邑烧瓷"	张天琚	中国文物报		2003.3.19
崇庆县发现唐宋瓷器窖藏	四川省文管会、崇庆县文化馆	考古与文物	5期	1983
四川乐山出土的五代陶棺	沈仲常 李显文	文物	2期	1983
四川温江发现南宋窖藏	温江县文化馆	考古	4期	1977
四川什邡县出土宋代瓷器	丁祖春	文物	3期	1978
北宋影青刻花瓶	魏达议	人民中国（日文）	11期	1980
成都南郊发现宋代瓷器窖藏	翁善良	成都文物简讯	1期	1981

续表八

篇、书名	著(译)编者	出处	卷、期	年月日
四川考古发掘资料中所见的龙泉青瓷	魏达议	四川省博物馆		1981
一批宋代窖藏瓷器出土	岳钊林	四川日报		1982.11.12
成都市发现一处南宋窖藏	成都市文管处	文物	1 期	1984
大邑县发现宋代窖藏	胡 亮	成都文物	1 期	1984
成都太平横街南宋墓出土陶器浅析	陈德富	景德镇陶瓷	2 期	1984
金牛区发现南宋瓷器窖藏	高凤蕙	成都文物	3 期	1984
四川江油县发现宋代窖藏	江油县文保所	考古与文物	6 期	1984
四川大邑县安仁镇出土宋代窖藏	大邑县文化馆	文物	7 期	1984
四川阆中县出土宋代窖藏	张启明	文物	7 期	1984
四川德阳县发现宋代窖藏	四川省文管会、德阳县文管所	文物	7 期	1984
郫县出土的宋代瓷器窖藏	梁文骏	文物	12 期	1984
营山县发现宋代窖藏	刘 敏	四川文物	1 期	1985
广安县出土宋代窖藏	李明高	四川文物	1 期	1985
武胜县出土宋代窖藏瓷器	刘家同	四川文物	1 期	1985
巴中县出土宋代窖藏	程崇勋	四川文物	4 期	1989
石棉宰羊乡发现宋代窖藏	及康生	四川文物	2 期	1991
四川平武发现两处宋代窖藏	平武县文保所	四川文物	4 期	1991
广安县出土宋代窖藏瓷器	李明高	四川文物	3 期	1989
青神发现宋代窖藏瓷器	鲁树泉	四川文物	4 期	1989
绵阳刘家乡发现宋代瓷器	何志国	四川文物	5 期	1989
四川宋代窖藏瓷器的发现和研究	刘雨茂 谭红兵	文物考古研究		1993
三台出土宋代窖藏	景竹友	四川文物	4 期	1990
三台窖藏时代商榷	刘毅等	四川文物	6 期	1994
三台出土的白定"官"字款瓷器	景竹友	四川文物	1 期	1996
三台县馆藏文物鉴赏	唐德明	四川文物	6 期	2000
遂宁出土大批窖藏宋瓷精品	庄文彬 刘书林	中国文物报		1992.3.1
从遂宁馆藏瓷器谈宋代瓷器装饰艺术	彭高泉	四川文物	2 期	1994
四川遂宁金鱼村南宋窖藏	遂宁市文管所	文物	4 期	1994
遂宁窖藏瓷器浅议——兼谈成都附近县市窖藏瓷器	李辉柄	文物	4 期	1994

续表九

篇、书名	著（译）编者	出处	卷、期	年月日
遂宁金鱼村窖藏宋瓷三议	陈德富	四川文物	5期	1997
遂瓷名实辨正三则	许青松	四川文物	5期	1997
遂宁市金鱼村南宋窖藏的发现与初步研究	庄文彬	四川文物	6期	1999
四川遂宁发现的南宋窖藏陶瓷器及其意义	弓场纪知（赵川荣等）	中华文化论坛	1期	2000
遂宁出土龙泉窑青瓷探索	沈琼华	东方博物	5辑	2000
四川遂宁出土瓷器及窖藏时代问题探讨	陆明华	故宫文物月刊	219期	2001
遂宁窖藏宋瓷探微	何瀛中	四川文物	1期	2003
忠县中坝遗址宋代瓷器窖藏发掘简报	四川文物考古研究所等	四川文物	2期	2001
宋代六棱塔式陶罐	周绍泉	成都文物	4期	2001
武胜县谷坝村宋代陶瓷器窖藏发掘简报	广安市文化局、武胜县文管所	四川文物	3期	2002
新津出土的宋代窖藏瓷器	郑卫	成都文物	3期	2005
大邑近年出土的宋元瓷器	胡亮	景德镇陶瓷	1期	1984
四川宋元窖藏青白瓷	赵殿增	景德镇陶瓷	1期	1993
四川省中江县出土宋元窖藏	王启鹏 吴梅	四川文物	2期	2005
成都发现一批元代瓷器	刘平 王黎明	考古与文物	6期	1985
重庆南岸玄坛庙出土元代影青瓷器	林必忠	四川文物	2期	1987
雅安市发现元代窖藏瓷器	李直祥	四川文物	5期	1988
三台出土元代窖藏	景竹友	四川文物	6期	1993
四川冕宁县出土明代彩绘陶罐	西昌地区博物馆	文物	8期	1979
明代青花扁执壶	魏达议	人民中国（日文）	11期	1980
征集到一批青花瓷器	陈古孝	成都晚报		1983.4.1
南充县出土明代窖藏	刘畅	四川文物	4期	1985
广安县出土明代青花瓷器	李明高	四川文物	3期	1987
成都出土弘治青花瓷碗	曹刚	文物	1期	1988
营山县发现明代窖藏瓷器	刘欧	四川文物	4期	1988
北川县发现明代窖藏瓷器	赵义元	四川文物	1期	1989
大巴山发现明代刻字瓷仓罐	马幸辛 潘传禄	中国文物报		1989.8.18

续表一〇

篇、书名	著（译）编者	出处	卷、期	年月日
简阳县发现明代瓷器窖藏	方建国 唐朝君	四川文物	2期	1991
阆中出土的明代青花八仙罐	张素芬	四川文物	6期	1992
成都市博物馆藏明代青花瓷器研究	翁善良 朱代英	四川文物	5期	1998
浅谈新津明墓出土青花瓷	郑伟	成都文物	4期	2002
四川省博物馆收藏的两件明代青花瓷器	高久诚	四川文物	5期	2002
四川平武明王玺夫妇墓出土的景德镇民窑红绿彩瓷器	欧阳世彬等	文物	11期	2003
蒲江文化馆馆藏文物简介	蒲江县文化馆文物组	成都文物	2期	1986
绵阳博物馆馆藏瓷器选萃	巩仨 夏良明	四川文物	6期	2000
安县馆藏文物精萃	刘佑新 谢明刚	四川文物	6期	2000

（四）茶业

篇、书名	著（译）编者	出处	卷、期	年月日
川茶史略		四川日报		1965.7.6
四川茶叶	《四川茶叶》编写组	四川人民出版社		1977
川茶史话	辛夫	成都日报		1978.9.28
四川茶叶古今谈	席尚之	旅游天府	3期	1982
古蜀茶史初考	李家光	茶叶通讯	2期	1983
古蜀名茶的形成与发展	李家光	茶业通报	6期	1985
巴蜀茶叶生产史述略	杜长煋	文史杂志	1期	1986
巴史新探与蜀茶早期利用	寒葭	茶叶通讯	1期	1988
道教与四川茶叶	陈一石	文史杂志	2期	1988
四川茶业史	贾大泉 陈一石	巴蜀书社		1989
古蜀名茶的形成阶段与产区	李家光	农业考古	1期	1990

续表一

篇、书名	著(译)编者	出处	卷、期	年月日
四川省对外经济贸易志茶叶资料长编	四川茶叶进出口公司	编者刊		1994
巴蜀茶史三千年	李家光	农业考古	4期	1995
漫话川茶	徐伯荣	四川统一战线	4期	1999
四川茶叶生产的历史考证	陈虹	农业考古	4期	2000
巴蜀茶与饮茶源流	冯敏	饮食文化研究	4期	2003
四川茶事考	王云等	四川科学技术出版社		2004
唐和五代时期四川的茶叶	贾大泉	天府新论	4期	1987
宋代川茶之产销	程光裕	学术季刊	2卷2期	1953
		宋史研究集	1辑	1958
宋代四川地区的茶业和茶政	贾大泉	历史研究	4期	1980
北宋川蜀区榷茶贸易管理	李兆超	经济科学	2期	1989
万源县发现宋代种茶石刻题记	马幸辛	四川文物	4期	1989
北宋大观三年摩崖石刻《紫云坪植茗灵园记》考	胡平生	文物	4期	1991
宋代四川茶产量考辨	林文勋	历史研究	5期	1991
宋代园户的反榷茶斗争	吕维新	茶叶机械杂志	3期	2001
论宋代茶法的地区差异	黄纯艳	云南社会科学	5期	2001
明清时期四川茶史论述	姜世碧	农业考古	4期	1992
四川専売下の茶生産について	松田孝	東洋経済史学会記念論文集（中国の歴史と経済）		2000
20世纪川茶的跌宕起伏	施嘉璠	茶叶	1期	1999
雅安茶史小考	李家光	茶业通报	6期	1983
蒙顶茶史话		四川日报		1978.9.16
蒙山名茶话今昔	杨天炯等	茶业通报	1、2期	1979
蒙茶飘香	一止	旅游天府	3期	1981
茶中故旧是蒙山	陈汉兴	中国农垦	9期	1984
蒙山云雾与名茶	刘洪彬	四川农业科技	5期	1987
蒙山顶上茶	宋兴华	中国农垦	7期	1988
古蜀蒙山茶史考	李家光	农业考古	2期	1991
古蜀蒙山茶史考（续）	李家光	农业考古	4期	1991
蒙山茶与道教	朱建明	中国道教	3期	1997
蒙山三题	高殿懋	巴蜀史志	3期	2002

续表二

篇、书名	著(译)编者	出处	卷、期	年月日
四川蒙山茶概说	刘元奎	凉山大学学报	2期	2004
谈古论今蒙山茶	赖明	中华合作时报		2004.9.8
蒙山茶的生产演变	李廷松	中国茶叶学会成立四十周年庆祝大会暨2004年学术年会论文集		2004
走向世界的蒙顶山茶文化研讨会论文集	中共雅安市委宣传部	编者刊		2004
蒙山茶事通览	杨天炯	四川出版集团 四川美术出版社		2004
蒙山茶话	董存荣	中国三峡出版社		2004
享誉千秋蒙顶茶	廖国锦	巴蜀史志	3期	2005
植茶始祖吴理真	沈世林	巴蜀史志	4期	2005
唐代的江油茶	大丁	成都日报		1981.10.15
崇庆枇杷种	钟渭基	茶叶	5期	1959
马边大茶树	邹树荣	中国茶叶	2期	1982
宜宾地区茶叶生产历史初探	方义开	农业考古	1期	1985
名山茶业志	张栩为等	四川省社会科学院出版社		1988
峨眉山僧人与峨眉茶叶	文水	农业考古	4期	1993
峨眉竹叶青	胡增旬	中国茶叶加工	3期	1997
古蔺茶窖史考	杨坚	农业考古	4期	1994
嘉州茶史初考	李家光	农业考古	4期	1999
金沙江畔的明珠——屏山县茶业发展简史	胡志 王可	山区开发	6期	1999
"青城雪芽"	叶舟 邢湘臣	农业考古	4期	2004
世界最早茶叶市场的考证	陈彬	福建茶叶	1、2期	1980
武都究在何处	林漱峰	中国茶叶	6期	1982
武都买茶析	李家光	福建茶叶	2期	1983
《僮约》茶市何处寻——就《武都究在何处》与林漱峰同志商榷	杜长煜	中国茶叶	5期	1983
《中国茶文化》专号(11)"烹茶尽具"和"武都买茶"考辨——兼与周文棠同志商榷	方健	农业考古	2期	1996
中国最早的茶叶市场在四川	杜长煜	文史杂志	1期	1992
四川历代茶政	冯汉镛	中央日报		1947.8.27

续表三

篇、书名	著(译)编者	出处	卷、期	年月日
唐代茶政问题初探	伊敏	青海社会科学	3期	1999
宋代四川の茶法	佐伯富	東洋史研究	2卷2号	1936
宋代四川の榷茶法	河上光一	史学雜誌	71卷11期	1962
宋代四川に於ける榷茶法の開始	河上光一	東方学	23輯	1962
青唐の馬と四川の茶——北宋時代四川茶法の展開	梅原郁	東方学報	45期	1973
宋代四川地区的茶业和茶政	贾大泉	历史研究	4期	1980
宋初川峡地区的茶法与"贩茶失职"	胡昭曦	四川大学学报（哲社）	3期	1980
宋代的茶叶专卖制度	贾大泉	历史知识	1期	1982
北宋代四川地方の茶法について	福島美千子	東洋大学東洋史研究報告	1号	1982
由绷口茶坊事件检讨宋神宗熙宁年间的川茶之官卖	朱重圣	国际宋史研讨会论文集		1988
南宋の四川の茶法	水野正明	布目潮渢古稀記念論文・東アジアの法と社会		1990
论宋代茶法的地区差异	黄纯艳	云南社会科学	5期	2001
清代四川茶法述评	陈一石	中国社会经济史研究	2期	1988
开办康泸丹三县茶叶计划	任乃强	边政月刊	2卷	1929
茶叶在康藏地位上的关系	汪袭风	蒙藏周报	48期	1930
康藏人民生活中之茶问题	郭惠西	蒙藏周报	55－57期	1930
西康之茶叶调查		康藏前锋	2卷1期	1934
西康茶课概况		蒙藏月刊	1卷4期	1934
边茶之厄运	上佑	康藏前锋	2卷1期	1934
西康茶业概况		川边季刊	1卷1期	1935
西康茶叶概况	廖皓龄	中农月刊	1卷3期	1940
川产藏茶销运现况		西陲宣化	1卷6期	1936
川茶之现状及其与川康贸易之重大关系	马裕恒	康藏前锋	3卷10期	1936
川藏茶业贸易之检讨	张俊德	蒙藏月报	6卷6期	1937
南路边茶与康藏	金飞	康导月刊	1卷7期	1939
康茶改进之商榷	秦义	边事研究	12卷4期	1940
边茶引岸存废问题	钱蔓超	益世报（重庆）		1941.5.22
西康雅茶产销概况	郑象铣	地理	1卷3期	1941
雅茶与边政	郑象铣	边政公论	1卷5、6期	1942

续表四

篇、书名	著(译)编者	出处	卷、期	年月日
西康雅安边茶业概观	杨逸农	中农月刊	3卷8期	1942
边茶之产销与改进	余建寅	康导月刊	5卷4期	1943
边茶与边政		边政公论	3卷11期	1944
有关经边大计之南路边茶	姚在藩	边政公论	4卷9、10期	1945
边茶沿革简述及当前改进问题	白宗润	西康经济季刊	13期	1946
今后之西康边茶	游世敏	西康经济季刊	13期	1946
西康的边茶	康藏社	西康经济季刊	13期	1946
西康边茶之研究	李锦贵	西康经济季刊	15、16期	1948
从边茶看汉藏关系	钳工	新华月报	3卷2期	1950
边茶今昔	陈彬藩	民族团结	4期	1964
漫谈边茶	徐廷筠等	茶叶	4期	1980
中国边茶史略	陈彬藩	中国茶叶	1期	1981
边茶漫话	于观亭	中国民族	6期	1982
谈谈《四川边茶》的始由	照山	茶叶	2期	1983
黑茶的发展简史	秦大东	茶业通报	6期	1983
印茶侵销西藏与清王朝的对策	陈一石	民族研究	6期	1983
明代《四川边茶》概况	照山	茶叶	2期	1984
再谈《四川边茶》的始由及其它	照山	茶业通报	6期	1984
清代"引岸制"与四川边茶	照山	茶叶通讯	4期	1985
清末印茶与边茶在西藏市场的竞争	陈一石	思想战线	4期	1985
雅安边茶 藏汉情	吴蓓 照山	中国民族	5期	1989
民国时期川藏茶道的阻滞和边茶业的衰落	陈一石	藏学研究丛刊	2辑	1990
川茶输藏与汉藏关系的发展	贾大泉	社会科学研究	2期	1994
藏族茶文化论析	泽旺夺吉	中国藏学	4期	1994
藏族茶文化概论	杨嘉铭 琪梅旺姆	中国藏学	4期	1995
略论西藏茶文化的发生与发展	张亚生等	农业考古	4期	2005

（五）制糖业

篇、书名	著（译）编者	出处	卷、期	年月日
石蜜糖霜考	洞富雄	史观	6册	1934
跋明抄本"糖霜谱"	舜盦	图书季刊	3卷1、2期	1941
古代四川的制糖业	兰桐	成都日报		1961.5.17
资中、内江、富顺、简阳、资阳的"糖业生活"	官述康	少年世界	1卷5期	1920
四川糖业概况	周大瑶	国际贸易导报	2卷8期	1931
四川蔗糖业	龚定芳	四川经济月刊	4卷1期	1937
重庆蔗糖贸易调查	甘蔗试验场	建设周报	7卷10期	1938
沱江流域蔗糖业调查报告	四川省甘蔗试验场	编者刊		1938
四川的制糖工业	国际社	现代华侨	1卷6、7期	1940
四川蔗糖产销调查	杨寿标	中国农民银行经济研究处		1940
四川蔗糖产销调查	田文彬	经济建设季刊	1卷2期	1942
四川糖业之危机及振兴方策	李尔康 张力田	西南实业通讯	6卷25期	1942
四川蔗糖业的危机	朱吉礼	四川经济季刊	3卷1期	1946
四川蔗糖业的出路	朱吉礼	四川经济季刊	3卷2期	1946
四川省近年蔗糖产销概况（上）（下）	郭太炎	中农月刊	7卷1、2期	1946
四川土法制糖研究	黄振勋等	台湾糖业季刊	1卷2期	1948
四川食糖专卖引起的两起请愿	胡次威	上海文史资料选辑	13期	1962
近代四川商品农业的经营——以甘蔗市场为例	陈祥云	辅仁历史学报	9期	1998
论抗战时期国民党政府川康区食糖专卖政策	张朝晖	档案史料与研究	3期	1999
		文史杂志	4期	2000
试论抗战时期四川糖料酒精工业的兴衰	刘春	四川师范大学学报（社科）	4期	2004
四川内江蔗糖产销合作	王树基	合作事业	2卷5-11期	1940
四川内江金融市况与蔗糖产销情形	李德宜	中央银行经济汇报	6卷6期	1942
内江之甘蔗糖清评价	朱吉礼	四川经济季刊	2卷3期	1945
四川内江的旧法造糖	谭旦冏	大陆杂志	7卷6期	1953

续表一

篇、书名	著(译)编者	出处	卷、期	年月日
内江糖业史	陈栋梁 李明生	四川科学技术出版社		1990
蔗糖经济与城市发展——以四川内江为中心的研究（1860-1949）	陈祥云	"国史馆"学术集刊	2期	2002
资内糖业危机与改进	吴玉麟	农业论坛	1卷 6、7期	1948
资内一带的蔗农生活	同 凡	民主与科学	1卷 7、8期	1954

（六）造纸业

篇、书名	著(译)编者	出处	卷、期	年月日
各县造纸开始年代		四川手工纸业调查报告		1943
宋朝梁山已产纸	钟崇敏	四川手工纸业调查报告		1943
四川造纸史略	生 辉	历史知识	2期	1980
巴山蜀水造纸话今昔	姜锦春	四川造纸	1期	1996
四川之纸业	黄庄毅	四川月报	3卷3期	1933
四川纸业概况		工商半月刊	5卷12期	1933
四川造纸工业	予 重	现代华侨	1卷 6、7期	1940
川东富源之一——造纸	谢觉民	新经济	9卷 1-12期	1943
四川手工造纸业的技术改良	段之一	中国工业	20期	1943
抗日战争时期的四川广安纸厂	李 璞	纸和造纸	4期	1985
西康之造纸工业		川边季刊	1卷1期	1935
战后四川造纸业动态	华	艺文印刷	2卷12期	1946
四川机器造纸工业发展大事记要（初稿）	树成志	四川造纸	3期	1994
天府之国的四川造纸工业急待开发——四川造纸工业简介	韦承兴	四川造纸	1期	1996
夹江造纸史略		四川手工纸业调查报告		1943
明朝末年夹江开始造纸		四川手工纸业调查报告		1943
夹江纸业调查	四川地方银行经济调查部	四川经济月刊	3卷2期	1935

续表一

篇、书名	著(译)编者	出处	卷、期	年月日
夹江的纸业与金融	华有年	四川经济季刊	1卷3期	1944
大千书画纸	马晓俊	纸和造纸	4期	1984
夹江手工纸与中外经济文化	刘少泉	四川大学出版社		1992
文气渲染夹江纸	冉玉杰等	今日四川	2期	1999
夹江书画纸与张大千	刘仁庆	纸和造纸	6期	2003
铜梁县纸业沿革		四川手工纸业调查报告		1943
广安造纸沿革		四川手工纸业调查报告		1943
蓬安县造纸历史近千年左右		梓橦等69县手工造纸调查文字分析报告		1955
谈蜀绣《薛涛制笺图》	老洪	成都日报		1979.2.22
看石碓 话笺纸	治平	成都日报		1979.4.12
薛涛和"薛涛笺"	刘仁庆	中国妇女	2期	1980
夹江"蜀笺"	秦亦江	旅游天府	3期	1982
漫话蜀笺	高文	四川文物	3期	1984
薛涛笺及其他	陈振濂	四川文物	3期	1989
薛涛与薛涛笺	顾关元 程向红	瞭望周刊	19期	1992
薛涛笺在中唐时期对四川造纸业的影响与贡献	邓剑鸣	中国造纸	6期	1993
成都传统工艺品——蜀笺	王安明	成都文物	3期	2000
明玉珍制笺	犁拾	重庆晚报		1987.7.5

(七) 盐业

篇、书名	著(译)编者	出处	卷、期	年月日
四川岩盐及盐水矿床之成因	谭锡畴	地质论评	3期	1936
四川卤矿及岩盐成因之检讨	林斯澄	地质论评	4期	1937
四川省の巴蜀盆地と塩井と油井	大村一藏	地理教育	29卷4号	1939
川盐之分布与震旦运动之关系并关于滇盐与石油之一瞥	半粟	地质评论	5卷3期	1940
川盐矿床论	李悦言	地质评论	5卷6期	1940
四川盐业地理	林超 陈四桥	地理	5卷1、2期	1945

续表一

篇、书名	著（译）编者	出处	卷、期	年月日
四川盆地卤水资源分级与分区概述	王东升	井矿盐技术	2期	1984
自贡地区邓井关背斜地下卤水的成因类型	林朝汉	中国井矿盐	2期	1987
卤盐气资源钻探的标准层——绿豆岩	刘德林	盐业史研究	1期	1992
关于"绿豆岩"地质意义之我见	余子昭	盐业史研究	1期	1992
从李冰"识齐水脉"开凿盐井到《四川盐法志》"看榜样"选定井位——关于先民对地下卤水资源规律的识察及其布井法的初探	刘德林	盐业史研究	3期	1992
熊楚论自贡井矿地质	熊仲雯	盐业史研究	4期	1992
清代中后期井矿盐地质科学初步的形成	刘德林	盐业史研究	4期	1995
论四川盆地卤水分布及地质特点	熊淑君 林耀庭	中国井矿盐	2期	1996
历史时期西南盐业开发与环境变迁	蓝勇	史念海先生八十寿辰学术文集		1996
四川盆地古代盐业开发的地质基础	李晓波	盐业史研究	4期	2002
渝东地区古代地质环境与盐矿资源的开发利用	侯虹	盐业史研究	1期	2003
自贡盐场黄黑卤盛衰演变	陶宏	盐业史研究	3期	2003
川滇井盐概述	张心雄	旅行杂志	14卷3期	1940
四川历代之盐政	冯汉镛	中央日报		1947.9.3,1947.9.10
四川的盐井	谭旦同	大陆杂志	5卷1期	1952
古代四川的井盐生产	杨宽	科学大众	8期	1955
		中国盐业史论丛		1987
四川的井盐	唐汉三	科学大众	8期	1955
四川古代的制盐业	兰桐	成都晚报		1961.8.12
奴隶们创造历史的光辉业绩——记劳动人民开发四川井盐的历史	四川盐务局等	四川日报		1975.1.6
盐业史话	郑德金	财贸战线		1980.8.26
历史上的井盐产制状况略考	廖品龙	井盐史通讯	1期	1981
盐井和火井	王仰之	中国地质	8期	1983
四川盐业井灶租佃形式及其特点	冉光荣 吴天颖	井盐史通讯	1期	1984
四川井盐生产发展概述	钟长永	四川文物	2期	1984

续表二

篇、书名	著(译)编者	出处	卷、期	年月日
四川省之盐业	君 实	井盐史通讯	1期	1985
中国古代盐井考	白广美	井盐史通讯	2期	1985
中国井盐开发史二三事	吴天颖	中国盐业史论丛		1987
四川井盐史论丛	自贡市盐业历史博物馆	四川省社会科学院出版社		1985
川盐缉私略论	宋良曦	盐业史研究	1期	1986
让四川井盐史的研究走向世界	冉光荣	盐业史研究	1期	1986
说盐	任乃强	盐业史研究	1期	1988
川中盐业之最	徐朝鑫	盐业史研究	2期	1988
川盐与煤炭	祁守华	盐业史研究	3期	1988
川盐史论	宋良曦 钟长永	四川人民出版社		1990
四川盐场专用名词析疑数则	张端甫	盐业史研究	1期	1991
四川盐业发展概述	李福德	盐业史研究	1期	1992
川盐衡量	徐著奇	盐业史研究	2期	1992
盐工血泪化歌声	陈学名	盐业史研究	3期	1992
四川井盐业经济的繁荣和资本主义生产关系的最初萌芽	王昭贡	盐业史研究	3期	1992
井盐史探微	吴天颖	四川人民出版社		1992
现代盐业科技史上的杰出人物——吴鹿萍	罗 曼	盐业史研究	4期	1992
从历代缉私看川盐缉私	李福德 赵伯蒂	盐业史研究	2期	1995
四川盐法志	丁宝桢	上海古籍出版社		1997
蜀中井盐探访录	曾 济	今日四川	4期	1998
蜀中井盐	赖 武	华夏人文地理	4期	2002
四川井盐业空间布局的历史演变	王瑞成	西南师范大学学报（人文）	4期	2002
古梁州の塩について——古梁州名物考·金石篇	久村因	纪要（名古屋大学教养部）	24辑	1980
从"白鹿饮泉"到"识脉穿井"——论古代劳动人民对四川井盐的认识与开发	张学君	井盐史通讯	1期	1982
奇异的盐泉	陈 崇	地球	1期	1986
上古巫咸国考析——中国盐文化探源	阿 波	盐业史研究	1期	1991
万县地区盐文化刍论	邓显皇	盐业史研究	4期	1992

续表三

篇、书名	著(译)编者	出处	卷、期	年月日
三星堆文明时期的食盐贸易	屈小强	盐业史研究	1期	1994
三峡地区盐资源与早期人类活动的关系——三峡盐文化简论（一）	任桂园	三峡学刊	4期	1994
三峡地区盐资源与早期中原文化因素融入之关系——三峡盐文化简论（二）	任桂园	三峡学刊	2期	1996
川东盐区考察初步报告	黄健	盐业史研究	2期	1995
川东盐业与三峡库区的盐业遗址	钟长永 黄健	四川文物	2期	1997
大宁盐泉与巫载文明	鲁子健	盐业史研究	4期	1998
大巫山盐泉与巴族兴衰（上）	管维良	三峡学刊	3期	1999
大巫山盐泉与巴族兴衰（下）	管维良	三峡学刊	4期	1999
臭盐碛考略	谭兆武	四川三峡学院学报	6期	1999
渝东地区古盐业发展史初探——从忠县干井沟发现原始制盐工具说起	刘卫国 曾先龙	盐业史研究	3期	2000
长江三峡地区自然盐泉发现时期考	程龙刚	盐业史研究	2期	2001
试论渝东古盐泉向人工井的演进	刘卫国	盐业史研究	1期	2002
三峡盐业考古发现及其意义	李晓波	重庆大学学报（社科）	1期	2002
渝东地区古盐业遗址考察报告	程龙刚	盐业史研究	4期	2002
从忠县涂井溪的古盐泉看人工井的早期演进	刘卫国	盐业史研究	1期	2003
中坝遗址在三峡库区盐业考古中的地位	曾先龙	盐业史研究	1期	2003
新几内亚、乌干达及西罗马帝国的盐业生产、交换及消费——重庆地区先秦时期盐业生产的比较研究	傅罗文（陈伯桢）	盐业史研究	1期	2003
四川盆地盐业起源论纲——渝东盐业考古的现状、问题与展望	孙华	盐业史研究	1期	2003
中坝龙窑的生产工艺探析	曾先龙	盐业史研究	1期	2003
忠县中坝遗址的性质——盐业生产的思考与探索	孙智彬	盐业史研究	1期	2003
由早期陶器制盐遗址与遗物的共同特性看渝东早期盐业生产	陈伯桢	盐业史研究	1期	2003
远古时期三峡盐资源与移民文化述论	任桂园	盐业史研究	1期	2003
渝东地区古代地质环境与盐矿资源的开发利用	侯虹	盐业史研究	1期	2003
略论渝东盐业运销制度的嬗变	陆荣华	盐业史研究	1期	2003

续表四

篇、书名	著（译）编者	出处	卷、期	年月日
关于三峡地区盐业生产源起的思考	程龙刚	盐业史研究	4期	2003
长江三峡早期井盐开发的初步探讨	朱继平等	中国科学技术大学学报	4期	2003
巴盐与巴族的兴衰	张莉	涪陵师范学院学报	6期	2003
渝东史前制盐工业初探——以史前时期制盐陶器为研究角度	孙华	盐业史研究	1期	2004
三峡地区古代盐业经济的兴衰及其原因	李小波	盐业史研究	1期	2004
三峡地区泉盐生产起源蠡测	程龙刚	重庆三峡学院学报	2期	2004
渝东古盐业探源	刘卫国	盐业史研究	3期	2004
廪君、盘瓠后裔反抗斗争与三峡盐业内在联系	任桂园	湖北民族学院学报（哲社）	4期	2004
三峡远古的盐丹文明	管维良	重庆师范大学学报（哲社）	4期	2004
		史前研究		2004
盐与中国上古文化——立足于三峡地区盐资源与巴文化关系的考察	程龙刚	盐文化研究论丛	1辑	2005
2001年度云安盐场考古发掘报告	中国国家博物馆等	福建文博	增刊	2005
2002年度云安盐场考古发掘报告	中国历史博物馆等	福建文博	增刊	2005
2003年度云安盐场考古发掘报告	中国历史博物馆等	福建文博	增刊	2005
云安盐场遗址考古发掘的收获及其认识	程红坤 林果	福建文博	增刊	2005
重庆市彭水县郁山镇古代盐井考察报告	李小波	盐业史研究	2期	2001
解读黔中盐丹文化	蔡盛炽	重庆师院学报（哲社）	4期	2001
蜀盐考始	苏焘	地学杂志	七年2期	1916
古井杂谈	徐中舒	井盐史通讯	1期	1977
		四川大学学报	3期	1977
我国井盐生产首次开发的主持者——李冰	金戈	井盐史通讯	1期	1976
试论张若在成都置盐铁市官与李冰开广都盐井	廖品龙	井盐史通讯	2期	1977
四川井盐的开发与秦汉法家路线	张学君 李连银	四川大学学报	3期	1975
井盐初产时间新考	吉成名	盐业史研究	3期	1991

续表五

篇、书名	著(译)编者	出处	卷、期	年月日
汉代煮盐业画像砖	沈仲常	成都晚报		1961.5.13
汉代四川井盐生产劳动画象砖新探——兼谈古代四川井盐业的一些问题	谢忠梁	井盐史通讯	1期	1976
关于汉画象砖"井火煮盐图"的商榷	白广美	自然科学史研究	1期	1984
		中国盐业史论丛		1987
汉代井盐场画像砖	木子	中国文物报		1992.2.23
蒲江古盐井遗址考古调查有重要收获	蒋成 龙腾	中国文物报		1999.3.3
中美联合考古队考察蒲江古盐井	龙腾	中国文物报		1999.6.2
汉代盐铁盆	龙腾 夏晖	成都文物	2期	2000
蒲江盐井的开发与西汉四川盐铁经济的发展形态	侯虹	盐业史研究	3期	2002
宁河栈道与煮盐铁盆刍论	任桂园	盐业史研究	4期	2002
宁河古栈道遗址新探	刘卫国 任桂园	盐业史研究	1期	2003
秦汉盐政与三峡盐业综论	任桂园	重庆三峡学院学报	6期	2002
三国时之蜀盐	曾謇	中央日报		1947.12.24
三国魏晋南北朝时期的盐制与三峡盐业综论	任桂园	重庆三峡学院学报	6期	2003
唐代井盐考	古贺登（顾南、顾学稼）	史观	53册	1958
		井盐史通讯	1期	1980
続唐代井塩考——再び新唐書食貨志の記事について（续唐代井盐考——再论新唐书食货志中有关井盐的记载）	古贺登（顾南、顾学稼）	史観	57、58册	1960
		井盐史通讯	1期	1981
唐代四川诸巡院设置时间考	齐涛	盐业史研究	1期	1988
唐代的井盐生产	吉成名	盐业史研究	1期	1989
杜甫笔下的唐代盐业经济	许智银	盐业史研究	2期	2004
隋唐五代盐政与三峡盐业（上篇）	任桂园	重庆三峡学院学报	4期	2005
隋唐五代盐政与三峡盐业（下篇）	任桂园	重庆三峡学院学报	5期	2005
宋代川盐之生产与统制	程光裕	海疆季刊	1期	1948
论宋代四川制盐业中的生产关系	吴天颖	文史哲	1期	1964
		宋辽金社会经济史论集（2）		1973
对《舆地纪胜》一条史料的考辨	宋尚策	井盐史通讯	1期	1979

续表六

篇、书名	著(译)编者	出处	卷、期	年月日
北宋四川食盐危机考析	郭正忠	中国史研究	1期	1981
宋代井盐概述	许肇鼎	井盐史通讯	1期	1981
宋代四川盐业生产中的资本主义萌芽	郭正忠	社会科学研究	6期	1981
宋代四川井盐产量剖析	贾大泉	西南师范学院学报（哲社）	4期	1982
论宋代四川盐业与盐政	张学君	井盐史通讯	1期	1983
井盐与宋代四川的政治和经济	贾大泉	西南师范学院学报（哲社）	3期	1983
苏东坡与四川卓筒井	张学君	井盐史通讯	1期	1984
宋代四川盐业中的所有制转化	张学君	中国社会经济史研究	4期	1984
关于宋代卓筒井风波的考察——宋代四川井盐业资本主义萌芽的发展和夭折	郭正忠	井盐史通讯	1期	1985
宋代井盐业资本主义萌芽的历史命运——关于"筒井风波"的考察	郭正忠	社会科学研究	3期	1985
井盐在宋代四川经济及政治中的地位和作用	贾大泉	盐业史研究	1期	1986
北宋解盐入蜀考析	林文勋	盐业史研究	2期	1990
北宋四川盐产量蠡测	林文勋	盐业史研究	1期	1992
井盐对宋代四川地区国防、财计、经济等方面之影响	许世融	中国历史学会史学集刊	26期	1994
南宋四川官盐与地方财政	梁庚尧	第二届宋史学术研讨会论文集		1996
南宋四川的引盐法	梁庚尧	台湾大学历史学报	20期	1996
		宋史研究集	35辑	2005
绍熙府与元代四川盐业的兴衰	陈世松	盐业史研究	2期	1988
元代四川盐业生产	程龙刚	盐业史研究	3期	2000
明代四川井盐业的初步研究	冉光荣	井盐史通讯	1期	1978
明代四川的盐业经营	鲁子健	盐业史研究	2期	1993
明清四川井盐史稿	张学君 冉光荣	四川人民出版社		1984
清代淮南盐贩路的争夺について	佐伯富	東洋史研究	16卷3期	1955
清代前朝四川井盐业的生产规模问题	欧阳云钦	光明日报		1964.4.27
清代川省盐税	周询	四川文献	66期	1968
川盐济楚始末	陈文安	井盐史通讯	1期	1981
四川井盐业资本主义萌芽问题研究	冉光荣 张学君	明清资本主义萌芽研究论文集		1981

续表七

篇、书名	著(译)编者	出处	卷、期	年月日
论近代四川盐业资本	张学君	中国社会经济史研究	3期	1982
川盐济楚与四川盐业的发展	鲁子健	社会科学研究	2期	1984
试论清代四川盐商的发轫	宋良曦	井盐史通讯	1期	1984
四川巡按赵班玺为奉谕巡历四川省盐法屯田事题本		历史档案	1期	1984
论四川盐业资本的新成分——卤筧及其经营	冉光荣 吴天颖	四川大学学报（哲社）	1期	1985
资本主义商品经济拓展新市场的一次尝试——试评川盐济楚	王 奇	井盐史通讯	2期	1985
试论晚清四川盐业中推行的官运商销制	钟长永	井盐史通讯	2期	1985
川盐凿井契约文书源流述论	吴天颖 冉光荣	文史	25辑	1985
清代四川的盐榷与盐枭	鲁子健	盐业史研究	1期	1986
清代四川井盐工场手工业的兴起和发展	彭泽益	中国经济史研究	3期	1986
清代四川井盐业之发展	陈慈玉	近代中国区域史研讨会论文集（下册）		1986
丁宝桢与川盐官运	张莉红	盐业史研究	2期	1988
清代两湖市场与四川盐业的盛衰	陈 锋	四川大学学报（哲社）	3期	1988
清咸同时期的四川井盐业	陈 然	盐业史研究	4期	1988
清代四川盐业史资料考释	鲁子健	盐业史研究	4期	1988
黔西北地区川盐运销史料		毕节文史资料选辑	6辑	1988
"川、淮盐并销制"探源	何光临	盐业史研究	3期	1990
清代前期四川的人口与盐业	陈 然	盐业史研究	4期	1990
丁宝桢改革盐政的斗争	顾文栋	贵州文史丛刊	4期	1990
清康、雍、乾时期的四川井盐业	陈 然	社会科学研究	2期	1991
移民入川与四川井盐的开发	王 果	盐业史研究	2期	1991
凶残的"包推户"	林 昭	盐业史研究	4期	1991
丁宝桢与四川盐政改革	傅德元	社会科学研究	6期	1991
清初川盐销黔与四川盐业的发展	罗 曼	盐业史研究	1期	1992
清代川盐销黔与贵州的开发	王 果	盐业史研究	2期	1992
四川井盐业经济的繁荣和资本主义生产关系的最初萌芽	王昭贡	盐业史研究	3期	1992
川盐济楚运道概略	罗益章	盐业史研究	3期	1992

续表八

篇、书名	著(译)编者	出处	卷、期	年月日
晚清川淮争岸辨析	徐凯希	河北师范学院学报	3期	1992
略论晚清川盐破岸行楚	徐凯希	江汉论坛	9期	1992
试论林儁的盐务改革	鲁子健	盐业史研究	3期	1994
清代中后期井矿盐地质科学初步的形成	刘德林	盐业史研究	4期	1995
丁宝桢与四川的盐政改革	魏淑艳 刘振军	辽宁教育学院学报	4期	1995
川盐入黔与仁怀的经济和文化	母光信	贵州文史丛刊	6期	1996
光緒・宣統年間における四川の塩税制度の改革について	原朝子	明大アジア史論集	2集	1997
试析清代四川井盐生产中的合伙法律关系	张洪林	现代法学	3期	1997
清代後期四川における塩政再建政策	山本進	名古屋大学東洋史研究報告	23号	1999
试论丁宝桢的盐政改革	鲁子健	盐业史研究	2期	2000
丁宝桢与川盐入黔	胡大宇	全面的总结 科学的评价——丁宝桢诞辰180周年纪念暨学术研讨会论文集		2000
丁宝桢对川盐销黔的改革——从官督商运到官运商销	杜文铎	全面的总结 科学的评价——丁宝桢诞辰180周年纪念暨学术研讨会论文集		2000
丁宝桢与盐政	陈学昌	全面的总结 科学的评价——丁宝桢诞辰180周年纪念暨学术研讨会论文集		2000
丁宝桢与四川盐政	鲁子健	全面的总结 科学的评价——丁宝桢诞辰180周年纪念暨学术研讨会论文集		2000
丁宝桢对川盐运销改革的启示	杨祖恺	全面的总结 科学的评价——丁宝桢诞辰180周年纪念暨学术研讨会论文集		2000
清代四川盐井土地买卖契约简论	李三谋	盐业史研究	1期	2001
清代三峡地区的食盐问题探析	田强 韩建国	湖北民族学院学报（哲社）	1期	2001
清代长江三峡地区的食盐问题分析	田强	盐业史研究	2期	2001
从"川盐济楚"到"淮川分界"——中国近代盐政史的一个侧面	黄国信	中山大学学报（社科）	2期	2001
清代四川盐井买卖契约	张洪林	现代法学	6期	2001
邓孝可盐政改革思想研究	程龙刚	盐业史研究	2期	2002

续表九

篇、书名	著(译)编者	出处	卷、期	年月日
丁宝桢与四川盐政政策	戴斌武 郭正学	成都教育学院学报	10 期	2003
从《巴县档案》看清代四川的私盐问题	史玉华	滨州学院学报（哲社）	2 期	2005
川盐改税新编	四川盐政局	编者刊		1912
四川盐务报告书	张 习	谈盐丛报	17 期	1914
川盐纪要	林振翰	商务印书馆		1919
四川省之盐业	君 实	东方杂志	15 卷 5 期	1918
四川盐政辑要	徐 述	抄本		1920
川南盐务要览	曾仰丰	石印本		1928
川盐特刊 1-195 期	川盐特刊社	编者刊		1928-1935
四川盐业概况		工商半月刊	2 卷 13 号	1930
四川盐政史	吴 炜	四川盐运使署		1932
川盐官运之始末	吴 铎	中国近代经济史研究集刊	3 卷 2 期	1935
四川井盐调查		四川经济月刊	4 卷 4 期	1935
			1 期	1985
四川盐业考察报告	刘振东 魏少申	中央政治学校研究部		1939
四川的白盐	谭炳杰	四川经济月刊	4 卷 2、4 期	1937
四川之盐场	刘肇龙	边事研究	7 卷 3 期	1938
抗战期内的四川盐业	邢苏华	新经济	1 卷 9 期	1939
川盐实况及增产问题	张肖梅 朱觉方	中国国民经济研究所		1939
四川盐业之检讨		经济研究	1 卷 8 期	1940
战时四川食盐之检讨	双 无	金融导报	2 卷 8 期	1940
川康区食盐产销之分析	曾水莲	四川经济季刊	2 卷 4 期	1945
十年来之盐政	缪秋杰	盐务月报	7 卷 7 期	1948
从盐务稽核所的活动看帝国主义对四川的侵略	李连银等	井盐史通讯	2 期	1976
四川盐商与茅台酒	宋 劼	井盐史通讯	1 期	1983
从四川盐务稽核所看军阀与帝国主义的关系	宋良曦	井盐史通讯	2 期	1983
试论民初四川盐业长期徘徊的根本原因	严 钧	井盐史通讯	2 期	1983

续表一〇

篇、书名	著(译)编者	出处	卷、期	年月日
西南军阀与四川盐税	钟长永	井盐史通讯	1期	1984
简论近代四川盐商的发轫	宋良曦	中国经济史研究论丛		1986
军阀统治时期的四川盐税	钟长永	中国经济史研究论丛		1986
略论四川军阀对"新盐法"的抵制	王 果	盐业史研究	3期	1988
四川盐业旧式会计核算	傅 磊 刘志翔	盐业史研究	2期	1989
国民党入川统一盐政的经过	吴泽霖	盐业史研究	3期	1990
民国初年四川盐税改革风波	赵元凯	盐业史研究	1期	1993
对民初川盐行黔实行自由运销制的评议	顾文栋	盐业史研究	4期	1991
民国时期治盐名家缪秋杰	方一清	盐业史研究	4期	1994
抗日战争时期的四川盐业经济	钟长永	盐业史研究	2期	1995
民国初期川盐破岸均税制研究	程龙刚	盐业史研究	3期	2001
抗日战争时期的三峡盐业	任桂园	盐业史研究	3期	2005
简论川陕苏区解决食盐紧缺的对策及意义	邵家仁	盐业史研究	2期	1992
中国古代井盐生产技术史的初步探讨	白广美	清华大学学报	6期	1962
我国宋代井盐钻凿工艺的划时代革新——四川"卓筒井"	刘春源等	井盐史通讯	1期	1976
卓筒井井名试释	彭久松	井盐史通讯	1期	1976
我国古代地质钻井史概说——从我国第一口六千零十一米超深井想起的	彭久松 张学军	井盐史通讯	2期	1976
我国宋代井盐钻凿工艺的重要革新——四川卓筒井	刘春源等	文物	12期	1977
我国古代地质钻井史概说	彭久松 张学君	井盐史通讯	2期	1978
补腔	龚巧玲	井盐史通讯	1期	1979
锉井	纪 磊	井盐史通讯	1期	1980
富荣盐场的机车采卤	钟长永	井盐史通讯	1期	1981
最早的钻井技术	里 戈	旅游天府	3期	1981
古代四川井盐生产中的化学成就	张学君	大自然探索	1辑	1982
泥盆考水	老 征	井盐史通讯	1期	1982
取难	钟 杰	井盐史通讯	1期	1982

续表——

篇、书名	著(译)编者	出处	卷、期	年月日
自贡真空制盐简史（上）（下）	钟长永	井盐史通讯	1期	1982
			1期	1983
旧法凿井	吴泽霖	井盐史通讯	1期	1983
释"圜刃凿"——北宋四川卓筒井工艺考索之二	彭久松	井盐史通讯	2期	1983
枝条架浓卤塔技术在自贡盐场的引进与应用	赵志	井盐史通讯	1期	1984
旧中国自贡井盐生产机械化道路探讨	陈学彬	井盐史通讯	1期	1984
考咸碗——传统的卤水量咸器具之一	李茂清	井盐史通讯	1期	1985
筒井用水鞴法解——北宋四川卓筒井工艺考索之三	彭久松	井盐史通讯	2期	1985
井盐旧法凿井的传统量度工具——正裁尺	徐雄伟	井盐史通讯	2期	1985
		四川文物	1期	1987
中国的井盐开采技术	佐拉·G.多伊奇（梁鹰）	盐业史研究	1期	1986
古代四川井盐生产中的物理学成就	张学君	盐业史研究	1期	1986
顿钻技术中的重要发明——转槽子	刘春全	盐业史研究	1期	1986
中国古代关于深井钻掘机械的发明	燕羽	中国盐业史论丛		1987
中国井盐科技史	林元雄等	四川科学技术出版社		1987
四川井盐的采卤井架	罗曼	中国井矿盐	1期	1988
试论明代井盐钻井工艺的突破	钟长永	盐业史研究	2期	1988
井盐凿井技术是中国第五大发明	林元雄	盐业史研究	2期	1988
论井盐输卤技术的发展	宋良曦	盐业史研究	2期	1988
龙旺井	肖永明	盐业史研究	2期	1988
卓筒井取水筒汲水原理初探	王世锋	盐业史研究	3期	1988
早期顿钻凿井原理探索	刘春全	盐业史研究	3期	1988
竹在井盐生产中的应用	杜绍庆	盐业史研究	3期	1988
古今钻井工艺技术的对比与发展	李晓群	盐业史研究	3期	1988
陵井同名三井考	刘德林	盐业史研究	1期	1989
井盐史上的水、火兼采问题	阿波	盐业史研究	1期	1989
蓬溪县大英乡发现宋代卓筒小井	邓洪钧	四川文物	2期	1989
大口径凿井工具——蒲扇锉	王益	盐业史研究	4期	1989

续表一二

篇、书名	著(译)编者	出处	卷、期	年月日
"北风火"浅说	黄康吉	盐业史研究	4期	1989
《中国古代井盐工具研究》前言	冉光荣	盐业史研究	3期	1990
浅谈盐井提捞采卤中的事故	杜绍庆	盐业史研究	4期	1990
中国古代井盐工具研究	刘德林 周志征	山东科学技术出版社		1990
早期顿钻凿井中水功用考	李晓群	盐业史研究	3期	1991
中国盐井凿井机械史考略	罗益章 王昭贤	盐业史研究	4期	1991
中国四川省の井塩生産図について	吉田寅	日本塩業の研究	20号	1991
从三十年代五通桥盐场使用机器钻井的教训——浅谈科技进步应立足于走自力更生的道路	李从周	盐业史研究	2期	1992
补木竹	杜绍庆	盐业史研究	4期	1992
冲击式顿钻钻头的探索	王益	盐业史研究	4期	1992
中国古代钻井及井盐测量和计量	宋良曦	盐业史研究	1期	1993
川东盐业以煤代薪的历史演变	魏建林	盐业史研究	1期	1993
川北卓筒井向纵深开拓没有重大突破的原因	刘德林	盐业史研究	1期	1993
大英卓筒小井	李全民	四川文物	1期	1993
古代四川井盐生产中的地质学成就	张学君	盐业史研究	3期	1993
自贡盐业铁工具的防锈保护	梁蕙等	文物保护与考古科学	8卷1期	1996
中国、德国古代输卤技术浅析	王连第 徐宝政	盐业史研究	1期	1997
中国古代输卤技术浅析	王连第	化工矿产地质	1期	1998
论宋代卓筒井的卓越成就	钟长永	盐业史研究	3期	1998
中华一绝：卓筒井	李全民	中国文物报		1998.3.22
中国钻探科学技术史	刘广志	地质出版社		1998
中国古代井盐叨下木柱工艺技术研究	侯虹	盐业史研究	1期	2001
自贡古代盐井补腔工艺技术研究	侯虹	盐业史研究	4期	2001
自贡地区盐井打捞工艺技术研究	吴泽霖	盐业史研究	3期	2002
温泉镇井盐生产技术及发展	张金河	盐业史研究	3期	2002
中国、德国古代熬盐情况浅析	王连第	化工矿产地质	4期	2002
四川蒲江发现汉代盐铁盆	龙腾 夏晖	文物	9期	2002

续表一三

篇、书名	著(译)编者	出处	卷、期	年月日
浅述近代冲击（顿钻）钻井工艺技术	肖永明等	盐业史研究	3期	2003
温泉盐场的卤井和取卤方式	张金河 刘世光	盐业史研究	1期	2004
自贡地区盐井传统修治井技术	吴泽霖等	盐业史研究	3期	2004
盐史瑰宝——岩口簿	沈 涛	四川档案	6期	2004
四川富顺县自流井现行采盐法	童锡祥	清华学报	2卷2期	1916
四川自流井盐矿	竺可桢	科学	3卷4号	1917
The Salt Industy of Tze Liu tsing	W. Crawfond	China Journal of Science and Arts	Vol. Ⅳ, nos. Ⅴ	1926
自流井盐场概况		四川月报	9卷4期	1936
四川富顺自流井打钻记录	贝 克	地质论评	3、4期	1939
自贡之盐业	钟崇敏等	中国农民银行经济研究处		1942
四川自流井盐税的掠夺战	杜凌云 彭惠中	文史资料选辑	33辑	1963
自贡市的盐业	李仲侯	"中央日报"		1964.12.3
残酷的压迫 顽强的斗争——自贡盐工近百年受压迫及其斗争史概述	郭运林	井盐史通讯	1期	1976
盐工斑斑血泪的历史见证——对自贡市盐业历史博物馆几件陈列文物的评论	何 青	井盐史通讯	2期	1976
人间地狱班房车	王德良 袁伯龄	井盐史通讯	2期	1976
关于自贡地区盐业历史的几个问题	张学君	井盐史通讯	2期	1977
封建把头对盐业运输工人的压榨	袁伯龄	井盐史通讯	2期	1977
井盐开发者旧闻	许肇鼎	井盐史通讯	1期	1979
馆藏清代富荣盐场经营契约连载1-4	本馆文物资料组	井盐史通讯	1期	1979
			1期	1980
			1期	1981
			2期	1983
盐井契约鉴定琐记（一）	彭久松	井盐史通讯	1期	1980
盐井契约鉴定琐记（二）	彭久松	井盐史通讯	1期	1982
我在旧社会的盐工生活	吴绍文 王济智	井盐史通讯	1期	1980
对自流井起源晋代的质疑	陈况仲	井盐史通讯	1期	1981

续表一四

篇、书名	著(译)编者	出处	卷、期	年月日
清代富荣盐场经营契约研究	张学君等	中国历史博物馆馆刊	3期	1981
自贡盐场的牛	罗筱元 姜相臣	井盐史通讯	1期	1981
自贡盐坊的第一口盐岩井——发源井	杨自荣 詹怀香	井盐史通讯	1期	1982
从自贡之地名看井盐开发	陈然	井盐史通讯	1期	1982
自贡地名及盐业发展的若干问题	孟泉	井盐史通讯	1期	1982
自贡盐场清代以来的分合与名称	常咏	井盐史通讯	1期	1982
四川军阀对自贡盐商的劫掠	宋良曦	井盐史通讯	1期	1982
自贡盐商赴美考察	黎雷	井盐史通讯	1期	1982
发源井	杨自荣 詹怀香	井盐史通讯	1期	1982
清代富荣盐场经营契约辑录	张学君	中国历史博物馆馆刊	4期	1982
近代自贡盐工状况及其斗争	陈然	井盐史通讯	1期	1983
解放前自贡盐商的封建性	王柔德	井盐史通讯	1期	1983
自流井大坟堡岩盐体开发状态及开采历史解析	马宗瑶 聂成勋	井盐史通讯	1期	1983
自流井起源新证	宋良曦	井盐史通讯	1期	1983
自流井地区产盐起源的探讨	杜凌云	井盐史通讯	1期	1983
东源井开凿年代辨析	郭运林	井盐史通讯	1期	1983
自贡盐场现存最早的井——小桥井	钟谚	井盐史通讯	1期	1983
自贡解放前井卤盐化工生产概述	万延山	井盐史通讯	2期	1983
东源井天然气开采史剖析	杜仲祥等	井盐史通讯	2期	1983
自贡盐业发展及井灶经营的特点——《自贡盐业契约档案选辑》(1732-1949)代序	彭泽益	井盐史通讯	1期	1984
东源井日产天然气量	肖永明	井盐史通讯	1期	1984
焰阳井——大自然的"坑井"	邓玉昆	井盐史通讯	1期	1984
抗日战争时期自贡盐业工人状况	陈然	井盐史通讯	1期	1984
自贡盐业矿山发展简介	聂成勋	中国井矿盐	5期	1984
馆藏民国时期自贡盐业契约选刊	本馆文物资料组	井盐史通讯	1期	1985
顺岩和大十四井、新大六井	孟泉	井盐史通讯	1期	1985
抗战时期的自贡盐业生产及其特点	凌耀仑	井盐史通讯	2期	1985

续表一五

篇、书名	著(译)编者	出处	卷、期	年月日
贡井盐商佘述怀	崔雨脂 颜绍渊	井盐史通讯	2期	1985
关于两件乾隆五十三年盐业契约问题的通信	林建宇	井盐史通讯	2期	1985
自贡盐业契约档案选辑（1732—1949）	自贡市档案馆等	中国社会科学出版社		1985
自流井的崛起及其发展	陈 然	盐业史研究	1期	1986
自贡盐业契约考释（连载一）	彭久松	盐业史研究	1期	1986
自贡盐业契约考释（连载二）	彭久松	盐业史研究	1期	1987
自贡盐业契约考释	彭久松	盐业史研究	1期	1988
自贡盐业契约考释（连载三）	彭久松	盐业史研究	2期	1988
自贡盐业契约考释（连载四）	彭久松	盐业史研究	3期	1988
自贡盐业契约考释（连载五）	彭久松	盐业史研究	4期	1988
自贡盐业契约考释（连载六）	彭久松	盐业史研究	1期	1989
自贡盐业契约考释（连载七）	彭久松	盐业史研究	2期	1989
自贡盐业契约考释（连载八）	彭久松	盐业史研究	3期	1989
自贡盐业契约考释（连载九）	彭久松	盐业史研究	4期	1989
自贡盐业契约考释（连载十）	彭久松	盐业史研究	1期	1990
有关永通井约文释读的若干问题——《自贡盐业契约考释》质疑	吴天颖	盐业史研究	2期	1990
关于三泰井的佃价分割问题——《自贡盐业契约考释·连载一》质疑之二	吴天颖	盐业史研究	2期	1992
近代自贡盐工状况及其斗争	陈 然	中国经济史研究论丛		1986
自贡盐业工人斗争史档案资料选编（1915—1949）	自贡市档案馆、自贡市总工会	四川人民出版社		1986
自流井形成新探	周志征	四川文物	1期	1987
世界第一口超千米深井——燊海井	钟长永	四川文物	1期	1987
千载盐都缩影 历代盐工丰碑——自贡市盐业历史博物馆介绍	谢奇筹	四川文物	1期	1987
二十年代末期的自贡盐业工人运动	陈 然	四川文物	1期	1987
从馆藏盐业契约看盐商的经营管理方式	宗 建	四川文物	1期	1987
清代自贡盐场的经营管理组织	曾进平	盐业史研究	2期	1988
自贡制碘溴简史	伍培基	盐业史研究	2期	1988

续表一六

篇、书名	著(译)编者	出处	卷、期	年月日
从近百年自贡盐业运销史看商品经济的重要性	吴泽霖	盐业史研究	2期	1988
王三畏堂与罗筱元的经营管理——自贡盐业资本家比较研究之一	蔡文钦 曾凡英	盐业史研究	3期	1988
盐业资本的积累和利润去向——自贡盐业资本家比较研究之二	蔡文钦 曾凡英	盐业史研究	4期	1988
盐业家族兴衰历史初探——自贡盐业资本家比较研究之三	蔡文钦 曾凡英	盐业史研究	2期	1990
永记业务处的井灶帐务	门绍熙 杨华生	盐业史研究	2期	1989
自贡盐业资本家经营综论	余 明	盐业史研究	4期	1989
颜桂馨堂与自流井	颜献琪等	盐业史研究	3期	1990
我所知道的民国时期自贡食盐走私	邓玉昆	盐业史研究	4期	1990
The Rise and Fall of the Fu-Rong Salt-Yard Elite: Merchant Dominance in Late Qing China	Madeleine Zelin	Chinese Local Elites and Patterns of Dominance		1990
行帮与自流井盐业	黄 健	盐业史研究	2期	1991
自贡个体盐民生产经营管理综述	陈福崇	盐业史研究	4期	1991
自贡盐场在抗日战争中的地位和作用	颜月皎 张良友	盐业史研究	4期	1991
自贡盐业契约档案选辑（一）		盐业史研究	1期	1991
自贡盐业契约档案选辑（二）天源—富润—大有	林建宇	盐业史研究	1期	1992
自贡盐业契约档案选辑（三）天源—富润—大有	林建宇	盐业史研究	2期	1992
自贡盐业契约档案选辑（四）	林建宇	盐业史研究	4期	1992
清初自流井盐的市场开拓	阿 波	盐业史研究	2期	1992
清初对自流井盐业的开发	陈 然 曾凡英	历史档案	3期	1992
清代四川富荣盐业股份"分等"说辨析	吴天颖	中国社会经济史研究	4期	1992
自流井盐文化札记	阿 波	盐业史研究	4期	1992
自贡盐场的制革工业	何朝东	盐业史研究	4期	1992
自贡盐业诉讼档案专题选编——（一）自流井王三畏堂与渝沙债权团债务纠纷案		盐业史研究	1期	1993

续表一七

篇、书名	著(译)编者	出处	卷、期	年月日
自贡盐业诉讼档案专题选编——（一）自流井王三畏堂与渝沙债权团债务纠纷案（续）		盐业史研究	2期	1993
自贡盐业诉讼档案专题选编（续）——（二）瀍盛井洪胜灶双洪井通顺灶火圈出佃转顶纠葛案		盐业史研究	1期	1994
以四川自贡盐业合资经营为代表的中国契约股份制之框架式研究	彭久松	四川师范大学学报（社科）	2期	1993
1853－1951年自贡宝生盐井契约选编		历史档案	3期	1993
自流井盐业股份方式的历史形成	阿 波	盐业史研究	3期	1993
自贡地区的钱庄、票号与盐业发展	宋良曦	盐业史研究	2期	1994
自贡盐业地脉股份性质简论	陈 然	中国社会经济史研究	3期	1994
刘瀛洲与民国时期的自贡盐业	钟长永	盐业史研究	4期	1994
自流井盐厂志	自贡市自流井盐厂	四川人民出版社		1994
盐都自流井盛名传久远——小谈我国古代对天然气的开发利用	木 子	中国文物报		1995.3.12
自流井记	李 榕	十三峰书屋全集		1995
自贡市盐业志	自贡市盐务管理局	四川人民出版社		1995
自流井盐业世家	自贡市政协文史资料委员会	四川人民出版社		1995
我国历史上开发中西部的成功典型——清初开发自流井盐业的历史启示	陈 然	贵州社会科学	3期	1997
从档案看自贡盐业契约股份经营特色	陈 然	历史档案	2期	1998
清末民初自贡盐业资产阶级的发展壮大及其对社会的影响	陈 然	中国社会经济史研究	2期	1998
范旭东在自贡重建久大盐厂原因述评	谭 刚	盐业史研究	3期	2001
从档案看四川军阀对自贡盐场的劫掠	沈 涛	四川档案	5期	2001
军阀与近代自贡盐业	林建宇	文史杂志	3期	2003
论抗战时期自贡盐业的发展	彭红碧	康定民族师专学报	2期	2004
Managing Multiple Ownership at the Zigong Salt Yard	Madeleine Zelin	Contract and Property in Early Modern China		2004

续表一八

篇、书名	著(译)编者	出处	卷、期	年月日
抗战时期富荣盐场增产赶运述略	沈涛	盐文化研究论丛	1辑	2005
富荣地区盐业经济中资本主义生产关系的萌芽和发展	李伟	盐文化研究论丛	1辑	2005
盐业契约论——以自贡盐业井开凿契约为例	吴斌	盐文化研究论丛	1辑	2005
自流井川南盐务稽核分所往来文电选译（1914年～1919年）	许建	盐文化研究论丛	1辑	2005
自贡盐产税收在抗日战争中的历史贡献	张国钢	四川档案	3期	2005
The Merchants of Zigong: Industrial Entrepreneurship in Early Modern China	Madeleine Zelin	Columbia University Press		2005
永通盐区述要	李从周	井盐史通讯	1期	1979
走红三百年的永通盐场	林昭	盐业史研究	3期	1991
桥盐史话	曹继光	盐业史研究	2期	1992
犍乐地区首屈一指的大场商——吴景让堂	张端甫	井盐史通讯	1期	1979
犍乐地区首屈一指的大场商——吴景让堂（续一）	张端甫	井盐史通讯	1期	1980
犍乐地区首屈一指的大场商——吴景让堂（续二）	张端甫	井盐史通讯	1期	1981
罗泉有座"盐神庙"	朱维成 曹正银	盐业史研究	3期	1992
资中县双河盐厂志	资中县双河盐厂志编委会	资中县双河盐厂		1987
城口县明通盐厂志	城口县明通盐厂志编写组	编者刊		1988
西康各县之食盐概况		康藏前锋	2卷1期	1934
少数民族对开发盐源盐业的贡献	李绍明	井盐史通讯	1期	1980
盐源盐业的发展沿革	潘绪源	盐业史研究	3期	1988
盐源盐业灶户兴废史实	范成刚	盐业史研究	4期	1988
盐源盐厂志	四川省凉山州盐源盐厂	编者刊		1988
对《蛮书》有关制盐技术的探讨	杨宪珠	白族学研究	10期	2000

（八）矿冶业

篇、书名	著(译)编者	出处	卷、期	年月日
马边、屏山、理化矿务调查		边政	4 期	1930
南川金佛山矿产	常隆庆	四川月报	2 卷 5 期	1933
叙永石硅查勘矿区		四川月报	3 卷 6 期	1933
四川西南边诸县之矿产	李仲魁	开发西北	2 卷 4 期	1934
灌县西南北三区矿产调查		四川月报	4 卷 3 期	1934
灌县矿产调查		四川月报	5 卷 4 期	1934
江北矿产分布情况		江北建设特刊		1934
屯区矿产区域调查		川边季刊	1 卷 1 期	1935
四川矿产调查		四川经济月刊	3 卷 6 期	1935
隆昌松潘矿产丰富		四川经济月刊	4 卷 4 期	1935
四川矿产概况		四川经济月刊	4 卷 6 期	1935
松理懋茂汶屯区矿产一瞥		川边季刊	2 卷 1 期	1936
茂县矿产一瞥		川边季刊	2 卷 2 期	1936
全川重要矿产调查		四川经济月刊	5 卷 4 期	1936
巴县矿产调查		四川经济月刊	5 卷 4 期	1936
四川东北部矿产志略	萧有钧	建设周讯	3 卷 10 期	1937
璧山矿产调查报告	周述海	建设周讯	4 卷 7 期	1937
四川主要矿产在非常时期之检讨	双 无	中外经济拔萃	2 卷 1 期	1938
云阳县矿产调查	许肇骅	建设周讯	5 卷 1 期	1938
四川省万县云阳奉节巫山四县长江南岸地质矿产	苏孟守 肖有钧	地质丛刊	1 号	1938
		建设周讯	9 卷 9－12 期	1939
四川盐场所在地之石油煤铁	刘肇龙	边事研究	7 卷 1 期	1938
威仁矿产调查	童正志	建设周讯	7 卷 1 期	1938
从整理矿政说到岷江同大渡河流域一部分的地中宝藏	郭向芫	建设周讯	5 卷 2 期	1938
抗战期中四川矿产之概况	杨佳冀	四川经济月刊	10 卷 3 期	1938
开发四川资源方案	张阆芝	矿冶半月刊	1 卷 3、4 期	1938
川北昭广剑等县矿产概况	苏孟守	建设周讯	6 卷 4 期	1938
铜梁县矿产调查报告	许肇骅	建设周讯	6 卷 9、10 期	1938

续表一

篇、书名	著(译)编者	出处	卷、期	年月日
叙南六县及永宁一带地质局矿产调查报告		建设周讯	6卷17期	1938
江巴富泸间地质矿产调查报告	四川建设厅	建设周讯	6卷25期	1938
四川金铜锑矿产分布区域图		新四川	1卷1期	1939
四川主要非金属矿产分布图		新四川	1卷1期	1939
四川南部、古蔺、珙县间地质矿产	熊永先 罗正远	地质丛刊	2号	1939
广元南江间地质矿产	侯德封 王现珩	地质丛刊	2号	1939
川省西南各地矿产储量丰富		经济动员	2卷4期	1939
四川矿产的分布及今后开发的途径	陈正祥	新政治	3卷2期	1939
四川矿产开发之急需及其发展之途径	田茂轩	建设周讯	10卷9-12期	1940
如何开发四川的矿产	张其泽	建设周讯	10卷9-12期	1940
四川通江南江巴中地质矿产	肖有钧	地质丛刊	3号	1941
四川青衣江流域地质矿产	常隆庆 杨敬之	四川地质调查所地质丛刊	3号	1941
涪陵长寿忠县梁山间长江北岸地质矿产	李 陶 罗正远	地质丛刊	5号	1943
雷马屏峨之矿产	任映沧	四川经济季刊	1卷2期	1944
四川东南山地区工矿资源之分布与采集	王成敬	四川经济季刊	1卷3期	1944
四川大邑双合场地质矿产简报	黎盛新	地学集刊	2卷3、4期	1944
峨嵋山瓦山区地质矿产	苏孟守	地质丛刊	6号	1944
峨边北部地质矿产	熊永先 张其泽	地质丛刊	7号	1944
四川矿产开发之展望	张其泽	四川经济季刊	3卷2期	1946
四川省矿产概况	王现珩	四川经济汇报	1卷2期	1948
简谈四川省矿床地质学发展概况	王润民	四川地质学报	1期	1982
四川岩矿分析学科的发展简史	杨有全	四川地质学报	1期	1982
川边矿务调查记	佚 名	西北杂志	4期	1929

续表二

篇、书名	著(译)编者	出处	卷、期	年月日
西康东部地质矿产志略	谭锡畴 李春昱	西康公报	31期	1929
		边政	5卷1期	1931
		康藏前锋	1卷4期	1933
			1卷5期	1934
西康调查通讯	谭锡畴 李春昱	地学杂志	18卷2期	1930
四川西康矿物调查记	李仲魁	自然科学	6卷1期	1934
川康边区之矿产	陆诒	开发西北	2卷2期	1934
西康矿产调查		川边季刊	1卷1期	1935
宁属七县地质矿产	常隆庆	商务印书馆		1937
长期抗战与开发西康矿产问题	曾广铭	边事研究	8卷1期	1938
调查道铆甘瞻矿产日记	张伯颜 康尚炯	康导月刊	1卷9期	1939
			1卷12期	1939
调查道铆甘瞻矿产日记补遗	张伯颜 康尚炯	康导月刊	2卷4期	1939
关于西康地下资源	陈与时	西南实业通讯	3卷5期	1941
盐边盐源华坪永胜等县矿产调查报告	常隆庆	新宁远	1卷12期	1942
以西康的工业原料谈西康应该建设的工厂	何之宽	西康经济季刊	14期	1947
甘孜州地质矿产调查史	熊开甲	甘孜州史志	2期	1990
四川历代矿业史略	彭维基	四川建设	1卷1期	1944
秦汉的矿业家	李鄂荣	中国地质	8期	1986
唐代西南地区矿冶业分布初探	张保强	乐山师范学院学报	11期	2004
咨报巴塘实业厂办法		广益丛报	197号	1909.3.31
清末西康开采矿产表	何德润	边政	9期	1932
论清末四川外资办矿	杨蕴成	近代史研究	3期	1995
清末四川与外商订立的办矿合同	杨蕴成	档案史料与研究	1期	1997
晚清中外合办矿务的"四川模式"	李玉	西南交通大学学报（社科）	2期	2003
四川省矿业之调查	汤绍基	矿业	5卷1、3、4期	1922
矿产之开发		四川经济季刊	6卷4、5期	1936
四川的矿产与矿业	胡庶华	工业中心	5卷11期	1936

续表三

篇、书名	著(译)编者	出处	卷、期	年月日
四川产业史上被侵略创痕之一页	傅双无	重光	创刊号	1937
嫘祖研究刍议	廖仲宣	丝绸	1期	1995
抗战期中四川矿业之供给	李学清	新民族	1卷8期	1938
四川省矿业概况	陈祖酥	西南边疆	13期	1941
抗战初期我国西南之矿业	叶良辅	思想与时代	9期	1942
抗战以来四川之矿业	雷宝华	四川经济季刊	1卷1期	1943
西康矿业		中国矿业纪要	7期	1945
川省西南部之铁矿	苏孟守	建设周讯	4卷1期	1937
綦江铁矿志	李贤诚	地质研究所丛刊	3期	1937
彭水涪陵铁矿简述	刘祖彝	建设周讯	1卷6期	1937
开发綦江铁矿刍议	李贤诚	建设周讯	1卷11期	1937
江北县第三四两区煤铁矿调查报告	许肇骅	建设周讯	3卷8、9期	1937
四川涪陵彭水铁矿及附近之煤田地质	刘祖彝 王哲惠	地质评论	4卷5期	1939
四川洪雅高庙炳灵祠一带之铁矿	阎增才 赵家骧	地质评论	5卷4期	1940
四川永川、铜梁间之菱铁矿	彭琪瑞	地质评论	5卷6期	1940
珙县烽烟坪一带煤铁矿产简报	里予	建设周讯	10卷9、12期	1940
涪陵彭水铁矿调查报告	刘树人 王栻	钢铁汇报	1号	1941
古蔺仁怀两县铁矿调查报告	刘树人 周同藻	钢铁汇报	1号	1941
四川省铁矿概略		矿产专刊	4卷4期	1941
四川省铁矿		中国矿业纪要	6期	1941
占全国第二位之綦江铁矿	中国国民经济研究所	西南实业通讯	5卷1期	1942
四川铁矿		中国矿业纪要	7期	1945
川西荥经之赤铁矿		西南导报	2卷1期	1938
荥经赤铁之藏量		四川经济月刊	11卷3期	1939
西康荥经铁矿矿业述略	徐克勤 彭琪瑞	地质评论	4卷3、4期	1939
西康道孚菜子沟铁矿	李承三等	地质评论	4卷5期	1939
西康荥经铁矿现正在开采中		经济动员	4卷3期	1940

续表四

篇、书名	著(译)编者	出处	卷、期	年月日
西康之铁矿		中国矿业纪要	6期	1941
西康之钢铁资源	彭琪瑞	资源委员会季刊	1卷1期	1941
西康会理县毛姑坝小黑箐铁矿	程裕祺	地质汇报	35期	1942
西康会理白花树尖山附近铁矿	程裕祺	地质汇报	35期	1942
西康冕宁县泸沽铁矿山磁铁矿	程裕祺	地质汇报	35期	1942
西康道孚县菜子沟铁矿山铁矿	程裕祺	地质汇报	35期	1942
攀枝花开发建设史文献资料选编	攀枝花市委党史研究室	编者刊		2000
四川古代的冶金业	李模	成都晚报		1962.8.13
古代冶金	李模	四川日报		1962.10.19
三峡地区春秋战国时期冶铁业的考古发现与研究——兼论楚国对巴蜀地区冶铁业的影响	杨华 陈文武	重庆师范大学学报（哲社）	4期	2005
		楚文化研究论集	6集	2005
临邛卓氏打铁发财小传	铁庵	农工商报	33期	1908.5.10
战国秦汉时期西南铁器的传播与分布	周万利	文史杂志	2期	2001
蒲江县秦汉以来的炼铁遗址	何平山	成都文物	2期	1986
汉代铁器在西南夷的传播	刘弘	四川文物	6期	1991
四川西昌东坪汉代冶铸遗址的发掘	四川大学历史系考古专业、西昌市文管所	文物	9期	1994
改良璧山冶铁业之我见		劝业月刊	11期	1929
威远铁厂之商榷	杨懋实 傅友周	四川月报	4卷6期	1934
战时綦江铁矿业及炼铁业概况	陈建棠	经济动员	1期	1938
完成威远铁厂刍议	梦华	建设周讯	3卷6期	1937
川产铣铁之探讨	谢家兰	工程	13卷1期	1939
视察铜梁土法炼铁事业报告	党刚	工程	13卷1期	1939
四川钢铁资源	李春昱	实业通讯	创刊号	1940
四川之铁矿及铁矿业	赵德民	经济动员	4卷8期	1940
威、犍、荣、屏四县铁矿与土法冶炼事业调查报告	安朝俊	钢铁汇报	1号	1941
綦江铁矿筹备处事业概况		资源委员会月刊	3卷 2、3期	1941
川康土法炼铁业之展望	王子祐	西南实业通讯	3卷4期	1941

续表五

篇、书名	著(译)编者	出处	卷、期	年月日
川康铁矿之供需与产销	孙越崎	西南实业通讯	3卷5期	1941
綦江土法炼铁业概况	黄典华	矿冶	1卷	1942
抗战胜利后四川之钢铁工业	余名钰	钢铁界	1卷1期	1942
西康钢铁业概况	胡博渊	经济论衡	2卷9、10期	1944
威远铁矿区及其冶炼业	童承康	四川经济季刊	2卷1期	1945
民国时期重庆冶金工业的建立和发展	孙广旺等	重庆地方志资料	2期	1986
民国时期重庆冶金工业档案选	张有高等	重庆市档案馆		1987
抗战期间西南后方冶金工业简述	初明	民国档案	2期	1988
抗战后方冶金工业史料	重庆市档案馆等	重庆出版社		1988
抗战时期重庆的民营钢铁机器工业	张有高	重庆地方志	1期	1992
		民国档案	3期	1992
抗战前期重庆的钢铁工业	赵行森	重庆社会科学	4期	1995
抗战时期重庆的钢铁工业	重庆钢铁（集团）公司陪都史研究课题组	重庆社会科学	4期	1995
论抗战时期后方冶金工业建设对军事工业发展的影响	曹敏华	东南学术	5期	2003
论抗日战争时期大后方冶金工业的发展	曹敏华	中共福建省委党校学报	6期	2003
厂志1937—1984	重庆钢铁公司第四钢铁厂	编者刊		1985
重庆钢铁公司冶金军工史	鲁崇玺			1986
重庆铁合金厂志1940—1985	重庆铁合金厂厂志编辑部	编者刊		1987
重钢志1938—1985	重钢志编辑室	重庆钢铁公司		1987
重钢50年话沧桑	陈军	重庆日报		1988.3.22
重庆特钢志1934—1985	重庆特钢志编辑室	重庆特殊钢厂		1989
重钢历史上的今天	岳庆	西南师范大学出版社		1998
重钢动力厂志——重庆钢铁股份有限公司动力厂1938—2002	重钢动力厂志编纂委员会	编者刊		2003
威钢志（1929—1985）	威钢志编辑委员会	编者刊		1987
攀枝花钒钛磁铁矿科研史话	攀枝花市科学技术委员会	编者刊		1999

续表六

篇、书名	著(译)编者	出处	卷、期	年月日
攀枝花矿产	马玉孝等	攀枝花地矿局、成都理工大学		2003
开江发现镍铜矿		四川月报	5卷1期	1934
四川西部铜矿矿床之成因	朱熙人	康藏前锋	2卷6期	1935
彭县铜矿局概况		四川月报	6卷3期	1935
川省西南部之铜矿	苏孟守	建设周讯	4卷7期	1937
四川彭县白水河铜矿勘查报告		四川月报	10卷6期	1937
川黔间之铜矿溪层	熊永先	地质评论	5卷4期	1940
四川之铜矿		中国矿业纪要	6期	1941
			7期	1945
彭县铜矿概述	王恒	四川经济季刊	1卷3期	1944
彭县铜矿自然法冶铜之试验	周怒安	资源委员会季刊	5卷3期	1945
矿志	四川省彭县铜矿矿志编辑组	四川省彭县铜矿		1984
西康之铜矿		中国矿业纪要	6期	1941
西康之铜锌资源	谢树英	资源委员会季刊	1卷2期	1941
汉源发现铜矿		川边季刊	1卷2期	1935
宁属七县之铜矿	常隆庆	建设周讯	2卷6期	1937
宁属坝之铜矿	常隆庆	建设周讯	2卷6期	1937
会理蒙姑红崖斑铜矿	常隆庆	建设周讯	2卷7期	1937
会理县炉厂黑铜矿	常隆庆	建设周讯	2卷8期	1937
会理老婆湾斑铜矿	常隆庆	建设周讯	3卷6期	1937
会理通安黄铜矿及斑铜矿	常隆庆	建设周刊	3卷7期	1937
会理通安黄铜矿及斑铜矿（续）	常隆庆	建设周刊	3卷8期	1937
盐源柏林山发现铜矿		四川经济月刊	9卷3期	1938
川康铜矿业之将来	冯景兰	资源委员会季刊	1卷2期	1941
对川西地区早期青铜器铸造原料来源问题的研究及其认识	杨华	西南师范大学学报（哲社）	2期	1997
汉"邛都南山出铜"地考	刘世旭	四川文物	6期	1989
四川西昌市东坪村汉代炼铜遗址的调查	刘世旭 张正宁	考古	12期	1990
论清代四川的铜铅生产管理	王纲	四川师范大学学报（社科）	4期	1990
川康铜产沿革及增产计划	周则岳	西南实业通讯	2卷3、4期	1940

续表七

篇、书名	著(译)编者	出处	卷、期	年月日
西康会理鹿厂铜矿浮游选矿试验报告	王世丰	工业月刊	2卷10、11期	1945
清末刘轼轮勘查西康矿区三折	邹立先	边政	6期	1931
川省金矿调查		川西北建设学会会刊	2期	1923
松潘漳腊金厂概况		四川月报	5卷2期	1934
川西之金矿		四川经济月刊	3卷4、5期	1935
漳腊金厂恢复旧观		川边季刊	2卷2期	1936
川省金矿概况及其开采意见	张开芝	建设通讯	2卷9期	1937
松潘金矿		四川经济月刊	9卷3期	1938
四川盐源县金矿概况	常隆庆	地质论评	3卷5期	1938
开发四川砂金计划大纲	王世丰	工业合作	1卷2期	1939
经济部设局开采西康金矿		四川经济月刊	11卷3期	1939
松潘金矿调查报告	李贤诚	地质丛刊	3号	1941
四川之金矿		中国矿业纪要	6期	1941
川北白水流域之金矿	姚瑞康	四川经济季刊	2卷4期	1945
四川金矿		中国矿业纪要	7期	1945
开发涪江流域金矿刍议	严珩	四川经济季刊	3卷1期	1946
四川松潘漳腊金矿	刘祖彝	边讯	59期	1946
松潘漳腊式砂金矿	李承三	中研院地质研究所丛刊	8期	1948
康边金矿富厚堪惊		蒙藏旬刊	4期	1931
西康金厂调查		工商半月刊	5卷12期	1933
西康设立金课稽征局		康藏前锋	2卷1期	1934
西康遍地皆黄金		开发西北	2卷2期	1934
西康雅江金矿		康藏前锋	2卷2期	1934
康定发现金矿两处		川边季刊	1卷2期	1935
西康八县金厂最近调查		川边季刊	1卷2期	1935
理化金厂调查		川边季刊	1卷2期	1935
盐源龙达金厂概况		川边季刊	1卷4期	1935
西康盐源洼里金厂调查记	且维屏	川边季刊	1卷4期	1935
		边事研究	2卷6期	1935
龙达金厂视察记	且维屏	边事研究	2卷4期	1935
西康之采金业		四川经济月刊	3卷6期	1935

续表八

篇、书名	著(译)编者	出处	卷、期	年月日
西康金厂调查		工商半月刊	7卷15期	1935
康定现有金厂调查		蒙藏旬刊	97期	1935
康定发现大批金矿		川边季刊	2卷2期	1936
开发盐源县木里坡金矿计划	且邦典	建设周讯	3卷8期	1937
西康各县金矿调查表		四川月报	12卷2期	1938
瞻化麦科砂金矿报告及试采计划	张伯言 唐尚炯	康导月刊	1卷4期	1938
西康之金	叶秀丰	工程月刊	1卷2期	1939
西康归来话砂金	袁见齐	科学世界	8卷2期	1939
康定道孚及瞻化之金矿	李承三等	地质评论	4卷6期	1939
四川盐源县金矿概况	常隆庆 李建青	地质评论	3卷6期	1938
川康金矿概况及其开发之意见	梁朝鼎	西南实业通讯	4卷1期	1941
川康金矿开发之现状与计划	孙越崎	西南实业通讯	4卷3期	1941
西康之金矿		中国矿业纪要	6期	1941
刘君方烨淘金器之设计	李承三等	西康省地质调查报告——西康省建设丛刊	第1辑 第1类	1941
西康采金事业之回顾与前瞻	崔久信	康导月刊	2卷 4、5期	1942
西康盐源洼里金矿床之研究	茹廷锵	地质评论	7卷 4、5期	1942
西康最有希望的矿产——金矿	蒋君章	川康建设	1卷 2、3期	1943
西康金矿开发问题	蒋君章	边政公论	2卷 1、2期	1943
漫谈四川的黄金	任乃强	文明	1期	1980
四川黄金开采	任乃强 任新建	大自然探索	3期	1984
四川的黄金资源	吴根耀	地球	2期	1987
跋汉朱提银锡白金	张希鲁	旅行杂志	19卷4期	1945
朱提银到底产于何地	范文中	四川文物	4期	1995
"朱提"何以成为白银的代名词	邓沛	文史杂志	5期	2003
垫江石人山发现银矿		四川月报	6卷6期	1935
茂县土门发现银矿		川边季刊	2卷2期	1936
西康之银铅锌矿		中国矿业纪要	6期	1941

续表九

篇、书名	著(译)编者	出处	卷、期	年月日
石砫县老厂坪及花狗坪锌铅矿之成矿作用及其改变作用	陈 正	地质评论	8卷1-6期	1943
江北东山煤矿概况	郑壁成	四川月报	2卷4期	1933
嘉陵江峡区煤矿概况		四川月报	4卷6期	1934
荣昌煤矿概况		四川月报	5卷2期	1934
四川煤矿调查	萧敦浚	四川月报	5卷6期	1934
北碚煤矿概况		四川经济月刊	3卷1期	1935
高筠煤矿调查		四川经济月刊	3卷1期	1935
大足煤矿一瞥		四川经济月刊	4卷1期	1935
黔江煤矿丰富		川边季刊	1卷2期	1935
叙永煤藏与竹荪调查		四川经济月刊	4卷6期	1935
四川之煤矿		四川经济月刊	5卷5期	1936
合川煤矿业调查		四川月报	10卷1期	1937
彭县花炭产销概况		四川月报	10卷2期	1937
巴县产煤调查		四川月报	11卷2期	1937
南川万盛场国营矿区调查报告	沈在铨	建设周讯	2卷3期	1937
江北第三四两区煤矿调查概要	许肇骅	建设周讯	3卷3期	1937
富顺泸县煤矿调查报告	沈乃菁	建设周讯	2卷5期	1937
三峡实验区煤业土窑情况	程仲瑾	四川营业税周报	1卷8期	1937
二次调查江北二区私矿概况	许肇骅	建设周讯	3卷11期	1937
嘉陵江沱江下游间煤田	常隆庆等	四川地质调查所矿产专报	1号	1938
抗战期中四川煤矿问题	朱玉崙	矿冶半月刊	1卷1期	1938
宝源公司调查简报	张伯平	矿冶半月刊	1卷1期	1938
四川的煤矿问题	李春昱	西南导报	2卷1期	1938
川省西南部之煤矿	苏孟守	建设周讯	5卷2期	1938
犍为马庙乡屏山黄丹乡国营煤矿矿区矿藏说明		建设周讯	5卷4期	1938
四川江北龙王洞煤田概况	常隆庆	地质评论	3卷5期	1938
彭灌区煤田调查	苏孟守	建设周讯	6卷7期	1938
邛崃煤矿概况		四川经济月刊	10卷2期	1938
邛崃天宫场杨沟小庵子煤田	苏孟守	建设周讯	6卷6期	1938
江北县龙王洞煤田概况	地质调查所	建设周讯	7卷5期	1938

续表一〇

篇、书名	著(译)编者	出处	卷、期	年月日
江北龙王洞侏罗纪煤田调查报告	张伯平	矿冶半月刊	1卷9期	1938
威远煤矿调查纪要	程云集	建设周讯	6卷24期	1938
嘉陵江下游煤田调查报告	张伯平	燃料汇报	1期	1939
綦江流域煤田调查报告	王桓源	燃料汇报	1期	1939
四川煤焦供求问题之总检讨	朱玉崙	燃料汇报	1期	1939
		工程	13卷1期	1939
试验川煤炼焦之计划	萧之谦	矿冶半月刊	2卷1期	1939
四川之煤矿业	孙越崎	工程	13卷1期	1939
四川冶金焦炭供给问题之检讨	朱玉崙	矿冶半月刊	1卷2期	1938
威远煤矿业概况		四川经济月刊	11卷1、2期	1939
宜宾煤矿之藏量		四川经济月刊	11卷3期	1939
隆昌石燕桥煤业概况		四川经济月刊	11卷3期	1939
四川之煤矿业		新经济	2卷5期	1939
四川乐山犍为一带之褐性烟煤	王钰 叶连俊	地质评论	4卷5期	1939
四川主要产煤区域煤矿生产运输销场概况	马濬之	矿冶半月刊	2卷14期	1939
犍为屏山张沟黄丹一带煤田地质	侯德封	建设周讯	8卷15、16期	1939
川煤产销之回顾与前瞻	孙越崎	西南实业通讯	2卷2期	1940
重庆市用煤之来源及其产运销概况	朱谦	西南实业通讯	1卷2期	1940
解决四川煤荒问题之建议	孙越崎	西南实业通讯	1卷4期	1940
南川东林煤矿最近情形及其整顿计划	张新安	西南实业通讯	4卷2期	1941
四川省煤矿概况		矿产专报	3卷3期	1941
试办四川南川丛林沟观音台煤矿概述	张新安	西南实业通讯	3卷5期	1941
四川省煤矿		中国矿业纪要	6期	1941
西康之煤矿		中国矿业纪要	6期	1941
洗煤炼焦试验之回顾	俞在麟	矿冶	1期	1942
嘉陵江三峡煤业地理	林超	地理	2卷1、2期	1942
南川之煤矿	中国国民经济研究所	西南实业通讯	5卷2期	1942

续表一一

篇、书名	著（译）编者	出处	卷、期	年月日
川东开县云阳之煤	中国国民经济研究所	西南实业通讯	5卷3期	1942
南桐煤矿探勘记	石工	川康建设	1卷4期	1943
四川煤矿开发与工业建设	侯德封	四川经济季刊	1卷2期	1944
威远煤业地理	童承康	四川经济季刊	1卷2期	1944
四川煤矿		中国矿业纪要	7期	1945
抗战期间国营煤矿之开发及增产利用	吴克颐	资源委员会季刊	5卷3期	1945
全川储煤总量约280亿吨		征信新闻		1947.8.9
四川区煤矿		征信新闻		1947.8.1
四川的煤产	覃泽	西南实业通讯	17期	1948
彭县焦炭的历史	张源	成都晚报		1963.8.29
重庆何时出现采煤业	吴晓煜	重庆晚报		1986.4.11
四川省煤田地质勘探史	四川煤田地质公司	编者刊		1991
中梁山煤矿史话	蒋伟杰	重庆晚报		1986.6.3
余际唐在永荣地区兴办煤矿	鲍炳坤	重庆地方志	3、4期	1987
抗战时期四川煤矿业发展概况	张利源	巴蜀史志	3期	1993
抗战时期四川煤焦的管制	张利源	巴蜀史志	6期	1993
松藻矿务局大事记：1910－1990	《松藻矿务局大事记》编辑委员会			1991
天府矿务局志（1933－1985）	天府矿务局志编审委员会	编者刊		1991
威远煤矿志1940－1990	威远煤矿志编纂委员会	编者刊		1993
南桐矿务局志	南桐矿务局志编纂委员会	成都科技大学出版社		1994
宋代矾产地"西山保霸州"考	谭景玉	中国历史地理论丛	1辑	2005
酉阳秀山硃砂矿简述	刘祖彝	建设周讯	1卷10期	1937
茂县硝业概况		四川月报	10卷3期	1937
彭山特产——硝		四川营业税周报	2卷11期	1938
四川之芒硝及碱业		中国矿业纪要	6期	1941
四川硫磺业概况	刘树人	矿冶半月刊	2卷10－12期	1939
四川硫磺矿		中国矿业纪要	6期	1941

续表一二

篇、书名	著(译)编者	出处	卷、期	年月日
四川峨边县金口河附近地质及水晶矿	盛莘夫	地质评论	5卷1、2期	1940
西康石棉矿产之概况		资源委员会季刊	1卷2期	1941
越巂石棉矿之概况	赖执中	西康经济季刊	4期	1947
四川省石棉矿志	四川省石棉矿编纂领导小组	编者刊		1990
懋功发现云母石矿		川边季刊	1卷2期	1935
西康云母矿产之概况		资源委员会季刊	1卷2期	1941
四川其他矿产		中国矿业纪要	6期	1941
四川省石油火气及油页岩		中国矿业纪要	6期	1941
再论四川赤盆地中之油气资源	谢家荣	矿测近讯	62期	1946
我国史料中有关石油与天然气的记载	杜明达	自然科学	4期	1952
我国古代劳动人民开发天然气和石油的部分历史资料	皮孝忠初辑	井盐史通讯	1期	1977
我国古代对石油和天然气的开发利用	杨文衡等	学术研究	1期	1982
我国古代石油、天然气文献资料摘编	《四川石油工业志》井盐史通讯编纂办公室		1期	1985
四川石油天然气开发利用史	李仲均	李仲均文集——中国古代地质科学史研究		1998
四川之天然气及其经济价值	赵华明	四川经济月刊	4卷2-4期	1937
四川的盐井与火井	绪君	宇宙风（乙刊）	21期	1940
盐井和火井	王仰之	中国地质	8期	1983
四川丰富宝贵的气体矿产——天然气	胡砺善	科学大众	10期	1953
四川的天然气	胡砺善	地理知识	10期	1958
我国古代发现天然气的地理分布	戴金星	石油勘探与开发	2期	1979
		石油与天然气地质	3期	1981
我国古代开发天然气年代考	刘德仁	社会科学研究	3期	1981
四川古代的天然气开发	任龙	历史知识	3期	1980
四川天然气开发史略	刘德仁等	中国科技史料	4期	1982
古代四川天然气开发在世界的领先地位	刘德仁 刘佳寿	南充师院学报（哲社）	4期	1982
古代和近代四川天然气的勘探与开发	陈实	石油与天然气地质	2期	1984
四川——火井之乡	王仰之	大自然	3期	1988

续表一三

篇、书名	著(译)编者	出处	卷、期	年月日
古代四川天然气开发利用的几个问题	王仰之	石油大学学报（社科）	3期	1989
我国古代天然气的开发利用	卢秋语	杭州师范学院学报（自然）	6期	1990
四川古代天然气开发的技术成果	陈红梅	盐业史研究	4期	1999
中国火井历史新证	傅汉思 张学君	自然科学史研究	4期	2000
		盐文化研究论丛	1辑	2005
鸿门火井是人类最早创建的天然气井	谢忠梁	西北大学学报	2期	1976
		井盐史通讯	1期	1977
试说临邛火井——我国古代天然气开发史探索之一	彭久松	井盐史通讯	1期	1977
		井矿盐技术	4期	1977
火井沉荧于幽泉	里戈	成都日报		1980.7.17
有关临邛火井问题的几点商榷	张学君	井盐史通讯	1期	1981
鸿门火井与临邛火井析疑	刘友竹	井盐史通讯	1期	1985
临邛火井考实	魏尧西	井盐史通讯	1期	1985
我国最早的天然气井	王仰之	石油大学学报（社科）	1期	1989
临邛井不是火井而是石油井	刘春全	盐业史研究	1期	1989
临邛火井考	鲁子健	盐业史研究	3期	1995
临邛火井与自流井场	李仲均 李卫	李仲均文集——中国古代地质科学史研究		1998
古临邛火井盐井遗迹考	胡立嘉	成都文物	4期	2002
火井采气	钟杰	井盐史通讯	1期	1981
明代四川火井探微	张学君 张莉红	盐业史研究	4期	2005
火井王——磨子井	詹怀香 杨自荣	井盐史通讯	1期	1983
火井王——磨子井探析	刘德林	盐业史研究	3期	1994
自流井油煤气略志	丁骕	四川月报	2卷4期	1933
改进自流井天然瓦斯燃料制盐之研究	戈福祥	工业中心	11卷1、2期	1944
四川盆地自流井构造天然气开采的研究	胡砺善	石油工业出版社		1957
威远臭水河天然气调查简报	夏勤铎	建设周讯	7卷10期	1938
三台蕴藏浓度瓦斯甚丰		征信新闻		1947.7.19
利用石油沟天然气行驶渝市公共汽车或发电计划	卫友松	四川建设	1卷1期	1944

续表一四

篇、书名	著(译)编者	出处	卷、期	年月日
抗战期间后方天然气之开采及利用	王 徽	资源委员会季刊	5卷3期	1945
四川天然气行车试验报告及行车公路网建设计划	王善政	西南实业通讯	11卷3、4期	1945
重庆市第一口气井	杨 念	重庆地方志	3期	1988
四川蓬溪之煤油矿区		工商半月刊	2卷2期	1930
川省石油业之重要	顾鹤泉	工商特刊	1期	1933
实业部计划开采川陕石油田		四川月报	3卷5期	1933
重庆南岸石油矿区调查		四川月报	3卷5期	1933
四川石油已勘定矿区二处		四川月报	4卷4期	1934
四川之石油矿		四川月报	7卷2期	1935
石油开发		四川经济月刊	3卷4、5期	1935
罗泉井石油运输展览		四川经济月刊	3卷6期	1935
屏山龙桥乡发现煤油田		川边季刊	2卷2期	1936
钻探四川油田之我见	黄汲清	地质评论	3卷6期	1936
四川之石油资源	朱俊臣	中国建设	14卷5期	1936
开发四川富源测勘威远石油		经济动员	1卷10期	1938
战时四川石油资源之检讨	龚 鼎	边事研究	8卷5期	1939
四川油矿勘探处工作概况	王 徽	资源委员会季刊	1卷1期	1941
四川石油之希望	姚瑞康	川康建设	2卷1期	1945
十年来四川钻探石油工作纪实	王 徽	资源委员会季刊	6卷1、2期	1946
江油第一钻井工程调查报告	黄先驯	矿测近讯	75期	1947
钻探川北石油之我见	杨博泉	矿测近讯	76期	1947
勘探四川石油之我见	王 徽	矿测近讯	84期	1948
关于四川石油地质之检讨	陈 贲	矿测近讯	84期	1948
关于川油钻探的几点意见	南延宗	矿测近讯	84期	1948
五通桥永利化学工业公司石油井石油之检定	彭光钦 温天时	经济部重庆工业试验所研究专报	22期	1949
石油史话	黄 迁	成都晚报		1964.1.8
钻井架上的史页		四川石油报		1979.9.25
关于《中国石油工业发展史》第一卷若干问题的商榷	张学君	西南师范大学学报(人文)	4期	1983

（九）电力

篇、书名	著（译）编者	出处	卷、期	年月日
长江上游水力电厂测量经过		四川月报	2卷4期	1933
泸县水力电厂概况		四川月报	2卷4期	1933
万县水电厂事业概况	童舒培	资源委员会月刊	1卷3期	1939
经委会谋建长寿电厂		四川经济月报	9卷3期	1939
灌县白马堰水力发电厂计划书		建设周讯	8卷3、4期	1939
川康动力建设初步计划	陈中熙等	资源委员会月刊	1卷6、7期	1939
笋溪河水力发电查勘报告	邵藻棠	扬子江水利委员会季刊	4卷1、2期	1940
自流井电厂筹建经过及现况	徐一贯	资源委员会月刊	2卷10-12期	1940
四川水电资源之利用	朱耀初	经济汇刊	4卷4期	1941
北碚高滩岩水力发电工程初步计划书	唐瑞之	行政院水利委员会季刊	1卷1期	1942
万人瞩目的"杨域安"——三峡水力发电计划概要		中农月刊	7卷4期	1946
川玉玺河水电工程已勘测完竣即展开兴建		征信新闻	895期	1947
川东西陵峡将建电厂		征信新闻	919期	1947
长寿的电力与工业	关振民	征信新闻	951、952期	1948
成都最早的电灯	韦敏	成都晚报		1962.9.22
成都早期的电力照明	王泽枋	成都日报		1980.10.9
"重庆的电灯—不亮"	史拾遗	重庆日报		1983.10.16
"水电摇篮"桃花溪	甘犁	重庆晚报		1988.9.22
宜宾发电总厂志	宜宾发电总厂志编辑委员会	宜宾发电总厂		1998
自贡电力工业发展史（1925-2000）	自贡电业局	编者刊		2000
内江电业局史（1925-1999）	万承金	内江电业局		2001
南充电力工业发展史（1925-1999）	南充电力工业发展史编纂委员会	编者刊		2001
宜宾供用电发展史（1926-1999）	宜宾电业局	编者刊		2001
萨凡奇与长江三峡水力开发	黄山佐	中国水利	4期	1985

续表一

篇、书名	著（译）编者	出处	卷、期	年月日
扬子江三峡计划初步报告（上）		民国档案	4 期	1990
扬子江三峡计划初步报告（下）		民国档案	1 期	1991
孙中山、萨凡奇与三峡工程	彬 风	陕西水利	5 期	1992
共圆一个梦——萨凡奇与长江三峡工程	甘章成	水利天地	2 期	1993
抗战期间国府规划三峡建坝之努力	张宪秋	传记文学	64 卷 6 期	1994
解放前的三峡工程梦想——萨凡奇与徐怀云合绘"三峡大坝模拟图"	陈 平	中州古今	2 期	1995
民国时期开发长江三峡的计划及影响	刘国武	衡阳师专学报（社科）	5 期	1996
怀念您啊，萨凡奇博士	成绶台	中国三峡建设	2 期	1997
资源委员会与美国垦务局订约设计三峡水电工程	恽 震	湖北文史资料·三峡文史博览		1997
萨凡奇考察长江三峡前后	闵江月	湖北文史资料·三峡文史博览		1997
陪同萨凡奇复勘三峡水力发电计划报告	黄育贤	湖北文史资料·三峡文史博览		1997
萨凡奇与三峡建设计划	苏 平	民国春秋	1 期	1998
萨凡奇的"三峡梦"	杭宏秋	志苑	2 期	1998
萨凡奇的三峡梦	沈 洪	绿色大世界	3 期	1998
		乡音	3 期	1998
"世界大坝之父"——萨凡奇的三峡梦	沈 洪	紫金岁月	5 期	1999
萨凡奇与长江三峡工程规划	翟 跃	党史纵横	9 期	2003
"萨凡奇旋风"与三峡电站	陈奕俊	文史春秋	9 期	2003
民国时期中美合作开发三峡的研究及影响	阚京田	湖北职业技术学院学报	2 期	2004
百年三峡——三峡工程 1919－1992 年新闻选集	国务院三峡建设委员会	中国三峡出版社		2005
西康电局调查		川边季刊	1 卷 1 期	1935
康定河之水力	王志超	康导月刊	3 卷 2、3 期	1941
康省府兴办康定河大型水电厂		征信新闻	678 期	1947
康定水力发电厂概述	李万钧	西康经济季刊	14 期	1947
宁属水力查勘记	王志超	康导月刊	3 卷 4 期	1941

续表二

篇、书名	著(译)编者	出处	卷、期	年月日
西康宁属经济建设之水电动力问题	李书田	康导月刊	2卷11期	1940
西康宁属经济建设之水电动力		水利特刊	2卷4期	1940

（十）其他

篇、书名	著(译)编者	出处	卷、期	年月日
漆器	味庚	成都日报		1959.8.20
漆器	符光耿	四川日报		1961.9.3
"巴蜀"与"楚"漆器初探	李昭和	中国考古学会第二次年会论文集		1982
古代巴蜀的油漆技术	李亚东	大自然探索	3期	1983
试论战国秦汉时期成都的漆器生产	吴怡	文物考古研究		1993
成都商业街船棺出土漆器及相关问题探讨	江章华 颜劲松	四川文物	6期	2003
战国秦汉时期的巴蜀髹漆工艺	李昭和	四川文物	4期	2004
马王堆一号汉墓出土漆器制地诸问题——从成都市府作坊到蜀郡工官作坊的历史变化	俞伟超 李家浩	考古	6期	1975
马王堆漆器源于成都	石湍	成都日报		1982.4.21
汉代的"蜀郡工官"和"广汉郡工官"	方诗铭	历史知识	5期	1980
汉代的漆器制造手工业	宋治民	四川大学学报（哲社）	2期	1982
浅谈绵阳永兴双包山二号墓出土漆器	何志国	故宫文物月刊	215期	2001
绵阳双包山出土汉代漆器概谈	金普军等	四川文物	2期	2004
巴蜀地域出土漆器及相关问题探讨	聂菲	四川文物	4期	2004
黔江生漆业概况		四川经济月刊	2卷5期	1934
凉山彝族的漆器	王平贞	凉山彝族奴隶制度研究	1期	1980
凉山彝族的漆器工艺——兼谈古代漆器的几个问题	宋萱 刘宇	中央民族学院学报	1期	1982
凉山彝族文物图谱	凉山彝族自治州博物院	四川民族出版社		1982
凉山彝族漆器的美学价值	马飞	中央民族学院学报	2期	1987

续表一

篇、书名	著(译)编者	出处	卷、期	年月日
绚丽多彩的凉山彝族漆器	尹素卿 苏儒光	中央民族大学学报（哲社）	6期	1989
凉山彝族漆器的装饰艺术	冯 敏	贵州民族研究	4期	1990
凉山彝族漆器	罗明刚	四川文物	4期	1992
凉山彝族的漆器制作工艺	宋兆麟	中国历史博物馆馆刊	1期	1996
凉山彝族漆器源于大方漆器试证	兰一方	四川文物	6期	1997
四川凉山彝族传统漆艺文化述论	张建世	民族研究	3期	1998
凉山彝族传统的皮角胎漆器	张建世	西南民族学院学报（哲社）	6期	1998
凉山彝族漆器艺术美浅探	潘诗友	四川文物	4期	1999
凉山彝族的三色艺术——试论凉山彝族民间色彩	侯宝川	重庆工学院学报	4期	1999
精致美观的彝族漆器	杨 莉	今日民族	10期	1999
彝族的漆器及装饰图案艺术	冰 河	西南民族学院学报（哲社）	4期	2000
凉山喜德彝族漆器工艺概述	彭 彬	凉山大学学报	4期	2000
浅谈美姑彝族漆器文化	潘 林	凉山大学学报	4期	2000
凉山彝族的漆作工艺	宋兆麟	东南文化	10期	2001
凉山彝族传统漆艺文化的变迁——兼及保护与利用	张建世	西南民族学院学报（哲社）	12期	2002
古朴的华贵——探访凉山彝族民间工艺	杨兆麟	今日民族	7期	2003
浅析彝族漆器艺术	曲木尔足	西昌师专学报	1期	2003
凉山彝族的漆器艺术	朱 飞	巴蜀史志	6期	2004
蜀历代酒价	冯汉镛	中央日报		1948.4.12
四川历代之榷酤	冯汉镛	中央日报		1948.3.24
巴蜀酒香	席尚之	旅游天府	1期	1982
天府佳酿古今谈	张耀荣	四川日报		1982.8.19
蜀酒探源——巴蜀的"萨满式文化"研究之一	林 向	南方民族考古	1辑	1987
古代四川酿酒述论	王赛时	巴蜀史志	2期	1994
论巴蜀酒文化特色（上）	熊四智	四川烹饪	7期	1998
论巴蜀酒文化特色（下）	熊四智	四川烹饪	8期	1998
川酒文化古今谈	黄世礼	四川商业高等专科学校学报	1期	2000
四川酒文化与社会经济研究	四川民俗学会、剑南春集团公司	四川大学出版社		2000

续表二

篇、书名	著(译)编者	出处	卷、期	年月日
四川酒文化考古新发现述析	陈 剑	中华文化论坛	2期	2001
蜀酒与烧酒	龙 晦	中华文化论坛	2期	2001
巴人酒文化刍论	胡继明	民族研究	1期	1995
从汉代几方《酿酒》画像砖石看蜀地的酿酒历史	余德章	成都文物	2期	1985
从四川汉代画像石看汉代酿酒	余德章	汉代画像石研究		1987
从汉代出土文物看宜宾的酒文化	郑永乐等	四川文物	4期	1995
汉代四川酿酒业研究	张德全	四川文物	3期	2003
蜀汉酒魂东圣酒神		今日四川	3期	1999
三国酒事杂谈	卫永锋	四川文物	6期	2002
浊醪有妙理——论杜甫与中国酒文化	张志烈	杜甫研究学刊	1期	1995
杜诗和蜀酒	李祥林	四川烹饪	3期	1995
唐代剑南道春酒史实考	江玉祥	四川大学学报（哲社）	4期	1999
唐宋诗人笔下的川酒	李祥林	中国食品	10期	1995
唐宋诗人笔下的川酒（下）	李祥林	中国食品	11期	1995
唐宋以来成都的酒文化	徐学书	四川文物	6期	2001
宋代四川的酒政	贾大泉	社会科学研究	4期	1983
赵开酒法述评	杨倩描	河北大学学报（哲社）	3期	1986
也评赵开酒法——与杨倩描同志商榷	杨师群	河北大学学报（哲社）	1期	1989
清代酒禁与川酒的发展	赵永康	成都大学学报（社科）	1期	1995
清代四川酒业的几个问题	张学君	社会科学研究	3期	2000
泸县大曲酒		四川月报	9卷2期	1936
泸曲酒香考	吴衍庸等	自然杂志	10期	1979
泸州老窖特曲酒		食品与发酵工业	5期	1980
"衔杯却爱泸州好"——谈谈泸州老窖大曲的发展史	张耀荣	四川日报		1982.1.21
酒城泸州	贺 章	旅游天府	4期	1982
泸州老窖史话	泸州老窖史话编写组	巴蜀书社		1987
泸州老窖酒史展览巡礼	张遐龄	四川文物	3期	1988
从"巫术祈祷图"看泸州汉代酒文化	徐利红	四川文物	1期	1993
泸州大曲老窖池考	冯仁杰 谢 荔	四川文物	1期	1993

续表三

篇、书名	著(译)编者	出处	卷、期	年月日
泸州博物馆藏酒文物与泸州酒史浅论	陈 文	四川文物	1期	1993
泸州老窖大曲酒荣获巴拿马国际金奖	黄祥瑶	四川文物	1期	1993
四百年老窖酒史与泸州老窖酒瓶及章士钊咏老窖诗二首浅议	翁 兰	四川文物	1期	1993
朱德早年诗与酒城名称	晏满玲	四川文物	1期	1993
泸州老窖大曲源流	赵永康	四川大学学报（哲社）	4期	1994
		中国农史	4期	1997
神秘的"泸州老窖"	葛 康	咬文嚼字	9期	1996
中国第一窖——中国泸州老窖酒文化概览	泸州老窖股份有限公司	中国工人出版社		1999
泸州老窖国宝窖池的宝贵价值	胡永松	酿酒	5期	2000
中国第一窖的起源与发展——泸州老窖大曲酒的总结纪实	熊子书	酿酒科技	2期	2001
泸州老窖对中国白酒发展的贡献	张宿义 卢中明	酿酒科技	6期	2002
泸州老窖酿造之独特优势	许德富	酿酒科技	5期	2005
泸州老窖酒史研究	泸州市文物保护管理所、泸州市博物馆	编者刊		2005
衔杯却爱泸州好——泸州老窖发展简史	四川省人民政府经济研究中心	编者刊		
中国名酒——宜宾"五粮液"简史	黄均红	中国经济史研究论丛		1986
五粮液史话	段文贵	巴蜀书社		1987
诗中有酒醉魂香——历代名诗人与宜宾名酒	蔡叔华	宜宾师专学报	3期	1992
从汉代出土文物看宜宾的酒文化	郑永乐 丁天锡	四川文物	4期	1995
浅谈宜宾酒文化	刘承厚	宜宾师范高等专科学校学报	4期	1999
源远流长的宜宾酒文化	倪良端	巴蜀史志	2期	2000
黄庭坚与宜宾酒文化	凌受勋	中华文化论坛	4期	2005
绵竹大曲之调查与研究	廖皓龄	中农月刊	1卷4期	1940
绵竹大曲酒史话	张昌文	四川日报		1962.10.26
剑南春史话	剑南春史话编写组	巴蜀书社		1987

续表四

篇、书名	著(译)编者	出处	卷、期	年月日
四川绵竹剑南春"天益老号"酒坊遗址发掘取得重要收获	曾 俊 刘章泽	中国文物报		2005.1.12
四川绵竹棋盘街酒坊遗址群的发掘及其学术意义	林向等	中国文物报		2005.1.12
酝酿传香话郫筒——四川郫县古代酿酒史	梁文骏	历史知识	5期	1980
郫筒酒	卫志中	龙门阵	4辑	1982
古蜀佳酿郫筒酒	杜 莉	四川烹饪	2期	1997
郫筒酒的兴衰	李万霖	成都文物	2期	2003
全兴大曲史话	全兴大曲史话编写组	巴蜀书社		1987
水井街酒坊遗址考古获重大成果	张自成	中国文物报		1999.7.7
成都发现完整的古代白酒酿造作坊遗址	余长安	光明日报		1999.7.21
我国首次发现完整古代白酒遗址		文汇报		1999.6.1
古代酿酒工艺过程的再现——专家笔谈成都水井街酒坊遗址	黄景略等	中国文物报		1999.7.7
全兴酒史话	赖登烽 黄健勇	巴蜀史志	1期	2000
成都水井街酒坊遗址考古记略	陈 剑	文物天地	1期	2000
关于水井街酒坊遗址的几个问题	李明斌	成都文物	2期	2000
四川成都水井街酒坊遗址发掘简报	成都市文物考古研究所、四川省文物考古研究所	文物	3期	2000
成都水井坊遗址出土文物鉴赏	毛超群	四川文物	6期	2001
成都酒馆和全兴美酒	方北辰	四川文物	6期	2001
成都水井街酒坊遗址的研究探讨	利文骅	四川文物	6期	2001
中华"老字号"的祖迹——明代全兴酒坊遗址十谈	李映发	四川文物	6期	2001
从福昇全到全兴成——话说明清至民国全兴酒史的发展	谢 丹	四川文物	6期	2001
蜀酒与全兴酒文化	谢志成	四川文物	6期	2001
浅析水井街酒坊的生成原因	陈 剑	四川文物	6期	2001
水井街酒坊遗址与蒸馏酒起源研究	王 炎	四川文物	6期	2001
水井街酒坊遗址初步研究	陈 剑	四川文物	6期	2001

续表五

篇、书名	著(译)编者	出处	卷、期	年月日
关于水井街酒坊遗址几个问题的探讨	李明斌	四川文物	6期	2001
从考古发现看蜀酒文化与水井街酒坊遗址	杨荣新	四川文物	6期	2001
蜀酒文化与水井坊遗址	黄剑华	四川文物	6期	2001
五千年中华文明史孕育出蜀都水井坊——水井坊天下白酒第一坊	段渝	四川文物	6期	2001
全兴水井街老烧房遗址的保护与利用研究	李伟纲	四川文物	6期	2001
深入发掘"天号陈"文化内涵	徐荣旋	中华文化论坛	3期	2002
水井街酒坊遗址出土"天号陈"暨酒文化研讨会纪要	陈剑	中华文化论坛	3期	2002
水井街酒坊遗址与明清成都城市酒业	陈剑	中华文化论坛	3期	2002
明代水井街酒坊与锦官驿	李映发	中华文化论坛	3期	2002
成都水井街酒坊遗址出土"天号陈"铭瓷盘简论	陈德富	中华文化论坛	3期	2002
水井街酒坊遗址的几点意见	宋治民	中华文化论坛	3期	2002
"天号陈"小议	林向	中华文化论坛	3期	2002
洞天乳酒香又奇	任野	四川烹饪高等专科学校学报	2期	2002
美酒成都堪送老——古典成都城市文化的一个侧面	许蓉生	中华文化论坛	4期	2005
从土沱酒到渝北酒	杨自庆	重庆日报		1983.11.27
允正丰的酒香	朱世龙	重庆晚报		1985.8.13
重庆多佳酿	柳松	重庆晚报		1986.3.15
郎酒史话	郎酒史话编写组	巴蜀书社		1987
嘉绒藏族的酒文化	张昌富	西藏艺术研究	1期	1999
凉山彝族酒文化	李鉴踪	中央民族学院学报	3期	1990
凉山彝族"竿竿酒"考	黄承宗	四川文物	6期	1996
凉山彝族酒文化探析	潘正云	西南民族学院学报（哲社）	增刊3	1999
万颗明珠一罐收——羌族酒文化放谈	聂静洁	森林与人类	6期	1998
羌族咂酒的制作、使用及其功能解析	马宁	西北民族大学学报（哲社）	5期	2003
四川的柿子工业	陈汉元	四川经济季刊	4卷1期	1947
筇竹征故	林鸿荣	中国农史	2期	1986

续表六

篇、书名	著(译)编者	出处	卷、期	年月日
张骞大夏所见邛竹杖即灵寿之木考——中西交通史上的一个疑案	萧 兵	中国文化	2期	1995
说"邛"与"邛竹杖"	李绍明	四川文物	1期	2002
剑阁拐杖	华 敏	成都日报		1981.10.11
胡椒澄茄荜茇枸酱	于景让	大陆杂志	17卷8期	1958
枸酱、枸蒻管窥	林鸿荣	中国农史	1期	1988
茅台酒与蒟酱辨	唐建德	贵州文史丛刊	4期	1988
也谈茅酒与蒟酱——答唐建德先生	徐文仲	贵州文史丛刊	4期	1989
唐蒙与枸酱酒	陈博深	山花	7、8期	1993
"枸酱"是一种果汁饮料	袁华忠	贵州师范大学学报（社科）	1期	1994
枸酱小考	田晓岫	中央民族大学学报（哲社）	5期	1995
枸酱考	侯绍庄	夜郎研究——夜郎学术研讨会论文集		1999
蜀枸酱与蒟酱考	唐 建	中华文化论坛	3期	2003
枸酱引出夜郎道	刘学洙	当代贵州	4期	2003
"蒟酱"小考	邓 沛	青海师专学报（教育科学）	2期	2005
古四川的酱腌菜	张耀荣	四川日报		1981.11.5
榨菜飘香八十年	张耀荣	四川日报		1981.11.28
涪陵榨菜	郭文场 李训德	中国土特产	4期	1997
榨菜与涪陵	张老侃	四川烹饪	10期	2002
榨菜的起源	涪陵女	中华合作时报		2002.9.6
涪陵榨菜探源	涪 陵	中国质量报		2003.7.12
保宁醋	代从周	成都晚报		1962.10.15
保宁醋		调味品科技	3期	1976
保宁醋	余 力	旅游天府	3期	1981
谈谈四川"保宁醋"	王纯五	文史杂志	5期	1991
四川省阆中保宁醋总厂志	四川省阆中保宁醋总厂志编写组	编者刊		1994
四川保宁醋	晨 焰	上海调味品	4期	1999
中国保宁醋	陈德炎	重庆出版社		2001
保宁醋酿造的工艺特性	刘 军	江苏调味副食品	6期	2003
阆中保宁醋传统生产工艺浅析	尚 英	中国酿造	6期	2003

续表七

篇、书名	著(译)编者	出处	卷、期	年月日
成都弓箭制作调查报告	谭日同	"中研院"史语所集刊	23本上册	1951
夏扇小史	吴文	历史知识	3期	1980
川扇史话	戴德源	四川大学学报（哲社）	2期	1982
漫话蜀扇	何鸿志	旅游天府	3期	1982
成都蔡泥人	冯德安	成都日报		1980.6.7
草鞋小史	王有鹏	历史知识	3期	1981
蜀盾考	林向	四川文物	1期	1992
优美的四川民间美术工艺品	叶乔	工商导报		1953.9.2
优美的成都手工艺品	振声	工商导报		1954.10.7
丰富多彩的民间美术工艺	王黍	工商导报		1954.10.30
享有国际声誉的银丝编织品	田文	成都日报		1956.8.8
成都古代的银器工艺	唐晓雪	四川文物	1期	1984
四川工艺美术史话	何鸿志	四川人民出版社		1986
重庆长寿县出土的明代窖藏金银器	王豫	东南文化	5期	1994
明代民间金银器工艺——从四川重庆、湖南通道出土的窖藏金银器谈起	王豫	故宫文物月刊	132期	1994
凉山彝族传统工艺美术浅议	马拉呷	凉山大学学报	4期	2000
四川之制革工业	徐崇林	四川经济季刊	3卷1期	1946
四川第一个机器工厂	隗瀛涛	成都日报		1961.5.13
论四川机器局	张莉红	近代史研究	1期	1986
清末之四川机器局	杨亮升	西南民族学院学报（社科）·历史研究专辑		1986
丁宝桢与四川机器局	崔小巍	文史杂志	4期	2000
丁宝桢与四川机器局及其历史价值	曾绍敏	全面的总结 科学的评价——丁宝桢诞辰180周年纪念暨学术研讨会论文集		2000
		西南交通大学学报（社科）	3期	2001
四川机器局"停办"风波探源	李尚敏	文史杂志	5期	2002
丁宝桢与四川机器局	戴斌武	成都教育学院学报	2期	2004
能工巧匠曾昭吉事略	贾熟村	临沂师范学院学报	4期	2004
资中酒精厂筹备经过及现况	魏岩寿	资源委员会月刊	1卷5期	1939

续表八

篇、书名	著(译)编者	出处	卷、期	年月日
四川酒精厂二十八年度事业概况	魏岩寿等	资源委员会月刊	3卷2、3期	1940
抗战时期四川酒精工业史料选辑（1941－1942）		档案史料与研究	2期	1997
试论抗战时期四川糖料酒精工业的兴衰	刘春	四川师范大学学报（社科）	4期	2004
我经营重庆复兴面粉厂的回忆	鲜伯良	文史资料选辑	33辑	1963
重庆市面粉行业简史	鲜伯良	重庆市中区史志	创刊号	1985
国营重庆无线电厂厂史（1929－1983）	国营重庆无线电厂	编者刊		
国民政府联合总司令部重庆被服总厂制呢厂	钟明贵	重庆地方志	4期	1992
抗战时期中国最大的兵工厂简介	张有高	民国档案	2期	1993
抗战时期重庆的兵器工业	陆大钺 唐润明	重庆出版社		1995
綦江齿轮厂志1928－1990	綦江齿轮厂厂志编纂委员会	编者刊		1993
四川奶粉生产发展史	李永桂	四川畜牧兽医	1期	1994
长液志1937－1991	中国泸州长江液压件厂	编者刊		1994
四川省重庆水泥厂志	重庆水泥厂志编纂委员会	重庆出版社		1994
李劼人创办嘉乐纸厂资料发现始末	郭志强	成都文物	2期	2003
范旭东与四川化学工业	石玥	巴蜀史志	4期	2003
四川玻璃工业的创始人	张莉红	巴蜀史志	1期	2004
雅属油脂工业概况	戈福祥	康导月刊	2卷9期	1940
西康制革工业之展望	崔泽	西康经济季刊	11、12期	1946

四、交通运输和邮电通信

篇、书名	著(译)编者	出处	卷、期	年月日
川滇、川黔古今交通路线择向研究	蓝勇	公路交通编史研究	6期	1985
西南古道与汉、唐王朝开边	范建华	思想战线	6期	1991

续表一

篇、书名	著(译)编者	出处	卷、期	年月日
关于古代西南交通的几个问题	葛剑雄	中国西南的古代交通与文化		1994
试论周秦汉时期中国西南交通	宋治民	中国西南的古代交通与文化		1994
古代西南各民族交通科技与文化	蓝 勇	西南师范大学学报	增刊	1994
西汉对西南地区的开发与交通（提纲）	周振鹤	中国西南的古代交通与文化		1994
西南史上的古道交通考释	管彦波	贵州民族研究	2期	2000
藏彝走廊古代通道的几个基本特点	赵心愚	中南民族大学学报（人文）	3期	2004
四川盆地道路交通网与地形（附图）	郑励俭	志林	1期	1940
蜀道考（附表）	林 超 孙承烈	文史杂志	3卷 5、6期	1944
The Shu Tao or Road to Szechwan	J. W. Herold	Geographical Review	Vol. 39, nos. 4	1949
蜀道古今谈	陈 川	旅行家	1期	1960
四川古代的对外交通	王家佑 刘志远	四川日报		1962.5.11
史籍中关于蜀道渊源的探讨	郭荣章	陕西省地方志通讯	4期	1985
也谈"蜀道"一词的发现	李之勤	公路编史研究	5期	1985
蜀道话古	李之勤等	西北大学出版社		1986
蜀道在战国秦汉时期的地位和作用	张仁镜	汉中师院学报（社科）	1期	1988
剑门蜀道与剑门蜀道文物	王代升	四川文物	1期	1988
蜀道考察拾零	黄邦红	四川文物	1期	1988
四川古代交通路线史	蓝 勇	西南师范大学出版社		1989
四川公路交通史（上册）	王立昱	四川人民出版社		1989
唐代蜀道的地位和作用	梁中效	成都大学学报（社科）	1期	1992
蜀道之谜新探	郭荣章	文博	2期	1994
唐宋诗所反映的蜀道历史地理	马 强	文博	2期	1994
王渔洋蜀道纪行诗笺释	洪 桥	文博	2期	1995
蜀道与人口迁移	李 虎	文博	2期	1995
宋代蜀道交通与汉中经济的重大发展	梁中效	汉中师范学院学报	4期	1995
蜀道文化述论	马 强	成都大学学报（社科）	4期	1996
汉魏蜀道石刻史料研究	陶喻之	上海博物馆集刊	7期	1996
蜀道历史军事地理论略	马 强	成都大学学报（社科）	4期	1999

续表二

篇、书名	著(译)编者	出处	卷、期	年月日
历代攻蜀行军路线考略	鲜肖威	绵阳师范高等专科学校学报	4期	1999
蜀道线上的诸葛亮文化	梁中效	成都大学学报（社科）	3期	2001
穿行剑门蜀道	张晨	中国矿业报		2001.5.26
蜀道——中国西部文化的轴心	梁中效	文史杂志	3期	2005
嘉陵古道探源记	王蓬	陕西水利	3期	2005
穿越蜀道时空		中国民族博览	4、5期	2005
川北古道时空交错	李军 王强	中国民族博览	4、5期	2005
栈道考	冯汉镛	人文杂志	3期	1957
古代栈道横梁安装方法初探	陆敬严	自然科学史研究	4期	1984
中国古代栈道初步研究	蓝勇	西南师范大学学报（哲社）	1期	1988
四川古代栈道研究	蓝勇	四川文物	1期	1988
川陕古栈道	司怀如	地理知识	4期	1989
汪灏《栈道杂诗》评释	王翰章 王丕忠	成都大学学报（社科）	1期	1989
大宁河古栈道初探	冉瑞铨	四川文物	2期	1989
中国栈道	蓝勇	百科知识	2期	1990
晋太康修栈道石刻厘正	郭荣章	成都大学学报（社科）	2期	1991
中国古代栈道类型与分布	蓝勇	自然科学史研究	1期	1992
蜀道上的栈道		四川林勘设计	1期	1994
论秦蜀栈道的几个问题	唐寰澄	文博	2期	1994
清风峡与古栈道	吕友根	中国河运	9期	1994
栈道——中国古代第三大建筑奇迹	周茂兴	瞭望新闻周刊	45期	1994
古代第三大建筑——栈道	晓闻	成都文物	1期	1995
秦修栈道的战略意义	郝光陆	文博	2期	1995
智慧之路——古栈道觅踪	王蓬	中国公路	8期	1995
古栈道咏叹调	保兴	陕西审计	增刊	1996
栈道千里通蜀汉	曹弘	四川统一战线	8期	1997
巴蜀奇观古栈道	邵红峰	巴蜀史志	2期	1998
大宁河古栈道新考	汤绪泽	四川三峡学院学报	3期	1999
历代栈道图考述	陶喻之	上海博物馆集刊	8期	2000
试说栈道及其相关问题	王家祐 李复华	四川文物	4期	2001

续表三

篇、书名	著(译)编者	出处	卷、期	年月日
栈道摩天独路险	毅文	风景名胜	7期	2001
古栈道与剑门关	陶林	青年科学	6期	2002
其实是"明烧栈道"	何金	新闻三昧	8期	2002
秦岭古道	朱增泉	散文	9期	2002
宁河古栈道遗址新探	刘卫国 任桂园	盐业史研究	1期	2003
古栈道走进明月峡	吕友根	四川统一战线	1期	2003
山崖上的创造——大宁河古栈道及大宁盐场遗址	陈秀 李宏松	文物天地	6期	2003
三峡地区古代交通史略	朱培麟	重庆交通学院学报(社科)	1期	2004
三峡地区近代交通史略(一)	朱培麟	重庆交通学院学报(社科)	2期	2004
三峡地区近代交通史略(二)	朱培麟	重庆交通学院学报(社科)	3期	2004
古三峡陆路文化研究	康清莲	重庆社会科学	12期	2005
古栈道	了了村童	海燕(都市美文)	12期	2004
秦漢時代の入蜀路に就いて(上)(下)	久村因	東洋学報	38卷2、3号	1955
唐代茂州西通吐蕃两道考	严耕望	香港中文大学中国文化研究所学报	1卷	1968
唐代松州驿道述	严耕望	新亚生活	11卷5期	1968
唐代岷山雪岭地区交通图考	严耕望	香港中文大学中国文化研究所学报	2卷1期	1969
唐代山南境内巴山诸谷道	严耕望	屈万里先生七秩荣庆论文集		1978
唐代雅州西通徼外三道考	严耕望	董作宾先生逝世十四周年纪念刊		1978
唐代黔中牂柯诸道考	严耕望	"中研院"史语所集刊	50本2分册	1979
唐代成都西南边区东西交通诸路线	严耕望	香港中文大学中国文化研究所学报	13卷	1982
《唐代交通图考》第4卷《山剑滇黔区》	严耕望	"中研院"历史语言研究所集刊		1985
严耕望《唐代交通图考》第四卷品评	蓝勇	唐研究	2辑	1996
唐代西蜀经吐蕃通天竺路线考	冯汉镛	西藏研究	4期	1985
唐代马湖江通吐蕃路线行程考——兼考蒙古入大理的中、西道	冯汉镛	文史	30辑	1988

续表四

篇、书名	著(译)编者	出处	卷、期	年月日
唐代蜀道的地位和作用	梁中效	成都大学学报（社科）	2期	1992
从海药本草论唐五代时"成都"的两条国际路线	冯汉镛	江海学刊	3期	1958
唐五代时剑南道的交通路线考	冯汉镛	文史	14辑	1982
唐宋时代四川水陆交通	沈交志	成都晚报		1964.4.16
唐宋四川馆驿汇考	蓝勇	成都大学学报（社科）	4期	1990
南宋东西交通大动脉——"马纲"驿路初探	梁中效	成都大学学报（社科）	1期	1996
元代川陕间的驿道和驿馆	李之勤	中国历史地理论丛	1辑	1988
元代四川驿站汇考	蓝勇	成都大学学报（社科）	4期	1991
元代云南通四川、湖广驿路的变迁	陈庆江	中国历史地理论丛	2期	2003
明代西藏"贡道"研究	冯汉镛	西藏研究	1期	1989
明代内地与西藏的交通	赵毅	中国藏学	2期	1992
明代入藏道路站点考释	庞琳	青海民族学院学报（社科）	3期	1994
清代川境驿站路程	健庐	四川文献	147期	1974
四川交通概况	潘秦封	旅行杂志	14卷4期	1940
四川交通概况		解放日报		1942.1.21
巴蜀之交通与实业	郑德坤	学思	3卷11期	1943
三十二年四川之交通	金龙灵	四川经济季刊	1卷2期	1944
三十三年四川之交通	伍丹戈	四川经济季刊	2卷2期	1945
重庆交通大事记	重庆市交通局交通史志编纂委员会	科学技术文献出版社		1991
抗战时期湘川运输概况	朱沛莲	"国史馆"馆刊	复刊12期	1992
抗战时期的四川交通述论	龙汉武 文双发	武汉交通职业学院学报	3期	2005
龙泉山前话古驿	戴盛昌	成都风物	4辑	1982
成渝间交通发展概述	蓝勇	公路交通编史研究	2期	1990
巴山蜀水东大路	铁波乐	巴蜀史志	3期	2003
山地道路的交叉形态——重庆近代城市道路研究	欧阳桦 欧阳刚	重庆建筑	8期	2005
剑阁古代驿站邮亭与烽火台	肖明远	四川文物	2期	1993
绵阳市境内古驿道小考	蒋志	绵阳师范高等专科学校学报	1期	1998

续表五

篇、书名	著(译)编者	出处	卷、期	年月日
郫县交通史话	郫县政协文史资料委员会	编者刊		
宜宾盐茶马道	刘盛龙	农业考古	2期	1996
僰道支线考	冯汉镛	中国历史地理论丛	1辑	1997
甘阿地区厚重的交通历史文化	屈洪斌	巴蜀史志	1期	2005
由成都至川陕边境	冯至翔	道路月刊	51卷2号	1936
阳平关及其演变	黄盛璋	西北大学学报	3期	1957
川陕交通的历史发展	黄盛璋	地理学报	4期	1957
川陕古道两"韩溪"考辨	丁光泮	中国历史地理论丛	4期	2005
唐金牛成都道驿程考述略	严耕望	新亚生活	10卷11期	1967
唐金牛成都道驿程考	严耕望	"中研院"史语所集刊	40本上册	1968
唐代长安南山诸谷道驿程述	严耕望	大陆杂志	36卷11期	1968
假敌手开通蜀道	孟魏坚	国防	11期	1991
金牛道北段线路的变迁与优化	李之勤	中国历史地理论丛	2辑	2004
金牛茶马古栈道蜀门遗址发现记	韩星海	农业考古	4期	2005
汉王就国及还定三秦路线考	高 文	金陵学报	11卷1期	1941
汉中盆地对外通路在军事上之重要性——秦岭、汉中盆地、巴山历史地理之一页	薛贻源	地理	3卷1、2期	1943
秦岭与大巴山对于四川与西北交通之影响	陈泗桥 林 超	地理学报	14卷3、4期	1947
关中与汉中古代交通试探	高景明等	成都大学学报（社科）	1期	1989
《石门颂》四道考	冯岁平	文博	2期	1994
		成都大学学报（社科）	1期	1995
由考古发现谈关中与陕南交通的形成（提要）	呼林贵 李 恭	文博	2期	1995
略谈先秦时期关中与汉中之交往及其道路问题	田 静 史党社	文博	2期	1995
政治、军事活动与古道的兴衰	李晓彤	文博	2期	1995
外国学者笔下的汉中古道	周 郢	文博	2期	1995
穿越秦巴山地的几条主要谷道的过去与现在	田锡祜	人文地理	1期	1996
论刘邦进出汉中的地理意义及其行军路线	辛德勇	传统文化与现代化	4期	1997
汉中历史交通地理论纲	冯岁平	汉中师范学院学报（社科）	4期	1998

续表六

篇、书名	著(译)编者	出处	卷、期	年月日
秦岭诸关考——关中要塞研究之四	刘树友	渭南师专学报	4期	1999
汉水上游与蜀道历史地理研究	马强	四川人民出版社		2004
"故道"释名与考地	李之勤	西北历史研究1989年号		1991
论故道在川陕诸驿中的特殊地位	李之勤	中国历史地理论丛	2辑	1993
凤县陈仓沟和韩信北定三秦的路线问题	李之勤	西北大学学报（哲社）	1期	1982
陈仓道初探——兼论"暗度陈仓"与陈仓道有关问题	郭清华	成都大学学报（社科）	2期	1989
踏访陈仓故道	王文元	晚报文萃	3期	2003
秦栈道考「特に褒斜道」	黑泽信吾	史潮	6年1号	1936
秦栈道の研究——特に汉三国时代以前に於ける褒斜道を中心として	黑泽信吾	史潮	6年2号	1936
褒斜道连云栈南段调查简报	陕西省文管会、陕西省博物馆陕南工作队	文物	11期	1964
汉唐褒斜道考	严耕望	新亚学报	8卷1期	1967
《通典所记汉中通秦川驿道考》述略	严耕望	新亚生活	9卷19期	1967
通典所记汉中通秦川驿道考——散关凤兴汉中道	严耕望	新亚学报	8卷2期	1968
褒斜栈道调查记	秦中行等	考古与文物	4期	1980
释"邮亭释置徒司空、褒中县官寺"	张传玺	考古与文物	4期	1980
褒斜道当为蜀道之始	徐争青	历史知识	1期	1982
褒谷石门小考	郭荣章	考古与文物	2期	1982
西晋以前的褒斜道	艾冲	人文杂志	4期	1983
古散关遗址辨正	梁福义	人文杂志	1期	1984
从汉《鄐君开通褒斜道摩崖》中看褒斜栈道	郭荣章	历史知识	3期	1984
试论褒斜石门魏崖的历史意义	张仁镜	汉中师范学报	1期	1985
褒斜道遗址初勘	黄长明	宝鸡今古	1期	1985
唐代的文川道	李之勤	西北历史资料	1期	1985
		中国历史地理论丛	1期	1990
褒斜道的历史渊源	郭荣章	陕西省公路交通史资料选辑	1辑	1981
韩信"明修栈道"地点小考	陈显远	文博	6期	1985

续表七

篇、书名	著(译)编者	出处	卷、期	年月日
历代散关遗址小考	李仲操	人文杂志	6期	1985
关于古散关遗址	马正林	陕西师大学报（哲社）	1期	1986
秦蜀栈道—故道、连云道和褒斜道概述	任周芳	宝鸡师院学报	4期	1986
关于"黑龙江"与褒斜道的演变	李之勤	陕西地方志通讯	4期	1986
褒斜道改道至回车考辨	郭荣章	文博	6期	1986
褒斜栈道的工程技术	杜葆仁	中国考古学研究论集		1987
王渔洋笔下的连云栈道	冯述芳 王复忱	汉中师院学报（哲社）	1期	1988
大散关与和尚原考实	尹盛平	宝鸡今古	3期	1988
论古褒斜道上栈阁的分布、形制及邮驿等建筑设施	郭荣章	文博	5期	1988
		成都大学学报（社科）	1期	1989
关于褒斜道的名实问题	李之勤	成都大学学报（社科）	1期	1989
宋代石门轶事和考辨	陶喻之	成都大学学报（社科）	1期	1989
三十年代耳闻目睹的石门状况及其轶事——在第三届褒斜石门研究会上的发言	张佐周	成都大学学报（社科）	1期	1989
褒斜道是蜀人走向关中、中原的通道	杨伟立	成都大学学报（社科）	1期	1989
褒斜二谷的自然面貌	安庸	成都大学学报（社科）	1期	1989
褒斜栈道美学试析	杨涛	成都大学学报（社科）	1期	1989
浅谈褒斜栈道在历代战争中的运用	郭清华	成都大学学报（社科）	1期	1989
褒斜栈道中几个重要地名考订	陈显远	成都大学学报（社科）	1期	1989
从考古发现看早期的褒斜道	唐金裕	成都大学学报（社科）	1期	1989
小议秦汉刑徒与褒斜古道	王良	成都大学学报（社科）	1期	1989
羊祜"重开褒斜"及其仕迹考评	舟子	成都大学学报（社科）	1期	1989
一条典型的文化带——褒斜道研究	魏学峰	文史杂志	1期	1989
唐代的文川道	李之勤	中国历史地理论丛	1辑	1990
唐敬宗宝历年间裴度重修斜谷道及其所置驿馆	李之勤	中国历史地理论丛	3辑	1990
唐代褒斜道交通初探	梁中效	汉中师院学报（社科）	1期	1992
匡正唐代文学家孙樵记	刘洁	文博	2期	1992
刻在秦岭深处的史诗——褒斜古栈道剪影	张维铮	地理知识	6期	1993

续表八

篇、书名	著(译)编者	出处	卷、期	年月日
专家认定褒斜栈道的石门隧道是世界最早人工开凿的穿山通车道	王兆麟	中国文物报		1993.12.5
唐孙樵履栈考——兼论《兴元新路记》	陶喻之	文博	2期	1994
古代隧道技术文化现象与思考	王毅才	文博	2期	1994
贾汉复修复连云栈道	陈显远	文博	2期	1995
古褒斜路及其栈道、石门、十三品	王文奇	文史知识	9期	1995
陕西汉中石门非世界上最早的人工交通隧道	邓沛	文史知识	6期	1996
古褒斜栈道演变及太白境内古道网络初探	王银进	宝鸡文博	1期	1996
褒斜道上一些古地名的考订——褒斜路全程调查报告之一	郭荣章	历史地理	13辑	1996
汉中石门应是世界上最早的人工交通隧道	蓝勇	文史知识	2期	1997
褒斜道的开发、变化和历史作用	党瑜	唐都学刊	4期	1997
《读史方舆纪要》卷五六《褒斜道》条校释	李之勤	中国历史地理论丛	3辑	1999
论王士性的连云栈之行	冯岁平	成都大学学报（社科）	3期	2000
褒河遗篇	方孝文	陕西水利	6期	2000
北魏"回车道"考疑	孙启祥	汉中师范学院学报（社科）	4期	2003
唐骆谷道考	严耕望	"中研院"史语所集刊	39本上册	1969
唐代傥骆道上的几个驿馆	知勤 肖珍	人文杂志	4期	1984
"傥骆道"初考	陈显远	文博	3期	1987
汉《杨孟文石门颂》堂光道新解——兼析傥骆道的开通时间	辛德勇	中国历史地理论丛	1辑	1990
也谈"围谷"、"堂光"之道	郭荣章	中国历史地理论丛	2辑	1994
就《杨孟文石门颂》堂光道问题答郭荣章先生	辛德勇	中国历史地理论丛	4辑	1994
《禹贡》黑水与堂光古道	王子今	文博	2期	1994
傥骆古道的发展特点、具体走向和沿途要地	李之勤	文博	2期	1995
《读史方舆纪要》陕西省汉中府"傥骆道"条校释	李之勤	中国历史地理论丛	1辑	2000
悠远神秘的傥骆道	刘天鹏	森林与人类	10期	2004

续表九

篇、书名	著(译)编者	出处	卷、期	年月日
唐子午道考——附库义锡三谷道	严耕望	饶宗颐教授南游赠别论文集		1970
历史上的子午道	李之勤	西北大学学报（哲社）	2期	1981
子午道秦岭北段栈道遗迹调查简报	王子今 周苏平	文博	4期	1987
再论子午道的路线及改线问题	李之勤	西北历史研究1987年号		1988
子午道历史资料校释	李之勤	西北历史研究1988年号		1988
《读史方舆纪要》卷五六《子午道》条校释	李之勤	中国历史地理论丛	3辑	2000
天宝荔枝道考	严耕望	大陆杂志	57卷1期	1978
贡荔古道	蓝勇	公路交通编史研究	4期	1986
对"历史上的小巴简道"一文的商榷	蓝勇	陕西公路交通编史通讯	6期	1985
米仓道考略	陈显远	文博	1期	1988
米仓道的踏察与考证	蓝勇	四川文物	2期	1989
米仓道考察记	李烨 余忠平	文博	2期	1994
古米仓道考	梁廷保	四川文物	3期	2001
川陕古道中青泥路和白水路	李之勤	西北历史资料	2期	1982
北宋摩崖题刻《新修白水路记》简介	陈显远	考古与文物	4期	1987
徽县《新修白水路记》摩崖刻石考略	熊国尧	西北史地	4期	1992
甘肃成县古道钩沉	胡祥庆	文博	2期	1995
陇蜀古道考略	高天佑	文博	2期	1995
阴平道辨	严耕望	新亚学报	9卷2期	1970
阴平道初探	鲜肖威	中国历史地理论丛	2辑	1988
历史上的阴平正道与阴平斜道	蓝勇	文博	2期	1994
中世敦煌与成都之间的交通路线——敦煌学散策之一	陈祚龙	敦煌学	1辑	1974
古青海路考	周伟洲	西北大学学报（社科）	1期	1982
丝绸之路河南道	陈良伟	中国社会科学出版社		2002
中古时代仇池山区交通网——以杜工部秦州入蜀行程为考论中心	严耕望	新亚学报	11卷下册	1976
四川松理茂汶调查录——交通篇		边政月刊	7期	1931
四川盆地与松潘草地间之商业与交通	王成敬	地理	2卷3、4期	1942
黑水芦花形势与交通		边疆通讯	2卷10期	1944

续表一〇

篇、书名	著(译)编者	出处	卷、期	年月日
公元3-9世纪岷江上游地区的开发及其在交通史上的地位	周伟洲	古代长江上游经济开发		1989
简论近代的甘川交通运输	李建国	文史杂志	5期	2002
赵尔丰如何解决西康交通问题	张植初	康导月刊	1卷6、9、12期	1939.2
			2卷1-3、6、8期	1940.4
雅江县交通调查录		边政月刊	4卷	1930
Notes on Trade Routes Converging at Tachienlu	J. H. Edgar	Journal of the West China Border Research Society	Vol. 4	1930-1931
西康南北两路途程考		边政月刊	7卷	1931
"西康建省记"之西康路程表	杨仲华	新亚细亚	2卷5期	1931
西康之交通事业	陆诒 洪瑞涛	开发西北	2卷2期	1934
西康交通问题	上佑	康藏前锋	2卷2期	1934
开辟西康交通四年计划		康藏前锋	2卷4期	1934
			2卷5期	1935
西康交通事业之实况		川边季刊	1卷1期	1935
现代西康交通之改进	徐戡五	新亚细亚	10卷1期	1935
开辟西康交通四年计划	刘文辉	边事研究	1卷2-4期	1935
		川边季刊	1卷2期	1935
西康交通开发四年计划的剖析	金涛	新亚细亚	10卷4期	1935
西康境内程站		蒙藏月报	2卷4期	1935
		康藏前锋	2卷6期	1935
中央开辟康藏交通先声	裕恒	康藏前锋	2卷12期	1935
西康之"经济"交通概况	瑞峰	西北公论	18期	1935
西康交通概要——边疆教育实业考察团西康组丙种报告书		中国国民党政治学校附设蒙藏学校		1935
西藏西康国防线上之交通及其重要	徐近之	地理学报	3卷4期	1936
西康的交通问题	谭辅之	蒙藏月报	7卷3期	1937
西康公路康雅段工程进行概况	骆美轮	康导月刊	1卷3期	1938
新西康之交通建设	骆美轮	康导月刊	1卷5期	1939

续表一一

篇、书名	著(译)编者	出处	卷、期	年月日
旧有西康之交通	攒云	边事研究	9卷3、4期	1939
西康台站沿革考	黄上成	康导月刊	2卷5期	1940
解决西康交通问题之根本办法	黎年祚	康导月刊	2卷12期	1940
如何发展康藏地方的通海路线	朱少逸	边政公论	1卷1期	1941
西康交通建设与国防	黄次书	蒙藏月刊	1卷11期	1941
今日西康之交通	王一影	蒙藏月报	13卷11、12期	1941
康藏交通与抗战救国	蒋君章	边政公论	1卷5、6期	1942
论康藏驿运	朱少逸	边政公论	1卷9、10期	1942
西康东部山地交通	钟功甫	地理	5卷1、2期	1945
川康交通考	任乃强	新亚细亚	3卷4期	1932
川康总部调查西康公路		西陲宣化	创刊号	1935
川康交通问题	儒海	边事研究	4卷6期	1936
川康公路工程进行概况	骆美轮	康导月刊	1卷7、8期	1939
川康公路上	胡熙赓	康导月刊	3卷4期	1940
川康公路巡视	陈长风	旅行杂志	18卷6期	1944
西藏纪程：由成都至西藏险要程期	维周 宣堂	新朔望报	5、6期	1908
川藏间行轨里程表（上）（下）	叶楚伦	四川文献	153、154期	1975
川藏线是西南最早国际通道考	冯汉镛	中国藏学	1期	1989
川藏茶路雅安至康定段纪实	Marion Duncan（满莹）	四川民族史志	1期	1989
川藏道的兴起与川藏关系的发展	贾大泉	四川藏学研究	4辑	1997
炉藏道里最新图考	张其勤	东方杂志	6卷1期	1909
炉藏道里最新考	张其勤	地学杂志	10卷2、3、5、6期	1919
The Old Courier Service Between Tachienlu and Lhasa	J. H. Edgar	Journal of the West China Border Research Society	Vol. 4	1930-1931
刘曼卿女士考察西康西藏路程谈	张忱志	新亚细亚	1卷1期	1930

续表一二

篇、书名	著(译)编者	出处	卷、期	年月日
西征日记——由成都经康定入藏——小方壶斋地理丛钞选刊三种	盛绳祖	边政月刊	6卷	1931
进藏纪程——小方壶斋地理丛钞选刊三种	盛绳祖	边政月刊	6卷	1931
入藏程站——小方壶斋地理丛钞选刊三种	盛绳祖	边政月刊	6卷	1931
巴塘至江孜道路图表		边政月刊	7卷	1931
康青藏大动脉	陈立锋	新中华复刊	3卷3期	1945
《三省入藏程站纪》校勘记	薛雅玲	西藏研究	4期	1994
茶马古道	李 旭	雪域文化	秋季号	1993
		中国西藏	2期	2002
康藏高原丝茶古道及货币探踪	张策刚	西藏研究	4期	1993
试谈藏东茶马商道	白玛措	西藏研究	3期	1994
茶马古道与滇川藏印贸易	申 旭	东南亚	3期	1994
藏彝民族走廊与茶马古道	申 旭	西藏研究	1期	1999
探录康藏茶马古道	黑卡·嘎布达	民族文学	5期	2001
茶马古道说康定	牟 子	四川日报		2001.7.27
"茶马古道"的历史作用和现实意义初探	格 勒	中国藏学	3期	2002
茶马古道及其历史文化价值	石 硕	西藏研究	4期	2002
茶马古道	朱法飞	西部大开发	8期	2002
从"茶马互市"到"茶马古道"	格 勒	中国国家地理	9期	2002
		人民日报（海外版）		2003.2.26
茶马古道史话今说	马丽华	西藏日报		2002.8.4
清代茶马古道衰落及其原因探析	朴文焕	西南民族学院学报（哲社）	2期	2003
昌都：茶马古道上的枢纽及其古代文化——兼论茶马古道的早期历史面貌	石 硕	西藏大学学报	4期	2003
雅安·蒙顶山·茶马古道	林思翔	福建茶叶	4期	2004
论"茶马古道"的形成、发展及其历史地位	木永顺	楚雄师范学院学报	4期	2004
清代"边茶古道"衰落原因初探	武秀艳	边疆经济与文化	7期	2004
雅安与蒙顶山茶及茶马古道	田 羽	科学与文化	1期	2005
雅安边茶与川藏茶马古道	杨绍淮	中华文化论坛	2期	2005
川藏茶路万里行	刘勤晋	中国茶叶	6期	2005

续表一三

篇、书名	著(译)编者	出处	卷、期	年月日
茶马古道在荥经	周安勇	雅安日报		2005.9.16
西康宁雅之交通	攒云	边事研究	9卷3、4期	1939
历史上的入滇通道	郑天挺	旅行杂志	17卷3期	1943
川滇古道沿革初考	蓝勇	西南师范学院学报（社科）	4期	1984
川滇古道宜宾地区境内几处遗迹考述	崔陈	四川文物	2期	1991
云南通向祖国内地的第一条交通要道——"五尺道"的修筑及意义	周廷贤	云南日报		1981.4.24
秦"五尺道"新考	傅于尧	云南师范大学学报（哲社）	1期	1991
"五尺道"研究质疑二则	王文光	云南师范大学学报（哲社）	4期	1991
《秦"五尺道"新考》质疑	夏光辅	云南师范大学学报（哲社）	4期	1991
《汉书·地理志》所记载的道——兼与《秦"五尺道"新考》作者商榷	李寿	云南师范大学学报（哲社）	4期	1991
"五尺道"以曲靖为终点站原因初探	任宁云	思想战线	4期	1991
论秦"五尺道"之本义为地名——兼与《质疑》作者磋商	傅于尧	云南师范大学学报（哲社）	3期	1992
常頞是人名	昆文	云南师范大学学报（哲社）	3期	1992
古道民族考释	陇永志	昭通师专学报	3期	1993
五尺道上千古情	孙志忠	对外大传播	9、10期	1998
古五尺道之石门关	申江	寻根	3期	2003
五尺道遐想	宜兵	四川粮油科技	1期	2004
秦开五尺道，汉通西南夷	李金池	民族团结	5期	1982
秦汉川滇古道考	屈川	宜宾学院学报	3期	2001
《史记》中的云南——云南与内地早期的交往	尤中	云南日报		1962.3.12
汉代武阳传舍铁炉	李沂垣	文物	4期	1979
唐蒙与石门道	李咸宁	历史知识	5期	1981
古道觅踪	毛瑞芬	四川文物	1期	1988
汉灵关道辨证	杨伟立	文博	2期	1994
灵关古道忆沧桑	刘燕荪等	巴蜀史志	6期	2005
从川滇古道上的汉墓看汉代邮亭	刘弘	四川文物	3期	1990
牦牛道考古研究	雅安地区文物管理所	编者刊		1995

续表一四

篇、书名	著(译)编者	出处	卷、期	年月日
四川荥经发现东汉《何君尊楗阁刻石》	李炳中等	中国文物报		2004.4.23
《何君尊楗阁刻石》发现及考释	李炳中	四川文物	6期	2004
跋《何君阁道铭》再发现	魏启鹏	四川文物	6期	2004
《何君阁道铭》再发现	魏启鹏	中国书画	8期	2005
《何君尊楗阁刻石》考释——兼论西南丝路牦牛道荥经段路线走向	高俊刚	四川文物	1期	2005
苍茫回眸 穿越横断山——南丝路之牦牛道（一）	邓廷良	中国西部	9期	2005
苍茫回眸 穿越横断山——南丝路之牦牛道（二）	邓廷良 胡小平	中国西部	11期	2005
诸葛武侯南征故道考	赵大煃	华西学报	2期	1934
诸葛亮南征的路线考说	方国瑜	思想战线	2期	1980
诸葛亮南征行程及其它	李巧思	四川文物	1期	1999
孔明鸟道与小相公岭	华原	文史杂志	1期	2002
隋唐石门道之石门辨误	蓝勇	重庆史学	2期	1985
史万岁南征之石门关	方国瑜	思想战线	3期	1980
史万岁南征路线重析	辛德勇	中国历史地理论丛	1辑	1995
唐通南诏取道于石门考	陈一得	五华	5期	1947
唐代入云路の歴史的考察	藤澤義美	岩手史学研究	29号	1958
川滇古道上的石门关	蓝勇	历史知识	6期	1994
豆沙关	汪海军	中国公路	13期	1999
古道雄关豆沙镇	西南风	民族论坛	5期	2005
清溪道与1883年霍西访清溪县"记事"评介	刘达永	四川师范大学学报（社科）	4期	2004
战时川滇之交通运输		经济研究	1卷3期	1939
川滇公路小记	张承治	旅行杂志	18卷5期	1944
蜀锦古道	杨卿	旅游天府	4期	1982
东西交通史上の云南、四川	重松俊章	史渊	20辑	1939
读伯希和交广印度两道考	方国瑜	西南边疆	8期	1940
蜀布邛竹传至大夏路径的蠡测	桑秀云	"中研院"史语所集刊	41本1分册	1969
蜀布与Cinapatta——论早期中、印、缅之交通	饶宗颐	"中研院"史语所集刊	45本4分册	1974

续表一五

篇、书名	著（译）编者	出处	卷、期	年月日
中国历代王朝通过西南边疆民族地区与中印半岛各地的交往关系	尤 中	西南民族历史研究集刊	1集	1980
我国最早的对外交通线——"蜀身毒道"	王 贤	云南日报		1981.5.2
川滇缅印古道初考	陈 茜	中国社会科学	1期	1981
我国的另一条"丝绸之路"——蜀身毒道	杨中光	经济日报		1983.7.11
蜀身毒道	张 楠	民族文化	4期	1983
通往身毒的古道	张 楠	文物天地	6期	1983
博南古道考	段立生	东南亚	2期	1985
博南古道与大理马帮	史寅生	经济问题探索	6期	1990
支那名称起源之再研究——论支那名称来源于蜀	段 渝	中国西南的古代交通与文化		1994
"支那"源于古傣语考——从蜀身毒道诸种因素论梵语Cina的由来	徐作生	中国文化研究	春之卷	1995
"支那"源于一座小城	施祥云	教师博览	10期	1995
秦汉时期蜀滇身毒道的形成与汉文化在西南地区的传播	萧安富	中国典籍与文化	1期	1996
张骞指求的身毒国道应该是哪条路线	吴 焯	南亚研究	1期	1998
China释义新探	刘兴诗	四川文物	1期	1999
China释义新探	施 茵	伊犁师范学院学报	3期	2000
试论秦汉时期的蜀身毒道	陆 韧	秦汉史论丛	8辑	2001
China缘起蜀身毒道新证	徐作生	国际汉学	2期	2003
"蜀身毒道"外贸和汉代云南流通货币	张 泉	时代金融	10期	2005
中西陆上古商道——蜀布之路（上）	任乃强	文史杂志	1期	1987
中西陆上古商道——蜀布之路（下）	任乃强	文史杂志	2期	1987
西汉中叶以前中国西南与印度交通考	王友群	南亚研究	3期	1988
对西汉时中印交通的一点看法	吕昭义	南亚研究	2期	1984
古代西南的"黄金之路"	张 明	贵州文史丛刊	6期	1993
也谈古代西南黄金通道	侯绍庄	贵州文史丛刊	3期	1994

续表一六

篇、书名	著(译)编者	出处	卷、期	年月日
西南—岭南出海通道的历史考察——"西南—岭南出海通道上的社会文化变迁"研究之一	李富强	广西民族研究	4期	1997
历史上是否有南方丝绸之路——四川大学准备组织有关专家进行调查研究	王潜	天府新论	3期	1986
南方陆上丝绸之路	徐冶等	云南民族出版社		1987
南方丝绸路与西南文化	龙建民 唐楚臣	云南社会科学	5期	1988
南方"丝绸之路"上的重镇——保山		云南政报	6期	1988
西南丝绸之路	胡绍华	历史教学	8期	1989
唐宋南方陆上"丝绸之路"的转输贸易	蓝勇	中国社会经济史研究	4期	1990
西南丝绸之路考察札记	邓廷良	成都出版社		1990
古代西南丝绸之路研究	伍加伦 江玉祥	四川大学出版社		1990
南方丝绸之路与中、印、缅经济文化交流	朱昌利	东南亚	3期	1991
古代青衣江上游的郡县建置与西南丝绸之路	周日琏	四川文物	6期	1991
南方丝绸之路文化论	《南方丝绸之路文化论》编写组	云南民族出版社		1991
南方丝绸之路灵关、石门关考辨	蓝勇	成都大学学报（社科）	3期	1992
从文物考古资料论"西南丝绸之路"	王有鹏	西南金融	5期	1992
试论南方丝绸之路与海上丝绸之路的关系	纪宗安	中外关系史论丛	4辑	1992
		岭南文史	1期	1993
南方丝绸之路	蓝勇	重庆大学出版社		1992
关于四川省蚕桑、丝绸业的发展和南方丝绸之路的论证	陈桥驿	郑州大学学报（哲社）	2期	1993
南方丝绸之路质疑	顾学稼	史学月刊	3期	1993
南方丝绸之路起点溯源	张策刚	四川文物	5期	1993
南方丝绸之路线问题的探索	蓝勇	成都大学学报（社科）	3期	1994
从古南夷道论西南丝绸之路出海孔道	张善熙	巴蜀史志	3期	1994

续表一七

篇、书名	著(译)编者	出处	卷、期	年月日
回族与西南丝绸之路	申 旭	云南社会科学	4 期	1994
十多年来西南丝绸之路研究综述	梁 州	中国史研究动态	8 期	1994
《南方丝绸之路》资料汇编	晏德宗	攀枝花市文物管理处		1994
西南丝绸之路与民族走廊	李绍明	中国西南的古代交通与文化		1994
永昌路沿线的文物古迹	邱宣充	中国西南的古代交通与文化		1994
也说"南方丝绸之路"	高大伦	中国西南的古代交通与文化		1994
南丝古道话今昔	中国人民政治协商会议四川省川西南片区文史资料工作协作会	四川辞书出版社		1994
关于"南方丝绸之路"的几点思考	高大伦	中国史研究	2 期	1995
古代西南丝绸之路研究（第二辑）	江玉祥	四川大学出版社		1995
四川丝绸古今谈（三）——西南丝绸之路	叶 农	今日四川	4 期	1996
论西南丝绸之路的形成、作用和现实意义	宋蜀华	中央民族大学学报（哲社）	6 期	1996
西南丝绸之路考察记	王清华 徐 冶	云南大学出版社		1996
雾中山与南丝绸之路资料集	卫复华	大邑县图书馆、大邑县雾山乡政府		1996
古代南方陆上丝绸之路的沉寂——一种政治的思考	谢国先	云南教育学院学报	3 期	1997
雾中山志	卫复华	大邑县图书馆、大邑县雾山乡政府		1997
西南丝绸之路的再认识	吴 焯	文史知识	10 期	1998
西南丝绸之路研究的认识误区	吴 焯	历史研究	1 期	1999
南方丝绸之路	孙先知	四川蚕业	2 期	1999
汉晋时期的中国"西南丝绸之路"	罗二虎	四川大学学报（哲社）	1 期	2000
中央王朝势力的加强与南方古丝绸之路的开发	郭亚非	云南师范大学学报（哲社）	4 期	2000
笮道与马帮	熊元正	丝绸之路	5 期	2000
神农架发现川鄂古盐道——莫道原始洪荒 却有"丝绸之路"	胡思勇 易 伟	湖北日报		2000.8.1
西部大开发在合江和黔边的切入点——探索古代"西南丝绸之路"的遗踪	赵永康	泸州教育学院学报	1 期	2001

续表一八

篇、书名	著(译)编者	出处	卷、期	年月日
从马德新的《朝觐途记》看近代西南丝绸之路	孙振玉	三条丝绸之路比较研究学术讨论会论文集		2001
贝叶经与西南丝绸之路	张泽洪	三条丝绸之路比较研究学术讨论会论文集		2001
贝叶经的传播及其文化意义——贝叶文化与南方丝绸之路	张泽洪	贵州民族研究	2期	2002
"南方丝绸之路"蠡测	刘光全	文史杂志	2期	2002
西南丝绸之路与中印文化交流	王清华	云南社会科学	2期	2002
西南丝绸之路是一个多元立体的交通网络	黄光成	中国边疆史地研究	4期	2002
论西南丝绸之路的研究状况	路义旭	西南民族大学学报(人文)	11期	2003
探索古代西南丝绸之路的遗踪	赵永康	成都理工大学学报(社科)	3期	2004
最后的驿道：中国南方丝绸之路寻访	周勇	民族出版社		2004
贝叶文化与南方丝绸之路	张庆芬	云南民族大学学报(哲社)	2期	2005
《何君阁道碑》与南方丝绸之路	吴阿宁	文史杂志	6期	2005
南丝路上的古驿站 登相营	胡小平	丝绸之路	6期	2005
		Women of China	9期	2005
南丝路上的古驿站登相营	松林	风景名胜	11期	2005
闰盐古道	李星星	四川藏学研究	3辑	1995
四川汉代车像砖	迅冰	艺苑掇英	7期	1979
成都汉代车马杂述	史占扬	成都文物	创刊号	1983
简析车马过桥画像砖	吴怡	成都文物	4期	1987
清代康雍两朝的四川驿运	金公亮	驿运月刊	2卷1期	1941
清代巴县驿传简述	张永海	重庆史学	2期	1984
清代巴县の脚夫	山本進	東洋学報	82卷1号	2000
闲话麻乡约	杨金帮	红岩春秋	6期	2000
试论清代三峡地区邮驿管理	李良品	重庆交通学院学报(社科)	1期	2003
四川省驿运之概况	陈筑山	驿运月刊	2卷2、3期	1941
川陕驿运线之概况	徐挽澜	驿运月刊	2卷2、3期	1941
川黔驿运线之概况	张冲霄	驿运月刊	2卷2、3期	1941
川湘水陆驿运之概况	王炳南	驿运月刊	2卷2、3期	1941

续表一九

篇、书名	著(译)编者	出处	卷、期	年月日
四川省境内之驿运概况	吴昌言	四川经济季刊	2卷3期	1945
四川的驿运	钟古熙	四川经济季刊	3卷1期	1946
抗战时期四川之驿运	洪喜美	"国史馆"馆刊	复刊6期	1989
抗日战争时期的四川驿运述论	刘世茂	西南民族学院学报(哲社)	11期	2001
重庆城区民间运输(上)	陈宗树等	重庆市中区史志	2期	1986
陪都市内的交通的形成与发展	徐彦波	重庆地方志	5期	1991
重庆战时运输管理局成立始末	张国钺	重庆地方志	2期	1992
旧时成都的交通工具	陈党	四川档案	5期	2002
民国时期成都的轿证		四川档案	3期	2003
西康的牧运业	钱遹仙	新华日报		1939.3.20
川康川陕公路		西陲宣化	1卷3期	1936
四川公路建设	谷源田	道路	52卷2号	1936
川陕公路通车联运合约		道路	52卷1号	1936
四川公路二十四年度之车务报告	杨得任	道路	51卷3号	1936
四川最早的公路和长途汽车	咸宁	历史知识	3期	1980
乐西公路修建概述	郭增望	文史资料选辑	83辑	1982
四川公路交通史(上册)	王立显	四川人民出版社		1989
卧波长虹耀巴蜀——四川公路桥梁发展述论	屈洪斌	巴蜀史志	1期	2004
最早的汽车	路斯	旅游天府	4期	1981
公共交通的今昔	何清云口述、陈自立整理	成都日报		1959.9.26
成都第一家公共汽车公司	路斯	成都风物	3辑	1981
重庆最早的出租汽车	欧阳平	重庆日报		1983.7.24
重庆埠客车史话	刘汉宇	重庆地方志	3、4期	1987
建国前重庆出租汽车沿革简述	胡甫珊	重庆地方志	3、4期	1987
重庆无轨电车溯源	袁宗荣	重庆地方志	3期	1988
重庆的第一辆小汽车	彭君泽	重庆晚报		1988.3.28
独具特色的陪都时期校车	魏仲云	重庆晚报		1988.6.13
邮部拟设川藏轻便铁路、拟调毅军入藏之决议		广益丛报	229号	1910.4.19
四川云南贵州三省之预计铁路		铁路协会会报	22期	1914

续表二〇

篇、书名	著(译)编者	出处	卷、期	年月日
川陕铁路定期开工、成渝铁路车站勘定		四川月报	9卷4期	1936
抗战期内四川修筑铁路之商榷	袁梦鸿	大公报		1944.7.13
成渝铁路的过去	朱吉礼	四川经济季刊	2卷4期	1945
川汉铁道小史	怀襄	四川文献	49卷	1966
成渝铁路与詹天佑	王荣	社会科学研究	4期	1979
四川第一条铁路——北川铁路	百倍志	重庆日报		1980.11.16
民国时期成渝铁路修建史料		四川档案史料	4期	1984
《渝柳铁路借款合同》初探	吴敦俊等	贵州史学丛刊	3期	1987
成渝铁路风云	甘犁	红岩春秋	4期	1992
成渝铁路的两个40年	杨汝岱	四川日报		1992.6.27
关于以原川汉铁路款修筑成渝铁路史料一组		档案史料与研究	4期	1997
成都铁路局志（1903-1988）	成都铁路局志编纂委员会	中国铁道出版社		1997
胡光麃和成渝铁路	刘世茂	巴蜀史志	1期	2000
詹天佑与清末民办川汉铁路	经盛鸿 开云	南京社会科学	4期	2003
四川铁路发展百年回顾		巴蜀史志	3期	2005
康藏航空计划		蒙藏周报	49期	1930
抗战期间重庆的民用航空发展始末	刘士俊	重庆地方志	5期	1991
在重庆诞生的木质运输机	颜振汉	重庆地方志	2期	1992
海孔洞揭秘——中国第一架运输机诞生纪实	李兴书	四川党史	6期	1994
秀山有座抗战军用机场	刘石柱	重庆晚报		1998.12.31
抗战期间成都造飞机	熊志敏	龙门阵	3期	2005
抗战时期西部的航空运输业建设	谭刚	西南师范大学学报（社科）	5期	2004
四川之航业	中行研究所	复兴月刊	3卷6、7期	1935
打通四川的水道	黄万里	新四川	1卷3期	1939
整理四川航道计划		建设周讯	8卷3、4期	1939
四川之水道交通	王成敬	四川经济季刊	1卷2期	1944
四川省水上交通之发展及其趋势	金龙灵	四川经济季刊	1卷2期	1944

续表二一

篇、书名	著(译)编者	出处	卷、期	年月日
四川内河航运史（古、近代部分）——中国水运史丛书	喻光韶	四川人民出版社		1989
四川内河航运史（现代部分）——中国水运史丛书	王绍荃	四川人民出版社		2000
乐山在古代四川水运中的重要地位及当今对策	杨炳昆	乐山师范学院学报	3 期	1989
浅谈四川主要通航河流水文特性与内河航运	白子培	重庆交通学院学报	2 期	1990
四川古代的水驿	吕友根	文史杂志	4 期	1998
抗战时期四川内河航运鸟瞰	侯德础	四川师范大学学报（社科）	3 期	1990
抗战时期西南水陆联运的查勘及试航档案史料选编		云南档案史料	4 期	1993
重庆古代水驿	邵红锋	重庆晚报		1988.11.7
重庆古代水驿琐谈	邵红峰	重庆地方志	5 期	1991
重庆渡船史话	张 祁	重庆地方志	1 期	1991
重庆内河航运志	重庆市交通局交通史志编纂委员会	科学技术文献出版社		1992
重庆水运大事记		城市技术监督	3、4 期	1997
重庆港史	《重庆港史》编委会	武汉出版社		1990
万县港史	《万县港史》编委会	武汉出版社		1990
涪陵港史	《涪陵港史》编委会	武汉出版社		1991
川江航行之起源及其经过	盛先良	四川月报	3 卷 2 期	1933
川江地形与水路交通	郑励俭	地理学报	6 卷	1939
川江激流与航行问题	王居一	水运	1 期	1957
长江三峡通航史及其水力开发计划	王益厓	宪政论坛	5 卷 11 期	1959
漫话川江航运的今昔	冯蔚然 胡伟民	上海海运学院学报	1 期	1979
天堑变通途——长江航运古今谈	邬明超等	长江日报		1980.12.14
川江航道整治史	朱茂林	中国文史出版社		1983
古代川江天险行船经验	冯蔚然	上海海事大学学报	4 期	1985
川江险道通航前后	普 益	航海	1 期	1991

续表二二

篇、书名	著(译)编者	出处	卷、期	年月日
历史时期长江上游航道萎缩及对策研究	蓝勇	中国历史地理论丛	3辑	1991
长江上游航道史	熊树明	武汉出版社		1991
三峡航运史述略	赵冬菊	三峡学刊	1期	1997
三峡地区的环境变迁与三峡航运	武仙竹	南方文物	4期	1997
		四川文物	6期	1998
三峡航运的历史与未来	贾孔会	湖北三峡学院学报	增刊	1999
川江航运文化初探	邓晓	中华文化论坛	2期	2002
三峡地区水驿文化浅探	李良品	重庆三峡学院学报	6期	2002
对川江航运文化成因的讨论	邓晓	中华文化论坛	4期	2003
川江航运与川江流域经济开发浅议	张友谊	重庆交通学院学报(社科)	1期	2004
长江三峡交通文化	郑敬东	中国文史出版社		2005
先秦汉水上游与峡江地区的交通试探	彭邦本	史海侦迹——庆祝孟世凯先生七十岁文集		2005
先秦三峡航运质疑	吴郁芳	江汉考古	4期	1991
三峡航道与巴人的生衍及城市的形成	张雪梅	重庆工商大学学报(社科)	5期	2005
汉晋时期的重庆水上交通	尹先杰	重庆地方志	1期	1990
唐代三峡水运小记	严耕望	新亚生活	3卷3期	1975
唐代成都江陵间蜀江水陆道考	严耕望	香港中文大学文化研究所学报	11卷上册	1980
南宋四川の漕運	藤本光	史潮	9年4号	1939
清代京铜京铅出入川江路线与转运组织制度	张永海	中国经济史研究论丛		1986
长江上游航道的开拓与清代四川沿江贸易的发展	张莉红	天府新论	6期	1994
三峡最早的河道图《峡江图考》的编纂及其价值	蓝勇	文献	1期	1995
清代川江铜铅运输简论	张永海 刘君	历史档案	1期	1988
李本忠的《平滩纪略》及其启示	冯祖祥 丁松昂	生态经济	1期	1991
平滩治险 留芳百世——李本忠整治川江航道小记	周华钢	中国水运	8期	1994
清代长江上游救生红船制初探	蓝勇	中国社会经济史研究	4期	1995
清代长江上游救生红船制续考	蓝勇	中国社会经济史研究	3期	2005

续表二三

篇、书名	著(译)编者	出处	卷、期	年月日
清代四川の民船航運業について	松浦章	文學論集（関西大学）	49卷3期	2000
清代川渝水运业的兴盛与峡江护航救生事业	曾繁模	重庆历史与文化	2期	2001
试论清代三峡地区邮驿管理	李良品	重庆交通学院学报（社科）	1期	2003
清代三峡地区邮驿的设置、管理与功用	李良品 李金荣	宜宾学院学报	1期	2003
近代川江航运简史	邓少琴	重庆地方史资料组		1982
近代三峡航道图编纂始末	蓝勇	近代史研究	5期	1994
江北建设局测量御临河险滩		四川月报	2卷4期	1933
宜渝间险滩之整理概况		四川月报	10卷3期	1937
宜渝间三段航行概况		四川月报	10卷5期	1937
川江叙渝段航道视察报告	戴祈	行政院水利委员会月刊	1卷7期	1944
抗战时的川江航运	张劲	四川师范学院学报（哲社）	1期	1996
川江纤夫	胡开锭	今日四川	1期	1999
川江竹筏话沧桑	许增泽	巴蜀史志	2期	2004
川江船文化	铁波乐	巴蜀史志	3期	2004
川江独木舟	许增泽	四川档案	3期	2004
古今长江三峡舟楫的主要类型和支流特色船	黄诗玫	重庆交通学院学报（社科）	3期	2004
长江三峡地区舟楫的主要功用和民俗文化	黄诗玫 王巧萍	重庆交通学院学报（社科）	4期	2004
川江流域的物产、木船与船工生活	邓晓	重庆师范大学学报（哲社）	4期	2005
川江古纤道	许增泽	巴蜀史志	5期	2005
三峡地区的舟楫文化	黄诗玫 王巧萍	中国三峡建设	5期	2005
古代水道盐运雄关——邓井关	梁鹰	四川文物	1期	1987
川江航权是怎样丧失的	聂宝璋	历史研究	5期	1962
川江行驶轮航之起源	怀襄	四川文献	43卷	1966
川江航权丧失之史略	李天元	重庆史学	1期	1986
立德和川江的开放	汪敬虞	中国经济史研究	4期	1987
清季西方资本与长江航运的近代化	陈绛	上海社会科学院学术季刊	4期	1987
近代川江航运的开拓	原更生	水利史志专刊	2期	1990
尴尬的开埠——近代长江行轮与重庆开埠	张莉红	天府新论	2期	1998

续表二四

篇、书名	著(译)编者	出处	卷、期	年月日
三峡第一艘轮船沉没的历史启示	汪敬虞	近代中国	9辑	1999
重庆开埠以来川江航运业研究	张友谊	重庆三峡学院学报	4期	2003
川江航运话当年（二）	程穉云	人民政协报		2003.4.17
川江航运话当年（五）	王世均 黄绍洲	人民政协报		2003.5.15
重庆至南京长江水道扫雷试航记	张祁	重庆地方志	6期	1991
民生公司概述	吴晋航	文史资料选辑	12辑	1961
		光明日报		1961.8.7
民生公司向加拿大借款造船的经过	王世钧	文史资料选辑	33辑	1964
民生公司创业记	羽航	旅游天府	1期	1980
试论民生公司的发展	熊甫	四川大学学报（哲社）	4期	1981
卢作孚与民生公司	黄绍洲	武汉文史资料	5辑	1981
早年的卢作孚和民生公司	卢尔勤 卢子英	文史资料选辑	74辑	1981
我所知道的卢作孚和民生公司	召川	文史资料选辑	74辑	1981
《我所知道的卢作孚和民生公司》正误	丁绪曾	文史资料选辑	89辑	1983
试论民生公司航运业的发展	宁望鲁 彭学云	成都大学学报（社科）	1期	1982
与外国轮船公司斗争	羽航	旅游天府	1期	1982
民生公司经营管理初探	熊甫等	四川大学学报（哲社）	3期	1982
民生公司工资制度简介	马昌铭	企业管理	6期	1983
民生公司海洋航运初探	周凝华 田海蓝	武汉水运工程学院学报	3期	1984
爱国航业家卢作孚	朱苏	人物	3期	1984
振兴航运的爱国实业家——卢作孚	伍劭美	集体企业	4期	1984
卢作孚和民生公司	召川	集萃	6期	1984
解放战争时期民生公司和卢作孚	黄绍洲	湖北文史资料	10辑	1984
民生轮船公司	周凝华等	历史知识	1期	1985
我国30年代的航运大亨卢作孚	晓平	企业家	1期	1985
民生公司的企业管理与行为科学	熊甫等	中国社会经济史研究	2期	1985
卢作孚与民生公司——中外企业家介绍之三	倪平	赣江经济	4期	1985

续表二五

篇、书名	著(译)编者	出处	卷、期	年月日
记卢作孚先生创导的几件事——民生公司创立六十周年纪念	罗绍衡	航海	6期	1985
抗战时期的民生公司及其与招商局之斗争	黄绍洲	湖北文史资料	12辑	1985
民生轮船公司的回顾与展望	许清等	经济工作者学习资料	37期	1985
抗日战争中的民生公司	李天元等	重庆社会科学	增刊	1985
卢作孚和民生公司	李天元	四川文物	3期	1986
"中上级过找、中下级过考"	李启明	经营与管理	6期	1986
长江航运的开拓者卢作孚	凌耀伦	中国经济史研究论丛		1986
浅析民生公司为何能迅速发展	袁智	中国经济史研究论丛		1986
卢作孚和民生公司	梁志全 罗平	中国科技史杂志	2期	1987
著名航业家卢作孚	官商闻	武汉文史资料	27辑	1987
卢作孚与民生公司	凌耀伦	四川大学出版社		1987
卢作孚的管理思想及其在民生公司中的应用	凌耀伦	中国经济史研究	2期	1988
"民生"精神发扬光大——访民生轮船公司上海分公司两位经理	曹忠铨	航海	3期	1988
从民生公司打捞万流轮说起	戴作翰等	重庆地方志	3期	1988
卢作孚和民生实业公司	丛羽	中国工商	6期	1988
招商局与民生公司的明争暗斗	黄绍洲	武汉文史资料	33辑	1988
"船王"卢作孚和他的民生公司	周亚军等	人民日报（海外版）		1988.5.16
忆爱国航运家卢作孚先生	陈叔敬	重庆日报		1988.6.2
卢作孚与川江航运	卢国维等	人民政协报		1988.10.12, 1988.10.19
卢作孚与民生公司	邓泓 李金铮	经营与管理	11期	1989
民族航运业的元勋——记民生公司总经理卢作孚	姜平	江苏文史资料	34辑	1989
略论旧中国民生公司	姜铎	社会科学战线	2期	1990
论卢作孚对民生公司的有效管理	金铮 邓红	近代史研究	3期	1990
民生公司史	凌耀伦	人民交通出版社		1990
交通银行关于民生实业公司1942年度动态调查报告	戴秀荣 夏军	民国档案	4期	1991

续表二六

篇、书名	著(译)编者	出处	卷、期	年月日
试述卢作孚对民生公司的人事管理	李金铮 邓 泓	重庆社会科学	4期	1992
卢作孚和民生公司	黄少卿	中国航海	2期	1993
民生实业股份有限公司1942年度概况	杨 斌	民国档案	3期	1993
略析民生公司发展中的"不发展"	代 鲁	中国经济史研究	3期	1994
招商局与民生公司经营管理比较	凌耀伦 彭通湖	中国经济史研究	3期	1994
民生公司在抗战中的作用	周凝华	武汉交通科技大学学报（哲社）	1期	1995
		中南财经大学学报	5期	1995
民生实业有限公司七十周年纪念刊 1925.10－1995.10	陈茂云	民生实业有限公司		1995
航运巨擘——卢作孚	赵 宏 韩淑芳	中国工商	5期	1996
民国大亨：官倒先师宋子文 航运大王卢作孚	李太保 丁 云	山西经济出版社		1996
民生实业公司调查报告	唐润明	档案史料与研究	1期	1997
爱国主义是卢作孚经营民生公司的宗旨	梁 平 牟敏昌	长江流域经济文化初探		1997
民生公司的企业精神与现代企业文化建设	彭前馗	西南师范大学学报（哲社）	5期	1998
爱国主义是卢作孚经营民生公司的主旋律	梁 平	中央社会主义学院学报	8期	1998
卢作孚和民生公司	田海蓝 周凝华	河南人民出版社		1998
透视抗战胜利后的民生轮船公司	龙汉武	武汉交通管理干部学院学报	3期	1999
试论民生公司在川江航运中外商业竞争中的资源优势	张 瑾	社会科学研究	4期	1999
一桩惨淡经营的事业——记民生实业公司	卢作孚	文史资料选辑	136辑	1999
民生公司与外商的竞争	王世均 黄绍洲	文史资料选辑	136辑	1999
民生公司在南洋的活动	谢敏道	文史资料选辑	136辑	1999
略论民生实业公司企业制度及其运作	龙汉武	西南交通大学学报（社科）	3期	2000
民生公司企业群体文化精神初探	龙汉武 罗福惠	江汉论坛	5期	2000

续表二七

篇、书名	著(译)编者	出处	卷、期	年月日
抗战前的卢作孚与民生公司	宋开友	民国春秋	4期	2001
近代中国民生实业股份有限公司创立经营中的融资问题——卢作孚的思考	缪明杨	湘潭工学院学报（社科）	4期	2001
民生公司在川江航运中的贡献		水路运输文摘	5期	2001
爱国主义的行为经济学解释——近代民生公司案例分析	方草	广东商学院学报	3期	2002
卢作孚与民生精神	王勇	历史教学	5期	2002
TPL案例研究民生公司的物流战略	许茂增 黄昌顿	第二届中国物流学术年会论文集		2003
卢作孚的创新管理及其思考	杨国誉 胡华	皖西学院学报	3期	2004
		郧阳师范高等专科学校学报	4期	2004
民生，为民而生——民生轮船公司创始人卢作孚的创业理念透析	欧式雄	上海企业	6期	2004
超越赚钱主义的生意——卢作孚在民生公司的实践	高超群	资本市场	12期	2004
民生公司的物流战略	许茂增 黄昌顿	国际商报		2004.12.18
试析卢作孚与民生公司的企业文化精神	刘重来 周鸣鸣	重庆社会科学	8期	2005
从法商聚福洋行到强华公司的回忆	黄瑾莹	文史资料选辑	33辑	1963
强华公司劫难记	郑华兰	重庆地方志	3期	1988
重庆轮船公司成立简况	杜万仲	重庆地方志	3、4期	1987
嘉陵江上游古代航运的发展特点	李之勤 李进	西北大学学报	2期	1990
受军事支配而大起大落的嘉陵江水运——兼谈故道与故道水	王开	文博	2期	1994
严砺疏导嘉陵江的时间不在元和年间	李进	中国历史地理论丛	4辑	1990
清代嘉陵江上游航运述略	李进	中国历史地理论丛	1辑	1990
勘察民生公司淘后嘉陵江渝合段浅滩报告	蒋涤泉	扬子江水利委员会季刊	4卷 1、2期	1940
嘉陵江视察报告	杨乃俊	行政院水利委员会季刊	1卷 2、3期	1942
嘉陵江整理工程概况		行政院水利委员会月刊	1卷12期	1944
整理嘉陵江航道工程计划纲要		扬子江水利季刊	5卷 1、2期	1947

续表二八

篇、书名	著（译）编者	出处	卷、期	年月日
嘉陵江水道整理工程实施报告		扬子江水利季刊	5卷2期	1947
清初金沙江航道的开凿工程与航道效益	羊枣	曲靖师专学报（社科）	1期	1993
乾隆金沙江通川河工程的历史经验教训	王纲	天府新论	6期	1989
乾隆年间疏浚金沙江史料	中国第一历史档案馆	历史档案	1、2期	2001
金沙江查勘试航报告摘要	胡品元	水利特刊	2卷5期	1940
金沙江水道初步整理工程概要	胡品元	行政院水利委员会季刊	1卷2、3期	1942
金沙江水道整理工程视察报告	薛笃弼	行政院水利委员会季刊	1卷2、3期	1942
金沙江之展望	邓祥云	行政院水利委员会月刊	1卷8期	1944
金沙江宜蒙段通航计划		扬子江水利季刊	5卷1、2期	1947
岷江及马边河水道整理工程视察报告	薛笃弼	行政院水利委员会季刊	1卷2、3期	1942
岷江水道乐山宜宾段整理工程计划		扬子江水利季刊	5卷1、2期	1947
整理川黔水道之意见	雷鸿基	导淮委员会半年刊	4、5期	1940
验收綦江乌江工程报告	杨乃俊	行政院水利委员会季刊	1卷2、3期	1942
乌江水道整理工程		导淮委员会半年刊	4、5期	1940
乌江工程		导淮委员会半年刊	6、7期	1941
乌江整理工程实施之经过		导淮委员会半年刊	8、9期	1942
乌江水道整理工程之进展		导淮委员会半年刊	10、11期	1943
整理乌江水道分段通航计划概要		行政院水利委员会月刊	1卷11期	1944
綦江蒲河航运整理工程计划		建设周讯	8卷3、4期	1939
綦江水利工程		导淮委员会半年刊	4、5期	1940
綦江工程		导淮委员会半年刊	6、7期	1941
綦江整理工程		导淮委员会半年刊	8、9期	1942
綦江渠化工程之进展		导淮委员会半年刊	8、9期	1942
綦江渠化工程之进展		导淮委员会半年刊	10、11期	1943
綦江闸坝之修缮管理与养护		导淮委员会半年刊	10、11期	1943
实施工程		导淮委员会半年刊	12、13期	1944

续表二九

篇、书名	著(译)编者	出处	卷、期	年月日
整理綦江及其支流蒲河已有效益之检讨		行政院水利委员会月刊	1卷11期	1944
闸坝之管理养护修缮与征收		导淮委员会半年刊	12、13期	1944
綦江大胜大利大民三闸坝竣工报告		导淮委员会半年刊	15-17期	1946
綦江水道各闸坝概况及应行注意事项		导淮委员会半年刊	15-17期	1946
綦江闸坝之防汛与岁修		导淮委员会半年刊	15-17期	1946
綦江水道工程报告		导淮委员会半年刊	18期	1947
整理赤水河航运工程计划概要		行政院水利委员会月刊	1卷11期	1944
赤水河工程视察报告	戴祈	行政院水利委员会月刊	1卷17期	1944
整理酉水航道工程报告		行政院水利委员会季刊	1卷14期	1942
酉水整理工程概要		行政院水利委员会月刊	1卷12期	1944
整理酉水航道工程报告		扬子江水利季刊	5卷1、2期	1947
Bamboo Rafts of the Ya River	J. H. Edgar	Journal of the West China Border Research Society	Vol. 7	1935
四川古代造船业发展轨迹	许增泽	公路交通编史研究	6期	1990
四川古代造船业述略	许增泽	文史杂志	6期	2002
四川古代造船业发展概况	许增泽	巴蜀史志	2期	2003
重庆船舶修造发展史略	张祁	重庆地方志	1期	1991
世界上罕见的特种船型——歪屁股船	冯蔚然	上海海运学院学报	2期	1982
漫话盐都"歪尾船"	黄健	四川文物	1期	1989
从"难过新津渡"到"天堑变通途"——新津渡变迁始末	《新津交通志》编写小组	四川地方志通讯	3期	1982
皮船		康导月刊	3卷10、11期	1942
气牛船（康北旅行通讯）	滌瑕	康导月刊	5卷6期	1943
西北西南皮筏	罗继祖	吉林大学学报（社科）	4期	1979
皮筏、皮船杂考——对罗继祖先生《西北西南皮筏》的一点辨证	程兆奇	上海师院学报（社科）	2期	1979
高原之舟——牦牛史话	李孔亮	草与畜杂志	2期	1984
论藏族地区最古老最具特色的交通工具——牦牛	周锡银	中国西南的古代交通与文化		1994
解开巴蜀邮驿源头之谜	宋明章	巴蜀史志	3期	2003
秦汉古蜀邮传考	宋明章	巴蜀史志	2期	2005

续表三○

篇、书名	著(译)编者	出处	卷、期	年月日
筹设川藏无线电报		广益丛报	197号	1909.3.31
川藏路线勘定之报告		中国商业杂志	1号	1910
电致川督勘测川藏路线		广益丛报	268号	1911.6.16
力谋发展西康邮政		蒙藏月报	1卷5期	1934
交通部扩充康藏邮电航空计划	罗 生	蒙藏月报	2卷1期	1934
康定邮局公开收音机		蒙藏旬刊	97期	1935
青海发现《民国时期四川西康省邮政图》	董继瑞	四川档案	6期	1998
川陕革命根据地的邮政和邮票初探	杨森桂	四川文物	1期	1986
成都邮电志：邮政史料选编	第一辑编辑室	成都市邮电志编	编者刊	1985
成都邮电志：电信史料选编（1、2）	成都市邮电志编辑室	编者刊		1986
成都邮电志：电信史料选编（上、下册）	成都市邮电志编辑室	编者刊		1987
成都的百年老邮局	张 哮	成都日报		2004.11.3
重庆邮政大事记（1891-1985）	重庆市邮政局邮政志编辑室	编者刊		1986
重庆邮电百年大事纵览（1886-1986）	重庆市邮电志编纂委员会编辑室	编者刊		1988
重庆邮政史略	重庆市邮政局史志编辑室	编者刊		1991
重庆电信大事记（1886-1989）	重庆市电信志编纂委员会	编者刊		1991

五、商业

篇、书名	著(译)编者	出处	卷、期	年月日
农村集市的地理研究——以四川省为例	侯 锋	地域研究与开发	2期	1987
从历史上看成都的商业文化史	高枢年	商业研究	9期	1987
试论重庆商业文化的形成、发展及特点	薛新力 曹渝扬	渝州大学学报	3期	1991

续表一

篇、书名	著(译)编者	出处	卷、期	年月日
古蜀与美索不达米亚城市演进中对外贸易作用之比较	邹一清	中华文化论坛	1期	2004
古蜀与美索不达米亚城市对外贸易中军事行动的地位和作用比较	邹一清	西南民族大学学报（人文）	12期	2004
汉简中所见物价考释	徐扬杰	中华文史论丛	3辑	1981
略谈秦汉时代成都地区的对外贸易	童恩正	成都文物	2期	1984
西汉前期的蜀商在中外文化交流史上的贡献	周 永	史学月刊	9期	2004
关于吐谷浑游牧经济商业化的几个问题	马曼丽	西北民族研究	1期	1988
略论吐谷浑的游牧型商业经济及对其外交政策的影响	李天雪 汤夺先	青海民族学院学报	4期	2002
论唐代三峡地区的经商潮	张超林	重庆大学学报（社科）	1期	2003
唐宋川滇、滇缅通道上的贸易	蓝 勇	中国历史地理论丛	1辑	1990
唐宋时代四川的蚕市	鞠清远	食货	3卷6期	1936
成都的"蚕市"	李 枏	丝绸	2期	1964
成都的古蚕市	魏叔吾	四川日报		1980.10.9
古代成都的"蚕市"	武建国	成都文物	4期	1984
蚕市	蒋猷龙	中国蚕业	1期	1997
宋代成都蚕市	陈国堂	成都大学学报（社科）	2期	2001
蚕市	孙先知	四川蚕业	3期	2001
		四川丝绸	3期	2001
成都药市	魏叔吾	四川日报		1980.10.23
玉局观药市	王家祐 李远国	成都日报		1981.1.15
"亥市"试解	陈 铿	中国社会经济史研究	2期	1984
北宋四川商税问题考释	林文勋	中国社会经济史研究	1期	1990
宋代四川与吐蕃族地区的贸易	林文勋	思想战线	1期	1992
宋代四川商人概论	林文勋	西南师范大学学报（哲社）	3期	1993
试论宋代四川市场	吴擎华	中华文化论坛	4期	2005
略论明清时期长江流域商品经济发展的区域性特点	周 荣	社会科学动态	3期	2000
论辛亥革命前四川对外贸易的发展	王永年	四川大学学报（哲社）	2期	1986
清末英国保险商在重庆的广告宣传	潘为治等	当代保险	6期	1986

续表二

篇、书名	著(译)编者	出处	卷、期	年月日
试论关榷与清代前期四川的商业	鲁子健	社会科学研究	1期	1988
清代关榷与四川地区商贸兴衰考察	鲁子健	清史研究通讯	2期	1989
清代四川的粮食贸易	王 刚	区域经济研究	3、4期	1989
试述清代四川商业的特征	谭 平	成都大学学报（社科）	4期	1991
清代四川商业发展的制约因素	谭 平	成都大学学报（社科）	3期	1994
清代乾嘉之际四川商业重心的东移	林成西	清史研究	3期	1994
长江上游航道的开拓与清代四川沿江贸易的发展	张莉红	天府新论	6期	1994
清代四川省成都府一带의 商業과"客民商人"	李俊甲	明清史研究	4卷	1995
清末四川的劝业活动	王雪梅	四川师范大学学报（社科）	1期	1996
清代乾隆至道光年间的重庆商业	许 檀	清史研究	3期	1998
清代民国时期四川乡村市场问题初探	郑维宽	中国农史	3期	2005
		西南师范大学学报（人文）	6期	2005
近代四川市场研究	王永年 谢 放	四川大学学报（哲社）	1期	1987
日益兴盛的近代重庆商业	柳 松	重庆地方志	5期	1987
票号与重庆近代贸易	钟 铁	重庆地方志	5期	1987
近代长江上游城市系统和市场结构	王 笛	近代史研究	6期	1991
简析近代重庆市场的发展演变	钟 铁	史志文汇	4期	1994
巴渝古镇区域市场构成浅析	李 进 徐 敏	重庆建筑大学学报	4期	2003
重庆开埠与四川近代对外贸易	王 笙	社会科学研究	3期	1983
重庆开埠史	隗瀛涛 周 勇	重庆出版社		1983
李鸿章与重庆开关、开埠	周 勇	历史知识	4期	1984
近代重庆的洋货经销	柳 松	重庆地方志	创刊号	1986
论重庆开埠的历史过程	周 勇	中国经济史研究论丛		1986
重庆开埠与海关	周勇等	重庆地方志	创刊号	1986
重庆开埠时间考	周 勇	重庆社会科学	2期	1986
一个世纪的历程——重庆开埠100周年	孟广涵等	重庆出版社		1992
重庆开埠后的商贸与长江区域整体市场的形成	陆远权	重庆三峡学院学报	5期	2001

续表三

篇、书名	著(译)编者	出处	卷、期	年月日
重庆开埠与四川社会的近代化进程	陆远权	重庆三峡学院学报	2期	2004
重庆开埠初期四川外贸市场的总体特点	陆远权	西南民族大学学报（人文）	2期	2004
重庆开埠与新型商品流通机制的逐步形成	陆远权	许昌学院学报	3期	2004
通商贸易与区域社会变迁——重庆开埠二十年发展研究	陆远权	西南师范大学出版社		2004
重庆开埠与近代四川对外贸易的变化	张友谊	重庆社会科学	9期	2005
百年沧桑说海关	彭平	重庆晚报		1987.9.1
万县商埠沿革	李寰	四川文献	10期	1963
四川贸易谭	金沙	四川	1、2期	1907.11, 12
四川特产之产销概况	陈骏	四川营业税周报	1卷9期	1937
			2卷4期	1938
四川资源分布及进出口贸易数值概况	屈平	商业月报	18卷9期	1938
四川乐山区工商营利事业统计	焦宗华等	财政评论	3卷3、4期	1940
四川米价问题的剖析	黄积云	解放日报		1941.12.23
四川省外销特产贸易概况及其问题	刘骅南	贸易月刊	3卷6期	1942
四川重要特产最近产销概况	贺知新	经济汇报	5卷10期	1942
抗战以来四川之对外贸易	章友江等	四川经济季刊	1卷1期	1943
民国三十二年春夏季四川雨量与米价之研讨	谢义炳	粮食问题	创刊号	1944
成都石羊社区的市场	艾西由	社会建设厂	1卷1期	1944
论抗战以来之四川商情与物价	刘丙吉	四川经济季刊	1卷2期	1944
一年（1943）来川省米价变动之回顾	王泰管	四川经济季刊	1卷3期	1944
三十三年四川之商情	刘丙吉	四川经济季刊	2卷2期	1945
四川商业现状及其危机	刘丙吉	四川经济季刊	2卷1期	1945
抗战结束与四川的商情和物价	刘丙吉	四川经济季刊	2卷4期	1945
成都战时物价之变迁及其对于社会所发生的影响	汪荫元	四川经济季刊	2卷4期	1945
八年来四川农村物价变动与田场经营	汪荫元	四川经济季刊	3卷1期	1946
四川之对外贸易及其发展之方针	游时敏	四川经济季刊	3卷3期	1946

续表四

篇、书名	著(译)编者	出处	卷、期	年月日
川产五种外销物品概况	财政评论社资料室	财政评论	15卷3期	1946
四川的出口业	刘秋篁	四川经济季刊	4卷1期	1947
四川近代贸易史料	游时敏	四川大学出版社		1990
四川商检发展史	四川进出口商品检验局	四川人民出版社		1993
民国时期四川的典当业	秦素碧	四川教育学院学报	9期	2002
吴虞日记中物价摘录（1912-1917）	中国革命博物馆资料室	近代史资料	总60号	
十年来成都米价变动之研究	李先治	四川经济季刊	4卷2-4期	1947
新春涨风下的成都	余 长	经济周报	6卷7、8期	1948
面临经济崩溃边缘的四川农村和都市	南 初	经济周报	6卷19期	1948
成都十年来菜油价格变动之分析	李先治	农业论坛	1卷4期	1948
重庆——西南传统的农副产品集散市场	柳 松	重庆地方志	3、4期	1987
解放前重庆的日用杂品业行会	黄廷举	重庆地方志	1期	1992
龙水小五金市场	黄理科等	重庆地方志	5、6期	1992
重庆商民团体	柳 松	重庆地方志	5、6期	1992
抗战时期重庆的物价管理	熊正刚	重庆地方志	5、6期	1992
抗战时期陪都重庆消费市场兴旺之原因	钟 铁	经济学情报	3期	1994
抗战时期陪都重庆消费市场兴衰之原因探析	钟 铁	档案史料与研究	1期	1995
抗战胜利前后重庆消费市场衰落的原因	钟 铁	经济学情报	4期	1995
重庆近代工商企业选录	重庆市工商业联合会等	重庆出版社		1983
巍巍南山一奇葩——介绍重庆桐君阁药厂今昔	苏国棣 张友全	中成药研究	6期	1983
桐君阁招牌的变迁	海 山	重庆晚报		1985.10.20
"八大金刚"来何处——重庆桐君阁药厂简介		杏林学刊	1期	1985
重庆伍舒芳膏药店	舒 丕	中成药	3期	1990

续表五

篇、书名	著(译)编者	出处	卷、期	年月日
百万富翁林汤元	程梓贤 王正平	重庆出版社		1981
重庆广告业旧话	重庆市广告公司	中国广告	1 期	1984
昔日"宝元通"	荣儒璧	商业研究	1 期	1985
论"宝元通公司"	熊甫	四川大学学报（哲社）	1 期	1985
宝元通公司的经营管理	蒋少龙	商业资料	3 期	1985
我和宝元通	樊陶斋	人民政协报		1985.8.20
宝元通简史	熊同元	重庆地方志	创刊号	1986
试论旧中国宝元通公司的企业管理经验	熊甫	重庆社会科学	4 期	1986
"宝元通"的经商之道	司良涛	中国经济体制改革	4 期	1986
宝元通公司经营管理的特色	蒋少龙	企业经济	11 期	1988
宝元通的生意经	张家埠 吉发澄	经营与管理	11 期	1988
"异姓家族"宝元通	戴溶江	红岩春秋	3 期	1998
借鉴历史 佐证现实——民国时期泸州一家民营企业简析	韦光华 胡捷	四川档案	2 期	2003
宝元通公司的兴起、发展及其企业文化	张守广	重庆社会科学	2 期	2004
华华公司的故事	叶三仁	重庆日报		1984.6.10
重庆首饰业话旧	白荫	重庆晚报		1985.5.11
冼冠生和冠生园	吴广义	经营管理者	2 期	1986
闻名遐迩的兼营餐厅	廖泽文	重庆地方志	3 期	1988
重庆商号的分庄	白荫	重庆日报		1988.1.27
"亨达利"钟表行史话	萧朝学	重庆日报		1988.3.28
商业场	陶亮生	四川日报		1983.1.15
"赵财神"的发家史	龙明桥	重庆地方志	5 期	1991
近代四川省著名中药老店堂与著名中成药	林森荣	成都中医学院学报	1 期	1994
成都同仁堂药店发展史	王树培	中成药	1 期	1994
安乐寺史话	蔡应同	成都日报		1957.7.25
四川丝绸贸易史话	袁杰铭	四川丝绸	2 期	1997
古代四川丝绸贸易史话（续）	袁杰铭	四川丝绸	3 期	1997
近代四川丝绸贸易（续）	袁杰铭	四川丝绸	4 期	1997

续表六

篇、书名	著(译)编者	出处	卷、期	年月日
近代四川丝绸贸易（续）	袁杰铭	四川丝绸	1期	1998
近代四川丝绸贸易	袁杰铭	四川丝绸	2期	1998
近代四川丝绸贸易	袁杰铭	四川丝绸	4期	1998
四川丝绸贸易历程与特点（上）（下）	袁杰铭	四川丝绸	4期	1999
		四川丝绸	1期	2000
重庆山货业调查		四川经济月刊	3卷2期	1935
重庆山货业廿三年度出口货概况		四川经济月刊	3卷2期	1935
万泸山货调查		四川经济月刊	4卷2期	1935
沪市川山货之进出口情形		四川经济月刊	5卷2、3期	1936
一年来重庆之山货业		四川经济月刊	7卷3期	1937
重庆山货业近况		四川经济月刊	8卷4期	1937
重庆山货业合组畜产公司		四川经济月刊	9卷3期	1938
廿七年度山货出口统计数字		四川经济月刊	11卷1、2期	1939
万县重要山货贸易概况		贸易半月刊	1卷23、24期	1940
四川山货贸易调查	中国国民经济研究所	西南实业通讯	17卷冬季号	1948
清代巴县山货帮档案选载		四川档案史料	4期	1983
论近代四川的山货及山货经济	严奇岩	西南师院学报（社科）	6期	2005
种桐制油法		四川实业公报	1期	1926
川产桐油调查	曾义	星槎	55期	1931
万县桐油业及其试验	郑法五	科学	17卷3期	1933
四川桐油业之过去现在及将来	梁仁凤	蜀农会刊	1卷1期	1934
黔江桐油业概况		四川经济月刊	2卷6期	1934
桐树栽培法		四川月报	5卷6期	1934
万县之桐油业	地方银行经济调查部	四川经济月刊	3卷3期	1935
四川桐油之生产概况		四川经济月刊	3卷6期	1935
		四川月报	7卷2期	1935
五年来之万县桐油调查		四川经济月刊	4卷2期	1935
四川之桐油业		实业周报	7期	1935

续表七

篇、书名	著(译)编者	出处	卷、期	年月日
桐油之重要性及酉秀黔彭桐油业之将来		川边季刊	2卷2期	1936
川省桐油事业之现状与前瞻	钦 明	西南评论	3卷2期	1936
四川安居之桐油业		史地社会论文摘要月刊	3卷3期	1936
华阳县瞎子坝桐油调查	余季可	四川月报	8卷3期	1936
四川桐油之重要及其改进方法	周 复	工作月刊	1卷4期	1936
四川桐油之产地与产量		四川经济月刊	7卷3期	1937
万县桐油业调查		四川经济月刊	7卷4期	1937
四川省之桐油	张肖梅 赵循伯	商务印书馆		1937
二十六年万县桐油概况		四川经济月刊	9卷3期	1938
四川桐油栽培之现状与改进		四川经济月刊	10卷3期	1938
涪陵之桐油	吕则民	农放月报	1卷2期	1939
四川桐树与桐油之研究	焦启源	建设周讯	9卷1-8期	1939
			10卷23-26期	1940
增进四川桐油生产方案之拟议	朱会方	建设周讯	8卷6期	1939
四川桐油业之重要及其发展途径	徐 明	建设周刊	8卷13、14期	1939
特产产销——桐油		实业通讯	1期	1940
四川的桐油		东方杂志	37卷4期	1940
四川桐油与国营	李 朋	东方杂志	37卷4期	1940
四川桐油事业之展望	杨开道	西南实业通讯	2卷5期	1940
川南之桐油	傅志强	建设周讯	10卷5-8期	1940
四川桐林之失败原因及其补救方法	贾伟良	农报	5卷13-15期	1940
关于桐油之研究		川农所简报	14期	1940
油桐品种之检定结果		川农所简报	16期	1940
油桐含水量之检定		川农所简报	19期	1940
油桐花之研究结果		川农所简报	19期	1940
四川桐油之生产状况	贸易委员会调查处	贸易半月刊	1卷21、22期	1940

续表八

篇、书名	著（译）编者	出处	卷、期	年月日
四川桐油生产之重要性与改进计划	刘 瑚 林 刚	西南实业通讯	3卷6期	1941
			4卷1期	1941
四川省油桐调查		川农所简报	3卷7、8期	1941
油桐枝芽及花之形态研究		川农所简报	3卷7、8期	1944
二十九年七月至三十年六月本所油桐改进成绩		川农所简报	3卷7、8期	1941
四川省农业改进所桐油增产方案		川农所简报	3卷7、8期	1941
四川桐油增产之展望	焦启源	农林新报	10卷11、12期	1941
四川之桐油制炼业	严匡国	贸易月刊	3卷10期	1942
四川桐油问题	高语罕	四川经济季刊	1卷1期	1943
四川桐油事业之展望	江士昂	四川经济季刊	4卷2—4期	1947
四川省桐油生产调查表		四川经济汇报	1卷5、6期	1949
四川桐油产销情况		工商特刊	1期	1933
一年来桐油出口概数		四川月报	2卷4期	1933
一年来奉节桐油出口概数		四川月报	2卷4期	1933
四川桐油贸易活跃之一般		四川经济月刊	4卷4期	1935
四川之桐油贸易		四川经济月刊	5卷6期	1936
调查四川桐油产销概况		中行月刊	12卷5期	1936
廿五年度渝万桐油经沪转输统计		四川经济月刊	7卷3期	1937
廿五年南充桐油市场概况		四川经济月刊	7卷4期	1937
四川内地桐油市场概述	兵	四川经济月刊	7卷5、6期	1937
重庆桐油市场概况	兵	四川经济月刊	8卷2期	1937
四川桐油贸易概述	四川省银行经济调查室	编者刊		1937
四川桐油产区运道图		新四川	1卷1期	1939
重庆桐油贸易近况研究	李华飞	建设周讯	7卷18、19期	1939
四川桐油之供销状况	胡邦宪	中农月刊	2卷1期	1941

续表九

篇、书名	著(译)编者	出处	卷、期	年月日
万县桐油之生产与运销	严匡国	贸易月刊	3卷10、11期	1942
四川桐油产销状况	严匡国	四川经济季刊	1卷2期	1944
四川桐油市场	严匡国	川康建设	1卷5、6期	1944
四川桐油之市场及其价格	严匡国	四川经济季刊	2卷1期	1945
四川桐油贸易调查	中国国民经济研究所	西南实业通讯	17卷冬月号	1948
万县桐油产销之概况	冰生	经济杂志	1卷4期	1946
万县桐油贸易史略	万县市政协	编者刊		1983
抗战以前四川的桐油贸易	彭书全	四川师范大学学报（社科）	1期	1988
"桐油大王"李锐	龙明桥	重庆地方志	5、6期	1992
四川桐油购销简史——《四川省志·粮食志》选登	思宇	粮食问题研究	5期	1995
桐油贸易与万县城市近代化	田永秀	文史杂志	1期	2000
民国桐油贸易格局与市场整合——以四川为中心	张丽蓉	中国历史地理论丛	2辑	2002
长江流域桐油贸易格局与市场整合——以四川为中心	张丽蓉	中国社会经济史研究	2期	2003
近代四川桐油外销与市场整合	梁勇	重庆三峡学院学报	1期	2004
四川的猪鬃	苏德宣	农报	2卷10期	1935
特产产销——猪鬃		实业通讯	1期	1940
四川之猪鬃	史道源	四川经济研究专刊	3期	1945
四川省之猪鬃	汤声弘	成都晚报		1963.9.19
四川鬃猪问题	吴年吉	建设周讯	2卷12期	1937
四川猪鬃之研究	胡邦宪	经济汇报	4卷9期	1941
四川之猪鬃业		四川月报	3卷4期	1933
猪鬃企业初步调查	陆荞浩	川康建设	1卷5、6期	1944
猪鬃产销概况		四川经济月刊	11卷1、2期	1939
四川猪鬃制销概况	宋克谦	四川经济季刊	2卷3期	1945
重庆猪鬃调查报告	钱树培	建设周讯	6卷21期	1938
重庆猪鬃制作商号与出口贸易		西南导报	1卷6期	1938
重庆市之猪鬃运销概况	钱英男	中农月刊	3卷6期	1942

续表一〇

篇、书名	著(译)编者	出处	卷、期	年月日
成都之猪鬃业		四川月报	4卷4期	1934
成都市猪鬃业		四川经济月刊	1卷5期	1934
南充猪鬃产销概况	刘骅南	贸易月刊	3卷6期	1942
南充猪毛洗房之研究	胡邦宪	贸易半月刊	1卷8期	1939
雅安猪毛产销状况	胡邦宪	贸易月刊	2卷5期	1940
猪鬃大王古耕虞	王慧章	中国文史出版社		1991
猪鬃大王古耕虞	陶钝	解放军出版社		1995
民国大亨：猪鬃大王古耕虞 亦官亦商周学熙	柏春林等	山西经济出版社		1996
猪鬃"虎牌"称大王	左旭初	中华商标	6期	2001
现代著名企业家的故事之七：闻名中外的"猪鬃大王"——古耕虞	王月仙	中国经贸导刊	11期	2001
抗战时期中国的猪鬃业	李琴芳	牢记历史 振兴中华——江苏省纪念抗日战争暨世界反法西斯战争胜利60周年论文集		2005
建国前四川牲畜及畜产品市场的形成与发展（上）（下）	李永桂	四川畜牧兽医	1、2期	1991
什邡山茶花简史	曾维厚 徐式文	四川地方志通讯	2期	1982
古代成都花木简论	刘沛	西南民族大学学报（人文）	5期	2004
成都何时有牡丹	马文彬	文史杂志	2期	1985
天彭牡丹集	卿尚福等	彭县人民政府地名办公室		1985
天彭古花芳犹在——失传多年的古老品种"刘师哥"被发现	刘翔	中国花卉盆景	10期	1990
蜀地牡丹考——兼评《天彭牡丹谱》	徐式文	农业考古	3期	1993
花神喷艳乃彭州云霞——浅说天彭牡丹之美	赵月明	中国花卉盆景	5期	1994
天彭牡丹琐探	汤忠皓	中国园林	2期	1997
试论牡丹在蜀作为名花之年代	马文彬	四川文物	3期	2000
唐宋时代川东盛产"药子"之谜	郭声波	中国历史地理论丛	4期	1989
从唐代贡品药材看四川地道药材	严奇岩	中华医史	2期	2003
川产生药调查	曾义 胡泽	科学	17卷7期	1933
在蜀搜集民间之草药之初步报告	胡泽	科学	18卷1期	1934
川产黄葛浆之研究	胡泽	科学	18卷1期	1934

续表一一

篇、书名	著(译)编者	出处	卷、期	年月日
绵阳之麦冬		四川月报	5卷2期	1934
彰明之附子		四川月报	5卷2期	1934
南川药材调查		四川经济月刊	3卷2期	1935
四川药材主要产地表		四川农业	2卷4期	1935
川西之药材	霖	四川经济月刊	8卷1期	1937
金佛山药材调查报告	罗柏林	四川经济月刊	10卷2期	1938
四川药材之产地调查		四川经济月刊	9卷6期	1938
灌县、天全、洪雅、峨眉、犍为、崇庆、中江、遂宁、绵阳、江油、彰明等县重要药物调查报告	四川省建设厅	建设周讯	6卷20期	1938
四川之五棓子	焦启源	农林新报	34、35期	1938
四川贸易出口之药材	愚民	边事研究	9卷5期	1939
峨山药用植物调查		建设周讯	7卷23期	1939
四川药材之出产应用与整理	王药雨	欧亚文化	3卷1期	1940
川省之药材	淮彗	西北论衡	9卷7期	1941
绵阳麦冬调查记	陈希纯	建设周讯	8卷5期	1939
厚朴花之研究结果		川农所简报	19期	1940
川产当归之研究	谭炳杰	农报	7卷28-33期	1942
峨眉山之厚朴树	徐明	农业推广通讯	5卷4期	1943
川产芎藭之研究	谭炳杰	农报	8卷19-24期	1943
重庆附近药用植物	王进英	药讯期刊	3期	1945
四川之姜黄	周振汉	华西医药	2卷6、7期	1947
四川的药材	董新堂	中央日报		1947.11.12
四川之棓子及棓酸工业	游时敏	四川经济汇报	1卷1期	1948
四川之麦冬	谭炳杰	四川经济汇报	1卷6期	1949
四川一带的独活和羌活	徐岩等	中药通报	4卷1期	1958
四川方志中所见有关黄连的部分记载	郭成圩等	中医杂志	6期	1959
四川的党参属植物	沈联德等	植物分类学报	13卷3期	1975
川西、川北地区中药白及的调查研究	成都中医学院中药系	植物分类学报	15卷1期	1977
难得的峨眉野连	晓慷	旅游天府	1期	1982

续表一二

篇、书名	著(译)编者	出处	卷、期	年月日
李白故里的川乌和附子	林森荣	旅游天府	2期	1982
苦口良药黄连	林森荣	旅游天府	4期	1982
古文诗文中的"川芎"	王纯五	灌县风物	6期	1982
万县中药材行业简史	中国人民政治协商会议四川省万县市委员会文史资料工作委员会	编者刊		1986
成都茸会简考	朱泽民	中药通报	11期	1987
松理茂汶四县之药材及特用植物	邓纯眉	科学月刊	19期	1948
阿坝药材史话	叶星光	民族	7期	1993
西康药材调查		四川经济月刊	2卷5期	1934
川康之麝香	顾学裘	科学世界	7卷2期	1938
理化所产之药材		康导月刊	1卷6期	1939
西康之麝香	刘青山	中农月刊	1卷6期	1940
独一味	梅	康导月刊	2卷3期	1939
记西康奇药——独一味	任乃强	康导月刊	5卷5期	1943
大小凉山药用植物调查	沈寄农	中国边疆	2卷10-12期	1943
西康省五桔子产销概况	陈佛曾	西康经济季刊	8期	1944
再谈西康奇药独一味	任乃强	康导月刊	6卷9、10期	1947
立夏话虫草	陈扬熙	甘孜报		1978.5.9
有趣的冬虫夏草	陈先赋	旅游天府	1期	1982
神奇的鹿衔草	林森荣	旅游天府	1期	1982
四川盆地与松潘草地间之商业与交通	王成敬	地理	2卷3、4期	1942
杂古脑的汉番贸易	李有义	西南边疆	15期	1942
西道堂的商旅——黑水西北回商	于式玉	风土什志	创刊号	1943
略论历史上川西北地区的藏汉贸易	陈泛舟	中国藏学	3期	1990
		藏学研究丛刊	2辑	1990
民国时期甘青川三省边境的藏汉贸易	陈泛舟	西南民族学院学报（哲社）	6期	1990
近代甘青川康边藏区与内地贸易的回族中间商	马平	回族研究	4期	1996
松州商贸的历史考察	马勇	西北民族研究	2期	2004

续表一三

篇、书名	著(译)编者	出处	卷、期	年月日
宗教文化与四川藏区的寺庙商业	杨亮升	西南民族学院学报（哲社）	3期	1988
略论元代藏汉民间互市	陈泛舟	四川藏学研究	3辑	1995
四川藏区藏商与商业的历史考察	邓前程	社会科学研究	2期	2003
十五世纪川藏交界地区的贸易活动	E.埃利奥特·斯珀林（王翊）	民族译丛	1期	1993
论明清川藏贸易	张莉红	中国藏学	3期	1993
四川打箭炉街市		东方杂志	3年5期	1906
清代打箭炉城的川藏贸易的产生和发展	吴吉远	中国边疆史地研究	3期	1994
川藏贸易重镇——清代打箭炉城产生和发展	吴吉远	西藏研究	2期	1995
清代川边的公司	任新建	历史知识	3期	1984
康区近代商业初析	刘君	中国藏学	3期	1990
西康商业几项主要商业的统计调查	继珊	康藏前锋	1卷3期	1933
康藏之茶盐问题	言	康藏前锋	1卷8期	1934
西康商业之现状及其前途	仲康	康藏前锋	2卷2期	1934
康定地区商业统计		川边季刊	1卷2期	1935
康定近三年来的进出口货物	李佩之	西康经济季刊	5期	1943
康藏贸易公司在沪成立分公司		蒙藏月报	19卷6期	1947
康定锅庄调查		康藏前锋	3卷12期	1936
康定锅庄调查	任汉光	四川月报	11卷5、6期	1937
			12卷1期	1938
说"锅庄"	谭英华	边疆通讯	1卷2期	1942
			1卷4期	1943
锅庄	黄显铭	民族语文	4期	1986
浅谈康定锅庄	来作中	四川民族	6期	1987
锅庄浅说	黄显铭	西藏研究	3期	1989
打箭炉锅庄考略	曾文琼 杨嘉铭	西藏研究	4期	1989
对康定"锅庄"一词之我见	安珠多吉	西藏研究	1期	1990
把"锅庄"打造成康巴文化的载体	陶勇	康巴文苑	1、2期	2003

续表一四

篇、书名	著（译）编者	出处	卷、期	年月日
彝族奴隶社会的商品交换——试论凉山彝族社会（解放前）的商品交换与生产方式的辩证关系	冯肇伯	财经科学	2 期	1958
清代凉山彝族地区的商业	徐 铭	西南民族学院学报（哲社）	2 期	1987
清初以来四川凉山彝族的商品交换	刘世旭	思想战线	5 期	1991
南方丝绸之路上的食盐贸易	张学君	盐业史研究	4 期	1995
南方丝绸之路上的食盐贸易（续篇）	张学君 张莉红	盐业史研究	3 期	1997
南方陆上丝绸之路转输贸易研究	蓝 勇	中国社会经济史研究	4 期	1990
南方丝绸之路的丝绸贸易研究	蓝 勇	四川师范大学学报（社科）	2 期	1993
明清西南丝路国际贸易研究	蓝 勇	西南民族大学学报（社科）	3 期	1993
最初华番茶马贸易的经过	黎世蘅	北大社会科学季刊	3 卷 2 期	1925
历代汉藏茶马互市考	竟 凡	甘肃民国日报		1942.9.23
历代茶叶边易史略	徐方幹	边政公论	3 卷 11 期	1944
略论历史上汉藏民族间的茶马互市	马 金	民族团结	12 期	1963
我国历代以茶易马政策的意义	凌大珽	中央财经大学学报	2 期	1984
汉藏茶马贸易	贾大泉	中国藏学	4 期	1988
藏汉茶马贸易与交通古道历史变迁的环境透视	朱普选	西藏民族学院学报（社科）	3 期	1997
我国封建社会茶马互市贸易剖析（待续）	吕维新	中国茶叶加工	3 期	1998
我国封建社会茶马互市贸易剖析（续前）	吕维新	中国茶叶加工	4 期	1998
茶马贸易与边茶文化	聂静洁	民族学研究	12 辑	1998
试论官营茶马贸易的历史作用和意义	王晓燕	中国藏学	4 期	2002
古代"茶马互市"贸易的分析及对现代贸易的启示	徐 毅	安徽电力职工大学学报	2 期	2003
从自由互市到政府控驭：唐、宋、明时期汉藏茶马贸易的功能变异	邓前程	思想战线	3 期	2005
巴蜀茶马贸易史考	文传良	四川畜牧兽医	3 期	1995
茶马蕴深情 佳话传千里——唐宋时期汉藏贸易交流	陈 白	中国民族	9 期	1982
关于唐代茶马贸易的两个问题	王晓燕	中央民族大学学报（哲社）	2 期	2002
南宋的茶马贸易与西南少数民族	陈汛舟	西南民族学院学报（哲社）	1 期	1980

续表一五

篇、书名	著(译)编者	出处	卷、期	年月日
宋代西川同吐蕃等族的茶马贸易	贾大泉	西藏研究	1期	1982
		西藏史研究论文选		1984
北宋时期川陕茶马贸易	陈泛舟	西南民族学院学报（哲社）	2期	1983
宋代川茶之统制与博马	程光裕	中国茶艺论丛	1辑	1985
宋代的茶马贸易	冯永林	中国史研究	2期	1986
宋代马政研究	杜文玉	中国史研究	2期	1990
北宋蜀茶博马之研究	江天健	中兴大学历史系学报	1期	1991
		宋史研究集	23辑	1995
宋代"广马"以及相关问题	刘复生	中国史研究	3期	1995
宋代茶马贸易研究	吕维新	福建茶叶	1期	1996
		茶叶机械杂志	2期	1996
茶马贸易之始考	方健	农业考古	4期	1997
宋代茶马贸易	吕维新	农业考古	2期	1998
"蜀茶总入诸蕃市，胡马常从万里来"——宋代茶马贸易述论	郭孟良	河南商业高等专科学校学报	6期	2000
宋代都大提举茶马司沿革——宋代茶马职官研究之一	王晓燕	青海民族研究	2期	2002
明代西茶易马考	李光璧	中央亚细亚	2卷2期	1943
明代西南边疆之茶马市易	谭英华	边政公论	2卷11、12期	1943
明代川陕与藏族地区的茶马贸易	陈汎舟 刘俊才	西南民族学院学报（哲社）	3期	1981
		庆祝建校卅周年学术论文集（西南民族学院）		1981
明代川陕茶马贸易浅说	吴仁安	中国社会经济史研究	2期	1984
明代内地同藏区的茶马贸易	张权武	西藏研究	4期	1985
明代茶马互市政策研究	陈一石	中国藏学	3期	1988
明代四川茶马贸易的一种特殊形式	赵毅	西南师范大学学报（社科）	4期	1988
茶马互市沿革及其在明代的特点	赵毅	重庆史学	2期	1989
明代的汉藏茶马互市	赵毅	中国藏学	3期	1989
明代四川茶马贸易的一种特殊形式	赵毅	西南师范大学学报（社科）	4期	1989
略论明代茶马贸易的历史演变	郭孟良	齐鲁学刊	6期	1989
论明代汉藏茶马互市的历史意义	赵毅	重庆师范大学学报（哲社）	1期	1991
明代茶马互市述论	施由民	农业考古	2期	1992

续表一六

篇、书名	著(译)编者	出处	卷、期	年月日
明代的茶叶专卖和茶马交易	叶依能	农业考古	2 期	1992
论明代茶马互市的经营管理	赵 毅	重庆师范大学学报（哲社）	4 期	1992
明代茶马互市中的"勘合制"问题	姚继荣	青海民族学院学报（社科）	3 期	1994
明代川茶的经营与运销	郑俊彬	明史研究专刊	11 期	1994
明代茶马贸易价格结构分析	刘 淼	史学集刊	3 期	1997
明朝初期汉藏茶马互市的几个问题	王 冰	西北史地	3 期	1998
明代汉藏民族间的茶马互市	杨维军	社科纵横	1 期	2000
明代茶马贸易经营体系述论	刘清荣	农业考古	2 期	2001
略论明代汉藏民族间的茶马贸易	郭 弘	开发研究	4 期	2001
明代官营茶马贸易体制的衰落及原因	王晓燕	民族研究	5 期	2001
明代茶马贸易与边政探析	张学亮	东北师大学报	1 期	2005
明代茶马贸易官营体制的理论探析	马冠朝	宁夏社会科学	4 期	2005
从档案史料探究明代的茶马贸易制度	景庆凤	档案	6 期	2005
明清时期的茶马贸易	林永匡	青海社会科学	4 期	1983
明清时期的茶马政策述论——明清茶法研究之一	苏鑫鸿	中国社会经济史研究	2 期	1988
明清茶马贸易中的价格问题	解秀芬	西北民族大学学报（哲社）	1 期	1990
清代茶马贸易衰落及其原因探析	朴文焕	西南民族学院学报（哲社）	2 期	2003
清季四川与西藏之间的茶叶贸易	黄康显	大陆杂志	45 卷 2 期	1972
清代藏汉边茶贸易初探	鲁子健	中国藏学	3 期	1990
川茶输藏和汉藏关系的发展	贾大泉	社会科学研究	2 期	1994
茶马贸易——古代汉藏政治、经济联系的纽带	朱普选	民族	2 期	1998
试析茶马互市对川滇藏边城镇发展的影响	周毓华 彭陟焱	西藏民族学院学报	4 期	1999
清末的边茶股份有限公司	陈一石	思想战线	2 期	1987
历史上甘孜地区的边茶贸易	刘俊才	西南民族学院学报（哲社）	3 期	1985
论清代茶叶贸易的社会影响	陶德臣	史学月刊	5 期	2002
边茶贸易与康藏地区经济	盛 明	四川藏学研究	2 辑	1994
川康藏区茶叶生产与贸易	郑 洲	巴蜀史志	4 期	2005
Notes on Sungpan Wool	W. G. Sewell	Journal of the West China Border Research Society	Vol. 3	1926 – 1929
松潘羊毛出口畅旺		四川经济月刊	7 卷 3 期	1937

续表一七

篇、书名	著(译)编者	出处	卷、期	年月日
雅安康定羊毛之贸易及运销	胡邦宪	贸易月刊	2卷3期	1940
灌县羊毛贸易	胡邦宪	贸易月刊	2卷5期	1940
西康之羊毛生产事业	陈德模	贸易半月刊	1卷8期	1939
四川之牛羊皮		四川月报	11卷6期	1937
特产产销——牛羊皮		实业通讯	1期	1940
四川牛皮产销状况		工商半月刊	2卷5期	1930
重庆羊皮业现状		四川月报	8卷6期	1936
荣隆两县的兔皮业	余德仁	建设周讯	1卷3期	1937
西康之皮货业		川边季刊	1卷1期	1935
近五年来西康毛皮出口统计		川边季刊	1卷2期	1935

六、货币与金融

篇、书名	著(译)编者	出处	卷、期	年月日
四川历代之货币	冯汉镛	中央日报		1948.2.25
成都古代的钱币	冯一下	成都文物	2期	1984
四川历代铸币谈	徐力民	四川文物	2期	1986
凉山州博物馆从废铜中捡选出一批古币	刘世旭	四川文物	2期	1986
四川钱币学会论文集——成立大会暨首次代表大会	四川钱币学会秘书处	中国钱币学会四川分会刊		1986
漫谈四川古钱币	张善熙	四川文物	1期	1988
四川铜币图录	高 文 袁愈高	四川大学出版社		1988
四川金融志资料·钱币专辑一	四川金融志编纂委员会	编者刊	4期	1988
四川金融志资料·钱币专辑二	四川金融志编纂委员会、四川省钱币学会	编者刊	1期	1989
四川金融志资料·钱币专辑三	四川金融志编纂委员会	编者刊	2期	1989
四川金融志资料·钱币专辑四	四川金融志编纂委员会等	编者刊	3期	1990

续表一

篇、书名	著(译)编者	出处	卷、期	年月日
南充古今货币	南充地区金融志编纂委员会	编者刊		1989
南充地区钱币学会论文集1-4集	王积厚	四川省南充地区钱币学会刊		1989-1992
四川铁钱源流概述	刘敏	四川文物	3期	1990
四川钱币研究1-3号	四川省钱币学会	编者刊		1992
重庆钱币研究文集	重庆钱币学会	重庆出版社		1995
刍议历史上四川货币金融的几个特点	鲜明	四川金融	8期	1996
四川钱币研究十年文选	四川钱币学会	四川人民出版社		1997
谈谈成都的钱币文化	李盛铨	文史杂志	1期	2000
四川历代铸钱地址初考	张善熙 薛玉书	四川文物	4期	2001
记四川巴县冬笋坝出土的古印及古货币	沈仲常 王家祐	考古通讯	6期	1955
三峡巴人崇拜太阳和使用贝币的实证	冯恩学	中华文化论坛	1期	2000
关于"桥形币"	史树青	文物参考资料	7期	1956
并不是桥形币	吴铭生	文物参考资料	10期	1956
对《关于桥形币》一文中长方形铜牌名称的商榷	周荨生	文物参考资料	10期	1956
"桥形币"非钱之我见	唐石文	文物参考资料	8期	1957
论古代巴、蜀王国的桥形铜币	罗开玉	考古与文物	3期	1990
巴、蜀王国的桥形铜币质疑	黄士斌	考古与文物	1期	1992
话说巴蜀桥形币	罗开玉	文史杂志	2期	1992
我国古代铜桥形饰及相关问题	岳红彬	考古求知集		1997
"桥形币"质疑——铜璜考	何志国	四川文物	5期	1998
		四川金融	5期	1998
铜璜考——"桥形币"质疑	何志国	故宫文物月刊	182期	1998
"桥形币"考	汪有民	西安金融	9期	1999
《"桥形币"考》辨	王善卿	西安金融	9期	2000
是桥形币还是铜璜	徐基	中国钱币	2期	2002
铜桥形饰的性质和用途再考	岳洪彬	华夏考古	3期	2002
也谈巴蜀货币及其相关问题	徐基 刘嘉玉	江汉考古	2期	2004

续表二

篇、书名	著(译)编者	出处	卷、期	年月日
三星堆文化的贝币试探	张善熙 陈显丹	四川文物·广汉三星堆遗址研究专辑		1989
四川三星堆文化的贝币试探	张善熙 陈显丹	中国钱币	3期	1989
略谈三星堆出土的海贝	李鉴综	巴蜀史志	4期	1992
广汉三星堆遗址海贝的研究	莫洪贵	四川文物	5期	1993
试论三星堆海贝来源及其影响	刘光曙	四川文物	5期	1993
三星堆海贝来源初探	敖天照	四川文物	5期	1993
		故宫文物月刊	195期	1999
略谈三星堆海贝的来源	敖天照	文史杂志	6期	1993
三星堆的海贝和铜贝	屈小强	寻根	4期	1997
南方丝绸之路货币的初步研讨	四川省钱币学会南方丝绸之路货币课题组	四川金融	2期	1992
		中国钱币	4期	1993
"南方丝绸之路"货币初探	孙仲文	南洋问题研究	1期	1993
略论"西南丝绸之路"出土海贝与贝币	刘世旭	四川文物	5期	1993
		内蒙古金融研究·钱币文集	4辑	1994
南方丝绸之路商贸货币探讨	四川省钱币学会课题组	四川金融	11期	1993
试论南方丝绸之路货币	袁明祥	福建省钱币学会第二次会员代表大会、第五次东南亚历史货币暨海上丝绸之路货币研讨会专辑		1994
南方丝绸之路货币研究	四川省钱币学会、云南省钱币研究会	四川人民出版社		1994
"南方丝绸之路"出土海贝与贝币浅论	刘世旭	中国钱币	1期	1995
南方丝绸之路货币考察研究的实践与认识	吴钦承	四川金融	5期	1995
南丝绸古道与货币试探	黎人忠	四川文物	5期	1996
南方丝绸之路商贸货币探讨	吴钦承等	中国钱币论文集	3辑	1998
		内蒙古金融研究·钱币文集	4辑	2003
南方丝路上的铸币遗址	宋 明	中国民族报		2004.12.24
巴蜀沙金和金币史略	张善熙	巴蜀史志	5期	1993
半两钱年代问题——兼与逊时先生商榷	王家祐	考古	10期	1962

续表三

篇、书名	著（译）编者	出处	卷、期	年月日
四川西昌发现货泉钱范和铜锭	西昌地区博物馆	考古	4期	1977
四川高县出土"半两"钱范母	何泽宇	考古	1期	1982
谈巴蜀秦半两	朱活	四川文物	1期	1990
四川战国蜀国船棺葬出土秦半两和桥形币	龙腾	中国钱币	2期	1999
重庆奉节出土"半两"石范	刘建安等	中国文物报		2002.1.11
试析成都新都战国墓出土半两钱	曾咏霞	中国钱币	2期	2004
重庆江北发掘汉墓所获五铢	卫聚贤	泉币	1卷	1940
三台发现新莽铜钱	三台县文化馆	四川日报		1980.7.8
四川盐源首次发现新莽钱币窖藏	凉山州博物馆、盐源县文化馆	凉山彝族奴隶制研究	1期	1982
四川三台县东汉岩墓内发现新莽铜钱	三台县文化馆	文物	6期	1982
一处汉代五铢钱币窖藏	王黎民 刘平	成都晚报		1983.1.4
我市发现汉代陶质钱范	刘复 皋兰	成都文物	2期	1984
四川西昌首次发现东汉五铢钱铜范	凉山彝族自治州博物馆	考古	11期	1986
四川万源出土汉代铜釜和大量"五铢"钱	程前林 余天建	文物资料丛刊	10期	1987
彭县出土的钱币和钱币花纹砖初探	廖光华	四川文物	1期	1988
从邓通墓碑说邓通	叶簇	文史杂志	1期	1988
乐山有关邓通的传说和遗址之我见	缪永舒	四川文物	1期	1991
从邓通想到艾科卡	陈章远	财务与会计	3期	1993
乐山境内之铜山与邓通墓考辨	毛西旁	四川文物	4期	1994
邓通铸钱地问题探讨	张善熙	四川文物	3期	1995
"邓氏钱"布天下辨析	余永恒	四川文物	5期	1996
西汉邓通的铸钱地	陈栋培	文史杂志	6期	1998
公孙述何以要铸铁钱	陶元甘	文史杂志	1期	1988
公孙述铸铁钱原因补证	魏学峰	四川文物	4期	1988
汉公孙述铸币问题探讨	刘敏	四川文物	5期	1992
西昌查明一汉代大型冶铜铸币遗址	刘世旭 张正宁	中国文物报		1989.3.17
涪陵市出土汉代钱币窖藏	湛川航	四川文物	4期	1993

续表四

篇、书名	著(译)编者	出处	卷、期	年月日
郫县郫筒镇出土钱币的整理研究	李南书	四川文物	3期	1994
四川西昌发现的王莽、东汉铸钱窖藏和遗址	刘世旭 张正宁	中国钱币	3期	1996
四川汉代钱币图纹砖考略	张德全	四川文物	1期	1999
西昌东坪遗址冶铜铸币原因初探	姜先杰	四川文物	4期	1999
四川新出汉钱	孙仲汇	钱币博览	3期	2000
东汉墓中发现"直百"钱的探讨	徐鹏章 徐石	成都文物	1期	2002
成都凤凰山新莽墓出土钱币清理简报	曾咏霞	四川文物	3期	2002
重庆奉节万家嘴出土汉半两钱范	潘付生	中国钱币	2期	2003
三国时代的货币	吴云端	中央日报		1946.12.14
古钱	朱活	文物	2期	1982
从考古发现材料看三国时期的蜀汉货币	张勋燎	四川大学学报（哲社）	1期	1984
陕西出土蜀币		四川日报		1985.7.3
谈三国蜀汉钱	朱活	四川文物	3期	1990
重庆市江北县出土蜀汉窖藏钱币	邹元良	考古	3期	1991
汉中城区出土三国蜀钱	刘英才 刘钰	西安金融	12期	1996
浅析三国蜀、吴"大钱"	何红英	文史杂志	1期	1999
谈蜀汉钱币	赵会元	中国钱币	2期	2000
蜀汉钱币探微——以武侯祠馆藏蜀汉钱币为例	安剑华	成都大学学报（社科）	6期	2005
直百五铢非刘备铸说	罗伯昭	泉币	11期	1942
四川威远出土大量"直百五铢"钱	莫洪贵	文物	12期	1981
蜀汉货币——直百五铢	谭良啸	成都晚报		1984.5.10
蜀汉的"直百五铢"钱	莫洪贵	成都文物	2期	1985
陕西出土蜀币"直百五铢"		文物天地	5期	1985
小议蜀汉"直百五铢"钱	莫洪贵	中国钱币	3期	1986
成都东汉墓出土直百钱的启示	邹志谅	西安金融	6期	1998
介绍两枚直百五铢背星钱	李鹏	西安金融	11期	2001
银"直百五铢"之惑	杨福建	收藏界	10期	2002
成都市出土"太平百钱"铜范母——兼谈"太平百钱"的年代	陈显双	文物	10期	1981

续表五

篇、书名	著(译)编者	出处	卷、期	年月日
张鲁不是"太平百钱"的铸主	管维良	文物	10 期	1982
"太平百钱"的铸行问题	管维良	重庆师院学报（哲社）	1 期	1985
蜀汉是"太平百钱"的铸主	曾维华	中国钱币	3 期	1986
"太平百钱"铸地及年代考	杨荣新	四川文物	1 期	1987
也谈"太平百钱"的铸主问题	刘学梓	文物春秋	3 期	1991
"太平百钱"与道教的关系	信大炎	内蒙古金融研究·钱币文集	5 辑	2003
稀有的蜀币——传形五铢	郭清华	四川文物	2 期	1986
传形五铢说蜀汉	侯海智 刘百林	西安金融	2 期	2003
《传形五铢说蜀汉》文中拓片应为东汉五铢	杨建东	西安金融	10 期	2003
从铸造工艺角度试谈传形五铢形成原因	徐国洪	广西金融研究	增刊	2004
		第三届广西青年学术年会论文集（社科）		2004
"蜀五铢"非蜀汉所铸考	徐承泰	中国钱币	2 期	1995
蜀五铢钱范辨析	张孜江	成都文物	4 期	2005
定平一百质疑	齐珊	中国钱币	1 期	1985
"定平一百"铸地及年代考	陈钢	四川文物	6 期	1992
阴文"五十"定平一百	黄岳明	西安金融	6 期	1995
成都小南街遗址出土的直书汉兴钱	曾咏霞	中国钱币	2 期	2002
对"母范"一辞的商榷及其他	唐石父	考古与文物	3 期	1981
四川古钱范考略	张孜江	中国收藏	6 期	2004
四川成都出土三国两晋时期钱币	唐德军	西安金融	7 期	2005
晋代货币	四川省博物馆	四川日报		1980.5.22
大成国的货币	郑家相	文物	1 期	1960
重庆忠县出土刘宋钱币考	钟治 唐飞	中国钱币	3 期	1999
重庆出土"极罕见"南北朝古钱	王松涛	人民日报（海外版）		1999.1.19
成都市发现唐币窖藏	李恩雄	成都文物简讯	2 期	1978
成都市发现窖藏唐代钱币	成都市文物管理处	考古	6 期	1983
新都发现唐代大型钱窖	冯修齐	四川日报		1983.2.19
我市东通顺街发现唐代钱币窖藏	王黎明	成都文物	1 期	1985
松潘县出土唐代开元通宝钱币	莫洪贵	四川文物	1 期	1994

续表六

篇、书名	著(译)编者	出处	卷、期	年月日
大足县发现古钱币窖藏	邓之金	四川文物	1期	1990
新津县出土唐代窖藏铜币	王常青	四川文物	3期	1985
四川江油县发现一批窖藏钱币	黄石林 曾昌林	考古	11期	1990
浅议"永"字开元通宝的铸造年代	王成方	四川文物	1期	1990
四川发现开元钱珍品	孙仲汇	中国钱币	1期	1997
混杂在开元通宝中的前蜀钱币	祖应萍	中国钱币	2期	1987
雅安市出土的唐钱和前蜀钱币	陈小陶	西安金融	8期	1996
蒲江县西河出土窖藏唐宋钱币	龙 腾 夏 晖	成都文物	2期	2004
浅谈前蜀铸币	陈新宇	中国钱币	1期	1987
五代时期的前后蜀铸币	刘 敏	四川文物	1期	1994
前蜀货币概述	曾咏霞	成都文物	4期	1998
四川新都五代十国窖藏会昌开元背"永"和天成元宝钱	成都博物馆、新都区文管所	中国钱币	1期	2003
新都五代十国钱币窖藏清理报告	成都市博物馆、新都区文管所	四川文物	3期	2005
试析广元五代、宋、元时期与钱币相关的石刻资料	唐志工 盛 涛	四川文物	6期	2005
宋代钱币封建割据性原因初探	吴旭霞	江西社会科学	3期	1989
试论北宋货币不统一问题	高聪明	河北大学学报(哲社)	3期	1992
南宋四川の货币について	高桥弘臣	史境(筑波大学)	31号	1995
北宋四川的商品流通与铁钱和交子的币值变化	贾大泉	四川金融	5期	1996
试析成都出土的两种北宋钱币	曾咏霞	成都文物	3期	1997
宋代四川货币三题	高聪明	河北大学学报(哲社)	3期	1999
北宋时期的农民起义军铸币	卜 强 龚天祥	甘肃金融	7期	2002
中国纸币起源考	浅井虎夫	大同报(东京)	2号	1907
	(穆都哩)	北洋法政学报	43册	1907
交子的起源	加藤繁	史学杂志	9卷2期	1930
	(王晓聃)	北大学生	1卷 5、6期	1931
	(朱希祖)	现代史学	1卷 3、4期	1933
	(吴 杰)	中国经济史考证	2卷	1963

续表七

篇、书名	著(译)编者	出处	卷、期	年月日
宋代纸币考略	姜亶公	北平晨报·艺圃	21－29 期	1934.9.21－10.1
官営となりたる後の益州交子制度	加藤繁	史学雑誌	45 编 1 号	1934
宋代官办后益州交子研究	加藤繁（傅安华）	中国经济	2 卷 9 期	1934
交子の発達について	日野開三郎	史学雑誌	45 编 2、3 号	1934
	（傅安华）	东方杂志	31 卷 14 期	1934
宋代纸币的研究	周振中	正中半月刊	1 卷 6 期	1935
交子・閔子・会子の名称について	加藤繁	史学雑誌	46 编 7 号	1935
交子・会子・閔子といふ語の意味に就いて	加藤繁	東方学報（東京）	6 册	1936
中国に於ける紙幣の歴史	加藤敏	史学雑誌	48 编 9 号	1937
交子の形式に就いて——中国最古の紙幣	池田静夫	文化	4 卷 5 号	1937
中国の紙幣の歴史	淺海正三	歴史教育	13 卷 1 号	1938
交子之界分发行额及式样单位考	朱偰	东方杂志	35 卷 15 号	1938
交子の界制に就いて	藤本光	史潮	2 号	1939
中国纸币起源考	穂積文雄	東亜問題	2 卷 6 号	1940
两宋的楮币	解毓才	说文月刊	4 卷	1944
世界史上最早之纸币	朱偰	中央日报		1947.5.7
故加藤繁博士の交子界分説について	藤本光	史学雑誌	62 编 12 号	1953
北宋时代的交子是怎样发行的，其变化情况如何	张秉仁	新史学通讯	12 期	1953
交子——四川古代纸币	雷乐三	四川日报		1962.10.12
北宋四川交子的界分	加藤繁（吴杰）	中国经济史考证	2 卷	1963
陕西交子考	加藤繁（吴杰）	中国经济史考证	2 卷	1963
我国古代纸币的起源和发展	周铭等	人民日报		1964.7.5
最早的纸币是怎样的	思达	羊城晚报		1966.1.10
宋代四川交子考（上）（中）（下）	文守仁	四川文献	54－56 期	1967
交子——古币中的纸币	魏叔吾	四川日报		1980.4.24
我国最早的纸币	徐爱华	安徽日报		1980.5.10

续表八

篇、书名	著(译)编者	出处	卷、期	年月日
我国古代纸币的诞生地——四川	魏永祐	成都日报		1980.5.26
我国最早的纸币——交子	许文兴	海南日报		1980.7.26
最早的纸币		金融研究	5期	1981
我国最古老的纸币——交子	王连洲	中国财贸报		1981.8.29
宋代的纸币	唐代剑	南充师院学报（哲社）	3期	1982
成都是纸币的故乡	石湍	龙门阵	4辑	1982
北宋楮币史述论	李埏	思想战线	2期	1983
北宋楮币史述论（续）	李埏	思想战线	3期	1983
世界上最早的纸币	治中	益阳师专学报	4期	1983
世界上最早的纸币		文史知识	9期	1983
宋代钞币"官交子""会子"质疑	乔晓金 卫月望	中国钱币	3期	1984
		中国钱币论文集		1985
四川交子的产生	姚朔民	中国钱币	4期	1984
		中国钱币论文集		1985
世界最早的纸币——宋代成都交子	贾大泉	成都文物	4期	1984
铁钱与纸币的起因——关于交子起源的研究	郭正忠	学术月刊	4期	1985
两宋时期纸币发达问题探源	朱绰	金融理论与实践	10期	1985
世界最早的纸币产生在我国宋代的四川	明华	经济纵横	6期	1986
世界上最早的纸币——四川的交子	彭通湖	中国经济史研究论丛		1986
北宋交子界制考	侯家驹	大陆杂志	75卷1期	1987
		宋史研究集	21辑	1991
交子票式探微	刘森	文献	3期	1987
略论宋代的纸币	全汉升	国际宋史研讨会论文集		1988
论交子的产生	贾大泉	社会科学研究	2期	1989
中国最早的纸币——交子	孙健	金融科学	4期	1989
关于宋代纸币产生、流通的几个问题	李育安	郑州大学学报（哲社）	3期	1990
四川交子的界分与数额	杜文宝 王克西	中国钱币	4期	1990
宋代的纸币管理思想	王同勋 刘小蕙	河南师范大学学报（哲社）	3期	1991
中国最早的纸币的产生及其流通	孙健	中国人民大学学报	6期	1991

续表九

篇、书名	著(译)编者	出处	卷、期	年月日
宋代纸币的发行、回笼、兑换与买卖	杜文玉 王克西	史学月刊	1 期	1992
关于私营交子的几个问题	房国凤	东疆学刊	2 期	1992
"交子"与交钞浅析	余洪彬	四川文物	4 期	1992
宋代纸币贬值原因初探	王未名	四川师范学院学报（哲社）	5 期	1992
四川交子编年录要（一）	卫月望	四川金融	6 期	1992
四川交子编年录要（二）	卫月望	四川金融	12 期	1992
中国最早纸币——"交子"产生的原因及其年代	李家寿	财经研究	12 期	1993
从雕版印刷试析交子成因	黎人忠	四川文物	1 期	1994
两宋纸币的伪造及治理	周斌	中国钱币	1 期	1994
北宋早期的交子始于何时	吴筹中	钱币博览	2 期	1994
论两宋纸币的伪造问题	周斌	四川文物	3 期	1994
北宋早期民间交子产生时间的研究	吴筹中	中国钱币	4 期	1994
东西方纸币产生条件的比较研究	刘方健	中国钱币	4 期	1994
		四川金融	增刊	1994
论北宋地区的货币政策	姚兆俞	河北学刊	5 期	1994
交子研究刍议	邓伯民	昆明社科	5 期	1994
张咏、薛田与交子——关于交子的产生时间、整顿和官交子务的建立	贾大泉	四川文物	5 期	1994
交子、会子、宝钞与钞票——中国古代纸币漫谈	华唐	故宫文物月刊	134 期	1994
纪念官交子发行970 周年	帅启明 吴钦承	四川金融	增刊	1994
交子的产生	贾大泉	四川金融	增刊	1994
宋代四川造纸印刷技术的发展与交子的产生	谢元鲁	四川金融	增刊	1994
		中国钱币	3 期	1996
宋代四川产生交子的社会文化背景	丁祖春	四川金融	增刊	1994
官交子在我国纸币史上的地位	贾大泉	四川金融	2 期	1995
试论宋代纸币的性质及其历史地位	包伟民	中国经济史研究	3 期	1995
宋代纸币流通的特点	高聪明	中国经济史研究	3 期	1995
交子研究评述	何志国	四川文物	3 期	1995
"交子"释义	汪圣铎	中国钱币	1 期	1996
宋代的纸币发行和纸币理论	贾大泉	社会科学研究	1 期	1996

续表一〇

篇、书名	著(译)编者	出处	卷、期	年月日
交子界分的考察	贾大泉	四川金融	11 期	1996
中国最早的纸币——北宋交子	贾大泉	历史月刊	98 期	1996
薛田与交子	贾大泉	第二届宋史学术研讨会论文集		1996
"交子"与张咏	宋 纹	中学历史教学参考	10 期	1997
钱引述论	贾大泉	四川金融	11 期	1997
宋代四川官府稳定钱引币值的措施	贾大泉	四川金融	11 期	1998
浅说北宋交子产生的原因	张 明	华夏文化	4 期	1999
关于宋代伪造纸币的问题	陆敏珍	浙江大学学报（人文）	4 期	2000
对宋代交子和金代交钞的几点析评	吴本祥 吴 波	黑龙江农垦师专学报	4 期	2000
中国纸币之父张咏——兼作对彭信威先生所著《中国货币史》的一点补充修正	许平安 王洪岳	春秋	6 期	2000
中国纸币之父——张咏——兼与彭信威先生商榷	许平安	西安金融	8 期	2000
犹太人助中国造"交子"	韩学耕 姬建华	人民日报（海外）		2001.11.22
论中国早期纸币的盛行及衰弱——北宋交子在货币史上的短暂一现	李琳莎	上海交通大学学报（社科）	3 期	2001
漫谈北宋纸币	马执斌	历史学习	3 期	2001
世界上最早的纸币——交子	吕一飞	文史知识	7 期	2001
"交子"是怎样产生的	韩爱丽 李海军	中学文科	7 期	2001
宋代四川纸币	贾大泉	四川人民出版社		2001
《宋史》交子起源析误——兼论"千斯仓钞版"的产生时间	叶世昌	中国钱币	1 期	2002
钱引起源考	刘 森	中州钱币——金融理论与实践·钱币专辑（十）		2002
纸币上的政治——南宋四川钱引故事印	高聪明	Proceedings of the 9～(th) Meeting of the International Committee of Money and Banking Museums	Annual	2002
最早的纸币"交子"	贾文超	中国商报		2003.3.6
论宋代纸币发行的缘起	岳毅平	安徽史学	4 期	2004
中国历史上最早的钞版 北宋交子钞版（七百七十陌）	柳云华	收藏界	5 期	2004

续表——

篇、书名	著(译)编者	出处	卷、期	年月日
古钱币专家:"交子"是支票,最早钞票是南宋"会子"	潘海平 张丹丹	新华每日电讯		2004.8.1
北宋币制和"交子"剖视	郭发明	成都文物	1期	2005
对"中国最早纸币"的几点质疑	段强	西安金融	6期	2005
世界首张纸币缘何产自寺庙	罗中云	北京科技报		2005.12.21
北宋时代铜铁钱的铸造额	日野开三郎(高叔康)	食货	2卷1期	1935
论铁钱	饶登秩	古泉学	1期	1936
北宋时代に於ける銅鉄銭行使地域画定策について	日野開三郎	東洋学報	24卷1号	1936
			24卷2号	1937
两宋盛行铁钱之因果	朱希祖	东方杂志	35卷10号	1938
西川嘉定铁钱之分析	罗伯昭	泉币	13期	1942
安县议昌乡七村挖掘出古代宋钱币	高毅旭	文物参考资料	12期	1956
四川安县、金堂出土两宋铁钱	郭立中 刘志远	考古	2期	1959
《四川安县、金堂出土两宋铁钱》一文校误	岑仲勉	考古	6期	1959
大足发掘出北宋古钱	陈阶平	四川日报		1960.1.17
我市金牛区龙潭公社发现宋代古钱	王建民	成都文物简讯	1期	1981
青白江出土宋代钱币	成都市青白江区文管所	成都文物	1期	1983
四川出土的宋代铁钱	谢雁翔	四川文物	3期	1984
铁钱与北宋商税统计	郭正忠	学术研究	2期	1985
高县发现南宋铁钱窖藏	何泽宇	四川文物	2期	1985
彭县磁峰乡发现南宋钱币窖藏	周述烈	成都文物	2期	1985
关于两宋川峡铁钱产量的考察	郭正忠	南充师院学报(哲社)	3期	1985
绵竹县两次出土窖藏古币	宁志奇	四川文物	2期	1986
资中县出土宋代铁钱	胡清友	四川文物	2期	1986
关于两宋川峡铁钱产量的考证	郭正忠	南充师院学报(哲社)	3期	1985
四川资中县出土窖藏宋代铁钱	资中县文物管理所	考古	7期	1987
宋代的铁钱监和铁钱	邱思达	中国钱币	2期	1988
北宋铁钱流通区域考述	陈广胜	中国钱币	2期	1989
建炎通宝背"川"平钱	胡学源	中国钱币	2期	1989

续表一二

篇、书名	著(译)编者	出处	卷、期	年月日
试谈宋元通宝"铁母"与"铁范铜"——兼议该钱的铸地	林介眉	中国钱币	4期	1989
宋代铁钱铸造考略	陈尊祥	中国历史博物馆馆刊	12期	1989
谈两宋川峡铁钱	朱 活	四川文物	5期	1990
南宋四川端平铁钱	张善熙	中国钱币	4期	1990
		四川文物	5期	1990
四川雅安出土宋代窖藏铁钱	陈德润 陈小陶	中国钱币	4期	1990
四川芦山出土宋代铁钱	周日㳀	中国钱币	4期	1990
四川资中出土宋代窖藏铁钱	杨祖垲	中国钱币	4期	1990
四川绵竹出土宋代铁钱	宁志奇 郑建华	中国钱币	4期	1990
北宋铁钱的几个问题	刘 森	中国钱币	4期	1990
四川近年出土的两宋铁钱考述	贾杰三	四川文物	5期	1990
宋代四川铁钱监及所铸铁钱	李清兰	四川文物	5期	1990
四川两宋铁钱琐议	王有鹏	四川文物	5期	1990
四川出土铁钱表、拓图(续)		中国钱币	1期	1991
雅安发现宋代铁钱窖藏	余永恒 李一都	四川文物	5期	1992
武胜出土的宋代铁钱	刘家同 李再仁	四川文物	2期	1993
雅州百丈监初探	邓黎民 余永恒	四川文物	2期	1993
四川蒲江惠民监遗址出土宋代窖藏铁钱	龙 腾 陈志勇	中国钱币	4期	1993
宋代四川の铁錢問題	宫澤知之	柳田節子先生古稀記念 中国の传统社会と家族		1993
宋代四川铁钱述略	李清兰	中国钱币	1期	1994
宋代嘉州丰远监铁钱铸造考述	胡方平	四川文物	1期	1994
蒲江惠民监遗址发现宋代的窖藏铁钱	龙 腾 陈志勇	四川文物	1期	1994
四川蒲江县出土安徽铁钱	龙 腾	安徽钱币	3期	1994
宋代最早的诏制铁钱监：雅州百丈监	陈小陶	安徽钱币	1期	1995
铁钱流通始末	李庆锁	安徽钱币	1期	1995
北宋初期蜀中铁钱铸额考	贾大泉	四川文物	4期	1995

续表一三

篇、书名	著(译)编者	出处	卷、期	年月日
邛州惠民监曾铸造嘉熙通宝铁钱	张俊贤	四川文物	5期	1996
南宋铁钱背文探索	陈鸿志	中国钱币	1期	1998
宋代四川铸钱问题探讨	龙 腾	四川文物	2期	1998
大足发现宋代铁钱窖藏	杨方冰	中国文物报		1998.6.14
略论北宋铁钱盛行的原因	苏新留	南都学刊（哲社）	1期	1999
新发现宋代八品铁钱	阎福善 李 延	西安金融	4期	1999
四川铸行的北宋铁钱	孙仲汇	钱币博览	1期	2000
北宋前期四川铁钱币值与流通地区的变化	谢元鲁	四川师范大学学报（社科）	3期	2000
四川华蓥市南宋安丙墓地出土的钱币	刘 敏	中国钱币	4期	2000
安丙墓地出土嘉定元宝"折十"铜钱刍论——对嘉定元宝"折十"铜钱铸行原因的检讨	刘 敏	中华文化论坛	4期	2001
北宋中后期四川铁钱币值和流通地区的变化	谢元鲁	四川师范大学学报（社科）	6期	2001
两宋铁钱	阎福善等	中华书局		2001
四川广元发现木质宋年号钱	王仕国	中国钱币	1期	2002
峨眉山市罗目镇宋代窖藏发掘简报	四川省文物考古研究所、峨眉山市文物管理所	四川文物	1期	2003
广元与两宋铁钱	王仕国	中国钱币	3期	2003
新发现的四川铁钱稀见品	陈小陶	西安金融	12期	2003
合川惊现北宋古币65万余枚	刘 智	中国文物报		2003.4.23
七吨南宋古钱币在川出土	侯志明	人民日报		2003.7.6
南宋四川铁钱背文数码考释	龙 腾	中国钱币	4期	2004
四川嘉定铁钱	张善熙等	成都金堂县钱币学会		2004
彭山县出土宋代钱币窖藏	方 明 吴天文	四川文物	5期	2005
宋代四川专行铁钱的考察	巴家云	中国钱币	3期	2005
川陕晋出土宋代铁钱硫含量与用煤炼铁研究	黄维等	中国钱币	4期	2005
浅谈四川阆中发现的崇庆元宝钱	盛观熙	中国钱币	1期	1998
明玉珍大夏政权货币简介	董其祥	四川文物	1期	1988
珍稀古钱天统国宝	宁志奇	四川文物	5期	1990

续表一四

篇、书名	著(译)编者	出处	卷、期	年月日
明玉珍与"天统元宝"	叶寅生	无锡文博	2期	1997
四川万源县近年来发现的古钱	杨垲	考古与文物	2期	1987
雅安出土崇宁元宝和万历通宝钱	陈小陶	西安金融	7期	1994
大明通行宝钞纸币浅析	曾昌林	四川文物	5期	1994
四川江油所藏大明通行宝钞	曾昌林	中国钱币	1期	1999
彭州出土钱币和窖藏银锭述略	沈洪民	成都文物	3期	2000
成都市郊发现"大顺通宝"	成都市文管处	考古	5期	1977
成都发现一批"大顺通宝"	刘廷璧	文物	9期	1977
也谈张献忠大顺通宝	薛玉树	中国钱币	2期	1985
背"川、户"大顺通宝	朱怀津	西安金融	7期	1996
"大顺通宝"与大顺政权	刘乐寅	中学历史教学参考	9期	1996
大西政权铸币考	刘敏	四川金融	2期	1998
"大顺通宝"通头棱角形钱	江建敏	西安金融	5期	1998
"钱文""年号钱""大顺通宝"	张启凤等	中学历史教学参考	7期	2000
谈"永昌通宝"和"大顺通宝"	赵应祥 张延安	中学历史教学	12期	2002
"西王赏功"钱有疑	林染	西安金融	6期	1996
简阳市发现"赏功致宝"钱	刘宇	西安金融	5期	1997
西王赏功大银钱	柳贵田	收藏界	1期	2003
清代中期四川白银流通的扩大及其影响	李俊甲	明清论丛	3辑	2002
清末四川铜元	陈默	中国钱币	3期	1988
清末民初重庆流通之货币	文守仁	四川文献	83期	1969
清末民初的四川省纸币	吴筹中 朱肖鼎	财经科学	6期	1987
近代四川铜币考	黄友良	四川文物	4期	1994
四川近现代纸币图录	高文	四川大学出版社		1994
关于《中国早期的机制币工厂》一文中两处译述的订正建议	张策刚	中国钱币	4期	2000
关于大汉四川军政府军用银票	戴执礼	中国钱币	3期	1984
大汉四川军政府军用银票流通始末	李海全	巴蜀史志	1期	1993
民国时期四川流通硬币选	谢叶湛等	中国钱币	2期	1985
一枚"试机钱"	沧浪	中国钱币	3期	1988

续表一五

篇、书名	著(译)编者	出处	卷、期	年月日
民初的两个"四川银行"和两种"四川兑换券"	张善熙	四川文物	4期	1994
一张辛亥革命时期的四川货币	陈永平	四川文物	1期	1996
四川雄狮币铸造探源	黄家辉	四川文物	1期	1999
四川铜元研究	成都市钱币学会	四川人民出版社		1999
铜元奇葩——马兰钱	牟世雄	甘肃金融	2期	2000
四川马兰钱	夏详烈	中国钱币	4期	2000
四川马兰钱属性初探	黄家辉	四川文物	3期	2001
大汉四川军政府与大汉纪年铜币	孔路原	中共成都市委党校学报	5期	2003
四川军政府银币杂谈	孔路原	贵阳日报		2005.8.17
四川造币分厂沿革记		银行周报	4卷6期	1920
四川之货币	梅心茹	东方杂志	31卷14期	1934
四川币制之研究	刘希圣	民鸣周刊	33、36、37期	1935
川省通行货币调查		工商半月刊	7卷15号	1935
四川币制紊乱之一考察	姜作周	东方杂志	32卷22期	1935
论蓉城现钞问题	李华飞	银行界	1卷7期	1942
金元、镍币、人心	舒曼	中建	1卷5期	1948
"币改"与镍币潮	吉士	群众	2卷36期	1948
抗战后期重庆的黄金风潮	戴立庵	文史资料选辑	7辑	1960
"镍币潮"带来的一场浩劫	郑次腾	成都晚报		1962.8.25
货币、物价在合川	叶昌林	重庆地方志	4期	1988
货币、物价在合川（续1）	叶昌林	重庆地方志	5期	1988
隆昌"华川隆"当铺及其发行的钞票	曾令渝	四川文物	2期	1997
四川达县发现民国时期地方政府发行的铜元券版张及研究	陈先兆 阎登发	西南金融	8期	1998
日本在侵华战争时期对重庆政权的伪钞工作	房建昌	重庆师范大学学报（哲社）	3期	1999
四川锡巴巴综述	胡开锭	西安金融	2期	1998
绝迹的四川代用币——钱牌	李亮 夏详烈	中国钱币	4期	2002
老成都的代用币——钱牌	刘永禄	四川档案	4期	2003
老成都的钱牌	刘永禄	收藏界	7期	2003
西藏及滇蜀用印度银钱		湖北商务报	31期	1900.3.21

续表一六

篇、书名	著(译)编者	出处	卷、期	年月日
西康货币概况		蒙藏周报	40、41 期	1930
Silver Rupees in Tatsienlu	A. J. Brace	Journal of the West China Border Research Society	Vol. 7	1935
西康设厂铸币之过去及将来	金 飞	边政月刊	6 期	1931
西康货币种类		川边季刊	1 卷 1 期	1935
西康之币制现况		西陲宣化	1 卷 6 期	1936
康藏货币流通史	冯明心	西康经济季刊	9 期	1944
清末川铸藏元与印度卢比	陈一石	西藏民族学院学报	4 期	1983
印度卢比侵入四川藏区被逐记	陈一石	历史知识	5 期	1985
川铸藏元考略	陈一石	四川文物	3 期	1986
四川藏洋在中国银铸币中的历史地位	张策刚	中央民族学院学报	2 期	1988
四川卢比加盖"军用品"银币	邹志谅	中国钱币	3 期	1988
四川藏洋	王承志	中国钱币	3 期	1988
川铸藏洋与川边藏区的改土归流	益西曲珍 杨绍兴	西藏金融	3 期	1989
卢比侵淫康藏及其影响	陈一石	西藏金融	3 期	1989
		中国钱币	1 期	1990
《四川卢比加盖"军用品"银币》辩	月 氏	中国钱币	1 期	1990
光绪"卢比"与维多利亚卢比之战	黄家辉	四川文物	2 期	1992
宝藏试铸样币再探	余洪彬	四川文物	3 期	1994
中英之间的一场货币战争	曾绍敏 曾 鸿	中国藏学	4 期	1995
四川"卢比"三钱二分银币版别及紫铜样钱	王松朝	西安金融	4 期	1996
藏元与中英之间的一场货币战争	曾绍敏 曾 鸿	四川藏学研究	4 辑	1997
从档案谈清末四川卢比银币的发行	丁进军	四川档案	3 期	2000
		中国档案报		2001.2.23
晚清四川卢比始铸时间考订	丁进军	历史档案	1 期	2000
		中国钱币	4 期	2000
川边特别区域与边铸川铭铜圆	孔路原	文史杂志	2 期	2001
从宝藏银币看清朝对西藏的统治——兼议外币流入及其影响	蒋学松	四川文物	2 期	2002

续表一七

篇、书名	著(译)编者	出处	卷、期	年月日
清末中英在西藏的货币之争	周永红	南京师大学报（社科）	5期	2002
纪念"四川藏洋"铸行100周年	张策刚	西南金融	11期	2002
人像第一币——四川卢比银币	郑城宗	中国商报		2003.6.26
中英贸易战的产物	罗词安 王祖立	金融时报		2003.9.19
我国最早的人像币——四川藏洋	罗词安	中国档案报		2004.2.12
清末川藏沿线地区金融货币与物价略述	何洁	西藏大学学报	3期	2005
建国前四川凉山彝族的白银流通	刘世旭	中国钱币	3期	1989
川陕省苏维埃工农银行及该行的货币简介	袁愈高	中国钱币	1期	1984
川陕根据地的货币	叶萍	四川文物	3期	1984
川陕革命根据地铸币的版别与辨伪	吴中亚等	中国钱币论文集		1985
光彩夺目的川陕革命根据地货币	朱肖鼎 吴筹中	财经科学	7期	1988
试谈川陕苏区货币史况	刘敏	四川文物	6期	1990
川陕根据地货币论略	李清兰	中国钱币	1期	1991
四川发现川陕苏区布币陶版等	英洪贵	中国钱币	2期	1992
川陕苏区货币装饰特色探微	刘敏	四川文物	4期	1993
罕见的革命文物——川陕纸币石印版	史占扬	四川文物	1期	1993
废铜中捡出的川陕根据地铸币	刘屹华	西安金融	1期	1995
筠连发现红军布币	苏松	四川党史	1期	1995
珍贵的"红军布币"		山西档案	2期	1995
珍贵的"红军布币"	武国联	档案天地	5期	1995
川陕苏区货币两个问题的研究	巴家云	四川文物	6期	1995
川陕苏区货币管窥	巴家云	中国钱币	1期	1996
川陕革命根据地货币研究补遗	张启明	四川文物	2期	1996
对川陕苏区货币几个问题的研考	项定才	四川金融	3期	1996
1933年版川陕苏区银元之谜	巴家云	文史杂志	6期	1996
南阳发现川陕根据地铸币	陈国友	西安金融	6期	1996
川陕苏区钱币	蒲龙	四川大学出版社		1996
川陕革命根据地布币、纸币发行述略	缪明杨	中国钱币	4期	1997
试论红军钱币的特殊价值	毋学勇	四川文物	4期	1997

续表一八

篇、书名	著(译)编者	出处	卷、期	年月日
川陕省工农银行叁串布币印模真伪考	杨春美	四川文物	4期	1997
川陕苏区的货币发行与反伪币斗争	唐文	四川党史	6期	1997
川陕苏区货币特色探微	唐翚	四川文物	2期	1998
川陕苏区银币铸行的有关问题探讨	刘敏	四川文物	2期	1998
川陕革命根据地货币流通兑换述析	缪明扬	四川行政学院学报	2期	2000
		中国钱币	4期	2000
川陕苏区货币版面设计浅析	赖万林	四川文物	4期	2000
川陕苏区布、纸币设计及印制情况补遗	阎登发	西南金融	8期	2000
川陕苏维埃"贰角"、"伍角"金属辅币质疑	金诚	中国钱币	1期	2001
川陕革命根据地货币政策初探	缪明扬	南京金融高等专科学校学报	1期	2001
试论川陕苏维埃的金融货币	孔路原	中共成都市委党校学报(社科)	3期	2001
川陕苏区的初期货币	南乔民	人民政协报		2001.5.25
红色金融——邛崃苏区的红军货币	周涛	巴蜀史志	3期	2002
川陕苏区货币研究札记	巴家云	中国钱币论文集	4辑	2002
试论川陕革命根据地货币反假和购买力的变化	巴家云 宋永清	中国钱币	3期	2003
川陕苏区货币特点试析	王兰英	巴蜀史志	4期	2003
"赤化全川"以币明志	成春到	中国商报		2003.12.4
川陕革命根据地的布币	肖高林	四川师范大学学报(社科)	1期	2004
近代革命文物——川陕省造苏维埃银元	吴伟忠	民营经济报		2005.2.7
解放战争时期流入四川的解放区货币	张善熙	四川文物	4期	1993
四川金融业之今昔	杨泽	四川经济季刊	1卷3期	1944
抗战三年来之四川财政与金融	甘绩镛	经济汇报	2卷1、2期	1940
四川财政金融近况		经济汇报	2卷9期	1940
抗战以来四川之金融	张与九	四川经济季刊	1卷1期	1943
一年(1942)来的成都市金融业	李华飞	银行界	2卷1期	1943
成都的金融市场	滕茂桐	四川经济季刊	1卷3期	1944
抗战结束与四川金融业	许廷星	四川经济季刊	2卷4期	1945

续表一九

篇、书名	著(译)编者	出处	卷、期	年月日
复员期中的四川金融业	白 地	四川经济季刊	3卷3期	1946
内江金融业的成长与发达	应理仁	银行通讯	2期	1947
四川防区制时期金融货币紊乱情况	吴晋航	文史资料选辑	10辑	1960
辛亥革命至抗战前夕四川金融大事记初稿一	田茂德等	四川金融研究	4期	1984
辛亥革命至抗战前夕四川金融大事记初稿二	田茂德等	四川金融研究	5期	1984
辛亥革命至抗战前夕四川金融大事记初稿三	田茂德等	四川金融研究	8期	1984
辛亥革命至抗战前夕四川金融大事记初稿四	田茂德等	四川金融研究	9期	1984
辛亥革命至抗战前夕四川金融大事记初稿五	田茂德等	四川金融研究	10期	1984
辛亥革命至抗战前夕四川金融大事记初稿六	田茂德等	四川金融研究	11期	1984
民初四川四大金融风潮	张善熙	团结报		1994.2.19
近代重庆金融市场的特征与作用	刘方健	财经科学	3期	1995
抗战时期全国金融中心的转移及其对四川经济的影响	青长蓉	成都师专学报	1期	2003
南充金融管理史实	《南充地区金融志》编委会	编者刊		
南充金融机构沿革	《南充地区金融志》编委会	编者刊		
南充保险业变迁	《南充地区金融志》编委会	编者刊		
川陕革命根据地金融史料搜集简况		四川金融研究	2期	1980
川陕革命根据地金融大事记	田茂德	四川金融研究	1期	1983
四川财阀的分析		经济通讯	3卷29-32期	1948
简述抗战前的重庆财团	唐学锋	西南师范大学学报（人文）	2期	1992
简论四川财团的形成、发展与特点	张守广	西南师范大学学报（人文）	1期	2005
四川省银行的过去与现在	施复亮	金融知识	1卷6期	1942
四川银行业统计		解放日报		1942.1.20
四川十家银行概述		四川经济季刊	1卷3期	1944
四川省银行的过去现在与将来	施复亮	四川经济季刊	1卷3期	1944
抗战前的重庆银行	唐学锋	重庆社会科学	1期	1990

续表二〇

篇、书名	著(译)编者	出处	卷、期	年月日
川帮银行	白眉	西北经济	1卷4期	1948
刘湘与四川地方银行	白兆渝	文史杂志	6期	2002
聚兴诚银行	童一名	银行界	1卷5期	1942
聚兴诚银行三十年来概况	宫廷璋	四川经济季刊	1卷3期	1944
杨氏家族与聚兴诚银行	李维城 宫廷璋	文史资料选辑	33辑	1963
我所了解的聚兴诚银行	曹天受	天津文史资料选辑	35辑	1986
聚兴诚银行史略		宜昌市文史资料	7辑	1987
聚兴诚银行	重庆市工商业联合会等	西南师范大学出版社		1987
聚兴诚银行的创办人——杨粲三	张金喜	中国工商	8期	1989
我在聚兴诚银行14年	胡学文	沙市文史资料	2辑	1990
聚兴诚银行的业务经营与杨粲三的用人之道	郑学筠	中国农业银行长春管理干部学院学报	2期	1991
四川近代民族资本银行第一家——聚兴诚银行		巴蜀史志	4期	1997
聚兴诚银行迁行址于法租界		武汉文史资料	3辑	1998
关于筹建太平池预防水厂被敌机炸毁一事致聚兴诚银行函		武汉文史资料	3辑	1998
聚兴诚银行周报中有关中日关系史料辑录（一）（二）（三）		档案与史学	3-5期	1998
民国工商界抗争轶事	张钧陶	红岩春秋	3期	2000
川帮银行的首脑——聚兴诚银行简论	张守广	民国档案	1期	2005
四川省银行	尚玉田	银行界	1卷7期	1942
抗战期中之四川省银行	郭荣生	经济汇报	5卷5期	1942
四川省银行改制五角券	谢启才	中国钱币	3期	1989
四川省银行要略	田茂德	西南金融	5期	2003
四川省银行要略（续）	田茂德	西南金融	6期	2003
四川美丰银行	童一名	银行界	1卷6期	1942
四川美丰银行二十年来概况	四川美丰银行经济研究室	四川经济季刊	1卷3期	1944
康心如与中美合资时期的四川美丰银行	时广东	社会科学研究	6期	2003
军阀控制时期的四川美丰银行	时广东	社会科学研究	6期	2004
和成银行十年来业务概况	和成银行	四川经济季刊	1卷3期	1944

续表二一

篇、书名	著(译)编者	出处	卷、期	年月日
水利银行概况	卢澜康	四川经济季刊	1卷3期	1944
从成都商业银行看解放前金融业的畸形异象	米庆云	文史资料选辑	31辑	1961
卢作孚创办的北碚农村银行	史辉	四川金融	6期	1988
川陕省苏维埃工农银行在江油	曾昌林	四川文物	2期	1998
民国时期的重庆钱庄业	陈敏	中华文化论坛	3期	2002
抗战时期四联总处实话农贷金融网络的特色	刘祯贵	巴蜀史志	1期	2004
民国时期四川省合作金库史略	汪辉秀 朱艳林	巴蜀史志	5期	2005
抗日战争时期的重庆保险市场	郭晋昌	当代保险	12期	1989
旧中国的重庆保险市场	赵同生	重庆保险	1期	1993
重庆旧保险业中的代理人、经纪人和公证人	赵同生	重庆保险	3期	1993
重庆旧保险业的市场竞争	赵同生	重庆保险	6期	1993
川江盐载保险始末	郭晋昌	当代保险	8期	1991
四川公债溯源	杨祖昆	巴蜀史志	6期	1993
西康金融状况	佚名	蒙藏周报	9期	1929
西康康定金融近况	天	康藏前锋	2卷2期	1934

七、人口、赋税、度量衡

篇、书名	著(译)编者	出处	卷、期	年月日
蜀中历代户口略述	陶元甘	青年世界	3卷7、8期	1948
历代四川人口概况（附略计表）	谢忠梁	资料	1期	1978
二千年间四川人口概况	谢忠梁	四川大学学报（哲社）	3期	1978
四川人口史	李世平	四川大学出版社		1987
四川主要宗教对人口的影响	陈一石	宗教学研究	1期	1988
成都—马尔康剖面的人口地理意义	伍理	西北人口	3期	1989
四川人口的历史与现状	徐朝中	巴蜀史志	2期	1992

续表一

篇、书名	著(译)编者	出处	卷、期	年月日
蜀道与人口迁移	李 虎	文博	2期	1995
三国时蜀户口之估计	陈恭禄	斯文	2卷2期	1941
由户口变动看蜀汉时期巴蜀地区的地主经济	蒋福亚	北京师院学报	2期	1978
蜀汉人口问题研究	刘雪河	广州师院学报（社科）	8期	1999
蜀汉重庆人口考	卢华语	西南师范大学学报（人文）	6期	2001
蜀国人口蠡测	李 虎	四川文物	6期	2002
蜀汉两地间的人口流动	王庆宪	黑龙江民族丛刊	6期	2004
南宋淳熙二年成都府路户口数辨证	王小红	宋代文化研究		1998
明代秦巴山区的封禁与流民集聚	张建民	中南民族学院学报（哲社）	2期	1998
明代秦巴山区流民的附籍与分布	张建民	中南民族学院学报（社科）	2期	1999
明代四川的城池与人口	杨宇振	建筑史	21辑	2005
四川人口的最低点	味 明	巴蜀史志	2期	2000
对四川历史上七、八千万人口的质疑	许改玲	人口研究	3期	1982
四川清初招徕人口与轻赋政策	彭雨新	中国社会经济史研究	2期	1984
Sichuan's Population in the Nineteenth Century: Lessons from Disaggregated Data	G. William Skinner	Late Imperial China	Vol. 8, No. 1	1987
清代四川人口快速增长的特殊原因浅析	谭 平	成都大学学报（社科）	2期	1992
试论清代四川人口发展的特征	行 龙	中国人口科学	4期	1993
清代人口西迁与民变	张景岳等	学术季刊	3期	1994
清中后期四川人口逆向迁移及对边远民族地区开发的影响	邓前程	西南民族学院学报（哲社）	10期	2001
逊氏家族人口的个案研究	孙和平	西南民族学院学报（哲社）	6期	2002
清代中期四川分府人口——以1812年数据为中心	曹树基	中国经济史研究	1期	2003
清代以降四川城乡人口变迁研究	牛晓萍	人民日报出版社		2005
近代四川人口密度与人口压力的分析	吕实强	师大历史学报	5期	1976
近代四川人口	李世平等	成都出版社		1993
近代四川农村人口剩余原因初探	张 伟	西南交通大学学报（社科）	6期	2003
近代四川农村流民的形成及原因	牛晓萍	西南民族大学学报（人文）	12期	2003
四川省人口面积统计	本刊资料室	政治建设	2卷6期	1940

续表二

篇、书名	著(译)编者	出处	卷、期	年月日
四川人口七千万分析与感慨	傅双无	责善半月刊	1卷18期	1940
民国时期（1912-1949）四川的人口变动及其原因	何景熙	四川大学学报（哲社）	1期	1992
民初四川人口总量与人口自然结构初探（上）（下）	何一民	巴蜀史志	4、5期	1994
近代成都城市人口发展述论	何一民	近代史研究	1期	1993
刍论抗战时期重庆的人口变迁及影响	唐润明	"20世纪中国社会史与社会变迁"学术讨论会论文选集		1997
抗战时期重庆的人口变迁及影响	唐润明	重庆师院学报（哲社）	3期	1998
重庆历史人口述略	张超林	重庆社会科学	4期	2001
战时人口内迁与重庆	程朝云	中国社会科学院近代史研究所青年学术论坛2002年卷		2002
四川边区各民族之人口数字	傅双无	书生书店		1941
西康移民问题	张六师	新亚细亚	2卷5期	1931
泸定人口统计		川边季刊	1卷1期	1935
康定人口统计		川边季刊	1卷1期	1935
西康宁雅两属之人口面积	陶继潜	边事研究	9卷3、4期	1939
青宁康三省人口面积统计	中国政治建设学会	政治建设	3卷2期	1940
西康人口问题	吴文晖 朱鉴华	边政公论	3卷1、2期	1944
西康德格之历史与人口	李安宅	边政公论	5卷2期	1946
木里藏族生育力概述	吴文	人口研究	6期	1983
喇嘛教与藏族人口	王端玉	民族研究	2期	1984
		民族研究文集		2000
喇嘛教对藏族人口的影响	程贤敏	西南民族研究		1983
川西近代藏族人口研究	程贤敏 左齐	中国藏学	1期	1993
1729-1952年甘孜藏族人口研究	徐铭	藏学研究论丛	1辑	1989
凉山彝族人口的历史发展	徐铭	思想战线	6期	1983
凉山彝族人口问题浅析	程贤敏	中国社会科学	2期	1984
凉山彝族奴隶社会人口研究	徐铭	贵州民族研究	2期	1985

续表三

篇、书名	著(译)编者	出处	卷、期	年月日
清代凉山地区民族人口的迁移	徐 铭	西南民族学院学报（哲社）	增刊	1986
论清代凉山彝族人口发展的原因及其相关的问题	秦和平	民族研究	1期	1992
彝族历史人口概说	徐 铭	西南民族学院学报（哲社）	3期	2000
论四川苗族人口的历史演变	郎维伟	贵州民族研究	2期	1995
北川县政区演变与羌族的人口分布	中共北川县委统战部等	编者刊		2000
羌族人口发展的特点及变动的因素构成	张 朴 王端玉	民族研究文集		2000
四川历代之田赋	冯汉镛	中央日报		1948.1.21，1.28
论三峡地区板楯蛮的赋税缴纳与社会动荡	李良品	重庆三峡学院学报	4期	2003
论古代巴人的经济发展与赋税征收	傅 樵	西南民族大学学报（人文）	8期	2005
唐前期剑南道财赋地位及其特征	张荣强	中国农史	4期	2003
北宋四川商税问题考释	林文勋	中国社会经济史研究	1期	1990
南宋四川官盐与地方财政	梁庚尧	第二届宋史学术研讨会论文集		1996
		宋史研究集	29辑	1999
成都府路の商税務・税額	清木場東	産業経済研究（久留米大）	43卷2期	2002
夔州路の商税務・税額	清木場東	比較文化年報	12卷	2003
梓州路の商税務・税額	清木場東	産業経済研究	44卷1期	2003
利州路の商税務・税額	清木場東	産業経済研究	44卷1期	2003
南宋の四川総領所について	高橋弘臣	中華世界の歴史的展開		2002
论赵开总领四川财赋	胡 宁	西华师范大学学报（哲社）	3期	2004
明代四川州县田赋征收考察	李 蓁 李映发	中国农史	1期	2004
四川省に於ける地丁銀の成立	鈴木正孝	歴史	16輯	1958
清末川省肉厘	周 询	四川文献	64期	1967
清末川省厘金	周 询	四川文献	65期	1968
清代四川田赋附加和摊派	张芳笠	四川财经学院学报	3期	1980
清代前期四川地区的田赋	鲍晓娜	西南师范大学学报（社科）	4期	1987
清前期巴县城市工商业者差役初探	刘 君	历史档案	2期	1991
百年税票深藏别姓人家	别 凌	巴蜀史志	6期	2003

续表四

篇、书名	著(译)编者	出处	卷、期	年月日
清末民初四川三十县捐税激增之一斑	唐上意	四川师院学报（社科）	2期	1982
刘湘勒派"剿匪"奖券案		四川档案史料	3期	1983
刘湘强化税收与川政统一	曾宪度	重庆地方志	4期	1988
川阀混战，苛税多少	杨满康	中学历史教学参考	1、2期	1998
民国时期的成都税务机构	李泽民	四川档案	2期	2005
四川省田赋附加税及农民其它负担之真相	朱俊	东方杂志	31卷14期	1934
四川田赋一年十征		经济旬刊	3卷18期	1934
四川田赋之不均	吴致华	地政月刊	4卷12期	1936
四川军阀统治下的田赋附加和预征	匡珊吉	四川大学学报（哲社）	1期	1981
四川田赋征购实物问题	吴学义	中国农民	2卷1、2期	1942
四川田赋征实一瞥		解放日报		1942.10.18
大后方征实概述	朱湛实	解放日报		1942.11.14，1942.11.15
田赋征实以来	侯学勤	解放日报		1942.1.13，1942.1.14
四川省的地方摊派	伍丹戈	四川经济季刊	1卷2期	1944
三十二年度四川田赋征借实物概况	任敏华	四川经济季刊	1卷3期	1944
论四川省营业牌照税	何廷光	国语日报		1944.11.5
三十三年四川之田赋征实与征借	马骅	四川经济季刊	2卷2期	1945
抗战期间川省粮政概况与征实数额	周开庆	四川文献	98期	1970
抗战后期四川省田赋征实政策之研究	侯坤宏	近代中国	51期	1986
抗战时期四川田赋征实述评	侯德础	四川师范大学学报（社科）	6期	1988
眉山犍为田赋研究	金海同	民国二十年代中国大陆土地问题资料		1977
资中内江田赋研究	辜勉	民国二十年代中国大陆土地问题资料		1977
成都华阳田赋之研究	李惩骄	民国二十年代中国大陆土地问题资料		1977
沙坪坝地区民国时期田赋概略	曾宪度	重庆地方志	2期	1988
民国前期重庆苛捐杂税的由来与演变	曾宪度	重庆地方志	5期	1991
抗战时期国民政府在四川役政失败的原因	程在伦	档案史料与研究	2期	1995

续表五

篇、书名	著(译)编者	出处	卷、期	年月日
巴中发现川陕根据地的累进税执据和印花税票	沈有成	四川文物	4期	1987
对川陕苏区税收问题的研考	项定才	税务与经济	3期	1994
从甘孜藏族地区民主改革前的情况看初期封建社会地租形态的变化	邓子琴	四川日报		1961.5.6
乌江下游土司时期贡赋制度考略	李伟	贵州社会科学	2期	2005
四川省地方财政制度历史的考察	伍丹戈	四川经济季刊	2卷3期	1945
清末四川地方财政制度的基本性质	伍丹戈	财政评论	13卷4期	1945
蜀海丛谈——清末川省契税	周询	四川文献	63期	1967
清代川省岁入岁出	周询	四川文献	68期	1968
晚清四川财政状况的转变	何汉威	新亚学报	14卷	1984
清代四川财政史料（上）	鲁子健	四川省社会科学院出版社		1984
清代四川财政史料（下）	鲁子健	四川省社会科学院出版社		1988
四川款目说明书		近代史资料	总64号	1987
清代後期四川における地方財政の形成——会館と釐金	山本進	史林	75卷6期	1992
清代後期四川における財政改革と公局	山本進	史学雑誌	103卷7期	1994
四川财政之今昔	周宜甫	银行周报	17卷39期	1933
川省财政渐见整理		工商半月刊	7卷17号	1935
四川省财政之演进	贾德怀	财政评论	2卷6期	1939
四川财政之检讨	叶宗高	经济汇报	2卷1、2期	1940
二年来的四川财政与经济	甘祠森	申报		1937.3.1
抗战以来四川之财政	任敏华	四川经济季刊	1卷1期	1943
三十二年度四川财政之回顾	任敏华	四川经济季刊	1卷2期	1944
三十三年四川之财政	任敏华	四川经济季刊	2卷2期	1945
民国初年之四川财政	华生	四川文献	20期	1964
川陕革命根据地财政经济史料选编	四川省财政科学研究所、川陕革命根据地博物馆	四川省社会科学院出版社		1987
西康征收粮税情形、西康之茶税、西康十八县牲税概况、西康增加康藏边茶引票		康藏前锋	1卷12期	1934
西康财政之困穷及其救济	上祐	康藏前锋	2卷2期	1934

续表六

篇、书名	著(译)编者	出处	卷、期	年月日
川康军政经费穷窘之实况		川边季刊	1卷1期	1935
西康廿七县粮额统计		川边季刊	1卷3期	1935
一年来之西康财政		康导月刊	1卷9期	1939
非常时期的西康财政	李章甫	康导月刊	2卷1期	1939
西康财政概况		康导月刊	3卷2、3期	1941
			4卷8、9期	1942
西康财政之过去与将来	李光普	西康经济季刊	1期	1942
康定税收一瞥——西康通讯		税务月报	2卷5、6期	1943
从整理康区地方财政说到差徭问题	李旭光	康导月刊	5卷7、8期	1943
一年来西康之财政	李万华	康导月刊	5卷10期	1944
一年来西康之田粮管理	徐健	康导月刊	5卷11、12期	1944
战时川康烟类专卖与战时财政（1942－1945）	黄友良	巴蜀史志	3期	2005
西康之乌拉问题	余贻泽	新亚细亚	13卷1期	1937
西康乌拉差徭制度之史的叙述	黄上成	康导月刊	2卷5期	1940
西康差徭之过去与将来	刘文辉	康导月刊	2卷5期	1940
西康乌拉问题	马毓英	康导月刊	2卷5期	1940
康区各县乌拉差徭概况一览	黄上成	康导月刊	2卷5期	1940
泰宁最近差徭实况	黄上成	康导月刊	2卷5期	1940
由竹庆差徭纠纷论及西康差徭	文阶	康导月刊	2卷5期	1940
得荣县差徭	朱刚正	康导月刊	2卷5期	1940
白玉县差徭纠纷及其解决	傅真元	康导月刊	2卷5期	1940
雅江差徭	陈治荣	康导月刊	2卷5期	1940
瞻化县差徭问题之剖析	陈升朝	康导月刊	2卷5期	1940
理化县差徭之今昔及其特点	张子惠	康导月刊	2卷5期	1940
道孚乌拉内幕及其整理意见	王卓	康导月刊	2卷5期	1940
整理康区乌拉交通意见书	段班级	康导月刊	2卷5期	1940
废除康区乌拉制度建议书	张镇国	康导月刊	2卷5期	1940
乌拉制度与官营牧运	任灼	康导月刊	2卷5期	1940

续表七

篇、书名	著(译)编者	出处	卷、期	年月日
如何解决康区之差徭	文阶	康导月刊	2卷7期	1940
解决康区差徭问题的前提	任汉光 张镇国	康导月刊	2卷11期	1940
从历史上看西康乌拉问题	华若飞	边事研究	12卷5、6期	1941
康泰差徭调查记	徐恩执	康导月刊	3卷2、3期	1941
乌拉问题之解决途径	蒋章君	边政公论	1卷7、8期	1942
乌拉革命论	戍声社	康导月刊	4卷1期	1942
西康乌拉差徭的概况及其社会性质——西康社会考察记之一	华岗	群众周刊	7卷10期	1942
《西康乌拉差徭的概况及其社会性质》更正		群众周刊	7卷11、12期	1942
关于乌拉制	唐家弘	工商导报		1951.2.21
康区乌拉制	孙林	西南民族学院学报（哲社）	2期	1981
川边藏区交通乌拉差徭考索	陈一石	西藏研究	1期	1984
刘文辉康区乌拉制度改革述论	胡晓梅	四川教育学院学报	9期	2002
古璧和春秋战国以前的衡权	张勋燎	四川大学学报（哲社）	1期	1979
杆秤的起源发展和秦权的使用方法——兼论四川、河南出土的汉权	张勋燎	四川大学学报（哲社）	3期	1977
成都西郊罗家碾出土西汉量器——铜斗	何国涛	文物	5期	1974
四川彭山县出土新莽西顺郡铜板	丁祖春	文物	11期	1979
"成都平市"铁权	王有鹏 江聪	成都日报		1981.11.11
都市平非"成都市平"商榷	后晓荣	四川文物	1期	2003
略谈新莽铜环权	丘光明	文物	8期	1982
郫县发现东汉铜量	梁文骏	四川文物	4期	1984
元末明玉珍农民政权"天统三年"铜权	刘秀凤 陈丽	文物	7期	1992
广汉发现元代铜权	敖兴全	四川文物	2期	1989
四川西昌发现元代铁权	黄承宗	四川文物	2期	1995
什邡县出土一副明代砝码	郑绪滔	四川文物	3期	1985
重庆市九龙坡区出土清代衡器——特大秤砣	董晏明	四川文物	2期	1986

续表八

篇、书名	著(译)编者	出处	卷、期	年月日
重庆市九龙坡区出土清代铁秤	董晏明	考古与文物	2 期	1987
雅安市发现鼓形铨	余永恒	四川文物	6 期	1993
内江市发现清末川汉铁路总公司较准铜锭	曾季瑛	四川文物	1 期	1997
古时彝族度量衡概述	列索子哈	凉山大学学报	3 期	2003

第五章

学术科技

一、学术

(一) 一般论著

篇、书名	著(译)编者	出处	卷、期	年月日
巴蜀学术发展述略	《四川省志·哲学社会科学志》编写组	中华文化论坛	1期	1996
四川思想家	贾顺生 戴大禄	巴蜀书社		1988
《四川思想家》一书点评	王煜	四川大学学报(哲社)	3期	1989
巴山蜀水圣哲魂——巴蜀哲学史稿	黄开国 邓星盈	四川人民出版社		2001
巴蜀哲学发展略述	黄开国 邓星盈	四川大学学报(哲社)	6期	2002
巴蜀哲学之特色	蔡方鹿	文史哲	1期	2005
巴蜀学术的渊源：先秦巴蜀文化	邓星盈	天府新论	5期	1996
蜀两汉经师考	缪荃孙	四川文献	171期	1976
论儒学传入巴蜀	赖华明	四川师范大学学报(社科)	5期	1990
《两汉蜀学考》叙目	王文才	中华文化论坛	2期	1998
严遵、扬雄的道家思想	王萍	山东大学学报(哲社)	1期	2001
"巴蜀学派"述论	陈国灿	古籍研究	1期	1997
略论汉魏时期的巴蜀学派	陈国灿	浙江师大学报(社科)	4期	1997
三国蜀经学	程元敏	学生书局		1997
论蜀汉之学术文化风尚	王永平	江海学刊	2期	2002
三国蜀汉学术考	段渝	天府新论	1期	2005
三国蜀经学发展考论	刘运好	中华文化论坛	3期	2005
三国至隋唐的巴蜀学术	邓星盈 黄开国	四川大学学报(哲社)	2期	1997
谯定、张栻与朱熹的学术联系	胡昭曦	宋代文化研究	12-14辑上	2005
宋代眉州及其文化发展原因初探	蜀鹰	四川文物	3期	1987
宋代莅潮官师与蜀学及闽学——韩公在潮州受高度崇敬之原因	饶宗颐	刘子健博士颂寿纪念宋史研究论集		1989
士人学术交游圈：一个学术史研究的另类视角——以宋代四川为例	邹重华	中国文化研究所学报	9期	1990

续表一

篇、书名	著(译)编者	出处	卷、期	年月日
胡宏、张栻与魏了翁对佛教的批判	王煜	湖南大学学报（社科）	1期	1992
宋代蜀学刍论	胡昭曦 张茂泽	四川大学学报（哲社）	4期	1993
宋代井研"四李"对理学的贡献	粟品孝	成都大学学报（社科）	1期	1997
试论"洛蜀会同"	粟品孝	西南师范大学学报（哲社）	3期	1997
宋代蜀学的转型	胡昭曦	庆祝邓广铭教授九十华诞论文集		1997
宋代蜀学研究	胡昭曦等	巴蜀书社		1997
朱熹与宋代蜀学	粟品孝	高等教育出版社		1998
宋代"世显以儒"的成都范氏家族	胡昭曦	胡昭曦宋史论集		1998
四川理学及其特点	余光贵	四川大学学报（哲社）	3期	1998
道教影响下的四川经学	龚鹏程	道教神仙信仰研究		2000
宋代蜀学的转移与衰落	胡昭曦	宋代历史文化研究		2000
洛学、新学、蜀学异同论	卢连章	中州学刊	6期	2002
论张耒学术文化思想对蜀学内蕴的契合	湛芬	贵州社会科学	5期	2003
宋代四川理学研究	蔡方鹿	线装书局		2003
蜀学与蜀学研究榷议	胡昭曦	天府新论	3期	2004
宋代蜀学论集	胡昭曦	四川人民出版社		2004
张栻、魏了翁的实学思想及对湘蜀文化的沟通	蔡方鹿	湖南大学学报（社科）	1期	2005
朱熹及四川朱熹宗祠	朱文国	巴蜀史志	5期	2005
宋代四川家族与学术论集	邹重华 粟品孝	四川大学出版社		2005
巴蜀《易》学源流考述	李朝正	社会科学研究	5期	1990
析"易学在蜀"	胡昭曦	宋史研究论文集		1993
谈谈青城易学	王纯五	文史杂志	5期	1994
蜀中《易》学奇人——谯定	郭齐	中国典籍与文化	1期	1995
北崖程颐及涪陵易学	粟品孝	四川文物	2期	1997
巴蜀易学研究的新探索——《周易见龙》序	谭继和	中华文化论坛	4期	2000
宋代理学名儒与四川易学	粟品孝	中华文化论坛	2期	2000
程颐蜀中行迹考	谢桃坊	中华文化论坛	1期	2001
涪陵易学初探	吴朝弟	涪陵师范学院学报	1期	2003

续表二

篇、书名	著(译)编者	出处	卷、期	年月日
试论涪陵北岩在宋代易理学史上的历史地位	马培汶	涪陵师范学院学报	4期	2003
赵宾易学刍议	金生杨	中华文化论坛	4期	2003
张浚的易学思想及其影响	蔡方鹿	周易研究	1期	2004
巴蜀易学渊源	金生杨	四川师范大学学报（社科）	3期	2004
北宋理学家程颐在重庆的讲学活动	吴洪成	涪陵师范学院学报	1期	2005
涪陵学派论纲	李胜	重庆师范大学学报（哲社）	1期	2005
宋元明清四朝学案中之川儒	维明	四川文献	163期	1977
略说明代"西蜀四大家"对四川文化的拓展	李朝正	社会科学研究	4期	1989
元明清的巴蜀学术	黄开国	中华文化论坛	3期	2000
Social Change during the Ming-Qing Transition and the Decline of Sichuan Classical Learning in the Early Qing	Li Yu	Late Imperial China	Vol. 19, No. 1	1998
对清末民初四川学术崛起的思考	李朝正	天府新论	2期	1988
清末民初成都中外学术文化交流	凌兴珍	四川师范大学学报（哲社）	2期	1999
"改土归流"以来儒学在滇川黔彝区的传播及其影响	潘先林 潘先银	云南师范大学学报（教科）	6期	1997
略论古代彝族的自然哲学	冯利	西南民族学院学报（哲社）	4期	1981
彝族哲学思想史	伍雄武 普同金	民族出版社		1998
凉山彝族的两种自然观	赵明	西南民族学院学报（哲社）	2期	1990
论凉山彝族哲学思想	赵明	凉山民族研究	3期	1994
凉山彝族哲学与社会思想	苏克明等	四川人民出版社		1999
羌族哲学思想初探	柯义成	西南民族学院学报（哲社）	增刊2	1986
羌族社会伦理思想简论	杨健吾	社会科学研究	4期	2005

（二）学术思想

1. 严遵

篇、书名	著(译)编者	出处	卷、期	年月日
道德指归辑本序（附：辨道德指归论非伪书）	李翘	文澜学报	3卷1期	1937

续表一

篇、书名	著(译)编者	出处	卷、期	年月日
严君平"道德指归论"佚文序	蒙文通	图书集刊	8期	1948
辑严遵老子注	严灵峰	大陆杂志	28卷10、11期	1964
辨严遵《道德指归论》非伪书	严灵峰	大陆杂志	29卷4期	1964
道藏本《道德真经指归》提要	王利器	中国哲学	4辑	1980
		王利器论学杂著		1992
严遵老子指归中总序与说目的真伪问题	严灵峰	大陆杂志	64卷2期	1982
从帛书《老子》论严遵《道德指归》之真伪	郑良树	古文字研究	7辑	1982
老子之道及其在魏晋以前的演变	王德有	中国哲学史研究	1期	1984
严君平哲学思想述略	郑万耕	北京师范大学学报（社科）	3期	1984
《老子指归》自然观初探	王德有	哲学研究	9期	1984
严遵的《老子指归》及其哲学和政治思想	钟肇鹏	世界宗教研究	2期	1985
严君平《道德指归》浅析	那薇	社会科学研究	3期	1985
严君平《老子指归》真伪考辨	王德有	齐鲁学刊	4期	1985
试析严君平的直觉思维	那薇	哲学研究	10期	1988
严遵哲学——魏晋玄学的先声	祝瑞开	上海大学学报（社科）	5期	1988
严君平所崇尚的理想人格	那薇	孔子研究	2期	1990
严君平的人生学说	王德有 马龙肖	中国哲学史	1期	1992
严遵与王充、王弼、郭象之学源流	王德有	道家文化研究	4辑	1994
严遵《指归》考辨	李学勤	历史文献研究	新6辑	1995
严君平卖卜降妖成都市	罗剑云	中国道教	4期	1996
试论严君平的学术思想	邓星盈 黄开国	社会科学研究	6期	1997
《老子》王弼注、河上公注、严遵《道德指归》三家注本比较	吴仪凤	孔孟月刊	36卷6期	1998
严遵引易入道简论	王德有	道家文化研究	12辑	1998
浅析《老子指归》的思维方式	元正根	中国哲学史	3期	1999
严遵易学思想浅析	张涛	内蒙古师范大学学报（哲社）	3期	1999
从《道德指归》看严遵的思想（上）（下）	赵雅博	哲学与文化	26卷1、2期	1999

续表二

篇、书名	著(译)编者	出处	卷、期	年月日
《老子》严遵本校记	郑良树	书目季刊	32卷4期	1999
严君平解读《老子》之方法	张实龙	安庆师范学院学报(社科)	4期	1999
天人之际，大道毕矣——严遵天人思想研究	赵中伟	第二届汉代文学与思想学术研讨会论文集		1999
《老子指归》哲学体系的方法论检讨	杜保瑞	世界弘明哲学季刊	2期	2000
《老子指归》"道开虚无"的自然哲学	张运华	湘潭大学社会科学学报	4期	2000
严遵《老子指归》的思想特色	陈广忠	中国文化研究所学报	新9期	2000
严遵、河上公、王弼三家《老子》注的诠释方法及其对道的理解	蔡振丰	文史哲学报	52期	2000
严君平《老子指归》哲学体系的方法论检讨	杜保瑞	哲学与文化	330期	2002
《老子指归》的生命观	薛公忱	南京中医药大学学报(社科)	1期	2001
《老子指归》的圣人论	陈丽桂	中国学术年刊	22期	2001
卜肆与支机石的故事	张少成	文史杂志	6期	2002
《老子指归》中"道"思想之探究	陈福滨	哲学与文化	30卷9期	2003
《老子指归》的养生思想	杨玉辉	宗教学研究	4期	2004
《老子指归》之政治思想试论	林俊宏	政治科学论丛	22期	2004

2. 扬雄

篇、书名	著(译)编者	出处	卷、期	年月日
扬雄的哲学	姚璋	光华大学半月刊	3卷1、2期	1934
扬雄思想平议	吴则虞	哲学研究	6期	1957
扬雄思想与儒学	万先法	台湾新生报		1959.11.20
论扬雄在中国哲学史上的地位	张聿飞	哈尔滨师院学报(人文)	1期	1962
漢書扬雄伝天歷点解读文	大坪併治	学术纪要(冈山大学法文学部)	36号	1975
扬雄思想研究	韩敬	研究集刊	1、2期	1981
试论扬雄的美学观	陈曼平 张克	延边大学学报(社科)	1期	1983
扬雄无神论思想的几个范畴：天，神，仙	郑万耕	中国哲学史研究	4期	1984

续表一

篇、书名	著(译)编者	出处	卷、期	年月日
试论扬雄的宇宙结构论	那薇	中国哲学史研究	3期	1985
在人性论上荀况对扬雄的影响	郑文	河北学刊	3期	1985
扬雄的逻辑辩说思想与数的演绎逻辑	蔡伯铭	湖北师范学院学报（哲社）	1期	1988
扬雄的诸子学与儒学批判论	黄开国	重庆社会科学	2期	1988
扬雄与两汉思想	许结	中国哲学史研究	5期	1988
一位玄静的儒学伦理大师——扬雄思想初探	黄开国	巴蜀书社		1989
论扬雄哲学的玄范畴	黄开国	社会科学研究	1期	1990
扬雄的社会历史观	黄开国	重庆师范大学学报（哲社）	2期	1990
扬雄、桓谭、王充间的思想承传关系	姜书阁	湘潭大学学报（社科）	3期	1994
扬雄与玄学	李军	中华文化论坛	1期	1997
论扬雄的教育思想	谭佛佑	贵州教育学院学报	4期	1997
扬雄与道家思想	清宫刚	河北大学学报（哲社）	4期	1997
扬雄的性"善恶混"论实际是荀况的性恶论	郑文	西北师大学报（社科）	4期	1997
扬雄信道的思想特质	雷健坤	学术研究	9期	1997
扬雄的史学思想	郑万耕	史学史研究	2期	1998
"动化天下，莫尚于中和"——论扬雄的中和哲学	董根洪	社会科学研究	6期	1999
略论扬雄对汉代易学发展的贡献	张涛	河南大学学报（社科）	1期	2000
"西道孔子"扬雄的大统一观与儒风在巴蜀的流布	谭继和	中华文化论坛	1期	2001
论扬雄对先秦儒学的继承与发展	边家珍	河南大学学报（社科）	3期	2002
扬雄历史观再认识	张秋升	聊城大学学报（哲社）	5期	2002
扬雄对西汉新儒学的重构及其意义	边家珍	东岳论丛	6期	2002
扬雄身心观述评	郑万耕	河北师范大学学报（哲社）	3期	2004
试论扬雄的忧患意识在儒学发展上的体现	张晓明	求实	增刊2	2005
论扬雄"在夷貉则引之"的民族思想	郭君铭	中央民族大学学报	5期	2005
法言补释	刘师培	国粹学报	27—29期	1907.4—1907.5
			31期	1907.7

续表二

篇、书名	著(译)编者	出处	卷、期	年月日
汪荣宝法言疏证序	曹元忠	雅言	1卷3期	1914.1
汪荣宝法言疏证序二	杨维骥	雅言	1卷3期	1914.1
评注诸子菁华录：扬子法言	张之纯	商务印书馆		1916
扬子法言	杨雄	上海书局		1916
扬子法言	支伟成编	泰东图书局		1923
扬子法言	唐志孝标点	扫叶山房		1925
扬子法言读本	陈和祥评注	世界书局		1926
法言汪注补正	汤炳正	制言	4期	1935
法言疏证别录	汪东	华国月刊	1卷1-8期	1923.9-1924.4
新式标点：扬子法言	唐志孝	扫叶山房		1925
读法言	姚永朴	民彝	1卷11期	1928
读扬子法言札记	陶鸿庆	国学丛刊	1卷1、2期	1931
读扬子法言	颜昌峣	船山学报	1期	1933
法言义疏后序	黄侃	文艺丛刊（中央大学）	1卷2期	1934
扬子法言之研究	支伟成	大中书局		1934
扬子法言集解	王心湛校勘	广益书局		1936
"孔之卓"在哪里	繁星	前线	22期	1961
跋扬雄《法言》卷十、卷十一	白寿彝	北京师范大学学报（社科）	3期	1963
法言の研究——その著作の動機について	高木友之助	中央大学文学部紀要	35号	1964
法言义疏	杨家骆	世界书局		1967
扬子法言五臣注引书考	高木友之助	紀要（中央大学文学部）	65号	1972
《法言》について	町田三郎	哲学年报	34輯	1975
《法言》注釈史上における増注（桃白鹿著）の地位について	藤川正数	日本中国学会報	27集	1975
《法言》の思想	池田秀三	日本中国学会報	29集	1977
由扬雄《法言・吾子》篇论西汉的辞赋	洪顺隆	文艺复兴月刊	93期	1978
扬雄及其《法言》	韩敬	社会科学研究	4期	1982
扬雄「法言」の人間觀と讖緯批判	松島隆裕	小山工業高等専門学校研究紀要	14号	1982
《扬子法言》论屈原章析义	卫仲璠	安徽师大学报（哲社）	2期	1985

续表三

篇、书名	著(译)编者	出处	卷、期	年月日
法言义疏	汪荣宝	中华书局		1987
《扬子法言会笺》前言	卫仲璠	安徽师大学报（哲社）	3期	1989
扬雄《法言》的人论及意义	黄开国	江西社会科学	4期	1989
法言注	韩敬	中华书局		1992
《法言》仿《齐论语》辨	束景南	古籍整理研究学刊	3期	1993
扬雄「法言」における人物評論	弓巾和顺	中国古典研究	38集	1993
试谈扬雄《法言》的思想倾向	石晓宁	沈阳师范学院学报（社科）	3期	1994
《扬子法言》历代校注本传录	王菡	文献	3期	1994
扬雄《法言》中的易学思想	李英华	周易研究	4期	1996
"第二部《论语》"——《法言》述评	李英华	孔子研究	2期	1997
论逸民、隐士及其隐遁权——《庄子》、《法言》、《抱朴子》论隐逸	金毅	北京第二外国语学院学报	4期	1997
扬雄《法言》的文化守成主义	杨海文	学术研究	9期	1997
法言全译	韩敬	巴蜀书社		1999
扬雄《法言》的儒家视界	解丽霞	中山大学出版社		2000
扬雄《法言》中的道家思想	张兵	济南大学学报（社科）	5期	2001
中国儒哲十大名著：法言	秦艳华译注	山东友谊出版社		2001
扬雄「法言」における模倣と創造	弓巾和顺	中国研究集刊	30号	2002
法言·潜夫论 全文注释本	王以宪等	华夏出版社		2002
论《法言》的尊圣崇经与儒学批判	杨福泉	上海大学学报（社科）	3期	2003
扬子法言译注	李守奎 洪玉琴	黑龙江人民出版社		2003
《法言》中复合词的界定	张焕新	通化师范学院学报	3期	2004
扬雄《法言》语言艺术特色初探	张兵	西华师范大学学报（哲社）	3期	2004
儒主道辅 本道兼儒——论扬雄《法言》的思想特征	张兵	理论学刊	5期	2004
		管子学刊	1期	2005
太玄经考	夏敬观	艺文杂志	1卷2、3期	1936
演玄	刘昂	之江学报	4期	1934
太玄新解	江绍原	北平华北日报·中国古占卜术研究	1-17、19-21期	1936.3.22-1937.1.25
由太玄证河图数中央五十之误	尚节之	北平晨报·思辨	33期	1936.4.8
太玄筮法正误	杨殿森	国学月刊	1卷2期	1945.2

续表四

篇、书名	著(译)编者	出处	卷、期	年月日
太玄初释序录	文园	国学月刊	1卷5期	1945.5
太玄初释卷一	文园	国学月刊	1卷6期	1945.8
扬雄と太玄——作者の伝統	御手洗勝	中国学研究	18号	1957.10
读扬雄太玄赋献疑	郑文	争鸣（西北院）	4期	1957
《太玄》の構造的把握	川原秀城	日本中国学会报	30集	1978
太玄经	扬雄撰，陆绩述，范望注	广文书局		1977
《太玄》学说初探	郑文	甘肃师大学报（哲社）	4期	1979
《太玄》创作年代考	束景南	历史研究	5期	1981
论《太玄》的哲学体系	韩敬	中国哲学史研究	1期	1982
扬雄《太玄》中的宇宙形成论	郑万耕	社会科学研究	4期	1983
《太玄》与自然科学	郑万耕	中国哲学	4期	1984
太玄解·三历撮要	高本钊	新文丰出版公司		1984
扬雄《太玄》校读散论	刘韶军	研究生学报	1期	1985
扬雄的三进制理论	李全华	湖南大学学报	2期	1985
《太玄经》与三进制	尹奈	图书馆学研究	4期	1985
《太玄》对《周易》的继承与发展	韩敬	周易纵横录		1986
《太玄》与《周易》之比较研究——兼论扬雄在中国哲学史上的地位与作用	韩敬	思想战线	5期	1987
		周易研究论文集	3辑	1990
三进制的意义及其来历	魏福平	西南交通大学学报	4期	1988
《太玄经》释义（选载）	高亨 董治安	山东大学学报（哲社）	4期	1989
析《太玄》构架形式	黄开国	孔子研究	4期	1989
太玄校释	扬雄原著，郑万耕校	北京师范大学出版社		1989
《太玄》与西汉天文历法	黄开国	江淮论坛	2期	1990
太玄经	扬雄	上海古籍出版社		1990
《太玄》"罔直蒙酋冥"的易学史意义	郑万耕	孔子研究	3期	1991
《玄首都序》、《玄测都序》注——《太玄注》摘登	韩敬	周易研究	3期	1991
《太玄》美学思想三题	王启林	西南民族学院学报（哲社）	1期	1992

续表五

篇、书名	著(译)编者	出处	卷、期	年月日
扬雄对《太玄》符号系统的语形、语义解释	周文英	南昌大学学报（人文）	1期	1993
《太玄》首符是一组严整的三进制数	王伦信	中国哲学史	1期	1993
《太玄经》"妇人徽猛"解	黄树先	古汉语研究	1期	1993
《玄摘注》摘要——《太玄注》选载（一）（二）	韩 敬	文献	1、2期	1993
《太玄》·黄老·蜀学——读《玄》札记之一	魏启鹏	四川大学学报（哲社）	2期	1996
		道家文化研究	12辑	1998
《太玄经》道家易札记——读《玄》札记之二	魏启鹏	道家文化研究	12辑	1998
太玄之玄——扬雄《太玄经》初探	杨汝舟	先秦史与巴蜀文化论集		1995
扬雄及其太玄	郑万耕	北京师范大学出版社		1996
太玄校注	刘韶军	华中师范大学出版社		1996
扬雄的"玄"是一个唯物主义命题	叶幼明	湖南师范大学社会科学学报	4期	1997
简论《太玄》外易内道的结构特色	王世达	人文杂志	6期	1998
新编诸子集成：太玄集注	扬雄撰，司马光集注，刘韶军点校	中华书局		1998
从《太玄》看道家理论思辨对扬雄的影响	张运华	唐都学刊	1期	1999
『太玄』の「首」と「赞」について	辛 贤	日本中国学会报	52集	2000
论《太玄》对《周易》的模仿与改造	刘保贞	周易研究	1期	2001
《太玄》赞辞所倡明君、贤臣思想述评	刘保贞	齐鲁学刊	2期	2001
《太玄》对"易""老"的会通与重构	周立升	孔子研究	2期	2001
读玄释中——试论《太玄》所本的宇宙说	问永宁	周易研究	3期	2001
从《太玄》看扬雄的人性论思想	问永宁	周易研究	4期	2002
太玄经	扬 雄	国家图书馆出版社		2004
《太玄》是一部"谤书"——"刺莽说"新证	问永宁	周易研究	6期	2005

3. 赵蕤

篇、书名	著(译)编者	出处	卷、期	年月日
略论赵蕤的思想	陈德述 蔡方鹿	西南师范学院学报（哲社）	4期	1984
赵蕤的法律思想	陈德述 蔡方鹿	贵州社会科学	5期	1984
《长短经》中的谋略论	周积明	社会科学研究	2期	1992
赵蕤《长短经》中的军事谋略思想	丁文宏	军事历史	3期	2000
赵蕤论"正臣"与"邪臣"	张学银	党员干部之友	6期	2002
《长短经》所引《宋略》史论的文献价值	周斌	史学史研究	4期	2003
《长短经》校证与研究	周斌	巴蜀书社		2003
唐代蜀学的杰出代表——赵蕤	蒋志	西华大学学报（哲社）	5期	2004
整理和利用《长短经》必须考源	周斌	古籍整理研究学刊	6期	2004
赵蕤及其《长短经》研究	沈亦军 杨子林	西南交通大学出版社		2004
《长短经》所引《逸周书·官人》的校勘价值	周斌 王秋平	喀什师范学院学报	2期	2005
《长短经》引文所标书名篇名作者名讹误汇考	周斌	西华师范大学学报（哲社）	5期	2005

4. 苏洵、苏轼、苏辙

篇、书名	著(译)编者	出处	卷、期	年月日
三苏的思想	罗根泽	中国杂志	1卷10期	1947
		学思	1卷10期	1947
朱子与吕东莱论苏学	童寿	大陆杂志	8卷10期	1954
苏门及其学派	张秉杰	畅流	40卷8期	1969
朱熹の蘇学批判——序説	合山究	中国文学論集	3号	1972.5.3
三苏学养探源	黄淑贤	黄埔学报	2期	1976
三苏学养之关连性	谢武雄	台中师专学报	10期	1981
二苏论"道"及蜀学学风	蔡方鹿	社会科学研究	3期	1987
论苏氏蜀学衰隐的原因	粟品孝	社会科学研究	1期	1995
朱熹评议苏氏蜀学——立足于《朱子语类》的考察	粟品孝	宋代文化研究	6辑	1996
试论"洛蜀会同"	粟品孝	西南师范大学学报（哲社）	3期	1997

续表一

篇、书名	著(译)编者	出处	卷、期	年月日
苏氏蜀学之经学考察	郝明工	成都大学学报（社科）	3期	1998
《苏氏易传》和三苏父子的道家思想	曾枣庄	道教文化	8集	1998
论苏氏蜀学的学派特征	萧永明	学术论坛	1期	1999
略论宋代眉山苏氏家学	李希运 马斗成	聊城师范学院学报（哲社）	4期	1999
宋代眉山苏氏家法试探	马斗成	山东大学学报（哲社）	1期	2001
论苏氏蜀学对佛道之学的汲取	萧永明	广西师范大学学报（哲社）	1期	2001
蘇氏蜀學考——出版から見た蘇學の流行について	田中正樹	宋人の認識		2001
论苏氏蜀学与洛学的歧异	萧永明	云梦学刊	2期	2002
试论"三苏"蜀学的思想特征	冷成金	福建论坛（人文）	3期	2002
从《四书》学看北宋理学、荆公新学、苏氏蜀学的异同	肖永明	湖南大学学报（社科）	5期	2004
正统与政见之争——论北宋中后期苏氏蜀学对荆公新学之批评	刘成国	四川大学学报（哲社）	5期	2004
苏轼兄弟的军事思想及边防策略	杨胜宽	乐山师范学院学报	7期	2004
苏轼苏辙对荆公新学的批判	王书华	河北大学学报（哲社）	3期	2005
苏氏蜀学的学术渊源	王书华	中华文化论坛	3期	2005
二苏"五经论"归属考	顾永新	文献	4期	2005
苏洵思想新探	吴孟复 詹亚园	安徽大学学报（哲社）	3期	1982
苏洵的军事思想	曾枣庄	黄石师院学报（哲社）	3期	1983
从《嘉祐集》看苏洵的人才管理思想	胡建华	史学月刊	1期	1990
苏洵的经济思想	张守军 杜艳萍	财经问题研究	8期	1996
苏洵《六经论》次第与经学思想探析	陈致宏	中国文化月刊	221期	1998
		孔孟月刊	37卷3期	1998
苏洵与释道	吴琳	宗教学研究	2期	1999
苏洵易学浅论	金生杨	宋代文化研究	9辑	2000
苏洵与王安石思想异同论	徐文明	清华大学学报（哲社）	2期	2002
苏轼思想简论	杨运泰	新建设	7期	1962
苏东坡是一位革命思想家	费友仁	大学生活	7卷21期	1962
与费友仁先生谈苏东坡	洪组	大学生活	7卷24期	1962

续表二

篇、书名	著(译)编者	出处	卷、期	年月日
苏轼思想探讨	凌琴如	台湾中华书局		1964
詩と史学——蘇軾の思想に及ぶ	倉田淳之助	東洋史研究	24卷1号	1965
蘇軾の隱逸思想について—陶淵明との関係を中心として	横山伊勢雄	国文学漢文学論叢（東京教育大学文学部紀要）	14辑	1969
论苏轼的哲学思想	周世辅	建设	21卷3期	1972
苏轼与朱震的易学	戴君仁	孔孟学报	26期	1973
		易经研究论集		1981
蘇東坡の自然観	合山究	目加田誠博士古稀記念中国文学論集		1974
试谈苏轼的思想	解锡三等	齐齐哈尔师院学报	3期	1978
论苏轼政治思想的发展——兼驳罗思鼎的谬论	朱清华	历史研究	8期	1978
苏轼政治思想初探	朱大成	沈阳师院学报（哲社）	1、2期	1979
苏轼的政治思想和他对待人民的态度	匡扶	甘肃师大学报（哲社）	4期	1979
苏轼政治思想管见	丘俊鹏	四川大学学报（哲社）	4期	1979
苏轼的政治主张及其民生观	吴桂就	古典文学论丛	1辑	1980
苏轼哲学思想探讨	刘真伦	南充师院学报（哲社）	2期	1981
东坡书传之疑古精神	林丽真	孔孟月刊	21卷3期	1982
从谪黄诗作看苏轼思想	曾俊伟	黄冈师专学报	3期	1982
从苏轼与苏辙的唱和诗词看苏轼的思想	姚学贤	信阳师范学院学报（哲社）	1期	1984
苏轼历史观论略——苏轼研究之四	夏露 王瑞明	华中师范学院研究生学报	1期	1984
东坡晚期思想管窥——读《洞庭春色》《中山松醪》二赋	廖维宇	吉林师范学院学报（哲社）	2期	1984
残菊犹有傲霜枝——苏轼寓惠州思想管窥	王路	黄石师院学报	3期	1984
苏轼历史哲学观探微	夏露	社会科学研究	4期	1984
蘇軾の"武王非聖人"論の性格——"禮"の重視と"權"の否定にみる経学思想一斑	近藤正則	漢文学会会報	30号	1984
蘇軾の水と世界観	瀧本正史	集刊東洋学（東北大学）	52号	1984
试论苏轼的寓惠思想	王启鹏	惠阳师专学报	1期	1985
论苏轼与理学之争	金诤	学术月刊	2期	1985
苏轼的尚静思想	黄鸣奋	晋阳学刊	4期	1985

续表三

篇、书名	著(译)编者	出处	卷、期	年月日
苏轼的人口思想	程绍珉	郑州大学学报（哲社）	5期	1986
苏轼思想"大杂烩"论辨	李庆皋	辽宁师范大学学报（社科）	3期	1987
从苏轼的人口论看北宋人口的几个问题	夏毅辉	历史教学问题	5期	1987
苏轼"常理"新解	余立蒙	学术月刊	6期	1987
浅说苏轼的军事思想	谢其祥	广西师院学报（哲社）	2期	1988
苏轼认识论述评	王国炎	南昌大学学报（人文）	3期	1988
关于东坡书传	李再熏	人文论丛（高丽大学）	33辑	1988
苏轼、叶适人口思想之比较	董淮平	思想战线	2期	1989
北宋に於ける中庸と皇極——契嵩と蘇軾	田中正樹	集刊東洋学（東北大学）	52号	1989
东坡易传之思想及朱熹之评议	林丽真	宋代文学与思想		1989
苏轼的思想及创作新探	阎笑非	黑龙江教育出版社		1989
试论苏轼居海南时期的思想与影响	韩介光	广东文献	20卷1期	1990
试论苏轼贬谪时期的思想与创作	张晶	中州学刊	6期	1990
论苏轼谪居：海南（1097年7月－1100年6月）时期的思想与影响	韩介光	文景出版社		1990
苏轼矛盾观探析	王国炎 王能昌	九江师专学报（哲社）	1期	1991
苏轼两次仕杭思想之比较	柯大课	昭乌达蒙族师专学报	1期	1991
词人苏轼思想心态探析	张金同	固原师专学报	2期	1991
苏轼思想的三个时期	高明泉	固原师专学报	3期	1991
试论苏轼的朴素辩证法思想	王国炎 王能昌	河北师范大学学报（社科）	4期	1991
苏轼的史论	张元	第二届国际华学研究会议论文集		1992
		宋史研究集	25辑	1995
苏轼与理学家的性情之争——兼论儒家性情观的历史演变	杨胜宽	四川大学学报（哲社）	1期	1993
苏轼论"有所不为"的教育思想	戴续威	西南师范大学学报（人文）	3期	1993
漫谈苏轼思想在被谪黄州前后的发展	任访秋	语文学刊	4期	1993
苏轼之尚书学	蔡根祥	台北工专学报	27卷1期	1994
苏轼的军事体育思想与实践	邓朝胜	达县师专学报（社科）	1期	1994

续表四

篇、书名	著(译)编者	出处	卷、期	年月日
试论苏轼凤翔时期的政治思想	李 俊	宁夏教育学院·银川师专学报	2期	1994
苏轼诗文的儒佛道三家思想考察（1）	曹圭百	中国学研究	9辑	1994
苏轼诗文的儒佛道三家思想考察（2）	曹圭百	首善论集（成均馆大学研究生院）	19辑	1994
蘇軾の詩経学	江口尚子	静冈大学教育学部研究报告人文·社会科学篇	44号	1994
略论苏轼思想与宋词解放	祁光禄 祝 彦	吉首大学学报（社科）	2期	1995
苏东坡的灵魂拯救——苏东坡思想论	程光泉	东方论坛	3期	1995
人生目的的阙失与灵魂拯救——苏东坡思想综论	程光泉	济南大学学报（综合）	2期	1996
苏轼史学思想述论	王云飞	史学月刊	6期	1996
苏轼的"虚""静""明"观——论庄子的"心斋"思想对苏轼后期思想的影响	周小华	学术月刊	9期	1996
"我也逢场作戏莫相疑"——苏东坡思想谈片	张承鹄	安顺师范高等专科学校学报	1期	1995
"我也逢场作戏莫相疑"——苏东坡思想谈片	张叔鸣	贵州师范大学学报（社科）	2期	1996
苏轼易学与其人格	耿亮之	周易研究	3期	1996
苏轼史学思想述论	王云飞	史学月刊	6期	1996
苏轼思想研究	唐玲玲 周伟民	文史哲出版社		1996
苏轼高瞻远瞩的军事思想	余盛泽	洛阳师专学报	3期	1997
苏轼利民思想刍议	杨胜宽	乐山师范学院学报	3期	1997
		中国文化研究所学报	新7期	1998
蘇軾の思想の輪郭	土田健次郎	中国——社会と文化	12号	1997
苏轼与庄子	简光明	古典文学	14期	1997
苏轼寓惠思想的三个飞跃	王启鹏	惠州大学学报（社科）	1期	1998
在矛盾运动状态中研究作家思想——从苏轼的政治和人生思想评价说起	闫笑非	佳木斯大学社会科学学报	1期	1998
苏东坡与晚明个性解放思潮	武守志	国学论衡	1辑	1998

续表五

篇、书名	著(译)编者	出处	卷、期	年月日
人生交响曲中的双重旋律——论苏轼仁政爱民的政治思想和随缘放旷的人生态度	文师华	南昌大学学报（社科）	2期	1998
超然：苏东坡思想的精髓	王启鹏	惠州大学学报（社科）	3期	1998
苏轼与经学	谢桃坊	中国文化月刊	221期	1998
苏轼的庄子学	姜声调	文津出版社		1999
苏轼少年时期思想探微	邱俊鹏	文学遗产	1期	2000
对程颐和苏轼争论的哲学分析	何江南	四川大学学报（哲社）	2期	2000
王安石变法时期苏轼不属于保守派——王安石、苏轼经济思想之比较	曾征平	重庆教育学院学报	1期	2001
黄州苏轼思想嬗变论略	张一之	江西财经大学学报	4期	2001
苏轼超然思想探析	陈冬梅	聊城师范学院学报（哲社）	5期	2001
苏轼"蜀学"与程颐"洛学"在思想领域中的对立	漆侠	河北学刊	5期	2001
试论苏轼的名实思想	许吟雪 许孟青	西南民族学院学报（哲社）	7期	2001
苏轼的人口思想	李 瑜 张 静	财经问题研究	11期	2001
试析苏轼思想的旷达与矛盾	程美华 肖付华	阜阳师范学院学报（社科）	3期	2002
问汝平生功业，黄州、惠州、儋州——仕宦经历与苏轼思想的转变	马得禹	甘肃教育学院学报（社科）	4期	2002
对传统文化的反思与建构——论苏轼思想的"自己构成自己"	朱靖华	惠州学院学报（社科）	5期	2002
蘇軾の自然観	瀧本正史	新しい漢字漢文教育	35号	2002
苏轼思想与宋词关系发微	祁光禄	西北师大学报（社科）	1期	2003
苏轼哲学思想管窥	王云飞	开封教育学院学报	1期	2003
谈苏轼思想与其创作的关系	李宏丽	沧桑	3期	2003
圣人之道始于人情——论苏轼的儒学思想	王莹	中国哲学史	3期	2003
苏轼前后贬谪思想之异同	成杰	河北理工学院学报（社科）	4期	2003
一蓑烟雨任平生——论苏轼的思想构成	范建华	南通工学院学报（社科）	4期	2003
一点浩然气　千古快哉风（上）——兼论苏轼的政治思想	苏培安	西南科技大学学报（哲社）	4期	2003
一点浩然气　千古快哉风（下）——兼论苏轼的政治思想	苏培安	西南科技大学学报（哲社）	1期	2004

续表六

篇、书名	著(译)编者	出处	卷、期	年月日
苏轼军事思想与实践述论	潘良炽	青海师范大学学报（哲社）	5期	2003
苏轼与经学	张承凤	南阳师范学院学报	7期	2003
苏轼的哲学观与文艺观	冷成金	学苑出版社		2003
谈苏轼政治思想的进步性	张福庆	外交学院学报	2期	2004
《周易》与苏轼蜀学	范立舟	暨南史学	3辑	2004
精神信念与知识分子宿命——苏轼"尊主泽民"思想浅谈	樊毓霖	阴山学刊（社科）	4期	2004
正统与政见之争——论北宋中后期苏氏蜀学对荆公新学之批评	刘成国	四川大学学报（哲社）	5期	2004
论苏轼"应物无累"思想的形成	卢 毅	咸阳师范学院学报	5期	2004
论苏轼的民胞物与思想及其产生的根源	梁桂芳	枣庄师范专科学校学报	6期	2004
无求备斋易经集成16 东坡先生易传		成文出版社		1976
东坡易传中的"一"	林丽真	毛子水先生九五寿庆论文集		1987
东坡易传	苏 轼	上海古籍出版社		1989
《蘇軾易解》における朱子の蘇軾批判のモチーフをめぐって	近藤正则	東洋研究	122号	1996
苏轼《东坡易传》考论	谢建忠	文学遗产	6期	2000
《东坡易传》论"道"与"性"——兼论其中儒佛道三家关系问题	陈仁仁	湖南大学学报（社科）	4期	2001
东坡易传	东方龙吟	吉林文史出版社		2002
《苏氏易传》研究	金生杨	巴蜀书社		2002
也论《东坡易传》的作者和系年——与谢建忠先生商榷	金生杨	文学遗产	1期	2003
从《东坡易传》看苏轼的情本论思想	冷成金	福建论坛（人文）	2期	2004
论《苏氏易传》的"卦合爻别"说	陈仁仁	周易研究	5期	2004
从《东坡易传》看苏轼的理想人格	杨庆波 李秀原	黑龙江教育学院学报	5期	2005
论苏轼《书传》的政治思想	邓潭洲	求索	6期	1989
东坡书传	郑伯熊	中华书局		1991
苏轼《书传》的解经方法（上）（下）	李云龙	孔孟月刊	39卷4、5期	2000

续表七

篇、书名	著(译)编者	出处	卷、期	年月日
苏轼《东坡书传》述略	舒大刚	四川大学学报（哲社）	5期	2000
"推明上古之绝学"的东坡《书传》	舒大刚	宋代文化研究	9辑	2000
苏轼《东坡书传》叙录	舒大刚	西南民族学院学报（哲社）	4期	2001
齐丘子·广成子解·广成子疏略·玄机	谭峭 苏轼	中华书局		1991
苏轼《论语说》钩沉	卿三祥	孔子研究	2期	1992
苏轼《论语说》钩沉	马德富	四川大学学报（哲社）	4期	1992
苏轼《论语说》辑补	舒大刚	四川大学学报（哲社）	3期	2001
苏轼《论语说》流传存佚考	舒大刚	西南民族学院学报（哲社）	6期	2001
苏轼《论语说》三题	杨胜宽	达县师范高等专科学校学报	6期	2005
蘇軾の《春秋》解釈——王法の秩序とその特異性	斎木哲郎	漢意とは何か（大久保隆教授退官記念論文集）		2001
东坡禅喜集	刘仁航	商务印书馆		1931
东坡禅喜集	徐长孺辑	新文丰出版公司		1977
东坡禅喜集	徐长孺辑	老古文化事业公司		1982
东坡禅喜集	凌濛初辑，冯梦祯批点	庄严文化出版公司		1997
东坡禅喜集	凌濛初辑，冯梦祯批点	南京大学出版社		2004
東坡禅喜集の成立について	长谷川泰生	禅学研究	76号	1998
东坡禅喜集新书	戴丽珠	文史哲出版社		2000
禅喜集	（飯田利行）	国书刊行会		2003
《东坡禅喜集》的文化价值	张伯伟	中华读书报		2004.12.22
古本小说集成：东坡居士佛印禅师语录问答（外二种）	邵景詹	上海古籍出版社		1994
苏东坡的佛教思想	井上秀夫（昙伦）	海潮音	14卷3期	1933
东坡居士与佛教	昌静	同愿	4卷3、4期	1943
苏东坡肚子里的禅宗骨董	融熙	人生	7卷7期	1954
蘇東坡の詩文に見る世界観と明清に与えるもの	倉光卯平	西南学院大学文理論叢	1卷2号	1960
蘇東坡の文学と佛教	吉川幸次郎	塚本博士頌寿記念佛教史論集		1961
蘇軾と佛教	竺沙雅章	東方学報（京都）	36册	1964
蘇東坡詩腸に見る宗教的傾斜	倉光卯平	西南学院大学文理論叢	6卷2号	1966

续表八

篇、书名	著(译)编者	出处	卷、期	年月日
苏东坡与道佛之关系（上）	曹树铭	图书馆馆刊	（新）3卷2期	1970
苏东坡与道佛之关系（下）	曹树铭	图书馆馆刊	（新）3卷3、4期	1970
金山留玉带，灵峰悟宿因——苏东坡的佛教因缘	蔡惠明	法音	2期	1981
苏东坡的佛教因缘	蔡惠明	香港佛教	3期	1981
苏东坡·佛教	杜 若	中国佛教	26卷4期	1982
漫议苏轼寓惠时的佛老思想	陈师旅	惠阳师专学报	1期	1983
苏轼·佛印·金山寺	宣建人	菩提树	31卷8期	1983
苏轼事佛简论	夏 露	江汉论坛	9期	1983
论苏轼对释道态度的前后一致性	曾枣庄	天府新论	2期	1985
苏轼与佛印之间	香 客	春秋	670期	1985
道家思想与苏轼	王开文	丽水师范专科学校学报	4期	1986
东坡对佛教的接近过程——以诗歌为中心	金长焕	中国语文学	11辑	1986
东坡与道教	王国炎	南昌大学学报（哲社）	2期	1987
苏轼的哲学与宗教	王 煜	唐宋史研究		1987
苏轼何时开始接触佛教	刘 石	文史知识	2期	1989
禅宗与苏轼	黄宝华	上海师范大学学报（社科）	4期	1989
仁行佛心一文豪——苏东坡在岭南的佛教因缘	刘昭明	慧炬	304期	1989
蘇軾に於ける"順"、"逆"の思想——三教調和論の核心	田中正樹	文化（東北大学）	54卷1、2号	1990
苏轼与佛教三辨	刘 石	北京师范大学学报	3期	1990
关于台湾版《苏轼与道家道教》	钟来因	社科信息	9期	1990
苏东坡的宗教思想	张奉箴	内明	223期	1990
苏轼与道家道教	钟来因	台湾学生书局		1990
也知造化有生意，故遣佳人在幽谷——苏东坡与禅	林青玄	国文天地	7卷2期	1991
试论佛道对苏轼的影响	王俊华	求是学刊	5期	1991
禅与苏轼	余 曼	文史知识	9期	1991
阅世走人间 观身卧云岭——论苏轼倾心向禅	张 弛	社会科学辑刊	2期	1992

续表九

篇、书名	著(译)编者	出处	卷、期	年月日
东坡习禅刍议	张 弛	烟台大学学报(哲社)	4期	1992
东坡谪居黄州时期与释道关系之研究	王淳美	南台工专学报	15期	1992
苏轼融合儒道佛的特色	王世德	重庆师院学报(哲社)	1期	1993
苏轼和道家(道教)	孔 繁	世界宗教研究	1期	1993
苏轼和佛教	毕素娟	中国历史博物馆馆刊	2期	1993
苏轼与佛教	孙昌武	文学遗产	1期	1994
试论苏轼的佛老思想	曾广开	周口师专学报(社科)	3期	1994
略论佛教对苏轼的影响	胡新中	学术交流	3期	1994
苏东坡居士与佛教禅理	张效机	广东佛教	1期	1995
禅宗对苏轼思想及其创作的影响	薛亚康	解放军外语学院学报	1期	1995
柳宗元与苏轼崇佛心理比较	陈晓芬	社会科学战线	2期	1995
试论苏轼的佛教观念及其影响	栾 睿	新疆师范大学学报(哲社)	2期	1995
苏轼与道教	李豫川	中国道教	2期	1996
苏轼与禅	李豫川	禅	3期	1996
东坡诗文中道家道教思想之玄蕴	李慕如	中国学术年刊	18期	1997
东坡与道家道教	李慕如	屏东师院学报	10期	1997
苏东坡与禅师	彭印川	禅	1期	1998
落脚红尘——浅析苏轼的学佛之路	莫 文	南京理工大学学报(社科)	2期	1998
谈东坡思想生活入禅之启迪	李慕如	屏东师院学报	11期	1998
诗性智慧的和弦——儒释道与苏轼的艺术人生	张志烈	河池师范高等专科学校学报	1期	1999
		西南师范大学学报(哲社)	3期	2000
苏轼与佛教	曹圭百	佛教春秋	8辑	1999
苏轼诗所表现的佛教思想	曹圭百	佛教春秋	14辑	1999
张载、苏轼的"实体"论与佛老之学	黄德昌	"张载关学与实学"国际研讨会论文集		1999
苏轼与佛教	何林军	郴州师范高等专科学校学报	1期	2000
苏轼与道	刘文刚	四川大学学报(哲社)	1期	2000
论佛教哲学与苏轼的"人生如梦"思想	谢建忠	西南民族学院学报(哲社)	6期	2000
佛家中道思想对苏轼的影响	王渭清	宝鸡文理学院学报(社科)	2期	2001
苏轼与《楞伽经》	张宏生	人文中国学报	8期	2001
论苏轼的净土信仰	许外芳	法音	11期	2002

续表一○

篇、书名	著（译）编者	出处	卷、期	年月日
苏轼与道教	贾喜鹏	晋东南师范专科学校学报	1 期	2003
苏轼佛教行事略考	许外芳 张君梅	浙江师范大学学报（社科）	3 期	2003
苏轼的参禅活动与禅学思想	董雪明 文师华	南昌大学学报（人社）	3 期	2003
苏轼抄写佛经动因初探	刘金柱	佛学研究		2003
苏轼与禅宗	胡中柱	上海金融学院学报	1 期	2004
试论苏轼儒道禅思想的整合	王靖懿	中国矿业大学学报（社科）	2 期	2004
试论苏轼宗教观念的价值取向	张丽华	语文学刊	3 期	2005
散作人间万窍风——浅谈禅宗对苏轼的影响	徐雪梅	前沿	6 期	2005
例说佛老思想对苏轼的影响	董红梅	语文教学与研究	32 期	2005
东坡与放翁：隔代两知音——论陆游对苏轼思想和文艺观的全面继承	杨胜宽	西南师范大学学报（社科）	2 期	1995
宋苏辙：古史	吕 嘉	图书馆学刊	3 期	1976
苏辙佚著辑考	刘尚荣	文学遗产	3 辑	1984
蘇轍の《老子解》について	市来津右彦	東北大学教養部紀要	43 号	1985
苏辙"三教合一"哲学思想述评	舒大刚	南充师院学报（哲社）	4 期	1987
试论熙宁元祐期间苏辙的政治思想	范为之	上海师范大学学报（哲社）	1 期	1990
北京图书馆入藏宋刻苏辙《诗集传》	李致忠	文献	2 期	1990
苏辙前期的革新思想	李俊清	晋阳学刊	5 期	1990
诗集传	苏 辙	书目文献出版社		1990
苏辙《诗集传》评介	赵制阳	孔孟学报	7 期	1996
苏辙的变法思想及其实践	吴晓萍	安徽师大学报（哲社）	1 期	1997
蘇轍の《老子解》と李贄《老子解》	佐藤錬太郎	東方学会創立50周年記念東方学論集		1997
苏辙著《诗集传》攻《序》的内容和特点	于 昕	第四届诗经国际学术研讨会论文集		1999
苏辙学术思想述评	陈正雄	文史哲出版社		2000
《诗集传》与《诗毛氏传疏》	郭全芝	第五届诗经国际学术研讨会论文集		2001
苏辙崇道思想及其文论	林秀珍	人文及社会科学教学通讯	13 卷 1 期	2002
从苏辙对《毛诗序》的辩驳论其诗学思想	李冬梅	乐山师范学院学报	5 期	2002
苏辙《春秋集解》以史传经初探	张高评	宋代经学国际研讨会		2002

续表——

篇、书名	著(译)编者	出处	卷、期	年月日
苏辙与《古史》	张伟	史学史研究	3期	2003
苏辙和他的《诗集传》	向熹	乐山师范学院学报	5期	2003
苏辙《诗集传》的指导思想	李冬梅	宋代文化研究	12辑	2003
苏辙佚文二篇：《诗说》、《春秋说》辑考	舒大刚 李冬梅	文学遗产	1期	2004
苏辙佚文两篇疏证	顾永新	江西社会科学	7期	2004
论苏辙《春秋》学的特点	葛焕礼	孔子研究	6期	2005

5. 张栻

篇、书名	著(译)编者	出处	卷、期	年月日
张栻"洙泗言仁"编的源委	程元敏	孔孟学报	11期	1966
張南軒の《論語解》に与えた朱子の影響	高畑常信	張南軒集人名索引（附論文）		1976
張南軒の静江府における治政	高畑常信	張南軒集人名索引（附論文）		1976
張南軒年譜	高畑常信	張南軒集人名索引（附論文）		1976
張南軒集の版本	高畑常信	張南軒集人名索引（附論文）		1976
張南軒の思想変遷	高畑常信	張南軒集人名索引（附論文）		1976
试论张栻的哲学思想	蔡方鹿	社会科学研究	3期	1983
论张栻哲学的特点	刘蕴梅	四川大学学报（哲社）	4期	1986
论张栻的人性哲学	陈谷嘉	岳麓书院一千零一十周年纪念文集	1集	1986
张栻与朱熹的"居敬"说	陈瑛	岳麓书院一千零一十周年纪念文集	1集	1986
论张栻的教育思想	李锦全	岳麓书院一千零一十周年纪念文集	1集	1986
張南軒30代の仁説	高畑常信	桜美林大学中国文学論叢	13期	1987
張南軒四十歳代の仁説と朱子の仁説（1）	高畑常信	東京学芸大学紀要（第2部門人文科学）	38期	1987
張南軒四十歳代の仁説と朱子の仁説（2）	高畑常信	東京学芸大学紀要（第2部門人文科学）	39期	1988
张栻的"管规"	郑力	湖南教育	5期	1987

续表一

篇、书名	著(译)编者	出处	卷、期	年月日
张栻的政治思想	蔡方鹿	新时代论坛	1期	1988
张栻与宋代理学	蔡方鹿	船山学刊	2期	1988
张栻与王闿运——蜀湘学术文化交流与书院教育	周群华	社会科学研究	3期	1988
论张栻本体论的逻辑结构体系——兼论湖湘学派理学思想的特色	陈谷嘉	孔子研究	4期	1988
朱熹和张栻关于仁的讨论	蔡方鹿	江西社会科学	2期	1989
张栻子嗣考疑——张岱祖系补辨	何冠彪	中华文史论丛	2期	1989
张栻与湖湘文化	蔡方鹿	湖南社会科学	5期	1989
張南軒との交渉初期に于における朱子の未発已発説について——「中」を中心にして	上野努	二松学舎大学人文論叢	41号	1989
朱熹与张栻的中和之辨	蔡方鹿	重庆社会科学		1989
论张栻以"性"为本体的道德学说	陈谷嘉	求索	3期	1990
张栻论天人合一的主体实现	向世陵	孔子研究	4期	1990
朱熹闽学与张栻湖湘学之异同及其意义	蔡方鹿	朱子学新论——纪念朱熹诞辰860周年国际学术会议论文集		1990
张栻与岳麓书院	蔡方鹿	社会科学研究	4期	1991
		孔孟月刊	29卷7期	1991
一代学者宗师	蔡方鹿	巴蜀书社		1991
张栻和岳麓书院	朱汉民	朱熹教育和中国文化		1991
张栻与湖湘学派研究	陈谷嘉	湖南教育出版社		1991
试论张栻的史学思想	蔡东洲	天府新论	2期	1992
张栻的世系	卿三祥	天府新论	2期	1992
张栻著述考	沈治宏	天府新论	2期	1992
南轩故里史迹考述	宋志奇	天府新论	2期	1992
张栻思想对现实的借鉴意义	蔡方鹿	天府新论	2期	1992
张栻与南宋理学	卢钟锋	天府新论	2期	1992
张栻与四川理学	王子扬	天府新论	2期	1992
张栻与宋代蜀学	张茂泽	天府新论	2期	1992
张栻与同时代的学者们	永富青地	天府新论	2期	1992
张栻与朱熹	戢斗勇	天府新论	2期	1992
张栻哲学主题及其辩证思维方法	刘章泽	天府新论	2期	1992

续表二

篇、书名	著(译)编者	出处	卷、期	年月日
张栻的仁说与道德学说	龚抗云	天府新论	2期	1992
张栻"义利之辨"探析	刘蕴海	天府新论	2期	1992
张栻非佛刍议	游彪	天府新论	2期	1992
张栻实学浅论	向世陵	天府新论	2期	1992
论张栻的教育哲学	朱汉民	天府新论	2期	1992
张栻人才思想初探	李绍先 袁能先	天府新论	2期	1992
家族与学术文化	邹重华	天府新论	2期	1992
南轩故里史迹考述	宋志奇	天府新论	2期	1992
张栻思想对现实的借鉴意义	蔡方鹿	天府新论	2期	1992
论张栻的学术源流	胡昭曦	国际宋史研讨会论文选集		1992
张栻研究简述	蔡方鹿	哲学动态	3期	1992
张栻的教育思想与历史意义	范小平	文史杂志	4期	1992
张栻在广西	李绍先	文史杂志	6期	1992
张栻朱熹论心性	鲍希福	中国哲学史	2期	1993
论张栻认识论思想体系的特色	陈谷嘉	朱子学刊	2期	1993
谯定、张栻与朱熹的学术联系	胡昭曦	中国哲学	16辑	1993
《仁说》：朱熹与张栻论仁	田浩	国际朱子学会议论文集（上册）		1993
張南軒の遺跡	高畑常信	東京学芸大学紀要（第2部門人文科学）	45期	1994
张栻教育哲学的心性论	沈清华	教育学术月刊	2期	1995
張南軒《城南雜咏二十首》朱子《趙敬夫の城南二十咏に奉同す》訳注	高畑常信	東京学芸大学紀要（第2部門人文科学）	46期	1995
略论张栻的重民思想	李绍先	德阳教育学院学报	2期	1996
朱子、張南軒、呂祖謙の理学思想の相違	高畑常信	東京学芸大学紀要（第2部門人文科学）	47期	1996
胡五峰、张南轩与南宋湖湘学统	蔡哲修	吴凤学报	6期	1998
论张栻本体论的逻辑结构体系——兼论湖湘学派理学思想的特色	陈谷嘉	孔子研究	4期	1998
性学传承与胡、张之间	向世陵	求索	5期	1999
《张栻全集》前言	杨世文 王蓉贵	宋代文化研究	8辑	1999

续表三

篇、书名	著(译)编者	出处	卷、期	年月日
张栻全集	张栻著，王蓉贵、杨世文校点	长春出版社		1999
张宣公年谱	胡宗楙	北京图书馆藏珍本年谱丛刊		1999
朱熹与湖湘学者论辩"涵养察识先后"之探讨	蔡介裕	文藻学报	14期	2000
《张栻全集》	杨世文	宋代文化研究	9辑	2000
朱张岳麓会讲及其对湖湘文化的影响	陈升平	朱子学刊	10期	2000
论张栻的德治思想	吴蓓蓓	绥化师专学报	2期	2002
		胜利油田师范专科学校学报	3期	2002
张栻之学与《四书》	肖永明	船山学刊	3期	2002
张栻与西南广西开发	李绍先	德阳教育学院学报	3期	2002
理学家小传（十九）——南轩先生张栻	王基西	中国语文	2期	2002
张栻主教岳麓启示略谈	黄赐英	船山学刊	4期	2002
张南轩理气诗论	冯伟	中国韵文学刊	1期	2003
张栻的学习心理思想研究	顾娅娣	船山学刊	1期	2003
上达体悟与下学穷理——朱子、南轩"仁说之辨"所表达的工夫方向	林宏星	新原道	1辑	2003
张栻早期仁学思想考	苏铉盛	孔子研究	5期	2003
论张栻与周敦颐的关系	王丽梅	鹅湖	6月号	2003
性情问题与朱子、张南轩辨仁爱之不同	曾奕 陈怡	哲学与文化	352期	2003
张栻笔下的"舜臣抚干表兄"非李心传之父辨	梁太济	唐宋历史文献研究丛稿		2004
张栻与城南书院研究	孙海林	湖南第一师范学报	1期	2005
绵竹张栻祖墓的历史考察	赵海萍 蔡东洲	中华文化论坛	2期	2005
胡宏、张栻儒学思想研究	杨柱才	国学研究	6期	2005

6. 魏了翁

篇、书名	著(译)编者	出处	卷、期	年月日
魏鹤山之生平学术及其特色	林继平	中华文化复兴月刊	17卷11期	1984

续表一

篇、书名	著(译)编者	出处	卷、期	年月日
魏了翁与宋代理学	贾顺先 蔡方鹿	社会科学研究	1 期	1985
魏了翁"从学朱熹甚久"说质疑	龙 腾	读书	6 期	1987
魏了翁的经学思想及其在中国经学史上的地位	蔡方鹿	孔孟月刊	10 期	1992
魏了翁与宋代蜀学	蔡方鹿	社会科学研究	6 期	1992
魏了翁《春秋左伝要義》について	野間文史	広島大学文学部紀要	53 卷 1 号	1993
魏了翁集宋代蜀学之大成	蔡方鹿	文史杂志	2 期	1993
魏了翁对朱熹学说的超越	蔡方鹿	孔孟月刊	4 期	1993
魏了翁在宋明理学史上的地位	蔡方鹿	成都大学学报（社科）	3 期	1994
魏了翁以理论诗学说的跨学科比较研究	张思齐	解放军外国语学院学报	6 期	2001
论魏了翁的易学思想	金生杨	周易研究	3 期	2003
魏了翁研《易》历程考	金生杨	四川师范学院学报（哲社）	3 期	2003
魏了翁《易》学简论	金生杨	宋代文化研究	12 辑	2003
魏了翁与《九经要义》	张荷群	四川大学学报（哲社）	1 期	2004
魏了翁的理气观	鞠 巍	零陵学院学报	3 期	2005
论魏了翁的诗学思想	石明庆	湖州师范学院学报	6 期	2005

7. 杨慎

篇、书名	著(译)编者	出处	卷、期	年月日
杨慎的朴素唯物主义哲学思想	陆复初	光明日报		1980.6.26
杨慎对宋明理学的批判	张义德	中国哲学史研究	2 期	1982
杨慎的哲学思想	陈华山	大理文化	5 期	1982
杨升庵学术思想讨论会综述——杨升庵的哲学思想及在中国哲学史上的地位	陈德述	四川社联通讯	6 期	1983
试论杨慎的哲学思想	陈德述	哲学研究	1 期	1984
杨慎哲学思想初探	葛荣晋	社会科学研究	1 期	1984
独具新风的思想家——杨慎	贾顺先 方 陆	中国哲学史研究	2 期	1984
"眉山学士百代豪，夜郎谪仙两争高"——杨慎对苏轼道德文章的景仰与评价	周子瑜	南充师院学报（哲社）	4 期	1984

续表一

篇、书名	著(译)编者	出处	卷、期	年月日
浅论杨慎与老庄	朱森溥	云南社会科学	5期	1986
杨慎在明代学术史的地位	林庆彰	晚明思潮与社会变动		1987
论杨升庵的治学	张德金	大理师专学报（社科）	1期	1988
杨慎的"求实"哲学	贾顺先	孔子研究	4期	1988
杨升庵论学要义——为纪念明代著名学者成都杨慎诞生五百周年作	郭诚永	四川师范大学学报（社科）	1期	1989
被历史遗忘的一代哲人——论杨升庵及其思想	陆复初	云南人民出版社		1990
杨慎反对宋明理学	张舜徽	爱晚庐随笔		1991
杨慎之诗经学	林庆彰	孔孟月刊	20卷7期	1982
杨慎之考据学	林庆彰	明代考据学研究		1983
杨慎的考据博学论	贾顺先	明清实学思潮史（上册）		1989
杨慎与《诗经》考据学	刘毓庆	山西大学学报（哲社）	1期	2000
论杨慎的经典诠释学思想	陈居渊	学术界	1期	2002
杨慎的"四经二纬说"	韩小荆	河北科技大学学报（社科）	2期	2002
《转注古音略》跋	傅增湘	国闻周报	8卷43期	1931
陈第古音学出自杨升庵辨	杨崇焕	国风	5卷10、11期	1934
杨慎的古韵学	李运益	西南师范大学学报（社科）	4期	1990
杨慎古音学思想初探	刘青松	古汉语研究	3期	2000
杨慎《古音略例》述论	刘青松	井冈山师范学院学报	4期	2004

8. 任瀚

篇、书名	著(译)编者	出处	卷、期	年月日
《明史》校记两则	官大梁	史学月刊	4期	1982
明代任瀚的方志学成就	文廷海	巴蜀史志	4期	2001
论明代蜀学家任瀚的学术教育思想	文廷海	中华文化论坛	2期	2002
关于任瀚的生卒年	文廷海	文献	2期	2002
明代任瀚的文献学成就	文廷海	历史文献研究	21辑	2002
任瀚著作存佚考	黎春林 张祥春	喀什师范学院学报	2期	2004
任瀚学术思想的思考	阮明道	西华师范大学学报（哲社）	5期	2004

续表一

篇、书名	著(译)编者	出处	卷、期	年月日
任瀚的地方史志思想	黎春林	重庆三峡学院学报	6期	2004
		巴蜀史志	4期	2005
二重变奏：论明代任瀚的政治人生	文廷海	乐山师范学院学报	6期	2005

9. 来知德

篇、书名	著(译)编者	出处	卷、期	年月日
西蜀大儒来知德先生	李寰	四川文献	56期	1967
易经来注图解（原名《周易集注》）	来知德著，郑灿订正	巴蜀书社		1989
明末隐士来知德的哲学思想	余光贵	孔子研究	2期	1990
周易集注	来知德	上海古籍出版社		1990
		九州出版社		2004

10. 费密

篇、书名	著(译)编者	出处	卷、期	年月日
费密的反理学思想初探	蔡方鹿	四川师院学报（社科）	1期	1984
费密的反理学思想和哲学思想	余光贵	四川大学学报（哲社）	4期	1985
费密父子的生平及著述	刘锋晋	成都师专学报（文科）	1期	1988
论费密的反理学思想	肖钢	湘潭大学学报（社科）	1期	1988
费密的"中实之道"与明清之际的反理学思潮	肖钢	华南师范大学学报（社科）	2期	1989
费密的教育思想	李义让 贺锡玉	四川师范大学学报（社科）	4期	1989
费密对理学"道统"论的批判	肖钢	湘潭大学社会科学学报	1期	1990
费经虞与费密——清学的两个先驱者	胡适	胡适学术文集·中国哲学史	下册	1991
费密的《弘道书》	陶祖武	文史知识	1期	1993
费密著作散佚考核	李朝正	四川图书馆学报	4期	1994
费密的"道统、道脉"说	潘志锋	广州大学学报（社科）	11期	2003
费密著述考	刘智鹏	四川师范大学学报（社科）	6期	2004

11. 唐甄

篇、书名	著(译)编者	出处	卷、期	年月日
唐铸万先生学说	亚公	天义	2卷	1907
唐圃亭的哲学思想	王永祥	东北丛镌	18期	1931
清初学者唐铸万之哲学思想	王孝鱼	中山文化教育馆季刊	2卷2期	1935
唐甄的思想	高启杰	师大月刊	26期	1936
一个觉悟的思想家——唐甄	容肇祖	中建	1卷3期	1948
潜书	唐甄	古籍出版社		1955
潜书（附诗文录）	唐甄著，吴泽民编校	中华书局		1955
清初市民阶级的政治思想家唐甄	王明	中国历史人物论集		1957
早期启蒙思想家唐甄的哲学思想	陈德述	社会科学研究	3期	1979
论黄宗羲、唐甄反对封建专制主义的民主思想	熊月之	上海师范大学学报（哲社）	3期	1979
唐甄反对封建君主专制的启蒙思想	赵正宗 李曦	破与立	5期	1979
唐甄的政治思想	陈哲夫	北京大学学报（哲社）	6期	1979
关于唐甄的哲学思想		光明日报		1979.10.18
论唐甄的哲学思想——兼论如何评价唯心主义	赵正宗 李曦	中国哲学史研究	1期	1980
唐甄思想简论	王璞	南充师院学报（哲社）	1期	1980
唐甄《潜书》中的军事思想	李亚宁	四川大学学报（哲社）	1期	1980
试论唐甄的政治思想	陈德述	西南师院学报（哲社）	1期	1980
唐甄的军事思想	陈德述	学习与研究	2期	1980
唐甄《潜书》中的认识论思想初探	李亚宁	四川师院学报（社科）	3期	1980
唐甄《潜书》中的唯物主义自然观初探	李亚宁	南充师院学报（哲社）	4期	1980
论唐甄的"富民"思想	陈德述	西南民院学报（哲社）	3期	1981
清初民主思想家唐甄	朱眉叔	理论与实践	12期	1981
论唐甄	杨向奎	贵州社会科学	2期	1984
简论唐甄进步的社会历史观	冯德政	社会科学研究	6期	1984
唐甄法律思想试析	程维荣	法学	9期	1984
潜书注	唐甄撰，注释组注	四川人民出版社		1984
立国之道 惟在富民——读唐甄《潜书》	李乔	学习与研究	1期	1985

续表一

篇、书名	著(译)编者	出处	卷、期	年月日
唐甄《潜书》的辩证法思想因素试探	梁勤星	南充师院学报（哲社）	1期	1985
论唐甄哲学思想的唯物主义倾向	苏显信	四川师范学院学报（社科）	2期	1985
唐甄是资产阶级启蒙思想家吗？	何凡	晋阳学刊	4期	1985
从唐甄看个人经验对经世思想衍生之影响	熊秉真	"中研院"近代史研究集刊	14期	1985
试论唐甄思想的特点	陈德述	天府新论	2期	1986
唐甄的政治思想（上）	孙广德	食货月刊	15卷11、12期	1986
唐甄的政治思想（下）	孙广德	食货月刊	16卷1、2期	1986
论唐甄的人才思想及其现实意义	张学翠等	人才研究	4期	1986
唐甄经济思想的考察	秦佩珩	中州学刊	5期	1986
关于唐甄法律思想的几个问题	李哲	河北法学	5期	1986
试论唐甄的用人之道	秦继国	社会科学研究	1期	1987
孟轲政治思想的继承与发展——唐甄政治思想简评	王应常	广西社会科学	1期	1987
从《孟子节文》到《潜书》	贾乃谦	东北师大学报（哲社）	2期	1987
唐甄唯物主义自然观的价值及其局限性	何植靖	江西大学学报（哲社）	2期	1987
甄论《潜书》中之政理	胡楚生	幼狮学志	19卷4期	1987
立国之道，惟在于富民——析唐甄的富民论	秦继国	探索（哲社）	1期	1988
唐甄哲学思想的发展	卢敦基	浙江学刊	3期	1988
唐甄政治思想刍议	荣真	对外经济贸易大学学报	4期	1988
唐甄评儒、道、释三教	余秉颐	学术月刊	6期	1988
唐甄与清初理学	高申鹏	贵州师范大学学报（自然）	1期	1989
唐甄的"知人善任"说	李才远 张有恒	西南师范大学学报（哲社）	1期	1989
唐甄的"厚民生"思想	余秉颐	江淮论坛	4期	1989
唐甄思想新探	陶清	阜阳师范学院学报（社科）	3期	1990
唐甄君权观析论	孟广林	贵州文史丛刊	3期	1990
唐甄思想发展线索之我见——与卢敦基同志商榷	解成	河北学刊	5期	1990
从唐甄思想看明清之际启蒙思潮的特征	唐明邦	船山学刊	1期	1992

续表二

篇、书名	著(译)编者	出处	卷、期	年月日
《简明清史》中有关唐甄之误	萧文	浙江学刊	2 期	1992
试论唐甄的社会政治思想	左书谔	兰州大学学报（社科）	4 期	1992
唐甄伦理思想简论	饶良伦	求是学刊	5 期	1992
论唐甄的军事思想	秦继国	社会科学研究	4 期	1993
唐甄的哲学思想是唯物主义吗——与《潜书注》注释组商榷	张金成	达县师专学报	1 期	1994
论评唐甄的朴素辩证法思想	张金成	川东学刊	3 期	1994
论唐甄的富民思想	黄国强	中国经济史研究	3 期	1995
试论唐甄本体论哲学思想的主观唯心主义倾向	熊清明	川东学刊	4 期	1995
唐甄的经济思想初探	石军红	经济经纬	6 期	1995
唐甄论"父母官"的职责——读甄论《潜书》有感之一	吕效祖 杨志坚	党风与廉政	12 期	1995
潜书（文白对照全译）	唐甄著，李忠实译，赵雯彤注	新疆青少年出版社		1995
论唐甄的教育思想	陈仁发	川东学刊	3 期	1997
唐甄的"知人善任"说	叶泽本	川东学刊	3 期	1997
唐甄及其政治思想初探	何平	川东学刊	3 期	1997
唐甄政治思想述要	李晓男	长春师院学报（社科）	2 期	1998
承传与借鉴之下的趋同——唐甄与伏尔泰启蒙思想比较	叶代蔚	川东学刊	3 期	1998
Treading the Weedy Path: T'ang Chen (1630-1704) and the World of the Confucian Middlebrow	Hsiung, Ping-chen	Imagining Boundaries: Confucian Doctrines, Texts, and Hermeneutics		1999
论唐甄的军事思想	姜国柱	南京政治学院学报	4 期	1999
试论唐甄的伦理观及其功利主义特色	唐凯麟	长沙铁道学院学报（社科）	1 期	2000
从唐甄的旅游观看中国文化的转型	谢贵安	旅游学刊	3 期	2000
论唐甄的富民思想	王东艳	济宁师专学报	4 期	2000
儒家的人权思想——以唐甄的男女平等论为中心	金德均	东岳论丛	6 期	2000
论唐甄树立良好社会风气的思想	李世扬	浙江学刊	3 期	2000
唐甄思想析论	高大威	清代学术论丛	1 辑	2001
唐甄经世思想的理论基础	傅武光	清代学术论丛	1 辑	2001

续表三

篇、书名	著(译)编者	出处	卷、期	年月日
清初思想家唐甄"富民"说考略	郑永福 高新伟	河南大学学报（社科）	1期	2001
浅谈唐甄"治民必先治官"的思想及借鉴意义	马娟	中共南宁市委党校学报	3期	2001
唐甄的平等思想及其特色	梁靖	道德与文明	5期	2001
从唐甄对君民关系的考察看其新民本思想	谢贵安	武汉大学学报（人文）	5期	2002
唐甄平等思想评析	杜明才	前沿	11期	2002
法而有实 德外无治——唐甄的"法治"、"德治"思想探微	秦继国	达县师范高等专科学校学报	1期	2003
论唐甄的历史盛衰观	赵良宇	中国矿业大学学报（社科）	1期	2004
唐甄启蒙思想探析	程潮	华南师范大学学报（社科）	1期	2004
唐甄著作考析	崔文翰	书目季刊	38卷2期	2004
治国必先治官	廉泉	中关村	3期	2004
唐甄《潜书》中养民思想之研究	王若娴	环球技术学院学报	4期	2004
试论唐甄《潜书》中的抑尊思想	王若娴	东方人文学志	4卷1期	2005
论唐甄的为学观	程碧英	达县师范高等专科学校学报	3期	2005
论唐甄"富在编户"的经济富民论	秦继国	达县师范高等专科学校学报	3期	2005
论唐甄的治国之方	碧英	渝西学院学报（社科）	5期	2005
唐甄的民本思想及其特征	陈敏 张剑伟	求索	5期	2005
清初经世文风的鼓荡与转折——以唐甄《潜书》为中心	戴峰	重庆社会科学	7期	2005

12. 郑钦安

篇、书名	著(译)编者	出处	卷、期	年月日
伤寒恒论	郑钦安注	成都志古堂		1935
		巴蜀书社		1994
医理真传	郑钦安	云南中医学院		1962
		巴蜀书社		1989
医法圆通	郑钦安	云南中医学院		1962
		巴蜀书社		1991
郑钦安先生学术思想	卢崇汉	成都中医学院学报	3期	1983

续表一

篇、书名	著（译）编者	出处	卷、期	年月日
近代伤寒学家郑钦安——记成都人尊敬的郑火神	唐步祺	成都风物	5辑	1983
郑钦安学术思想初探	张广麒 李继贵	云南中医学院学报	4期	1984
郑钦安学术思想初探	黄世明	四川中医	5期	1984
论郑钦安温扶阳气的学术思想	何德昭	成都中医学院学报	3期	1987
郑钦安《伤寒恒论》的学术探讨	黄世明	国医论坛	4期	1988
郑钦安《医法圆通》探要	黄世明	四川中医	5期	1988
郑钦安《医理真传》评述	黄砚永 黄世明	四川中医	12期	1989
论郑钦安温扶元阳的学术思想	韩哲林	实用中医药杂志	3期	1991
郑钦安的学术思想探讨	赵致镛	四川中医	12期	1995
郑钦安及其著作	张廷瑜	云南中医学院学报	3期	1996
郑钦安医书阐释	郑钦安	巴蜀书社		1996
"火神"郑钦安		中国中医药报		2003.2.17
郑钦安学术思想探析	张文平等	四川中医	1期	2004
"火神派"述略	张存悌	辽宁中医杂志	3期	2004
功夫全在阴阳上打算（上）——火神派案例赏析之一	张存悌	辽宁中医杂志	4期	2004
功夫全在阴阳上打算（中）——火神派案例赏析之二	张存悌	辽宁中医杂志	5期	2004
功夫全在阴阳上打算（下）——火神派案例赏析之三	张存悌	辽宁中医杂志	6期	2004
寒热真假最紧要处（上）——火神派案例赏析之四	张存悌	辽宁中医杂志	7期	2004
寒热真假最紧要处（下）——火神派案例赏析之五	张存悌	辽宁中医杂志	8期	2004
"火神派"再述	张存悌	辽宁中医杂志	1期	2005
阴阳为纲统分万病（上）——郑钦安学术思想探讨之一	张存悌	辽宁中医杂志	2期	2005
阴阳为纲统分万病（中）——郑钦安学术思想探讨之一	张存悌	辽宁中医杂志	3期	2005
阴阳为纲统分万病（下）——郑钦安学术思想探讨之一	张存悌	辽宁中医杂志	4期	2005
注重阳气 肾阳为本——郑钦安学术思想探讨之二	张存悌	辽宁中医杂志	5期	2005

续表二

篇、书名	著(译)编者	出处	卷、期	年月日
详辨阴证　创见深刻（1）——郑钦安学术思想探讨之三	张存悌	辽宁中医杂志	6期	2005
详辨阴证　多有创见（2）——郑钦安学术思想探讨之三	张存悌	辽宁中医杂志	7期	2005
详辨阴证　创见深刻（3）——郑钦安学术思想探讨之三	张存悌	辽宁中医杂志	8期	2005
详辨阴证　创见深刻（4）——郑钦安学术思想探讨之三	张存悌	辽宁中医杂志	9期	2005
首重扶阳　擅用姜附（1）——郑钦安学术思想探讨之四	张存悌	辽宁中医杂志	10期	2005
首重扶阳　擅用姜附（2）——郑钦安学术思想探讨之四	张存悌	辽宁中医杂志	11期	2005
注重扶阳　擅用姜附（3）——郑钦安学术思想探讨之四	张存悌	辽宁中医杂志	12期	2005

13．廖平

篇、书名	著(译)编者	出处	卷、期	年月日
廖季平群经大义序	廖　平	国粹学报	11期	1905.12.16
江安廖太守正华游历日本致同乡书		四川学报	乙巳13册	1905
代廖季平答某君论学书	曾上珍	政艺通报	5年3-5号	1906.3.9－1906.4.8
代廖季平答某君论学第二书	金铭勋	政艺通报	5年5-7号	1906.4.8－1906.5.8
代廖季平答某君论学第三书	廖宗彝	政艺通报	5年7-9号	1906.5.8－1906.6.6
与廖季平论今古学考书	江　翰	中国学报	2期	1912
寄井研廖平	吴芝英	蜀报	1期	1910.8.19
骈文读本序	廖　平	蜀报	2期	1910.9.4
大同学说	廖　平	中国学报	8期	1913
孔经哲学发微	廖　平	中华书局		1913
四益馆杂著	廖　平	存古书局		1914
今古学考	廖　平	北京资研社		1928
古学考	廖平著，张西堂校	景山书社		1935

续表一

篇、书名	著(译)编者	出处	卷、期	年月日
古学考	廖 平	华联出版社		1968
		台湾开明书店		1969
致康长素书	廖 平	四川大学季刊	1期	1935
井研廖季平师与近代今文学	蒙文通	大公报·文学副刊	241期	1932.8.15
		四川文献	115期	1972
		经史抉原		1995
廖季平先生与清代汉学	蒙文通	国风半月刊	1卷4期	1932.10
		四川文献	163期	1977
		经史抉原		1995
六译先生（廖平）已刻未刻各书目录表	廖幼平	四川文献	163期	1977
谈井研廖平《六书旧义》	方远尧	四川文献	1期	1962
屈原否定论系谱	稻烟耕一郎、韩基国	重庆师院学报（哲社）	4期	1983
廖季平学术思想之演变	向 楚	社会科学研究	5期	1983
廖季平的《古学考》和康有为的《新学伪经考》	李耀仙	社会科学研究	5期	1983
廖季平哲学思想与经学的终结	钟肇鹏	社会科学研究	5期	1983
廖季平"天人学"探原	刘雨涛	社会科学研究	2期	1984
廖季平从《楚辞新解》到《楚辞讲义》的变化	黄 鹄	重庆师院学报（哲社）	2期	1984
廖季平经学第三变变因刍议	舒大刚	社会科学研究	4期	1984
廖平治学观点的若干考察	丁 纲	社会科学研究	6期	1984
廖平经学第一变的思想准备	黄开国	重庆师院学报（哲社）	3期	1985
《远游》作者辨	李希运	山东师大学报（哲社）	5期	1985
廖季平经学思想的衍化	徐仁甫	四川文史资料选辑	35辑	1985
廖季平经学第四变及其哲学思想	邓万耕 张奇伟	社会科学研究	1期	1986
廖平论孔子托古改制思想评述	陈德述	西南师范大学学报（人文）	3期	1986
廖康羊城之会与康有为经学思想的转变	黄开国	社会科学研究	4期	1986
廖平早期进步的政治思想	蔡方鹿	四川师范大学学报（社科）	1期	1987
廖平经学六变时间略考	黄开国	成都大学学报（社科）	1期	1987

续表二

篇、书名	著(译)编者	出处	卷、期	年月日
《廖平学术思想研究》序——由本书出版谈到当前中国文化信息	张秀熟	当代文坛	2期	1987
驳廖平经学思想变化的贿逼说	黄开国	四川师范大学学报（社科）	5期	1987
廖平与经学的终结	黄开国	哲学研究	10期	1987
廖平与近代经学	李耀仙	四川人民出版社		1987
廖平学术思想研究	陈德述等	四川省社会科学院出版社		1987
论廖平与康有为的治经	徐光仁 黄明同	广东社会科学	3期	1988
《离骚》与"仙真人诗"——兼评闻一多论《离骚》	马达	衡阳师专学报（社科）	1期	1989
王闿运与廖平的经学——清代今文经学发展的重要一环	黄开国	船山学报	2期	1989
廖平经学六变的变因	黄开国	中国哲学史研究	2期	1989
廖平及廖平研究	罗建中	乐山师专学报（社科）	3期	1989
廖平经学述评	黄开国	社会科学辑刊	4期	1989
廖平学术论著选集	李耀仙	巴蜀书社		1989
廖平的古今中西观	黄开国	四川大学学报（哲社）	1期	1990
郭沫若、廖平与今文经学	税海模	郭沫若学刊	2期	1990
康有为和廖平的一桩学术公案	房德邻	近代史研究	4期	1990
评康有为与廖平的思想纠葛	黄开国	社会科学辑刊	5期	1990
廖平《知圣篇》考辨	黄开国	四川师范大学学报（社科）	6期	1990
廖平的小学研究和成就	黄开国	西南师范大学学报（社科）	2期	1991
廖平经学第四变及其评价	黄开国	乐山师专学报（社科）	2期	1992
廖平经学六变的发展逻辑	黄开国	四川大学学报（哲社）	2期	1992
《孔子改制考》与《知圣篇》之比较	黄开国	孔子研究	3期	1992
廖平的平分今古之论——清代学术的三大发明之一	黄开国	南京大学学报（哲社）	4期	1992
浅议《易经》对廖平的影响	罗建中	乐山师专学报（社科）	3期	1993
"屈原否定论"产生原因试探	黄刚	上海师范大学学报（哲社）	3期	1993
廖平平分今古的二个重要论点	黄开国	甘肃社会科学	4期	1993
廖平早年思想变化及其对经学六变的意义	黄开国	天府新论	5期	1993
廖平经学思想研究	陈文豪	文津出版社		1995
廖平与晚清今文经学	陈其泰	清史研究	1期	1996

续表三

篇、书名	著(译)编者	出处	卷、期	年月日
中国现代学术经典：廖平 蒙文通卷	刘梦溪	河北教育出版社		1996
清末今文经学三大师对《春秋》经传的议论得失	杨向奎	管子学刊	2期	1997
清末今文经学三大师对《春秋》经传的议论得失（续）	杨向奎	管子学刊	3期	1997
《远游》略说——兼评廖胡二家中失	朱季海	铁道师院学报	5期	1997
廖平经学六变所建构的历史图像	林淑贞	中国学术季刊	18期	1997
师承与变法——谈廖平	唐振常	识史集		1997
廖平及其今古学考	李学勤	失落的文明		1997
廖平选集	李耀仙	巴蜀书社		1998
廖平与晚清今文经学	马增强	华夏文化	2期	2000
六译圣人赞	刘小枫	读书	11期	2000
廖平经学理论演化过程研究	黄开国	河南大学学报（教科）	2期	2002
康有为"剽窃"说辨	陈鹏鸣	光明日报		2003.5.20
廖平经学初探	龙晦	西华大学学报（哲社）	6期	2004
廖平经学六变及意义	黄开国	经学今诠四编：（中国哲学25辑）		2004
《教学通义》与康有为的早期经学路向及其转向——兼及康氏与廖平的学术纠葛	刘巍	中国社会科学院近代史研究所青年学术论坛2004年卷		2004
		历史研究	4期	2005
从经学向史学的过渡——廖平与蒙文通的例子	王汎森	历史研究	2期	2005
廖平以礼制治《春秋》略说	赵沛	山东大学学报（哲社）	5期	2005

14．吴虞

篇、书名	著(译)编者	出处	卷、期	年月日
读吴虞的一段反孔文字有感	郑城	四川大学学报（哲社）	2期	1976
论吴虞	赵清 郑城	社会科学研究	2期	1979
"五四"前夕吴虞对孔学的批判	罗孟祯	四川师院学报（社科）	2期	1979
只手打倒孔家店的战士——吴虞	李景华 李华	北京师院学报	2期	1979
吴虞研究	唐振常	历史学	4期	1979

续表一

篇、书名	著(译)编者	出处	卷、期	年月日
"五四"前夕的吴虞	宁可	成都日报		1979.4.30
略论吴虞对封建孔学的批判	丁桢彦	华东师范大学学报(哲社)	5期	1980
吴虞言行矛盾种种——《吴虞研究》的一个补充	唐振常	文汇报		1980.5.2
从《吴虞日记》看《吴虞文录》的写作与出版	梁大为	近代史研究	2期	1981
吴虞与青木正儿	唐振常	中华文史论丛	3辑	1981
评吴虞对封建道德的批判	石毓彬	学术月刊	4期	1981
关于吴虞的几个问题	赵清等	四川大学学报丛刊	5辑	1981
章太炎吴虞论集	唐振常	四川人民出版社		1981
《狂人日记》在当年	张芬	东北师大学报	3期	1982
从《吴虞文录》说到《花月痕》	聂绀弩	读书	9期	1983
吴虞日记(上)	吴虞	四川人民出版社		1984
吴虞日记(下)	吴虞	四川人民出版社		1986
吴虞先生旧事	徐艾	文史杂志	2期	1985
不无遗憾	楼宇烈	读书	6期	1985
吴虞集	吴虞	四川人民出版社		1985
为《吴虞集》出版说几句话	唐振常	历史研究	1期	1986
论吴虞"反孔"的是与非	贾顺先	社会科学研究	2期	1986
读《吴虞集》后所想到的	周一良	社会科学研究	2期	1987
吴虞反儒思想分析	钟海谟	暨南学报(哲社)	4期	1987
新发现吴虞为文学青年所开"必读书目"	王若	文史杂志	1期	1988
鲁迅的成功与周作人、吴虞的悲剧	张永泉	人文杂志	2期	1988
吴虞对儒家封建礼教的评判	王杰	孔子研究	4期	1988
论吴虞对封建家庭道德的批判	康大寿	黄淮学刊(社科)	2期	1989
论吴虞的伦理思想	龚杰	南昌大学学报(人文)	1期	1990
五四时期吴虞文化观的反思	伍加伦	四川大学学报(哲社)	2期	1990
吴虞和他的文化观	刘畅	文史杂志	3期	1990
吴虞故居	张德全	四川文物	6期	1992
吴虞"反孔非儒"思想新论	伊云	湘潭大学学报(哲社)	1期	1993
吴虞对儒家的批判	邓星盈	四川大学学报(哲社)	4期	1994
吴虞对荀子的评说	邓星盈	甘肃社会科学	6期	1994

续表二

篇、书名	著(译)编者	出处	卷、期	年月日
吴虞对荀子的评说（续完）	邓星盈	甘肃社会科学	1 期	1995
		中国哲学史	2 期	1995
吴虞对儒家经典的怀疑	黄开国	天府新论	6 期	1994
吴虞与刑法典论争	小野和子	中国文化	1 期	1995
吴虞对儒家孝学说的批判	邓星盈	天府新论	2 期	1995
吴虞生活的时代及学术思潮	唐永进	西南民族学院学报（哲社）	2 期	1995
吴虞论管仲和韩非	邓星盈	四川师范大学学报（社科）	3 期	1995
吴虞论道家法家反对旧道德说	邓星盈	中华文化论坛	3 期	1995
吴虞论杨墨	李知恕	天府新论	3 期	1995
吴虞的进取与失落	唐永进	文史杂志	3 期	1995
吴虞论儒家与中国旧律	华友根	学术季刊	2 期	1996
吴虞思想研究	邓星盈等	四川教育出版社		1996
吴虞的现代道家观	简　明	近代史研究	2 期	1998
吴虞"艳体诗"的风波	抱　朴	博览群书	2 期	1998
关于《吴虞"艳体诗"的风波》	舒　芜	博览群书	4 期	1998
论吴虞非儒反孔思想的传统学术渊源	吴效马	贵州社会科学	2 期	2000
论吴虞的反封建思想	王建中	学习与探索	6 期	2000
激进的报人　宁静的学者——吴虞与四川报业	官国雄	传媒	3 期	2001
"全盘西化"祖于吴虞论	张耀南	北京行政学院学报	5 期	2001
陈独秀与吴虞反孔排儒思想比较	宾长初	广西师范大学学报（哲社）	1 期	2002
吴虞《中国文学爱好者必读书》初探	王　若	四川图书馆学报	5 期	2002
老英雄的风流	韩石山	人民文学	5 期	2002
由两篇佚文看吴虞前期生平和思想	吴修申	齐鲁学刊	6 期	2002
"符号化的孔子"与"历史的孔子"——以吴虞批孔为中心的讨论	曾振宇	孔子研究	4 期	2005

15．李宗吾

篇、书名	著(译)编者	出处	卷、期	年月日
心理与力学（厚黑原理）	李宗吾	晨钟书局		1935
		山城学社		1947

续表一

篇、书名	著(译)编者	出处	卷、期	年月日
中国学术之趋势	李宗吾	励新印刷社		1936
厚黑丛话	李宗吾	大千书局		1945
厚黑学	李宗吾	华星书局		1946
		大千书局		1947
李宗吾及其《厚黑学》	王子今	党校科研信息	65期	1989
厚黑学	李宗吾	求实出版社		1989
厚黑学大全——说脸厚·道心黑	李宗吾	中国经济出版社		1989
"厚黑"出版者的迷失	苇 观	中国图书评论	1期	1990
厚黑学（续篇）	李宗吾	团结出版社		1990
《厚黑学》评判	姜志军	呼兰师专学报	1期	1999
混混沌沌《厚黑学》——图书分类漫谈	陈晓华	图书馆建设	5期	1992
漫画图解厚黑学——深剖古今厚脸皮 再现历史马屁精	晨亮等	内蒙古人民出版社		1992
愚顿启示录：厚黑交际术	李宗生 思 勤	民族出版社		1992
愚顿启示录：厚黑心理学	李宗生 胡 月	民族出版社		1992
愚顿启示录：厚黑应酬学	李宗生 陆 林	民族出版社		1993
愚顿启示录：厚黑谈判术	李宗生 米 尉	民族出版社		1993
厚黑洞察术——识破阴谋诡计揭穿人性弱点	欧宗彬	民族出版社		1993
厚黑孙子兵法	金 枫	金城出版社		1993
厚黑新语	森村诚一	山西人民出版社		1993
一把辛酸泪 满纸荒唐言——李宗吾及其《厚黑学》评说	孙自筠	自贡师专学报（综合）	4期	1994
扫荡"厚黑"	隋 汶	北京支部生活	5期	1996
由"厚黑学"引起的一点反思	朱德生	哲学研究	6期	1995
厚黑学讲义	一民等	内蒙古人民出版社		1995
"厚黑"是非论到今——《厚黑学》及其"读法"	徐 雁	书屋	5期	1996
厚黑大全	李宗吾	今日中国出版社		1996
厚黑智慧大全	高鹏等	今日中国出版社		1996

续表二

篇、书名	著(译)编者	出处	卷、期	年月日
"厚黑"的颠倒	刘章西	新闻爱好者	3期	1997
忠告女人	杨东鲁	人人健康	6期	1997
厚黑大全	李宗吾	中国福利会出版社		1997
李宗吾与厚黑学	李宗吾原著,刘泗编译	经济日报出版社		1997
厚黑人生:李宗吾的人生哲学	汤江浩	敦煌文艺出版社		1997
		华夏出版社		1997
不许厚黑学作祟	隋喜文	教育艺术	1期	1998
新厚黑学全书	李宗吾	青海人民出版社		1998
厚黑学	李宗吾	北方文艺出版社		2000
新编厚黑大全	李宗吾	今日中国出版社		2001
远离"厚黑"	陈鲁民	协商论坛	2期	2002
"奸臣心理"	朱国良	群言	6期	2002
李宗吾:厚黑学	李宗吾	厦门出版社		2002
厚黑教主李宗吾圆融通达22心诀	李宗吾原著,天歆译著	中国盲文出版社		2002
李宗吾:求人办事 厚黑之道	李宗吾原著,东野君译著	黑龙江人民出版社		2002
李宗吾:为人之道 厚心奇学	李宗吾原著,东野君译著	黑龙江人民出版社		2003
李宗吾:待人处世 厚黑之道	李宗吾原著,东野君译著	黑龙江人民出版社		2003
李宗吾:求人办事 厚黑妙法	李宗吾原著,东野君译著	黑龙江人民出版社		2003
厚黑学	李宗吾	中国文史出版社		2003
李宗吾杂文经典全集	李宗吾	时代文艺出版社		2003
厚黑学全书	李宗吾	时代文艺出版社		2003
处世经:宗法自己	李宗吾 史晟	中国盲文出版社		2003
为人处世厚黑学	赵丁	地震出版社		2004
经营管理厚黑学	赵丁	地震出版社		2004
李宗吾:成败铁规 厚黑秘诀	李宗吾原著,东野君译著	内蒙古人民出版社		2004
李宗吾:立身行世 面厚心黑	李宗吾原著,东野君译著	内蒙古人民出版社		2004

续表三

篇、书名	著（译）编者	出处	卷、期	年月日
李宗吾：小人之智　厚黑心术	李宗吾原著，东野君译著	内蒙古人民出版社		2004
李宗吾：进退有方　厚黑怕经	李宗吾原著，东野君译著	内蒙古人民出版社		2004
李宗吾：人性弱点　厚黑真言	李宗吾原著，东野君译著	内蒙古人民出版社		2004
李宗吾：能言善辩　厚话黑说	李宗吾原著，东野君译著	内蒙古人民出版社		2005
千古奇书：厚黑学珍藏本	李宗吾原著，东野君整理	内蒙古人民出版社		2005
李宗吾及其教育思想论	卫清萍	文史月刊	11 期	2005
厚黑面具下的孔孟之心——读李宗吾《厚黑学》	黄全彦	书屋	7 期	2005
李宗吾及其教育思想论	卫清萍	文史月刊	11 期	2005
"厚黑学"热的负面效应不可忽视	曹建文	光明日报		2005.1.27
厚黑学	李宗吾	中共中央党校出版社		2005
新厚黑学全书	袁祖立	远方出版社		2005

16. 王光祈

篇、书名	著（译）编者	出处	卷、期	年月日
评王光祈论中国乐律并质田边尚雄	杨没累	民铎杂志	8 卷 4 期	1927
"中国音乐史"		大公报·图书副刊	83 期	1935.6.13
书评：《中国音乐史》（王光祈著）	岸边成雄	东洋音乐研究	1 卷 1 期	1937
"变"和"闰"是清角和清羽吗——对王光祈"燕调"理论的质疑	陈应时	中央音乐学院学报	2 期	1982
王光祈音乐论著述评	朱岱弘	中央音乐学院学报	1 期	1983
近代中国音乐学先驱者——王光祈——为恢复王光祈音乐奖学金之设置呼吁	李安和	全音音乐文摘	6 卷 10 期	1983
试评王光祈的比较音乐学观点	管建华	音乐探索	1 期	1984
新见王光祈的音乐论文	陈聆群	音乐艺术	1 期	1984
王光祈的《声音心理学》述略	管建华	音协四川分会乐苑	2 期	1984
论王光祈的音乐思想	俞玉滋 修海林	音乐研究	3 期	1984

续表一

篇、书名	著(译)编者	出处	卷、期	年月日
王光祈的《千百年间中国与西方的音乐交流》述评	俞玉滋	中央音乐学院学报	3期	1984
王光祈著作文章及有关资料目录	朱岱弘	音乐研究	3期	1984
王光祈在音乐学上的贡献	吕骥	音乐探索	4期	1984
试评王光祈关于音乐本质和社会功能的论述	韩立文 毕兴	音乐研究	4期	1984
王光祈《中国音乐史》述评	朱舟	音乐研究	4期	1984
王光祈的"谐和"思想和"国乐"观	钟善祥	音乐探索	4期	1984
王光祈的音乐史学方法和学风——为王光祈研究学术讨论会而作	冯文慈	音乐探索	4期	1984
"变"与"闰"——与陈应时同志讨论	何昌林	中国音乐学	1期	1985
王光祈先生释"变"与"闰"	何昌林	艺苑	3期	1985
王光祈的空想社会主义思想探讨	黎永泰 刘平	重庆师范大学学报（哲社）	3期	1985
关于王光祈《翻译琴谱之研究》的研究	傅庆裕	中国音乐	3期	1985
重印王光祈"中国音乐史"赘言	廖辅叔	音乐探索	4期	1985
王光祈儿歌九首评析	河山星	人民音乐	11期	1985
试评王光祈《东西乐制之研究》	钟善祥	音乐探索	3期	1986
王光祈与比较音乐学的柏林学派	俞人豪	音乐探索	3期	1986
再谈"变"和"闰"	陈应时	音乐艺术	1期	1987
五四时期王光祈的思想剖析	朱正威	近代史研究	4期	1988
试析王光祈论"声韵音乐"——读《论中国古典歌剧》札记	崔小玲	艺苑（音乐）	2期	1989
我国第一位探索音乐学的理论家——王光祈	王鸿飞	北方音乐	3期	1991
王光祈、青主发展"国乐"观之探微	彭丽	齐鲁艺苑	3期	1991
王光祈的中西音乐文化观	冯光钰	音乐探索	4期	1992
从王光祈论戏曲音乐谈到他的美学观	茅原	音乐探索	4期	1992
闪耀在王光祈著述中的唯物辩证法思想	周旭光	人民音乐	4期	1992
我国现代音乐学的奠基人王光祈	冯文慈 俞玉滋	中央音乐学院学报	4期	1992

续表二

篇、书名	著(译)编者	出处	卷、期	年月日
王光祈的"国乐"观对今天的启示	樊祖荫	音乐探索	1期	1993
王光祈的"新儒家"音乐思想初探	林大雄	音乐探索	1期	1993
学习王光祈的音乐思想	叶 语	音乐探索	1期	1993
音乐学在新学潮流中的颠簸——王光祈先生诞生百周年随想录	黄翔鹏	音乐探索	1期	1993
王光祈音乐论著选集	冯文慈 俞玉滋	人民音乐出版社		1993
贯中西志举华音 治乐学黄钟流韵——为中国现代音乐学奠基人王光祈音乐论集的出版而作	修海林	国际音乐交流	1期	1994
直行终有路 何必计枯荣——读《王光祈音乐论著选集》	达 威	人民音乐	1期	1995
王光祈学术阐微	宋祥瑞	中国音乐学	3期	1995
登昆仑之巅，吹黄钟之律——王光祈音乐思想探析	胡郁青 丁晓红	音乐探索	4期	2001
王光祈"礼乐复兴"思想及其成因初探	郭 莹	音乐探索	4期	2001
作为新音乐批评家的王光祈——纪念王光祈先生诞辰110周年	明 言	音乐探索	1期	2002
王光祈《声音心理学》解析	王洪生	乐府新声	1期	2002
"变"位于变徵"闰"位于变宫	陈应时	音乐研究	1期	2002
一篇有助于解决"变"、"闰"争议的重要论文——读钱仁康《宫调辨歧》	陈应时	音乐研究	3期	2002
音乐学家王光祈评述	杨永贤	绍兴文理学院学报	3期	2002
王光祈对中国古代音乐史学的贡献述评	傅汀汀	黄河之声	4期	2002
王光祈与琴学——民国时期的中国音乐史研究之一面	牛岛忱子	明末思想文化之容纳		2002
人格的魅力——王光祈音乐学研究的启示	张荫伯 秦树基	音乐探索	1期	2003
论王光祈在中国音乐史上的主要成就	罗天全	音乐探索	1期	2003
试论王光祈民族文化新音乐思想	李世军	中国音乐	1期	2003
王光祈与民族音乐的发展	陈达波 李 姝	音乐探索	2期	2003
也谈宋代文献中的"变"与"闰"	郑祖襄	音乐研究	4期	2003

续表三

篇、书名	著(译)编者	出处	卷、期	年月日
《也谈宋代文献中的"变"与"闰"》读后	陈应时	音乐研究	1期	2004
试论王光祈的国乐思想	潘娜	中国音乐	3期	2004
王光祈与《SINICA》	王勇	音乐艺术	4期	2004
王光祈论文二篇	王光祈 金经言	中国音乐学	4期	2004
浅谈王光祈对中国古代音乐史研究的贡献	任秀蕾	曲靖师范学院学报	5期	2004

17. 刘咸炘

篇、书名	著(译)编者	出处	卷、期	年月日
刘咸炘先生的生平	庐前	四川文献	128期	1973
弄翰余沈——书学纵横谈	刘咸炘著,杨代欣评注	巴蜀书社		1991
刘咸炘和《弄翰余沈》	方林	文史杂志	4期	1992
刘咸炘与他的《三国志知意》	杨代欣	文史杂志	2期	1993
		贵州师范大学学报（社科）	4期	1994
		中华文化论坛	2期	1995
推十书	刘咸炘	成都古籍书店		1996
刘咸炘先生学术成就及学术思想	肖萐父	中华文化论坛	1期	1997
刘咸炘先生学术述略——为诞辰百周年纪念及《推十书》影印版而作	吴天墀	文献	4期	1997
刘咸炘的"三国"诗	李兆成	文史杂志	3期	1998
著述等身的藏书家——刘咸炘	黄友铎	四川图书馆学报	6期	1999
表宋风,兴蜀学——刘咸炘重修宋史简论	刘复生	四川大学学报（哲社）	5期	2003
边缘的视界：刘咸炘对进化论的批判	周鼎	四川大学学报（哲社）	3期	2004
刘咸炘书学思想二论	雷雨	四川教育学院学报	5期	2005
梁漱溟与刘咸炘：现代中国文化保守主义思潮的中心与边缘	周鼎	社会科学辑刊	6期	2005
刘咸炘之书法源流观	雷雨	乐山师范学院学报	9期	2005

二、史学

（一）一般论著

篇、书名	著(译)编者	出处	卷、期	年月日
两汉三国之蜀贤及其著作	封思毅	四川文献	166期	1967
三国两晋史学编年	杨翼骧	南开大学学报（人文）	4期	1957
宋南渡后蜀中之史学	万福曾	大公报·史地周刊	115期	1936.12.11
宋代四川史学的特点	蔡崇榜	西南师范大学学报（社科）	4期	1986
宋代四川史学的兴盛及其原因	蔡崇榜	中国西南的古代交通与文化		1994
抗战时期重庆马克思主义史家对中国古代史和思想史的研究	黄 静	史学史研究	3期	2005

（二）史学家

1. 一般论著

篇、书名	著(译)编者	出处	卷、期	年月日
历代川籍史部作家考略	李 寰	四川文献	57期	1967
古代四川的著名史学家	席尚文	旅游天府	1期	1985
四川古代著名史学家	王定璋	巴蜀书社		2004

2. 陈寿

篇、书名	著(译)编者	出处	卷、期	年月日
读陈寿顾雍传后	吴宗岳	人事行政	11期	1957
陈寿		四川日报		1959.6.14
陈寿与诸葛亮	缪 钺	成都晚报		1961.10.18
陈寿与诸葛亮		成都晚报		1964.3.22
陈寿与《三国志》	缪 钺	历史教学	1期	1962
陈寿、袁宏和范晔	白寿彝	北京师范大学学报（社科）	1期	1964
陈寿的"史才"	白寿彝	史学史研究	2期	1980
蜀中史学家——陈寿	张利源	成都日报		1980.6.5

续表一

篇、书名	著(译)编者	出处	卷、期	年月日
陈寿曲笔说辨诬	陶懋炳	史学史研究	3期	1981
陈寿的成就和《晋书》对他的评价	邱敏	史学月刊	5期	1984
漫谈陈寿的史学	刘隆有	求是学刊	5期	1984
陈寿评传	缪钺	中国史学家评传	上册	1985
陈寿的人品与史学	李纯蛟	南充师院学报（哲社）	4期	1987
陈寿行年钩沉	李纯蛟	史学史研究	3期	1989
陈寿对诸葛亮的评价新议	严衡山	求索	3期	1989
再辨陈寿"索米"说	杨耀坤	历史研究	1期	1991
史料精熟　史识精当　史笔精妙——陈寿《诸葛亮传》"隆中对""激孙权"评析	胡俊林	内江师范学院学报	3期	1993
陈寿修史"多所回护"说辨析	徐大英	史学史研究	3期	1994
陈寿编《诸葛亮集》二三考——兼谈整理诸葛亮著作的一些做法	李伯勋	成都大学学报（社科）	3期	1995
陈寿入晋仕历年考	曹书杰	社会科学研究	6期	1995
陳壽の『諸葛氏集』編纂について	阿部順子	日本中国学会报	48集	1996
陈寿"谤议"诸葛亮质疑	李小树	中州学刊	1期	1997
陈寿的主导历史观评析——读《三国志》札记之一	郑之洪	贵州师范大学学报（社科）	2期	1997
文质辨洽：陈寿的执着追求	周国林	华中师范大学学报（哲社）	5期	1997
陈寿游学成都太学史事考	田一农	绵阳师范高等专科学校学报	1期	1999
陈寿史德刍议——读《三国志·诸葛亮传》	杨立平	安徽广播电视大学学报	2期	1999
陈寿入晋任官及其年代考证	曹书杰	西南师范大学学报（社科）	4期	1999
陈寿对诸葛亮的评价是公允的	萨如拉	内蒙古师范大学学报（哲社）	6期	1999
陈寿史观评说	夏祖恩	福建师范大学学报（哲社）	2期	2000
陈寿也自讨没趣	朱晴方	新闻导刊	5期	2000
陈寿的名声打了一个折	朱晴方	新闻战线	11期	2000
想起陈寿……	朱晴方	新闻爱好者	12期	2000
从《三国志》史评看陈寿的政治思想	刘伟航 李莉	四川师范学院学报（哲社）	5期	2001
陈寿史学刍论	龙显昭	四川师范学院学报（哲社）	6期	2001
陳壽伝の研究	津田資久	北大史学	41期	2001

续表二

篇、书名	著(译)编者	出处	卷、期	年月日
陈寿的军事思想	周 斌 李 莉	喀什师范学院学报	4 期	2002
从陈寿遭诬看信史之可贵	官伟勋	中华魂	8 期	2002
论陈寿的历史哲学思想	庞天佑	史学理论研究	4 期	2003
陈寿的学术渊源	金生杨	史学史研究	1 期	2004
陈寿评价吕布有失公允说	曹文柱	中州学刊	5 期	2004
缅怀缪钺先生忆"神交"——关于"陈寿"的七封通信	谢保成	魏晋南北朝史论文集		2004
"陈寿故里碑"引发的两个问题	蔡东洲	西华师范大学学报（哲社）	5 期	2005

3. 常璩

篇、书名	著(译)编者	出处	卷、期	年月日
常璩		四川日报		1959.8.2
常璩与《华阳国志》	陈先赋	成都日报		1980.10.23
从《华阳国志》看常璩的史学思想	陈晓华	史学月刊	11 期	2003

4. 范祖禹

篇、书名	著(译)编者	出处	卷、期	年月日
范祖禹の帝学	麓保孝	史学雜誌	52 编 5 号	1941
宋范祖禹书古文孝经石刻校释	马 衡	中研院历史语言研究所集刊	20 本上册	1948
		凡将斋金石丛稿		1977
宋の范祖禹の帝学について	麓保孝	日本中国学会报	3 号	1952.3.3
范祖禹的史学与政论提要	王德毅	幼狮学志	5 卷 2 期	1966
范祖禹与《资治通鉴》——读《范太史集》札记	陈光崇	辽宁大学学报（哲社）	6 期	1980
范祖禹与《唐鉴》	晨 舟	史学史研究	2 期	1982
关于范祖禹对玄武门之变的评论——读《唐鉴》札记	牛致功	唐史论丛	3 辑	1987
范祖禹与《资治通鉴》	周原孙	社会科学研究	3 期	1988
范祖禹与《资治通鉴》	施懿超	史学史研究	3 期	1991
从《唐鉴》看范祖禹的史学思想	陈 勇	四川师范学院学报（哲社）	1 期	1993

续表一

篇、书名	著(译)编者	出处	卷、期	年月日
《唐鉴》与范祖禹的史学思想述论	文畅平	大同高等专科学校学报	4期	1997
从《唐鉴》看范祖禹的史学思想	温哲君 文畅平	惠州大学学报（社科）	3期	1998
朱熹对范祖禹学术的吸取	粟品孝	成都大学学报（社科）	4期	1999
司马光范祖禹唐史观点不一致论	汪高鑫	安徽史学	1期	2000
范祖禹"台谏手段"评析	杨然	宋代文化研究	9辑	2000
范祖禹年谱简编	施懿超	文献	3期	2001
范祖禹书大足石刻《古文孝经》校定	舒大刚	宋代文化研究	11辑	2002
试论大足石刻范祖禹书《古文孝经》的重要价值	舒大刚	四川大学学报（哲社）	1期	2003
"史者儒之一端"试解——兼论司马光、范祖禹的史论	孙立尧	南京大学学报（哲社）	2期	2003
范祖禹主要生平事迹编年考略	施懿超	阜阳师范学院学报（社科）	6期	2003

5. 李焘父子、李心传

篇、书名	著(译)编者	出处	卷、期	年月日
南宋编年史家二李年谱	方壮猷	说文月刊	4卷	1944
		史学史研究	1期	1981
南宋编年史家二李史学研究浅见	蔡崇榜	史学史研究	2期	1986
南宋の李燾と《続資治通鑑長編》の成立	周藤吉之	駒澤史學	6号	1957
李焘年表	徐规	文史	2辑	1963
李焘父子年谱	王德毅	中国学术著作奖助委员会		1963
《李焘年表》补正	徐规	文史	4辑	1965
李焘评传	王德毅	图书馆学报	7期	1965
		宋史研究集	3辑	1966
		宋史研究论集（1）		1972
李焘及其史学	张松缊	史苑（辅大）	14期	1970
李焘和他的《续资治通鉴长编》	彭静中	历史知识	2期	1980
李焘和《续资治通鉴长编》的编纂	刘复生	史学史研究	3期	1981
李焘的史学成就与治史精神	裴汝诚	华东师大学报（哲社）	6期	1981
《李焘年表》再补正	徐规	文史	16辑	1982

续表一

篇、书名	著（译）编者	出处	卷、期	年月日
李焘和《续资治通鉴长编》	张孟伦	上海师范大学学报（哲社）	4 期	1983
《宋史》勘误一则	王俊华	史学月刊	6 期	1987
李焘著述考辨	王承略 杨锦先	文史	50 辑	2000
论李焘对《王安石日录》的取舍	李华瑞	抚州师专学报	2 期	2001
李焘的编辑思想	赵连稳	编辑学刊	3 期	2001
从《续资治通鉴长编》注文看李焘对王安石及其新法的态度	李华瑞	文史	55 辑	2001
李焘学行诗文辑考	王承略、杨锦先辑考	上海古籍出版社		2004
李焘父子考辨札记	张继定	浙江师大学报（社科）	4 期	1995
《续世说》的作者李垕是宋人	张固也	文献	1 期	1998
李垕应是"眉州丹棱人"	毛西旁	文献	4 期	1998
李心传著述考	王德毅	大陆杂志	27 卷 3 期	1963
李心传年谱	王德毅	宋史研究集	9 辑	1977
略谈李心传史学著作的特点	来可泓	杭州师院学报（社科）	1 期	1984
关于《宋史·李心传传论》的问题	蔡崇榜	史学月刊	4 期	1990
《两朝纲目备要》史源浅探——李心传史学地位的侧面观察	梁太济	文史	32 辑	1990
李心传事迹著作编年	来可泓	巴蜀书社		1990
试论李心传的史学	来可泓	史学史研究	1 期	1991
《宋史·李心传传论》考补	来可泓	文史	33 辑	1991
南宋史家李心传行述考略	来可泓	文献	3 期	1991
宋人传记补遗——李心传	约翰 C. 查斐（王 华）	宋代文化研究	10 辑	1998
正史与说部互证——李心传考据史学辨析	邹志勇	山西师大学报（社科）	4 期	2003

6. 张森楷

篇、书名	著（译）编者	出处	卷、期	年月日
史学家张森楷年谱		世界农村月刊	5 期	1941
四川史学家张森楷传	傅振抡	说文		1946.7.1
				1946.7.8
		四川地方史通讯	3 期	1982

续表一

篇、书名	著(译)编者	出处	卷、期	年月日
史学家张森楷先生年谱	杨家骆	幼狮学志	5卷2期	1966
张森楷生平及其著述	杨家骆	四川文献	118期	1972
傅增湘论张菊生和张森楷	毛一波	四川文献	137期	1974
卓越的史学家张森楷（1858－1928）	唐唯目等	历史知识	3期	1980
张森楷《十七史校记》	罗继祖	社会科学战线	4期	1980
张森楷的《宋史》校勘与王坚补传	唐唯目	西南师范大学学报（哲社）	2期	1988
张森楷史学遗著辑略	唐唯目	西南师范大学出版社		1998

（三）史学著作

篇、书名	著(译)编者	出处	卷、期	年月日
历代四川有关史籍举要	李寰	四川文献	58期	1967
四川丛书四种概述	蜀侠	四川文献	162期	1977
四川丛书续印三种概述	蜀侠	四川文献	163－165期	1977
蜀籍与直斋书录	封思毅	四川文献	165期	1977
蜀籍与千顷堂书目	封思毅	四川文献	167期	1978
蜀籍与四库全书	封思毅	四川文献	168、169期	1977
巴蜀丛书	巴蜀书社	编者刊	1辑	1988
清代被毁禁的蜀人典籍	李朝正	文史杂志	1期	1995
峨眉山书目	王文才	乐山师专学报（社科）	1期	1992
峨眉山书目文献考述	罗清华	四川师范大学学报（社科）	1期	2003
宋代蜀人著作存佚录	许肇鼎	巴蜀书社		1986
新都历史文化丛书：文献名都	曾顺达 倪宗新	四川人民出版社		2001
山海经不可疑	刘光汉	国粹学报	10期	1905
		刘申叔遗书		1997
山海经为诗经旧传考	廖平	四川国学杂志	7号	1913
		戊午周报	41期	1919
论山海经的著作年代	陆侃如	新月	1卷5期	1928

续表一

篇、书名	著(译)编者	出处	卷、期	年月日
山海经成书之年代	何定生	国立中山大学语言历史学研究所周刊	20期	1928
山海経篇目の考証	小川琢治（蒋径三）	中国历史地理研究		1928
		国立中山大学语言历史学研究所周刊	100期	1929
从山海经的神话中所得到的古史观（附表格）	胡钦甫	中国文学季刊	创刊号	1929
山海经考证——古代文学史附录之一（附表格）	陆侃如	中国文学季刊	创刊号	1929
山海经中的水名表	朱兆新	中国文学季刊	创刊号	1929
山海经是一部什么书	钟敬文	浙江大学文理学院学生自治会会刊		1930
		钟敬文民间文学论集（下）		1985
山海经神话研究的讨论及其他	钟敬文	民俗周刊（中山大学）	92期	1930
关于《山海经研究》	钟敬文	民国日报·民俗周刊	5期	1930
《山海经》在科学上之批判及作者之时代考	何观洲	燕京学报	7期	1930
《山海经》在科学上之批判及作者之时代考书后	郑德坤	燕京学报	7期	1930
我国古代民众关于医药学的知识——"山海经之文化史的研究"中的一章	钟敬文	民众教育季刊	2卷1期	1931
山海经中的古代故事及其系统	吴晗	史学年报	3期	1931
山海经考	小川琢治（江侠庵）	先秦经籍考	下册	1931
		上海文艺出版社		1990
山海经及其神话	郑德坤	史学年报	4期	1932
		中国历史地理论文集		1980
山海经中的太阳神话	文哉	复旦大学中国文学系文学旬刊	4期	1933
山海经研究的进展	容肇祖	民俗周刊（中山大学）	116-118期	1933
山海经中所说的神	容肇祖	民俗周刊（中山大学）	116-118期	1933
山海经内大荒海内二经古代帝王世系传说	朱希祖	民俗周刊（中山大学）	116-118期	1933
山海经中蛇的传说	叶德均	民俗周刊（中山大学）	116-118期	1933

续表二

篇、书名	著(译)编者	出处	卷、期	年月日
山海经中的动植物表	韩一鹰	民俗周刊（中山大学）	116-118期	1933
山海经新论	凌纯声	东方文化书局		1933
山海经·古史考	郑慕庸	历学	1卷1期	1934
五藏山经试探	顾颉刚	史学论丛	1期	1934
山海经的新评价	高去寻	禹贡	1卷1期	1934
山海经读后感	吴维亚	禹贡	1卷1期	1934
山海经图与职贡图	王以中	禹贡	1卷3期	1934
山海经图与职贡图的讨论	贺次君	禹贡	1卷8期	1934
跋山海经释义	张公量	禹贡	1卷10期	1934
《山海经》之版本及关于《山海经》之著述	贺次君	禹贡	1卷10期	1934
学术研究山海经	杨宽	时事新报		1934.5.6
略论山海经与穆天子传	张公量	华北日报·史学周刊		1934.11.22
山海经的研究——山海经中的十日	卫聚贤	古史研究（二）	下册	1934
中国古代的神祇——读山海经笔记	古铁	中原文化	22期	1935
山海经集解	王心湛	广益书局		1936
山海经图与外国图	王以中	史地杂志	1期	1937
海外四经海内四经与大荒四经海内经之比较	侯仁之	禹贡	7卷第6、7期	1937
读《山海经》札记	柯昌济	古学丛刊	1-5期	1939
"山海经"今批（一）	夏九鼎	小说月报	22期	1942
"山海经"今批（二）	夏九鼎	小说月报	23期	1942
"山海经"今批（三）	夏九鼎	小说月报	24期	1942
山海经考	程憬	图书季刊	4卷3、4期	1943
读《山海经》札记	江绍原	知识与生活	14期	1947
《山海经》里的诸神	袁圣时	台湾文化	3卷7期	1948
			4卷1期	1949
山海经通检	巴黎大学北平汉学研究所	编者刊		1948
山海经的产生	纪庸	中学生	209期	1949
山海經原始	高馬三良	女子大學文學（大阪女子大學）	1号	1951

续表三

篇、书名	著(译)编者	出处	卷、期	年月日
山海经的地理意义	徐旭生	地理知识	6卷8期	1955
山海经的估价	敬 之	联合报		1955.8.12
《山海经》的神话价值	姚 齐	新民晚报		1955.12.5
从《山海经》的药物使用来看先秦时代的疾病情况	王范之	医学史与保健组织	1卷3期	1957
山海经时代的社会性质初探	孙文青	光明日报		1957.8.15
足本山海经图赞	张宗祥校录	上海古典文学出版社		1958
五藏山经和禹贡中的地理知识	曹婉如	科学史集刊	1期	1958
山海经笺疏	郭 璞 郝懿行	艺文印书馆		1959
读"山海经"	曹雨群	上海师范学院学报（社科）	2期	1960
『山海經』について	冈本正	中國古代史研究		1960
山海经神话系统	杜而未	华明书局		1960
		学生书局		1976
鲁迅与山海经	黄 华	文汇报		1961.3.16
研究"山海经"的一些问题	蒙文通	光明日报		1962.3.17
"山海经"是一本好书	许顺湛	光明日报		1962.8.28
略论《山海经》的写作时代及其产生地域	蒙文通	中华文史论丛（一）		1962
孙籀庼校《山海经》错简例	雪 克	杭州大学学报（人文）	2期	1962
论《山海经》和禹、益无关及《五藏山经》神话资料的来源	李光信	扬州师院学报	16期	1962
山海经新校正	郭 璞 毕 沅	新兴书局		1962
山海经的轮回观念	杜而未	现代学人	8期	1963
山海经注	郭 璞 杨 慎	广文书局		1965
無頭神小論——山海经の民族学的一考察	伊藤清司	中国大陸古文化研究	3集	1966
山川の神々（一）——『山海经』の研究	伊藤清司	史学	41卷4号	1969
山川の神々（二）——『山海经』の研究	伊藤清司	史学	42卷1号	1969
山川の神々（三）——『山海经』の研究	伊藤清司	史学	42卷2号	1969

续表四

篇、书名	著(译)编者	出处	卷、期	年月日
古代中国の民間医療（一）——『山海経』の研究	伊藤清司	史学	42卷4号	1970
古代中国の民間医療（二）——『山海経』の研究	伊藤清司	史学	43卷3号	1971
古代中国の民間医療（三）——『山海経』の研究	伊藤清司	史学	43卷4号	1971
楚辞天问篇与山海经比较	傅锡壬	淡江学报	8期	1969
中国古典文學大系8——抱朴子、列仙傳、神仙傳、山海經	本田濟等	平凡社		1969
山海経と鉄	伊藤清司（张正军）	森嘉兵衛教授退官記念論文集		1969
		中国古代文化与日本		1997
精衛の傳説とその資料	栃尾武	櫻美林大學中國文學論叢	2号	1971
『山海經』における災異	松田稔	日本文學論究	30号	1971
山海经广注	吴任臣	台湾商务印书馆		1972
山海经探源（上、中、下）	郑康民	建设	22卷8—10期	1974
山海经研究论集	高去寻等	中山图书公司		1974
なつめとオタマジャクシ—『山海経』の研究断片	伊藤清司	中国大陸古文化研究	7集	1975
全訳漢文大系33卷——山海經・列仙伝	前野直彬	集英社		1975
陶渊明"读山海经十三首"的神话世界初探	林明德	中外文学	5卷2期	1976
山海经研究	傅锡壬	淡江学报	14期	1976
異形山岳神小考—『山海經』を中心として	松田稔	漢文學會會報	22号	1976
The Legendary Creatures Mountains and Seas	John Wm. Schiffler	旧金山出版社		1977
		华岗出版有限公司		1981
《山海经》写作的时地及篇目考	袁珂	中华文史论丛（七）		1978
流布本『山海経』の音注対校表	立石広男	漢学研究・中沢信三先生退任記念号		1978
读《山海经》札记	徐旭生	中国古史的传说时代・附录三		1978
鲁迅与《山海经》	孙昌熙	吉林师大学报（社科）	1期	1979
略论《山海经》的神话	袁珂	中华文史论丛	2辑	1979

续表五

篇、书名	著(译)编者	出处	卷、期	年月日
《山海经》初探	袁行霈	中华文史论丛	3辑	1979
《山海经校注》	一弓	读书	7期	1979
《山海经》——研究古代史地、民俗、医药的重要文献	张明华	福建日报		1979.5.13
羝羊と箴石—『山海經』の研究	伊藤清司	三上次男博士頌壽記念東洋史・考古學論集		1979
略谈《山海经》	张明华	读书	7期	1980
神话与《山海经》	云奇	哈尔滨文艺	11期	1980
《山海经》不是怪诞的神话		江苏教育	11期	1980
巫祝と戰爭—『山海經』の研究	伊藤清司	池田末利博士古稀記念東洋學論集		1980
古代中國の戰禍・劍難回避の呪法—『山海經』の研究	伊藤清司	史學	50卷記念号	1980
龙的传书——山海经	李丰楙	中国时报		1980.10.14
山海经校注	袁珂	上海古籍出版社		1980
		巴蜀书社		1996
漫谈中国神话研究和《山海经》	袁珂	四川图书馆	1期	1981
鲁迅和《山海经》	许钦文	山海经	创刊号	1981
《山海经》远古音乐材料初探	吉联抗	中国音乐	2期	1981
《山海经》中的丝绸之路初探	翁经方	上海师范学院学报（社科）	2期	1981
《山海经》——早期民族学资料的宝库	梁志忠	民族学研究	2辑	1981
阴山岩画与《山海经》	盖山林	内蒙古社会科学	3期	1981
一部最古最奇的书——《山海经》浅说	史肇美	山海经	3期	1981
山经灵异动物之研究	李丰楙	中华学苑	4、5期	1981
《山海经》与现代科学	谢田	读书	8期	1981
山海經について	大久保莊太郎	羽衣學園短期大學研究紀要	17卷	1981
『山海經』における瑞祥	松田稔	漢文學會會報（國學院大學）		1981
《山海经》中的昆仑区	顾颉刚	中国社会科学	1期	1982
一部瑰伟瑰奇的古籍——《山海经》	蜀仁	吉林民间文学丛刊	1期	1982
《山海经》一书中有关母系氏族社会的神话试析	王珍	中州学刊	2期	1982

续表六

篇、书名	著(译)编者	出处	卷、期	年月日
『山海經』における山岳祭祀	松田稔	國學院雜誌	83卷2号	1982
关于新版《山海经校注》的点滴意见	谢崇安	社会科学战线	2期	1982
从《山海经》看我国原始宗教与巫术科学的特点	唐明邦	大自然探索	2期	1982
《山海经》记载的巴史	董其祥	西南师范学院学报（哲社）	3期	1982
群巫初探——《山海经》与古代社会	潘世宪	社会科学战线	4期	1982
读《山海经》一得	房建昌	学术论坛	5期	1982
『山海經』と玉	伊藤清司	中國古代史研究	5卷	1982
人魚傳説—『山海經』を軸として	松岡正子	中國文學研究	8卷	1982
羊の犠牲から羊の怪へ—『山海經』の山岳祭祀の供犠を中心として	松田稔	國學院高等學校紀要	18卷	1982
中国古代の山岳神祭祀——『山海經』の研究	松田稔	稲・舟・祭：松本信広先生追悼論文集		1982
『山海經』における動物観	松田稔	國學院女子短期大學紀要	1卷	1983
《山海经》中的帝神话	孟慧英	民间文学论集	1辑	1983
刑天—『山海經』における「尸」と「舞」について	松岡正子	中國語文論叢	2卷	1983
关于《山海经》校译的几个问题	袁珂	思想战线	5期	1983
中国神话研究和《山海经》	袁珂	文史知识	5期	1983
《山海经》中的"洱水"非"洱海"	施立卓	大理文化	6期	1983
古代中國における神格の形狀—『山海經』を中心として	松田稔	日本文學論究	42卷	1983
《山海经》与原始社会研究	王珍	中原文物	特刊	1983
山海经传	郭璞	中华书局		1983
《山海经》产于楚地七证	翁银陶	江汉论坛	2期	1984
『山海經』における植物観	松田稔	國學院女子短期大學紀要	2卷	1984
《山海经》的民俗学价值	张紫晨	思想战线	4期	1984
		张紫晨民间文艺学民俗学论文集		1993
略论《山海经》神话的价值	李少雍	中国古典文学论丛	1辑	1984
《山海经》与先秦时期的南方民族	陈天俊	贵州社会科学	4期	1984
傅山《山海经类钞》稿本述略	罗继祖	晋阳学刊	4期	1984

续表七

篇、书名	著(译)编者	出处	卷、期	年月日
《山海经》中药物记载的再评价	马伯英	中医药学报	4期	1984
《山海经》及其相关的几个问题	杨超	大自然探索	4期	1984
读《山海经校注》札记	王红旗	社会科学研究	5期	1984
《山海经》研究小史	周明	历史知识	5期	1984
《山海经》庐江考	魏嵩山	地名知识	6期	1984
《山海经》是一部最古的氏族社会志	徐显之	湖北方志通讯	8期	1984
山海经	既白	瞭望	27期	1984
「五采鳥」考—『山海經』における鳳の系譜	松田稔	國學院大學漢文學會會報	30卷	1984
『山海經』における古代説話の一考察	木内芳樹	中國學研究		1984
读《山海经》杂记	吕子方	中国科学技术史论文集（下）		1984
『山海經』研究上の一課題	伊藤清司	史學	55卷1号	1985
巫师、方士与《山海经》	任乃强	文史杂志	1期	1985
浅谈《五藏山经》	赫维人	云南师范大学学报（哲社）	1期	1985
"精卫填海"与亡灵化鸟	龚维英	贵州社会科学	1期	1985
《海经》新探	何幼琦	历史研究	2期	1985
《山海经》羲和生十日辨	房建昌	社会科学战线	2期	1985
从《山海经》窥索苗族族源	翁家烈	贵州民族研究	3期	1985
《山海经》的性质	孙致中	贵州文史丛刊	3期	1985
关于《山海经》与人类学	李似珍	民族论坛	3期	1985
《山海经》里的原始思维	刘夫德	文博	3期	1985
《山海经》性质考	翁银陶	福建师范大学学报（哲社）	4期	1985
《山海经》拾证	孙培良	文史集林	4期	1985
《山海经》盖"古之巫书"试探	袁珂	社会科学研究	6期	1985
《山海经》中的巴人世系考	徐南洲	社会科学研究	6期	1985
闻一多与《山海经》	孙昌熙	云南师范大学学报（哲社）	6期	1985
《山海经》中有关粮食作物的记载	谢元鲁	天府新论	6期	1985
简论《山海经》精髓之所在兼辨野人有无的问题	萧蒂岩	西藏文学	7期	1985
略谈《山海经》	陈仁凤	语文学习	7期	1985
『山海經』に現われた古代説話の展開—帝俊説話を中心として	木内芳樹	大正大學大學院研究論集	9卷	1985

续表八

篇、书名	著(译)编者	出处	卷、期	年月日
『山海經』の民俗社會的背景	伊藤清司（张正军）	國學院雜誌	86卷11号	1985
		中国古代文化与日本		1997
山海经校译	袁 珂	上海古籍出版社		1985
《山海经》的作者及著作时代	孙致中	贵州文史丛刊	1期	1986
《山海经》中所见我国古民俗	沙嘉孙	民俗研究	1期	1986
被忽视了的秦代《水经》——略论《山海经·海内东经·附篇》的写作年代	周振鹤	自然科学史研究	1期	1986
无头战神刑天考辨	龚维英	云南社会科学	1期	1986
《山海经》英雄神话三则浅析	杨景龙	名作欣赏	2期	1986
试论《禹贡》与《五藏山经》的关系	赵 荣	西北大学学报（自然）	2期	1986
《山海经》中的地质矿产知识	李鄂荣	中国地质	2期	1986
颛顼·景颇·古蜀国——《山海经》中的古蜀国先代考	徐南洲	枣庄师专学报	2期	1986
《山海经·山经》神话综论	史 建	天津师专学报	3期	1986
『山海經』における風の記述——その神話的要素の考察	松田稔	國學院女子短期大學紀要	4卷	1986
『山海經』名物·祭祠一覽	木内芳樹	櫻美林大學中國文學論叢	11卷	1986
『山海經』西次三經と羌族——昆侖之丘と羌の雪山について	松岡正子	中國文學研究	12卷	1986
『山海經』に見える太陽の記述——その神話的要素の考察	松田稔	漢文學會會報（西岡弘博士退休記念號）	31卷	1986
《山海经》新探	中国《山海经》学术讨论会	四川省社会科学院出版社		1986
白话插图山海经	任孚先 于友发	山东教育出版社		1986
中國の神獸、惡鬼たち	伊藤清司	東方書店		1986
轉生の神話——『山海經』を中心とした中國神話の考察	松田稔	學苑	1月號	1987
《山海经》与《山海图》	孙致中	河北学刊	1期	1987
图腾、神、神话——读《山海经》	胡仲实	广西师院学报（哲社）	1期	1987
关于"刑天舞干戚"	杨树彬	读书	1期	1987
『山海經』研究の現況と課題	小南一郎	中國——社會と文化	2卷	1987
《山海经》怪物试解	孙致中	辽宁大学学报（哲社）	2期	1987

续表九

篇、书名	著(译)编者	出处	卷、期	年月日
释《山海经》中的涅石	张正明	社会科学战线	2期	1987
两种《山海经》考	沈海波	上海教育学院学报	3期	1987
《山海经》释名	任乃强	文史杂志	3期	1987
邓林乎？桃林乎？——从神话学谈《夸父逐日》的一个问题	廖秀金	龙岩师专学报	3期	1987
巫术文化的南兴北衰与《山海经》的修订	孙致中	天津社会科学	4期	1987
《山海经》作于楚怀王末年考	翁银陶	求索	5期	1987
还以"刑天舞干戚"为长	姚永铭	读书	5期	1987
"刑天"、"形天"皆可通	周明初	读书	9期	1987
後漢時代における『山海經』	竹内康浩	道教と宗教文化		1987
山海经：神话的故乡	李丰楙	时报文化出版企业有限公司		1987
《山海经》与原始文字	沙嘉孙	管子学刊	1期	1988
《山海经》及其史料价值	常征	北京社会科学	3期	1988
《山海经》与华南的古代民族文化	伊藤清司（中原律子）	贵州民族学院学报	4期	1988
东夷族团历史的余影——《山海经》"远国异人"考之二	孙致中	河北师院学报（哲社）	4期	1988
凿齿·中容·雕题·贯胸——《山海经》"远国异人"考之三	孙致中	河北大学学报（哲社）	1期	1989
中朝日之间古地理与《山海经》古传说	逄振镐	史前研究	4期	1988
《山海经》中之同物异名——读《山海经笺疏》、《山海经校注》札记之一	沈光海	河池学院学报	4期	1988
《有夏志传》与《山海经》之双向探考	欧阳健	中国人民大学学报	6期	1988
『山海經』五藏山經の水の神	松田稔	漢文學會會報（熊谷尚夫教授退休記念號）	33卷	1988
中国古代の神——『山海経』山経と海経との関係	松田稔	学苑	577号	1988
『山海經』における鑛物観	松田稔	國學院女子短期大學紀要創立五周年記念號		1988
『山海經』の「山經」に見える薬物と治療	大形徹	中国古代養生思想の總合的研究		1988
山海经	顾颉刚	中国上古史研究讲义		1988

续表一〇

篇、书名	著(译)编者	出处	卷、期	年月日
《山海经》中有关少数民族的神话	袁 珂	神与神话		1988
《山海经》神话与楚文化	袁 珂	巫风与神话		1988
『山海經』の海經における繪畫の要素	松田稔	學苑	1月號	1989
《山海经》中的东北亚诸民族考略	李德山	外国问题研究	1期	1989
从《山海经》看道教神学的远源	朱越利	世界宗教研究	1期	1989
从医药角度探讨《万物》与《山海经》的时代关系	尚志钧	中医临床与保健	3期	1989
扶桑神话与日本民族起源——《山海经》中远古神话的新发现	何 新	学习与探索	4-5期	1989
谈《山海经》注释隅识	沈光海	宁夏教育学院学报（社科）	2期	1989
论《山海经》的神话性质——兼与罗永麟教授商榷	袁 珂	思想战线	5期	1989
《山海经》作者考	李行之	求索	6期	1989
異形の民—『山海經』の対周辺民族観	伊藤清司（张正军）	中国古代史研究	6卷	1989
		中国古代文化与日本		1997
『山海經』黄帝女魃の形象について	阪谷昭弘	學林	13卷	1989
《山海经》是上古史书	王大有	人民日报（海外）		1989.2.2
开本草著作先河的《山海经》	周保国	中国医药报		1989.7.2
山海经中的鬼神世界	伊藤清司（刘晔原）	中国民间文艺出版社		1989
人首蛇身的伏羲、女娲与蛇图腾崇拜——兼论《山海经》中人首蛇身之神的由来	张志尧	西北民族研究	2期	1990
《山海经》有关药物的记载	赵仕光	贵州文史丛刊	2期	1990
读《山海经校注》偶记	蒋孔鸿	文献	3期	1990
论《山海经》的巫觋思想——兼答袁珂先生	罗永麟	民间文艺季刊	3辑	1990
评《正统道藏》本《山海经》	张春生	宗教学研究	3、4期	1990
山岳祭祀における玉—『山海經』を中心として	松田稔	漢文學會會報	36卷	1990
《山海经》"孟极"即"雪豹"考	周士琦	中国科技史料	2期	1991
《山海经》中诸物得名之由来——读《山海经笺疏》《山海经校注》札记	沈光海	湖州师专学报	4期	1991

续表——

篇、书名	著(译)编者	出处	卷、期	年月日
刘氏父子与《山海经》	李五泉	小说林	5期	1991
《山海经》中的浑天说	金祖孟	历史地理	8期	1991
海外諸經の成立——『山海經』現行本の成立の問題について（二）	竹内康浩	史流	31卷	1991
山海经探原	徐显之	武汉出版社		1991
山海经管窥	常 征	河北大学出版社		1991
山海经全译	袁 珂	贵州人民出版社		1991
山海经：外二十六种	郭璞注	上海古籍出版社		1991
山海经图赞·山海经补注	郭 璞 杨 慎	中华书局		1991
《山海经》中犬戎谱系剖析	王 宁	山西师大学报（社科）	1期	1992
从《山海经》"为·M"看"为"的代词性质	钟如雄	西南民族学院学报（哲社）	2期	1992
《山海经》与中国古小说的萌生	古 原	赣南师范学院学报（社科）	3期	1992
《山海经》中部分谜团有了解	白 桑	岭南文史	4期	1992
『山海經』の山經と海經	松田稔	學苑	4月號	1992
『山海經』における山岳観	松田稔	國學院中國學會報（西岡弘博士喜壽記念號）	38卷	1992
《山海经》篇目考	张春生	中华文史论丛	49辑	1992
中国上古文化的新大陆——《山海经·海外经》考	喻权中	黑龙江人民出版社		1992
神州的发现——《山海经》地理考	扶永发	云南人民出版社		1992
山海经 穆天子传	郭璞注	岳麓书社		1992
《山海经》的神话思维	杨 义	海南师院学报	1期	1993
		中山大学学报（社科）	3期	2003
《山海经》学与文化史研究	张碧波	黑龙江日报		1993.3.10
《山海经》空间之谜解析	焦国标	信阳师范学院学报（哲社）	2期	1993
《山海经》——最早记载河南煤炭的书	胡克仪 卞书田	中州煤炭	2期	1993
《山海经》与古代植物分类	丁永辉	自然科学史研究	3期	1993
《山海经》中的上古中日交往史影	孟宪仁	日本研究	4期	1993
《山海经》新探	丘良任	长沙水电师院社会科学学报	4期	1993
试论《山海经》与中国远古气候学史关系的若干问题	刘恭德	大自然探索	4期	1993

续表一二

篇、书名	著(译)编者	出处	卷、期	年月日
《山海经·北次二经》南部诸山初探	刘建华	中国历史地理论丛	4期	1993
《山海经》里的"黑齿国"与日本古俗	刘黎明	文史杂志	5期	1993
《山海经》与毕摩比较研究	李世康	楚雄社会科学论坛	6期	1993
『山海經』鍾山條についての一試論—神々の闘争について	阪谷昭弘	學林	21卷	1993
中國古代の「帝」の傳承—『山海經』を中心として	松田稔	説話文學研究	28卷	1993
日本文學主要作品中の『山海經』	松田稔	國學院短期大學國文學會創立10周年紀念論文集		1993
《山海经》浅注	徐显之	黄山书社		1993
《山海经》考——论人类文明史的隔断带	黄伯宁	齐齐哈尔师范学院学报（哲社）	1、2期	1994
		化石	2期	1996
《山海经》动植物名词形义不一致现象分析	程浈	淮阴师专学报	1期	1994
《山海经》与中华民族的起源	张岩	文艺研究	2期	1994
情测《读山海经·精卫衔微木》	王振泰	九江师专学报（哲社）	2期	1994
《山海经》：揭开世界文化之谜	胡远鹏 杨卓	武汉冶金管理干部学院学报	2期	1994
《山海经校注》"珂案"音释献疑	李无未 吕朋林	古籍整理研究学刊	2期	1994
古朴质重 瑰丽奇异——浅谈《山海经》神话	李宪生	河南电大	2、3期	1994
《山海经》与中国奇幻思维	宁稼雨	南开学报（哲社）	3期	1994
《山海经》研究进入新阶段——解开中国及世界历史之谜的探索	杨卓	古籍整理研究学刊	3期	1994
试谈如何揭开《山海经》奥秘	宫玉海	长白论丛	3期	1994
用《山海经》找女娲墓	扶永发	文史杂志	3期	1994
《山海经·中山经》"中次六山"校注及试译	苑杨	养蜂科技	3期	1994
《山海经》研究的意义	胡远鹏	齐齐哈尔师范学院学报（哲社）	4期	1994
试论《山海经》中黄帝之真实性	胡远鹏 陈宣红	云南民族学院学报（哲社）	4期	1994

续表一三

篇、书名	著(译)编者	出处	卷、期	年月日
从青丘国看《山海经》地理与滇西的吻合	扶永发	云南民族学院学报（哲社）	4期	1994
论《山海经》所说的赤水、黑水和昆仑	刘建华	中国历史地理论丛	4期	1994
人面鳥身の時空を越えた類似性について——『山海経』へたどるまでのイメージの発生と伝播	森田登代子	武庫川女子大学生活美学研究所紀要	4号	1994
"夸父逐日"并非神话——《山海经》新证	冯英子	世纪	5期	1994
《山海经》和中华文化圈	王兆明	东北师大学报（哲社）	5期	1994
《山海经》中的"原"	王宗祥	中国语文	5期	1994
《山海经》"建木"考	侯伯鑫	图书馆	6期	1994
		中国农史	3期	1996
浅谈《山经》中的文化区划	周幼涛	文史知识	12期	1994
山海经作者及其成书年代之重新考察	蒙传铭	中国学术年刊	15卷	1994
『初學記』と『山海經』（上）	竹内康浩	史流	34卷	1994
『初學記』と『山海經』（下）	竹内康浩	史流	40卷	2001
『山海經』の海外經と大荒經	松田稔	學苑	649号	1994
试论刘歆为何上奏《山海经》	大野圭介	古籍研究	1期	1995
《山海经》"天毒"考	刘子敏	博物馆研究	1期	1995
是巧合，或即其原型？——沧源、耿马崖画与《山海经》记载的对比研究	郭瑞祥	云南文史丛刊	1期	1995
《山海经》概说	灵 华	贵州教育学院学报（社科）	2期	1995
《山海经》是巫医经	何兆雄	炎黄世界	2期	1995
《山海经》所见之树神崇拜	王廷洽	当代宗教研究	2期	1995
《山海经》研究的新突破	胡远鹏 杨 卓	长沙水电师院社会科学学报	2期	1995
《山海经》研究最新动向述评	胡远鹏	广西大学学报（哲社）	2期	1995
《山海经》：揭开中国及世界文化之谜	胡远鹏	淮阴师专学报	3期	1995
《五藏山经》记载的植物地理学	陈国生 高荫歧	中国历史地理论丛	3期	1995
《山海经》貊国考	刘子敏 金荣国	北方文物	4期	1995

续表一四

篇、书名	著(译)编者	出处	卷、期	年月日
古傩面具与《山海经》	胡健国	民族艺术	4期	1995
简议"钜燕"与东北亚的若干古族——读《山海经》	刘子敏 金荣国	民族研究	4期	1995
论《山海经》是一部信史	胡远鹏	中国文化研究	4期	1995
从《山海经》看夏代神判	张春生	法治论丛	6期	1995
《山海经》不是巫书——读《中国神话学》想起的	林 辰	中国图书评论	8期	1995
『山海經』の巫と『楚辭』	松田稔	國學院中國學會報	41卷	1995
劉歆「上山海經表」をめぐって	大野圭介	中國文學報	51卷	1995
『山海経』大荒・海内経の性格	大野圭介	日本中国学会第47回大会	1995	
『山海經』の基礎的研究	松田稔	笠間書院		1995
不死の神話と思想——山海経・抱朴子・列仙伝・神仙伝についての研究	鄭在書	東方宗教		1995
《山海经》与世界文化之谜	宫玉海	吉林大学出版社		1995
《山海经》史料比较研究	安 京	中国边疆史地研究	1期	1996
《山海经》:中国科技史的源头	胡远鹏	暨南学报(哲社)	1期	1996
谈神塑艺术源于《山海经》	方正巳 王维芳	吉林师范学院学报(社科)	1期	1996
《山海经》中的古人类之研究	胡远鹏	化石	1期	1996
《山海经》新解	富 泉	西安教育学院学报	1期	1996
《山海经》与中华文化研究		中州今古	1期	1996
《山海经》与原始社会研究——神话乎?历史乎?	张 箭	社会科学研究	2期	1996
关于《山海经》与上古社会研究——历史需要什么样的澄清	宫玉海	社会科学研究	2期	1996
物占神话:原始物占与神话的实用化——《山海经》研究之一	赵沛霖	社会科学战线	3期	1996
从自然地理学辨《山海经》的地域范围	张 箭	大自然探索	3期	1996
论《山海经》的非神话性	胡远鹏 竹野忠生	淮阴师专学报	4期	1996
戏说燕昭王、邹衍与《山海经》	陈 平	中国典籍与文化	4期	1996
"山海经"古病名新考	杜 勇	医古文知识	4期	1996
谈神塑艺术源于《山海经》	方正巳等	吉林师院学报	9、10期	1996

续表一五

篇、书名	著(译)编者	出处	卷、期	年月日
『尚書』禹貢と『山海経』——その記述意識の対比を中心として	松田稔	國學院雜誌	97卷11号	1996
再论中国神话观念——以文本的角度来看《山海经》	郑在书	中国神话与传说学术讨论会文集	上册	1996
新绘神异全图山海经	王红旗 孙晓琴	昆仑出版社		1996
从《山海经》看神怪观念的起源	欧阳健	上海师范大学学报（哲社）	1期	1997
从祖先崇拜和楚俗看《山海经》作者的族别	杨兴华	赣南师范学院学报（社科）	1期	1997
从解释学角度看《山海经》一书的性质	陈传康	人文地理	1期	1997
元曹善《山海经》手抄本简介	吴郁芳	古籍整理研究学刊	1期	1997
中国神话的分类与『山海经』的文献价值	赵沛霖	文艺研究	1期	1997
梅山·巫·《山海经》	蒋永星	邵阳师专学报	1期	1997
驳"刑天舞干戚"之讹说	王振泰	阴山学刊（社科）	2期	1997
《山海经》研究之我见	郭瑞祥	云南文史丛刊	2期	1997
《山海经》的神话思维结构	赵建军	淮阴师专学报	2期	1997
论现阶段《山海经》研究	胡远鹏	淮阴师专学报	2期	1997
关于《山海经》与上古社会研究——历史需要什么样的澄清	宫玉海	社会科学研究	2期	1997
《山海经》与古代新疆历史地理相关问题的研究	王守春	西域研究	3期	1997
《山海经》与禹、益神话	叶舒宪	海南大学学报（社科）	3期	1997
《山海经》与远古刑罚	张春生	法治论丛	3期	1997
是谁撰写的《山海经》	王红旗	图书馆建设	3期	1997
《山海经》外治思想初探	郭洪涛 崔立新	中医外治杂志	3期	1997
《山海经》的乐园情结	萧兵	淮阴师专学报	4期	1997
《山海经》考辨	程泱	淮阴师专学报	4期	1997
《山海经》与印第安古文明	宫玉海 胡远鹏	管理教育学刊	4期	1997
《山海经》与江南青铜文化	汪从元	有色金属	4期	1997
对《山海经》的新认识	王红旗	文史杂志	5期	1997
《海经》的作者及记述的地理与时代	王宁	古籍整理研究学刊	5期	1997

续表一六

篇、书名	著(译)编者	出处	卷、期	年月日
《山海经》中的奇禽怪兽	薛青林 郝丽华	寻根	6期	1997
一座原生态神话的宝库——《山海经》导读	陈建宪	高等函授学报（哲社）	6期	1997
『山海經』の「精衛」傳承成立考	松田稔	國學院中國學會報	43卷	1997
『山海經』「精衛」の傳承の変容	松田稔	新國學の展開（おうふう）		1997
山海经	郭璞	台湾书房出版有限公司		1997
《五藏山经》记载的动物地理学知识	陈国生 易泽丰	中国科技史杂志	1期	1998
论《山海经》非世界地理书	张箭	成都大学学报（社科）	1期	1998
重新复原山海经地理图——解读四千多年前的地理考察报告	王红旗	地图	1期	1998
休屠、昆仑与《山海经》	安京	中国边疆史地研究	1期	1998
高诱引《山海经》考	何志华	书目季刊	32卷2期	1998
《山海经》与"文化他者"神话——形象学与人类学的分析	叶舒宪	海南大学学报（社科）	2期	1998
《山海经》及其天下地志图向世界史提出挑战	宫玉海等	西安教育学院学报	2期	1998
论《山海经》的历史背景	苏茂德	西安教育学院学报	2期	1998
《山海经》原貌及本质探讨	徐显之	西安教育学院学报	2期	1998
《山海经》研究的新成果	富泉	西安教育学院学报	2期	1998
《山海经》研究史初论	张步天	益阳师专学报	2期	1998
《山海经》的荒诞与科学解释	李衡眉	人文杂志	2期	1998
《山海经》的来龙去脉	王红旗	地图	2期	1998
辽西那些金字塔——《山海经》"大幽之国"	常征	河北学刊	2期	1998
《海经》新笺（上）	王宁	古籍整理研究学刊	2期	1998
《海经》新笺（中）	王宁	古籍整理研究学刊	2期	2000
《海经》新笺（下）	王宁	古籍整理研究学刊	2期	2001
《山海经》"南西北东"顺序辨	张步天	益阳师专学报	3期	1998
20世纪《山海经》研究回顾	张步天	青海师专学报	3期	1998
《山海经》与地名学	辛泸江	江苏地名	3期	1998
《山海经·夸父逐日》的本义	张启成	贵州教育学院学报（社科）	3期	1998

续表一七

篇、书名	著(译)编者	出处	卷、期	年月日
从郭璞《山海经图赞》说《山海经》"图"的性质	朱玲玲	中国史研究	3 期	1998
《山海经》中女神的母题及其在后世的演变	李 霞	新余高专学报	3 期	1998
《山海经》研究取得重大突破		图书馆建设	3 期	1998
《山海经》辨伪暨篇目次第新证	孙厚岭	徐州师范学院学报（哲社）	4 期	1998
《山海经》地域之谜		中国地名	4 期	1998
校勘《山海经》错简一则	张步天	益阳师专学报	4 期	1998
《山海经》巴人世系考	田 敏	四川文物	5 期	1998
《山海经》的方位模式与书名由来	叶舒宪	中文自学指导	5 期	1998
		中国文字研究	1 辑	1999
《山海经》之谜寻解	王红旗	东方文化	5 期	1998
以天文历法为主体的宇宙框架——《山海经》18篇新探	陆思贤	内蒙古大学学报（人文）	5 期	1998
再现《山海经》人文地理景观	王红旗	文史杂志	6 期	1998
『淮南子』地形訓と『山海經』	松田稔	國學院雜誌	99卷10号	1998
『山海經』海内四經の成立	大野圭介	富山大學人文學部紀要	28 卷	1998
『山海經』四方神考	阪谷昭弘	學林	28 卷	1998
山海经（白话本）——中国最远古的一部神圣怪异宝典	罗梦山	宗教文化出版社		1998
《山海经》研究	黄建中等	湖北人民出版社		1998
神州的发现——山海经地理考	扶永发	云南人民出版社		1998
《山海经》中"生"字不当尽作狭义解——兼与张丽君先生商榷	刘兴均	古汉语研究	1 期	1999
《山海经》若干地名新解——试以我国南方少数民族语言释读《海内南经》	刘付靖	中央民族大学学报（社科）	1 期	1999
奇书《山海经》的真面目	胡远鹏	文史杂志	1 期	1999
《山海经》中几则"神话"剖析	胡远鹏	西安教育学院学报	1 期	1999
刘歆《山海经》篇目之我见	张步天	益阳师专学报	2 期	1999
陶渊明的《山海经》情结	张虎升	武汉教育学院学报	2 期	1999
《山海经》与秦人早期历史探索	杨 华 田 静	华夏文化	2 期	1999
《山海经》远古时代史内涵	张步天	益阳师专学报	3 期	1999

续表一八

篇、书名	著(译)编者	出处	卷、期	年月日
《山海经》与图腾崇拜	张步天	青海师专学报	3期	1999
从《山海经》中透视中国上古科技发展	胡远鹏	青海师专学报	3期	1999
《山海经》小介		农村成人教育	3期	1999
关于《山海经》的注释及上古语言问题——兼评袁珂先生《山海经校译》的神话导向	宫玉海 胡远鹏	古籍研究	3期	1999
《山海经》神话政治地理观	叶舒宪	中文自学指导	3期	1999
		民族艺术	3期	1999
《山海经》神话政治地理学（续完）	叶舒宪	中文自学指导	4期	1999
《山海经·南山经》选解	张步天	益阳师专学报	4期	1999
《山海经》的神祇形象	毛文志	重庆广播电视大学学报	4期	1999
边境文化的产品：《山海经》	金喆书	中国比较文学	4期	1999
近五十年来的《山海经》研究回眸	胡远鹏	武钢大学学报	4期	1999
重黎神话及其相关问题——《山海经》与神话研究之一	贾雯鹤	社会科学研究	5期	1999
圣山：成都的神话溯源——《山海经》与神话研究之二	贾雯鹤	四川大学学报（哲社）	4期	2004
从《诗经》《山海经》等看中国古代的环境保护	胡远鹏 宫玉海	文史杂志	5期	1999
古今《山海经》观及其研究方法（上）	邵荣霞	武汉春秋	6期	1999
《山海经》中的鱼	文 龙	中国钓鱼	7期	1999
徐南洲先生与《山海经》研究	冯广宏	中华文化研究通讯	8期	1999
『山海經』大荒・海内經原始	大野圭介	富山大學人文學部紀要	30卷	1999
明代における『山海經』	大野圭介	日本中国学会第51回大会		1999
破解山海经——古中国的X档案	丁振宗	昭明出版社		1999
		中州古籍出版社		2001
山海经现代版	章 行	上海古籍出版社		1999
《山海经》与古代社会	张 岩	文化艺术出版社		1999
山海经	杨帆、邱效瑾注释	安徽人民出版社		1999
20世纪《山海经》地域范围的讨论	张步天	益阳师专学报	1期	2000
方物：《山海经》的分类编码	叶舒宪	海南师范学院学报（人文）	1期	2000

续表一九

篇、书名	著(译)编者	出处	卷、期	年月日
《山海经·南山经》与历史考古的联系	李盛铨	成都文物	1 期	2000
《山海经》：从单纯考据到文化诠释	叶舒宪	淮阴师范学院学报（哲社）	2 期	2000
从存在句再论《山海经》的成书	王建军	南京师大学报（社科）	2 期	2000
《山海经》研究的现实意义	王红旗	地图	2 期	2000
《山海经》异兽"类"的考释	庞秉璋	化石	2 期	2000
20 世纪《山海经》性质的讨论	张步天	益阳师专学报	3 期	2000
羽民、穿胸民、凿齿民与南方民俗——《山海经》奇谈的人类学诠释	宫哲兵	广西右江民族师专学报	3 期	2000
山海经图：中国古文化珍品	马昌仪	民俗研究	3 期	2000
《五藏山经》记述的地域及作者新探	王 宁	管子学刊	3 期	2000
《山海经》"巴蛇食象"段异文小议	大 明	四川师范大学学报（社科）	3 期	2000
"大荒"意象的文化分析——《山海经·荒经》的观念背景	叶舒宪	北京大学学报（哲社）	4 期	2000
		中文自学指导	4 期	2000
《山海经》时代的祖国中西部地区	徐显之	西安教育学院学报	4 期	2000
《山海经》研究两千年述评	金荣权	信阳师范学院学报（哲社）	4 期	2000
漫话《山海经》	叶舒宪	中文自学指导	5 期	2000
《山海经》中国玉器时代信史	杨采华	青海师专学报	5 期	2000
《山海经》研究 50 年	胡远鹏	青海师专学报	5 期	2000
略论《山海经图》的流传情况	沈海波	上海大学学报（社科）	5 期	2000
《山海经》与战国时期的造神运动	常金仓	中国社会科学	6 期	2000
山海经图：寻找《山海经》的另一半	马昌仪	文学遗产	6 期	2000
古代中國の妖怪——『山海經』を中心に	寺沢友里	長野國文	8 卷	2000
古代史雑考二題——山海經と越中·能登木簡	川崎晃	高岡市萬葉歴史館紀要	10 卷	2000
《山海经》释名	张春生	学术月刊	11 期	2000
龙的诞生：一个政治经济学的故事	盛 洪	读书	12 期	2000
《山海经》作者之谜	王红旗	中学语文	12 期	2000
『淮南子』の神話的記述と『山海經』——十日·共工·禹の治水を中心として	松田稔	國學院雜誌	101 卷 12 号	2000

续表二〇

篇、书名	著(译)编者	出处	卷、期	年月日
『山海經』五藏山經の世界構造	森 和	史滴	22卷	2000
『山海經』海外四經原始	大野圭介	富山大學人文學部紀要	33卷	2000
山海经图与吴地画家	马昌仪	吴文化论坛	2000年卷	2000
『山海經』「海經」の誅罰説話をめぐって——「天」「壽」「聖人」の概念について	阪谷昭弘	立命館文學	563卷	2000
中國怪異ものがたり（11）空想旅行記	井波律子	月刊しにか	11卷2120号	2000
「爰に理想郷有り」——『山海經』と『穆天子傳』の「爰有」	大野圭介	興膳教授退官記念中國文學論集		2000
開明獸（パイプのけむり〔1820〕）		アサヒグラフ		2000.4.28
挑剔经典——耳语众神：《山海经》批判	闻树国	西苑出版社		2000
《山海经》与近代中国史学	罗志田	中国社会科学	1期	2001
《山海经》中的"天毒"、"天吴"释疑	张 军	北方文物	1期	2001
鲧堙洪水议——《山海经》一则神话的解释	李德靖	史林	1期	2001
《山海经》与先秦神话研究	卫崇文	陕西师范大学学报（哲社）	1期	2001
20世纪《山海经》作者和成书经过的讨论	张步天	益阳师专学报	1期	2001
从《山海经》看青海海东地区古丝绸之路的枢纽地位	张步天	青海师专学报	1期	2001
西域南道・尼雅遺跡出土の経錦意匠にみる「伝統と想像」——『淮南子』と『山海経』の世界（含図）	切畑健	大手前大学人文科学部論集	2号	2001
《山海经》研究述论	卫崇文	山西师大学报（社科）	2期	2001
『山海經』と木簡——下ノ西遺跡出土の絵畫板をめぐって	桐本東太 長谷山彰	史學	70卷2号	2001
《山海经》之属性	郭发明	成都文物	2期	2001
《山经》来历分析——《山海经》研读札记之二	郭发明	成都文物	3期	2001
《山》《海》《荒》经的比较——《山海经》研读札记之三	郭发明	成都文物	4期	2001
《山海经》中的巴蜀——《山海经》研读札记之四	郭发明	成都文物	2期	2002

续表二一

篇、书名	著(译)编者	出处	卷、期	年月日
《山海经》的地理学价值——《山海经》研读札记之五	郭发明	成都文物	4期	2002
《山海经》与古代社会	贾雯鹤	文艺研究	3期	2001
明刻山海经图探析	马昌仪	文艺研究	3期	2001
被埋没的《山海经》研究重要成果——清代陈逢衡《山海经汇说》述评	赵宗福	民俗研究	3期	2001
宋人所论《山海经图》辨证	张祝平	中国历史地理论丛	4期	2001
《山经》古图的山神与祠礼	马昌仪	民族艺术	4期	2001
《山海经》性质志书说刍议	张步天	益阳师专学报	4期	2001
《山海经》异兽"讙"的考释	庞秉璋	化石	4期	2001
《山海经》图、图赞、图诗	张祝平	古典文学知识	5期	2001
『山海經』五藏山經における昆侖之丘	森 和	史滴	23卷	2001
『山海經』五藏山經における山岳神祭祀	森 和	日本中国学会报	53集	2001
『淮南子』の崑崙・西王母と『山海經』	松田稔	東洋文化	86卷	2001
《山海经》与燕山运动	丁振宗	山岳与象征——2001山岳文化国际学术研讨会论文集		2001
《山海经》在中国考古学研究的应用	何驽	人民政协报		2001.3.27
古本山海经图说	马昌仪	山东画报出版社		2001
神话之源——山海经与中国文化	高有鹏 孟芳	河南大学出版社		2001
论《山海经》的叙述结构及其文化成因	朱玲	清华大学学报（哲社）	1期	2002
《山海经·西山经》与历史考古的联系	李盛铨	成都文物	2期	2002
《山海经》中壮族先民远古图腾考	罗新朝	广西民族研究	2期	2002
汉藏语言与《山海经》的若干怪兽名称考释	刘付清	广西民族研究	2期	2002
明代中日山海经图比较——对日本《怪奇鸟兽图卷》的初步考察	马昌仪	中国历史文物	2期	2002
日本的山海经图——关于《怪奇鸟兽图卷》的解说	伊藤清司（王汝澜）	中国历史文物	2期	2002

续表二二

篇、书名	著(译)编者	出处	卷、期	年月日
《山海经》与图书馆	刘宣春 陶瑞清	图书馆	2期	2002
《山海经·海外经》与上古历法制度	刘宗迪	民族艺术	2期	2002
《山海经·大荒经》与《尚书·尧典》的对比研究	刘宗迪	民族艺术	3期	2002
太阳神话、《山海经》与上古历法——《山海经》研究之三	刘宗迪	民族艺术	4期	2002
《海外经》《大荒经》地域及年代考——兼论先王"封禅"之真相	刘宗迪	民族艺术	2期	2003
昆仑原型考——《山海经》研究之五	刘宗迪	民族艺术	3期	2003
《山海经》"浴日""浴月"神话的文化底蕴	杨琳	民族艺术	3期	2002
论《山海经》中的神灵复活机制	王贵生	西北师大学报（社科）	3期	2002
《山海经》中的生与死	郑在书	中文自学指导	3期	2002
《山海经》无"古图"说	汪俊	徐州师范大学学报（哲社）	3期	2002
考释《山海经》中有关古朝鲜的两条史料	顾铭学	社会科学战线	4期	2002
《山海经》地学寻踪杂俎	彭一民	地质学史论丛	4辑	2002
中华源头文化宝库《山海经》及其研究展望	张步天	益阳师专学报	4期	2002
澳大利亚土著来源之谜——从《山海经》等古文献看最早的移民来自中国	胡远鹏	化石	4期	2002
《山海经》"贯胸国"民俗信息解读	耿立言	辽宁大学学报（哲社）	5期	2002
楚辞と『山海經』——その神話の記述の考察	松田稔	國學院雜誌	103卷11号	2002
古代中國における地理認識	大野圭介	富山大学人文学部纪要	37号	2002
中國における太陽說話——『山海經』『列子』の「逐日」を中心として	松田稔	國學院中國學會報	48卷	2002
『列子』の神話的記述と『山海經』	松田稔	傳統と創造の人文科學（國學院大學大學院文學研究科創設50周年紀念論文集）		2002
《山海经》在科学上之批判及作者之时代考	何观洲	二十世纪中国民俗学经典（神话卷）		2002

续表二三

篇、书名	著(译)编者	出处	卷、期	年月日
祖先的读图时代——《山海经》及其它	梁二平	深圳特区报		2002.2.4
破译山海经——文明的魔方：神祇的世界与人类的方舟	胡太玉	中国言实出版社		2002
《山海经》与夏史	詹子庆	社会科学战线	1期	2003
《山海经》研究综述	孙玉珍	山东理工大学学报（社科）	1期	2003
《山海经解》序	陈桥驿	中国历史地理论丛	1期	2003
《山海经》昆仑丘解读	冯广宏	文史杂志	1期	2003
《山海经》与浙江古地理——古会稽山乃在义乌的西北	冯志来	华夏人文地理	1期	2003
《山海经》与海洋文化	方牧	浙江海洋学院学报（人文）	2期	2003
邹衍的地理学说及与《五藏山经》之关系	王乃昂 蔡为民	地理科学	2期	2003
山经出自稷下学者考	刘宗迪	民俗研究	2期	2003
《山海经》与古代台湾	熊俊	江西财经大学学报	2期	2003
《山海经》的神话思维	杨义	中山大学学报（社科）	3期	2003
《山海经》与《伊利亚特》——中西战争神话叙事比较	陈颖	福建师范大学学报（哲社）	3期	2003
时间神和创造神之祖的双重角色——东方古神帝俊谱系的破译解析	李炳海	东疆学刊	3期	2003
神话情结的终结与地理典籍的发轫——《〈山海经〉破译和图解》序	张建	岳阳职工高等专科学校学报	3期	2003
《山海经》中的成都坝子	冯广宏	文史杂志	4期	2003
从战国图画中寻找失落了的山海经古图	马昌仪	民族艺术	4期	2003
《山海经》与上古学术传统——刘宗迪博士言谈录	廖明君 刘宗迪	民族艺术	4期	2003
《山海经》的原始思维特征初探	苟世祥	社会科学研究	5期	2003
司南：《山海经》方位与占卜咒术传统	叶舒宪	广西民族学院学报（哲社）	5期	2003
《走近西王母》之五《山海经》辩	李晓伟	柴达木开发研究	5期	2003
《山海经》作者及时地再探讨	唐世贵	江汉大学学报（人文）	5期	2003
		宜宾学院学报	6期	2003
山海经		人生十六七	6期	2003

续表二四

篇、书名	著(译)编者	出处	卷、期	年月日
《山海经》新解	安 京	文史知识	12 期	2003
動物幻想とその表象類型——『山海經』の幻想動物の形態の特徴をめぐって	張 鏡	明治大學教養論集	363 卷	2003
『山海經』にみる巫の特性について	胡 樹	地域文化研究所報告		2003
日本的《山海经》研究	大野圭介	楚學國際研討會		2003
纵观海内外《山海经》研究五十年	胡远鹏	福建师大福清分校 2003 年会议论文汇编		2003
从"小说家言"到"神话之渊府"——中国现代神话学对《山海经》经典地位的塑造	陈连山	民间文化青年论坛第一届网络学术会议论文集		2003
山海经第十八——海内经		中国水力发电工程学会水文泥沙专业委员会第四届学术讨论会论文集		2003
全像山海经图比较	马昌仪	学苑出版社		2003
山海经概论	张步天	天马图书有限公司		2003
经典图读山海经	王红旗 孙晓琴	上海辞书出版社		2003
山海经译注	沈薇薇	黑龙江人民出版社		2003
山海经图校与破译	张 建 张中一	作家出版社		2003
蛇：参与神灵形象整合的活性因子——珥蛇、操蛇、践蛇之神的文化意蕴	李炳海	文艺研究	1 期	2004
《山海经》到底是"语怪之祖"，还是"信史"	韩湖初	汕头大学学报（人文）	1 期	2004
神怪内容对于《山海经》评价的影响——从文化背景谈《山海经》学史上的一个问题	陈连山	民族文学研究	1 期	2004
《山海经》中的"东山"区位地理考古研究	刘树人	地球信息科学	1 期	2004
论玛雅文明等与中国古文明的关系——兼论《破译〈山海经〉》的非科学性	杨东晨	成都大学学报（社科）	1 期	2004
太阳循环神话及其相关问题	贾雯鹤	思想战线	1 期	2004
《镜花缘》和《山海经》	袁世硕	长江大学学报（社科）	1 期	2004
		东岳论丛	3 期	2004

续表二五

篇、书名	著(译)编者	出处	卷、期	年月日
时空之钥:《山海经》的神秘数字探析	邱宜文	东南大学学报(哲社)	1期	2004
时空之钥:《山海经》的神秘数字探析(续)	邱宜文	东南大学学报(哲社)	2期	2004
山海经图的传承与流播	马昌仪	广西民族学院学报(哲社)	2期	2004
金字塔研究的几个问题——兼论金字塔与《山海经》有何关系	张箭	重庆师范大学学报(哲社)	2期	2004
也谈《山海经》的成书	周广曾 周军	九江师专学报	2期	2004
超越时空的不朽灵魂——《山海经》神话中英雄神的文化阐述	陆嘉明	苏州教育学院学报	3期	2004
梅山文化·《楚辞》·《山海经》	蒋永星	邵阳学院学报(社科)	4期	2004
神话:想象与实证——《山海经》研究座谈会发言选载	吕微等	民族艺术	4期	2004
《山海经》的生命意识	徐军义	渭南师范学院学报	4期	2004
论《山海经》研究史的分期	张步天	湖南城市学院学报	4期	2004
论《山海经》的"帝"	陈赟	贵州文史丛刊	4期	2004
《山海经》乐园神话研究	贾雯鹤	烟台大学学报(哲社)	4期	2004
《山海经》与《逸周书·王会篇》比较研究	安京	中国边疆史地研究	4期	2004
《山海经》作者应为巴蜀人	金荣权	贵州社会科学	6期	2004
千古奇书——《山海经》	范开宏	河南图书馆学刊	6期	2004
《山海经》天文历法浅说	蒋南华	贵州社会科学	6期	2004
山海经图的多学科探索	刘锡诚	中国国土资源报		2004.4.8
《山海经》的文化踪迹	陈连山	中国图书商报		2004.9.24
《山海经》砭石地理考证	张维波	第二届全国砭石疗法学术研讨会论文集		2004
古巴蜀与山海经	徐南洲	四川人民出版社		2004
山海经的文化寻踪——[想象地理学]与东西文化碰触	叶舒宪等	湖北人民出版社		2004
山海经及其研究	胡远鹏	天马出版有限公司		2004
《山海经》注证	郭郛	中国社会科学出版社		2004
山海经解	张步天	天马图书有限公司		2004
《山海经》植物名的构词特点	谭宏姣 张立成	北京林业大学学报(社科)	1期	2005
《山海经》记载的中医药神话集粹	黄景贤	中医药学刊	1期	2005

续表二六

篇、书名	著(译)编者	出处	卷、期	年月日
试论《山海经》中的神话系统——中国神话系统研究之一	李 川	江汉大学学报（人文）	2期	2005
从原始宗教意识看《山海经》作者的楚人身份	杨兴华	衡阳师范学院学报	2期	2005
《山海经》刑天神话再解读	刘正平	宗教学研究	2期	2005
宇宙海与太阳山——兼评《山海经的文化寻踪》	范明三	民族艺术	2期	2005
中国神龙文化的形成与发展——《山海经》研究之二	张 建	岳阳职业技术学院学报	3期	2005
明清传教士对《山海经》的解读	吴莉苇	中国历史地理论丛	3期	2005
从《山海经》中探索中国苗族的形成	张中一	岳阳职业技术学院学报	3期	2005
《山海经》与屈赋关系考	闫德亮	中州学刊	4期	2005
试论《山海经》的宗教特性	胡 树	中央民族大学学报	5期	2005
先秦两汉文献中的"洞庭"是"洞庭湖"吗——从《山海经》中的"洞庭"说起	赵炳清	喀什师范学院学报	5期	2005
《山海经》的字词句法及所记主体内容研究	张 建	求索	7期	2005
《山海经》地域之谜	杨 平 韦 东	故事世界	9期	2005
『山海經』の怪異	松田稔	アジア遊学	71卷	2005
上古神话与原始天文学——以《山海经》中的"烛龙"神话为例	刘宗迪	中国社会科学院院报		2005.11.29
中日山海经古图之比较研究	马昌仪	中国东方文化研究会学术研究年会论文集		2005
《蜀王本纪》考	朱希祖	说文月刊	3卷7期	1942
论《蜀王本纪》成书年代及其作者	徐中舒	社会科学研究	创刊号	1979
		史学史资料	3期	1979
关于《蜀王本纪》中各种神话故事的探索	陶元甘	枣庄师专学报（社科）	1、2期	1987
关于《蜀王本纪》的作者	林方泰	文史杂志	3期	1992
三国志	陈 寿	上海扫叶山房		1930
		商务印书馆		1958
		中华书局		1959
		万卷出版公司		1970

续表二七

篇、书名	著(译)编者	出处	卷、期	年月日
三国志	陈 寿	讲谈社		1976
		岳麓书社		1990
		中州古籍出版社		1996
		安徽文艺出版社		1996
		团结出版社		1996
		远方出版社		1999
		浙江古籍出版社		2000
		时代文艺出版社		2001
		喀什维吾尔文出版社		2002
		陕西旅游出版社		2003
		上海古籍出版社		2003
		中国文史出版社		2003
		山西古籍出版社		2004
		延边人民出版社		2005
三国志证闻校勘记得	罗振玉	上虞罗氏雪堂丛刻本		1915
三国志平议	李宝洤	汉堂类稿本		1922
三国志曹冲华佗传与佛教故事	陈寅恪	清华学报（文科）	6卷1期	1930
三国志世系表	周明泰	大公报社		1930
		二十五史补编		1936－1937
三国志知意	刘咸炘	成都尚友书塾		1931
三国志评议	李景星	四史评议本		1932
读三国志蠡述	李澄宇	未晚楼全集		1933
三国志人名年表叙例	韩连琪	励学	1卷3期	1935
三国食货志	陶元珍	商务印书馆		1935
校补三国志疆域志	金兆丰	商务印书馆		1935
三国志札记	杨 晨	崇雅堂丛书		1936
三国志世系表补遗附订伪	陶元珍	二十五史补编		1936－1937
三国志三公宰辅年表	黄大年	二十五史补编		1936－1937
三国志及裴注综合引得	洪 业 聂崇歧	哈佛燕京学社		1938
		上海古籍出版社		1986
"三国志"篇目考	陶元珍	史学季刊	1卷1期	1940

续表二八

篇、书名	著(译)编者	出处	卷、期	年月日
《三国志·诸葛亮传》集证	赵西陆	国文月刊	12-15期	1942
读三国志笔记	瞿兑之	古今	52、54期	1944
"三国志集解"序	胡玉缙	学海	1卷6期	1944
三国鼎立管窥——读三国志札记	季楚书	文史哲	9期	1955
三国志补注	易培基	艺文印书馆		1956
三国志集解	卢弼	古籍出版社		1957
读三国志杂志	林国赞	中华书局		1959
陳寿の三国志について	本田济	东方学	23辑	1962
三国志选	缪钺	中华书局		1962
		河北教育出版社		1999
三国志の世界と日本書紀の直筆	市村其三郎	白山史学	10号	1964
谈陈寿的《三国志》	缪钺	人民日报		1965.9.17
中国史学名著——范晔后汉书和陈寿三国志	钱穆	文艺复兴	19期	1971
读《三国志·吕蒙传》	开封制药厂工人理论小组、开封师范学院大批判组	开封师院学报(社科)	2期	1975
《三国志·武帝纪》注译	北京齿轮厂工人理论组、北京大学中文系汉语专业教改实践队	人民文学出版社		1975
三国志考略	黄大受	东方杂志(复刊)	9卷10期	1976
			10卷1期	1976
新校三国志附索引	杨家骆	鼎文书局		1977
魏志倭人伝の世界——邪馬台国と卑弥呼	山田宗睦	教育社		1979
评刘知幾对《三国志》的评论	张孟伦	中华文史论丛	3辑	1980
《三国志》杂记	周一良	文史	9辑	1980
关于《三国志·孙权传》上的"亶洲"	袁臻	华南师院学报(哲社)	2期	1980
白话三国志	王静芝等	河洛图书出版社		1980
《三国演义》、《三国志》及我国第一部纸抄书	宗志	图书馆工作与研究	1期	1981

续表二九

篇、书名	著（译）编者	出处	卷、期	年月日
关于《三国志》点校本人名标点方面的几点意见	高秀芳	内蒙古社会科学	1期	1981
《三国志·倭人传》"景初二年"析	张声振	学术研究丛刊	1期	1981
《三国志》解诂	吴金华	南京师院学报（社科）	3期	1981
从《三国志·魏志·倭人》篇来研究邪马台国的社会性质	王广淇	河北省历史学会第二届年会论文选		1981
《三国志集解》辨证	赵幼文	中华文史论丛	2辑	1982
《三国志》为何"失在于略"	朱孝远	上海师院学报（社科）	3期	1982
《三国志》标点献疑	吴金华	中国语文通讯	3期	1982
《三国志》校记二条	黄茂生	学术研究	5期	1982
三国志集解	卢弼	中华书局		1982
《后汉书》与《三国志》	李启谦 徐志祥	历史教学问题	1期	1983
《三国志》考释	吴金华	南京师大学报（社科）	1期	1983
从《三国志·魏志·倭人》看邪马台国的社会性质	广淇	河北学刊	1期	1983
《三国志》校勘一则	张崇根	史学月刊	4期	1983
《三国志》标点商榷一则	林集友	学术研究	6期	1983
《三国志》的书名	缪钺	读书	9期	1983
敦煌写本《三国志·步骘传》残卷考释	刘忠贵	敦煌学辑刊	1期	1984
《汉书》《后汉书》《三国志》帝王纪传校读札记（时间类）	周国林	研究生学报	1期	1984
《三国志》若干史实考辨	黄茂生	文科教学	2期	1984
《三国志》与《晋书》	葛兆光	中学文科教学参考资料	11期	1984
三国志选注	缪钺	中华书局		1984
卢弼著《三国志集解》校点记	钱剑夫	文献	1期	1985
《三国志》辨误	斯索	社会科学	1期	1985
三国志	宋衍申	高师函授	2期	1985
略谈《三国志》与裴注的数量问题	王廷洽	古籍整理研究学刊	3期	1985
《三国志》勘误一则	黄茂生	中国史研究	3期	1985
《三国志》拾诂	吴金华	南京师大学报（社科）	3期	1985
《三国志》拾诂（续）	吴金华	南京师大学报（社科）	1期	1987

续表三〇

篇、书名	著(译)编者	出处	卷、期	年月日
《三国志》臆断	吴金华	文教资料简报	4期	1985
试论曹、刘、孙用人的策略——读《三国志》札记	钱念文	宁波师院学报（社科）	4期	1985
试论《三国志》的曲笔与直笔	陈前进	重庆师院学报（哲社）	3期	1986
《三国志·华佗传》研究	陈连庆	安徽史学	6期	1986
三国志及裴注综合引得	洪业等	上海古籍出版社		1986
《三国志》标点商榷	方北辰	四川大学学报（哲社）	1期	1987
《三国志》述闻	吴金华	文教资料	3期	1997
《三国志·吴书》七事质疑	方北辰	古籍整理研究学刊	3期	1987
简论《三国志》的人物叙写	裘汉康	中山大学学报（哲社）	4期	1987
浅议曹操的"唯才是举"——读《三国志》札记	朱贵川 林日举	殷都学刊	4期	1987
《三国志》校读札记	周国林	华中师范大学学报（哲社）	5期	1987
《三国志》中魏、吴、蜀三书排列位次变化考	刘隆有	齐鲁学刊	1期	1988
《三国志校诂》序	徐复	文教资料	3期	1988
《〈三国志〉札记》驳论	李纯蛟	南充师院学报（哲社）	3期	1988
《三国志选译》序言	吴稷	西北师大学报（社科）	4期	1988
三国志及裴注综合索引				
《三国志》词语释义	刘百顺	西北大学学报（哲社）	1期	1989
三国志选译	刘琳	巴蜀书社		1988
三国志导读	缪钺等	巴蜀书社		1988
吐鲁番出土《三国志·魏书》和佛经时代的初步研究	李遇春	敦煌学辑刊	1期	1989
也谈《三国志·夫余传》中的"名下户"	刘凤翥	社会科学战线	2期	1989
清人的《三国志》研究	杨耀坤	文献	4期	1989
《三国志》解题	周一良	史学史研究	4期	1989
《三国志》标点商榷	海呈瑞	社会科学	4期	1989
《三国志》校点拾遗二则	潘民中	史学月刊	5期	1989
三国志选译	路志霄	兰州大学出版社		1989
续《〈三国志〉札记》驳论	李纯蛟	四川师范学院学报（哲社）	1期	1990
"汉末"——《三国志》中一个独具涵义的词	唐天佑	临沂师专学报（社科）	1期	1990

续表三一

篇、书名	著(译)编者	出处	卷、期	年月日
《三国志》本文确实多于裴注	崔曙庭	华中师范大学学报（哲社）	2期	1990
《三国志》札记之一	尹韵公	社会科学战线	3期	1990
《三国志》札记之二	尹韵公	社会科学战线	4期	1990
《三国志》札记之三	尹韵公	社会科学战线	4期	1990
三国志校诂	吴金华	江苏古籍出版社		1990
《三国志》传抄本的"祖本"	缪钺	书品	2期	1991
论陈寿《三国志》	马植杰	兰州大学学报（社科）	3期	1991
《三国志》标点琐记	郭在贻	语文研究	3期	1991
《三国志》（中华标点本）疑误偶拾	刘范弟	长沙水电师院学报（社科）	4期	1991
三国志全译	田余庆 吴树平	中州古籍出版社		1991
三国志今译	田余庆 吴树平	中州古籍出版社、〔新西兰〕霍兰德出版公司		1991
略论《三国志》取材的原则和重点	李纯蛟	四川师范学院学报（哲社）	1期	1992
《三国志》辨正一则	华	上海师范大学学报（哲社）	1期	1992
《三国志》标点指误	李兆成 史家健	成都文物	2期	1992
赵一清和《三国志注补》	殷梦霞	文献	2期	1992
《三国志》与《三国演义》的区别——兼评《三国志今注今译》	周仿	文史杂志	3期	1992
点校本《三国志》一误	周双林	文史杂志	4期	1992
《〈三国志〉今译》误译举隅	刘范弟	古籍整理研究学刊	6期	1992
《三国志》今注今译	苏渊雷	湖南师范大学出版社		1992
三国志辞典	张舜徽	山东教育出版社		1992
现代文版：三国志	刘国辉等	红旗出版社		1992
《三国志》书名称谓考	李纯蛟	浙江学刊	3期	1993
论《李卓吾先生批评三国志》	沈伯俊	内江师专学报（社科）	3期	1993
《三国志》拾误	刘黎明	文史杂志	3期	1993
《三国志》"遮要"浅释	冯岁平	中国历史地理论丛	4期	1993
从史料来源看《三国志·魏志》多回护的原因	陈博	西北大学学报（哲社）	4期	1993
宋儒的魏蜀正伪论争与改修《三国志》之风	蔡东洲	四川师范学院学报（哲社）	5期	1993

续表三二

篇、书名	著(译)编者	出处	卷、期	年月日
三国志大研究	早稻田大学三国志研究会	講談社		1993
《三国志》新衡	李耀仙	中华文化论坛	1期	1994
《三国志》与《三国演义》	潘伯俊	今日四川	1期	1994
文质辨洽：《三国志》的史文特色	周国林	史学史研究	2期	1994
《三国志》谈片	戴惠英 杨代欣	文史杂志	2期	1994
《三国志》点校本专名号问题	周国林	古籍整理研究学刊	2期	1994
《三国志》四夷传偏缺原因试探	刘范弟	长沙水电师院学报（社科）	3期	1994
《三国志》标点商兑	李兆辰	社会科学研究	4期	1994
《三国志》"渭南"标点商榷	东湖	中国历史地理论丛	4期	1994
"英雄"与"奸雄"——《三国志》与《三国演义》中曹操不同形象的美学内涵	马宝记 朱雨生	许昌师专学报	4期	1994
《三国志》时误补校	张林祥 牛继清	甘肃理论学刊	4期	1994
《三国志今译》指疵——兼对古籍今译工作谈点意见	杨文柱	天津师大学报（社科）	5期	1994
古文今译疑误辨——《三国志今译》指疵之二	杨文柱	枣庄师范专科学校学报	2期	1996
从《三国志》到《三国演义》	段启明	古典文学知识	6期	1994
《后汉书》《三国志》游侠考述——廿四史游侠考述之三	韩云波	重庆三峡学院学报	增刊	1994
白话三国志	曹文柱等	中央民族学院出版社		1994
三国志全译	戴逸	贵州人民出版社		1994
文白对照三国志	杜经国	中州古籍出版社		1994
《三国志》地理正误一则	东湖	中国历史地理论丛	1期	1995
卢弼和他的《三国志集解》	涂宗涛	天津师大学报（社科）	3期	1995
《三国志》与《三国演义》	晓章	新闻出版交流	3期	1995
《三国志·魏书·华佗传》校释二十一条	陈永良	西南师范大学学报（哲社）	4期	1995
对陈寿及《三国志》所遭非议的辨正	栾继生	北方论丛	6期	1995
《三国志》标点献疑二则	王兵	文教资料	6期	1995
三国志注译	方北辰	陕西人民出版社		1995
《三国志》词语札记	徐澄 成纯	杭州师范学院学报（社科）	1期	1996

续表三三

篇、书名	著(译)编者	出处	卷、期	年月日
《三国志》的历史地位	李纯蛟	四川师范学院学报(哲社)	1期	1996
《三国志》的诞生和流传	沈伯俊	中华文化论坛	1期	1996
三国文化的传承与思考——读《三国志》	刘耀辉	成都大学学报(社科)	1期	1996
《三国志》匡误一则	李勃	史学月刊	1期	1996
《三国志》纠谬一则	李勃	史学月刊	2期	1996
《三国志校诂》订补	吴金华	文教资料	2期	1996
读《三国志》二札	杨合林	吉首大学学报(社科)	2期	1996
陈寿《三国志》曲笔的苦衷(上)	于植元	中国图书评论	2期	1996
陈寿《三国志》曲笔的苦衷(中)	于植元	中国图书评论	3期	1996
陈寿《三国志》曲笔的苦衷(下)	于植元	中国图书评论	5期	1996
《三国志》整理研究资料简编	张敏文	文教资料	3期	1996
略论《三国志》的得与失	桑秋杰	长春师范学院学报	3期	1996
《三国志》勘误三则	周双林	文史杂志	4期	1996
《三国志》的启示：虚名与实力	狩野直祯(沈伯俊)	成都大学学报(社科)	4期	1996
《李卓吾先生批评三国志》真伪及评点的进步思想	李富生	首都师范大学学报(社科)	4期	1996
《〈三国志校诂〉外编》补正	吴金华	文教资料	6期	1996
白话三国志	陈寿原著	上海古籍出版社		1996
《三国志》语词札记	黄灵庚	古籍整理研究学刊	1期	1997
《〈三国志〉今注今译》中郡、县治所注释举误	贾庆申	许昌师专学报(社科)	1期	1997
《后汉书》与《三国志》之写梦	傅正谷	沧州师范专科学校学报	1期	1997
《三国志·失徐传》中的错简问题探讨——与明学、中澍同志商榷	刘子敏	东疆学刊	1期	1997
论《三国志》的传记文学价值	许菁频	浙江师大学报(社科)	2期	1997
《三国志》和陈寿的史识	孙绍华	史学史研究	2期	1997
《三国志》标点献疑	周国林	文献	2期	1997
武英殿本三国志刊误自序	赵幼文	古籍整理研究学刊	3期	1997
读《乌丸鲜卑东夷传》二题	李纯蛟	四川师范学院学报(哲社)	3期	1997
扣《志》识小录	王汝涛	辽宁师范大学学报(社科)	4期	1997
略论陈寿《三国志》回护司马氏——读赵翼《廿二史札记》有感	王炳厪	福建学刊	4期	1997

续表三四

篇、书名	著(译)编者	出处	卷、期	年月日
陈寿对《三国志》分行与并行的处理	范家伟	史学史研究	1期	1998
三国时期文书工作小考——从《三国志》看三时期的文书工作	郑崇田	长沙大学学报	1期	1998
《三国志》双音词研究	唐子恒	文史哲	1期	1998
《三国志》待质录(一)	吴金华	文教资料	2期	1998
《三国志》待质录(二)	吴金华	文教资料	3期	1998
《三国志》待质录(三)	吴金华	文教资料	4期	1998
《三国志》待质录(四)	吴金华	文教资料	1期	1999
《三国志》待质录(五)	吴金华	文教资料	2期	1999
缪钺先生与《三国志》的整理研究	方北辰	文献	3期	1998
笔法微隐瑕不掩瑜——读《三国志》札记	廖纯	上海大学学报(社科)	4期	1998
《三国志》标点拾误(上)	王柯	古籍整理研究学刊	3期	1998
《三国志》标点拾误(下)	王柯	古籍整理研究学刊	4、5期	1998
二十五史新编·三国志	罗开玉	中华书局(香港)有限公司		1998
略论《三国志》的历史地位	吕昕娛	赤峰教育学院学报(哲社)	1期	1999
清人《三国志》研究著作两种述略	睦骏	上海高校图书情报工作研究	1期	1999
关于《三国志今译》一段译文的商榷	杨文泉	锦州师范学院学报(哲社)	2期	1999
《三国志》对历史人物的评价	田文红	成都大学学报(社科)	2期	1999
《三国志》研究编年史略(上)(中)	吕美泉	通化师范学院学报	3、6期	1999
《三国志》研究编年史略(下)	吕美泉	通化师范学院学报	1期	2000
本世纪《三国志》研究编年	吕美泉	暨南学报(哲社)	5期	1999
《三国志宗僚》考辨	沈伯俊	文学遗产	5期	1999
三国志研究	王伯野	文峰电脑制作室印制		1999
记述三国史的著名史籍——《三国志》述评	章惠康	衡水师专学报	2期	2000
简索魏晋玄学对《三国志》的影响	郭秀琦 李美玲	阴山学刊	3期	2000
《后汉书》《三国志》中《高句丽传》的比较研究	曹德全	社会科学战线	4期	2000
《三国志集解·吕布传》中的一例误释	王永顺 朱玉婷	山东教育学院学报	5期	2000
易氏《三国志补注》评述	吴金华 苏杰	复旦学报(社科)	6期	2000

续表三五

篇、书名	著(译)编者	出处	卷、期	年月日
《三国志·魏志》否定副词的特点	张诒三	阜阳师范学院学报(社科)	6期	2000
《三国志》斠议(上)	吴金华	文史	50辑	2000
《三国志》斠议(下)	吴金华	文史	51辑	2000
新説倭人伝——陳寿の視点	入谷宰平	文芸社		2000
《三国志》成语典故	廖盛春	广西民族出版社		2000
《三国志》"品藻典雅"平议	张子侠	淮南师范学院学报	1期	2001
论《三国志》对孟子民本思想的发展	郭秀琦	阴山学刊	1期	2001
东北亚古族历史的开篇之作——析陈寿的《三国志·东夷传》	王臻	延边大学学报(社科)	2期	2001
《三国志·魏书》程度副词的特点	张诒三	殷都学刊	3期	2001
《三国志》代词宾语的词序考察	邓军 李萍	南京师范大学文学院学报	3期	2001
《三国志》今注今译问题辨析	苏杰	南京师大学报(社科)	5期	2001
《三国志》校诂拾零	苏杰	古籍整理研究学刊	5期	2001
《三国志》校诂拾零(续)	苏杰	古籍整理研究学刊	4期	2002
《三国志》校诂拾零(叁)	苏杰	古籍整理研究学刊	5期	2004
《〈三国志〉整理研究长编》摘录	吴金华	文教资料	6期	2001
《三国志》书法略论	李纯蛟	四川师范学院学报(哲社)	6期	2001
隋钞本《三国志·蜀志》蠡测——《北堂书钞》研究资料之一	黄惠贤	魏晋南北朝隋唐史资料	18辑	2001
隋钞本《三国志·蜀志》蠡测——《北堂书钞》研究资料之二	黄惠贤	魏晋南北朝隋唐史资料	18辑	2001
隋钞本《三国志·魏志》蠡测——《北堂书钞》研究资料之三	黄惠贤	魏晋南北朝隋唐史资料	19辑	2002
《三国志斠议》续例	吴金华	文史	56辑	2001
总揽全局文质辨洽的《三国志》	陈虎	光明日报		2001.5.29
三国志校笺	赵幼文	巴蜀书社		2001
《三国志》和裴注句法专题研究	何亚南	南京师范大学出版社		2001
三国志散记(一)	洋卜为	三国志书院		2001
论《三国志》的人物评价	庞天佑	史学史研究	2期	2002
《三国志》重言词略说	崔泳隼 苏杰	南京师范大学文学院学报	2期	2002
《三国志辞典》商正	吴金华	徐州师范大学学报(哲社)	2期	2002
《三国志》语词辨疑	吴金华	汉语史学报	2辑	2002

续表三六

篇、书名	著(译)编者	出处	卷、期	年月日
《三国志》语词札记	苏 杰	汉语史学报	2 辑	2002
《三国志·吴书·步骘传》写本残卷辨伪	刘 涛	收藏家	2 期	2002
针刺误致气胸的医案记载最早见于《三国志》	郭选贤 高伯正	中医文献杂志	2 期	2002
释《三国志》的"厌心"	李玄玉	连云港师范高等专科学校学报	3 期	2002
《三国志》的范围副词系统	季 琴	泰安师专学报	4 期	2002
这样的评、注不足法——读《三国志·任城陈萧王传、魏武文世王公传》	郭秀琦	阴山学刊	5 期	2002
《三国志集解》著者卢弼考	卞孝萱	古典文献研究	5 辑	2002
《三国志集解》的学术价值	卞孝萱	沈阳师范学院学报（社科）	6 期	2002
《三国志·魏书》拾误	刘黎明	新国学	6 辑	2002
三国志索引（附裴松之注索引）	李波等	中国广播电视出版社		2002
《三国志》"以……为……"结构分析	何 亮 陈全明	贵阳金筑大学学报	1 期	2003
《三国志》与《三国演义》关系三论	沈伯俊	福州大学学报（哲社）	3 期	2003
论《三国志》和裴注代词词序的变化	邓 军 李 萍	四川师范大学学报（社科）	3 期	2003
《三国志》成语研究与《三国志》的校理	王文晖	徐州师范大学学报（哲社）	3 期	2003
《三国志集解》补证	卞孝萱	山西师大学报（社科）	4 期	2003
《三国志》注译匡误一则	欧阳楠	古籍整理研究学刊	4 期	2003
论《三国志》与《三国志演义》文化意蕴的传承性	关四平	北方论丛	5 期	2003
《三国志》"都乡侯"辨正	杨鉴生	江海学刊	6 期	2003
《三国志》难字献疑	吴金华	中国文字研究	4 辑	2003
近二十年来三国史与《三国志》研究现状的定量分析	王文晖 司马朝军	史学月刊	9 期	2003
读《三国志》札记：荀彧之死	何兹全	文史知识	9 期	2003
《三国志》校读志疑	苏 杰	文史	64 辑	2003
整理《三国志校笺》记	赵振铎	中国新闻出版报		2003.11.13
《三国志》选评	庄辉明	上海古籍出版社		2003
《三国志》地名标点勘误五则	陈健梅	中国史研究	1 期	2004

续表三七

篇、书名	著（译）编者	出处	卷、期	年月日
《三国志》所见辞书未收词语考释再续	王彦坤	广州大学学报（社科）	1 期	2004
《三国志》称引《论语》现象研究	苏 杰	孔子研究	2 期	2004
近二十年来国内《三国志》词语研究述评	高 明	西藏民族学院学报（哲社）	2 期	2004
《三国志》语词考释	王 柯	安徽大学学报（哲社）	2 期	2004
《三国志·蜀书》校议	周 斌	西华师范大学学报（哲社）	2 期	2004
论《三国志》中的忠观念	刘伟航	西华师范大学学报（哲社）	3 期	2004
《三国志》语词拾误	王文晖	江西师范大学学报（哲社）	3 期	2004
《三国志》点校本校读札记	李定乾	古籍整理研究学刊	3 期	2004
论《三国志》的谋篇布局	张子侠	安徽史学	3 期	2004
《三国志》有关通假字问题的研究	王文晖	临沂师范学院学报	4 期	2004
《三国志》标点纠谬四则	张忠纲	陕西师范大学学报（哲社）	4 期	2004
论《三国志》在三国题材艺术中的肇始之功	涂秀虹	福建论坛（人文）	4 期	2004
读《三国志·倭人传》——曹魏与日本列岛诸国的往来	孟古托力	黑龙江民族丛刊	4 期	2004
从《三国志》看魏晋幕僚机制	吴 斌	秘书之友	5 期	2004
《三国志》"以·宾"结构句的变换考察	何 亮	贵州师范大学学报（社科）	5 期	2004
彪炳寰宇 史学巨匠——陈寿与《三国志》	尤 佳	巴蜀史志	5 期	2004
《三国志》"以·宾"结构中宾语的语义类型	何 亮	阜阳师范学院学报（社科）	6 期	2004
由《三国志》之经典案例得到的人力资源管理启示	吕 明	商场现代化	15 期	2004
三国志名篇解读	田志勇	华文出版社		2004
传世藏书 文白对照：三国志	田余庆 吴树平	三秦出版社		2004
对《三国志》所辑奏议的两点思考	范 佳	西华大学学报（哲社）	1 期	2005
群雄逐鹿话汉中——《三国志》与《三国演义》所述汉中之比较	杨东晨	成都大学学报（社科）	2 期	2005
孙吴中期士风的变化与侨旧士风的差异推论——读《三国志·吴书·孙和传》、韦昭《博弈论》	王永平	南京理工大学学报（社科）	2 期	2005
《资治通鉴》取材《三国志》杂论——《资治通鉴》史源研究之一	张 静 汤勤福	上海师范大学学报（哲社）	3 期	2005

续表三八

篇、书名	著(译)编者	出处	卷、期	年月日
基于本体的历史年代知识元在古籍数字化中的应用——以《三国志》历史年代知识元的抽取、存储和表示为例	肖怀志 李明杰	图书情报知识	3期	2005
博学 慎思 明辨 释疑 求是——《三国志校笺》校雠举隅	张少成	文史杂志	3期	2005
《三国志》日译本得失谈	倪永明	古籍整理研究学刊	4期	2005
《三国志》古写本残卷中值得注意的异文	吴金华 萧 瑜	中国文字研究	6辑	2005
《三国志》称谓略说	吴金华 马 丽	语言研究集刊	2辑	2005
陈寿《益部耆旧传》探微	王仲镛	四川师范大学学报（社科）	3期	1994
陈寿《益州耆旧传》成书年代考——兼对成书咸宁四年、五年说质疑	曹书杰	古籍整理研究学刊	3期	1995
华阳国志晋书地理志互勘	姚师濂	禹贡	2卷4期	1934
华阳国志——附校勘记	常璩著 顾广圻校	商务印书馆		1938
常璩的《华阳国志》		成都晚报		1963.5.10
華陽國志の成立を廻って	狩野直禎	聖心女子大學論叢	21号	1963
华阳国志	常璩撰 钱毅抄校	世界书局		1967
华阳国志读后记	文守仁	四川文献	80期	1969
華陽國志訳注稿（1）（2）（3）（4）（5）（6）	船木勝馬	アジア・アフリカ文化研究所研究年報	1973年度	1974
			1974年度	1975
			1975年度	1976
			1976年度	1977
			1977年度	1978
			17号	1983
華陽國志訳注稿（7）	飯塚勝重等	アジア・アフリカ文化研究所研究年報	21号	1987
華陽國志訳注稿（8）（9）（10）（11）（12）（13）（14）	谷口房男等	アジア・アフリカ文化研究所研究年報	23号	1989
			24号	1990
			26号	1992
			27号	1993
			29号	1995
			31号	1997
			33号	1999

续表三九

篇、书名	著(译)编者	出处	卷、期	年月日
華陽國志民族関係語彙索引稿	谷口房男	アジア・アフリカ文化研究所研究年報	1974年度	1975
华阳国志校注	刘 琳	新文丰出版公司		1977
		巴蜀书社		1984
《华阳国志》简论	刘 琳	四川大学学报（哲社）	2期	1979
《华阳国志》简介	任乃强	历史知识	2期	1980
"雍无梁林"解	闻 宥	中华文史论丛	4辑	1980
《华阳国志》		文史知识	7期	1982
说《华阳国志》	刘重来	史学史研究	4期	1984
《华阳国志·蜀志》司马错伐楚取商於之地系年刊误	孙常叙	古籍整理研究学刊	3期	1986
《华阳国志》	李鄂荣	中国地质	1期	1987
华阳国志校补图注	任乃强	上海古籍出版社		1987
中国古代西南地域の大姓——《華陽國志》を通して見た	岡安勇	法政史学	88卷3期	1988
新整理本《华阳国志》	钱伯城	瞭望周刊	5期	1988
《华阳国志校补图注》初版赘言	郑世贤	历史地理	8辑	1990
《华阳国志》中诗歌谚语的史料价值	刘重来	史学史研究	1期	1991
《华阳国志》所载"玉女"的发现	易安平	文史杂志	6期	1995
《华阳国志》的离合诗	杨代欣	文史杂志	3期	1995
《华阳国志校补图注》失误十二则	曹书杰	文献	4期	1995
略论《华阳国志》的地名学成就	华林甫	西南师范大学学报（社科）	1期	1996
《华阳国志》的史料价值	刘固盛	史学史研究	2期	1997
《华阳国志校补图注·后贤志》讹误考证	曹书杰	西南师范大学学报（社科）	3期	1997
从《华阳国志》看秦对西南少数民族地区的治理	吴国升	四川教育学院学报	增刊	1999
《华阳国志》中国最早的道教史	蔡运生	中国道教	5期	2000
华阳国志·南中志校注稿	缪鸾和	云南大学西南古籍研究所		2000
《华阳国志》所记"宾刚徼白摩沙夷"考辨	赵心愚	西南民族学院学报（哲社）	1期	2001
《华阳国志》末卷"离合诗"的释读	刘复生	四川师范学院学报（哲社）	2期	2001
《华阳国志》中的妇女传记与常璩的史识	徐适端	史学史研究	3期	2001

续表四○

篇、书名	著(译)编者	出处	卷、期	年月日
历代整理与研究《华阳国志》综述	陈晓华	古籍研究	4 期	2001
略说《华阳国志》对西南少数民族的记载	吴国升	四川教育学院学报	9 期	2001
一部宣扬"大一统"思想的地方史志——评《华阳国志》	陈晓华等	中国图书评论	12 期	2001
《华阳国志》"人物"部类探论	杨文华	巴蜀史志	3 期	2002
《华阳国志》浅论	卜艳军 李新伟	中国地方志	1 期	2003
《华阳国志》"九君"当为"女娲"说	高大伦	中华文化论坛	2 期	2004
房县档案馆藏《华阳国志》探秘	黄金龙	中国档案报		2005.2.24
《华阳国志》与巴文化	吴道毅	光明日报		2005.4.26
《华阳国志》品物图考	刘 弘	2005 年巴蜀文化研究新趋势国际研讨会论文集		2005
《益州记》佚文考辨	李巧思	四川师范大学学报（社科）	3 期	2002
李膺《益州记》佚文考辨	唐 建	中华文化论坛	3 期	2005
辑佚唐代卢求《成都记》	沙铭璞	成都文物	4 期	1984
北梦琐言	孙光宪	中华书局		1960
		上海古籍出版社		1981
		天津古籍书店		1982
		源流文化事业有限公司		1983
		学苑出版社		2000
		三秦出版社		2003
校"北梦琐言"跋	傅增湘	朔风	16 期	1939
劝君莫做"袜线才"	申自强	成人教育	2 期	1982
《北梦琐言》的史料价值	林艾园	华东师大学报（哲社）	5 期	1982
宋元笔记丛书《北梦琐言》	芝 毅	读书	1 期	1984
《北梦琐言》志疑	胡可先	徐州师范学院学报	1 期	1987
《北梦琐言》研究	庄学君	西南师范大学学报（人文）	1 期	1990
《北梦琐言》结集时间辨析	拜根兴	文献	3 期	1993
《北梦琐言》及其作者生平	拜根兴	唐史论丛	6 辑	1995
孙光宪及其《北梦琐言》琐考	孔凡礼	文史	54 辑	2001

续表四一

篇、书名	著(译)编者	出处	卷、期	年月日
从《北梦琐言》所载朱温事迹看该书的史料价值	房 锐	中国古典文献学丛刊——文献学与研究生教育国际学术研讨会论文集	3 卷	2003
《北梦琐言》与唐五代史籍	房 锐	四川师范大学学报（社科）	4 期	2003
北夢瑣言訳註稿（一）——序および卷一	北夢瑣言訳註會	大阪市立大学東洋史論叢	13 号	2003
从《北梦琐言》看唐五代人的婚配观	房 锐	广西社会科学	2 期	2004
虎狼丛中也立身——从《北梦琐言》所载史事论冯道	房 锐	晋阳学刊	2 期	2004
《北梦琐言》与晚唐五代历史文化	房 锐	求索	4 期	2004
从《北梦琐言》看晚唐落第士人的心态	房 锐	社会科学家	5 期	2004
《北梦琐言》辑佚	房 锐	四川师范大学学报（社科）	6 期	2004
论晚唐科举与落第士子的心态——以《北梦琐言》为例	蔡静波 杨东宇	唐都学刊	4 期	2005
从《北梦琐言》看晚唐重进士科之风气	房 锐	唐都学刊	5 期	2005
对《北梦琐言》结集时间的再认识	房 锐	乐山师范学院学报	7 期	2005
"宋代蜀文辑存"序（附辑存凡例）	傅增湘	雅言	9、10 卷	1943
宋代蜀文辑存	傅增湘	编者刊		1943
		龙门书店有限公司		1971
		新文丰出版公司		1974
		北京图书馆出版社		2005
傅增湘先生对蜀中文献的收集与传播——兼谈《宋代蜀文辑存》的编辑出版	徐雁平 武晓峰	四川图书馆学报	3 期	1995
宋代蜀人著作存佚录	许肇鼎	巴蜀书社		1986
《茅亭客话》里的四川人物	雷履平	四川师范大学学报（社科）	1 期	1981
张唐英与《蜀梼杌》	樊 一 方法林	成都大学学报（社科）	2 期	1992
蜀梼杌校笺	王文才 王 炎	巴蜀书社		1999
蜀鉴	郭允蹈	台湾商务印书馆		1973
		巴蜀书社		1984
辑佚北宋赵抃《成都古今集记》	沙铭璞	成都文物	2 期	1985

续表四二

篇、书名	著(译)编者	出处	卷、期	年月日
帝学	范祖禹	广文书局		1984
		远方出版社		1998
唐鉴	范祖禹	商务印书馆		1935
		上海古籍出版社		1980
唐鉴	范祖禹	新疆青少年出版社		1995
		三秦出版社		2003
		国家图书馆出版社		2004
《唐鉴》及其在历史编纂学上的地位	房鑫亮	安徽史学	2期	1993
《唐鉴》何以见重于宋室——兼论范祖禹的封建正统思想	陈 勇 韦庆缘	北华大学学报（社科）	4期	1994
《唐鉴》——一部通论唐室盛衰的史学精品	高 平	北京教育学院学报	4期	1997
论《唐鉴》的体例特点及其历史评论特色	宋馥香	文献学与研究生教育国际学术研讨会论文集		2003
三秦版《唐鉴》断句勘误	卿道夫	苏州科技学院学报（社科）	1期	2004
论《唐鉴》的编纂特点及其历史评论特色	宋馥香	郑州大学学报（哲社）	2期	2004
《唐鉴》与禁书试析	丁永玲	新世纪图书馆	6期	2004
唐宋史料笔记丛刊：东齐记事 春明退朝录	范 镇 宋敏求	中华书局		1980
整理《续资治通鉴长编》之经过及其编纂宋史长笺之献议	杨家骆	思想与时代	131期	1965
李焘续资治通鉴长编宋辽关系史料辑	陶晋生 王民信	"中研院"历史语言研究所		1974
《续资治通鉴长编》编纂法	黄大受	"中央"日报·副刊		1976.3.27
续资治通鉴长编人名索引	梅原郁	同朋舍		1978
		宗青图书公司		1986
续资治通鉴长编	李 焘	中华书局		1979－1986
		上海古籍出版社		1986
《续资治通鉴长编》注文考略	裴汝诚 许沛藻	宋史研究论文集		1982
对《续资治通鉴长编》西夏太祖李继迁临终遗嘱一条注文的考辨	吴晓光	宁夏大学学报（人文）	2期	1983
《续资治通鉴长编》景德元年五月甲申日注文辨析	许沛藻	宁夏大学学报（社科）	4期	1983

续表四三

篇、书名	著(译)编者	出处	卷、期	年月日
《续资治通鉴长编》校记辨误一则	田 正	中州学刊	1期	1984
《续资治通鉴长编》前八十卷标点和校勘中的一些问题	梁太济	宋史研究通讯	2期	1984
司马光长编法与李焘《长编》	裴汝诚	东北师大学报（哲社）	5期	1984
有关《长编》前八〇卷标点和校勘问题的补充意见	梁太济	宋史研究通讯	1期	1985
《续资治通鉴长编》少数民族人名、地名、族名校勘标点管见	沙 人	宋史研究通讯	2期	1985
《续资治通鉴长编》义例考略	裴汝诚	文史	25期	1985
续资治通鉴长编考略	裴汝诚 许沛藻	中华书局		1985
《長編》に收録された蘇東坡の一逸話をめぐつて——長澤和俊編《アジアにおける年代記》の研究	近藤一成	昭和六十年度科学研究費補助金総合的研究（A）研究成果報告		1986
四库本《续资治通鉴长编》发覆	陈智超	社会科学战线	3期	1987
《长编》7-15册点校补充意见	李昌宪	宋史研究通讯	4期	1987
读通鉴长编所记编译事宜析评	乔衍管	编译馆馆刊	17卷1期	1988
《续资治通鉴长编》佚文辑考	王瑞来	宋史研究通讯	1期	1988
续资治通鉴长编选译	徐光烈	巴蜀书社		1988
《续资治通鉴长编》正误一例	安国楼	史学月刊	1期	1989
黄以周和他的《续资治通鉴长编拾补》	顾吉辰	浙江学刊	6期	1989
读点校本《续资治通鉴长编》札记	柳立言	大陆杂志	80卷3期	1990
类书《山堂考索》中的《续资治通鉴长编》佚文	刘振华	山东图书馆季刊	1期	1991
《长编》点校本二至六册献疑	张其凡	暨南学报（哲社）	2期	1993
《续资治通鉴长编》订误四则	燕永成	古籍整理研究学刊	6期	1993
		人文杂志	2期	1994
《永乐大典》残存《长编》宋神宗朝记事补校	梁太济	文献	2期	1994
《续资治通鉴长编·神宗朝》取材考	燕永成	史学史研究	1期	1996
试论《长编》西夏史料的价值	杜建录	宁夏大学学报（社科）	4期	1996
《续资治通鉴长编》全文检索系统的设计与实现	熊孟英	微机发展	5期	1996

续表四四

篇、书名	著(译)编者	出处	卷、期	年月日
中华本《续资治通鉴长编》真宗朝校勘补正	王智勇 江 渝	宋代文化研究	6辑	1996
《续资治通鉴长编》并非谦称	李裕民	晋阳学刊	6期	1997
《续资治通鉴长编》订误	严文儒	华东师范大学学报（哲社）	4期	1999
中华本《续资治通鉴长编》仁宗朝校勘补正	王智勇	宋代文化研究	10辑	2001
《续资治通鉴长编》标点勘误	李 立	中国史研究	1期	2002
《续资治通鉴长编》点校本卷十六至卷三十二校勘札记（一）—（四）	高纪春	文史	53辑	2000
《续资治通鉴长编》点校本卷三二至卷一二三勘札记（一）—（七）	高纪春	文史	58辑	2002
一部详实的北宋史——读李焘《续资治通鉴长编》	周征松	光明日报		2002.1.15
《续资治通鉴长编》辨误两则	王晓斌	晋阳学刊	1期	2003
《续资治通鉴长编》考证一则	程 龙	中国史研究	2期	2003
点校本《续资治通鉴长编》断句指瑕二则	王志双	中国史研究	2期	2003
续资治通鉴长编拾补	黄以周	中华书局		2004
续资治通鉴长编撮要	李 焘	国家图书馆出版社		2004
《长编》点校本标点辨误一则	胡 坤	中国史研究	2期	2005
《续资治通鉴长编》哲宗朝记事校勘补正	高纪春	郑州大学学报（哲社）	2期	2005
李心传《要录》《杂记》道教条补正	唐代剑	四川师范学院学报（哲社）	2期	1996
《系年要录》《朝野杂记》的歧异记述及其成因	梁太济	文史	41辑	1996
《建炎以来系年要录》述评	来可泓	杭州师院学报（社科）	3期	1986
《建炎以来系年要录》略论	王瑞来	史学月刊	2期	1987
《建炎以来系年要录》的编纂和流传	聂乐和	史学史研究	2期	1988
四库本《建炎以来系年要录》发覆	陈智超	社会科学研究	3期	1988
建炎以来系年要录	李心传	广雅书局		1900
		商务印书馆		1936
		文海出版社		1968
		中华书局		1988
		上海古籍出版社		1992

续表四五

篇、书名	著(译)编者	出处	卷、期	年月日
建炎以来系年要录人名索引	梅原郁	同朋舍		1983
《建炎以来系年要录》取材考	孔学	史学史研究	2期	1995
《建炎以来系年要录》著述时间考	孔学	河南大学学报（社科）	1期	1996
取舍之际见精神——略论《建炎以来系年要录》的取材	孙建民	上海师范大学学报（哲社）	3期	1996
《建炎以来系年要录》搀入引书考	孙建民	洛阳师专学报	4期	1996
《建炎以来系年要录》注文辨析	孔学	史学史研究	1期	1998
《建炎以来系年要录》书名考	梁太济	浙江大学学报（人文）	1期	1999
文渊阁本《系年要录》校正举例	徐规	宋旭轩教授八十荣寿论文集		2000
		宋史研究论文集——国际宋史研讨会暨中国宋史研究会第九届年会编刊		2000
《要录》自注的内容范围及其所揭示的修纂体例	梁太济	文史	50辑	2000
《建炎以来系年要录》订误26条（上）	李裕民	晋阳学刊	2期	2002
《建炎以来系年要录》订误28条（下）	李裕民	晋阳学刊	3期	2002
建炎以来朝野杂记	李心传	适园丛书	5集	1913
		商务印书馆		1936
		文海出版社		1967
		中华书局		2000
李心传《建炎以来朝野杂记》民国二十五年（1936）商务印书馆排印本		杭州师范学院学报	2期	1996
《建炎以来朝野杂记》点校说明	徐规	杭州师范学院学报	1期	1998
点校本《建炎以来朝野杂记》勘误一则	游彪	中国史研究	3期	2002
旧闻证误	李心传	商务印书馆		1936
		中华书局		1985
游宦纪闻　旧闻证误	张世南 李心传	中华书局		1981
李心传及其《旧闻证误》	来可泓	宋史论集		1983
《旧闻证误》研究	徐规	杭州大学学报（哲社）	3期	1985
《旧闻证误》刍议——兼与来可泓同志商榷	方健	宋代文化研究	4辑	1994

续表四六

篇、书名	著(译)编者	出处	卷、期	年月日
道命录	李心传	商务印书馆		1937
关于《道命录》的卷数及有关内容	来可泓	古籍整理研究学刊	4期	1985
宋朝《总类国朝会要》考	王云海	河南大学学报（社科）	1期	1998
冯楫的著述及其史料价值	胡昭曦	李埏教授九十华诞纪念文集		2003
东都事略校勘记	钱绮	适园丛书	5集	1913
		新文丰出版公司		1978
东都事略校记	缪荃孙	适园丛书	5集	1913
宋代四川史学家王称与《东都事略》	蔡崇榜	成都大学学报（社科）	4期	1985
东都事略	王称	江苏广陵古籍刻印社		1990
		齐鲁书社		2000
王称和他的《东都事略》——献给先师90诞辰	何忠礼	暨南学报（哲社）	3期	1992
论《东都事略》的价值	王长奇	河北职业技术学院学报	1期	2001
对《笺纸谱》不是元代费著所作的探讨	陈启新	中国造纸	6期	1996
《岁华纪丽谱》《笺纸谱》《蜀锦谱》作者考	谢元鲁	中华文化论坛	2期	2005
对《楮币谱》《钱币谱》作者及写作年代的再认识	谢元鲁	四川金融	2期	1995
		中国钱币	1期	1996
		中国钱币论文集	3辑	1998
蜀藻幽胜录	傅振商	巴蜀书社		1985
全蜀艺文志	朱云焕等校	成都昌福公司		1914
《全蜀艺文志》纪略	封思毅	四川文献	161期	1976
《全蜀艺文志》的编者是谁——400多年前的一桩著作权遗案	蓝勇	文史杂志	1期	1997
全蜀艺文志	杨慎编，刘琳、王晓波点校	线装书局		2003
升庵全集	杨慎	商务印书馆		1937
风雅逸篇	杨慎	广文书局		1970
升庵外集	杨慎	学生书局		1971
古今谣谚	杨慎著，史梦兰补注	台湾商务印书馆		1973
简辑杨升庵著述评选书目	陈廷乐	昆明师院学报（哲社）	1期	1982

续表四七

篇、书名	著(译)编者	出处	卷、期	年月日
杨升庵的一次误笔	韩振峰	社会科学辑刊	2期	1983
均藻	杨 慎	新文丰出版公司		1984
升庵著述序跋	王文才 张锡厚	云南人民出版社		1985
升庵集	杨 慎	上海古籍出版社		1993
杨升庵丛书	王文才等	天地出版社		2002
评介明杨慎著《滇程记》和《滇载记》	谢国桢	思想战线	4期	1978
杨慎的《滇程记》	路 工	人民日报		1962.2.26
第一部中原至云南的旅程指南《滇程记》	张德全	四川文物	2期	1991
《滇程记》的民俗学价值	董广文	云南民族学院学报（哲社）	2期	2002
杨慎与《滇载记》	杨国才 顾士敏	大理师专学报（社科）	1期	1987
《滇载记》书后	王文才	中华文化论坛	1期	1994
杨慎撰《木氏宦谱》册序并书	杨 福	四川文物	5期	1988
《木氏宦谱》部分疑难地名考释	潘发生	思想战线	12期	1998
杨慎辑《赤牍清裁》叙论	邓元煊	青海民族学院学报	4期	1991
《南诏野史》作者及其它	傅光宇	山茶	3期	1980
杨慎编辑《南诏野史》新证	侯 冲 郭 劲	民族艺术研究	6期	1999
杨慎丹铅诸录考述	李勤合	西南古籍研究		2004
蜀中著作记	曹学佺	图书馆学季刊	3卷1-3期	1929
			4卷1期	1930
			5卷2期	1931
曹学佺和他的《蜀中著作记》	宋建昃	四川图书馆学报	6期	2000
蜀中广记	曹学佺	重庆出版社		1984
		商务印书馆		1986
		上海古籍出版社		1993
《蜀中广记》成书年代考辨——兼析《四库提要》之谬	刘孔伏	四川师范大学学报（社科）	2期	1993
曹学佺《蜀中广记》中有关杜甫诗评论考述	沈时蓉	杜甫研究学刊	4期	1999

续表四八

篇、书名	著(译)编者	出处	卷、期	年月日
益部谈资	何宇度	艺文印书馆		1936
		辽海书社		1990
		上海古籍出版社		1993
入蜀记 蜀都杂钞 益部谈资	陆游 陆深 何宇度	商务印书馆		1936
蜀难叙略 粤行纪事	沈荀蔚 瞿昌文	上海进步书局		1912
蜀碧 蜀难叙略	彭遵泗 沈荀蔚	商务印书馆		1959
蜀碧——张献忠三次入蜀屠戮记	彭遵泗	上海宏大善书局		1935
		经纬书局		1947
		北京古籍出版社		2002
鲁迅与《蜀碧》——兼论农民的农民起义观	杨希之	四川教育学院学报	1期	1987
关于《蜀碧》	邓云乡	寻根	5期	1996
关于《蜀碧》	李乔	鲁迅研究月刊	7期	2003
蜀故	彭遵泗	耕道斋刻本		1902
		江苏广陵古籍刻印社		1990
张献忠与西方自然科学——读《圣教入川记》	郭显清	中国农民战争史论丛	3集	1981
圣教入川记	古洛东	四川人民出版社		1981
张献忠的屠杀政策与大西政权的失败——读《圣教入川记》等有感	管维良	重庆师范学院学报（哲社）	3期	1987
太和县御寇始末 荒书	吴世济 费密	浙江人民出版社		1983
张献忠剿四川实录	何锐等校点	巴蜀书社		2002
函海	李调元	宏业书局		1968
李调元与《函海》	高一旭	四川文物	1期	1988
		文史杂志	6期	2003
《函海》述略——一部以收蜀人著述为主的丛书	李春光	社会科学研究	1期	1992
《函海》刻主李调元	梁南梅	新闻出版交流	4期	1994
蜀輶日记	陶澍	凤城古籍书店		1990

续表四九

篇、书名	著(译)编者	出处	卷、期	年月日
蜀海丛谈	周询	重庆《大公报》馆		1948
		文海出版社		1966
		巴蜀书社		1986
芙蓉话旧录	周询	四川人民出版社		1987
锦里新编	张邦伸	存古书局		1913
		巴蜀书社		1984
成都通览	傅崇矩	巴蜀书社		1987
开启民智的先锋——记《成都通览》作者傅崇矩	章江心	巴蜀史志	5期	2003
四川少数民族古籍研究述论	何耀军	西南民族大学学报（人文）	12期	2004
金川案	中国科学院民族研究所四川少数民族社会历史调查组	编者刊		1963
金川案 金川六种	魏源等	中国藏学出版社		1994
金川琐记	李心衡	中华书局		1985
		阿坝州地方志编纂委员会		1998
平定金川方略	（清）方略馆	全国图书馆文献缩微复制中心		1991
《金川纪略》及其相关问题	陈力	四川大学学报（哲社）	3期	1992
羌族宗教经典《刷勒日》浅析	徐君	宗教学研究	1期	1997
西羌古唱经	茂县羌族文学社	编者刊		2004
关于西康著述之检讨	杨仲华	新亚细亚	1卷1期	1930
几种捕风捉影的西康著作	杨仲华	蒙藏周报	63期	1931
西康省に関する文献	上里美須丸	东亚研究所报	10号	1941
康藏书录解题	石村	边政公论	1卷2期	1941
		康导月刊	3卷12期	1942
			4卷1-5期	1942
康藏书录解题续辑	丁实存	康导月刊	5卷2、3期	1943
			5卷4期	1943
			5卷7、8期	1943

续表五〇

篇、书名	著（译）编者	出处	卷、期	年月日
关于研究康藏问题中外参考书目举要	何 璟	康藏前锋	2卷10、11期	1935
			3卷3期	1935
藏族史料书目举要（汉文一）	吴丰培	西藏研究	1期	1981
藏族史料书目举要（汉文二）	吴丰培	西藏研究	1期	1982
关于西藏西康的几本书		读书通讯	87期	1942
民国以来出版西康的文献	姚渔湘	"中央"日报		1959.10.20, 1959.11.3
五咏拾缺纪略	思 潜	康导月刊	6卷5、6期	1945
邛崃野录	何东铭	传抄本		1964
		四川大学图书馆		1980
		巴蜀书社		1992
何东铭与《邛崃野录》	邢 江	文史杂志	4期	1991
艽野尘梦	陈渠珍著，任乃强校注	著者刊		1938
		西藏人民出版社		1999
西康建省记	傅嵩炑	四川官印刷局		1912
		成都公记印刷公司		1912
		中华印刷公司		1932
		民族文化宫图书馆		1960
		成文出版社		1968
		中国藏学出版社		1988
傅嵩炑与《西康建省记》	陈一石	四川文物	2期	1988
"西康纪事诗"本事注	贺觉非 玄 默	蒙藏月报	13卷7期	1941
评"西康纪事诗本事注"	公 皎	边疆研究	11期	1941
西康纪事诗本事注	贺觉非	重庆史学书局		1941
		理塘戍声社		1941
		西藏人民出版社		1988
贺觉非及其《西康纪事诗本事注》	叶 红 熊 倩	巴蜀史志	6期	2002
		文史杂志	1期	2003
西康综览	李亦人	正中书局		1941
		文史杂志	1期	2003

续表五一

篇、书名	著(译)编者	出处	卷、期	年月日
一种有关藏族史诗的古代资料——郎氏家族史：灵犀宝卷	R. A. Stein	亚细亚杂志		1962
朗氏家族史	大司徒·绛求坚赞（赞拉·阿旺、佘万治）	西藏人民出版社		1989
木里政教史（藏汉文对照）	阿旺钦绕（鲁绒格丁等）	四川民族出版社		1993
爨文丛刻自序	丁文江	地理学报	2卷4期	1935
		"中研院"院刊	3辑	1956
		毕摩文化论		1993
爨文丛刻甲编	丁文江	商务印书馆		1936
"爨文丛刻"甲编	王了一	大公报·图书副刊	139期	1936.7.16
关于丁文江先生的爨文丛刻甲编	董作宾	"中研院"院刊	3辑	1956
首译圣教赞美诗开创彝文翻译史 彝族罗文笔一家是道地翻译世家	惟讷	中国天主教	4期	1990
《增订爨文丛刻》序言	马学良	民族语文	2期	1983
增订爨文丛刻（上）（中）（下）	马学良	四川民族出版社		1986-1988
彝族文化研究的重要资料《爨文丛刻》（增订版）	任继愈	文献	2期	1990
倮倮经典选译	岭光电	西康青年	2卷11期	1942
倮文祭经的种类述要	马学良	现代学报	1卷2、3期	1947
倮文作斋经译注	马学良	中研院历史语言研究所集刊	14本	1948
		云南彝族礼俗研究文集		1983
倮文作祭献药供牲经译注（下）	马学良	中研院历史语言研究所集刊	20本上册	1948
		云南彝族礼俗研究文集		1983
凉山彝文资料选辑	凉山彝文资料编写组	西南民族学院		1978
试谈彝文典籍的学术研究价值	陈英	贵州民族研究	3期	1980
北京现存彝族历史文献的部分书目	中央民族学院少数民族语言研究所	编者刊		1981
介绍《北京现存彝族历史文献的部分书目》	王梅堂	图书馆学通讯	4期	1982

续表五二

篇、书名	著(译)编者	出处	卷、期	年月日
积极开展彝文文献的收集整理和翻译工作	马学良	中央民族学院学报	1期	1982
彝族古籍急待整理	刘尧汉	文献	11辑	1982
研究彝文古籍发扬彝族文化	马学良	贵州民族研究	2期	1987
彝文古籍翻译略论	陈英	贵州民族研究	2期	1988
彝族史料集	魏治臻	四川民族出版社		1989
彝文金石图录	罗正仁等	四川民族出版社		1989
彝文文献概述	袁琳蓉 吴式超	西南民族学院学报（哲社）	1期	1990
呗耄彝文文献漫谈	王正贤	贵州民族研究	4期	1990
彝文古籍认识初探	乐小秋	图书馆员	5期	1990
彝文文献编译史提要	黄建明	民族古籍	1期	1991
对彝文典籍中妇女形象的探讨	伍呷	凉山民族研究		1992
彝文文献选读	中央民族学院彝文文献编译室	中央民族学院出版社		1992
五十余年一辞书——序《彝文经籍文化词典》	马学良	中央民族学院学报	5期	1993
彝文文献研究	中央民族学院彝文文献编译室	中央民族学院出版社		1993
彝文古籍收藏情况概述	朱崇先	民族古籍		1993
彝文文献分类初探	朱崇先 巴莫·阿衣	毕摩文化论		1993
彝文文献训诂札记	朱文旭	彝文文献研究		1993
彝族古籍文献概要	黄建明	云南民族出版社		1993
彝族典籍文化	朱崇先	中央民族大学出版社		1994
几部彝文典籍记载的彝族兹莫	伍精华	凉山民族研究		1995
彝文与彝族历史文献	丁椿寿	贵州文史丛刊	5期	1996
彝族典籍文化研究	朱崇先	中央民族大学出版社		1996
彝文文献翻译研究的历史与现状	潘正云	西南民族学院学报（哲社）	1期	1997
从近年整理的彝文典籍探西南古史	马廷中	重庆师专学报	3期	1997
彝文文献的历史渊源、文化价值及搜集整理	王富慧	贵州民族研究	3期	1998
彝文经籍文化辞典	马学良	京华出版社		1998
彝文石刻译选	朱琚元	云南民族出版社		1998

续表五三

篇、书名	著(译)编者	出处	卷、期	年月日
蕴藏中华远古文明的另一宝库——彝文古籍	陈 英	广西文史	2 期	2002
彝文古籍状况述要	王明贵	贵州文史丛刊	2 期	2002
彝文金石述略	王正贤	贵州民族研究	2 期	2002
彝文古籍的彝民族认同	王继超	彝族文化	3 期	2002
		彝族古文献与传统医药开发国际学术研讨会论文集		2002
试析彝文文献的发展及其在彝族史学中的地位	龙保贵	彝族古文献与传统医药开发国际学术研讨会论文集		2002
从彝文古籍记载看中华远古文明的老根子	陈 英	毕节师专学报（综合）	2 期	2003
彝文古籍编目及其著录规则初探	杨怀珍	国家图书馆学刊	4 期	2003
彝文古籍必须进行深层次研究实现"书同文"	陈 英	毕节师专学报（综合）	4 期	2003
彝文文献概览	朱琚元	云南经济日报		2003.4.15
四川凉山彝族甲骨简牍皮书古籍考略	熊克江 黄承宗	四川图书馆学报	2 期	2004
彝文典籍学术研究概述	朱崇先	中国彝学	2 辑	2004
从彝汉文古籍记载探索中华远古文明和彝族历史分期	陈 英	毕节师专学报（综合）	4 期	2004
彝族文化瑰宝——彝族毕摩文献	阿牛史日	四川档案	4 期	2004
彝文古籍与彝族史学理论评述	东人达	史学史研究	1 期	2005
论彝文古籍的收藏、抢救与保护	张 邡	西南民族大学学报（人文）	9 期	2005
关注中国彝文古籍保存现状	张 邡	中国民族	10 期	2005
彝文《劝善经》译注	马学良等	中央民族学院出版社		1986
浅谈彝文古籍《指路经》	张庆芬	云南民族学院学报	3 期	1989
从彝文指路经看现存彝族原始的宗教系统的类型	于锦秀	世界宗教研究	4 期	1991
指路经	盐源县语委	编者刊		1991
彝族《指路经》与"拜祖教"——兼论原始宗教的定义、分类等问题	于锦绣	毕摩文化论		1993
从《指路经》看彝族与滇濮的渊源关系	阿乍·莴芝	毕摩文化论		1993
彝文《指路经》译集	果吉·宁哈 岭福祥	中央民族学院出版社		1993

续表五四

篇、书名	著(译)编者	出处	卷、期	年月日
从《指路经》中看彝族先民的迁徙	师有福	彝族文化	3期	1998
彝文《指路经》的文学特点	周德才	中央民族大学学报	1期	1999
中国彝族经典《指路经》的社会教育功能	樊秀丽 藤川信夫	国外学者彝学研究文集		2000
彝族《指路经》的彝民族认同及价值探析	王继超	凉山民族研究		2001
现实与梦幻聚合的送灵葬歌——彝族《指路经》艺术特色浅议	杨丽琼	彝族古文献与传统医药开发国际学术研讨会论文集		2002
彝族"灵姆撮毕"与《指路经》研究——凉山彝族的近祖崇拜及其历史渊源	陈国光 欧木几	中国彝学	2辑	2003
彝族《指路经》的文化学阐释	李列	民族文学研究	4期	2004
从《指路经》看彝族关于人的思想	杨树美	中国少数民族和谐思想研究		2005
凉山彝族驱鬼经	魏明德等	台湾利氏学社		1998
彝文仪式经书与彝文《驱鬼经》	巴莫阿依	中国典籍与文化	2期	1999
道教与彝族"咒鬼经"的比较研究	蔡华	民族文学研究	2期	2003
凉山彝文资料选译第一集:勒俄特依	《凉山彝族奴隶社会》编写组	编者刊		1978
彝族史诗《勒俄特依》的哲学思想	李延良	中央民族学院学报	4期	1981
勒俄特衣(彝文)		四川民族出版社		1981
雪族	(岭光电)	中央民族学院民族语言研究所		1982
		四川省民族研究所		1983
史传(又名母史传)	(岭光电)	中央民族学院彝族历史文献编译室		1983
彝族史诗《勒俄特依》初探	李明	西南民族学院语文系		1983
		民族研究文集		1984
		民族文学研究	增刊	1987
论彝族史诗《勒俄特衣》	冯利	贵州民族研究	2期	1985
浅谈彝族史诗《勒俄特衣》中的支格阿龙	罗世荣	贵州民族研究	4期	1985
试论《勒俄特依》的艺术价值	熊述碧	西南民族学院学报(哲社)	4期	1985
布此拉俄	(伍文珍)	中央民族学院彝族历史文献编译室		1985
勒俄特依	(冯元蔚)	四川民族出版社		1986

续表五五

篇、书名	著(译)编者	出处	卷、期	年月日
勒俄阿布	盐源县语委	编者刊		1986
再探《勒俄特依》的多功能性	米武作	西南民族学院学报（哲社）	2期	1988
凉山彝族史诗《勒俄特衣》寻踪	冯利	中央民族学院学报	4期	1988
史诗的历史观念——从彝族史诗《勒俄特衣》谈起	冯利	民族文学研究	4期	1989
浅析彝族史诗《勒俄特依》的朴素唯物	刘兴德	凉山民族研究		1995
浅论《勒俄特依》中阿尔师傅形象	时长日黑	凉山民族研究		1995
《勒俄特衣》人物剖析	李尼坡	西南民族学院学报（哲社）	增刊3	1999
彝文古籍《勒俄特依·石尔俄特》的文化内涵	李正文	西南民族学院学报（哲社）	增刊3	2000
《勒俄特依》文化背景试析	巴且日火 杨慧云	凉山大学学报	12期	2001
《勒俄特依》与凉山彝族文化探微	张瓦铁 何刚	凉山大学学报	12期	2001
勒俄特依	美姑县语委	大修馆书店		2001
凉山美姑《勒俄特依》调查研究	工藤隆等	日本大东文化大学		2002
"民间叙事传统格式化"之批评（上）——以彝族史诗《勒俄特依》的"文本迻录"为例	巴莫曲布嫫	民族艺术	4期	2003
"民间叙事传统格式化"之批评（中）——以彝族史诗《勒俄特依》的"文本迻录"为例	巴莫曲布嫫	民族艺术	1期	2004
"民间叙事传统格式化"之批评（下）——以彝族史诗《勒俄特依》的"文本迻录"为例	巴莫曲布嫫	民族艺术	2期	2004
"民间叙事传统格式化"之批评——以彝族史诗《勒俄特依》的"文本迻录"为例	巴莫曲布嫫	民间文化青年论坛第一届网络学术会议论文集		2003
彝文文献《勒俄特依》考释	朱文旭	凉山民族研究		2004
凉山彝文资料选译第二集：阿莫尼惹、玛木特衣	《凉山彝族奴隶社会》编写组	编者刊		1978
玛木特衣	（岭光电）	中央民族学院彝族历史文献编译室		1982
一部有价值的彝文古籍《玛牡特依》	罗家修	思想战线	3期	1985
玛牡特依	罗家修	四川民族出版社		1985
玛牡特依	冯元蔚等	西南民族学院		1987

续表五六

篇、书名	著(译)编者	出处	卷、期	年月日
勒俄·玛牧特依释读	李尼波 沙马吉哈	四川民族出版社		1999
彝文古籍《玛牧特依》瑕瑜刍议	肖建华	西南民族学院学报（哲社）	增刊3	2000
玛木特依译注	吉宏什万等	云南民族出版社		2002
《玛牧特依》的道德观	陈玉翠	凉山文学	5期	2004
彝族传统道德经典：玛穆特依（彝汉文对照）	（吉格阿加）	云南民族出版社		2005
凉山彝文资料选译第三集：尔比尔吉	《凉山彝族奴隶社会》编写组	编者刊		1978
谈丰富多彩的彝族谚语	李 明	西南民族学院学报（哲社）	1期	1980
尔比尔吉——彝族的教科书	罗家修	山茶	4期	1982
浅谈凉山彝族的"尔比尔吉"	贾银忠	西南民族学院学报（哲社）	4期	1983
谚语	（岭光电）	中央民族学院民族语言研究所		1983
彝族谚语浅析	沙马拉毅	西南民族学院学报（哲社）	2期	1985
试论彝族"尔比尔吉"的哲理性及其社会功用	罗蓉芝	西南民族学院学报（哲社）	2期	1989
试论凉山"尔比尔吉"中的女性观念	覃敏笑	贵州民族研究	2期	1990
彝族"尔比尔吉"分类说	沈良杰 罗洪瓦达	凉山大学学报	12期	2001
谈凉山彝族"尔比尔吉"的艺术特性	利 布	凉山大学学报	3期	2003
呗耄献祖经	（岭光电）	中央民族学院民族语言研究所		1981
古侯	（岭光电）	中央民族学院民族语言研究所		1982
教育经典	（岭光电）	中央民族学院民族语言研究所		1982
之子宜乍	（岭光电）	中央民族学院彝族历史文献编译室		1984
彝族毕摩经书《孜孜宜乍》初探	朱文旭	凉山民族研究		1992
		彝族文化研究论文集		1993
彝族祝咒经诗《紫孜妮楂》的巫化叙事风格	巴莫曲布嫫	民间文学论坛	3期	1996

续表五七

篇、书名	著(译)编者	出处	卷、期	年月日
试论毕摩经《之子宜乍》及其学术价值	马国伟	彝族古文献与传统医药开发国际学术研讨会论文集		2002
		中国彝学	2辑	2003
圣人之母	(宾万聪)	中央民族学院彝族历史文献编译室		1984
勒格阿波惹	(阿鲁卓岂)伍文珍注音	中央民族学院彝族历史文献编译室		1984
海俄滇古	卢学良	四川民族出版社		1986
克哲·布此·勒俄	雷波县语委	编者刊		1987
古侯燎夫	金阳县语委	编者刊		1988
迪勒阿莫正	布拖县语委	编者刊		1989
驱妖延寿经	美姑县民族语文工作委员会	编者刊		1989
凤凰经	美姑县语委	编者刊		1990
彝族尼牡概论	美姑县语委	四川民族出版社		2001

（四）地方志

篇、书名	著(译)编者	出处	卷、期	年月日
国立北平图书馆馆藏西南各省方志目录	万斯年	图书季刊	新3卷3、4期	1941
西南稀见方志文献	中国西南文献丛书编委会	兰州大学出版社		2004
《西南稀见方志文献》概要	张学君	巴蜀史志	3期	2005
整理四川县志之途径	邓虎章 徐岱宗	实际出版社		1941
华西大学图书馆四川方志目录	林名均	华西大学图书馆		1951
四川省图书馆编出方志目录		四川日报		1956.8.6
四川方志联合目录	四川省图书馆、四川大学图书馆	编者刊		1958
民国新修四川县志丛谈	周开庆	四川文献研究社		1964
		台湾商务印书馆		1975
周著"民国新修四川县志丛谈"序	文守仁	四川文献	29期	1965
读"民国新修四川县志丛谈"	毛一波	"中央"日报		1965.1.25

续表一

篇、书名	著(译)编者	出处	卷、期	年月日
编印四川方志丛刊序	周开庆	书目季刊	2卷1期	1967
		四川文献	63期	1967
四川方志序文选录	张香海	四川文献	67期	1968
四川方志丛刊编印概述	周开庆	四川文献	136期	1973
			155期	1975
美国国会图书馆所藏四川方志	怀襄	四川文献	70期	1968
整理地方文献运动的兴起	周开庆	四川文献	92期	1970
县志纂修之研究	周开庆	四川文献	147期	1974
从国史编纂说到地方文献	毛一波	四川文献	147期	1974
现存方志整理刍议	文守仁	四川文献	148期	1974
蜀籍与四库全书提要——方志之部	封思毅	四川文献	172、173期	1977
四川地方志联合目录	四川省中心图书馆委员会	编者刊		1982
四川方志概述	周开庆	整理地方文献导论		1985
四川方志考	何金文	吉林省地方志编纂委员会、吉林省图书馆学会		1985
四川省新方志论文选集	四川省地方志编纂委员会	电子科技大学出版社		1993
巴蜀史志丛谈	黄友良	四川科学技术出版社		1999
成都市图书馆馆藏地方志、山水志略述	吴均 夏剑军	巴蜀史志	6期	2002
成都市图书馆山水志目录表		巴蜀史志	6期	2002
四川省地方志目录	四川省地方志编纂委员会	方志出版社		2004
中国方志之乡——四川	王洪林	巴蜀史志	4期	2005
常璩对中国方志编纂学的贡献	高殿懋	巴蜀史志	6期	2005
天一阁藏明代四川方志考述	文廷海	巴蜀史志	6期	2002
四川志	熊向	四川省图书馆影印		1961
明正德《四川志》版本小识	陈修纮	广东图书馆学刊	2期	1981
明正德《四川志》现存孤本版刻年代辨疑	陈修纮	中山大学学报（哲社）	3期	1982
（嘉靖）四川总志	北京图书馆古籍出版编辑组	书目文献出版社		1991
		全国图书馆缩微文献复制中心		1992

续表二

篇、书名	著(译)编者	出处	卷、期	年月日
略谈嘉靖《四川总志》	旷天全	巴蜀史志	4期	2005
景印四川通志序	胥端甫	四川文献	62期	1967
嘉庆四川通志	常明等	巴蜀书社		1984
		江苏广陵古籍刻印社		1986
清修《四川通志·经籍志·集部》考论三篇	庾光蓉	四川师范大学学报（社科）	3期	1998
说说《四川通志》上的四川状元	铁波罗	文史杂志	1期	2005
重修四川通志例言	宋育仁	昌福公司		1926
重修四川通志目录	宋育仁 陈钟信	四川通志局		1936
四川通志稿	宋育仁等	稿本		1936
重修四川通志稿后案	佚名	排印本		民国
四川省方志简编	李肇甫	抄本		1944
四川新地志	郑励俭	正中书局		1946
巴蜀方志源流与新编《四川省志》	张学君	巴蜀史志	4期	2000
四川省志·冶金工业志	四川省地方志编纂委员会	四川科学技术出版社		1992
四川省志·邮政电信志	四川省地方志编纂委员会	四川辞书出版社		1993
四川省志·轻工业志	四川省地方志编纂委员会	四川辞书出版社		1993
四川省志·电子工业志	四川省地方志编纂委员会	四川科学技术出版社		1993
四川省志·都江堰志	四川省地方志编纂委员会	四川辞书出版社		1993
四川省志·机械工业志	四川省地方志编纂委员会	四川辞书出版社		1994
四川省志·交通志	四川省地方志编纂委员会	四川科学技术出版社		1995
四川省志·盐业志	四川省地方志编纂委员会	四川科学技术出版社		1995
四川省志·气象志	四川省地方志编纂委员会	四川科学技术出版社		1995
四川省志·粮食志	四川省地方志编纂委员会	四川科学技术出版社		1995
四川省志·电力工业志	四川省地方志编纂委员会	四川科学技术出版社		1995

续表三

篇、书名	著(译)编者	出处	卷、期	年月日
四川省志·纺织工业志	四川省地方志编纂委员会	四川辞书出版社		1995
四川省志·对外经济贸易志	四川省地方志编纂委员会	四川科学技术出版社		1995
《四川省志·地理志》编写情况简讯	黄淑秀	西南师范大学学报（自然）	4期	1985
四川省志·地理志	四川省地方志编纂委员会	成都地图出版社		1996
四川省志·峨眉山志	四川省地方志编纂委员会	四川科学技术出版社		1996
四川省志·化学工业志	四川省地方志编纂委员会	四川科学技术出版社		1996
四川省志·广播电视志	四川省地方志编纂委员会	四川科学技术出版社		1996
四川省志·商检志	四川省地方志编纂委员会	四川科学技术出版社		1996
四川省志·农业志	四川省地方志编纂委员会	四川辞书出版社		1996
四川省志·旅游志	四川省地方志编纂委员会	四川人民出版社		1996
四川省志·民政志	四川省地方志编纂委员会	四川人民出版社		1996
四川省志·报业志	四川省地方志编纂委员会	四川人民出版社		1996
四川省志·商业志	四川省地方志编纂委员会	四川人民出版社		1996
四川省志·金融志	四川省地方志编纂委员会	四川辞书出版社		1996
四川省志·财政志	四川省地方志编纂委员会	四川人民出版社		1996
四川省志·建筑志	四川省地方志编纂委员会	四川科学技术出版社		1996
四川省志·水利志	四川省地方志编纂委员会	四川科学技术出版社		1996
四川省志·检察审判志	四川省地方志编纂委员会	四川人民出版社		1996
四川省志·医药卫生志	四川省地方志编纂委员会	四川辞书出版社		1996
四川省志·石油天然气工业志	四川省地方志编纂委员会	四川人民出版社		1997

续表四

篇、书名	著(译)编者	出处	卷、期	年月日
四川省志·测绘志	四川省地方志编纂委员会	成都地图出版社		1997
四川省志·公安·司法志	四川省地方志编纂委员会	四川人民出版社		1997
四川省志·供销合作社志	四川省地方志编纂委员会	方志出版社		1997
四川省志·科学技术志	四川省地方志编纂委员会	四川科学技术出版社		1998
四川省志·煤炭工业志	四川省地方志编纂委员会	四川科学技术出版社		1998
四川省志·地质志	四川省地方志编纂委员会	四川科学技术出版社		1998
略谈《四川地震志》的编写工作	雷泽高	四川地震	1期	1984
四川省志·地震志	四川省地方志编纂委员会	四川人民出版社		1998
四川省志·体育志	四川省地方志编纂委员会	四川科学技术出版社		1998
四川省志·海关志	四川省地方志编纂委员会	四川科学技术出版社		1998
四川省志·丝绸志	四川省地方志编纂委员会	四川科学技术出版社		1998
四川省志·宗教志	四川省地方志编纂委员会	四川人民出版社		1998
四川省志·哲学社会科学志	四川省地方志编纂委员会	四川科学技术出版社		1998
四川省志·军事志	四川省地方志编纂委员会	四川人民出版社		1999
省军事志编纂工作概要	邓仕科	巴蜀史志	1期	2005
四川省志·人事志	四川省地方志编纂委员会	四川科学技术出版社		1999
四川省志·文物志	四川省地方志编纂委员会	四川人民出版社		1999
四川省志·建材工业志	四川省地方志编纂委员会	四川科学技术出版社		1999
四川省志·大事纪述	四川省地方志编纂委员会	四川科学技术出版社		1999
四川省志·林业志	四川省地方志编纂委员会	四川科学技术出版社		1999

续表五

篇、书名	著(译)编者	出处	卷、期	年月日
四川省志·城建环保志	四川省地方志编纂委员会	四川科学技术出版社		1999
四川省志·档案志·侨务志	四川省地方志编纂委员会	四川科学技术出版社		2000
四川省志·综合管理志	四川省地方志编纂委员会	方志出版社		2000
四川省志·教育志	四川省地方志编纂委员会	四川科学技术出版社		2000
四川省志·政务志	四川省地方志编纂委员会	方志出版社		2000
四川省志·文化艺术志	四川省地方志编纂委员会	四川人民出版社		2000
四川省志·民俗志	四川省地方志编纂委员会	四川人民出版社		2000
四川省志·民族志	四川省地方志编纂委员会	四川民族出版社		2000
四川省志·统计·工商行政管理·劳动志	四川省地方志编纂委员会	方志出版社		2000
四川省志·党派团体志	四川省地方志编纂委员会	四川人民出版社		2001
四川省志·人物志	四川省地方志编纂委员会	四川人民出版社		2001
四川省志·外事志	四川省地方志编纂委员会	四川人民出版社		2001
四川省志·出版志	四川省地方志编纂委员会	四川人民出版社		2001
四川省志·附录	四川省地方志编纂委员会	四川科学技术出版社		2003
四川省志·卷首	四川省地方志编纂委员会	四川人民出版社		2003
四川省文物志	四川省文物志编辑组	编者刊		1985
四川风物志	文闻子	四川人民出版社		1985
四川省水利志	四川省水利志编纂委员会	四川省水利电力厅		1988
四川森林工业志	四川省林产公司	编者刊		1989
四川蔬菜品种志	四川省农牧厅	四川科学技术出版社		1990
四川省医药卫生志	四川省医药卫生志编纂委员会	四川科学技术出版社		1991

续表六

篇、书名	著(译)编者	出处	卷、期	年月日
四川省图书馆事业志大事记（1900－1989年）	郝春阳	四川省图书馆事业志编辑部		1991
四川省图书馆事业志	四川省图书馆事业志编纂委员会	四川大学出版社		1993
四川保险志	刘英烈	中国人民保险公司四川省分公司		1992
四川省统计志	四川省统计局	西南财经大学出版社		1993
四川省物资志	四川省物资志编纂委员会	成都出版社		1994
四川省公路志	四川省交通厅公路局	四川人民出版社		1995
四川省群众文化志	四川省群众艺术馆	编者刊		1998
四川省侨务志	侨务办公室	四川教育出版社		1999
四川桥梁图志	四川省交通厅公路局	四川人民出版社		2002
蜀道变迁留华章——四川交通史志编纂成果回顾与展望		巴蜀史志	6期	2003
四川省国土志	四川省国土资源厅	成都地图出版社		2003
四川审判志	四川省高级人民法院院志编辑室	电子科技大学出版社		2003
四川省地震监测志	四川省地震局	成都地图出版社		2004
四川文物志	四川省文物管理局	巴蜀书社		2005
四川文史资料选辑 1－48辑	中国人民政治协商会议四川省委员会文史资料委员会	四川人民出版社		1961－2005
天启新修成都府志	冯任修等	巴蜀书社		1992
同治重修成都县志	李玉宣等	台湾学生书局		1971
		巴蜀书社		1992
华阳志总分诸序	林思进	华西学报	2期	1934
民国华阳县志	叶大锵等	华阳县立中学校图书馆		1934
		台湾学生书局		1967
		巴蜀书社		1992

续表七

篇、书名	著(译)编者	出处	卷、期	年月日
民国新修四川县志丛谈——华阳县志	蜀 侠	四川文献	20期	1964
成都市志·档案志	成都市地方志编纂委员会	成都出版社		1992
成都市志·地理志	成都市地方志编纂委员会	成都出版社		1993
成都市志·邮政志	成都市地方志编纂委员会	成都出版社		1993
成都市志·房地产志	成都市地方志编纂委员会	成都出版社		1993
成都市志·交通志	成都市地方志编纂委员会	四川人民出版社		1994
成都市志·建筑志	成都市地方志编纂委员会	中国建筑工业出版社		1994
成都市志·环境卫生志	成都市地方志编纂委员会	四川人民出版社		1994
成都市志·物资志	成都市地方志编纂委员会	成都出版社		1995
成都市志·粮食志	成都市地方志编纂委员会	成都出版社		1995
成都市志·标准计量志	成都市地方志编纂委员会	成都出版社		1995
成都市志·计划志	成都市地方志编纂委员会	中国计划出版社		1995
成都市志·人事志	成都市人事局	四川人民出版社		1995
成都市志·机械工业志	成都市地方志编纂委员会	成都出版社		1995
成都市志·劳动志	成都市地方志编纂委员会	成都出版社		1995
成都市志·商业志	成都市地方志编纂委员会	四川大学出版社		1996
成都市志·公用事业志	成都市地方志编纂委员会	四川大学出版社		1996
成都市志·审判志	成都市地方志编纂委员会	四川大学出版社		1996
成都市志·林业志	成都市地方志编纂委员会	方志出版社		1997
成都市志·广播电视志	成都市地方志编纂委员会	四川大学出版社		1997

续表八

篇、书名	著(译)编者	出处	卷、期	年月日
成都市志·军事志	成都市地方志编纂委员会	四川大学出版社		1997
成都市志·川剧志	成都市地方志编纂委员会	方志出版社		1997
成都市志·卫生志	成都市地方志编纂委员会	方志出版社		1997
成都市志·勘测志	成都市勘测志编纂委员会	中国建筑工业出版社		1997
成都市志·税务志	成都市地方志编纂委员会	方志出版社		1997
成都市志·乡镇企业志	成都市地方志编纂委员会	方志出版社		1997
成都市志·民政志	成都市地方志编纂委员会	方志出版社		1997
成都市志·宗教志	成都市地方志编纂委员会	四川辞书出版社		1998
成都市志·城市规划志	成都市地方志编纂委员会	四川辞书出版社		1998
成都市志·物价志	成都市地方志编纂委员会	四川辞书出版社		1998
成都市志·图书出版志	成都市地方志编纂委员会	四川辞书出版社		1998
成都市志·市政建设志	成都市地方志编纂委员会	四川人民出版社		1998
成都市志·电信志	成都市地方志编纂委员会	四川辞书出版社		1998
成都市志·园林志	成都市地方志编纂委员会	四川人民出版社		1998
成都市志·统计志	成都市地方志编纂委员会	四川辞书出版社		1999
成都市志·文物志	成都市地方志编纂委员会	四川辞书出版社		1999
成都市志·公安志	成都市地方志编纂委员会	四川人民出版社		1999
成都市志·司法行政志	成都市地方志编纂委员会	四川辞书出版社		1999
成都市志·文化艺术志	成都市地方志编纂委员会	四川辞书出版社		1999

续表九

篇、书名	著(译)编者	出处	卷、期	年月日
成都市志·科学技术志	成都市地方志编纂委员会	四川科学技术出版社		1999
《成都市科学技术志》序	张景文	巴蜀史志	2期	2000
成都市志·国土志	成都市地方志编纂委员会	四川辞书出版社		2000
成都市志·金融志	成都市地方志编纂委员会	四川辞书出版社		2000
成都市志·教育志	成都市地方志编纂委员会	四川人民出版社		2000
成都市志·轻工业志	成都市地方志编纂委员会	四川辞书出版社		2000
成都市志·医药志	成都市地方志编纂委员会	四川辞书出版社		2000
成都市志·纺织工业志	成都市地方志编纂委员会	四川辞书出版社		2000
成都市志·电子仪表工业志	成都市地方志编纂委员会	四川辞书出版社		2000
成都市志·农机志	成都市地方志编纂委员会	四川辞书出版社		2000
成都市志·建筑材料工业志	成都市地方志编纂委员会	四川辞书出版社		2000
成都市志·体育志	成都市地方志编纂委员会	四川辞书出版社		2000
成都市志·报业志	成都市地方志编纂委员会	四川辞书出版社		2000
成都市志·侨务志	成都市地方志编纂委员会	四川辞书出版社		2000
成都市志·政党志	成都市地方志编纂委员会	四川辞书出版社		2000
成都市志·群众团体志	成都市地方志编纂委员会	四川辞书出版社		2000
成都市志·监察志	成都市地方志编纂委员会	四川辞书出版社		2000
成都市志·检察志	成都市地方志编纂委员会	四川辞书出版社		2000
成都市志·化学工业志	成都市地方志编纂委员会	四川辞书出版社		2000
成都市志·工商行政管理志	成都市地方志编纂委员会	四川辞书出版社		2000

续表一〇

篇、书名	著(译)编者	出处	卷、期	年月日
成都市志·农业志	成都市地方志编纂委员会	四川辞书出版社		2001
成都市志·水利志	成都市地方志编纂委员会	四川辞书出版社		2001
成都市志·财政志	成都市地方志编纂委员会	四川辞书出版社		2001
成都市志·对外经济贸易志	成都市地方志编纂委员会	四川辞书出版社		2001
成都市志·民族志	成都市地方志编纂委员会	四川辞书出版社		2001
成都市志·文学志	成都市地方志编纂委员会	四川辞书出版社		2001
成都市志·哲学社会科学志	成都市社会科学院	巴蜀书社		2005
成都消防志	成都市公安消防支队	编者刊		1987
成都市丝绸志（送审稿）	张南勋	成都市丝绸总公司		1993
成都盐业志	四川省盐业公司成都分公司	四川科学技术出版社		1994
成都市外事志	成都市人民政府外事办公室	世界知识出版社		1996
成都市政协志	政协成都市委员会	四川人民出版社		1997
成都法院志	成都市中级人民法院	四川人民出版社		1997
成都市园林志	成都市园林志编纂委员会	四川人民出版社		1998
成都电影志	成都市文化局、成都市电影发行放映公司	成都市文化局		2003
成都市公安交通管理志（1903年-1990年卷）	成都市交通管理局	四川人民出版社		2004
成都文史资料选辑1-32辑	中国人民政治协商会议四川省成都市委员会文史资料研究委员会	编者刊		1981-2002
锦江文史资料1-9辑	中国人民政治协商会议成都市锦江区委员会	编者刊		1991-2004

续表——

篇、书名	著(译)编者	出处	卷、期	年月日
少城文史资料1-18辑	成都市西城（青羊）区政协文史资料工作委员会	编者刊		1988-2005
成都市金牛区志	金牛区地方志编纂委员会	四川大学出版社		1996
金牛区文化志	成都市金牛区文化志编纂委员会	编者刊		1990
金牛区房地产志	成都市金牛区房地产管理局	编者刊		1991
金牛区农机志	成都市金牛区农业机械化管理局	编者刊		1991
金牛区商业志	成都市金牛区商业局、成都市金牛区供销合作社联合社	编者刊		1992
金牛区农村金融志	中国农业银行成都金牛区办事处农村金融志编写组	编者刊		1992
金牛区交通志	成都市金牛区交通志编纂委员会	编者刊		1992
金牛区就业志	成都市金牛区就业服务管理局	编者刊		1992
金牛区统计志	成都市金牛区统计局	编者刊		1992
金牛区民政志	成都市金牛区民政局	四川人民出版社		1993
成都市金牛区人民代表大会志（1942.6-1991.3）	金牛区人民代表大会志编纂委员会	四川人民出版社		1995
金牛区国土志	金牛区国土志编辑委员会	编者刊		1998
金牛文史资料选辑1-12辑	中国人民政治协商会议成都市金牛区委员会	编者刊		1984-1999
武侯文史资料（选辑）1-9辑	成都市武侯区政协文史资料委员会	编者刊		1992-2005

续表一二

篇、书名	著(译)编者	出处	卷、期	年月日
成华文史资料1-4（期）辑	政协成都市成华区委员会文史资料委员会	编者刊		1994-2005
成都市龙泉驿区志	龙泉驿区地方志编纂委员会	成都出版社		1996
成都市龙泉驿区水利志	成都市龙泉驿区水利电力局	编者刊		1992
龙泉驿区税务志	成都市龙泉驿区税务局	编者刊		1992
成都市龙泉驿区商业·供销志	《商业·供销志》编纂领导小组	编者刊		1996
成都市龙泉驿区交通志	《成都市龙泉驿区交通志》编纂委员会	编者刊		1997
成都市龙泉驿区人口志	成都市龙泉驿区计划生育委员会编纂领导小组	编者刊		1997
成都市龙泉驿区国土志	成都市龙泉驿区国土局	四川大学出版社		1998
成都市龙泉驿区城乡建设志	成都市龙泉驿区建设局	方志出版社		2004
龙泉驿区烟草志	龙泉驿区烟草专卖局	四川出版集团　四川民族出版社		2005
龙泉驿文史资料选辑1-7辑	成都市龙泉驿区政协学习文史委员会	编者刊		1994-2002
清·温江县乡土志	曾学传	刻本		1909
民国温江县志	张骥等	温江县修志局		1921
		台湾学生书局		1967
		温江县文化馆		1982
		巴蜀书社		1992
民国新修四川县志丛谈——温江县志	蜀侠	四川文献	21期	1964
温江县志缘起——四川方志叙文选录（38）	曾学传	四川文献	126期	1973
温江县志	四川省温江县志编纂委员会	四川人民出版社		1990

续表一三

篇、书名	著(译)编者	出处	卷、期	年月日
四川省温江县工商行政管理局局志	孙匡章	四川省温江县工商行政管理局		1982
四川省温江县财政局志	四川省温江县财政局	编者刊		1982
中国人民银行温江县支行行志	中国人民银行温江县支行行志编纂小组	编者刊		1982
四川省温江县粮食局局志	温江县粮食局局志编委会	编者刊		1983
温江县水利电力志	温江县水利电力局	编者刊		1985
温江县图书发行志1686-1985	四川省温江县新华书店	编者刊		1990
温江县卫生志	温江县卫生局	编者刊		1998
温江县国土志	温江县国土志编纂委员会	编者刊		2000
温江县文史资料选辑1-7辑	温江县政协文史资料研究委员会	编者刊		1987-1997
温江地区教育志	温江地区教育局	编者刊		1983
四川省温江地区二轻工业志	四川省温江地区二轻工业志编纂办公室	编者刊		1983
四川省温江地区气象志	温江地区气象局	编者刊		1983
温江地区工会志	温江地区工会志编纂组	编者刊		1984
四川省温江地区供销合作志	温江地区供销社	编者刊		1985
温江地区图书发行志1912-1985	成都市新华书店温江分店	编者刊		1992
温江区烟草志	温江区烟草专卖局（中心）	四川民族出版社		2004
清·新都县乡土志	张治新	全国图书馆缩微文献复制中心		1992
		线装书局		2002
民国新都县志	陈习删等	排印本		1929
		台湾学生书局		1967
		巴蜀书社		1992

续表一四

篇、书名	著(译)编者	出处	卷、期	年月日
重修新都县志序——四川方志叙文选录（40）	王文拔	四川文献	128期	1973
新都县志	四川省新都县志编纂委员会	四川人民出版社		1994
新都商业志	新都县商业志编纂组	编者刊		1983
新都县卫生志	四川省新都县卫生志编辑组	编者刊		1983
新都邮电志	新都邮电志编辑组	编者刊		1983
新都县供销合作志	四川省新都县供销合作社联合社	编者刊		1983
新都县建置沿革志	新都县建置沿革志编写办公室	编者刊		1984
新都交通志	新都县交通志编写组	编者刊		1984
新都税务志（公元1911-1982年）	《新都税务志》编辑组	编者刊		1984
新都县水利志	四川新都县水利志编辑组	编者刊		1990
新都县教育志	四川省新都县教育志编委会	编者刊		1990
新都区烟草志	新都区烟草专卖局（中心）	四川民族出版社		2004
清·新繁县乡土志	余慎	排印本		1907
民国新繁县志	侯俊德等	排印本		1947
		巴蜀书社		1992
光绪双流县志	彭琬等	增刻本		1932
		双流文献委员会		1937
清·双流县乡土志	佚名	全国图书馆缩微文献复制中心		1992
民国双流县志	刘佶等	排印本		1921
		双流文献委员会		1937
		成文出版社		1976
		巴蜀书社		1992

续表一五

篇、书名	著(译)编者	出处	卷、期	年月日
民国新修四川县志丛谈——双流县志	蜀侠	四川文献	23期	1964
双流县志	四川省双流县志编纂委员会	四川人民出版社		1992
双流县卫生志	双流县卫生局卫生志编纂委员会	双流县卫生局		1985
双流县人事志	四川省双流县人事局	编者刊		1986
双流县综合经济志	四川省双流县综合经济志编委会	编者刊		1986
双流县水利电力志	双流县水利电力志编辑组	编者刊		1986
双流县农牧志	四川省双流县《农牧志》编纂小组	编者刊		1987
双流县文化志	双流县文化志编纂领导小组	编者刊		1987
双流县城市金融志1911-1985	中国人民银行、中国工商银行双流县支行	编者刊		1987
双流县妇女志	双流县妇女联合会	编者刊		1987
双流县税务志	双流县税务志编写领导小组	双流县税务局		1988
供销社志	双流县《供销社志》编辑室	编者刊		1988
双流县农村金融志1911-1985	中国农业银行双流县支行《农金志》编纂组	编者刊		1988
双流县商业局志	双流县地方志编纂委员会	编者刊		1989
双流县教育志	双流县教育委员会	编者刊		1990
双流法院志	双流县人民法院	编者刊		1990
双流县工会志	双流县县志编纂委员会	编者刊		1990
双流县民政志	双流县民政志编纂领导小组	编者刊		1991

续表一六

篇、书名	著(译)编者	出处	卷、期	年月日
双流中学志	四川省双流县中学校志编纂委员会	编者刊		1996
双流县综合经济志	四川双流县综合经济志编委会	编者刊		1986
双流县烟草志	四川省双流县烟草专卖局（中心）	四川民族出版社		2004
双流县金融志（2005年本）	双流县金融志编纂委员会	编者刊		2005
地面文化遗存——双流县地面文物概况	双流县文物保护管理所	编者刊		
双流（县）文史资料选辑1-15辑	中国人民政治协商会议四川省双流县委员会文史资料研究委员会	编者刊		1982-1997
（乾隆）郫县志书	李馨	海南出版社		2001
嘉庆郫县志	朱鼎臣等	郫县地方志办公室全国图书馆缩微文献复制中心		1992
清·郫县乡土志	黄德润等	排印本		1909
民国郫县志	李之青等	排印本		1948
		巴蜀书社		1992
郫县志	四川省郫县志编纂委员会	四川人民出版社		1989
郫县卫生志1911-1981	四川省郫县卫生局《卫生志》编写小组	编者刊		1982
郫县文化志	四川省郫县文化教育局	编者刊		1982
郫县二轻工业局局志	郫县二轻工业局	编者刊		1982
郫县工商行政管理局志	郫县工商行政管理局	编者刊		1982
郫县水利电力志	四川省郫县水电局	编者刊		1983
郫县民政志	四川省郫县民政局	编者刊		1983
四川省郫县教育志	四川省郫县教育局	编者刊		1984

续表一七

篇、书名	著(译)编者	出处	卷、期	年月日
郫县烟草志	郫县烟草专卖局（中心）	四川民族出版社		2004
郫县文史资料选辑 1-15 辑	成都市郫县政协文史资料委员会（社会事业发展委员会）	编者刊		1985-2004
清·崇宁县乡土志	佚名	全国图书馆缩微文献复制中心		1992
		线装书局		2002
民国崇宁县志	陈邦俾等	刻本		1925
		台湾学生书局		1968
		巴蜀书社		1992
崇宁县志序——四川方志叙文选录之二十五	陈邦俾	四川文献	113期	1972
崇宁史略	蔡成	郫县政协文史资料委员会		2002
(乾隆)蒲江县志	纪曾荫等	海南出版社		2001
光绪蒲江县志	孙清士等	巴蜀书社		1992
清·蒲江县乡土志	佚名	抄本		1908
		全国图书馆缩微文献复制中心		1992
		线装书局		2002
蒲江县志	四川省蒲江县志编纂委员会	四川人民出版社		1992
四川省蒲江县卫生志	蒲江县卫生局	编者刊		1982
蒲江县国土志	蒲江县国土局	编者刊		2000
蒲江县烟草志	蒲江县烟草专卖局（中心）	四川民族出版社		2004
蒲江文史资料选辑 1-16 辑	政协蒲江县委员会文史学习委员会	编者刊		1986-2003
清乾隆大邑县志校注	四川省大邑县地方志编纂委员会办公室	编者刊		1998
(乾隆)大邑县志	宋载	海南出版社		2001
宋载与清代乾隆版《大邑县志》	陈昌泰	巴蜀史志	4期	2002
清·大邑县乡土志	绍曾	全国图书馆缩微文献复制中心		1992

续表一八

篇、书名	著（译）编者	出处	卷、期	年月日
民国大邑县志	王铭新等	排印本		1930
		台湾学生书局		1967
		巴蜀书社		1992
重修大邑县志序——四川方志叙文选录（42）	宋育仁	四川文献	130期	1973
大邑县志	四川省大邑县志编纂委员会	四川人民出版社		1992
大邑县二轻工业志	大邑县二轻工业局	编者刊		1982
大邑县卫生志	大邑县卫生局	编者刊		1990
大邑县水利志	大邑县水利电力局	编者刊		1991
大邑县佛教志	卫复华	大邑县政协会等		1993
大邑县电力志	大邑县水利电力局	编者刊		1993
大邑县图书馆志	大邑县图书馆	编者刊		1998
大邑文化今昔	中国人民政治协商会议四川省大邑县委员会文史资料委员会	编者刊		1999
大邑县烟草志	大邑县烟草专卖局（中心）	四川民族出版社		2004
大邑文史资料选辑1-38辑（期）	政协大邑县委员会文史资料研委会	编者刊		1982-1997
嘉庆金堂县志	谢惟杰等	修补重印本		1913
		巴蜀书社		1992
同治续金堂县志	王树桐等	民国修补重印本金堂县档案馆		1984
		巴蜀书社		1992
清·金堂县乡土志	刘肇烈等	金堂县地方志办公室		1984
		全国图书馆缩微文献复制中心		1992
		线装书局		2002

续表一九

篇、书名	著(译)编者	出处	卷、期	年月日
民国金堂县续志	王暨英等	刻本		1921
		台湾学生书局		1967
		金堂县志编纂委员会		1984
		巴蜀书社		1992
民国新修四川县志丛谈——金堂县续志	蜀侠	四川文献	24期	1964
金堂县续志序——四川方志叙文选录（44）	曾茂林	四川文献	132期	1973
金堂县志	四川省金堂县志编纂委员会	四川人民出版社		1994
供销合作社志	金堂县供销合作社联合社	编者刊		1988
金堂县教育志	金堂县教育局	编者刊		1991
畜牧局志	金堂县畜牧局	编者刊		1993
三学山志	薛玉树 李治河	金堂县文物保护管理所		1993
金堂县烟草志	金堂县烟草专卖局（中心）	四川民族出版社		2004
金堂县建设志	金堂县城乡建设局	编者刊		2005
（康熙）新津县志	伦可大等	海南出版社		2001
道光新津县志	王梦庚等	排印本		1922
		台湾学生书局		1968
		巴蜀书社		1992
清·新津县乡土志	吴克让	刻本		1909
重修新津县志序——四川方志叙文选录（53）	陈霁学	四川文献	142期	1974
新津县志	四川省新津县志编纂委员会	四川人民出版社		1989
新津县工商行政管理志	本志编委会	编者刊		1981
新津县二轻工业志（征求意见稿）	新津县二轻工业局	编者刊		1982
新津县医药志	新津县医药局	编者刊		1982
新津县税务志	四川新津县税务志编纂领导小组	编者刊		1983

续表二〇

篇、书名	著(译)编者	出处	卷、期	年月日
新津县劳动志	四川省新津县劳动志编撰领导小组	编者刊		1983
四川省新津县水利电力志	四川省新津县《水利电力志》编写组	编者刊		1983
新津县商业志	四川省《新津县志》编纂领导小组	编者刊		1984
新津县工商行政管理志	新津县工商行政管理志编写组	编者刊		1992
新津县烟草志	新津县烟草专卖局(中心)	四川民族出版社		2004
新津文史资料(选辑)1－9辑	中国人民政治协商会议四川省新津县委员会	编者刊		1985－2005
清·灌县乡土志	钟文虎等	刻本		1907
(光绪)增修灌县志	庄思恒等	杨端宇增补本		1914
民国灌县志	叶大锵等	排印本		1933
		台湾学生书局		1968
		巴蜀书社		1992
增修灌县志序——四川方志叙文选录(54)	郑琇山	四川文献	143期	1974
灌县志	四川省灌县志编纂委员会	四川人民出版社		1991
灌县文化志	灌县文化馆	编者刊		1981
灌县都江堰水利志	灌县都江堰水利志编辑组	灌县县志编辑部		1983
四川省灌县二轻工业志	灌县二轻工业志编辑组	灌县县志编辑部		1983
灌县邮电志	灌县邮电志编委会	灌县县志编辑部		1983
灌县民政志	灌县民政局	编者刊		1983
灌县财政志	灌县财政局	编者刊		1983
灌县税务志	灌县税务志编辑组	灌县县志编辑部		1984

续表二一

篇、书名	著(译)编者	出处	卷、期	年月日
灌县教育志	灌县教育局教育志编辑组	灌县县志编辑部		1984
灌县工业局局志	灌县工业局局志编辑组	灌县县志编辑部		1984
灌县农村金融志	灌县农村金融志编辑组	灌县县志编辑部		1984
灌县粮油志	灌县粮油志编辑组	编者刊		1984
灌县地震志	四川省灌县人民政府地震办公室	编者刊		1985
灌县城市建设志	灌县城市建设志编辑组	灌县县志编辑部		1985
灌县林业志	灌县县志编纂委员会	编者刊		1986
都江堰文物志——四川师范大学学报丛刊	四川省文化厅等	四川师范大学学报编辑部		1986
都江堰文物志	四川省文化厅文物处等	编者刊		1997
灌县宗教志	《灌县宗教志》编辑组	编者刊		1987
都江堰市交通志	都江堰市交通志编委会	都江堰市交通志编辑办公室		1987
灌县工商行政管理局志	灌县县志编辑部	编者刊		
都江堰市文史资料1-16辑	都江堰市政协文史委员会	编者刊		1984-2004
光绪重修彭县志	张龙甲等	重印本		1917
		成文出版社		1976
		巴蜀书社		1992
彭县志	四川省彭县志编纂委员会	四川人民出版社		1989
彭县志纂评集	彭县地方志编纂委员会	编者刊		1991
彭县二轻工业志	彭县二轻工业志编写组	编者刊		1982
彭县教育志	四川省彭县教育局教育志编写组	四川省彭县教育局		1983

续表二二

篇、书名	著(译)编者	出处	卷、期	年月日
彭县水利电力志	彭县水电局水利电力志编辑组	编者刊		1983
彭县邮电志	四川省彭县邮电局邮电志编写组	四川省彭县邮电局		1983
四川省彭县工业局志	四川省彭县工业局志编写组	编者刊		1983
彭县交通史志文稿	彭县交通史志文稿编辑组	编者刊		1984
彭县农业志	四川省彭县农牧局农业志编纂组	编者刊		1985
四川彭县综合经济志	四川省彭县志编纂委员会	编者刊		1986
彭县宗教志	彭县民族宗教事务科	编者刊		1989
彭州市烟草志	彭州市烟草专卖局（中心）	四川民族出版社		2004
彭县（彭州市）文史资料选辑1-11辑	中国人民政治协商会议四川省彭县委员会文史资料研究委员会（政协彭州市学习文史提案委员会文史工作组）	编者刊		1985-1997
嘉庆邛州直隶州志	吴巩等	巴蜀书社		1992
民国邛崃县志	刘夔等	排印本		1922
		台湾学生书局		1968
		巴蜀书社		1992
邛崃县十志序志——四川方志叙文选录（51）	宁缃	四川文献	141期	1974
邛崃县志	四川省邛崃县志编纂委员会	四川人民出版社		1993
邛崃县文物志	魏尧西等	四川省邛崃县文管所		1983
邛崃县水利电力志	邛崃县水利电力局	编者刊		1992
邛崃市烟草志	邛崃市烟草专卖局（中心）	四川民族出版社		2004

续表二三

篇、书名	著(译)编者	出处	卷、期	年月日
邛崃文史资料1－19辑	中国人民政治协商会议四川省邛崃县（市）委员会文史资料研究委员会	编者刊		1987－2005
（清）崇庆州志	杨长森	全国图书馆缩微文献复制中心		1992
民国崇庆县志	谢汝霖等	成都昌福公司		1926
		台湾学生书局		1967
		巴蜀书社		1992
民国新修四川县志丛谈——崇庆县志	蜀侠	四川文献	22期	1964
崇庆县志序述——四川方志叙文选录（39）	崇庆县志	四川文献	127期	1973
崇庆县志	四川省崇庆县志编纂委员会	四川人民出版社		1991
崇庆县志编纂	崇庆县新县志编纂委员会编辑室	四川人民出版社		1991
崇庆县志得失论	崇庆县新县志编纂委员会编辑室	四川人民出版社		1992
崇庆县教育志	崇庆县教育局	编者刊		1983
崇庆县林业志	崇庆县林业局编志小组	编者刊		1983
崇庆县水利志	崇庆县水电局	编者刊		1988
崇州市烟草志	崇州市烟草专卖局（中心）	四川民族出版社		2004
崇庆县（崇州市）文史资料选辑1－19辑	中国人民政治协商会议四川省崇庆县（崇州市）委员会	编者刊		1984－2005
崇州市文史资料集粹	中国人民政治协商会议四川省崇州市委员会文史学习委员会	编者刊		2002
（光绪）德阳县志续编	钮传善等	刻本		1905
清·德阳县乡土志	佚名	德阳县衙		1910
		全国图书馆缩微文献复制中心		1992
		线装书局		2002

续表二四

篇、书名	著(译)编者	出处	卷、期	年月日
民国德阳县志	熊卿云等	排印本、石印本		1939
		巴蜀书社		1992
读《德阳县志》——兼谈神人许真君	唐昌朴	西南师范学院学报（哲社）	3期	1979
德阳县志	四川省德阳县志编纂委员会	四川人民出版社		1994
德阳县教育志（1905-1985）	德阳县编写组	德阳县教育局		
德阳县卫生志	德阳县卫生志编纂领导小组	编者刊		1985
德阳县医药志	德阳县医药局	编者刊		1986
德阳县商业志	四川省德阳市商业局	编者刊		1987
德阳县供销合作社志	梁瘦萍	德阳市市中区供销合作社		1987
德阳县粮食局志（1911-1984）	德阳市市中区粮食局	编者刊		1988
德阳县体育志	德阳市市中区体育运动委员会	编者刊		1995
德阳市旌阳区军事志（1911-2000）	四川省德阳市旌阳区人民武装部	四川人民出版社		2004
德阳（市中区）文史资料选辑1-6辑	德阳县（德阳市中区）政协文史资料委员会	编者刊		1981-1990
德阳回首录——四川省德阳市市中区文史资料集粹	德阳市市中区政协文史资料委员会	编者刊		1991
德阳市文史资料选辑1-20辑	中国人民政治协商会议德阳市委员会文史资料研究委员会	编者刊		1984-2003
（乾隆）中江县志	张松孙等	海南出版社		2001
民国中江县志	谭毅武等	排印本		1930
		巴蜀书社		1992
中江县志	四川省中江县志编纂委员会	四川人民出版社		1994
中江县医药志	中江县医药管理局	编者刊		1986
中江县书店志	中江县新华书店	编者刊		1988

续表二五

篇、书名	著(译)编者	出处	卷、期	年月日
中江县供销合作社志	中江县供销合作社联合社	编者刊		1989
中江商业志	中江商业志编委会	中江县商业局		1990
中江县建筑志（评议稿）	中江县建设委员会	编者刊		1993
中江文史资料选辑1-23辑	中国人民政治协商会议四川省中江县委员会文史资料委员会（教科文卫委员会）	编者刊		1983-2005
（乾隆）罗江县志	沈潜等	成文出版社		1976
嘉庆罗江县志	李调元	商务印书馆		1936
		成文出版社		
		巴蜀书社		1992
		四川省罗江县文化旅游体育局		1998
同治续修罗江县志	马传业等	成文出版社		1976
		巴蜀书社		1992
清·罗江县乡土志	佚名	全国图书馆缩微文献复制中心		1992
		线装书局		2002
罗江文史资料1-12辑	四川省罗江县政协文史资料委员会等	编者刊		1996-2002
乾隆汉州志	张珽等	传钞本		1958
		历代汉州志		1988
嘉庆汉州志	刘长庚等	刻本		民国
		成文出版社		
		历代汉州志		1988
		巴蜀书社		1992
同治续汉州志	张超等	成文出版社		
		历代汉州志		1988
		巴蜀书社		1992

续表二六

篇、书名	著（译）编者	出处	卷、期	年月日
民国广汉县志略	汉明灯	抄本		1921
		排印本		1929
		历代汉州志		1988
		全国图书馆缩微文献复制中心		1992
广汉县志	四川省广汉市广汉县志编纂委员会	四川人民出版社		1992
广汉县二轻工业志	广汉县二轻局志编写组	广汉县二轻局		1983
广汉县商业志	四川省广汉县商业局	编者刊		1983
广汉县粮油志	四川省广汉县粮食局	编者刊		1984
广汉县司法局志	广汉县司法局	编者刊		1986
广汉县（市）文史资料选辑1-13辑	政协广汉市（县）文史资料委员会	编者刊		1984-1994
（嘉庆）什邡县志	纪大奎等	排印本		民国
		全国图书馆缩微文献复制中心		1992
民国重修什邡县志	王文照等	排印本		1929
		台湾学生书局		1967
		巴蜀书社		1992
什邡县志	四川省什邡县县志编辑委员会	四川大学出版社		1988
什邡地震志	什邡县人民政府地震办公室	编者刊		1982
什邡县教育局志（初稿）	什邡县教育局志编纂组	编者刊		1982
什邡城建志	什邡县城市建设委员会	编者刊		1982
什邡县商业志	什邡县商业局《什邡县商业志》编辑组	什邡县商业局		1982
四川省什邡县粮食局志	四川省什邡县粮食局	编者刊		1982

续表二七

篇、书名	著(译)编者	出处	卷、期	年月日
什邡县环境保护志	什邡县人民政府环境保护办公室	四川省什邡县人民政府		1982
什邡县邮电局局志	什邡县邮电局	编者刊		1983
四川省什邡县人民法院志	四川省什邡县人民法院	编者刊		1986
什邡城乡建设志	四川省什邡县建设委员会	编者刊		1992
什邡县图书发行志 1888－1990	四川省什邡县新华书店	编者刊		1995
什邡市军事志	什邡市人民武装部	四川辞书出版社		2003
什邡卷烟厂志（终审稿）	什邡卷烟厂	编者刊		2003
什邡县卫生志	什邡县卫生志编委会	编者刊		2004
什邡文史资料选辑 1－22 辑	中国人民政治协商会议四川省什邡县（市）委员会	编者刊		1985－2005
嘉庆·绵竹县志	沈璪等	绵竹市地方志办公室		2003
道光·绵竹县志	刘庆远等	绵竹市地方志办公室		2003
民国绵竹县志	王佐等	刻本		1920
		台湾学生书局		1968
		巴蜀书社		1992
绵竹县志序——四川方志序文选录（49）	黄尚毅	四川文献	138 期	1974
绵竹县乡土志	田明理等	刻本		1908
		绵竹市地方志办公室		2003
绵竹县志	四川省绵竹县志编纂委员会	四川科学技术出版社		1992
绵竹县农业志	绵竹县农业志编委会	绵竹县农业局		1985
绵竹县城乡建设志	绵竹县城乡建设环境保护局	编者刊		1985
绵竹县财政税务志	四川省绵竹县财政税务局	编者刊		1987
绵竹市军事志（1911－2003）	四川省绵竹市人民武装部	四川人民出版社		2004

续表二八

篇、书名	著(译)编者	出处	卷、期	年月日
绵竹文史资料选辑 1-24 辑	中国人民政治协商会议四川省绵竹县委员会文史资料委员会	编者刊		1982-2005
乾隆直隶绵州志	屠用谦等	绵阳市地方志编纂办公室		2001
旧方志整理工作的新成果——读重刊乾隆《直隶绵州志》	张学君	巴蜀史志	1期	2003
同治直隶绵州志	文榮等	四川省绵阳市市中区档案馆		1989
		巴蜀书社		1992
民国绵阳县志	蒲殿钦等	刻本		1932
		台湾学生书局		1967
		巴蜀书社		1992
绵阳市畜牧志	绵阳市畜牧志编纂委员会	编者刊		1985
绵阳文物志（征求意见稿）	《绵阳文物志》采编小组	绵阳市文管所		1985
绵阳市戏曲志	绵阳市文化局《戏曲志》编辑部	绵阳市文化局		1987
绵阳图书发行志	四川省绵阳市新华书店	编者刊		1989
绵阳市建置沿革志	绵阳市地方志编纂委员会办公室	编者刊		1989
绵阳市煤炭工业志	绵阳市重工业局	编者刊		1989
绵阳市林业志	绵阳市林业局	编者刊		1989
绵阳市曲艺志	绵阳市曲艺志编辑委员会	编者刊		1990
绵阳市二轻工业志	绵阳市二轻工业局	编者刊		1990
绵阳市工会志 1927-1985	绵阳市总工会	编者刊		1991
绵阳盐业志	四川省盐业公司绵阳盐业分公司	编者刊		1991
绵阳市邮电志	绵阳市邮电局	编者刊		1991

续表二九

篇、书名	著(译)编者	出处	卷、期	年月日
绵阳市对外经济贸易志	绵阳市对外经济贸易委员会	编者刊		1991
绵阳市劳动志	绵阳市劳动局	编者刊		1991
绵阳市军事志	解放军四川省绵阳军分区	编者刊		1992
绵阳市教育志	绵阳市教育委员会	编者刊		1992
绵阳市畜牧兽医志	绵阳市畜牧兽医局	编者刊		1992
绵阳市机械农机志	绵阳市机械农机局	编者刊		1992
绵阳棉麻站志	绵阳棉麻站志编纂小组	编者刊		1992
绵阳市粮油志	绵阳市粮食局	编者刊		1993
绵阳市金融志	绵阳市金融志办公室	四川辞书出版社		1993
绵阳市供销合作志	绵阳市供销合作社联合社	编者刊		1994
绵阳市广播电视志	绵阳市广播电视局	编者刊		1994
绵阳市工商行政管理志	绵阳市工商行政管理局	编者刊		1994
绵阳市档案志	绵阳市档案局	编者刊		1994
绵阳市商业志	绵阳市商业局	编者刊		1995
绵阳市税务志	绵阳市税务局	编者刊		1995
绵阳市民政志	四川省绵阳市民政局	编者刊		1995
绵阳市公安志	绵阳市公安局	四川辞书出版社		1995
绵阳市纪检志	中共绵阳市纪律检查委员会	编者刊		1995
绵阳市技术监督志	绵阳市技术监督局	编者刊		1995
绵阳市审判志	绵阳中级人民法院	编者刊		1995
绵阳市环境保护志	绵阳市环境保护局	编者刊		1995
绵阳市医药志	绵阳市医药管理局	编者刊		1996

续表三〇

篇、书名	著(译)编者	出处	卷、期	年月日
绵阳市电子工业志	绵阳市电子工业局	四川辞书出版社		1996
绵阳市农业志	绵阳市农牧局	编者刊		1996
绵阳市乡镇企业志	绵阳市乡镇企业管理局	编者刊		1996
绵阳市审计志	绵阳市审计局	编者刊		1996
绵阳市交通志	绵阳市交通局	四川辞书出版社		1997
绵阳市物资志	绵阳市物资局	编者刊		1997
绵阳市物价志	绵阳市物价局	编者刊		1997
绵阳市监察志	绵阳市监察局	编者刊		1997
绵阳市人事志	绵阳市人事志编纂委员会	编者刊		1997
绵阳市自然地理志	《绵阳市自然地理志》编辑部	四川辞书出版社		1997
绵阳市社会科学志	杨子林	四川人民出版社		1997
绵阳市科学技术志	四川省绵阳市科学技术志编纂委员会	四川人民出版社		1997
绵阳市体育志	绵阳市体育运动委员会	编者刊		1997
绵阳市自然灾害志	绵阳市人民政府农村工作委员会、绵阳市人民政府减灾救灾办公室	编者刊		1998
绵阳市民族宗教志	四川省绵阳市民族宗教事务委员会	四川人民出版社		1998
绵阳市国土志	四川省绵阳市国土局	四川科学技术出版社		1998
绵阳市人大志	绵阳市人大常委会	四川人民出版社		1998
绵阳市政协志	政协绵阳市委员会	四川人民出版社		1998
绵阳市检察志	绵阳市人民检察院	重庆出版社		1998
绵阳市卫生志	绵阳市卫生局	编者刊		1999
绵阳市财政志	《绵阳市财政志》编辑部	四川科学技术出版社		1999

续表三一

篇、书名	著(译)编者	出处	卷、期	年月日
绵阳市轻化志	绵阳市轻化局	编者刊		1999
中共绵阳市委宣传工作志	中共绵阳市委宣传部	成都科技大学出版社		1999
绵阳市人口·计划生育志	绵阳市计划生育委员会人口·计划生育志编纂小组	编者刊		1999
绵阳市妇联志	绵阳市妇女联合会	编者刊		1999
绵阳市文化艺术志	绵阳市文化局	四川科学技术出版社		2000
绵阳市共产党志（1927-1995）送审稿	绵阳市共产党志编纂委员会	编者刊		2000
四川省绵阳市建筑志	绵阳市建委《建筑志》编纂委员会	编者刊		2000
绵阳市建材工业志	绵阳市重工业局	编者刊		2001
绵阳市冶金工业志	绵阳市重工业局	编者刊		2001
绵阳市煤炭工业志	绵阳市重工业局	编者刊		2001
绵阳市水利电力志	绵阳市水利电力局	编者刊		2001
绵阳市旅游志	绵阳市旅游局	编者刊		2001
绵阳市地方病防治志	《绵阳市地方病防治志》编辑部	绵阳市人民政府地方病防治领导小组办公室		2001
绵阳市政府志	绵阳市政府志编纂领导小组	四川人民出版社		2001
四川省绵阳市城乡建设志	绵阳市建委《城乡建设志》编纂委员会	四川科学技术出版社		2001
中共绵阳市志	《中共绵阳市志》编纂委员会	四川人民出版社		2002
绵阳市电力工业志	绵阳市水电局	四川科学技术出版社		2002
绵阳交通稽征志	四川省绵阳市交通稽查征费处	编者刊		2004
绵阳市文史资料选刊 1-13 辑	中国人民政治协商会议四川省绵阳市委员会文史资料研究委员会	编者刊		1985-1995

续表三二

篇、书名	著(译)编者	出处	卷、期	年月日
绵阳文史丛书（一）—（十三）	中国人民政治协商会议四川省绵阳市委员会文史资料委员会	编者刊		1988-2005
绵阳（县级）市志	绵阳市地方志编纂办公室	四川辞书出版社		1999
绵阳市防空志——绵阳市（县级）志丛书之二	绵阳市人民防空办公室	编者刊		1986
绵阳市教育志——绵阳市（县级）志丛书之三	绵阳市市中区文教局	编者刊		1986
绵阳市财政志——绵阳市（县级）志丛书之四	绵阳市市中区财政局	编者刊		1986
绵阳市体育志——绵阳市（县级）志丛书之五	绵阳市体育运动委员会	编者刊		1987
绵阳市卫生志——绵阳市（县级）志丛书之六	绵阳市市中区卫生局	编者刊		1986
绵阳市供销合作社志——绵阳市（县级）志丛书之七	绵阳市供销合作社志编辑组	编者刊		1989
绵阳市自然地理志——绵阳市（县级）志丛书之八	李再纯 王文鹄	绵阳市地方志编纂委员会办公室		1987
绵阳市粮食志——绵阳市（县级）志丛书之九	绵阳市粮食局	编者刊		1988
绵阳市税务志——绵阳市（县级）志丛书之十	绵阳市市中区税务局	编者刊		1991
绵阳市水利电力志（632-1985）——绵阳市（县级）志丛书之十一	绵阳市市中区农机水电局	编者刊		1988
绵阳市龙西堰志——绵阳市（县级）志丛书之十一（1）	绵阳市市中区龙西堰管理所	编者刊		1987
惠泽堰志（1739-1985）——绵阳市（县级）志丛书之十一（2）	绵阳市市中区惠泽堰管理所	编者刊		1987
绵阳市三八战备水库志——绵阳市（县级）志丛书之十一（4）	绵阳市市中区三八战备水库	编者刊		1987
天星堰志（1928-1985）——绵阳市（县级）志丛书之十一（5）	绵阳市市中区天星堰管理所	编者刊		1988
永兴堰志（1930-1985）——绵阳市（县级）志丛书之十一（7）	绵阳市市中区永兴堰管理所	编者刊		1988
普明堰志（1174-1985）——绵阳市（县级）志丛书之十一（9）	绵阳市市中区龙西堰管理所	编者刊		1989

续表三三

篇、书名	著(译)编者	出处	卷、期	年月日
绵阳市农机志——绵阳市（县级）志丛书之十二	绵阳市市中区农机水电局	编者刊		1988
绵阳市交通志——绵阳市（县级）志丛书之十三	绵阳市市中区交通局	编者刊		1989
绵阳市中区农业志——绵阳市（县级）志丛书之十四	绵阳市市中区农业局	编者刊		1990
绵阳市市中区计划生育志——绵阳市（县级）志丛书之十六	曹玉琦	绵阳市市中区计划生育委员会		1992
绵阳市市中区检察志——绵阳市（县级）志丛书之十七	魏自吉	绵阳市市中区人民检察院		1993
绵阳市金融志——绵阳市（县级）志丛书之十八	工商银行绵阳市支行营业部、农业银行绵阳市中区办事处	绵阳市（县级）金融志办公室		1993
涪城文史资料选1-12辑	中国人民政治协商会议四川省绵阳市涪城区委员会学习和文史资料委员会	编者刊		1993-2005
涪城文史资料精选	中国人民政治协商会议四川省绵阳市涪城区委员会学习和文史资料委员会	编者刊		1999
（嘉靖）潼川志	陈讲等	抄本		民国
光绪新修潼川府志	阿麟等	巴蜀书社		1992
（光绪）新纂三台县乡土志	张允武等	排印本		1906
		传抄本		1960
民国三台县志	林志茂等	排印本		1931
		台湾学生书局		1967
		巴蜀书社		1992
三台县志序——四川方志叙文选录之三十五	田颂尧	四川文献	123期	1972
三台县志	四川省三台县志编纂委员会	四川人民出版社		1992
三台农村金融志	三台农村金融志编写组	编者刊		1985

续表三四

篇、书名	著(译)编者	出处	卷、期	年月日
三台县人民银行志（征求意见稿）	三台县人民银行志领导小组	编者刊		1986
三台县供销合作社志	三台县供销合作社志编纂小组	编者刊		1986
三台县粮油志	三台县粮油志编写组	编者刊		1986
三台县档案志	三台县档案局、档案馆	编者刊		1986
三台县税务志	三台县税务志编写小组	编者刊		1987
三台县医药志	三台县医药志编纂小组	编者刊		1987
三台县百货公司志	三台县百货公司志编纂小组	编者刊		1987
三台县卫生志	三台县卫生志编写组	四川省三台县卫生局		1987
三台县民政志	三台县民政志编写组	编者刊		1987
三台县体育志	三台县体育运动委员会编纂小组	编者刊		1988
三台县保险志	中国人民保险公司三台县支公司保险志编写组	编者刊		1988
三台县总工会志	三台县总工会	编者刊		1988
三台县林业志	三台县林业志编写组	编者刊		1989
三台县财政志	三台县财政局	编者刊		1990
三台县交通志	三台县交通局	编者刊		1990
三台图书发行志	四川省三台县新华书店	编者刊		1990
三台县教育志	四川省三台县教育局教育志编志小组	编者刊		1991
三台金融志	三台金融志编辑委员会	编者刊		1992
三台县农业志	三台县农业局	编者刊		1993

续表三五

篇、书名	著(译)编者	出处	卷、期	年月日
三台县邮电志	三台县邮电志编写组	编者刊		1993
三台县公安志	三台县公安志编纂领导小组	四川辞书出版社		1995
三台县水利电力志	三台县水利电力志编委会	四川人民出版社		1997
三台县法院志	三台县法院志编纂领导小组	编者刊		1999
三台县气象志	三台县气象站	编者刊		2000
三台文史资料（选辑）1-19辑	中国人民政治协商会议四川省三台县委员会文史资料委员会	编者刊		1984-2005
（乾隆）盐亭县志	董梦曾	海南出版社		2001
乾隆盐亭县志	张松孙等	巴蜀书社		1992
光绪盐亭县志续编	邢锡晋等	巴蜀书社		1992
清·四川潼川府盐亭县乡土志	孙世奎	刻本		1962
		全国图书馆缩微文献复制中心		1992
新编盐亭县志405-1911	四川省盐亭县志编纂委员会	编者刊		1983
盐亭县府志	盐亭县人民政府办公室	编者刊		1985
盐亭县志	四川省盐亭县志编纂委员会	四川文艺出版社		1991
盐亭县农业志	盐亭县农业局	编者刊		1985
四川省盐亭县交通志	四川省盐亭县交通志编纂领导小组	编者刊		1985
盐亭县粮食志	盐亭县粮食局编纂办公室	编者刊		1986
盐亭县畜牧志	盐亭县畜牧志编纂领导小组	编者刊		1986
盐亭县蚕丝志	张天中	盐亭县蚕丝公司		1986
盐亭县书店志（1946-1985）	黄绍恬	四川省盐亭县新华书店		1987
四川省盐亭县水利电力志（1935-1985）	盐亭县水利局	编者刊		1988

续表三六

篇、书名	著(译)编者	出处	卷、期	年月日
盐亭县农业机械志	《盐亭县农业机械志》编纂小组	编者刊		1988
盐亭县商业局志	盐亭县商业局	编者刊		1989
盐亭县城环志	盐亭县城环志编写领导小组	编者刊		1989
盐亭县工会志	盐亭县总工会	编者刊		1989
盐亭县教育志	盐亭县教育体育局	编者刊		2003
盐亭县图书馆志	盐亭县图书馆	编者刊		2003
盐亭县文史资料选辑1—14辑	中国人民政治协商会议四川省盐亭县委员会	编者刊		1984—1996
清·梓潼县志	朱帘	梓潼县地方志办公室		1999
咸丰重修梓潼县志	张香海等	成文出版社		
		四川省梓潼县志办公室		1985
		巴蜀书社		1992
梓潼县志	四川省梓潼县志编纂委员会	方志出版社		1999
梓潼县文物志（初稿）	梓潼县文物管理所	编者刊		1984
梓潼县科技志	梓潼县科学技术委员会等	编者刊		1984
梓潼侨务志	裴盛钰	梓潼县人民政府侨务办公室		1991
梓潼县粮食志（1912—1987）	梓潼县粮食局	编者刊		1992
梓潼县税务志	梓潼县税务局	编者刊		1993
梓潼县邮电志	梓潼县邮电志编委会	梓潼县邮电局		1993
梓潼县供销合作社志	四川省梓潼县供销合作社联合社	编者刊		1993
梓潼县水利电力志	梓潼县水利电力局	编者刊		1994
梓潼县交通志	梓潼县交通局	编者刊		1999
梓潼县文化志	梓潼县文化局	编者刊		2000
梓潼县统计志	梓潼县统计志编委会	编者刊		2001

续表三七

篇、书名	著(译)编者	出处	卷、期	年月日
梓潼文史资料选辑 1-15 辑	中国人民政治协商会议梓潼县委员会文史资料组（文教卫生委员会）	编者刊		1982-2004
（乾隆）安县志	张仲芳	全国图书馆缩微文献复制中心		1992
		海南出版社		2001
嘉庆安县志	杨英灿等	巴蜀书社		1992
（民国）安县志	夏时行等	石印本		1938
		台湾学生书局		1968
安县志序——四川方志叙文选录（50）	刘公旭	四川文献	139 期	1974
民国安县续志	成云章等	石印本		1938
		巴蜀书社		1992
安县志	四川省安县志编纂委员会	巴蜀书社		1991
安县物价志（1911-1985 年）	张运筹	安县物价志编纂领导小组		1985
安县劳动志	四川省安县劳动局	编者刊		1986
安县粮食志	四川安县粮食局	编者刊		1986
安县供销合作社志	安县供销合作社联合社	编者刊		1986
安县盐业志	四川省盐业运销公司安县支公司	编者刊		1986
安县水利电力志	四川省安县水电农机局	编者刊		1987
四川省安县农业志	安县农业局农业志编纂办公室	安县农业局		1988
安县民政局志	四川省安县民政局	编者刊		1988
安县工会志（1943-1985）	安县总工会	编者刊		1989
安县文史资料选辑 1-15 辑	中国人民政治协商会议四川省安县委员会学习文史委员会	编者刊		1983-2001
（乾隆）石泉县志	姜炳璋	海南出版社		2001

续表三八

篇、书名	著(译)编者	出处	卷、期	年月日
清乾隆版《石泉县志》评介	谢兴鹏	巴蜀史志	3期	2005
道光石泉县志	赵德林等	巴蜀书社		1992
民国北川县志	杨钧衡等	石印本		1932
		台湾学生书局		1968
		巴蜀书社		1992
北川县志	四川省北川县志编纂委员会	方志出版社		1996
北川县农业志初稿	北川县志编委办公室	编者刊		1980
北川县二轻工业志	北川县二轻工业志编委会	四川辞书出版社		1987
北川县商业志1912－1985	北川县商业志编委会	四川辞书出版社		1987
四川省北川县城乡建设环保志	王敬贤	北川县城乡建设环境保护局		1988
北川县教育志（清末－1988）	四川省《北川县教育志》编写领导小组	编者刊		1991
北川县民政志（1912－2000）	北川县民政局	编者刊		2002
北川县文史资料选辑1－11辑	北川县政协文史资料委员会	编者刊		1984－1999
（康熙）龙安府志	佚名	抄本		1932
道光龙安府志	邓存咏等	巴蜀书社		1992
		平武县人民政府		1996
道光龙安府志·平武县志	邓存咏等	政协平武县委员会、平武县档案局		1982
平武县志	平武县志编纂委员会	四川科学技术出版社		1997
平武县文物志（初稿）	平武县文物保护管理所	编者刊		1984
平武县工会志1935－1985	平武县总工会	编者刊		1988
平武县书店志	高鹏升	四川省平武县新华书店		1989
平武县教育志（586－1990）	平武县文教局	编者刊		1992
平武县水利电力志	陈遂熙	平武县水利电力局		1992
平武县建置沿革志	曾维益	平武县县志编纂委员会		1992
平武县自然地理志	李再纯	平武县人民政府		1993

续表三九

篇、书名	著(译)编者	出处	卷、期	年月日
平武县供销合作社志	四川省平武县供销合作社志编辑室	编者刊		1993
平武县邮电志	平武县邮电局	编者刊		1993
平武县金融志（1917-1990）	平武县金融志办公室	编者刊		1994
平武县交通志	平武县交通局	编者刊		1997
平武县人事志	平武县人事局	编者刊		1997
平武县畜牧兽医志	胡良瑜	平武县畜牧局		1998
平武文史资料选辑1-11辑	中国人民政治协商会议平武县委员会	编者刊		1986-2000
（乾隆）江油县志	瞿缙曾等	成都古籍书店		1960
雍正江油县志	彭肫等	成都古籍书店		1959
		全国图书馆缩微文献复制中心		1992
		海南出版社		2001
光绪江油县志	武丕文等	刻本		1903
		江油市地方志编纂委员会办公室		1989
		巴蜀书社		1992
江油县志	江油市地方志编纂委员会	四川人民出版社		2000
江油县文物志	江油县文管所	编者刊		1984
江油县粮食志	江油县粮食局	编者刊		1986
江油县卫生志	江油县卫生局	编者刊		1986
江油县乡镇企业志	江油市乡镇企业管理局	编者刊		1989
江油县工会志	江油市总工会	编者刊		1989
江油县检察志	江油市人民检察院	编者刊		1990
江油县水利电力志	江油市水利电力局	编者刊		1991
江油市文化志	李光海	江油市文化志编辑委员会		1995
江油市卫生志	江油市卫生局	编者刊		1997

续表四〇

篇、书名	著(译)编者	出处	卷、期	年月日
江油县教育志1903－1988	江油市教育委员会《教育志》编纂室	江油市教育委员会		1990
江油图书发行志	四川省江油市新华书店	编者刊		1991
江油城乡建设志	刘让贵	江油市建设委员会		1997
江油市审判志	江油市人民法院	编者刊		2000
江油市民政志	江油市民政局	编者刊		2000
江油市文史资料选辑1－19辑	中国人民政治协商会议四川省江油市委员会文史资料委员会	编者刊		1988－2004
(乾隆)彰明志略	陈谋	海南出版社		2001
同治彰明县志	牛树梅等	台湾学生书局		1971
		巴蜀书社		1992
清·彰明县乡土志	杨光炯	全国图书馆缩微文献复制中心		1992
增修彰明县志记——四川方志叙文选录之二十六	韩树屏	四川文献	114期	1972
四川省彰明县概况	彰明县政府	全国图书馆缩微文献复制中心		1992
广元地方志略	孙翰文	西北论衡	8卷8、9期	1940
民国重修广元县志稿	谢开来等	排印本		1940
		巴蜀书社		1992
广元县志	广元市地方志编纂委员会	四川辞书出版社		1994
续修方志应注意的一些问题——粗读《广元县志》管见	罗明年	中国地方志	6期	2003
广元县文物志	广元县文物志编写小组	编者刊		1983
广元县卫生志	广元县卫生志编纂领导小组	编者刊		1985
广元县邮电志	广元市邮电局	编者刊		1985
广元县畜牧志	广元县畜牧志编纂委员会	编者刊		1986

续表四一

篇、书名	著(译)编者	出处	卷、期	年月日
广元县物资志	广元县物资志编纂委员会	编者刊		1986
广元县蚕业志	广元市丝绸公司	编者刊		1987
广元县粮油志	四川省广元市粮食局	编者刊		1987
广元县金融志	广元市金融志领导小组	编者刊		1988
广元县广播电视志	广元县广播电视局	编者刊		1988
广元县工商行政管理志	广元市工商行政管理局	编者刊		1988
广元县手工业志	广元市二轻工业局	编者刊		1988
广元县城乡建设环保志	四川省广元市建设委员会	编者刊		1988
广元县乡镇企业志	广元县乡镇企业局	编者刊		1988
广元县医药志	广元市医药管理局	编者刊		1988
广元县商业志	广元市商业局	编者刊		1989
四川省广元书店志（1910－1985）	广元市新华书店	编者刊		1989
广元县林业志	广元县林业局	编者刊		1992
广元税务志	广元税务志编纂委员会	方志出版社		2000
广元市戏曲志	广元市文化局	编者刊		
广元市教育志	广元市教育志编纂委员会	西安地图出版社		2005
广元文史资料选辑1－6辑	中国人民政治协商会议四川省广元县委员会文史资料研究委员会	编者刊		1982－1986
广元市文史资料1－16辑	中国人民政治协商会议四川省广元市委员会文史资料委员会	编者刊		1988－2005
道光重修昭化县志	张绍龄等	巴蜀书社		1992

续表四二

篇、书名	著(译)编者	出处	卷、期	年月日
广元县昭化区志	广元市中区昭化区公所	编者刊		1988
青川县志	《青川县志》编纂委员会	成都科技大学出版社		1992
青川文物志（油印初稿）	青川县文化馆	编者刊		1984
青川县土特产灾害志	青川县志编纂委员会	编者刊		1986
青川县建置沿革志	青川县建置沿革志编写组	编者刊		1987
青川县自然地理志	青川县志编纂委员会	编者刊		1987
青川县税务志	青川县志编纂委员会	编者刊		1987
青川县政权志	青川县志编纂委员会	编者刊		1987
青川县人物志	青川县志编纂委员会	编者刊		1987
青川县邮电志	青川县志编纂委员会	编者刊		1988
青川县法院志	青川县人民法院《法院志》编写组	编者刊		1988
青川县卫生志	青川县卫生志编纂领导小组	编者刊		1988
青川县畜牧志	青川县畜牧志编写组	编者刊		1988
青川县金融志（1938-1986）	青川县金融志编写组	编者刊		1988
青川县商业志	青川县商业志编写组	编者刊		1988
青川县大事记	青川县志编纂委员会	编者刊		1988
青川县统计志	青川县志编纂委员会	编者刊		1988
青川县广播电视志	青川县广播电视志编纂委员会	编者刊		1988
青川县交通志	青川县交通局	编者刊		1989

续表四三

篇、书名	著(译)编者	出处	卷、期	年月日
青川县财政志	青川县财政志编写组	编者刊		1989
青川县科技志	青川县志编纂委员会	编者刊		1989
青川县公安志	青川县公安局	编者刊		1989
青川县工商行政管理志	青川县志编纂委员会	编者刊		1989
青川县供销合作志	青川县供销合作志编写组	编者刊		1989
青川县人口民族志	青川县人口民族志编委会	编者刊		1989
青川县检察院志（1942-1985）	青川县检察院志编写组	编者刊		1989
青川县水电农机志	青川县水电农机志编纂领导小组	编者刊		1990
青川县农业志	青川县农业志编写组	编者刊		1990
青川县人事志	青川县人事志编写组	编者刊		1990
青川县卫生志	青川县卫生志编纂领导小组	编者刊		1990
青川县教育志	青川县教育志编写组	编者刊		1992
青川县医药志	青川县医药志编写小组	编者刊		1992
青川县林业志	青川县志编纂委员会	编者刊		1993
青川县城乡建设环境保护志	青川城建局	编者刊		1993
青川文史资料选辑1-8辑	政协青川县文史资料委员会	编者刊		1989-2004
（雍正）剑州志	李梅宾 杨端	剑阁县志编纂委员会办公室		1984
同治剑州志	李溶等	剑阁县志编纂委员会办公室		1984
		巴蜀书社		1992
民国剑阁县续志	王昌蔚等	排印本		1927
		台湾学生书局		1967
		剑阁县志编纂委员会办公室		1984
		巴蜀书社		1992

续表四四

篇、书名	著(译)编者	出处	卷、期	年月日
剑阁县续志叙——四川方志叙文选录（45）	张　政	四川文献	133期	1973
川北剑阁地方志	孙翰文	西北论衡	7卷24期	1939
剑阁县志	四川省剑阁县志编纂委员会	巴蜀书社		1992
剑门关志	张述林等	巴蜀书社		1995
剑阁县文物志	剑阁县文物保护管理所	编者刊		1985
剑阁县戏曲志	剑阁县川剧团	编者刊		1985
剑阁县工会志（1936-1984）	剑阁县工会志编写组	编者刊		1985
剑阁县广播电视志（1937-1985）	剑阁县广播电视志编纂领导小组	编者刊		1986
剑阁县财税志	剑阁县财税志编辑领导小组等	编者刊		1987
剑阁县邮电志	剑阁县邮电局	编者刊		1987
剑阁县教育志	剑阁县文教局	编者刊		1987
剑阁交通志	剑阁县交通局	编者刊		1987
剑阁县水利电力志（征求意见稿）	剑阁县水利电力局	编者刊		1987
剑阁县军事志	剑阁县人民武装部	编者刊		1987
剑阁县劳动人事志	剑阁县劳动人事志编写组	编者刊		1987
剑阁县供销合作志	剑阁县供销合作社联合社	编者刊		1988
剑阁县民政志	剑阁县民政局	编者刊		1988
剑阁县农业志	剑阁县农业局	编者刊		1988
剑阁县烟草志	剑阁县烟草公司	编者刊		1988
剑阁县商业志	剑阁县商业志编纂领导小组	编者刊		1988
剑阁县书店志	剑阁县书店志编写组	编者刊		1988
四川省剑阁县金融志（1912-1985）	剑阁县金融志领导小组	编者刊		1989
剑阁县卫生志	剑阁县卫生局	编者刊		1989
剑阁县林业志	剑阁县林业局	编者刊		1989

续表四五

篇、书名	著(译)编者	出处	卷、期	年月日
剑阁县建设志	剑阁县建设委员会	编者刊		1989
剑阁县法院志	剑阁县人民法院	编者刊		1989
剑阁县粮油志（1911-1989）	剑阁县粮食局	编者刊		1993
剑阁县教育工会志（1905-1995）	剑阁县教育工会	编者刊		1996
剑阁县教育志	剑阁县教育志编委会	编者刊		1997
剑阁县图书发行志	剑阁县新华书店	编者刊		1997
剑阁文史资料（选辑）1-31辑	中国人民政治协商会议剑阁县委员会文史资料研究委员会	编者刊		1982-2005
（乾隆）苍溪县	丁映奎	海南出版社		2001
民国苍溪县志	熊道琛等	排印本、石印本		1928
		巴蜀书社		1992
苍溪县志	四川省苍溪县志编纂委员会	四川人民出版社		1993
苍溪县档案志	苍溪县档案局	编者刊		1987
苍溪县文物志（初稿）	苍溪县文化馆	编者刊		1988
苍溪县卫生志	四川省苍溪县卫生局	编者刊		1988
苍溪县交通志	苍溪县交通局	编者刊		1988
苍溪县邮电志	苍溪县邮电局	编者刊		1988
苍溪县航运志	苍溪县航运志编纂小组	编者刊		1989
苍溪县林业志	苍溪县林业局	编者刊		1989
苍溪中学志	四川省苍溪中学校志编写组	编者刊		1989
苍溪县民政志	苍溪县民政局	编者刊		1989
苍溪县教育志（1875-1985）	苍溪县文教局《教育志》办公室	编者刊		1990
苍溪蚕丝志	李淑谦	四川人民出版社		1996
苍溪县文化志	苍溪县文化局	编者刊		
苍溪县医药志	王树谋	苍溪县医药管理局		
苍溪县农业志	聂 成	苍溪县农业局		

续表四六

篇、书名	著(译)编者	出处	卷、期	年月日
苍溪县税务志	李金秀	苍溪县税务局		
苍溪县城乡建设环境保护志	冉朝新	苍溪县城乡建设环境保护局		
苍溪文史资料1-20辑	政协四川省苍溪县委员会文史资料委员会	编者刊		1988-2005
旺苍县志	四川省旺苍县志编纂委员会	四川人民出版社		1996
旺苍县科学技术志	四川省旺苍县科学技术委员会	编者刊		1980
旺苍县文物志（初稿）	旺苍县文化馆	编者刊		1985
旺苍县工商行政管理志	旺苍县工商行政管理局	编者刊		1987
旺苍县财政志（1902-1985）	四川省旺苍县财政局	编者刊		1987
旺苍县劳动志	旺苍县劳动局	编者刊		1987
旺苍县粮食志	四川省旺苍县粮食局	编者刊		1988
旺苍县邮电志	旺苍县邮电局	编者刊		1988
旺苍县民政志（1911-1985）	旺苍县民政局	编者刊		1988
旺苍县电力志	旺苍县电力公司	编者刊		1988
旺苍县交通志	四川省旺苍县交通局	编者刊		1989
旺苍县书店志	旺苍县新华书店	编者刊		1989
旺苍县工业志（1942-1985）	旺苍县经济委员会	编者刊		1989
旺苍县金融志1911-1985	旺苍县地方志编委办公室	编者刊		1990
旺苍县畜牧志	旺苍县畜牧局	编者刊		1990
旺苍县教育志（1876-1985）	旺苍县文教局《旺苍县教育志》编写组	编者刊		1992
旺苍县农业志（公元1911-1990年）	旺苍县农业局《农业志》编写组	编者刊		1993
旺苍县检察院志	旺苍县检察院	编者刊		
旺苍县法院志	旺苍县人民法院	编者刊		

续表四七

篇、书名	著(译)编者	出处	卷、期	年月日
旺苍文史资料 1-20 辑	中国人民政治协商会议四川省旺苍县委员会	编者刊		1984-2003
(乾隆)巴州志略	陈毓鸾	抄本		1932
		海南出版社		2001
道光巴州志	朱锡毅等	补刻本		1911
巴州志校注	政协巴中市巴州区委员会	编者刊		1997
民国巴中县志	张仲孝等	石印本		1927
		石印本		1942
		巴蜀书社		1992
巴中县志校注	政协四川省巴中地区巴中市委员会	四川人民出版社		2001
巴中县志	四川省巴中县志编纂委员会	巴蜀书社		1994
巴中县交通志	四川省巴中县交通局	编者刊		1985
巴中县组工志	中共巴中县委组织部	编者刊		1986
巴中县金融志	巴中县金融志办公室	编者刊		1987
巴中县盐业志	巴中县盐业志编委会	巴中县盐业局		1987
巴中县书店志	四川省巴中县新华书店	编者刊		1990
巴中县文化志	巴中县文教局	编者刊		1992
巴中地区广播电视志	巴中市广播电视局	编者刊		2003
巴中市地方税务志	四川省巴中市地方税务局	编者刊		2004
巴中文史资料 1 辑	中国人民政治协商会议四川省巴中县委员会文史资料研究委员会	编者刊		1987
平昌县志	四川省平昌县地方志编纂委员会	四川科学技术出版社		1990

续表四八

篇、书名	著(译)编者	出处	卷、期	年月日
平昌县教育志	平昌县教育局	编者刊		1986
平昌县水利电力志	平昌县水利电力局	编者刊		1988
平昌县蚕桑丝绸志	平昌县蚕桑局编写领导小组	编者刊		1992
平昌县交通志	四川省平昌交通局	四川科学技术出版社		2003
平昌文史资料1-6辑	四川省平昌县政协学习文史资料委员会等	编者刊		1990-2005
道光通江县志	锡檀等	传抄本		1962
		巴蜀书社		1992
		全国图书馆缩微文献复制中心		1992
通江县志	四川通江县志编纂委员会	四川人民出版社		1998
通江银耳志	郭际富等	四川省社会科学院出版社		1986
通江民政志	通江民政志编委	通江人民政府		1987
通江卫生志	通江卫生志编委	通江卫生局		1988
通江畜牧志	通江畜牧志编委	通江畜牧局		1988
通江苏维埃志	郭际富等	四川省社会科学院出版社		1988
通江县医药志	通江县医药志编委	通江县医药局		1989
通江妇运志	通江妇运志编委	通江妇运中心		1990
通江县商业志	通江县商业局	云南大学出版社		1990
通江县林业志	通江县林业局	云南大学出版社		1990
通江县供销合作志	曾星翔 赵东海	云南大学出版社		1990
通江县档案志	通江县档案志编委	通江县档案局		1991
通江县金融志	通江县金融志领导小组	云南大学出版社		1991
通江县城乡建设志	寒学信	云南大学出版社		1991
通江县税务志	孙永乾	云南大学出版社		1993
通江县交通志	通江县交通局	编者刊		1998

续表四九

篇、书名	著(译)编者	出处	卷、期	年月日
通江县统战志	中共通江县委统战部	四川人民出版社		2001
通江文史资料1-6（集）辑	通江县政协文史资料研究委员会	编者刊		1985-2002
民国南江县志	董珩等	排印本		1922
		巴蜀书社		1992
南江县志	南江县志编纂委员会	成都出版社		1992
南江县卫生志	南江县卫生志编纂委员会	编者刊		1984
南江县教育志	南江县文教局	编者刊		1985
南江县文化志1911-1985	南江县文教局	编者刊		1986
南江县统战志（1932-2002）	中共南江县委统战部	南江县地方志办		2002
南江县国土资源志（1912-2003）	南江县国土资源局	编者刊		2004
南江文史资料选辑1-12辑	中国人民政治协商会议四川省南江委员会文史资料工作委员会	编者刊		1987-2003
乾隆直隶达州志	陈庆门等	巴蜀书社		1992
夔州府志 直隶达州志 达县志（选本）		达县市城乡建设环境保护局修志领导小组办公室		1984
民国达县志	蓝炳奎等	刻本		1933
		排印本		1938
		达县市城乡建设环境保护局		1985
		修志领导小组办公室		
		台湾学生书局		1987
		巴蜀书社		1992
		达州市地方志办公室		1998
记续修达县志始末——四川方志叙文选录（36）	吴德准	四川文献	124期	1972
达县市志	达县市地方志工作委员会	四川人民出版社		1994

续表五〇

篇、书名	著(译)编者	出处	卷、期	年月日
达县市环境卫生志	达县市环境卫生志编纂小组	编者刊		1986
达县市市政建设志	达县市城乡建设环境保护局修志领导小组	编者刊		1986
达县市城乡建设志	达县市建设委员会	编者刊		1987
达县市房地产志	《达县市房地产志》编纂组	编者刊		1987
达县市二轻工业志	达县市二轻工业局志办	编者刊		1987
达县市卫生志	达县市卫生局卫生志编写组	编者刊		1987
达县市交通局志	达县市交通局修志领导小组办公室	编者刊		1987
达县市广播电视志	达县市广播电视局	编者刊		1987
达县市粮食志	达县市粮食局	编者刊		1987
达县市总工会志	达县市总工会	编者刊		1988
达县市工业局志	达县市工业局	编者刊		1988
达县市司法行政志	达县市司法局司法行政志编写组	编者刊		1988
达县市饮食服务志	达县市饮食服务公司	编者刊		1988
达县市税务志	达县市税务局修志办公室	编者刊		1989
达县地区戏曲志	四川达县地区文化局	编者刊		1986
达县地区机械志	达县地区机械志编纂委员会	达县地区机械厂		1987
达县地区供销合作志	四川省达县地区供销社社志办	编者刊		1987
达县地区邮电志	达县地区邮电志编辑室	编者刊		1987
达县地区书店志	达县地区新华书店	编者刊		1989

续表五一

篇、书名	著(译)编者	出处	卷、期	年月日
达县地区卫生志	四川省达县地区卫生志编辑室	四川文艺出版社		1990
达县地区卫生防疫站志	四川省达县地区卫生防疫站	编者刊		1992
四川省达县地区交通志	四川省达县地区交通志编纂领导小组	编者刊		1993
达县地区农村金融志	达县地区农村金融志编纂领导小组	重庆出版社		1994
四川省达县地区曲艺志	达县地区文化局	编者刊		1995
达县地区人口与计划生育志	达州市计划生育委员会办公室	四川人民出版社		2001
达县地区文化艺术志	四川省达州市文化局	编者刊		2001
达县地区金融志	达县地区金融志编委会	西南财经大学出版社		2004
达县市文史资料选辑1-3辑	四川省达县市政协文史资料委员会	编者刊		1989-1992
达州市文史资料1-2辑	达州市政协学习文史委员会	编者刊		2001-2002
达县志	四川省达县志编纂委员会	四川辞书出版社		1994
达县医药志	达县医药志编写组	编者刊		1986
达县卫生志	四川省达县卫生志编写组	编者刊		1986
达县物资志	达县物资志编写组	编者刊		1986
达县劳动人事志	达县劳动人事志编写组	编者刊		1988
达县商业志	达县商业志编写组	编者刊		1989
达县文化志	达县文化志编纂领导小组	编者刊		1989
达县粮食志	达县粮食志编写组	编者刊		1989
达县教育志	达县教育志编写组	编者刊		1990

续表五二

篇、书名	著(译)编者	出处	卷、期	年月日
达县司法志	达县司法志编纂领导小组	编者刊		1990
达县检察志	达县检察志编写组	编者刊		1990
达县法院志	达县法院志编写组	编者刊		1990
达县金融志	达县金融志编写组	编者刊		1990
达县统计志	达县统计志编写组	编者刊		1990
达县建设志	达县建设志编纂委员会	编者刊		1999
达县文史资料1-9辑	达县政协文史资料研究委员会	编者刊		1984-2005
民国宣汉志	汪承烈等	石印本		1931
		成文出版社		1976
		巴蜀书社		1992
宣汉县志	四川省宣汉县志编纂委员会	西南财经大学出版社		1994
宣汉县民政志	宣汉县民政志编委会	宣汉县政协		1984
宣汉县畜牧志1912-1985	宣汉县畜牧志编委会	宣汉县畜牧所		1989
宣汉县水利电力志	宣汉县水利电力志编委会	宣汉县水利电力局		1989
宣汉县曲艺志	宣汉县《曲艺志》办公室	编者刊		1992
宣汉县农业志	宣汉县农业志编委会	编者刊		1995
宣汉县交通运输志	宣汉县交通运输志编委会	编者刊		2001
宣汉县粮食志	宣汉县粮食局	编者刊		
宣汉文史资料选1-14集	中共宣汉县委党史资料征集办公室(四川省宣汉县政协书画摄影研究院)	编者刊		1983-2005
(乾隆)新宁县志	窦容邃等	海南出版社		2001
同治新宁县志	复成等	巴蜀书社		1992

续表五三

篇、书名	著(译)编者	出处	卷、期	年月日
清·新宁县乡土志	佚名	抄本		1906
开江县志	四川省开江县志编纂委员会	四川人民出版社		1989
开江文史资料选辑1-5辑	政协开江县委员会	编者刊		1988-2002
(光绪)重修东乡县志	如柏等	刻本		1902
(乾隆)大竹县志	陈士林	海南出版社		2001
民国大竹县志	郑国翰等	排印本		1928
		成文出版社		
		巴蜀书社		1992
大竹县志	四川省大竹县志编纂委员会	重庆出版社		1992
大竹县供销合作志	四川省大竹县供销合作社联合社	编者刊		1985
大竹县水利电力志	大竹县水利电力志编纂小组	编者刊		1988
民国渠县志	杨维中等	排印本		1932
		成文出版社		
		四川省渠县志编辑室		1984
		巴蜀书社		1992
渠县志	四川省渠县地方志编纂委员会	四川科学技术出版社		1991
渠县文物志(讨论稿)	渠县文物管理所、渠县历史博物馆	编者刊		1986
渠县书店志1919-1985	渠县新华书店	编者刊		1987
渠县工商行政管理志	渠县工商行政管理局	编者刊		
渠县乡镇企业志	渠县乡镇企业志编写组	编者刊		
渠县教育志	渠县文教局	编者刊		
渠县农业分志	中共渠县县委农村工作委员会	编者刊		
渠县侨务志	渠县人民政府侨务办公室	编者刊		
渠县税务志	渠县税务局	编者刊		

续表五四

篇、书名	著(译)编者	出处	卷、期	年月日
渠县商业志	渠县商业志编纂领导小组	编者刊		
渠县文化志	渠县文化志编纂领导小组	编者刊		
渠县文史资料1-16辑	中国人民政治协商会议四川省渠县委员会文史资料委员会	编者刊		1988-2005
清·四川绥定府太(酞)平县编录乡土志	佚名	传抄本		1959
清·太平县志	锺莲	抄本		1930
		万源县志编纂委员会办公室		1987
民国万源县志	刘子敬等	大中印务局		1932
		成文出版社		
		巴蜀书社		1992
万源县志	四川省万源县志编纂委员会	四川人民出版社		1996
万源县教育志1902-1985	万源县教育志编写组	编者刊		1986
万源县妇女联合会志(1911-1986)	万源县妇女联合会	编者刊		1988
万源县工业志	万源县工业志编委会	编者刊		1984
万源县财政志	万源县财政局财政志编纂组	四川人民出版社		1996
万源文史资料第2辑	中国人民政治协商会议万源市委员会文史资料委员会	编者刊		1995
(明)顺庆府志	朱篮等	全国图书馆缩微文献复制中心		1992
康熙顺庆府志	李成林等	巴蜀书社		1992
南充市志	四川省南充市志编纂委员会	四川科学技术出版社		1994
建置沿革 自然环境——南充地区地方志资料丛书之一	四川省南充地区地方志办公室	编者刊		1991
南充名特产——南充地区地方志资料丛书之二	四川省南充地区地方志办公室	四川省南充地区科学技术情报研究所		1986

续表五五

篇、书名	著(译)编者	出处	卷、期	年月日
名人名胜——南充地方志资料丛书之三	王积厚	四川辞书出版社		1990
南充地区水利志	南充地区水利电力局	编者刊		1991
南充地区医药志 1911－1985	南充地区医药局	编者刊		1992
南充地区文化艺术志	南充地区文化局	四川人民出版社		1992
南充地区卫生志（征求意见稿）	四川省南充地区卫生志编纂委员会	编者刊		1992
南充地区交通志	南充地区交通局	四川人民出版社		1992
南充地区军事志	中国人民解放军四川省南充军分区	重庆大学出版社		1992
南充气象志	四川省南充地区气象局	编者刊		1993
南充地区图书发行志	南充市新华书店	重庆出版社		1993
南充地区教育志	南充地区教育志编委会	四川省南充地区教委		1995
南充地区法院志	南充市中级人民法院	编者刊		2002
南充地区物资志	南充地区物资局	编者刊		
南充地方税务志	南充地方税务志编纂委员会	编者刊		2005
南充市卫生志	南充市卫生志编纂委员会	编者刊		1986
四川省南充市医药卫生志	南充市医药卫生志编纂委员会	编者刊		1987
南充蚕丝志	南充蚕丝志编纂委员会	中国经济出版社		1991
南充盐业志	四川南充盐业志编纂委员会	四川人民出版社		1991
南充工商行政管理志	南充工商行政管理志编纂委员会	重庆大学出版社		1993
南充金融志	南充金融志编辑室	重庆大学出版社		1994
南充财政志	南充市财政局	西南财经大学出版社		1995
南充邮电志	四川省南充市邮电局	四川科学技术出版社		1998

续表五六

篇、书名	著(译)编者	出处	卷、期	年月日
南充市民政志	南充市民政志编纂委员会	四川科学技术出版社		2004
南充市伊斯兰教志	南充市伊斯兰教志编委会	编者刊		2005
南充市公安志	南充市公安局	编者刊		
南充市教育志	南充市文教志办公室	编者刊		
南充市曲艺志	南充市文教局修志办公室	编者刊		
南充市文史资料选集1-3辑	中国人民政治协商会议四川省南充市委员会文史资料研究委员会	编者刊		1985-1988
南充市文史资料1-14辑	中国人民政治协商会议四川省南充市委员会	编者刊		1994-2005
(嘉庆)南充县志	袁凤孙等	传抄本		1980
民国新修南充县志	李良俊等	刻本		1929
		巴蜀书社		1992
南充县志	四川省南充县志编纂委员会	四川人民出版社		1993
南充县书店志	南充县新华书店	编者刊		1986
南充县教育志	南充县文教志办公室	编者刊		1987
南充县税务志	南充县税务志编纂小组	编者刊		1987
南充县林业志	南充县林业志编纂小组	编者刊		1987
南充县司法行政志	南充县司法行政志编纂领导小组	编者刊		1987
南充县图书馆志	南充县图书馆	编者刊		1987
南充县卫生志	南充县卫生志编纂领导小组	编者刊		1988
南充县文化志	南充县文教志办公室	编者刊		1988
南充县交通志	南充县交通局	编者刊		1988
南充县畜牧志	南充县畜牧局	编者刊		1988

续表五七

篇、书名	著(译)编者	出处	卷、期	年月日
南充县工商行政管理志	南充县工商行政管理局	编者刊		1988
南充县财政志	南充县财政志编纂小组	编者刊		1989
南充县商业志	南充县商业志编写领导小组	编者刊		1989
南充县城乡建设志	四川南充县城乡建设志编纂领导小组	编者刊		1989
南充县粮油志	南充县粮食局	南充地区文化管理委员会		1989
南充县蚕桑志	南充县蚕桑志编纂领导小组	编者刊		1989
南充县烟草志	四川省烟草公司南充分公司	编者刊		1990
南充县供销合作志	南充县供销合作社	编者刊		1991
南充县邮电志	四川省南充县邮电局	编者刊		1992
南充县公安志	南充县公安局	编者刊		1992
南充县蚕茧志	南充县蚕茧志编纂小组	四川人民出版社		1993
南充县文史资料1－4辑	四川省南充县政协学习文史委员会	编者刊		1989－1996
道光南部县志	王瑞庆等	巴蜀书社		1992
清·南部县乡土志	王道履	抄本		1906
南部县志	四川省南部县志编纂委员会	四川人民出版社		1984
四川省南部县农业机械志	南部县农业机械局	编者刊		1987
南部县工会志	南部县总工会	编者刊		1987
南部县公安志	南部县公安局	编者刊		1987
南部县畜牧志	南部县畜牧局	编者刊		1988
南部县粮油志	南部县粮油志编辑委员会	编者刊		1989
南部县民政志	南部县民政局	编者刊		1989
南部县粮油志	南部县粮油志编辑委员会	编者刊		1989

续表五八

篇、书名	著(译)编者	出处	卷、期	年月日
南部县税务志	南部县税务局	编者刊		
南部县航运志	南部县航运志编纂组	编者刊		1990
南部县工商行政管理志	南部县工商行政管理局	编者刊		1990
南部县卫生志（送审稿）	南部县卫生志编纂小组	编者刊		1990
南部县供销合作志	南部县供销合作社	编者刊		1991
南部县金融志	南部县供销合作社	编者刊		1991
南部县物资志	南部县物资局	编者刊		1992
南部文史资料（选辑）1-16辑	政协四川省南部县委员会文史资料委员会	编者刊		1986-2005
康熙西充县志	李棠等	传抄本		1960
光绪西充县志	高培毅等	巴蜀书社		1992
清·西充县乡土志	李祺章	抄本		1909
西充县志	四川省西充县志编纂委员会	重庆出版社		1993
西充县林业志	西充县林业志编委会	编者刊		1985
西充县畜牧志	西充县畜牧志编纂领导小组	编者刊		1985
西充县工业志	西充县工业志编委会	编者刊		1986
西充县二轻工业志	西充县二轻工业志编委会	编者刊		1986
西充县书店志	西充县新华书店	编者刊		1986
西充县医药志	西充县医药志编委会	编者刊		1986
西充县物资志	西充县物资志编委会	编者刊		1986
西充县税务志	西充县税务志编委会	编者刊		1986
西充县统计志	西充县统计志编委会	编者刊		1986
西充县图书馆志	西充县图书馆	编者刊		1986

续表五九

篇、书名	著(译)编者	出处	卷、期	年月日
西充县农村金融志	中国农业银行四川省西充县支行	编者刊		1987
西充县财政志	西充县财政志编委会	编者刊		1987
西充县民政志	西充县民政志编委会	编者刊		1987
西充县卫生志	西充县卫生志编委会	编者刊		1987
西充县工商行政管理志	西充县工商局	编者刊		1987
西充县工会志1922-1985	西充县总工会	编者刊		1987
西充县城镇建设环境保护志	西充县城镇建设环境保护志编纂组	西南财经大学出版社		1987
西充县公安志	西充县公安志编委会	编者刊		1988
西充县军事志	西充县人民武装部	编者刊		1988
西充县检察志	西充县检察院	编者刊		1990
西充县邮电志	西充县邮电志编志组	编者刊		1990
西充县金融志	西充县金融志编纂组	编者刊		1990
西充科技文化体育志	西充县志编委会	编者刊		1990
西充县交通志	西充县交通局	编者刊		1993
西充县教育志	何德裕	西充县教育志编纂委员会		1999
西充县文史资料（选辑）1-16辑	中国人民政治协商会议西充县委员会文史资料研究委员会	编者刊		1983-2003
同治仪陇县志	曾绍樾等	重刻本		1907
		巴蜀书社		1992
仪陇县志	四川省仪陇县志编纂委员会	四川科学技术出版社		1994
仪陇县畜牧志	仪陇县畜牧局	编者刊		1985
仪陇县图书馆志	仪陇县图书馆	编者刊		1985
仪陇县民政志	仪陇县民政局	编者刊		1985

续表六〇

篇、书名	著(译)编者	出处	卷、期	年月日
仪陇县城乡建设环保志	仪陇县城建局	编者刊		1986
仪陇县文化志	仪陇县文化局	编者刊		1987
仪陇县文物志	仪陇县文物管理所	编者刊		1991
仪陇县交通运输管理志	仪陇县交通运输管理站	编者刊		
仪陇文史资料选辑1-4辑	中国人民政治协商会议四川省仪陇县委员会文史资料委员会	编者刊		1984-1990
同治营山县志	翁道均等	营山县志编纂委员会		1984
		巴蜀书社		1992
重修营山县志序	唐伟	四川文献	159期	1976
营山县志	营山县县志编纂委员会	四川辞书出版社		1989
营山县粮食志	营山县粮食局	编者刊		1978
营山县外贸志	营山县外贸志编写领导小组	编者刊		1984
营山县工业志	营山县工业志编写领导小组	编者刊		1984
营山县税务志	营山县税务志编写领导小组	编者刊		
营山县司法志	营山县司法局司法志编写组	编者刊		1984
营山县城乡建设志	营山县城乡建设志编写组	编者刊		1984
营山县财政志	营山县财政志编写组	编者刊		1984
营山县农业志	王玖	营山县农业局		1984
营山县林业志	罗文皆	营山县林业局		1985
营山县妇女志	营山县妇联编写领导小组	编者刊		1985
营山县民政志	李渝根等	营山县民政局		1985
营山县公安志	冯志高等	营山县公安局		1985
营山县邮电志	李国珍等	营山县邮电局		1985
营山县工商行政管理志	张美武	营山县工商行政管理局		1985

续表六一

篇、书名	著(译)编者	出处	卷、期	年月日
营山县商业志	刘 泽 李白俞	营山县商业局		1985
营山县蚕丝志	营山县蚕丝志编写组	编者刊		
营山县体育志	营山县体育志编写组	编者刊		1986
营山县水利电力志	四川省营山县水利电力局	编者刊		1986
四川省营山县书店志（1848-1985）	营山县新华书店	编者刊		1987
营山县检察志	营山县人民检察院	编者刊		1988
营山县烟草志	何泽春	营山县烟草公司		1988
营山县交通志	王中清等	营山县交通局		1988
营山县卫生志	营山县卫生志编写组	编者刊		1989
营山文史资料1-28辑	政协营山县委员会文史资料研究组	编者刊		1981-2000
光绪蓬州志	方旭等	石印本（封面题《蓬安县志》）		1935
		巴蜀书社		1992
蓬安县志	蓬安县志编纂委员会	四川辞书出版社		1994
蓬安县医药志	四川省蓬安县医药志编纂领导小组	编者刊		1987
蓬安县邮电志	蓬安县邮电局	编者刊		1998
蓬安县劳动志	蓬安县劳动局	编者刊		2000
蓬安文史资料（选辑）1-8辑	政协四川省蓬安县委员会	编者刊		1991-1999
（明）保宁府志	杨思震	全国图书馆缩微文献复制中心		1992
（乾隆）保宁府南江县备造新编志书清册	佚 名	海南出版社		2001
道光保宁府志	黎学锦等	巴蜀书社		1992

续表六二

篇、书名	著(译)编者	出处	卷、期	年月日
民国阆中县志	岳永武等	石印本		1926
		阆中县志办		1984
		巴蜀书社		1992
阆中县志	四川省阆中市地方志编纂委员会	四川人民出版社		1993
阆中县志（帝制时期）	阆中县志编修委员会	编者刊		1982
阆中盐业志	阆中盐业公司	编者刊		1984
阆中县蚕桑志	阆中县蚕桑局	编者刊		1986
阆中县蚕桑志	阆中县蚕桑志编撰小组	编者刊		1990
阆中县书店志	阆中县新华书店	编者刊		1986
阆中地理志	四川省阆中县志编修委员会办公室、四川省阆中县城乡建设环境保护局	编者刊		1987
阆中建设志	阆中县建设委员会、阆中县县志办公室	编者刊		1988
阆中县农业志	阆中县农业局	编者刊		1988
阆中县二轻工业志	阆中县第二轻工业局	编者刊		1988
阆中县工商行政管理志	阆中县工商行政管理局	编者刊		1989
阆中粮食志	阆中县粮食局	编者刊		1989
阆中县工会志	阆中县总工会	编者刊		1989
阆中文史资料选（辑）1-15辑	政协阆中市（县）委员会文史资料委员会等	编者刊		1985-2003
（乾隆）广安州志	陆良瑜等	海南出版社		2001
咸丰广安州志	王兆僖等	传抄本		1961
宣统广安新志	周克堃等	刻本		1911
		广安县教育局重印本（改题《广安县志》）		1927
		台湾学生书局		1968
		巴蜀书社		1992

续表六三

篇、书名	著(译)编者	出处	卷、期	年月日
广安县志	四川省广安县志编纂委员会	四川人民出版社		1994
广安县文化馆志	广安县文化馆志修志组	编者刊		1985
广安县书店志	广安县新华书店	编者刊		1986
广安县计划生育志	广安县计划生育志编纂组	编者刊		1987
广安县工会志	广安县总工会	编者刊		1989
广安县人民检察院志 1936-1987	广安县人民检察院志编纂组	编者刊		1989
广安县水利电力志	广安县水利电力志编修室	编者刊		1990
广安县电影发行放映志 1924-1985	广安县电影发行放映志编写组	编者刊		1992
广安县人大志（1908-1985）	广安县人大常委会	编者刊		1994
广安文史资料选辑 1-10 辑	政协广安市广安区（县）委员会学习文史委员会	编者刊		1981-2004
（乾隆）岳池县志	黄克显	海南出版社		2001
光绪岳池县志	何其泰等	台湾学生书局		1971
		巴蜀书社		1992
续修岳池县志序——四川方志叙文选录之三十二	何其泰	四川文献	120 期	1972
连树棠：岳池县续修县志例目	杜学知	四川文献	154 期	1975
清光绪版《续增岳池县志》调研记录	胡逢英	岳池县图书馆		2001
岳池县志（1911-1985）	四川省岳池县志编纂委员会	电子科技大学出版社		1993
岳池县书店志 民国初-1985	黄锡全	岳池县新华书店		1985
岳池县医药志 1911-1985	陈恩金	岳池县医药局		1985
岳池县城乡建设志 1910-1985	蒋维新	岳池县城乡建设局		1987
岳池县文化志 1906-1985	江乾荣	岳池县文教局		1987
岳池县文化馆志 民国初-1985	岳池县文化馆	编者刊		1987
岳池县教育志 1906-1985	黄锡全	岳池县教育委员会		1987
岳池县卫生志 1912-1985	杨伯州	岳池县卫生局		1987

续表六四

篇、书名	著(译)编者	出处	卷、期	年月日
岳池县劳动志 1932-1985	黄木森	岳池县劳动局		1988
岳池县交通志 1911-1985	尹思茂	岳池县交通局		1988
岳池县工业局志 1905-1985	余世廉	岳池县工业局		1988
岳池县军事志 1911-1986	吴箭光	岳池县人民武装部		1988
岳池县体育志 1907-1989	向滨兰 陈科	岳池县体育运动委员会		1989
中共岳池县委组织部志（大革命时期-1985）	罗安银 吴天光	中共岳池县委组织部		1992
岳池县文物志 1619-1992	黎仁忠	岳池县文物管理所		1993
《岳池县文物志》序	彭家荣	四川文物	5期	1994
岳池县司法行政志 1909-1985	莫元忠	岳池县司法局		1987
岳池县广播电视志 1935-1985	刘大成	岳池广播电视局		1987
岳池县统战志 1925-1985	代明安	岳池县委统战部		1988
旅游志 1940-1990	岳池县人民政府外事办公室等	编者刊		1992
岳池县检察志 民国初年-1985	罗永喜	岳池县检察院		1994
岳池县国土志		岳池县国土局	编者刊	1997
岳池县文史资料选编 1-9辑	中国人民政治协商会议四川省岳池县委员会文史资料委员会	编者刊		1985-2001
（嘉庆）定远县志		武胜县史志办公室		2001
（光绪）定远县乡土志	何承道等	钞本		1905
民国新修武胜县志	罗兴志等	排印本		1914
		新修版		1931
		台湾学生书局		1968
		影印本		1983
		成文出版社		
		全国图书馆缩微文献复制中心		1992
		巴蜀书社		1992
民国新修武胜县志序——四川方志叙文选录（48）	傅铸印	四川文献	137期	1974
武胜县县政概况	胡国成	钞本		1946

续表六五

篇、书名	著(译)编者	出处	卷、期	年月日
武胜县志	四川省武胜县志编纂委员会	重庆出版社		1994
武胜县水利电力志	武胜县水利电力局	编者刊		1986
武胜县民政志	武胜县民政志编写领导小组	编者刊		1986
武胜县外事侨务旅游志	武胜县外事侨务旅游志编写领导小组	编者刊		1987
武胜县妇女志	武胜县妇女志编写领导小组	编者刊		1988
武胜县卫生志	《武胜县卫生志》编写领导小组	编者刊		
武胜金融志1914－1985	武胜金融志编纂委员会	编者刊		1993
武胜县国土志（送审稿）	武胜县国土志编辑室	编者刊		1997
武胜县信用联社志	武胜县信用联社	编者刊		2005
（乾隆）邻水县志	陈觐光	海南出版社		2001
道光邻水县志	曾灿奎等	抄本		1907
		巴蜀书社		1992
光绪邻水县续志	郑杰等	巴蜀书社		1992
邻水县志	四川省邻水县地方志编纂委员会	四川科学技术出版社		1991
邻水县农业局志	邻水县农业局志编写组	编者刊		1983
邻水县工业局志	邻水县工业局志编写组	编者刊		1983
邻水县商业局志	邻水县商业局局志编写组	编者刊		1984
邻水县税务局志	邻水县税务局	编者刊		1984
邻水县物资志	邻水县物资志编写组	编者刊		1985
邻水县财税志（初稿）	邻水县志编纂委员会	编者刊		1985
邻水县教育文化志	邻水县文教局	编者刊		1986

续表六六

篇、书名	著(译)编者	出处	卷、期	年月日
邻水县标准计量管理局志	邻水县标准计量管理局志编写领导小组	编者刊		1986
邻水县志概述（初稿）	邻水县志编纂委员会	编者刊		1987
邻水县政权志（初稿）	邻水县志编纂委员会	编者刊		1987
邻水县建置志（初稿）	邻水县志编纂委员会	编者刊		1987
邻水县卫生体育志（初稿）	邻水县志编纂委员会	编者刊		1987
邻水县政法志（初稿）	邻水县志编纂委员会	编者刊		1987
邻水县军事志（初稿）	邻水县志编纂委员会	编者刊		1987
邻水县劳动人事志（初稿）	邻水县志编纂委员会	编者刊		1987
邻水县教育志（初稿）	邻水县志编纂委员会	编者刊		1987
邻水县民政志（初稿）	邻水县志编纂委员会	编者刊		1987
邻水县金融志（初稿）	邻水县志编纂委员会	编者刊		1987
邻水县人口志（初稿）	邻水县志编纂委员会	编者刊		1987
邻水县党派群团志（初稿）	邻水县志编纂委员会	编者刊		1987
邻水县志附录（初稿）	邻水县志编纂委员会	编者刊		1988
邻水县粮食局志	邻水县粮食局	编者刊		1988
邻水县林业志	邻水县林业局编写组	编者刊		1989
邻水县工会志	邻水县总工会	编者刊		1990
邻水县税务志	邻水县国税局	编者刊		1991
邻水县人民政府志	邻水县人民政府志编纂组	编者刊		1992
邻水县国土志	邻水县国土局	四川科学技术出版社		1997

续表六七

篇、书名	著(译)编者	出处	卷、期	年月日
邻水文史资料 1-6 辑	邻水县政协文史资料编辑领导小组等	编者刊		1990-2003
华蓥市志	四川省华蓥市志编纂委员会	四川人民出版社		1995
华蓥山志	释昌言	华蓥市人民政府地方志办公室		1991
民国遂宁县志	甘焘等	刻本		1929
		重印本		1934
		台湾学生书局		1968
		遂宁县志编纂委员会办公室		1984
		巴蜀书社		1992
遂宁市志	遂宁市志编纂委员会	方志出版社		2005
遂宁市曲艺志	遂宁市曲艺志编纂委员会	编者刊		1992
遂宁市邮电志	遂宁市邮电志编纂委员会	四川科学技术出版社		1996
遂宁市交通志	遂宁市交通局	编者刊		1997
遂宁市国土志	遂宁市国土局	编者刊		1997
遂宁检察志 1906-1997	四川省遂宁市人民检察院检察志编纂委员会	编者刊		1998
遂宁市教育志	遂宁市教育委员会	编者刊		1999
遂宁市公安志 1900-2000	遂宁市公安志编纂委员会	编者刊		2002
遂宁市金融志	遂宁市金融志编纂办公室	四川人民出版社		2003
遂宁地方税务志	四川省遂宁市地税局《遂宁地方税务志》编纂委员会	编者刊		2004
遂宁市邮政志（1903-2004）	《遂宁市邮政志》编辑室	编者刊		2005
遂宁机械工业志	四川遂宁机械电子工业协会	编者刊		2005

续表六八

篇、书名	著(译)编者	出处	卷、期	年月日
遂宁档案志	遂宁市档案局《遂宁档案志》编纂委员会	编者刊		2005
遂宁市供销合作志	遂宁市供销合作社	编者刊		2005
四川省遂宁中学校志（785－2005）	遂宁中学校志编纂委员会	编者刊		2005
遂宁县志	四川省遂宁市地方志编纂委员会	巴蜀书社		1993
遂宁县文物志（初稿）	遂宁县文管所	编者刊		1985
遂宁县水利电力志	遂宁县水利电力志编纂办公室	编者刊		1985
遂宁县电力公司志	遂宁县电力公司志编辑组	编者刊		1985
遂宁县邮电志	遂宁县邮电志编纂办公室	编者刊		1985
遂宁县医药志	遂宁县医药局	编者刊		1985
遂宁县粮油志	四川省遂宁县粮食局	编者刊		1986
遂宁县二轻工业志（1911－1984）	遂宁县二轻工业志编纂办公室	编者刊		1987
遂宁县税务志	遂宁县税务志编纂领导小组	编者刊		1987
遂宁县总工会志1922－1985	遂宁县总工会志编纂领导小组	编者刊		1988
遂宁图书发行志	遂宁图书发行志编写组	编者刊		1990
遂宁工商联志	遂宁县工商联志编纂领导小组	编者刊		1997
遂宁文史资料2－15辑	中国人民政治协商会议四川省遂宁市委员会文史资料研究委员会	编者刊		1987－2005
（乾隆）射洪县志	张松孙等	海南出版社		2001
光绪射洪县志	黄允钦等	重印本		1939
		政协射洪县委员会油印本		1980

续表六九

篇、书名	著(译)编者	出处	卷、期	年月日
光绪射洪县志	黄允钦等	台湾学生书局		1971
		巴蜀书社		1992
光绪射洪县乡土志	孙世奎	抄本		1906
		传抄本		1960
		全国图书馆缩微文献复制中心		1992
历代射洪县志汇编（注释本）	四川省射洪县地方志编纂委员会	编者刊		1995
射洪县志	四川省射洪县县志编纂委员会	四川大学出版社		1990
射洪县交通志	射洪县交通局编辑组	编者刊		1986
射洪县物资志	射洪县物资局	编者刊		1986
射洪县民政志	射洪县民政志编辑组	编者刊		1986
射洪县棉业志	《射洪县棉业志》编辑组	编者刊		1988
射洪县蚕丝志	四川省射洪县蚕丝公司	编者刊		1988
射洪县林业志	射洪县林业志编写小组	编者刊		1989
射洪县邮电志	射洪县邮电志编辑委员会	编者刊		1991
射洪县劳动志	射洪县劳动局	编者刊		1993
射洪县商贸志	射洪县商贸志编修委员会	编者刊		1998
射洪县地方税务志	射洪县地方税务志编纂委员会	编者刊		2004
射洪文史（资料）1-15辑	中国人民政治协商会议四川省射洪县委员会文史资料委员会	编者刊		1983-2002
（乾隆）蓬溪县志	张松孙等	海南出版社		2001
民国蓬溪近志	伍舞章等	刻本		1935
		巴蜀书社		1992

续表七〇

篇、书名	著(译)编者	出处	卷、期	年月日
蓬溪县志——公元1672-1935年五部旧县志整理版	蓬溪县志编纂委员会办公室	编者刊		1985
蓬溪县志	四川省蓬溪县志编纂委员会	四川辞书出版社		1995
新编蓬溪县志纪实	冯光荣 李国文	蓬溪县地方志办公室		1997
蓬溪县蚕丝志	蓬溪县蚕丝公司	编者刊		1985
蓬溪县供销合作社志	四川省蓬溪县供销合作社联合社	编者刊		1985
蓬溪县民政局志	蓬溪县民政局编志办公室	编者刊		1985
蓬溪县林业志	四川省蓬溪县林业局	编者刊		1986
蓬溪县粮食志	蓬溪县粮食局	编者刊		1986
蓬溪文化局馆志	蓬溪县文化馆	编者刊		1986
蓬溪县工商行政管理志	四川省蓬溪县工商行政管理局	编者刊		1986
蓬溪县畜牧志	四川省蓬溪县畜牧局	编者刊		1987
蓬溪县交通志	四川省蓬溪县交通局	编者刊		1988
蓬溪县物价志	《蓬溪县物价志》编纂委员会	编者刊		1988
蓬溪县卫生志（1911-1985）	四川省蓬溪县卫生局	编者刊		1989
蓬溪县水利电力志	蓬溪县水利电力局	编者刊		1990
蓬溪县科技志	蓬溪县科委县科协	编者刊		1992
蓬溪县书店志	蓬溪县新华书店	编者刊		1992
蓬溪县邮电志	四川省蓬溪县邮电局	编者刊		1993
蓬溪县烟草史	廖琦	蓬溪县烟草专卖公司		1994
蓬溪县教育志1875-1985	蓬溪县教育局	编者刊		1995
蓬溪县金融志1911-1983	中国人民银行蓬溪县支行等	编者刊		1995
蓬溪县国土志	蓬溪县国土局	编者刊		1996

续表七一

篇、书名	著(译)编者	出处	卷、期	年月日
蓬溪公安志1900-2000	蓬溪县公安局《蓬溪公安志》编纂委员会	编者刊		2003
蓬溪县司法行政志	蓬溪县司法局	编者刊		
蓬溪县人事志（1912-1985）	赵栋材等	四川省蓬溪县劳动人事局		
蓬溪县灾异志	冯光荣	蓬溪县地方志办公室		
蓬溪县总工会志	蓬溪县总工会	编者刊		
蓬溪县城乡建设志	蓬溪县城乡建设环境保护局	编者刊		
蓬溪文史资料选辑1-30辑	中国人民政治协商会议四川省蓬溪县委员会文史资料委员会	编者刊		1986-2004
大英风物志	刘安遇 胡传淮	巴蜀书社		1999
大英检察志	四川省大英县人民检察院	编者刊		2004
大英农业志	大英县农业局	编者刊		2005
大英交通志	大英县交通局	编者刊		2005
大英教育志	大英县教育局	编者刊		2005
大英县文史资料1-3集	大英县政协教科文卫委员会	编者刊		2000-2002
（乾隆）资阳县志	张德源	海南出版社		2001
咸丰资阳县志	范涞清等	台湾学生书局		1971
		巴蜀书社		1992
民国资阳县志稿	佚名	排印本		1949
		巴蜀书社		1992
资阳县志序——四川方志叙文选录之三十一	保华元	四川文献	119期	1972
资阳县志	四川省资阳县志编纂委员会	巴蜀书社		1993
资阳县粮食志	资阳县粮食志编委会	资阳县粮食局		1988
资阳文史资料1-9辑	中国人民政治协商会议资阳（县）市委员会文史资料委员会	编者刊		1984-1999

续表七二

篇、书名	著(译)编者	出处	卷、期	年月日
（乾隆）安岳县志	张松孙等	全国图书馆缩微文献复制中心		1992
		海南出版社		2001
道光安岳县志	濮瑗等	巴蜀书社		1992
光绪续修安岳县志	陈其宽等	巴蜀书社		1992
清·安岳县乡土志	高铭箴等	传抄本		1959
安岳县志	四川省安岳县志编纂委员会	四川人民出版社		1993
安岳商业志	四川省安岳县商业局	编者刊		1985
安岳盐志	四川盐业公司安岳支公司	编者刊		1985
安岳县农村金融志	安岳县农村金融志编委会	编者刊		1986
安岳县总工会会志	安岳县总工会	编者刊		1986
安岳县交通局志	安岳县交通局志编委会	编者刊		1986
安岳县农业局志	安岳县农业局	编者刊		1987
安岳县粮食局志 1911－1985	安岳县粮食局	编者刊		1987
安岳县教育志 1897－1985	安岳县教育志编写组	编者刊		1987
（安岳）文史资料选辑 1－32（期）辑	安岳县政协学习文史编纂工作委员会等	编者刊		1983－2002
（乾隆）乐至县志	张松孙等	海南出版社		2001
道光乐至县志	裴显忠等	巴蜀书社		1992
光绪续增乐至县志	胡书云等	巴蜀书社		1992
清·乐至县乡土志	刘达德等	全国图书馆缩微文献复制中心		1992
民国乐至县志又续	杨祖唐等	刻本		1929
		台湾学生书局		1968
		巴蜀书社		1992
新修乐至县志叙——四川方志叙文选录三十四	杨祖唐	四川文献	122期	1972
乐至县志	四川省乐至县志编纂委员会	四川人民出版社		1995

续表七三

篇、书名	著(译)编者	出处	卷、期	年月日
乐至县水利电力志	乐至县水利电力志编辑组	乐至县水利电力局		1989
乐至县经济志	四川省乐至县计划委员会	编者刊		1990
乐至县宗教志	乐至县人民政府民族宗教事务局	编者刊		1999
乐至文史资料选辑1-20辑	中国人民政治协商会议四川省乐至县委员会学习文史委员会	编者刊		1982-2003
民国简阳县志	林志茂等	排印本		1927
		巴蜀书社		1992
简阳县续志	李青廷等	台湾学生书局		1967
民国新修四川县志丛谈——简阳县续志	蜀侠	四川文献	26期	1964
简阳县续志序——四川方志叙文选录（41）	李青廷	四川文献	129期	1973
简阳县志	四川省简阳县志编纂委员会	巴蜀书社		1996
简阳县工业局志	简阳县工业局编写小组	简阳县工业局		1985
简阳县总工会志	简阳县总工会	编者刊		1985
简阳县民政局志	简阳县民政局	编者刊		1985
简阳县档案志1945-1985	四川省简阳县档案局馆	编者刊		1985
简阳县商业志	简阳县商业局	编者刊		1986
简阳县农业志	简阳县农业志编委会	简阳县农业局		1986
简阳县林业志1919-1982	简阳县林业局	编者刊		1986
简阳城建志（1911-1985）	简阳县城乡建设环境保护局	编者刊		1986
简阳县劳动志1911-1985	简阳县劳动局	编者刊		1986
简阳县妇女志	四川省简阳县妇女联合会	编者刊		1986
简阳县财政志1911-1985	简阳县财政局	编者刊		1986
简阳水利电力志	简阳水利电力局	编者刊		1988

续表七四

篇、书名	著(译)编者	出处	卷、期	年月日
简阳县文化志	简阳县文教局	编者刊		1988
简阳县教育志	简阳县文教局教育志领导小组	编者刊		1988
简阳县粮油志1911－1985	简阳县粮食局	编者刊		1989
简阳县医药志1912－1985	简阳县医药志编纂领导小组	简阳县医药管理局		1991
四川省简阳县科技志（1910－1992）	四川省简阳市科学技术委员会	编者刊		1994
简阳市国土志	杨代福	中国大地出版社		1997
简阳文史资料（选辑）1－21辑	中国人民政治协商会议四川省简阳（县）市委员会学习文史资料委员会	编者刊		1965－2000
（光绪）内江县志	彭泰士等	刻本		1905
		重刻本		1921
		台湾学生书局		1968
		全国图书馆缩微文献复制中心		1992
清·内江县志要	王 果	全国图书馆缩微文献复制中心		1992
民国内江县志	曾庆昌等	刻本		1925
民国内江县志	易元明等	石印本		1945
		巴蜀书社		1992
增续内江县志序——四川方志叙文选录（46）	曾庆昌	四川文献	134期	1973
内江地区水利电力志	内江市水利电力局	巴蜀书社		1990
内江地区戏曲志	内江市文化局《内江地区戏曲志》编写组	巴蜀书社		1991
内江地区教育志	四川内江市教育委员会	四川辞书出版社		1991
内江地区科学技术志	内江市科学技术委员会	四川辞书出版社		1991
内江地区二轻工业志	四川省内江市二轻工业局	巴蜀书社		1992
内江地区物资志	内江市物资局	编者刊		1992

续表七五

篇、书名	著(译)编者	出处	卷、期	年月日
内江地区人口志	内江市计划生育委员会	中国人口出版社		1993
内江地区粮食志	四川省内江市粮食局	巴蜀书社		1993
内江地区人事志	四川省内江市人事局	四川大学出版社		1993
内江地区军事志	四川省内江军分区	四川辞书出版社		1993
内江地区交通志	四川省内江市交通局	四川人民出版社		1994
内江地区邮电志	四川省内江市邮电局	四川大学出版社		1994
内江地区保险志	中国人民保险公司内江市分公司	四川大学出版社		1994
内江地区商业志	四川省内江地区商业志编纂委员会	四川人民出版社		1994
内江地区农业经济志	四川省内江市人民政府农业办公室	成都科技大学出版社		1995
内江地区工商行政管理志	四川省内江地区工商行政管理志编委会	四川大学出版社		1995
内江地区卫生志	内江市卫生局	四川辞书出版社		1995
内江地区体育志	内江市体育运动委员会	四川辞书出版社		1995
内江地区劳动志	四川省内江市劳动局	四川大学出版社		1995
内江地区公安志	四川省内江市公安局	四川大学出版社		1995
内江地区对外贸易志	四川省内江市对外经济贸易局	四川大学出版社		1995
内江地区经济总志	四川省内江市经济委员会、四川省内江市计划委员会	四川大学出版社		1996
内江地区城乡建设志	内江市城乡建设环境保护委员会	四川辞书出版社		1996

续表七六

篇、书名	著(译)编者	出处	卷、期	年月日
内江地区审判志	四川省内江市中级人民法院	四川科学技术出版社		1996
内江地区环境保护志	内江市环境保护局	成都科技大学出版社		1996
内江地区烟草志	内江市烟草专卖局	四川辞书出版社		1996
内江地区乡镇企业志	四川省内江市乡镇企业管理局	四川大学出版社		1997
内江地区税务志	内江地区税务局	西南财经大学出版社		1997
内江地区供销合作志	内江地区供销合作社联合社	巴蜀书社		1998
内江地区金融志	内江地区金融志编纂委员会	四川大学出版社		1998
内江地区工运志	内江市总工会	四川大学出版社		1998
内江地区党派群团志	内江地区党派群团志编纂委员会	四川大学出版社		1998
内江地区外事侨务旅游志	内江市人民政府外事办公室等	巴蜀书社		1998
内江地区财政志（1912年－1985年）	四川省内江市财政局	四川辞书出版社		2002
内江市志	内江市市中区编史修志办公室	巴蜀书社		1987
内江市洪灾志	内江市编史修志委员会	编者刊		1982
内江市环境保护志	四川省内江市环境保护局	编者刊		1984
内江市体育志	四川省内江市体育运动委员会	编者刊		1984
内江市教育志	四川省内江市教育局	编者刊		1985
内江市卫生志	内江市卫生局	方志出版社		1985
内江市文化志	内江市文化局	编者刊		1985
内江市文物志 第一集	内江市文物保护委员会、内江市文化局	编者刊		1985

续表七七

篇、书名	著(译)编者	出处	卷、期	年月日
内江市城市建设局局志	内江市城市建设局、内江市城乡建设环境保护委员会	编者刊		1986
内江市民族宗教志（征求意见稿）	内江民族宗教志编委会	编者刊		1987
内江图书发行志	四川省内江市新华书店	编者刊		1988
内江市国土志（1840－1997）	内江市国土局	编者刊		2000
内江文史资料选辑1－22辑	中国人民政治协商会议四川省内江市委员会文史资料研究委员会	编者刊		1986－2005
内江县志	四川内江市东兴区志编纂委员会	巴蜀书社		1994
内江县税务志（第一编）1912年－1949年11月	内江县税务局	编者刊		1985
内江县城乡建设环境保护志	内江县城乡建设环境保护局	巴蜀书社		1990
内江县军事志	内江县军事志编纂小组	巴蜀书社		1990
光绪资州直隶州志	刘炯等	巴蜀书社		1992
民国资中县续修资州志	吴鸿仁等	排印本		1929
		台湾学生书局		1971
		巴蜀书社		1992
民国新修四川县志丛谈——资中县续修资州志	蜀侠	四川文献	25期	1964
资中县志	四川省资中县志编纂委员会	巴蜀书社		1997
资中县城建志	资中县城乡建设委员会	编者刊		1984
资中县粮食志	资中县粮食局	编者刊		1986
资中县法院志	资中县人民法院	编者刊		1988
资中县商业局志	资中县商业局	编者刊		1988
资中县财政局局志	资中县财政局	编者刊		1989
资中县畜牧局志（1911－1985）	资中县畜牧局	编者刊		1989

续表七八

篇、书名	著(译)编者	出处	卷、期	年月日
资中县教育志（1911-1985）	四川省资中县教育局	编者刊		1989
资中县图书发行志	资中县新华书店	编者刊		1989
资中县城市金融志	资中县城市金融志编辑委员会	编者刊		1990
资中县卫生志	资中县卫生局	编者刊		1990
资中县工业局志（1911-1985）	资中县工业局	编者刊		1990
资中县检察志	资中县检察院	编者刊		1990
资中县曲艺志	资中县曲艺志编辑委员会	编者刊		1991
资中县统战志	中共资中县委统战部	编者刊		1991
资中县林业局志	资中县林业局	编者刊		1992
资中县国土志	资中县国土局	编者刊		1997
资中县保险志（1939-1985）	资中县保险志编辑委员会	编者刊		
资中县烟草志	资中县烟草专卖公司	编者刊		
资中县广播电视局志（1935-1984）	资中县广播电视局	编者刊		
资中县交通局志	资中县交通局	编者刊		
资中县公安志（1905-1992）	资中县公安局	编者刊		
资中（县）文史资料（选辑）1-15辑	政协资中县委员会等	编者刊		1983-1994
光绪威远县志	吴增辉等	重印本		1937
		台湾学生书局		1968
		巴蜀书社		1992
威远志要	姚蒸民	四川文献	103期	1971
威远县志三编序——四川方志叙文选录	吴增辉	四川文献	135期	1973
威远县志	四川省威远县志编纂委员会	巴蜀书社		1994
威远县交通志	威远县交通局	编者刊		1990
威远文史资料选辑1-18辑	政协威远县委员会学习文史资料委员会	编者刊		1983-2004

续表七九

篇、书名	著(译)编者	出处	卷、期	年月日
(乾隆)隆昌县志	黄文理	海南出版社		2001
咸丰隆昌县志	魏元燮等	巴蜀书社		1992
道光隆昌县志	张聘三等	传抄本		1961
光绪隆昌县乡土志	胡用霖等	抄本		1906
		全国图书馆缩微文献复制中心		1992
隆昌县志	四川省隆昌县志编纂委员会	巴蜀书社		1995
隆昌林业志(讨论稿)	隆昌县林业局	编者刊		1985
隆昌县书店志	隆昌县新华书店	编者刊		1988
隆昌县国土志	四川省隆昌县国土局	巴蜀书社		1998
隆昌文史资料选辑1-20辑	政协隆昌县委员会文史资料委员会	编者刊		1982-2001
自贡市志	自贡市地方志编纂委员会	方志出版社		1997
讲质量，出特色，创新篇——读盐都自贡第一部市志	胡昭曦	巴蜀史志	3期	1998
		四川日报		1998.8.10
自贡市戏曲志	肖士雄	自贡市文化局《戏曲志》编写组		1986
自贡市广播电视志——自贡市地方志丛书之一	自贡市广播电视局	四川辞书出版社		1990
自贡市科学技术志——自贡市地方志丛书之二	自贡市科学技术委员会	巴蜀书社		1990
自贡市税务志——自贡市地方志丛书之三	自贡市税务局	编者刊		1989
自贡市交通志——自贡市地方志丛书之四	自贡市交通管理委员会	四川辞书出版社		1991
自贡市工商行政管理志——自贡市地方志丛书之五	自贡市工商行政管理局	成都科技大学出版社		1993
自贡市对外经济贸易志——自贡市地方志丛书之六	自贡市外经委	四川辞书出版社		1991
自贡市粮食志——自贡市地方志丛书之七	自贡市粮食局	四川辞书出版社		1992
自贡市标准计量志——自贡市地方志丛书之八	自贡市标准计量管理局	四川人民出版社		1992

续表八〇

篇、书名	著(译)编者	出处	卷、期	年月日
自贡市民政志——自贡市地方志丛书之九	自贡市民政局	四川人民出版社		1992
自贡市城市建设志——自贡市地方志丛书之十	自贡市建设委员会	四川辞书出版社		1991
自贡市卫生志——自贡市地方志丛书之十一	自贡市卫生局	四川辞书出版社		1992
自贡市体育志——自贡市地方志丛书之十二	自贡市体育运动委员会	四川辞书出版社		1992
自贡市化学工业志——自贡市地方志丛书之十三	自贡市化学工业管理局	四川人民出版社		1993
自贡市医药志——自贡市地方志丛书之十六	自贡市医药管理局	四川人民出版社		1993
自贡市公安志——自贡市地方志丛书之十七	自贡市公安局	四川人民出版社		1992
自贡市金融志——自贡市地方志丛书之十八	《自贡市金融志》编辑委员会	四川辞书出版社		1994
自贡市邮电志——自贡市地方志丛书之十九	自贡市邮电局	四川人民出版社		1992
自贡市机械工业志——自贡市地方志丛书之二十一	自贡市机械电子工业管理局	四川人民出版社		1993
自贡市军事志——自贡市地方志丛书之二十二	自贡市军事志编纂委员会	四川人民出版社		1993
自贡市轻工业志——自贡市地方志丛书之二十三	自贡市轻工业管理局、自贡市工业合作联社	四川大学出版社		1993
自贡市乡镇企业志——自贡市地方志丛书之二十五	自贡市乡镇企业管理局	四川人民出版社		1994
自贡市建筑材料工业志——自贡市地方志丛书之二十七	自贡市建材工业管理局	四川人民出版社		1993
自贡市报业志——自贡市地方志丛书之二十九	自贡日报社、自贡市新闻出版局	四川人民出版社		1993
自贡市政协志——自贡市地方志丛书之三十一	自贡市政协办公厅	四川科学技术出版社		1993
自贡市劳动志——自贡市地方志丛书之三十二	自贡市劳动局	四川人民出版社		1993
自贡市工会志——自贡市地方志丛书之三十三	自贡市总工会	成都科技大学出版社		1993
自贡市农业志——自贡市地方志丛书之三十四	自贡市农业志领导小组办公室	成都科技大学出版社		1994

续表八一

篇、书名	著(译)编者	出处	卷、期	年月日
自贡市教育志——自贡市地方志丛书之三十五	自贡市教育委员会	四川人民出版社		1993
自贡灯会志——自贡市地方志丛书之三十七	自贡市灯贸管理委员会	四川人民出版社		1994
自贡市盐业志——自贡市地方志丛书之三十八	自贡市盐务管理局	四川人民出版社		1995
自贡市财政志——自贡市地方志丛书之三十九	自贡市财政局	四川大学出版社		1995
自贡市食品工业志——自贡市地方志丛书之四十一	自贡市食品工业办公室	四川人民出版社		1994
自贡市工业志——自贡市地方志丛书之四十三	自贡市经济委员会	四川人民出版社		1996
自贡市能源志——自贡市地方志丛书之四十四	自贡市能源办公室	四川人民出版社		1996
自贡市图书发行志	四川省自贡市新华书店、四川省新华书店自贡储运站	自贡市新华书店		1990
自贡文物志（送审稿）	自贡市文物事业保护管理处	编者刊		1992
自贡市文化艺术志	自贡市文化局	四川人民出版社		1998
自贡恐龙化石志	郭运林	四川科学技术出版社		1993
自贡市国土志	自贡市国土局	编者刊		2000
自贡市交通稽征志	自贡市交通稽查征费处	编者刊		2001
自贡文史资料选辑 1－35 辑	政协四川省自贡市委员会文史资料委员会	编者刊		1982－2005
大安区志	自贡市大安区地方志编纂委员会	四川辞书出版社		1991
自贡市自流井区志	四川省自贡市自流井区志编纂委员会	巴蜀书社		1993
自贡市贡井区志	自贡市贡井区志编纂委员会	四川人民出版社		1995
自贡市沿滩区志	自贡市沿滩区志编纂委员会	四川人民出版社		1998
（乾隆）荣县志	黄大本等	海南出版社		2001

续表八二

篇、书名	著(译)编者	出处	卷、期	年月日
民国荣县志	廖世英等	刻本		1919
		台湾学生书局		1988
		巴蜀书社		1992
民国新修四川县志丛谈之四——荣县志	蜀侠	四川文献	19期	1964
荣县志	四川省荣县志编纂委员会	四川大学出版社		1993
荣县林业志1931-1994	荣县林业局	编者刊		1997
荣县交通志	荣县交通局、荣县史志编纂研究室	编者刊		1999
荣县文史资料选辑1-16辑	中国人民政治协商会议四川省荣县委员会文史资料委员会	编者刊		1982-2000
(乾隆)富顺县志	熊葵向等	海南出版社		2001
(清)富顺县志	张利贞等	全国图书馆缩微文献复制中心		1992
段玉裁与《富顺县志》	张学君	历史知识	4期	1980
段玉裁与《富顺县志》	钟树梁	文史杂志	3期	1986
		成都大学学报(社科)	4期	1986
段玉裁与《富顺县志》	沙燕 刘昆	攀枝花学院学报(综合)	4期	2004
清·富顺县乡土志	陈运昌等	刻本		1904
		富顺县县志办公室		1983
		线装书局		2002
民国富顺县志	彭文治等	刻本		1931
		台湾学生书局		1967
		巴蜀书社		1992
富顺县志	四川省富顺县志编纂委员会	四川大学出版社		1993
注重质量，刻意创新——读新修《富顺县志》	胡昭曦	中国地方志	2期	1994
富顺县二轻工业志	富顺县二轻工业局	编者刊		1986
富顺县农业志(1912-1985)	富顺县农业局	编者刊		1987

续表八三

篇、书名	著(译)编者	出处	卷、期	年月日
富顺县畜牧志（1912-1986）	富顺县畜牧局	编者刊		1987
富顺县林业志	四川省富顺县林业局	编者刊		1987
富顺县物价志	富顺县物价局	编者刊		1987
富顺县城乡建设环境保护志	富顺县城乡建设环境保护局	编者刊		1987
富顺县供销合作社志	富顺县供销合作社	编者刊		1987
富顺县工商行政管理志	富顺县工商行政管理局	编者刊		1987
富顺县档案志	富顺县档案局	编者刊		1987
富顺县卫生志	富顺县卫生局	编者刊		1988
富顺县医药志	富顺县医药管理局	编者刊		1988
富顺县教育志	富顺县文教局	编者刊		1988
富顺县粮食志	富顺县粮食局	编者刊		1988
富顺县商业志	富顺县商业局	编者刊		1988
富顺县财政志 1912-1985	富顺县财政局	编者刊		1988
富顺县交通志	富顺县交通局	编者刊		1989
富顺县民政志	富顺县民政局	编者刊		1989
富顺县水利电力志	富顺县水利电力局	编者刊		1989
富顺县税务志	富顺县税务局	编者刊		1990
富顺县劳动志	富顺县劳动局	编者刊		1990
富顺县金融志	中国人民银行富顺县支行等	编者刊		1991
富顺县检察志	富顺县人民检察院	编者刊		1992
富顺县公安志 1905-1993	杨仁贵	富顺县公安局		1993
富顺县图书发行志	富顺县新华书店	编者刊		1993
富顺文史资料选辑 1-17 辑	中国人民政治协商会议四川省富顺县委员会学习文史委员会	编者刊		1986-2001

续表八四

篇、书名	著(译)编者	出处	卷、期	年月日
富顺文史资料精选	中国人民政治协商会议四川省富顺县委员会学习文史委员会	编者刊		1997
（永乐）泸州志	佚　名	排印本		民国
		中华书局影印《永乐大典》本		1960
（乾隆）直隶泸州志	夏诏新	海南出版社		2001
光绪泸州直隶州志	田秀粟等	巴蜀书社		1992
（乾隆）九姓司志	任启烈等	抄本		1930
光绪泸州九姓乡志	任五采等	巴蜀书社		1992
泸州市志	四川省泸州市地方志编纂委员会	方志出版社		1998
泸州市体育志	泸州市体育志编纂委员会	四川民族出版社		1986
泸州税务志（1911-1989）	泸州市税务局	四川科学技术出版社		1992
泸州戏曲志	泸州戏曲志编委会	四川人民出版社		1992
泸州市科学技术志	泸州市科学技术委员会	成都科技大学出版社		1993
泸州市商业志	泸州市商业局	西南师范大学出版社		1993
泸州市政协志	泸州市政协志编纂委员会	四川大学出版社		1993
泸州市财政志	泸州市财政局	四川科学技术出版社		1993
泸州市城乡建设志	泸州市建设委员会	重庆出版社		1994
泸州机械工业志（1903-1990）	陈鑫明 张遐龄	四川科学技术出版社		1994
泸州市建筑志	泸州市建设委员会	重庆出版社		1994
泸州市煤炭工业志	泸州市煤炭工业志编纂委员会	重庆出版社		1994
泸州市乡镇企业志	向应成	泸州市乡镇企业局		1994
泸州教育志（1901-1995）	四川省泸州市教育委员会	编者刊		1998

续表八五

篇、书名	著(译)编者	出处	卷、期	年月日
泸州市金融志	泸州市金融志编纂委员会	四川大学出版社		2000
泸州曲艺志	童祥铭	中国戏剧出版社		2002
泸州市军事志	四川省泸州市军事志编纂委员会	四川大学出版社		2003
泸州市卫生志1911－2003	泸州市卫生志编辑委员会	方志出版社		2005
泸州工商行政管理志	泸州市工商行政管理局	编者刊		
泸州林业志	泸州市林业局	编者刊		
泸州文史资料选辑1－30辑	中国人民政治协商会议四川省泸州市委员会文史资料委员会	编者刊		1983－1998
民国泸县志	王禄昌等	排印本		1938
		台湾学生书局		1967
		巴蜀书社		1992
		方志出版社		2005
民国·泸县乡土地理	李昌言	石印本		1949
泸县志	四川省泸县县志办公室	四川科学技术出版社		1993
四川省泸县工商行政管理志	四川省泸县工商行政管理志编委会	编者刊		1988
泸县水利电力渔业志	泸县水利电力局	编者刊		1991
泸县金融志	中国人民银行泸县支行	编者刊		1996
泸县文史资料选辑1－8辑	中国人民政治协商会议四川省泸县委员会文史资料委员会	编者刊		1989－1997
泸州市市中区志	泸州市市中区地方志编纂委员会	四川辞书出版社		1998
嘉庆纳溪县志	赵炳然等	石印本		1920
		排印本		1937

续表八六

篇、书名	著(译)编者	出处	卷、期	年月日
嘉庆纳溪县志	赵炳然等	成文出版社		
		巴蜀书社		1992
纳溪县志	纳溪县志编纂委员会	四川科学技术出版社		1992
纳溪检察志	泸州市纳溪区人民检察院	四川科学技术出版社		2002
纳溪（县）文史资料选辑1－32辑	中国人民政治协商会议四川省纳溪县委员会纳溪县文史资料研究委员会	编者刊		1983－2001
（乾隆）合江县志	叶体仁等	海南出版社		2001
民国合江县志	王玉璋等	排印本		1929
		台湾学生书局		1967
		巴蜀书社		1992
合江县志	合江县志编纂委员会	四川科学技术出版社		1993
合江税务志1911－1985	合江税务志编纂委员会	合江税务局		1985
合江县卫生志	合江县卫生局	编者刊		1986
合江县社会风土志（试写稿）	喻享仁	合江县志编纂委员会办公室		1986
合江县文史资料选辑1－24辑	中国人民政治协商会议四川省合江县委员会	编者刊		1982－2005
（康熙）叙永厅志	宋敏学等	海南出版社		2001
（光绪）续修叙永永拧厅县合志	邓元鏸等	排印本		1908
民国叙永县志	赖佐唐等	排印本		1935
		台湾学生书局		1967
		巴蜀书社		1992
叙永县志	四川省叙永县志编纂委员会	方志出版社		1998
宜宾县广播电视志	宜宾县广播电视局	编者刊		1986
叙永县工会志（建国前－1990）	四川省叙永县总工会	编者刊		1991
叙永县图书发行志	四川省叙永县新华书店	编者刊		1992

续表八七

篇、书名	著(译)编者	出处	卷、期	年月日
叙永县工商行政管理志	叙永县工商行政管理局	西南师范大学出版社		1993
四川省叙永县金融志	黄振孝	叙永县金融志编纂委员会		1997
叙永(县)文史资料选辑1-19辑	中国人民政治协商会议四川省叙永县委员会文史资料委员会	编者刊		1981-1996
民国古宋县志初稿	佚 名	石印本		1935
		巴蜀书社		1992
古蔺县志	古蔺县志编纂委员会	四川科学技术出版社		1993
古蔺县民族志	古玉林	古蔺县民族事务委员会		1991
古蔺县图书发行志	四川省古蔺县新华书店	编者刊		1991
古蔺文史资料选辑1-6辑	中国人民政治协商会议四川省古蔺县委员会文史资料工作委员会	编者刊		1988-1993
嘉靖马湖府志	余承勋	传抄本		1960
		上海古籍书店		1963
(康熙)四川叙州府志	何源浚	中国书店		1992
		辽宁民族出版社		2002
光绪叙州府志	王麟祥等	巴蜀书社		1992
《叙州府志》考	屈 川	西南民族大学学报(人文)	9期	2003
宜宾市志	宜宾市地方志办公室	新华出版社		1992
宜宾地区文物简志	四川省宜宾地区文化局	编者刊		1982
宜宾地区文物志	四川省宜宾地区文化局	编者刊		1992
宜宾地区土特产志	宜宾地区农业区划办公室	编者刊		1985
宜宾土种志(初稿)	宜宾地区农牧局	编者刊		1986
宜宾地区戏曲志	宜宾地区文化局	编者刊		1988
宜宾地区文化艺术志	宜宾地区文化局	编者刊		1994

续表八八

篇、书名	著(译)编者	出处	卷、期	年月日
宜宾地区新华书店志	四川省宜宾地区新华书店	编者刊		1997
宜宾地区国土志	宜宾市国土局	编者刊		2000
宜宾地区新闻志1912—1994	聂际言 侯敏	中共宜宾地委宣传部等		
四川省宜宾市商业志（初稿）	四川省宜宾市商业志编纂领导小组	编者刊		1986
宜宾市劳动志	宜宾市劳动局	编者刊		1986
宜宾市民政志（修正稿）	宜宾市民政局	编者刊		1988
宜宾市供销合作社志	宜宾市供销合作社志编纂委员会	编者刊		
宜宾市税务志	宜宾市税务志编辑组	编者刊		
宜宾教育志	宜宾市教育局	西南师范大学出版社		2005
宜宾文史资料选辑1—24辑	中国人民政治协商会议四川省宜宾市委员会文史资料研究委员会	编者刊		1981—1996
宜宾文史资料选1—8辑	政协宜宾市文史学习委员会	中国人民政治协商会议宜宾市委员会		1993—2000
嘉庆宜宾县志	刘元熙等	叙府大同书局		1932
		成文出版社		
		四川省宜宾市（县）志编纂委员会		1984
		巴蜀书社		1992
宜宾县志	四川省宜宾县志编纂委员会	巴蜀书社		1991
宜宾县人物志（初稿）	宜宾县志办《人物志》编写组	编者刊		1985
宜宾县教育志	宜宾县文教局	编者刊		1986
宜宾县油樟志	宜宾县林业局	编者刊		1986
宜宾县军事志	宜宾县人民武装部	编者刊		1986
宜宾县供销合作社志	宜宾县供销合作社联合社	编者刊		1987

续表八九

篇、书名	著(译)编者	出处	卷、期	年月日
宜宾县金融志	宜宾县金融志编纂小组	成都科技大学出版社		1993
宜宾县文史资料选辑1-25辑	中国人民政治协商会议四川省宜宾县委员会文史资料研究委员会	编者刊		1983-1997
(康熙) 南溪县志	王大骐	抄本		1933
		海南出版社		2001
民国南溪县志	李凌霄等	排印本		1937
		台湾学生书局		1971
		巴蜀书社		1992
南溪县乡土志	佚名	传抄本		1959
南溪县志	四川省南溪县志编纂委员会	四川人民出版社		1992
南溪县教育志	南溪县文教局	编者刊		1989
南溪县农机志	南溪县农机志编委会	编者刊		2000
南溪县文史资料选辑1-34辑	中国人民政治协商会议四川省南溪县委员会文史资料研究委员会	编者刊		1981-2001
(乾隆) 江安县志	雷伊	国立北平图书馆抄本		1930
民国江安县志	严希慎等	排印本		1923
		成文出版社		
		巴蜀书社		1992
江安县志	四川省江安县志编纂委员会	方志出版社		1998
江安县金融志	江安县金融志编纂小组	编者刊		1989
江安县税务志1911-1985	江安县税务局	编者刊		1989
江安县财政志1911-1985	四川省江安县财政局	编者刊		1990
江安县国土志	江安县国土局	编者刊		2000

续表九〇

篇、书名	著(译)编者	出处	卷、期	年月日
江安文史资料选辑1-9辑	中国人民政治协商会议四川省江安县委员会文史资料研究委员会	编者刊		1984-1999
(康熙)长宁县志	宗让等	海南出版社		2001
嘉庆长宁县志	杨庚等	排印本		1919
		巴蜀书社		1992
民国长宁县志	汪泳龙等	油印本		1938
		长宁县志办公室		1985
长宁县志	四川省长宁县志编纂委员会	巴蜀书社		1994
长宁县文史资料1-14辑	中国人民政治协商会议长宁县委员会文史资料委员会	编者刊		1992-2005
(乾隆)高县志	李鸿楷	海南出版社		2001
高县志	卢耀等	传抄本		1965
同治高县志	敖立榜等	成文出版社		
		巴蜀书社		1992
高县志	高县志编纂委员会	方志出版社		1998
高县文史资料选辑1-5辑	中国人民政治协商会议高县委员会文史资料委员会	编者刊		1992-1996
(康熙)筠连县志	丁林声	海南出版社		2001
同治筠连县志	程熙春等	巴蜀书社		1992
民国续修筠连县志	筠连县续修县志委员会	筠连县政府		1948
		成文出版社		
		巴蜀书社		1992
筠连县志	筠连县县志编纂委员会	四川科学技术出版社		1998
筠连县建设建筑环保志	筠连县城乡建设环境保护局	编者刊		1991
筠连县非公有制经济志	王维安	巴蜀书社		2001

续表九一

篇、书名	著(译)编者	出处	卷、期	年月日
（筠连县）文史资料选辑 1-18 期	政协筠连县委员会文史学习委员会	编者刊		1983-2000
乾隆珙县志	王圭修	传抄本		1961
		海南出版社		2001
光绪珙县志	冉瑞炯等	补刻重印本		1933
		成文出版社		
		巴蜀书社		1992
珙县志	四川省珙县志编纂委员会	四川人民出版社		1995
珙县林业志	四川省珙县林业局	编者刊		1986
珙县财政志	四川省珙县财政局	编者刊		1989
珙县书店志	四川省珙县新华书店	编者刊		1992
珙县苗族志	珙县民族事务委员会	编者刊		1996
珙县政协文史资料选 1-12 辑	中国人民政治协商会议四川省珙县委员会文史资料委员会	编者刊		1987-1998
（康熙）兴文县志	宗让	海南出版社		2001
（乾隆）兴文县志	佚名	抄本		1933
		海南出版社		2001
光绪兴文县志	江亦显等	重印本		1936
		成文出版社		
民国兴文县志	李仲阳等	成都书局		1943
		巴蜀书社		1992
兴文县志	兴文县志编纂委员会	四川辞书出版社		1994
《兴文县志》纂修源流考略	屈川	四川师范学院学报（哲社）	5 期	2002
兴文县书店志	四川省兴文县新华书店	编者刊		1991
兴文县农业志	四川兴文县农业志办	编者刊		2003

续表九二

篇、书名	著(译)编者	出处	卷、期	年月日
中国兴文石海志	四川省兴文县人民政府	编者刊		2005
兴文县交通志	兴文县交通志编纂委员会	编者刊		
兴文县文史资料1-20辑	政协兴文县委员会学习文史委员会	编者刊		1984-2005
(康熙)叙州府庆符县志	丁林声等	海南出版社		2001
光绪庆符县志	孙定扬等	成文出版社		
		巴蜀书社		1992
乾隆屏山县志	张曾敏等	排印本		1931
		巴蜀书社		1992
嘉庆续编屏山志	敬大科等	巴蜀书社		1992
光绪屏山县续志	张九章等	排印本		1931
		巴蜀书社		1992
屏山县志	屏山县志编纂委员会	四川人民出版社		1998
屏山县书店志	四川省屏山县新华书店	编者刊		1996
屏山文史资料1-18辑	中国人民政治协商会议四川省屏山县委员会文史资料委员会	编者刊		1981-1995
(康熙)眉州属志	张漢等	海南出版社		2001
嘉庆眉州属志	涂长发等	巴蜀书社		1992
嘉庆续眉州志略	戴三锡等	巴蜀书社		1992
民国眉山县志	王铭新等	石印本		1923
		台湾学生书局		1967
		巴蜀书社		1992
眉山县志序——四川方志叙文选录(43)	杨卫星	四川文献	131期	1973
眉山县志	四川省眉山县志编纂委员会	四川人民出版社		1992
眉山县教育志	四川省眉山县教育局	编者刊		1988
眉山县体育志	四川省眉山县体育运动委员会	编者刊		1989

续表九三

篇、书名	著(译)编者	出处	卷、期	年月日
眉山图书发行志	四川省眉山县新华书店	编者刊		1992
眉山邮电志	四川眉山县邮电局修志小组	眉山地方志办公室		1994
眉山文史资料7-10辑	中国人民政治协商会议四川省眉山县委员会文教委员会	编者刊		1991-1996
眉山市东坡区政协文史资料1辑（总11辑）	中国人民政治协商会议眉山市东坡区委员会	编者刊		2001
（乾隆）纂集仁寿全志	佚名	抄本		1932
清·仁寿县志	姚令仪等	台湾学生书局		1968
光绪补纂仁寿县原志	翁植等	巴蜀书社		1992
仁寿县志	四川省仁寿县志编纂委员会	四川人民出版社		1990
仁寿县教育志	四川省仁寿县《教育志》编写组	编者刊		1986
仁寿县税务志	仁寿县税务局	编者刊		1986
中共仁寿县委组织志	中共仁寿县组织部	编者刊		1987
仁寿县志体育志（总纂稿）	仁寿县志编纂委员会	编者刊		1987
仁寿县志金融志（总纂稿）	仁寿县志编纂委员会	编者刊		1988
仁寿县文化志	仁寿县文化志编写组	编者刊		1989
仁寿县国土志	仁寿县国土志编纂委员会	编者刊		1999
仁寿文史1-11辑	政协仁寿委员会学习宣传文史委员会	编者刊		1985-1995
（乾隆）彭山县志	张凤翥	海南出版社		2001
民国重修彭山县志	刘锡纯等	排印本		1944
		巴蜀书社		1992
彭山县乡土志教科书	徐原烈	排印本		1921
彭山县志	四川省彭山县志编纂委员会	巴蜀书社		1991

续表九四

篇、书名	著(译)编者	出处	卷、期	年月日
彭山县财政志	彭山县财政志编纂领导小组	编者刊		1985
彭山县税务志	彭山县税务志编纂领导小组	编者刊		1986
彭山县公安志	四川省彭山县公安局	编者刊		1996
彭山县供销合作社志	四川省彭山县供销合作社	编者刊		1996
彭山县水利电力志	彭山县水利电力局	编者刊		1997
彭山县国土志	彭山县国土局	编者刊		1999
彭山文史资料1-3辑	彭山县政协文史资料研究委员会	编者刊		1991-1995
嘉靖洪雅县志	束载等	上海古籍书店		1963
(康熙) 洪雅县志	吴一蜚等	海南出版社		2001
嘉庆洪雅县志	王好音等	巴蜀书社		1992
光绪洪雅县志	郭世棻等	巴蜀书社		1992
洪雅县志	洪雅县地方志编纂委员会	电子科技大学出版社		1997
四川省洪雅县林业局志	四川省洪雅县林业局编辑小组	编者刊		1984
洪雅县文物志	洪雅县文化馆	编者刊		1985
洪雅县税务志	洪雅县税务局	编者刊		1985
洪雅县粮油志	洪雅县粮油志编辑委员会	编者刊		1986
洪雅县劳动志	洪雅县劳动志编写小组	编者刊		1986
洪雅县农村金融志1940-1985	中国农业银行洪雅县支行《农村金融》志编写组	编者刊		1986
四川省洪雅县工商行政管理局志	四川省洪雅县工商行政管理局志编辑领导小组	编者刊		1986
洪雅林场志	赵崇儒	四川人民出版社		1991
洪雅县气象志	四川省洪雅县气象站	编者刊		

续表九五

篇、书名	著(译)编者	出处	卷、期	年月日
洪雅县财政志	洪雅县财政志编纂领导小组	编者刊		
洪雅文化志	洪雅县文化局	编者刊		
洪雅县文史资料1-5辑	政协洪雅县委员会文史资料委员会	编者刊		1993-2012
(乾隆)丹棱县志	李光泗等	海南出版社		2001
民国丹棱县志	刘良模等	石印本		1923
		巴蜀书社		1992
丹棱县志	四川省丹棱县志编纂委员会	编者刊		2000
丹棱文史1-4辑	中国人民政治协商会议丹棱县委员会文史资料委员会	编者刊		1987-1991
(乾隆)青神县志	王承燨	海南出版社		2001
嘉庆青神县志	颜谨等	传抄本		1958
光绪青神县志	郭世棻等	巴蜀书社		1992
青神县乡土志	邵怀仁	全国图书馆缩微文献复制中心		1992
青神县备徵录	周子云	全国图书馆缩微文献复制中心		1992
青神县志	四川省青神县县志编纂委员会	成都科技大学出版社		1996
青神县文物志(地面文物部分)	青神县文化局、青神县文物保护管理所	编者刊		1985
青神县税务志	青神县税务局	编者刊		1986
青神县保险志	中国人民保险公司青神县支公司	编者刊		1987
青神烟草志	青神烟草专卖局(公司)	编者刊		1997
青神县文化志	青神县文化旅游局	编者刊		1998
(万历)嘉定州志	李采等	抄本		民国
(康熙)嘉定州志	张能鳞等	抄本		1932

续表九六

篇、书名	著(译)编者	出处	卷、期	年月日
（明·万历）嘉定州志、（清·康熙）嘉定州志、（清·嘉庆）凌云诗钞	乐山市市中区地方志办公室	编者刊		1986
同治嘉定府志	文良等	乐山市市中区编史修志办公室		1986
		巴蜀书社		1992
《嘉定府志》版本述略	肖建西	巴蜀史志	2期	2004
民国乐山县志	唐受潘等	排印本		1934
		台湾学生书局		1967
		巴蜀书社		1992
乐山市志	乐山市地方志编纂委员会	巴蜀书社		2001
乐山市财政税务志 上篇	乐山市财政税务局	编者刊		1984
乐山地区地震志	四川省乐山地区地震办公室	编者刊		1985
乐山市粮食局志	乐山市粮食局志编纂办公室	编者刊		1985
乐山市工商行政管理志	乐山市工商行政管理局	编者刊		1985
乐山市金融志 上篇	中国工商银行乐山市支行营业部	编者刊		1985
乐山市畜牧兽医志	乐山市市中区畜牧局	编者刊		1986
乐山市卫生志 上篇（1911－1949）	乐山市市中区卫生局	编者刊		1987
乐山市林业志	乐山市市中区林业局	编者刊		1988
乐山市畜牧志	乐山市畜牧局	上海科学技术出版社		1989
乐山市自然地理志（初稿）	四川省乐山市市中区国土局、四川省乐山市市中区修志办	编者刊		1989
乐山市城乡建设环境保护志	四川省乐山市城乡建设环境保护委员会	编者刊		1992
乐山市物价志	杨旭英	四川省乐山市物价局		1995
乐山市科学技术志	乐山市科学技术委员会	编者刊		1997

续表九七

篇、书名	著(译)编者	出处	卷、期	年月日
乐山报业志	乐山日报社	天地出版社		1997
乐山市公安志	乐山市公安局	四川大学出版社		1997
乐山电网供电用电发展史（1919.11－1999.11）	张忠凯	乐山电业局		1999
乐山金融志	乐山金融志编纂委员会	巴蜀书社		1999
乐山市水利志	乐山市水利志编辑委员会	乐山市水利电力局		2000
乐山市少数民族志	乐山市少数民族事务委员会	编者刊		2004
乐山市乡镇企业志	乐山市乡镇企业志编纂领导小组	编者刊		2004
乐山市民政志	乐山市民政局	编者刊		2004
乐山市体育志	乐山市体育局	编者刊		2004
乐山市交通志	乐山市交通志编纂委员会	四川人民出版社		2005
乐山文史资料4－19辑	中国人民政治协商会议乐山市委员会学习宣传文史委员会	编者刊		1988－2000
乐山文史选辑2辑	中国人民政治协商会议乐山市委员会文史资料委员会	编者刊		1989
乐山市市中区教育志	乐山市市中区教育志编写组	编者刊		1992
乐山市市中区人事志	乐山市市中区人事局	编者刊		1992
乐山市市中区水利志	乐山市市中区水利电力局	编者刊		1993
乐山市市中区检察志1939－1994	乐山市市中区人民检察院	编者刊		1995
（乐山市市中区）文史资料选辑2－19辑	中国人民政治协商会议四川省乐山市市中区委员会文史资料编委会	编者刊		1989－2005
五通桥区志	四川省五通桥区志编纂委员会	巴蜀书社		1992

续表九八

篇、书名	著(译)编者	出处	卷、期	年月日
五通桥文史资料 1-5 辑	政协乐山市五通桥区文史资料研究委员会	编者刊		1987-1990
金口河区志	乐山市金口河区地方志编纂委员会	巴蜀书社		1999
沙湾区志	四川省乐山市沙湾区地方志编纂委员会	四川人民出版社		2001
(乾隆)犍为县志	宋锦等	海南出版社		2001
(乾隆)犍为县志	沈念兹等	全国图书馆缩微文献复制中心		1992
民国犍为县志	陈谦等	排印本		1937
		台湾学生书局		1968
		巴蜀书社		1992
犍为县志序——四川方志序文选录	王朝籍	四川文献	100期	1970
犍为县志	四川省犍为县志编纂委员会	四川人民出版社		1991
犍为县建置沿革志	四川省犍为县编修县志委员会	编者刊		1983
犍为县供销合作社志	犍为县供销社编纂委员会	编者刊		1984
犍为县交通局志	犍为县交通局志编写办公室	编者刊		1986
犍为县医药志	犍为县医药管理局	编者刊		1986
犍为县卫生防疫志	四川省犍为县防疫站	编者刊		1986
四川省犍为县教育志	犍为县教育志编写办公室	编者刊		1986
犍为县商业志	犍为县商业志编辑组	编者刊		1986
犍为县广播电视志	犍为县广播电视志编修办公室	编者刊		1986
犍为县粮油志	犍为县粮油志编写办公室	编者刊		1986
犍为县农业志(初稿)	犍为县农业局志办	编者刊		1986

续表九九

篇、书名	著(译)编者	出处	卷、期	年月日
犍为县农机志	犍为县农机局	编者刊		1986
犍为县人民检察院志	熊文章	《犍为县人民检察志》编辑组		1986
犍为县民政志	四川省犍为县民政局	编者刊		1986
四川省犍为县财政志 第一卷	犍为县财政志编写办公室	编者刊		1987
犍为县水利电力志	犍为县水利电力志编纂小组	编者刊		1987
犍为法院志 1941－1985	四川省犍为县人民法院	编者刊		1987
四川省犍为县公安志	四川省犍为县公安志编纂领导小组	编者刊		1987
犍为县军事志	四川省犍为县人民武装部	编者刊		1987
犍为县税务志 1912－1985	犍为县税务志编纂小组	编者刊		1988
犍为县国土志	犍为县国土局	编者刊		2001
犍为文史资料 1－7 辑	中国人民政治协商会议犍为县委员会学习文史委员会	编者刊		1987－2001
光绪井研县志	叶桂年等	刻本		1900
		台湾学生书局		1968
		井研县编史修志委员会		1985
		巴蜀书社		1992
井研县志	四川省井研县志编纂委员会	四川人民出版社		1990
井研县人民政府志	井研县人民政府编志领导小组	编者刊		1984
井研县粮食志	井研县粮食局	编者刊		1985
井研县税务志	井研县税务局	编者刊		1986
井研县水利电力志	井研县水电局	编者刊		1989
井研文史资料 1－3 辑	政协井研县委员会文史委、井研县地方志办公室	编者刊		1992－1995

续表一〇〇

篇、书名	著(译)编者	出处	卷、期	年月日
（康熙）夹江县志	李大成等	抄本		1932
（清）夹江县乡土志	佚名	全国图书馆缩微文献复制中心		1992
民国夹江县志	刘作铭等	排印本		1935
		台湾学生书局		1967
		巴蜀书社		1992
夹江县志叙略——四川方志叙文选录之二十七	刘作铭	四川文献	115期	1972
（民国）夹江县乡土志略	干端生	义钟书局		1948
夹江县志	四川省夹江县志编纂委员会	四川人民出版社		1989
夹江县税务志	夹江县税务局	编者刊		1993
夹江县城乡建设环境保护志	夹江县城乡建设环境保护委员会	编者刊		
夹江县工商行政管理志	夹江县工商行政管理志编纂领导小组	编者刊		
夹江县金融志1911-1985	中国工商银行夹江县支行	编者刊		
夹江文史资料1-8辑	中国人民政治协商会议四川省夹江县委员会	编者刊		1986-1995（2006）
沐川县志	四川省沐川县地方志编纂委员会	巴蜀书社		1993
沐川税务志	沐川县税务局	编者刊		1990
（乾隆）峨眉县志	文曙等	海南出版社		2001
嘉庆峨眉县志	王燮等	补刻本		1911
		巴蜀书社		1992
宣统峨眉县续志	李锦成等	刻本		1911
		补辑本		1935
		台湾学生书局		1971
		巴蜀书社		1992
续修峨眉县志序——四川方志叙文选录（57）	李锦成	四川文献	146期	1974

续表一〇一

篇、书名	著(译)编者	出处	卷、期	年月日
峨眉县志	四川省峨眉县志编纂委员会	四川人民出版社		1991
峨眉县地震志	峨眉县科学技术委员会	编者刊		1985
峨眉县教育志	峨眉县教育志编写组	编者刊		1987
峨眉县税务志	峨眉县税务局	编者刊		1988
峨眉县工商行政管理志（1903－1985）	峨眉县工商行政管理局	编者刊		1988
峨眉山市（县）财政志（1912－1990）	峨眉山市财政局编委会	编者刊		1997
民国峨边县志	李宗锽等	排印本		1915
		峨边县档案馆、修志委员会		1981
		巴蜀书社		1992
峨边彝族自治县志	峨边彝族自治县志编纂委员会	四川辞书出版社		1994
嘉庆马边厅志略	周斯才	传抄本		1954
		巴蜀书社		1992
马边彝族自治县志	马边彝族自治县地方志编纂委员会	成都科技大学出版社		2005
马边税务志	马边彝族自治县税务局	编者刊		1987
马边彝族自治县地震志	马边彝族自治县地震志编委会	马边彝族自治县地震局		1987
马边彝族自治县二轻工业志	马边彝族自治县二轻工业局	编者刊		1988
马边妇联志1911－1990	马边彝族自治县妇女联合会	编者刊		1990
马边图书发行志	马边彝族自治县新华书店	编者刊		1991
马边文史资料选编1－4辑	政协马边彝族自治县学习宣传文卫委员会	编者刊		2002－2005
乾隆雅州府志	曹抡彬等	成文出版社		1969
		巴蜀书社		1992
（光绪补刊）雅州府志		雅安地区图书馆学会		1984

续表一〇二

篇、书名	著(译)编者	出处	卷、期	年月日
清·雅安县乡土志	王安黻 王安民	抄本		民国
民国雅安县志	胡荣湛等	石印本		1928
		巴蜀书社		1992
雅安市志	四川省雅安市志编纂委员会	四川人民出版社		1996
雅安地区土种志	雅安地区农业局	编者刊		1986
雅安地区戏曲志	雅安地区文化局	编者刊		1987
雅安市城建环保志	雅安市建设委员会	编者刊		1989
雅安地区文物志	雅安地区文物志编委会	巴蜀书社		1992
雅安地区交通志	雅安地区交通局	四川科学技术出版社		1993
雅安地区矿产志	四川省雅安地区地方志办公室、四川省雅安地区乡镇企业局	四川科学技术出版社		1995
雅安地区盐业志	雅安地区盐业志编辑委员会	四川科学技术出版社		1995
雅安地区水利电力志	四川省雅安地区水利电力局	四川科学技术出版社		1996
雅安地区税务志	雅安地区税务局	四川科学技术出版社		1996
雅安地区金融志	雅安地区金融志编辑委员会	四川科学技术出版社		1998
雅安地区畜牧兽医志	蒲朝龙	成都科技大学出版社		1999
雅安地区自然地理志	雅安地区自然地理志编纂委员会	编者刊		2000
雅安市地震志	雅安市地震志编纂委员会	四川省雅安市地震局		2001
雅安少数民族	雅安市政协学习文史联络委员会、雅安市民族宗教事务局	编者刊		2001
雅安文史资料选辑2-8辑	中国人民政治协商会议雅安市委员会文史资料研究委员会	编者刊		1985－1994

续表一〇三

篇、书名	著(译)编者	出处	卷、期	年月日
民国名山县新志	胡存琮等	刻本		1930
		巴蜀书社		1992
		冯永文等校注本		1996
名山县新志弁言——四川方志叙文选录之三十	胡存琮	四川文献	118期	1972
名山县志	四川省名山县志编纂委员会	四川科学技术出版社		1992
名山县文史资料1-7辑	中国人民政治协商会议四川省名山县委员会文史资料委员会	编者刊		1984-1995
民国荥经县志	贺泽等	刻本		1915
		补修本		1928
		成文出版社		
		巴蜀书社		1992
荥经县志	四川省荥经县地方志编纂委员会	西南师范大学出版社		1998
荥经文史资料选辑1-2辑	中国人民政治协商会议四川省荥经县委员会文史资料工作委员会	编者刊		1988
嘉庆清溪县志	刘传经等	成文出版社		
		汉源县志编纂委员会办公室		1986
民国汉源县志	刘裕常等	排印本		1941
		巴蜀书社		1992
汉源县志	汉源县志编纂委员会	四川科学技术出版社		1994
汉源县盐志	四川省盐业公司汉源支公司	编者刊		1986
汉源县水利电力志	四川省汉源县水利电力局	四川科学技术出版社		1995
汉源文史资料选辑1-4辑	中国人民政治协商会议四川省汉源县委员会文史资料工作组	编者刊		1984-1996

续表一〇四

篇、书名	著(译)编者	出处	卷、期	年月日
石棉县志	石棉县地方志编纂委员会	四川辞书出版社		1999
咸丰天全州志	陈松龄等	巴蜀书社		1992
天全县志	四川省天全县志编纂委员会	四川科学技术出版社		1997
天全文史资料1-8辑	中国人民政治协商会议四川省天全县委员会	编者刊		1984-1989
(康熙) 芦山县志	杨廷琚等	海南出版社		2001
民国芦山县志	宋琅等	排印本		1943
		芦山县志编纂委员会		1987
		巴蜀书社		1992
芦山县志	四川省芦山县志编纂委员会	方志出版社		2000
芦山县生漆志	四川省芦山县地方志编纂委员会	编者刊		1986
芦山县文史资料3辑	中国人民政治协商会议芦山县委员会文史委员会	编者刊		1991
宝兴县志	四川省宝兴县地方志编纂委员会	方志出版社		2000
宝兴文史资料1-4辑	中国人民政治协商会议四川宝兴县委员会文史资料委员会	编者刊		1988-1994
阿坝州志	阿坝藏族羌族自治州地方志编纂委员会	民族出版社		1994
阿坝州志(藏文)	阿坝藏族羌族自治州地方志编纂委员会	民族出版社		1996
阿坝州工会志1911-1989	阿坝藏族羌族自治州总工会	编者刊		1990
阿坝藏族羌族自治州：文化艺术志	阿坝州文化局	巴蜀书社		1992
阿坝州卫生志	阿坝藏族羌族自治州卫生局	民族出版社		1995

续表一〇五

篇、书名	著(译)编者	出处	卷、期	年月日
阿坝藏族羌族自治州交通志	阿坝藏族羌族自治州交通局	编者刊		1992
阿坝州金融志	阿坝藏族羌族自治州金融志编纂领导小组	编者刊		1993
阿坝藏族羌族自治州：民族体育志	阿坝藏族羌族自治州体育运动委员会	巴蜀书社		1993
阿坝州邮电志	阿坝州邮电局	民族出版社		1994
阿坝州卫生志	阿坝藏族羌族自治州卫生局	民族出版社		1995
阿坝森工志	周耀伍	四川美术出版社		1999
阿坝藏族羌族自治州：藏文编译志	阿坝州藏文编译局	甘肃民族出版社		2000
阿坝藏族（羌族）自治州文史资料选辑1-18辑	中国人民政治协商会议阿坝藏族羌族自治州委员会文史和学习委员会	编者刊		1984-2003
马尔康县志	四川省马尔康县地方志编纂委员会	四川人民出版社		1995
马尔康县公会志	马尔康县公会志编纂委员会	编者刊		1993
金川县志	金川县地方志编纂委员会	民族出版社		1994
金川民政志	金川县民政局	编者刊		1991
金川县教育志	金川县文教局	编者刊		1991
清·懋功乡土志	兴元	抄本		1917
		线装书局		2002
清·懋功屯志略	兴元	传抄本		1959
民国懋功县志	佚名	传抄本（记事至民国三年）		民国
		巴蜀书社		1992
民国抚边屯志略草案	刘文增	抄本		民国
		传抄本		1950
		传抄本		1955
		巴蜀书社		1992
		全国图书馆缩微文献复制中心		1992

续表一〇六

篇、书名	著(译)编者	出处	卷、期	年月日
道光绥靖屯志	李涵元等	传抄本		1958
		巴蜀书社		1992
民国崇化屯志	刘光永	抄本		1912
		传抄本		1950
		传抄本		1955
		巴蜀书社		1992
小金县志	四川省阿坝藏族羌族自治州小金县地方志编纂委员会	四川辞书出版社		1995
小金文史资料选辑1-6辑	中国人民政治协商会议小金县委员会文史资料委员会	编者刊		1988-2005
阿坝县志	阿坝县地方志编纂委员会	民族出版社		1993
若尔盖县志	若尔盖县地方志编纂委员会	民族出版社		1996
红原县志	四川省红原县志编纂委员会	四川人民出版社		1996
红原县教育志	红原县教育志编纂委员会	编者刊		2002
壤塘县志	四川省阿坝藏族羌族自治州壤塘县地方志编纂委员会	民族出版社		1997
壤塘县地震志	壤塘县地震台	编者刊		1985
民国汶川县志	祝世德等	汶川县政府		1944
		成文出版社		
		巴蜀书社		1992
		阿坝州地方志编辑委员会		1997
续修汶川县志序	张群	四川文献	21期	1964
汶川图说	祝世德	汶川县政府		1945
汶川县志	四川省阿坝藏族羌族自治州汶川县地方志编纂委员会	民族出版社		1992

续表一〇七

篇、书名	著(译)编者	出处	卷、期	年月日
汶川县工商行政管理局志	汶川县工商物价局	编者刊		1990
汶川县金融志	汶川县金融志编纂领导小组	编者刊		1993
汶川县卫生志	汶川县卫生志编纂领导小组	汶川县卫生局		1993
汶川县文史资料选辑1-5辑	中国人民政治协商会议汶川县委员会文史资料委员会	编者刊		1985-1996
同治直隶理番厅志	吴羹梅等	巴蜀书社		1992
理县志	理县志编纂委员会	四川民族出版社		1997
保县志 汶川县志 金川琐记	李冬生	阿坝州地方志编纂委员会		1998
(乾隆)保县志	陈克绳	海南出版社		2001
乾隆《保县志》的特点及史料价值	赵心愚	四川藏学研究	8辑	2004
(乾隆)茂州志	丁映奎	海南出版社		2001
道光茂州志	杨迦怿等	巴蜀书社		1992
		茂县地方志编纂委员会办公室		2005
茂汶羌族自治县志	四川省阿坝藏族羌族自治州茂汶羌族自治县地方志编纂委员会	四川辞书出版社		1997
茂汶羌族自治县邮电局志	茂汶羌族自治县邮电局	编者刊		1986
茂汶羌族自治县水利电力志	茂县农机水电局	四川科学技术出版社		1991
茂县教育志	茂县文化教育局	编者刊		1994
清·直隶松潘厅志	温承恭	刻本		1959
民国松潘县志	张典等	刻本		1924
		台湾学生书局		1967
		巴蜀书社		1992
松潘县志	松潘县志编纂委员会	民族出版社		1999
松潘县民族商业志	松潘县民族商业志编写小组	编者刊		1990

续表一〇八

篇、书名	著(译)编者	出处	卷、期	年月日
黄龙风景名胜区志	松潘县黄龙风景名胜区管理局、松潘县县志办公室	编者刊		1999
松潘县教育志	松潘县教育志编纂委员会	编者刊		2002
松潘县文史资料选辑1-4辑	中国人民政治协商会议四川省松潘县委员会文史资料委员会	编者刊		1984-2001
南坪乡土志		抄本		1915
		南坪县志办校点		1984
南坪县志	南坪县地方志编纂委员会	民族出版社		1994
九寨沟县社会风土志	九寨沟县地方志编纂委员会	四川人民出版社		2004
九寨沟县文史资料4-5辑	政协九寨沟县委员会文史学习委员会	编者刊		2002-2004
黑水县志	四川省阿坝藏族羌族自治州黑水县地方志编纂委员会	民族出版社		1993
西康省通志撰修纲要	任乃强	西康省通志馆筹备委员会		1940
(乾隆)打箭炉志略	佚名	排印本		1906
		中央民族学院图书馆		1979
乾隆《打箭炉志略》著者及资料来源考	赵心愚	西南民族学院学报(哲社)	9期	2003
光绪打箭厅志	刘廷恕	传抄本		1904
		传抄本		1960
		传抄本		1961
光绪打箭厅志	刘廷恕	巴蜀书社		1992
甘孜州志	甘孜州志编纂委员会	四川人民出版社		1997
甘孜藏族自治州:藏戏志	甘孜州文化局集成办公室	编者刊		1989
甘孜藏族自治州民族志	康定民族师专编写组	当代中国出版社		1994

续表一〇九

篇、书名	著(译)编者	出处	卷、期	年月日
甘孜藏族自治州林业志	甘孜藏族自治州林业志编写组	四川辞书出版社		1994
甘孜藏族自治州教育志	甘孜藏族自治州教育志编纂委员会	四川民族出版社		1996
甘孜藏族自治州医药卫生志	甘孜藏族自治州卫生局	编者刊		1996
甘孜藏族自治州金融志	甘孜藏族自治州《金融志》编纂领导小组	编者刊		1997
甘孜州邮电志	甘孜藏族自治州邮电局	编者刊		1998
甘孜州藏传佛教寺院志（藏文）	中国藏学研究中心历史宗教研究所等	编者刊		1999
甘孜藏族自治州康定电力公司志	甘孜藏族自治州康定电力公司志编委会	编者刊		1999
甘孜藏族自治州：畜牧志	甘孜州畜牧局	编者刊		2002
（四川省）甘孜（藏族自治）州文史资料（选辑）1-18辑	中国人民政治协商会议甘孜藏族自治州委员会	编者刊		1982-2000
民国康定县图志	刘赞廷	民族文化宫图书馆		1961
		巴蜀书社		1992
康定县志	四川省康定县志编纂委员会	四川辞书出版社		1995
康定县文史资料选辑1-13辑	中国人民政治协商会议甘孜藏族自治州委员会康定县委员会	编者刊		1987-2001
民国泸定县图志	刘赞廷	民族文化宫图书馆		1961
		巴蜀书社		1992
民国泸定县乡土志	王世瑀 张培恕	抄本		1920
		线装书局		2002
泸定县志	泸定县县志编纂委员会	四川科学技术出版社		1999

续表一一〇

篇、书名	著(译)编者	出处	卷、期	年月日
（甘孜藏族自治州）泸定（县）文史资料选辑1-8辑	中国人民政治协商会议四川省甘孜藏族自治州委员会泸定县委员会	编者刊		1984-2000
章谷屯志略	吴德煦	振绮堂丛书		1910
		中央民族学院图书馆		1978
		成文出版社		1968
		上海书店出版社		1994
民国丹巴县图志（附《倬斯甲》）	刘赞廷	民族文化宫图书馆		1961
		巴蜀书社		1992
丹巴县志	四川省甘孜藏族自治州丹巴县志编纂委员会	民族出版社		1996
甘孜藏族自治州丹巴文史资料选辑1-3辑	中国人民政治协商会议丹巴县委员会	编者刊		1987-1992
民国九龙县图志（附《木里》）	刘赞廷	民族文化宫图书馆		1960
		巴蜀书社		1992
九龙县志	四川省九龙县志编纂委员会	四川人民出版社		1997
九龙县民族志	九龙县档案县志局	编者刊		
九龙县文史资料1-2辑	政协九龙县委员会文史委	编者刊		1989-2003
民国雅江县图志	刘赞廷	民族文化宫图书馆		1961
		巴蜀书社		1992
雅江县志	四川省甘孜藏族自治州雅江县志编纂委员会	巴蜀书社		2000
雅江文史资料1-4辑	政协雅江县委员会	编者刊		2000-2004
民国道孚县图志（附《色达》）	刘赞廷	民族文化宫图书馆		1960
		巴蜀书社		1992
道孚县志	四川省道孚县志编纂委员会	四川人民出版社		1998

续表———

篇、书名	著(译)编者	出处	卷、期	年月日
道孚文史资料选辑1-3辑	中国人民政治协商会议道孚县委员会	编者刊		1985-1991
色达县志	四川省色达县志编纂委员会	四川人民出版社		1997
(光绪)四川新设炉霍屯志略	李之珂	排印本		1906
		中央民族学院图书馆		1978
民国炉霍县图志	刘赞廷	民族文化宫图书馆		1960
		巴蜀书社		1992
炉霍县志	炉霍县志编纂委员会	四川人民出版社		2000
炉霍金融志	中国农业银行炉霍县支行	编者刊		1994
炉霍县教育体育志	炉霍县教育体育局	编者刊		2004
炉霍史志资料选辑1辑	炉霍县党史办公室、地方志办公室	编者刊		1992
民国甘孜县图志（附《俄洛志》）	刘赞廷	民族文化宫图书馆		1961
		巴蜀书社		1992
甘孜县志	甘孜县地方志编纂委员会	四川科学技术出版社		1999
甘孜县文史资料选编1辑（藏文）	甘孜县政协文史资料档案编辑委员会、甘孜县佛教历史调查研究办公室	编者刊		1988
(光绪)定瞻厅志略	张继	中央民族学院图书馆		1978
民国瞻化县图志	刘赞廷	民族文化宫图书馆		1961
		巴蜀书社		1992
新龙县志	四川省甘孜藏族自治州新龙县志编纂委员会	四川人民出版社		1992
新龙县文史资料1辑	政协新龙县委员会	编者刊		1999
民国德格县图志	刘赞廷	民族文化宫图书馆		1962
		巴蜀书社		1992

续表一一二

篇、书名	著(译)编者	出处	卷、期	年月日
德格县志	四川省德格县志编纂委员会	四川人民出版社		1995
民国白玉县图志	刘赞廷	民族文化宫图书馆		1960
		巴蜀书社		1992
白玉县志	四川省甘孜藏族自治州白玉县志编纂委员会	四川大学出版社		1996
白玉县文史资料1辑	政协白玉县委员会	编者刊		1997
民国石渠县图志	刘赞廷	民族文化宫图书馆		1960
		巴蜀书社		1992
石渠县志	石渠县志编纂委员会	四川人民出版社		2000
石渠县政协文史资料1辑	政协石渠县委员会	编者刊		1992
民国邓柯县图志	刘赞廷	民族文化宫图书馆		1960
		巴蜀书社		1992
嘉庆理塘志略	陈登龙	成文出版社		
		台湾学生书局		1969
		中央民族学院图书馆		1978
民国理化县图志	刘赞廷	民族文化宫图书馆		1960
		巴蜀书社		1992
理化县志稿	贺觉非	西康省政府		1945
理塘县志	四川省理塘县志编纂委员会	四川人民出版社		1996
民国义敦县图志	刘赞廷	民族文化宫图书馆		1961
		巴蜀书社		1992
(道光)巴塘志略	钱召棠	抄本		民国
		中央民族学院图书馆		1978
民国巴安县图志	刘赞廷	西南图书馆		1952
		民族文化宫图书馆		1962
		巴蜀书社		1992
巴塘县志	四川省巴塘县志编纂委员会	四川民族出版社		1993

续表一一三

篇、书名	著(译)编者	出处	卷、期	年月日
巴塘县文史资料 1-2 辑	中国人民政治协商会议巴塘县委员会	编者刊		1995-2005
民国定乡县图志	刘赞廷	民族文化宫图书馆		1960
		巴蜀书社		1992
乡城县志	乡城县志编纂委员会	四川大学出版社		1997
民国稻城县图志	刘赞廷	民族文化宫图书馆		1960
		巴蜀书社		1992
稻城县志	四川省稻城县志编纂委员会	四川人民出版社		1997
民国得荣县图志	刘赞廷	民族文化宫图书馆		1960
		巴蜀书社		1992
得荣县志	得荣县地方志编纂委员会	四川大学出版社		2000
嘉庆宁远府志	佚 名	西安古旧书店		1960
		全国图书馆缩微文献复制中心		1992
光绪越嶲厅全志	马忠良等	排印本		1906
		成文出版社		
		巴蜀书社		1992
马艾缘何成马义 雍陶亦未自酬诗——光绪本《越嶲厅全志·艺文志》辨误	蒋邦泽	西昌师专学报（哲社）	3期	1994
凉山彝族自治州志	凉山彝族自治州地方志编纂委员会	方志出版社		2002
凉山州《戏曲志》	凉山彝族自治州文化局《戏曲志》编委会	编者刊		1985
凉山彝族自治州 化学工业志	凉山彝族自治州轻化工业局	编者刊		1991
凉山彝族自治州建筑志	凉山彝族自治州建设委员会	编者刊		1992
凉山彝族自治州交通志	凉山州交通志编纂委员会	编者刊		1992
凉山彝族自治州轻纺工业志	凉山彝族自治州轻化工业局	编者刊		1993

续表一一四

篇、书名	著（译）编者	出处	卷、期	年月日
凉山彝族自治州工商行政管理志1911－1990	凉山州工商行政管理局	方志出版社		1993
凉山彝族自治州税务志	凉山州税务局税务志编纂领导小组	四川人民出版社		1994
凉山州医药志	四川省凉山州彝族自治州医药管理局	编者刊		1994
凉山彝族自治州畜牧志	凉山彝族自治州畜牧局	编者刊		1994
凉山彝族自治州商贸志	凉山州财贸办公室	四川大学出版社		1995
凉山彝族自治州金融志	凉山彝族自治州金融志编纂委员会	四川人民出版社		1996
凉山彝族自治州物价志	谢子明	凉山彝族自治州物价局		1996
凉山彝族自治州教育志	凉山彝族自治州教育志编纂委员会	四川民族出版社		1997
凉山彝族自治州商业志	凉山彝族自治州商业局	编者刊		1997
凉山州国土志	凉山州国土局	编者刊		1999
凉山彝族自治州林业志	凉山彝族自治州林业志编委会	电子科技大学出版社		2001
《凉山州军事志》序	沙正华 段世治	巴蜀史志	3期	2003
凉山彝族自治州军事志	中国人民解放军四川省凉山军分区军事志编纂委员会	四川人民出版社		2003
凉山彝族自治州民族志	凉山彝族自治州地方志编纂委员会办公室	编者刊		2003
凉山彝族自治州人口志	凉山彝族自治州计划生育委员会	编者刊		2005
凉山彝族自治州文史资料选辑1－20辑	中国人民政治协商会议凉山彝族自治州委员会文史资料委员会	编者刊		1984－2001
（乾隆）西昌县志	佚　名	国立北平图书馆（抄本）		1938

续表——五

篇、书名	著(译)编者	出处	卷、期	年月日
新发现道光《西昌县志略》抄本评介	张运鹏	凉山彝族奴隶制研究	1期	1981
民国西昌县志	郑少成等	排印本		1942
		巴蜀书社		1992
西昌市志	四川省西昌市志编纂委员会	四川人民出版社		1996
西昌市教育志	西昌市教育局	编者刊		1990
西昌市林业志	西昌市林业志编纂委员会	编者刊		1990
西昌市民政志1912-1990（征求意见稿）	西昌市民政局	编者刊		1991
西昌市民族志	马思锐	西昌市民族志编纂组		1992
西昌市医药卫生志	西昌市医药卫生志编纂小组	编者刊		1992
西昌市检察志1911-1990	西昌市人民检察院	编者刊		1992
西昌市税务局志1919-1990	西昌市税务局志编写组	编者刊		1992
西昌市工商行政管理志1911-1990	西昌市工商行政管理局	四川人民出版社		1992
四川省西昌市文化艺术志1911-1990	西昌市文化局	编者刊		1992
西昌市财政志	西昌市财政志编纂小组	编者刊		1993
西昌市二轻工业志	西昌市二轻工业局	编者刊		1993
西昌市城乡建设志	西昌市建设委员会	编者刊		1994
四川西昌电力有限公司志1940-1997（送审稿）	西昌电力有限公司	编者刊		1998
西昌市文史资料选编1-10辑	中国人民政治协商会议西昌市委员会文史资料研究委员会	编者刊		1984-1994
德昌县志	德昌县地方志编纂委员会	四川人民出版社		1998
德昌县交通志	德昌县交通志编委会	编者刊		2003
（乾隆）会理州志	曾瀞哲等	抄本		1932

续表一一六

篇、书名	著(译)编者	出处	卷、期	年月日
同治会理州志	邓仁垣等	成文出版社		
		巴蜀书社		1992
同治本《会理州志》艺文琐证	蒋邦泽	西昌师专学报（哲社）	1期	1995
光绪会理州续志	蒋金生等	光绪二十九年序刊本		1903
		刻本		1905
		重印本（改题《会理县志》）		民国
		成文出版社		
		巴蜀书社		1992
会理县城乡建设环境保护志1912－1988	会理县城乡建设环境保护局	编者刊		1989
会理县粮油志1911－1985	四川省会理县粮食局	编者刊		1989
会理县志	四川省会理县志编纂委员会	四川辞书出版社		1994
会东县志	四川省会东县志编纂委员会	四川人民出版社		1996
会东县交通志	会东县交通志编纂领导小组	编者刊		1990
四川省会东县民政志1912－1990	会东县民政局	编者刊		1992
会东县民族志（1912－1990）	蔡兴荣	会东县民族事务委员会		1993
会东县农业志	会东县农业局	编者刊		1994
会东文史资料1－6辑	政协会东县委员会文史资料委员会	编者刊		1991－2003
宁南县志	四川省宁南县志编纂委员会	成都科技大学出版社		1994
宁南县地震志	宁南县人民政府地震办公室	编者刊		1986
宁南县政协文史资料1－2辑	宁南县政协文史委员会	编者刊		
普格县志	四川省普格县志编纂委员会	四川大学出版社		1992
普格县金融志	中国农业银行普格县支行	编者刊		1991
普格县文史资料选辑1－2辑	政协普格县委员会文史委员会	编者刊		1990－1997

续表一一七

篇、书名	著（译）编者	出处	卷、期	年月日
布拖县志	四川省布拖县志编纂委员会	中国建材工业出版社		1993
布拖县轻工业志（送审稿）	布拖县轻工业志编辑组	编者刊		1989
布拖文史资料选辑1-7辑	中国人民政治协商会议布拖县委员会学习文史委员会	编者刊		1992-
宣统昭觉县志稿	徐怀璋	稿本		1911
		排印本		1920
		巴蜀书社		1992
昭觉县志	四川省昭觉县志编纂委员会	四川辞书出版社		1999
昭觉县商业志	昭觉县商业局	编者刊		1994
昭觉文史资料选辑1-4辑	中国人民政治协商会议昭觉县委员会文史资料研究委员会	编者刊		1992
金阳县志	四川省金阳县地方志编纂委员会	方志出版社		2000
金阳县文史资料1辑	中国人民政治协商会议金阳县委员会	编者刊		2002
光绪雷波厅志	秦云龙等	补刻本（改题《雷波县志》）		1938
		巴蜀书社		1992
雷波县志	四川省《雷波县志》编纂委员会	四川民族出版社		1997
美姑县志	四川省美姑县志编纂委员会	四川人民出版社		1997
美姑县卫生志	美姑县卫生志编委	美姑县卫生局		1992
美姑县农业志（送审稿）	美姑县农业局	编者刊		1992
美姑文史资料选辑1-2辑	政协美姑县委员会文史资料委员会	编者刊		1994-
甘洛县志	四川省甘洛县地方志编纂委员会	四川人民出版社		1996

续表一一八

篇、书名	著(译)编者	出处	卷、期	年月日
甘洛县文史资料选辑1-4辑	中国人民政治协商会议甘洛县委员会文史资料委员会	编者刊		
越西县志	越西县志编纂委员会	四川辞书出版社		1994
越西文史资料选辑1-11辑	中国人民政治协商会议越西县委员会文史资料征集委员会	编者刊		1987-
喜德县志	四川省喜德县志编纂委员会	电子科技大学出版社		1992
喜德文史资料1-9辑	政协喜德县委员会文史资料编辑委员会	编者刊		1985-2003
(乾隆)冕宁县志清册	阳丽中	海南出版社		2001
咸丰冕宁县志	李英粲等	巴蜀书社		1992
冕宁县志	冕宁县地方志编纂委员会	四川人民出版社		1994
冕宁文史资料选辑1-10辑	中国人民政治协商会议冕宁县委员会文史资料研究委员会	编者刊		1988-2001
光绪盐源县志	辜培源等	巴蜀书社		1992
盐源县志	《盐源县志》编纂委员会	四川民族出版社		2000
盐源文史资料选辑1-9辑	政协盐源县委员会文史委员会	编者刊		1986-2005
木里藏族自治县志	木里藏族自治县志编纂委员会	四川人民出版社		1995
四川省木里藏族自治县交通志(报审稿)	木里藏族自治县交通局	编者刊		1992
攀枝花市志	攀枝花市地方志编纂委员会	民族出版社		1994
攀枝花市戏曲志	攀枝花市戏曲志编委会	编者刊		1988
攀枝花市图书发行志	四川省攀枝花市新华书店	编者刊		1992
攀枝花市交通志	四川省攀枝花市交通志编写组	编者刊		1993

续表一一九

篇、书名	著(译)编者	出处	卷、期	年月日
攀枝花市教育志	攀枝花市教育志编纂委员会	四川辞书出版社		1994
攀枝花市建筑志	攀枝花市建筑志编纂委员会	四川科学技术出版社		1995
攀枝花市卫生志	攀枝花市卫生志编纂委员会	民族出版社		2004
攀枝花市金融志	攀枝花市金融学会	方志出版社		2004
攀枝花市少数民族志	攀枝花市民族宗教事务局	方志出版社		2004
仁和区少数民族志	中共四川省攀枝花仁和区委民族工作委员会	编者刊		1998
攀枝花文史资料1-11辑	四川省攀枝花市政协文史资料委员会	编者刊		1986-2001
米易县志	四川省米易县志编纂委员会	四川辞书出版社		1999
米易民族志	四川省米易县《米易民族志》编写领导小组暨编辑部	编者刊		1992
米易盐业志	四川省盐业总公司米易支公司盐业志编纂领导小组	编者刊		1999
米易县文史资料1-8辑	米易县政协文史资料委员会	编者刊		
盐边县志	盐边县志编纂委员会	四川科学技术出版社		1999
盐边民族志	叶大槐 毛尔哈	渡口市民族事务委员会		1985
盐边县少数民族志	四川省盐边县民族事务委员会	四川民族出版社		1994
盐边县文史资料1-8辑	四川省盐边县政协委员会学习文史委员会	编者刊		1988-2002
重庆市地方志纂修的源流、现状及问题	张雪梅	重庆商学院学报	6期	2001
道光重庆府志	王梦庚等	巴蜀书社		1992

续表一二〇

篇、书名	著(译)编者	出处	卷、期	年月日
陪都志之编纂	卫聚贤	新重庆	1卷1期	1947
重庆市志·第一卷(总述、大事记、地理志、人口志)	重庆市地方志编纂委员会总编辑室	四川大学出版社		1992
重庆市志·第二卷(民族志、宗教志、民俗志)	重庆市地方志编纂委员会	西南师范大学出版社		2004
重庆市志·第三卷(综合经济志、计划管理志、统计志、物价志、计量志、标准志)	重庆市地方志编纂委员会	西南师范大学出版社		2004
重庆市志·第四卷上(工业综述志、煤炭工业志、电力工业志、天然气工业志、机械工业志、仪表工业志、电子工业志、化学工业志)	重庆市地方志编纂委员会	重庆出版社		1999
重庆市志·第四卷下(一轻工业志、二轻工业志、纺织工业志、食品工业志、建材工业志、冶金工业志、医药工业志)	重庆市地方志编纂委员会	西南师范大学出版社		2004
重庆市志·第五卷(水上运输志、民用航空志、港口志、管道运输志、公路运输志、邮政志、铁路运输志、电信志)	重庆市地方志编纂委员会总编辑室	成都科技大学出版社		1994
重庆市志·第六卷(农业综述、蔬菜志、林业志、水利志、乡镇企业志、种植志、农垦志、养殖志、农机志)	重庆市地方志编纂委员会	重庆出版社		1999
重庆市志·第七卷(城市建设综述、城市规划志、市政工程建设志、建筑业志、公用事业志、土地房产管理志、园林绿化志、环境保护志、环境卫生志、城市建设管理机构)	重庆市地方志编纂委员会	重庆出版社		1999
重庆市志·第八卷(财政志、税务志、工商行政管理志、商品检验志、海关志、审计志)	重庆市地方志编纂委员会	西南师范大学出版社		2004
重庆市志·第九卷(商贸志)	重庆市地方志编纂委员会	西南师范大学出版社		2005
重庆市志·第十卷(教育志、文化志、文艺志、广播电视志、档案志、文物志、报业志)	重庆市地方志编纂委员会	西南师范大学出版社		2005
重庆市志·第十一卷(社会科学志、科学技术志、卫生志、体育志)	重庆市地方志编纂委员会	重庆出版社		1999
重庆市志·第十二卷(中国共产党志、群众团体志、民主党派志)	重庆市地方志编纂委员会	西南师范大学出版社		2005

续表一二一

篇、书名	著(译)编者	出处	卷、期	年月日
重庆市志·第十三卷（人大志、政府志、政协志、人事志、劳动志、民政志）	重庆市地方志编纂委员会	西南师范大学出版社		2005
重庆市志·第十四卷（公安志、检察志、审判志、司法行政志、军事志、外事志）	重庆市地方志编纂委员会	西南师范大学出版社		2005
重庆市志·税务志（自一九四零至一九八五年）	重庆市税务局	编者刊		1995
重庆市志·报业志	重庆报业志编委会	重庆出版社		2000
重庆新闻业百年沧桑——读《重庆市志·报业志》而发	甘惜分	新闻导刊	1 期	2001
重庆市志·烟草志（1621-2003）	重庆市地方志编纂委员会	西南师范大学出版社		2005
重庆市轮渡公司志 1938-1987	重庆市轮渡公司志编委	重庆市轮渡公司		1988
重庆市水上运输公司志	重庆市水上运输公司写志办公室	编者刊		1989
重庆市公用事业志	重庆市公用事业志编辑委员会	重庆市公用事业局		1990
重庆广播电视志（1932-1986）	重庆市广播电视局	编者刊		1990
重庆盐业志	四川省盐务管理局	编者刊		1990
重庆市金融志	中国人民银行重庆市分行	重庆出版社		1991
重庆市土地管理志	高群	西南师范大学出版社		1991
重庆市农业生产资料商业志	《重庆市农业生产资料商业志》编辑室	重庆市农业生产资料公司		1991
重庆市糖酒志	重庆市酒类专卖事业管理局、糖酒公司	编者刊		1991
重庆市计划生育志	重庆市计划生育委员会	编者刊		1991
重庆市经济综合志	重庆市计划委员会	重庆出版社		1991

续表一二二

篇、书名	著(译)编者	出处	卷、期	年月日
重庆市计划管理志	重庆市计划委员会	重庆出版社		1991
重庆公路运输志	重庆市交通局交通史志编纂委员会	科学技术文献出版社		1991
重庆检察志1911－1985	重庆检察志编写组	编者刊		1991
重庆戏曲志	重庆戏曲志编辑委员会	文化艺术出版社		1991
重庆人事志	重庆市人事局	重庆大学出版社		1992
重庆工商行政管理志1840－1985	重庆市工商行政管理局	编者刊		1992
重庆市工商业联合会会志	重庆市工商业联合会	编者刊		1992
重庆化工志	重庆化学工业志编辑委员会	编者刊		1992
重庆内河航运志	重庆市交通局交通史志编纂委员会	科学技术文献出版社		1992
重庆铁路分局志	重庆铁路分局志编纂委员会	编者刊		1992
重庆民航志	中国民用航空四川管理局	重庆出版社		1992
重庆市房地产志	《重庆市房地产志》编纂委员会	成都科技大学出版社		1992
重庆市供销合作志	重庆市供销合作总社	重庆出版社		1992
重庆体育志	重庆市体育运动委员会	重庆出版社		1992
重庆地名志	李培德	重庆市地名办公室		1992
重庆市机械工业志（1902－1992）	刘名忠等	成都科技大学出版社		1993
重庆邮政志	重庆邮政志编辑室	编者刊		1993
重庆电信志1886－1990	重庆市电信志编纂委员会编辑室	编者刊		1993
重庆市志电力工业志（1906年－1985年）	重庆电力工业志编委会	编者刊		1993

续表一二三

篇、书名	著(译)编者	出处	卷、期	年月日
重庆武术志	重庆市体育运动委员会	重庆出版社		1993
重庆市农牧渔业志	重庆市农牧渔业局	编者刊		1993
重庆市物资回收商业志	重庆市物资回收公司废旧物资行业协会	编者刊		1993
重庆市市政环卫建设志	重庆市城市建设局市政环卫建设志编纂委员会	四川大学出版社		1993
重庆市园林绿化志	重庆园林管理局修志领导小组	四川大学出版社		1993
重庆市防空志	重庆市人民防空办公室	西南师范大学出版社		1994
重庆市统计志	重庆市统计局	重庆出版社		1994
重庆市卫生志	李君仁	重庆市卫生局		1994
重庆市粮油志（1840-1985）	重庆市粮食局	编者刊		1995
重庆市轻工业志1840-1985	重庆市轻工业志编纂委员会	四川科学技术出版社		1995
重庆市财政志	重庆市财政志编纂委员会	成都科技大学出版社		1995
重庆市农业志综述	重庆市农业委员会	编者刊		1995
重庆市科学技术志	重庆市科学技术委员会	重庆出版社		1995
重庆市军事志	中国人民解放军重庆警备区	编者刊		1996
重庆市水利志	重庆市农机水电局	重庆出版社		1996
重庆民政志	重庆民政志编纂委员会	编者刊		1996
重庆市总工会志	重庆市总工会	重庆出版社		1996
重庆市天然气工业志	重庆市天然气工业志编辑室	编者刊		1997
重庆环境保护志	重庆市环境保护局	编者刊		1997

续表一二四

篇、书名	著(译)编者	出处	卷、期	年月日
重庆建筑志	重庆市城乡建设管理委员会、重庆市建筑管理局	重庆大学出版社		1997
重庆市食品工业志	重庆市食品工业志编纂委员会	重庆大学出版社		1998
重庆物价志	重庆物价志编纂委员会	编者刊		2000
重庆文化艺术志	重庆市文化局	西南师范大学出版社		2000
重庆宗教	重庆市民族宗教事务委员会	重庆出版社		2000
重庆民族志	重庆市民族宗教事务委员会	重庆出版社		2002
重庆教育志	重庆市教育委员会	重庆出版社		2002
巴渝文化（艺术）馆志	朱嘉林	重庆市群众艺术馆		2002
重庆外事志1696-2000	重庆外事志编纂委员会	编者刊		2005
重庆文史资料选辑1-44辑	中国人民政治协商会议四川省重庆市委员会文史资料委员会	编者刊		1979-1996
重庆文史资料1-8辑	中国人民政治协商会议重庆市委员会学习及文史委员会	西南师范大学出版社		1997-2005
民国巴县志	朱之洪等	刻本		1939
		台湾学生书局		1967
		巴蜀书社		1992
重修"巴县志"叙	向楚	文学集刊（四川大学）	1集	1943
巴县志（向楚等纂）	毓	图书季刊	4卷3、4期	1943
民国新修四川县志丛谈之一——巴县志	蜀侠	四川文献	15期	1963
巴县志选注	巴县县志办公室	重庆出版社		1989
承前启后的方志佳作——[民国]向楚《巴县志》读后	赵子涓	巴蜀史志	6期	2003

续表一二五

篇、书名	著(译)编者	出处	卷、期	年月日
巴县志	四川省巴县志编纂委员会	重庆出版社		1994
新编《巴县志》与民国向楚《巴县志》的比较	张划 王嘉丽	中国地方志	3期	1998
巴县金融志	巴县金融志编纂小组	编者刊		1988
巴县工商行政管理志	巴县工商行政管理志编纂小组	编者刊		1988
巴县乡镇企业志	四川省巴县乡镇企业管理局	编者刊		1988
巴县商业志	巴县商业局	编者刊		1990
巴县粮油志 1911－1985	重庆市巴县粮食局	编者刊		1991
巴县文化志（初稿）	巴县文化志编纂小组	编者刊		1993
重庆市巴县中学校志 1926－2001	重庆市巴县中学校志编写组	编者刊		2001
巴县卫生志	巴县卫生志编委会	编者刊		2002
巴县邮电志	巴县邮电局	编者刊		
巴县文史资料 1－11 辑	中国人民政治协商会议四川省巴县委员会文史资料委员会	编者刊		1984－1994
巴南文史资料 12－16 辑	中国人民政治协商会议重庆市巴南区委员会文史资料委员会	编者刊		1995－2002
（乾隆）万县志	刘高培等	海南出版社		2001
道光万州志	胡端书等	上海书店等		2001
同治增修万县志	王玉鲸等	成文出版社		1976
		巴蜀书社		1992
万县图志存佚之谜——蜀故笔谈之九	李寰	四川文献	59期	1967
清·万县乡土志	佚名	石印本		1926
万县地方史资料	万县市文化馆	编者刊		1977
万县市简志（1957年编纂）	万县市简志编委会	万县地方志办公室		1987

续表一二六

篇、书名	著(译)编者	出处	卷、期	年月日
万县市志	重庆市万州区龙宝移民开发区地方志编纂委员会	重庆出版社		2001
万县市工会志	万县市总工会	编者刊		1989
万县市体育志（第二稿）	市体委《市体育志》编写小组	编者刊		1989
万县市工商行政管理志	万县市工商行政管理志编纂委员会	万县市工商行政管理局		1989
万县市供销合作社志				1993
万县市粮食志	万县市粮食志编纂委员会	万县市粮食局		1989
万县市城市建设志（1911-1992）	万县市（县级）城乡建设委员会、万县市（地级）建设委员会	编者刊		1994
万县市教育志	万县市教育委员会	编者刊		1996
万县市财政志	万县市财政局	编者刊		2003
四川省万县地区戏曲志	四川省万县地区戏曲志编写小组	编者刊		1986
万县地区民政志	四川省万县地区民政局	编者刊		1989
万县地区保险志	万县地区保险志编纂领导小组办公室	编者刊		1990
万县地区财政志1935-1985	万县地区财政志编纂委员会	成都科技大学出版社		1992
万县地区物价志	四川省万县地区物价局	成都科技大学出版社		1992
万县地区金融志	万县地区金融志编纂领导小组	四川人民出版社		1992
万县市供销合作社志	万县市供销合作社联合社	编者刊		1993
万县地区农业志	万县地区农业志编纂领导小组	编者刊		1993
万县地区交通志	万县地区交通局	成都科技大学出版社		1993

续表一二七

篇、书名	著(译)编者	出处	卷、期	年月日
万县地区税务志（1912－1992）	万县市国家税务局	编者刊		1995
万县地区文化艺术志	万县地区文化艺术志编纂委员会	四川人民出版社		1996
万县地区邮电志	万县市邮电局	编者刊		1996
万县地区公路志	万县市公路管理局	编者刊		1996
万县地区卫生志	万县地区卫生志编纂委员会	四川民族出版社		1996
万县地区教育志	万县市教育委员会	重庆出版社		1997
万县地区城乡建设志（1911－1992）	万县地区建设委员会《万县地区城乡建设志》编委会	编者刊		1997
万县市文史资料选辑1－3辑	中国人民政治协商会议四川省万县市委员会文史资料工作委员会	编者刊		1984－1989
万县市文史资料1－4辑	中国人民政治协商会议四川省万县市委员会文史资料委员会	编者刊		1993－1996
万州文史资料1－7辑	中国人民政治协商会议重庆市万州区委员会文史学习委员会	编者刊		1998－2005
万县工会志	四川省万县总工会	编者刊		1988
万县供销合作社志1911－1990	万县供销合作社联合社	编者刊		1991
万县粮食志	四川省万县粮食局	编者刊		1992
万县畜牧志1911－1992	万县畜牧局	编者刊		1993
万县市妇联志	万县市妇女联合会	编者刊		1993

续表一二八

篇、书名	著(译)编者	出处	卷、期	年月日
万县文史资料选辑1-3辑	中国人民政治协商会议四川省万县委员会文史资料工作委员会	编者刊		1986-1989
（同治）续增黔江县志	张锐堂等	抄本		民国
光绪黔江县志	张九章等	台湾学生书局		1971
		巴蜀书社		1992
重修黔江县志序——四川方志叙文选录（58）	张九章	四川文献	151期	1975
黔江县志	四川省黔江土家族苗族自治县志编纂委员会	中国社会出版社		1994
黔江文史资料选辑1-4辑	中国人民政治协商会议黔江土家族苗族自治县委员会文史资料研究委员会	编者刊		1986-1989
黔江文史资料1-12辑	重庆市黔江土家族苗族自治县政协文史资料委员会	编者刊		1986-1999
黔江文史1-2辑	重庆市黔江区政协学习文史委员会	编者刊		2002-2004
（康熙）重庆府涪州志	董维祺	全国图书馆缩微文献复制中心		1992
		中国书店		2002
（乾隆）涪州志	多泽厚等	全国图书馆缩微文献复制中心		1992
		海南出版社		2001
同治重修涪州志	吕绍衣等	巴蜀书社		1992
涪乘启新（一名《涪州小学乡土地理》）	贺守典 熊鸿谟	刻本		1905
		全国图书馆缩微文献复制中心		1992
民国涪陵县续修涪州志	王鉴清等	排印本		1928
		台湾学生书局		1971
		巴蜀书社		1992

续表一二九

篇、书名	著(译)编者	出处	卷、期	年月日
涪陵市志	四川省涪陵市志编纂委员会	四川人民出版社		1995
涪陵图志	熊蜀黔 高建设	重庆出版社		2005
涪陵县总工会会志 1921—1983	涪陵县总工会	编者刊		1983
涪陵地区文物志	涪陵地区文化局	编者刊		1985
涪陵地区民政志	涪陵地区民政局	编者刊		1986
涪陵地区劳动志	四川省涪陵地区劳动局修志领导小组	四川省涪陵地区劳动局		1986
涪陵地区农业局志	四川省涪陵地区农业局	编者刊		1988
涪陵地区体育志	四川省涪陵地区体育运动委员会	编者刊		1990
涪陵地区盐业志	四川省盐业公司涪陵分公司编写组	四川人民出版社		1991
涪陵市国土志	涪陵市枳城区国土局	四川人民出版社		1998
涪陵地区财政志	重庆市涪陵地区财政局《涪陵地区财政志》编纂领导小组	编者刊		2000
涪陵文史资料选辑 1—12 辑	中国人民政治协商会议（四川省）重庆市涪陵市（区）委员会文史资料委员会	编者刊		1984—2004
重庆市市中区志	重庆市渝中区人民政府地方志编纂委员会	重庆出版社		1997
重庆市市中区卫生防疫志	熊积民	重庆市市中区卫生防疫志编纂委员会		1989
重庆市市中区文化艺术志	重庆市市中区文化艺术志编纂委员会	文化艺术出版社		1990
重庆市市中区检察志	重庆市市中区人民检察院	编者刊		1990

续表一三〇

篇、书名	著(译)编者	出处	卷、期	年月日
重庆市市中区财政志	重庆市市中区财政局	编者刊		1992
重庆市市中区教育志	重庆市市中区教育志编纂委员会	四川文艺出版社		1993
重庆市市中区房地产志	重庆市市中区房地产志编纂委员会	电子科技大学出版社		1993
重庆市市中区公安志	重庆市市中区公安志编纂委员会	编者刊		1993
重庆市市中区卫生志	重庆市市中区卫生志编纂委员会	编者刊		1993
市中区税务志 1840－1988	重庆市税务局市中区分局	编者刊		1994
重庆市市中区园林绿化志（1840－1985）	市中区市政绿化局	编者刊		1994
重庆市市中区城市建设志 1840－1990	重庆市市中区城市建设管理委员会	编者刊		1994
重庆市市中区粮食志（1840－1986）	重庆市中区粮食公司	编者刊		
重庆市市中区交通志	重庆市市中区交通志编纂委员会	编者刊		
重庆市中区文史资料 1－6 辑	中国人民政治协商会议重庆市市中区委员会文史资料委员会	编者刊		1988－1994
重庆市渝中区商业贸易志	重庆市渝中区商业管理委员会	编者刊		1998
重庆渝中区文史资料 7－15 辑	重庆市渝中区政协文史资料委员会	编者刊		1995－2005
重庆市大渡口区志	重庆市大渡口区地方志编纂委员会	四川科学技术出版社		1995
大渡口文史资料 1－2 辑	重庆市大渡口区政协	编者刊		2004－2005

续表一三一

篇、书名	著（译）编者	出处	卷、期	年月日
道光江北厅志	福珠朗阿等	排印本		民国
		台湾学生书店		1971
		巴蜀书社		1992
江北厅志序——四川方志序文选录（56）	福珠朗阿	四川文献	145期	1974
清·江北厅乡土志	佚　名	王佩如抄本		光绪末年
		线装书局		2002
（民国）重修江北县志采访表略	江北县志局	编者刊		民国
重庆市江北区志	重庆市江北区志编纂委员会	巴蜀书社		1993
重庆市江北区民政志	重庆市江北区民政局	编者刊		1990
重庆市江北区工会志	重庆市江北区总工会	编者刊		1991
重庆市江北区房地产志	重庆市江北区房管分局房地产志编辑室	编者刊		1993
重庆市江北区国土志（送审稿）	重庆市江北区国土局	编者刊		1999
江北县志	重庆市渝北区地方志编撰委员会	重庆出版社		1996
江北县交通志	江北县交通局	编者刊		1988
江北县工业志	江北县经济委员会	编者刊		1989
江北县政府志	江北县人民政府办公室	编者刊		1990
江北县税务志 1912-1985	江北县税务局	编者刊		1990
江北县民政志	江北县民政局	编者刊		1990
江北县人事志	江北县人事局	编者刊		1991
江北县邮电志	江北县邮电局	编者刊		1991
江北县粮食志 1912-1985	江北县粮食局	编者刊		1991
江北县教育志（1754-1985）	江北县教育委员会	编者刊		1991
江北县防空志	江北县民防办	编者刊		1991
江北县劳动志	江北县劳动局	编者刊		1992

续表一三二

篇、书名	著（译）编者	出处	卷、期	年月日
江北县工会志	江北县总工会	编者刊		1992
江北县工商行政管理志 1912－1985	江北县工商行政管理局	编者刊		1992
江北县园林志	江北县城乡建设委员会、江北县旅游园林事业管理局	编者刊		1992
江北县城乡建设志	江北县城乡建设委员会	编者刊		1993
重庆市江北区房地产志	重庆市江北区房管分局房地产志编辑室	编者刊		1993
江北县计划志 1912－1990	江北县计划委员会	编者刊		1993
江北县财政志	江北县财政局	编者刊		1993
江北县文化志	黄启宽	江北县文化局		1993
江北县物资志	刘应端	江北县物资局		1994
江北县环境保护志	王金明	江北县环境保护局		1994
江北县金融志 1912－1985	石晓春	中国工商银行江北县支行		1994
江北县文史资料 1－9 辑	中国人民政治协商会议江北县委员会文史资料研究委员会	编者刊		1986－1994
江北区文史资料选辑 1－10 辑	重庆市江北区政协文史资料委员会	编者刊		1988－1995
重庆市渝北区交通志	刘世源	重庆大学出版社		1996
重庆市渝北区国土志	曾凡友	重庆市渝北区国土局		1998
重庆市渝北区城乡建设志	重庆市渝北区城乡建设委员会	编者刊		1999
重庆市渝北区民政志	重庆市渝北区民政局	编者刊		1999
重庆市渝北区乡镇企业志	重庆市渝北区乡镇企业管理局	编者刊		1999
重庆市渝北区房地产志 1840－2000	《重庆市渝北区房地产志》编纂领导小组	重庆市渝北区房地产管理局		2000
渝北区人事志	重庆市渝北区人事局	编者刊		2002

续表一三三

篇、书名	著(译)编者	出处	卷、期	年月日
重庆市渝北区旅游园林志	重庆市渝北区旅游局	编者刊		2003
渝北文史资料1-8辑	重庆渝北区政协文史学习委员会	编者刊		1995-2003
重庆市沙坪坝区志	重庆市沙坪坝区志编纂委员会	四川人民出版社		1995
沙坪坝区商业志	沙坪坝区商业局	编者刊		1990
重庆市沙坪坝区民政志	重庆市沙坪坝区民政局	重庆大学出版社		1993
重庆市沙坪坝区交通志	《重庆市沙坪坝区交通志》编纂委员会	重庆大学出版社		1993
重庆市沙坪坝区城乡建设志	重庆市沙坪坝区城乡建设志编纂委员会	科学技术文献出版社		1994
重庆市沙坪坝区城市改造建设志	沙坪坝区改造建设指挥部办公室	编者刊		1994
重庆市沙坪坝区人民法院志	重庆市沙坪坝区人民法院	编者刊		1998
重庆市沙坪坝区财政志	重庆市沙坪坝区财政局	编者刊		2000
重庆市沙坪坝区公安志	重庆市公安局沙坪坝区分局	重庆出版社		2004
重庆市沙坪坝区文化艺术志	重庆市沙坪坝区文化艺术志编纂委员会	编者刊		2004
重庆市沙坪坝百货公司志	重庆市沙坪坝百货公司志编纂委员会	编者刊		
重庆市沙坪坝区物价志	重庆市沙坪坝区物价局	编者刊		
重庆市沙坪坝区供销合作社志	重庆市沙坪坝区供销合作社	编者刊		
重庆沙坪坝区国土志	重庆沙坪坝区国土局	编者刊		
重庆市沙坪坝区体育志	重庆沙坪坝区体育局	编者刊		

续表一三四

篇、书名	著(译)编者	出处	卷、期	年月日
(沙坪坝)文史资料(选辑)1-18辑	中国人民政治协商会议重庆市沙坪坝区委员会	编者刊		1982-2002
重庆市九龙坡区志	重庆市九龙坡区地方志编纂委员会	重庆出版社		1997
九龙坡区教育志	杨超忆	九龙坡区教育委员会		1992
九龙坡区税务志	九龙坡区税务局	编者刊		1993
九龙坡区文史资料1-13辑	中国人民政治协商会议重庆市九龙坡区委员会文史资料委员会	编者刊		1986-
重庆市南岸区志	重庆市南岸区地方志编纂委员会	重庆出版社		1993
重庆市南岸区卫生志	重庆市南岸区卫生志编纂委员会	编者刊		1993
重庆(市)南岸区文史资料(选辑)1-16辑	中国人民政治协商会议重庆市南岸区委员会文史资料研究委员会	编者刊		1985-2004
创修北碚志缘起	北碚修志委员会	北泉图书馆		1944
北碚志稿七编	北碚修志委员会	稿本		1944
以科学论文方式撰写方志之试验:北碚九志	杨家骆	鼎文书局		1977
北碚志稿(1945)	重庆市北碚图书馆、重庆市北碚区档案馆	编者刊		1980
重庆市北碚区志	重庆市北碚区志编纂委员会	科学技术文献出版社重庆分社		1989
北碚区劳动志	北碚区劳动志编写小组	重庆市北碚区劳动局		1985
北碚文化艺术志	重庆市北碚区文化广播电视局文化史志办公室	编者刊		1991
北碚区教育志	陈忙耕	北碚区教育委员会		2004

续表一三五

篇、书名	著(译)编者	出处	卷、期	年月日
北碚文史资料 1-17 辑	中国人民政治协商会议北碚区委员会学习文史委员会	编者刊		1984-2005
重庆市南桐矿区志	重庆市万盛区人民政府	重庆出版社		2002
重庆市万盛区苗族志	陈小平	重庆市万盛区民族宗教侨务办公室		2005
万盛文史资料 1 辑	政协重庆市万盛区委员会	编者刊		
民国长寿县志	汤化培等	石印本		1928
		成文出版社		
民国长寿县志	陈毅夫等	排印本		1944
		成文出版社		
		巴蜀书社		1992
民国新修四川县志丛谈之二——长寿县志	蜀侠	四川文献	16、17 期	1963
长寿县志	四川省长寿县地方志编纂委员会	四川人民出版社		1997
长寿县财政志	长寿县财政局	编者刊		1984
长寿县交通志	长寿县交通志编辑办公室	编者刊		1984
长寿县教育志	四川省长寿县教育局教育志办公室	四川省长寿县教育局		1986
四川省重庆市长寿县畜牧志	长寿县畜牧志编写办公室	编者刊		1986
长寿县税务志 1912-1981	四川省长寿县税务志编志领导小组	编者刊		1986
长寿县水利志	长寿县农机水电局	编者刊		1988
长寿县卫生志	长寿县卫生局	编者刊		1993
长寿县电影发行放映志	长寿县电影发行放映公司	编者刊		1999

续表一三六

篇、书名	著(译)编者	出处	卷、期	年月日
长寿县文史资料 1-12 辑	中国人民政治协商会议四川省长寿县委员会文史资料工作委员会	编者刊		1985-2003
(乾隆)江津县志	曾受一等	海南出版社		2001
民国江津县志	聂述文等	刻本		1923
		排印本		1940
		四川文献研究社		1966
		台湾学生书局		1971
		巴蜀书社		1992
民国新修四川县志丛谈——江津县志	蜀侠	四川文献	28 期	1964
江津县志	江津县志编辑委员会	四川科学技术出版社		1995
江津县卫生志	四川省江津县卫生局	编者刊		1984
江津县财政志	四川省江津县财政局	编者刊		1985
江津县民政志	江津县民政局	编者刊		1985
重庆市江津县交通志	江津县交通局交通志办公室	江津县交通局		1985
江津县商业志	江津县商业局	编者刊		1986
江津县气象志	四川省江津县气象站	编者刊		1986
江津县卫生防疫志	江津县卫生防疫站	编者刊		1986
江津县保险志 1933-1986	中国人民保险公司江津县支公司	编者刊		1987
江津县农业志	四川省江津县农牧渔业局	编者刊		1988
江津县供销合作社志	江津县供销合作社联合社	编者刊		1988
江津县水利电力志	江津县水利电力局	编者刊		1989
江津县工会志	江津县总工会	编者刊		1991
江津县计划经济志	四川省江津县计划委员会	编者刊		1991

续表一三七

篇、书名	著(译)编者	出处	卷、期	年月日
江津县税务志	江津县税务局	编者刊		1998
江津文史资料（选辑）1-18辑	江津（县）市政协文史资料委员会	编者刊		1984-1997
（万历）合州志	刘芳声等	四川省合川县图书馆		1978
		中国书店		1992
		全国图书馆缩微文献复制中心		1992
		北京图书馆出版社		2002
介绍明万历《合州志》	目	历史知识	1期	1980
（乾隆）合州志	宋锦等	海南出版社		2001
民国新修合川县志	郑贤书等	刻本		1921
		台湾学生书局		1968
		巴蜀书社		1992
合川县文献特刊第一期	胡南先等	排印本		1937
民国新修四川县志丛谈之三——民国新修合川县志	蜀侠	四川文献	18期	1964
民国新修合川县志凡例——四川方志序文选录（60）	张森楷	四川文献	155期	1975
《民国新修合川县志》述评	乙三	西南师范学院学报（哲社）	1期	1981
合川县志	四川省合川县地方志编纂委员会	四川人民出版社		1995
合川县粮油志 1912-1985	合川县粮食局	编者刊		1986
合川县志水利电力志	合川县农机水电局	编者刊		1987
合川县邮电志	陈德华	四川省合川县邮电局		1987
合川报业志	刘果	重庆市合川县合川报社		1987
合川县交通志	合川县交通局	编者刊		1988
合川县卫生志	合川县卫生局	编者刊		1988
合川县供销合作社志 1937-1985	合川县供销合作社联合社	编者刊		1988
四川合川县司法局志	合川县司法局编志小组	编者刊		1989
合川县农村金融志 1937-1988	中国农业银行合川县支行	科学技术文献出版社重庆分社		1990

续表一三八

篇、书名	著(译)编者	出处	卷、期	年月日
合川县建设志 1911-1985	合川县城乡建设委员会	编者刊		1991
合川县文化艺术志	合川县文化局	编者刊		1991
合川图书发行志	何宗政	合川县新华书店		1994
合川文史资料选辑第 1-8 辑	中国人民政治协商会议四川省合川县委员会文史资料委员会	编者刊		1983-1991
合川文史资料（选辑）9-19 辑	中国人民政治协商会议（四川省）重庆合川市委员会文史资料委员会	编者刊		1992-2005
合川文史资料精选	中国人民政治协商会议重庆合川市委员会文史资料委员会	编者刊		1999
（清）永川县志	胡筠等	全国图书馆缩微文献复制中心		1992
光绪永川县志	许曾荫等	台湾学生书局		1971
		巴蜀书社		1992
永川县志序——四川方志叙文选录（55）	许曾荫	四川文献	144 期	1974
永川县志	四川省永川县志编修委员会	四川人民出版社		1997
永川书店志	重庆市永川新华书店	编者刊		1991
永川民政志（初稿）	永川县民政局	编者刊		1991
永川市财贸志 1840-1992	中共永川市委财贸政治部、永川市人民政府财贸办公室	编者刊		1993
永川县体育志	永川县政协文史资料委员会	编者刊		1995
永川县金融志	永川县金融志编委会	永川县地方志办公室		1999
重庆市永川县交通志	永川交通局编志办公室	编者刊		

续表一三九

篇、书名	著(译)编者	出处	卷、期	年月日
永川文史资料选辑1-21辑	中国人民政治协商会议（四川省）永川（县）市委员会学习文史委员会	编者刊		1985-2005
（乾隆）南川县志	陆玉琮	抄本		1932
		海南出版社		2001
（光绪）南川县乡土志	佚　名	传抄本		1959
民国重修南川县志	柳琅声等	明明印刷局		1931
		四川文献研究社		1967
		成文出版社		
		巴蜀书社		1992
南川县志的史料价值	费海玑	醒狮	5卷12期	1967
		四川文献	151期	1975
南川县志绪言——四川方志叙文选录之六十一	韦麟书	四川文献	158期	1976
南川县志	四川省南川县志编纂委员会	四川人民出版社		1991
四川省南川县交通局志	南川县交通局	编者刊		1985
南川县妇女志	南川县妇联	编者刊		1989
共青团南川市委志（1921-1996）	共青团南川市委组织部	编者刊		1998
南川文史资料选辑1-15辑	政协南川（县）市委员会文史资料委员会	编者刊		1985-2004
道光綦江县志	宋灏等	綦江县志办		1985
		巴蜀书社		1992
民国四川綦江续志	戴纶喆	刻本		1938
		台湾学生书局		1968
		綦江县志办		1985
		巴蜀书社		1992
民国新修四川县志丛谈——四川綦江县续志	蜀　侠	四川文献	27期	1964
綦江续志叙——四川方志叙文选录之二十四	陈京慵	四川文献	112期	1971

续表一四〇

篇、书名	著(译)编者	出处	卷、期	年月日
綦江县志	綦江县志编纂委员会	西南交通大学出版社		1991
綦江县税务志	綦江县税务局	编者刊		1984
綦江县环境保护志	綦江县环境保护办公室	编者刊		1985
綦江县教育志	綦江县教育志编辑小组	编者刊		1985
綦江县水利电力农机志	綦江县农机水利电力局	编者刊		1985
重庆市綦江县交通志	綦江县交通志办公室	编者刊		1986
綦江县金融志	中国人民银行綦江县支行等	编者刊		1989
綦江县书店志	綦江县新华书店	编者刊		1989
綦江县卫生志	四川省綦江县卫生局	编者刊		1991
綦江文史资料1-16辑	政协綦江县委员会文史资料研究委员会	编者刊		1984-1997
(乾隆)大足县志	李 德	海南出版社		2001
民国重修大足县志	郭鸿厚等	排印本		1945
		成文出版社		
		巴蜀书社		1992
大足县志	大足县县志编修委员会	方志出版社		1996
内容全面,特色突出——读新修《大足县志》	胡昭曦	巴蜀史志	5期	1997
大足县志(简本)	重庆市大足县地方志编纂委员会	方志出版社		1999
大足县乡镇企业志	四川省大足县乡镇企业管理局	编者刊		1986
大足中学志	大足中学志编纂小组	编者刊		1987
大足县检察志	大足县人民检察院	编者刊		1987
大足县卫生志	大足县卫生局	编者刊		1988

续表一四一

篇、书名	著(译)编者	出处	卷、期	年月日
大足县工业志	大足县工业志编纂小组	编者刊		1989
大足县教育志（1911-1985）	四川省大足县教育局	编者刊		1989
大足县税务志1911-1985	大足县税务局	编者刊		1990
大足县工商行政管理志	大足县工商行政管理局	编者刊		1991
大足县计划管理志	大足县计划经济委员会	编者刊		1991
大足县财政志	大足县财政局	编者刊		2003
大足文史资料选辑1-21辑	中国人民政治协商会议四川省大足县委员会文史资料研究委员会	编者刊		1984-2005
重庆市南桐矿区志	重庆市万盛区人民政府	重庆出版社		2002
重庆市南桐矿区房产志	重庆市房地产管理局南桐矿区分局	编者刊		1990
重庆市南桐矿区民政志	重庆市南桐矿区民政志编写办公室	编者刊		1990
重庆市南桐矿区供销合作社志	重庆市南桐矿区供销合作社联合社	编者刊		1991
重庆市南桐矿区邮电志	杨正富	重庆市南桐矿区邮电局		1994
重庆市双桥区志	黄兴富	西南师范大学出版社		2005
民国潼南县志	王安镇等	刻本		1915
		巴蜀书社		1992
潼南县志	四川省潼南县志编纂委员会	四川人民出版社		1993
潼南农业气候志	潼南县气象站	编者刊		1978
潼南县农业机械局局志	潼南县农业机械局局志编写组	编者刊		1980
潼南县物资志	四川省潼南县物资局	编者刊		1986

续表一四二

篇、书名	著(译)编者	出处	卷、期	年月日
潼南民政志	潼南县民政志编纂组	编者刊		1987
潼南乡镇企业志	潼南县乡镇企业管理局修志领导小组	编者刊		1987
潼南县统计志	潼南县统计局	编者刊		1987
潼南县检察志	潼南县人民检察院	编者刊		1987
潼南县医药志	潼南县医药联合公司	编者刊		1987
潼南县卫生志	潼南县卫生局	编者刊		1988
潼南县教育志 1912－1985	潼南县文教局	编者刊		1988
潼南县水利志	潼南县水利志编辑组	编者刊		1988
潼南县法院志 1912－1985	潼南县人民法院	编者刊		1988
潼南县财政志	潼南县财政局	编者刊		1988
潼南县劳动人事志	潼南县劳动人事局	编者刊		1988
潼南县商业志	潼南县商业局	编者刊		1988
潼南县二轻工业志	潼南县二轻工业志编辑组	编者刊		1988
潼南县物价志	潼南县物价局	编者刊		1988
潼南县粮油志 1912－1985	四川省潼南县粮食局	编者刊		1988
潼南县畜牧志	潼南县畜牧局	编者刊		1991
潼南县农业志	潼南县农业局	编者刊		1993
潼南县邮电志	潼南县邮电志编纂组	编者刊		1997
潼南县国土志	重庆市潼南县国土局	编者刊		1999
潼南文史资料 1－14（集）辑	潼南县政协文史资料委员会	编者刊		1986－
光绪铜梁县志	韩清桂等	巴蜀书社		1992
清·铜梁县乡土志	夏云程	抄本		民国
		线装书局		2002
新修铜梁县志	郭朗溪	铜梁县地方志办公室		1982

续表一四三

篇、书名	著(译)编者	出处	卷、期	年月日
《新修（民国）铜梁县志》手稿简介	贾大泉	四川地方志	4期	1990
铜梁县志1911-1985	铜梁县志编修委员会	重庆大学出版社		1991
四川省铜梁县粮油志	铜梁县粮食局	编者刊		1986
重庆市铜梁县交通志	重庆市铜梁县交通志编辑办公室	编者刊		1987
铜梁县水利电力志	铜梁县志水利电力局	编者刊		1990
铜梁县国土志	重庆市铜梁县国土局	编者刊		1999
铜梁文史资料1-15辑	中国人民政治协商会议铜梁文史资料委员会	编者刊		1985-2005
（乾隆）荣昌县志	许元基	抄本		1933
		海南出版社		2001
光绪荣昌县志	文康等	巴蜀书社		1992
荣昌县志	重庆市荣昌县志编修委员会	四川人民出版社		2000
荣昌县卫生志	荣昌县卫生局	编者刊		1988
荣昌文史资料选辑1-7辑	中国人民政治协商会议荣昌县委员会	编者刊		1985-2005
（乾隆）璧山县志	黄在中等	海南出版社		2001
同治璧山县志	寇用平等	台湾学生书局		1971
		巴蜀书社		1992
璧山县志序——四川方志叙文选录之三十三	寇用平	四川文献	121期	1972
璧山县志	四川省璧山县志编纂委员会	四川人民出版社		1996
璧山县二轻工业志	璧山县第二轻工业局	编者刊		1989
璧山县工业志1911-1985	璧山县经济委员会	编者刊		1990
璧山县教育志	璧山县教育委员会	编者刊		1990
璧山县卫生志	璧山县卫生局	编者刊		1990

续表一四四

篇、书名	著(译)编者	出处	卷、期	年月日
璧山县物价志	璧山县物价局	编者刊		1991
重庆市璧山县民政志（1911－1991年）	重庆市璧山县民政局	编者刊		1992
璧山县文化艺术志1911－1987	璧山县文化艺术志编纂委员会	编者刊		1992
璧山县交通志	璧山县交通志编纂委员会	编者刊		2001
璧山县文史资料选集1－19辑	政协璧山县委员会文史资料委员会	编者刊		1989－2005
（乾隆）梁山县志	王庆熙	海南出版社		2001
（嘉庆）梁山县志	符永培	全国图书馆缩微文献复制中心		1992
光绪梁山县志	朱言诗等	成文出版社		
		巴蜀书社		1992
梁平县志	梁平县地方志编纂委员会	方志出版社		1995
梁平县金融志	梁平县金融志领导小组	电子科技大学出版社		1993
梁平县教育志	梁平县教育委员会	编者刊		1996
梁平县文史资料1－10辑	（四川省）重庆市梁平县政协文史资料委员会	编者刊		1987－2005
道光城口厅志	刘绍文等	巴蜀书社		1992
城口县志	四川省城口县志编纂委员会	四川人民出版社		1995
城口县工交史略	城口县经济委员会	编者刊		1984
城口县戏曲志	城口县戏曲志编写组	编者刊		1985
城口县交通志	城口县交通局	编者刊		1988
城口县曲艺志	城口县文化馆	编者刊		1991
民国重修丰都县志	黄光辉等	排印本		1927
		台湾学生书局		1968
		巴蜀书社		1992

续表一四五

篇、书名	著(译)编者	出处	卷、期	年月日
丰都县志	四川省丰都县地方志编纂委员会	四川科学技术出版社		1991
丰都县民政志	四川省丰都县民政局	编者刊		1984
丰都县总工会志 1930-1985	丰都县总工会会志办公室	编者刊		1985
丰都县水利电力志	丰都县水利电力志编辑组	编者刊		1986
丰都县图书发行志（1890-1990）	四川省丰都县新华书店	编者刊		1992
丰都县国土志	丰都县国土志编纂委员会	编者刊		1997
丰都文史资料选辑 1-13 辑	中国人民政治协商会议（四川省）丰都县委员会文史资料委员会	编者刊		1984-2005
光绪垫江县志	谢必铿等	刻本		1900
		巴蜀书社		1992
垫江县志	四川省垫江县志编纂委员会	四川人民出版社		1993
垫江县水利电力志	垫江县水利电力局	编者刊		1987
垫江县文史资料 1-5 辑	政协垫江县委员会文史资料委员会	编者刊		1988-1997
武隆县志	四川省武隆县志编纂委员会	四川人民出版社		1994
四川省武隆县志水利电力志	四川省武隆县水利电力局	编者刊		1988
武隆县民政志	武隆县民政局	编者刊		1988
武隆文史资料 1-8 辑	政协武隆县委员会文史资料委员会	编者刊		
（道光）忠州直隶州志	吴友箎等	排印本		1932
		台湾学生书局		1971
忠县志序——四川方志序文选录之二十九	吴友箎	四川文献	117 期	1972

续表一四六

篇、书名	著(译)编者	出处	卷、期	年月日
同治忠州直隶州志	侯若源等	巴蜀书社		1992
		全国图书馆缩微文献复制中心		1992
忠县志	忠县志编纂委员会	四川辞书出版社		1994
忠县金融志	忠县金融志编纂领导小组	编者刊		1983
工商行政管理志 1904－1983	四川省忠县工商行政管理局	编者刊		1984
忠县农业机械局志	《忠县农业机械局志》编写组	编者刊		1984
忠县戏曲志	忠县戏曲志编写组	编者刊		1985
忠县畜牧局志	忠县畜牧局	编者刊		1985
忠县粮食志	四川省忠县粮食局	编者刊		1985
农村金融志	忠县农村金融志编纂领导小组	编者刊		1986
忠县广播电视志	忠县广播电视局	编者刊		1986
忠县商业志 1904－1984	四川省忠县商业局	编者刊		
忠县文史资料 1－6 辑	中国人民政治协商会议忠县委员会学习文史工作委员会	编者刊		1991－2005
(乾隆) 开县志	胡邦盛	抄本		1930
		开县县志办公室		1984
		海南出版社		2001
咸丰开县志	朱肇奎等	成文出版社		
		巴蜀书社		1992
开县志	四川省开县志编纂委员会	四川大学出版社		1990
开县教育志	开县教育局	编者刊		1990
开县文史资料选辑 1－3 辑	政协开县委员会文史资料研究委员会	编者刊		

续表一四七

篇、书名	著（译）编者	出处	卷、期	年月日
（乾隆）云阳县志	刘士缙等	抄本		1934
		海南出版社		2001
（光绪）云阳县乡土志	武丕文等	抄本		1906
民国云阳县志	朱世镛等	排印本		1935
		台湾学生书局		1968
		巴蜀书社		1992
		云阳县地方志编纂委员会		2002
云阳县志	云阳县志编纂委员会	四川人民出版社		1999
云阳县戏曲志	云阳县戏曲志编写组	编者刊		1985
云阳县盐业志	官葳九	云阳盐厂		1995
云阳县文史资料选辑1-3辑	政协云阳县委员会文史资料研究委员会	编者刊		
正德夔州府志	吴潜等	上海古籍书店		1961
（乾隆）夔州府志	崔邑俊等	海南出版社		2001
道光夔州府志	恩成等	巴蜀书社		1992
光绪奉节县志	曾秀翘等	台湾学生书局		1971
		奉节县志编纂委员会		1985
		巴蜀书社		1992
续修奉节县志序——四川方志叙文选录之二十八	杨德坤	四川文献	116期	1972
奉节县志	四川省奉节县志编纂委员会	方志出版社		1995
奉节县总工会志	四川省奉节县总工会志编纂领导小组	编者刊		1987
奉节文史资料选辑1-12辑	政协奉节县委员会	编者刊		
（康熙）巫山县志	佚名	抄本		1930
		海南出版社		2001
光绪巫山县志	连山等	巴蜀书社		1992
（光绪）巫山县乡土志	周宪斌	抄本		1906

续表一四八

篇、书名	著(译)编者	出处	卷、期	年月日
巫山县志	四川省巫山县志编纂委员会	四川人民出版社		1991
巫山县税务志	巫山县税务志编写小组	编者刊		1990
巫山文史资料1-6辑	中国人民政治协商会议巫山县委员会	编者刊		
(乾隆)大宁县志	阎源清等	海南出版社		2001
光绪大宁县志	高维岳等	台湾学生书局		1971
		巫溪县志编辑委员会		1985
		巴蜀书社		1992
重修大宁(巫溪)县志序——四川方志叙文选录(37)	高维岳	四川文献	125期	1973
巫溪县志	巫溪县志编纂委员会	四川辞书出版社		1993
巫溪县医药志	巫溪县医药管理局	编者刊		1987
巫溪县金融志	巫溪县金融志编纂办公室	编者刊		1989
巫溪县财政志	巫溪县财政局	编者刊		1990
巫溪县文化志	巫溪县文化局	编者刊		1992
巫溪县妇运志	巫溪县妇女联合会	编者刊		1992
巫溪文史资料选辑1-12辑	巫溪县政协文史资料工作委员会等	编者刊		
(乾隆)酉阳州志	邵陆	海南出版社		2001
同治增修酉阳直隶州总志	王鳞飞等	巴蜀书社		1992
酉阳县志	酉阳县志编纂委员会	重庆出版社		2002
酉阳县苗族土家族自治县志妇联志(初稿)	酉阳县苗族土家族自治县志妇联志编写领导小组	编者刊		1986
酉阳文史资料选辑1-22辑	中国人民政治协商会议酉阳土家族苗族自治县委员会等	编者刊		1983-2005

续表一四九

篇、书名	著(译)编者	出处	卷、期	年月日
光绪秀山县志	王寿松等	成文出版社		
		秀山县县志办公室		1984
		巴蜀书社		1992
秀山县志	秀山土家族苗族自治县县志编纂委员会	中华书局		2001
秀山人大志（1942.9-2003.3）	重庆市秀山土家族苗族自治县人大常委会	编者刊		2003
秀山文史资料1-11辑	中国人民政治协商会议秀山土家族苗族自治县委员会文史资料工作委员会	编者刊		1984-2004
（康熙）彭水县志	陶文彬	海南出版社		2001
光绪彭水县志	庄定域等	巴蜀书社		1992
彭水县志	彭水县志编纂委员会	四川人民出版社		1998
彭水苗族土家族自治县国家税务志	彭水苗族土家族自治县国家税务局	四川人民出版社		1999
彭水苗族土家族自治县民族宗教志	彭水苗族土家族自治县民族宗教志编纂委员会	重庆出版社		2003
彭水文史资料选辑1-12辑	中国人民政治协商会议彭水苗族土家族自治县委员会文史资料委员会	编者刊		1985-2005
（乾隆）石砫厅志	王萦绪	国立北平图书馆		1930
道光补辑石砫厅新志	王槐龄	巴蜀书社		1992
清·石砫厅乡土志	杨应玑等	抄本		1906
		刻本		1909
石柱县志	石柱县地方志编纂委员会	四川辞书出版社		1994
石柱县卫生志	石柱土家族自治县卫生志编写组	石柱土家族自治县卫生局		1986

续表一五〇

篇、书名	著（译）编者	出处	卷、期	年月日
石柱文史资料 1-19 辑	中国人民政治协商会议石柱土家族自治县委员	编者刊		1980-2001

（五）历史档案

篇、书名	著（译）编者	出处	卷、期	年月日
一批宝贵的档案"开花结果"了	仲 仁	档案工作	4 期	1958
浅议中国四川历史档案之现状及管理	吴性儒	近代中国历史档案研讨会论文集		1998
四川地方历史档案文献述要	陈建明	四川师范大学学报（社科）	4 期	2000
峨眉山市发现宋、明、清代档案资料	丁乐生	档案工作	7 期	1990
四川档案馆所藏清朝档案已可供利用	徐绍光	历史档案	2 期	1981
外国学者利用我省清代档案		四川档案	3 期	1983
清朝地方档案浅议	黄存勋	四川档案	1 期	1985
四川清代档案工作研究	李荣忠	档案学通讯	1 期	1989
Qing County Archives in Sichuan: An Update from the Field	Yasuhiko Karasawa, W. Reed. Bradly, Matthew H. Sommer	Late Imperial China	Vol. 26, No. 2	2005
民国四川档案工作	李荣忠	四川档案	1 期	1986
民国四川档案工作（续一）	李荣忠	四川档案	2 期	1986
民国四川档案工作（续二）	李荣忠	四川档案	3 期	1986
民国四川档案工作（续三）——档案教育与研究	李荣忠	四川档案	4 期	1986
民国档案著录初探	徐绍光	四川档案	1 期	1988
四川省档案馆及馆藏民国档案简介	郑 军	民国档案	1 期	1988
四川省档案馆向社会推出首批开放民国档案	沈 灌	四川档案	5 期	1989
中国第二历史档案馆馆藏民国时期重庆史料概述	喻春生	档案史料与研究	1 期	1996
渠县地下党保护旧政权档案纪实	江正荣	四川档案	5 期	2004

续表一

篇、书名	著(译)编者	出处	卷、期	年月日
一座内容丰富的文献宝库——巴县档案	伍仕谦	文献	1辑	1979
关于巴县档案	伍仕谦	中国史研究动态	4期	1979
巴县档案中有近代贵州农民起义的资料		贵州文史丛刊	1期	1981
巴县衙门的文书档案工作	张永海	档案学通讯	2、3期	1983
巴县档案今昔	陈代荣	档案工作	4期	1984
清代巴县衙门科房设置及其职掌	张永海	四川档案史料	1期	1985
清代巴县档案拾零	马小彬	四川档案	2期	1986
历史的瑰珍——清代巴县档案	张仲仁 李荣忠	历史档案	2期	1986
巴县县政府旧档专案目录	四川大学历史系	编者刊		
清代巴县衙门书吏和差役	李荣忠	历史档案	1期	1989
清代乾嘉道巴县档案选编 上册	四川大学历史系、四川省档案馆	四川大学出版社		1989
清代乾嘉道巴县档案选编 下册	四川大学历史系、四川省档案馆	四川大学出版社		1996
全国重点档案应提供复制件利用——从利用清代巴县档案说起	沐洲	四川档案	1期	1990
关于巴县档案起始时间	杨林	历史档案	3期	1990
清代巴县档案汇编（乾隆卷）	四川省档案馆	档案出版社		1991
清代巴县档案编研工作概述	刘君	历史档案	2期	1995
弥足珍贵的清代四川巴县档案	刘君	中国档案报		1996.10.10
"老外"眼中的巴县档案	朱兰	四川档案	3期	1998
从巴县档案看传统合伙制的特征	李玉	贵州师范大学学报（社科）	1期	2000
镇馆之宝——清代巴县档案	刘君	四川档案	1期	2000
中国县级地方历史档案之最——清代四川巴县档案概览	刘君	档案	3期	2000
嬉笑怒骂皆是怨——清代巴县档案中的故事	刘昌福	四川档案	2期	2003
清代四川巴县衙门档案评述	刘君	2003年海峡两岸档案暨缩微学术交流会论文集（大陆）		2003
清代巴县档案的命运	廖晖 游江	重庆与世界	5期	2004

续表二

篇、书名	著(译)编者	出处	卷、期	年月日
南充发现清代完整县衙档案	刘 海 王晓虎	四川政协报		2002.11.30
清代完整县衙档案惊现南充	王晓虎	中国档案报		2003.1.16
清代四川南部县衙门档案：全宗指南	四川省南充市档案局（馆）	编者刊		2004
一宗县衙档案 半部清史写照——清代四川南部县衙门档案掠影	张 新 王晓春	中国档案	2期	2005
清代四川南部县衙门档案——地方文献宝库	侯文伟	档案学通讯	增刊	2005
清代新津县衙门档案简介		四川档案	4期	2005
南充地区档案馆清朝民国时期档案史料介绍	侯定元	四川档案	3期	1986
宋士杰起义档案材料——白莲教及其支派的反清斗争		四川档案史料	4期	1984
四川人民反帝斗争档案资料	四川大学历史系	四川人民出版社		1962
四川教案与义和拳档案	四川省档案馆	四川人民出版社		1985
四川传教士档案	张丽萍	四川档案	1期	2004
四川省档案馆馆藏抗战史料介绍	马小彬	四川档案	5期	2005
川魂：四川抗战档案史料选编	四川省档案馆	西南交通大学出版社		2005
四川抗战档案研究	李仕根	西南交通大学出版社		2005
德格县档案馆集得明代档案一卷	何 健	四川档案	1期	1988
德格清理出一批重要藏文档案	何 健	民族	4期	1989
清代冕宁彝族档案评价	刘 君 冉光荣	四川档案	6期	1988
四川会理县发现清代和民国档案	陈代荣 王定才	档案工作	11期	1986
会理县发现的清代和民国档案在加紧整理中	马复康	四川档案	4期	1987
会理县加紧整理清代和民国档案	马复康	档案工作	7期	1987
阿坝州部分藏族档案述评	曹智荣	历史档案	3期	1990
四川省康定县档案馆所藏历史档案	薛廷全	历史档案	3期	1995
清末川滇边务档案史料	四川省民族研究所《清末川滇边务档案史料》编辑组	中华书局		1989
清末川滇边务大臣衙门档案	文 夕	历史档案	4期	1992

续表三

篇、书名	著（译）编者	出处	卷、期	年月日
清川滇边务大臣档案述要	周文林	2003年海峡两岸档案（大陆）暨缩微学术交流会论文集		2003
关于《清末川滇边务档案史料》一条档案拟名的意见	吴彦勤	档案学通讯	5期	2005
近代康区档案资料选编	四川省档案馆、四川民族研究所	四川大学出版社		1990
民国四川藏族档案史料评介	王晓春	西藏研究	3期	1993
		中国藏学	2期	2002
康藏纠纷档案选编	中国第二历史档案馆、中国藏学研究中心	中国藏学出版社		2000

三、考古

（一）一般论著

篇、书名	著（译）编者	出处	卷、期	年月日
Some Szechuan Specimens in the Smithsonian Institution	D. C. Graham	Journal of the West China Border Research Society	Vol. 2	1924–1925
考古团宣言书	四川古物保存会考察团	编者刊		1931
西康文物展览会	王兴瑞	西南边疆	5期	1939
四川彭山考古之重要发现	北平图书馆	图书季刊	4卷1、2期	1943
An Archaeological Find in the Ch'iang Region	D. C. Graham	Journal of the West China Border Research Society	Vol. 15A	1944
川康古迹考察团发掘成绩	容媛	燕京学报	30期	1946
成都白马寺古墓损毁勘查报告	川西文教厅社教科	文物参考资料	11期	1951
四川简阳、仁寿、筠连筑路时发现古物		文物参考资料	11期	1951
重庆发现古物及化石		文物参考资料	11期	1951
重庆市一年来的文物调查	重庆市文化局	文物参考资料	11期	1951

续表一

篇、书名	著(译)编者	出处	卷、期	年月日
成渝铁路筑路当中出土文物调查报告	西南文教部文物调查征集工作小组	文物参考资料	11 期	1951
川北文物调查征集工作报告	西南文教部文物调查征集工作小组	文物参考资料	11 期	1951
川南乐山文物古迹调查保管工作报导		文物参考资料	11 期	1951
重庆西南区文物展览		文物参考资料	11 期	1951
川西文物展览会工作简述		文物参考资料	11 期	1951
西藏、西康文物展览会工作总结		文物参考资料	11 期	1951
西南区文物展览开幕		新华日报		1951.10.5
四川省藏族自治区发现大批古代文物	徐鹏章	文物参考资料	3 期	1953
天成铁路筑路工程中发现有重要价值的历史文物和古迹		文物参考资料	4 期	1953
四川理县一带发现古代文物及红军长征时的革命文物		人民日报		1953.4.8
		重庆日报		1953.4.8
西康省调查芦山县的文物古迹概况		文物参考资料	3 期	1954
宝成铁路修筑工程中发现的文物简介	西南博物院筹备处	文物参考资料	3 期	1954
西南举办宝成铁路出土文物展览	新华社	文物参考资料	3 期	1954
看"宝成铁路文物展览"	周章	重庆日报		1954.2.18
西南主要矿产宝成铁路文物展览结束	西南博物院	重庆日报		1954.4.3
西南博物院三年来清理重庆市交口古墓经过	西南博物院筹备委员会秘书处	文物参考资料	5 期	1954
西南博物院在香国寺举办出土文物展览	殷树林	文物参考资料	7 期	1954
		重庆日报		1954.5.26
西南博物院在冬笋坝举办出土文物展览	王家祐 殷树林	重庆日报		1954.8.16
四川南充师范学院在建筑中不断发现古代文物	范舞	文物参考资料	9 期	1954
四川省博物馆出土文物展览	四川省博物馆	文物参考资料	11 期	1954
四川大足县发现带石人石马的古墓	邓之金	文物参考资料	4 期	1955
四川彭山县文物保管所一年多以来的工作简况	彭山县文物管理所	文物参考资料	5 期	1955
杜甫草堂搜集到大批文物		文物参考资料	5 期	1955

续表二

篇、书名	著（译）编者	出处	卷、期	年月日
四川省博物馆为布置新的陈列收集到许多文物	黄自敬	文物参考资料	5 期	1955
四川省举办基本建设工程出土文物展览		文物参考资料	6 期	1955
西康雅安胜利农业生产合作社把发现的文物送交政府		文物参考资料	6 期	1955
		西康日报		1955.4.20
四川省大足县文物保管所一年来的工作概况	邓之金	文物参考资料	8 期	1955
四川成都东郊沙河堡清理了汉、唐、宋代的墓葬十六座	袁明森 傅汉良	文物参考资料	9 期	1955
四川省1954年出土文物概况	黄自敬 王平贞	文物参考资料	11 期	1955
珍贵的文化遗产——介绍"四川基本建设出土文物展览"	刘志远	四川日报		1955.5.11
卜甲是作什么用的——四川省基本建设出土文物展览介绍之一	刘廷璧	工商导报		1955.5.12
鹿角器和骨器——四川省基本建设出土文物展览介绍之二	刘廷璧	工商导报		1955.5.13
巴蜀时代的铜兵器——四川省基本建设出土文物展览介绍之三	刘廷璧	工商导报		1955.5.21
从汉墓出土文物看古人生活情景——四川省基本建设出土文物展览介绍之四	南郭敬	工商导报		1955.5.23
博山炉——汉代四川的优美工艺品——四川省基本建设出土文物展览介绍之五	刘廷璧	工商导报		1955.5.26
四川官渠埝工程中清理了一批古墓	李世芸	文物参考资料	4 期	1956
反对考古工作中不正确的报导——对《成都站东乡汉墓清理记》和《四川藏区孟董沟的磨制石器》两文的意见	杨有润	考古通讯	5 期	1956
四川官渠埝唐、宋、明墓清理简报	四川省文管会	考古通讯	5 期	1956
四川省文管会编写《四川文物简目提要》	陶鸣宽	文物参考资料	8 期	1956
四川文物简目提要	四川省文物管理委员会	编者刊		1956
温江专区地下文物普查小组普查归来	陆德良	文物参考资料	1 期	1957
应该严肃地对待报导考古发现材料	微言	文物参考资料	6 期	1957
Archaeological Studies in Szechwan	Cheng Te-K'un	Cambridge University Press		1957

续表三

篇、书名	著(译)编者	出处	卷、期	年月日
真像一个文物博物馆	杨有润等	四川日报		1958.1.4
重庆市发现汉、宋、明代墓葬	重庆市文物调查组	文物参考资料	8期	1958
成都天回山发现三座土坑墓	德	考古	8期	1959
四川牧马山灌溉渠古墓清理简报	四川省博物馆	考古	8期	1959
川豫铁路工程中的考古调查	陆德良	考古	8期	1959
四川古代墓葬清理简况	四川省博物馆	考古	8期	1959
四川茂汶羌族自治县考古调查	短绠	考古	9期	1959
四川、湖北发现大批古代文物		人民日报		1959.7.8
四川省近年来的考古发现概况	四川省博物馆	文物	11期	1961
市人委公布本市第一批文物古迹保护单位		重庆日报		1962.5.1
在无产阶级"文化大革命"中我省发掘出大批珍贵历史文物	新华社	四川日报		1971.7.24
在毛主席关于"古为今用"伟大方针指引下我省发掘出一批珍贵历史文物	四川省博物馆通讯组、本报记者	四川日报		1971.9.15
丰富珍贵的出土文物——记四川出土文物展览	沈波文	四川日报		1972.8.14
凉山考古工作取得可喜成果	毛瑞芬	光明日报		1978.4.28
泸沽湖畔出土文物调查记	西昌地区博物馆	凉山彝族奴隶制研究	1期	1978
昭觉县四开区考古见闻记	王家祐	凉山彝族奴隶制研究	1期	1979
嘉陵江南充河段考古工作取得可喜成绩	王文	重庆日报		1979.7.22
嘉陵江南充地区河段考古调查记实	南充地区文化局	编者刊		1979
我市1979年出土文物概述	成都市文管处	成都文物简讯	1期	1980
盐边出土文物调查记	黄承宗	凉山彝族奴隶制研究	1期	1980
近年来西城区在人防施工中出土的文物情况	周尔太	成都文物简讯	3期	1980
近年来中国西南民族地区战国秦汉时代的考古发现及其研究	童恩正	考古学报	4期	1980
		中国西南民族考古论文集		1990
市博物馆征集到一大批革命文物	杨付军	重庆日报		1980.2.29
绵阳地区文物简介	绵阳地区文教局	编者刊		1980
红军长征过四川——革命文物选辑	四川省博物馆	四川人民出版社		1980
我市1980年出土文物概述	成都市文管处	成都文物简讯	1期	1981

续表四

篇、书名	著(译)编者	出处	卷、期	年月日
我市南较场地区发现一批重要文物	周尔太	成都文物简讯	1 期	1981
二滩水电站淹没区渡口段考古调查简报	二滩水电站淹没区渡口段联合考古调查组	凉山彝族奴隶制研究	1 期	1981
我馆征集到一批盐业历史文物	周志征	井盐史通讯	1 期	1981
本市出土一批珍贵文物	周尔太	成都日报		1981.1.19
巴县发现新石器时代遗址及古墓葬群等	重庆市博物馆	重庆日报		1981.2.24
四川石棉县考古调查	石棉县文化馆	考古	2 期	1982
凉山地区的考古发现	刘世旭	西南民院学报（哲社）	4 期	1982
川康渝文物馆年刊 1－17 期	周开庆等	川康渝文物馆		1982－1998
重庆地区考古新收获	邓长新	重庆史学	1 期	1983
泸沽湖畔出土文物调查记	黄承宗	考古	10 期	1983
江津文物考古及崖墓之探索	邓少琴	四川地方志		1983
四川省博物馆古代文物资料选辑	四川省博物馆	编者刊		1983
木里文物记（一）（二）	黄承宗	西藏研究	1、4 期	1984
宜宾地区文物简讯	丁天锡	四川文物	3 期	1984
成都市金牛区举办部分出土文物图片巡回展览	凤 文	四川文物	3 期	1984
绵阳地区已有五个县市编出《文物志》初稿	赵树中	四川文物	3 期	1984
高风亮节 后世楷模——李初梨捐赠大批珍贵文物给重庆市博物馆	迅 冰	四川文物	4 期	1984
略谈重庆文物考古的新收获	胡人朝	四川文物	4 期	1984
四川近代文物与爱国主义教育	隗瀛涛	四川文物	4 期	1984
四川省博物馆革命文物资料选辑（1919－1949）	四川省博物馆近现代史部	四川省博物馆		1984
郭沫若在重庆的田野考古活动	董其祥	重庆社会科学	3 期	1985
南充地区文物保护单位介绍	四川省南充地区文化局	编者刊		1985
芦山县历史文物资料辑	芦山县文物管理所	编者刊		1985
冯汉骥考古学论文集	冯汉骥	文物出版社		1985
四川甘孜县吉里龙古墓葬	四川省文物管理委员会等	考古	1 期	1986

续表五

篇、书名	著(译)编者	出处	卷、期	年月日
四川凉山地区的地震考古研究	林 向	四川文物	1期	1986
巴县文物复查有重要发现		四川文物	1期	1986
郭沫若在重庆的考古研究	董其祥	重庆市中区史志	1期	1986
抗战时期中华民国陪都遗址考略	凌家澄	重庆地方志	2期	1986
天彭文物考察散记	林 向	四川文物	3期	1986
试论我国从东北至西南的边地半月形文化传播带	童恩正	文物与考古论集		1986
四川考古文献目录	四川省文物考古研究所资料室	四川省文物考古研究所		1986
乐山市文物资料选编	罗孟汀等	乐山市文化局		1986
宜宾市农村连续发生捣毁文物事件	刘天文	四川文物	3期	1987
市博物馆征集到一批抗战文物	董 谦	重庆晚报		1987.7.7
我市文物普查有批新发现	渝 华	重庆晚报		1987.8.21
巴蜀考古论文集	徐中舒	文物出版社		1987
南充地区文物考古资料 第一集	四川省南充地区文化局	编者刊		1987
四川乐山市考古调查简报	中国社会科学院考古研究所四川工作队	考古	1期	1988
双流县文物普查散记	李红艳	成都大学学报（社科）	1期	1988
郭沫若在重庆的考古研究	董其祥	郭沫若学刊	4期	1988
璧山文物普查取得新成绩	石维扬	重庆晚报		1988.1.15
南充地区文物考古资料 第二集	四川省南充地区文化局	编者刊		1988
射洪县青堤文物 第一集	谢德安 马克明	四川省射洪县青堤乡顶顶庙筹建委员会		1988
南广河沿岸出土文物介绍	丁天锡 范仲成	四川文物	1期	1989
四川十年考古收获	赵殿增	四川文物	5期	1989
凉山彝族自治州文物学会首届年会：论文资料集	凉山彝族自治州文物学会等	编者刊		1989
南充地区文物考古资料 第三集	四川省南充地区文化局	编者刊		1989
1989年四川主要考古发现概述	孙智彬	四川文物	3期	1990
成都地区历代古墓概况	罗开玉	四川文物	3期	1990

续表六

篇、书名	著(译)编者	出处	卷、期	年月日
汉源县瀑布沟水库淹没区文物古迹调查简况	王瑞琼	四川文物	3期	1990
四川万县地区考古调查简报	吴加安 叶茂林	考古	4期	1990
四川凉山西昌发现东汉、蜀汉墓	凉山州博物馆	考古	5期	1990
德阳文物	德阳市文化局	编者刊		1990
渠县第一批县文物保护单位简介等资料汇集	渠县历史博物馆	编者刊		
渠县文物保护单位简介	王建纬	渠县历史博物馆、渠县文物管理所		1990
四川省田野考古发掘及地面文物维修保护工作成绩显著	陈显丹	四川文物	2期	1991
彭县文物概况	彭县文管局等	成都文物	3期	1991
绵阳市四十年文物考古综述	王代升	四川文物	5期	1991
绵阳文物考古札记	赵殿增	四川文物	5期	1991
四川汉源县大树乡两处古遗址调查	中国社会科学院考古研究所四川工作队	考古	5期	1991
华西考古研究（一）	罗开玉 罗伟先	成都出版社		1991
遂宁文物	遂宁市博物馆、遂宁市文管所	编者刊		1991
1991年成都市田野考古工作纪要	雷玉华等	成都文物	1期	1992
从考古文物看甘孜州灿烂的古代文化	扎西次仁	康巴文苑	1期	1992
		四川藏学研究	4辑	1997
沙坪坝区古墓葬遗址概况	林必忠	重庆地方志	1期	1992
宝珠寺水库淹没区文物调查记	黄家祥	四川文物	2期	1992
凉山的考古与民族	刘世旭	四川文物	4期	1992
凉山地区古墓葬多样性原因初探	刘弘	四川文物	4期	1992
凉山文物札记	毛瑞芬 邹麟	四川文物	4期	1992
会理城河流域的古代文化遗存	唐翔	四川文物	4期	1992
应当重视三峡工程淹没区的文物保护	谢辰生	中国文物报		1992.4.19
文物专家罗哲文谈三峡库区文物保护	刘德伟	中国文化报		1992.4.12

续表七

篇、书名	著(译)编者	出处	卷、期	年月日
重庆开展三峡区考古调查	达 立	中国文物报		1992.11.22
南充地区文物考古文集	王积厚	南充市文物保护管理所		1992
三峡的重大考古发现	杨权喜	江汉考古	1期	1993
不使巴风成绝响，三峡文物永风流——著名考古学家黄景略、张忠培两位先生谈三峡工程中的文物保护工作	王风竹	江汉考古	3期	1993
再现三峡历史风貌——三峡文物保护刻不容缓	王鲁茂	四川文物	6期	1993
三峡风流当珍惜——三峡库区文物保护专家笔谈		人民日报		1993.4.28
三峡工程坝区考古发掘工作全面展开	任 风	中国文物报		1993.9.12
辉煌的三峡文化遗产	江少青	光明日报		1993.10.24
不使巴楚遗韵成绝响——三峡库区文物保护现状及对策	童 怀	光明日报		1993.11.2
文物考古研究	成都博物馆	成都出版社		1993
巴渠文物名萃	四川达县地区文化局	编者刊		1993
发展中的岳池文物事业	周德俊	四川文物	5期	1994
略谈四川藏区的考古	黄家祥	四川藏学研究	2辑	1994
三峡的重大考古发现	杨权喜	江汉考古	1期	1994
世界文物保护史上的"天字号"工程——抢救三峡文物	阿 源	瞭望	3期	1994
1997：三峡文物向何处去	老 谭	红岩	5期	1994
神器应无恙——三峡库区文物考察纪行	罗哲文	旅游天地	5期	1994
三峡考古记	杨 虎	百科知识	11期	1994
三峡考古获大面积丰收	蒋迎春	中国文物报		1994.7.24
忠县三峡淹没区地下文物保护前期规划圆满成功	李水城	中国文物报		1994.8.14
开县三峡工程淹没区地下文物调查发掘获丰硕成果	奕丰实	中国文物报		1994.10.30
三峡工程淹没区云阳境内试掘获重大成果	高大联	中国文物报		1994.11.20
绵阳文物	王代升 文齐国	绵阳市文化局		1994
成都市1994年文物工作纪要	市文管办	成都文物	1期	1995

续表八

篇、书名	著(译)编者	出处	卷、期	年月日
四川伊斯兰历史文物述略	张泽洪	四川文物	1期	1995
十万火急抢救三峡文物	易木	旅游导报	2期	1995
雅砻江二滩电站库区内文物考古调查记	莫洪贵	四川文物	6期	1995
救救"三峡文物"	章异凡	企业家	7期	1995
忠县考古调查记	王鑫	青年考古学家	7期	1995
忠县沿江地区重点文物介绍	忠县文管所	青年考古学家	7期	1995
第二战场——三峡文物抢救工程纪实报	赵进一	解放日报		1995.1.20
绝地大抢救（上）（中）（下）——国家着手保护三峡淹没区文物	王兆麟	人民日报（海外）		1995.8.16，1995.8.17，1995.8.23
三峡库区文物价值引起关注	张建利	光明日报		1995.3.28
忠县李园战国至汉代遗址	孙华	中国考古学年鉴		1995
四川大学考古专业三十五年	四川联合大学历史系考古教研室	编者刊		1995
关于云阳县地面文物保护论证	吕舟 楼庆西	古建园林技术	2期	1996
四川西部考古记	托尼斯（朱小南）	天府新论	4期	1996
祝三峡文物平安	李刚	价格与市场	7期	1996
三峡库区古近考古有新发现	刘小兵	光明日报		1996.1.4
三峡工程坝区数以万计珍贵文物重见天日	陈新洲 戴劲松	文汇报		1996.4.11
三峡工程坝区文物抢救发现结束	陈新洲 戴劲松	人民日报		1996.4.19
四川考古论文集	四川省文物考古研究所	文物出版社		1996
四川考古研究论文集——《四川文物》1996增刊	四川省文物考古研究所	四川文物编辑部		1996
重庆文物总目	刘豫川	西南师范大学出版社		1996
1996年成都田野考古概述	成都市文物考古工作队	成都文物	1期	1997
四川广元市古文化遗址调查	唐志工	考古	5期	1997
三峡库区——文化遗产大抢救	卢新宁	人民日报		1997.11.12

续表九

篇、书名	著(译)编者	出处	卷、期	年月日
什邡馆藏文物集粹	四川省什邡市文物保护管理所	四川美术出版社		1997
成都市1997年田野考古概述	成都市考古队	成都文物	1期	1998
三峡工程淹没区文物概述	李秀清 李宏松	长江流域资源与环境	1期	1998
三峡工程淹没区文物古迹的价值评估（一）（二）	李秀清 李宏松	长江流域资源与环境	2、3期	1998
三峡地区文物撷影	乔 梁	文物天地	3期	1998
成都市博物馆考古工作回顾	翁善良	成都文物	3期	1998
三峡文物与文物保护	张 柏	跋涉集		1998
关于三峡地区田野考古工作的几点认识	张昌平	中国文物报		1998.7.15
三峡历史文化之谜正在解开	王 军	人民日报		1998.11.13
四川考古报告集	四川省文物考古研究所	文物出版社		1998
三峡考古之发现	陈振裕	湖北科学技术出版社		1998
长江三峡出土文物精粹	张一品	中国三峡出版社		1998
四川大学考古专业创建三十五周年纪念文集	四川大学考古专业	四川大学出版社		1998
文物考古集	刘 敏	广安地区文化体育局		1998
巴蜀考古与三大起源问题	林 向	文史杂志	1期	1999
成都市1998年田野考古工作概述	成都市文物考古工作队	成都文物	1期	1999
重庆库区1998年度考古发掘的阶段性收获	邹后曦	重庆历史与文化	1期	1999
对搞好三峡库区文物保护工作的思考及建议	梁福庆 朱元惠	湖北社会科学	1期	1999
重庆市奉节县鱼复浦遗址发掘报告	吉林大学考古学系、重庆市文化局	江汉考古	1期	1999
成都地区近年考古综述	王 毅	四川文物	3期	1999
三峡考古又获重大发现		四川大学学报（哲社）	4期	1999
凉山州文物考古专辑		四川文物	4期	1999
三峡库区出土文物引人注目	王松涛	人民日报（海外）		1999.2.22
涪陵文物精品集	吴安祥	中华国际出版社		1999
四川省文物保护单位简介（一）	本刊编辑部	四川文物	1期	2000

续表一〇

篇、书名	著(译)编者	出处	卷、期	年月日
四川省文物保护单位简介（二）	本刊编辑部	四川文物	2期	2000
四川省文物保护单位简介（三）	本刊编辑部	四川文物	4期	2000
四川省文物保护单位简介（四）	本刊编辑部	四川文物	5期	2000
四川省文物保护单位简介（五）	本刊编辑部	四川文物	1期	2001
四川省文物保护单位简介（六）	本刊编辑部	四川文物	2期	2001
四川省文物保护单位简介（七）	本刊编辑部	四川文物	3期	2001
四川省文物保护单位简介（八）	本刊编辑部	四川文物	4期	2001
四川省文物保护单位简介（九）	本刊编辑部	四川文物	1期	2002
四川省文物保护单位简介（十）	本刊编辑部	四川文物	2期	2002
四川省文物保护单位简介（十一）	本刊编辑部	四川文物	3期	2002
四川省文物保护单位简介（十二）	本刊编辑部	四川文物	5期	2002
成都市1999年田野考古工作综述	成都市文物考古工作队	成都文物	1期	2000
成都市一九九九年文物工作大事辑要	刘新生	成都文物	1期	2000
成都市一九九九年田野考古工作概述	王方	成都文物	1期	2000
关于三峡地区考古学文化命名问题	俞伟超	重庆历史与文化	1期	2000
新实践、新探索、新发现和新成果——长江三峡库区的考古新发现综述	郑若葵	书品	1期	2000
新实践、新探索、新发现和新成果——长江三峡库区的考古新发现综述（续）	郑若葵	书品	2期	2000
三峡地区石刻文物的文化价值研究	李禹阶 邹登顺	重庆师范大学学报（哲社）	2期	2000
四川省评出1999年文物考古工作十大成果		四川文物	2期	2000
四川省境内的全国重点文物保护单位及四川省文物保护单位		巴蜀史志	4期	2000
成都的城市考古发展与名城保护	尹建华 弋良胜	成都文物	4期	2000
成都龙泉驿区北干道木椁墓群发掘简报	成都市文物考古研究所、龙泉驿区文物管理所	文物	8期	2000
三峡考古发掘的实践与思考	陈淳 高蒙河	中国文物报		2000.1.12

续表——

篇、书名	著(译)编者	出处	卷、期	年月日
发现与淹没：三峡文物备忘录上·重庆篇	刘豫川等	中国文物报		2000.8.30
重庆黄柏溪遗址两度发掘	潘茂辉	中国文物报		2000.11.5
三峡库区云阳县考古获重大成果		人民日报		
抢先务实 留下三峡的历史面貌（提要）	陈振裕	文化的馈赠：汉学研究国际会议论文集（考古学卷）		2000
三峡考古之发现（二）1993－1997	国家文物局三峡工程文物保护领导小组湖北工作站	湖北科学技术出版社		2000
长江三峡文物存真	俞伟超	重庆出版社		2000
游仙文物	中国人民政治协商会议绵阳市游仙区委员会学习文史委员会	编者刊		2000
三峡文物大抢救纪实：为长江文明作证1－6	王川平	今日重庆	1－6期	2001
长江三峡地区文物考古的回顾与展望	杨 华	重庆大学学报（社科）	1期	2001
对三峡库区考古工作的几点意见	徐光冀	四川文物	2期	2001
三峡地区次生堆积剖析的考古学实践	潘碧华	华夏考古	2期	2001
遗址形成过程研究与三峡次生堆积剖析	陈 淳 高蒙河	中国文物报		2001.1.24
川东北历代古墓葬的调查研究	马幸辛	四川文物	2期	2001
岷江上游考古新发现述析	蒋 成	中华文化论坛	3期	2001
四川成都市北郊战国东汉及宋代墓葬发掘简报	成都市文物考古工作队	考古	5期	2001
长江上游川渝地区的遥感考古研究构想	刁承泰	重庆社会科学	6期	2001
重庆发掘忠县老鸹冲遗址	蒋晓春 方 刚	中国文物报		2001.12.7
金堂文物考古研究	薛玉树	金堂县文物保护管理所		2001
浅草文物论文集	薛玉树	金堂县文物保护管理所		2001
中国西南考古研究	何志国	绵阳市社会科学界联合会		2001
眉山文物揽胜	眉山市文化体育局	编者刊		2001

续表一二

篇、书名	著(译)编者	出处	卷、期	年月日
话说南岸革命遗址遗迹	中共重庆市南岸区委党史研究室	中共党史出版社		2001
四川大学考古专业创建四十周年暨冯汉骥教授百年诞辰纪念文集	四川大学历史文化学院考古学系	四川大学出版社		2001
成都考古发现（1999）	成都市文物考古研究所	科学出版社		2001
重庆库区考古报告集（1997年卷）	重庆市文物局、重庆市移民局	科学出版社		2001
成都市2001年文物工作大事辑要	刘新生	成都文物	1期	2002
成都市2001年田野考古工作述要	王方等	成都文物	1期	2002
重庆市辖区2001年度的主要考古发现	邹后曦	重庆历史与文化	1期	2002
渝怀铁路重庆段考古清理发掘工作概述	林必忠	重庆历史与文化	1期	2002
三峡盐业考古发现及其意义	李小波	重庆大学学报（社科）	1期	2002
三峡考古发掘遗迹切割技术的应用	王海阔	四川文物	1期	2002
三峡历史文化遗产的考古发掘与研究	复旦大学文博系考古队	复旦大学学报（社科）	1期	2002
重庆云阳乔家院子遗址第三次发掘简报	西北大学考古队	文博	1期	2002
内昆铁路四川段建设中的文物调查	潘辛宁	四川文物	2期	2002
遗传基因技术与三峡考古实践	黄颖等	东南文化	3期	2002
重庆市万州区中坝子遗址第三次发掘简报	冉万里	考古与文物	3期	2002
重庆万州中坝子遗址第四次发掘简报	冉万里	文博	3期	2002
凉山地区近年考古新发现简述	姜先杰等	中华文化论坛	4期	2002
对金沙江考古的几点思考	刘弘	中华文化论坛	4期	2002
重要的考古成果　珍贵的出土文物——四川古代窖藏琐记	史占扬	四川文物	4期	2002
考古地理学与三峡考古实践	高蒙河	中原文物	6期	2002
浅谈三峡考古田野文物修复	王海阔	考古与文物	增刊	2002
		文物修复研究	3期	2003
陕西宝鸡考古队完成三峡文物发掘任务	刘宏斌 辛怡华	中国文物报		2002.3.22

续表一三

篇、书名	著(译)编者	出处	卷、期	年月日
新世纪三峡科技考古的展望	陈 淳 高蒙河	中国文物报		2002.2.22
重庆巫山江东嘴遗址发掘获重要成果	张之恒等	中国文物报		2002.5.10
三峡考古作业分析："空方"不空	高蒙河	中国文物报		2002.7.19
		文化遗产研究集刊	3辑	2003
成都考古发现（2000）	成都市文物考古研究所	科学出版社		2002
平武文物大观	向远木	中国三峡出版社		2002
阿坝文物览胜	阿坝藏族羌族自治州文物管理所	四川民族出版社		2002
成都市2002年文物工作大事辑要	刘新生	成都文物	1期	2003
成都市2002年田野考古工作述要	王方等	成都文物	1期	2003
渝邻高速公路（重庆段）建设工程完成文物保护工作	重庆市文物考古所	重庆历史与文化	1期	2003
綦万高速公路工程完成文物保护工作	重庆市文物考古所	重庆历史与文化	1期	2003
渝黔高速公路二期工程文物保护工作的初步收获	重庆市文物考古所	重庆历史与文化	2期	2003
四川达成铁路南充东站考古发掘报告	莫洪贵 覃海泉	四川文物	2期	2003
达成铁路沿线的历史文物遗存浅析	潘辛宁	四川文物	2期	2003
三峡考古琐记	林 向	四川文物	3期	2003
西陵峡考古亲历记	马继贤	四川文物	3期	2003
三峡考古回顾与探讨	胡昌钰	四川文物	3期	2003
四川省三峡库区文物工作回顾	梁旭仲	四川文物	3期	2003
四川省文物部门三峡库区考古大事记	四川省文物考古研究所	四川文物	3期	2003
回忆西陵峡考古	宋治民	四川文物	3期	2003
2002年岷江上游考古的收获与探索	蒋 成	中华文化论坛	4期	2003
宝兴硗碛水库淹没区文物调查报告	四川省文物考古研究所、雅安市文管所	四川文物	5期	2003
向家坝水电站淹没区地面文物调查工作顺利结束		四川文物	5期	2003

续表一四

篇、书名	著(译)编者	出处	卷、期	年月日
全国最大的考古工地——重庆库区1997-2003考古成果	刘豫川 周后曦	文物天地	6期	2003
三峡文物大抢救	王川平	文物天地	6期	2003
王立军在三峡考古的日子	侯耀晨	新西部	6期	2003
不可移动文物大迁移	汤羽扬	文物天地	6期	2003
三峡库区的四大国宝级文物	石实	四川统一战线	11期	2003
重庆万州区大周溪东汉六朝墓葬发掘简报	山东大学考古系等	考古与文物	增刊·汉唐考古	2003
重庆云阳杨沙墓群发掘取得重大收获	张伟等	中国文物报		2003.4.23
重庆巫山教场坝发掘一处大型古墓群	王永彪	中国文物报		2003.6.25
纵将万管玲珑笔 难写瞿塘两岸山——三峡工程重庆库区二期水位阶段考古收获	刘豫川 周后曦	中国文物报		2003.6.18
三峡考古十大发现	韩德柳	中国建设报		2003.7.11
古"南方丝绸之路"考古获重大突破	苑坚	人民日报		2003.8.16
从一波三折到顺利结束——"南方丝绸之路"惊现多处古文化遗存	潘辛宁	中国文物报		2003.8.27
四川在碗碛水电站淹没区进行大范围考古	雷雨	中国文物报		2003.11.12
2001成都考古发现	成都市文物考古研究所	科学出版社		2003
地下成都	肖平	成都时代出版社		2003
三峡文物珍存——三峡工程重庆库区地面文物志	重庆市文物局	北京燕山出版社		2003
永不逝落的文明——三峡文物抢救纪实	徐光冀	山东画报社		2003
永远的三峡——文物世纪大抢救	王凤竹 余西云	福建人民出版社		2003
重庆·2001三峡文物保护学术研讨会论文集	重庆市文物局、重庆市移民局	科学出版社		2003
重庆库区考古报告集(1998卷)	重庆市文物局、重庆市移民局	科学出版社		2003
2003三峡文物保护与考古学研究学术研讨会论文集——长江三峡工程文物保护项目报告丁种第二号	湖北省文物事业管理局、湖北省三峡工程移民局	科学出版社		2003

续表一五

篇、书名	著(译)编者	出处	卷、期	年月日
泸州市馆藏文物精品	叶蓉光	泸州市博物馆		2003
成都市2003年田野考古工作述要	成都市文物考古研究所	成都文物	1期	2004
成都市2003年文博工作大事辑要	刘新生	成都文物	1期	2004
成都市2003年田野考古工作述要	王方等	成都文物	1期	2004
绵阳"天浩公寓"工地发掘简报	四川省文物考古研究所、绵阳市博物馆	四川文物	1期	2004
三峡工程重庆库区2003年度十项重要考古发现	市文化局三峡办地下项目室	重庆历史与文化	1期	2004
三峡库区考古学文化的新认识	邹后曦	重庆历史与文化	1期	2004
万州区大丘坪墓葬的发现与初步研究	彭学斌 李应东	重庆历史与文化	1期	2004
配合基本建设工程 开展考古调查勘探所工作	重庆市文物考古所	重庆历史与文化	1期	2004
武合高速公路工程文物保护工作取得初步成果	重庆市文物考古所	重庆历史与文化	1期	2004
乌江流域重庆段考古工作获突破性收获	重庆市文物考古所	重庆历史与文化	1期	2004
合川市近年发现古代墓葬述略	王 励 罗仕杰	重庆历史与文化	1期	2004
藤子沟水电站工程考古收获	林必忠	重庆历史与文化	2期	2004
三峡地区土坑洞室墓初探	孟华平	江汉考古	2期	2004
杜甫草堂水系一期工程出土精美文物	杨渝泉	成都文物	2期	2004
四川地区考古文化问题思考	俞伟超	四川文物	2期	2004
四川水电产业开发与文物保护双赢刍议	孙安平	四川文物	2期	2004
西攀高速公路文物遗存调查	潘辛宁等	四川文物	2期	2004
从惠特曼学院馆藏资料看葛维汉的人类学研究	耿 静	中华文化论坛	3期	2004
		巴蜀史志	5期	2004
三峡考古回顾与探讨	胡昌钰 赵殿增	四川文物	3期	2004
三峡文物世纪大抢救	马培汶	涪陵师范学院学报	4期	2004
三峡地区汉唐考古研究有关问题的思考	蒋晓春	求索	4期	2004
从考古发现说四川文化强省建设	黄剑华	四川省情	5期	2004

续表一六

篇、书名	著(译)编者	出处	卷、期	年月日
十年印象：三峡淹没区及迁建区地面文物保护的回顾与展望	李宏松	中国文化遗产	秋季号	2004
重庆巫山县巫峡镇秀峰村墓地发掘简报	四川省文物考古研究所等	考古	10期	2004
四川考古的世纪回顾与展望	赵殿增	考古	10期	2004
重庆地区近年汉唐考古新发现及有关问题的思考	蒋晓春	考古与文物	增刊·汉唐考古	2004
重庆忠县乌扬墓群发掘汉唐宋墓葬	邹后曦等	中国文物报		2004.2.6
三峡考古回眸	徐光冀	中国文物报		2004.2.20
乌江重庆段考古获突破性收获	林必忠 白九江	中国文物报		2004.2.27
重庆奉节发掘营盘包墓地	刘兴林 张之恒	中国文物报		2004.3.24
重庆万州大丘坪墓群考古发掘取得显著成果	彭学斌 李应东	中国文物报		2004.5.21
重庆巫山胡家包墓地出土一批精美文物	雷兴军 裴健	中国文物报		2004.6.16
重庆忠县发掘大规模战国秦汉墓地	方刚	中国文物报		2004.8.4
四川瀑布沟水电站淹没区考古取得重大收获	雷雨等	中国文物报		2004.9.10
三峡古文化的生态学观察	陈淳 潘艳	中国文物报		2004.11.26
葛维汉民族学考古学论著	李绍明 周蜀蓉	巴蜀书社		2004
成都考古发现（2002）	成都市文物考古研究所	科学出版社		2004
巴渝文物古迹	吴涛等	重庆出版社		2004
宋治民考古文集	宋治民	科学出版社		2004
巴蜀考古论集	林向	四川人民出版社		2004
凉山彝族文物图鉴	凉山彝族奴隶制社会博物馆	四川美术出版社		2004
南充文物旅游揽胜	蒋小华	四川大学出版社		2004
成都市2004年文博工作大事辑要	胡建强 刘新生	成都文物	1期	2005
成都市2004年田野考古工作述要	王方等	成都文物	1期	2005
成都市郫县外南战国秦汉墓地分析	颜劲松	四川文物	1期	2005

续表一七

篇、书名	著(译)编者	出处	卷、期	年月日
奉节宝塔坪遗址2003年发掘简报	吉林大学边疆考古研究中心等	江汉考古	4期	2005
大渡河双江口水电站地下文物遗存调查	潘辛宁 任江	四川文物	6期	2005
2005年度康巴地区考古调查简报	陈卫东	四川文物	6期	2005
渠江流域古遗址调查简报	张肖马	四川文物	6期	2005
重庆巫山水田湾东周、两汉墓发掘简报	武汉市文物考古研究所、巫山县文物管理所	文物	9期	2005
重庆奉节营盘包墓地再度发掘	刘兴林 陈厚清	中国文物报		2005.1.12
汉晋朐忍县城多年发掘累结硕果——专家谈重庆市云阳县旧县坪遗址发掘的意义	重庆市文管局、吉林省文物考古研究所	中国文物报		2005.3.23
康巴地区民族考古综合考察取得重大成果	姚军	中国文物报		2005.8.29
康巴地区民族考古综合考察成果盘点	姚军等	中国文物报		2005.10.5
成都考古发现(2003)	成都市文物考古研究所	科学出版社		2005
考古学、民族学的探索与实践	何力	四川大学出版社		2005
四川历史考古文集	徐鹏章	四川大学出版社		2005

(二) 田野考古及相关论著

1. 先秦

篇、书名	著(译)编者	出处	卷、期	年月日
四川歌乐山人类遗迹之再度探寻	顾知微	科学	28卷6期	1946
资阳发现人类化石		科学通报	10期	1951
四川资阳黄鳝溪人类及其他哺乳类动物化石发掘简报	裴文中	科学通报	10期	1952
四川中生代爬行类动物的新发现	杨钟健 周明镇	古生物学报	3期	1953
人类学的新发现	贾兰坡	中国建设	3卷4期	1954

续表一

篇、书名	著(译)编者	出处	卷、期	年月日
资阳人	裴文中 吴汝康	中国科学院古脊椎动物研究所甲种特刊	1号	1957
资阳人	裴文中 吴汝康	科学出版社		1957
十万年前的人类化石——浅谈"资阳人"	省历	四川日报		1962.1.28
资阳人	省历	成都晚报		1962.8.19
最早的四川人——"资阳人"	向灵	四川日报		1962.8.28
关于资阳人的年龄和性别问题	秦学圣	古脊椎动物与古人类	6卷1期	1962
化石人类头骨年龄和性别的鉴定	吴汝康	古脊椎动物与古人类	6卷1期	1962
放射性碳素测定年代报告（一）	中科院考古所实验室	考古	1期	1972
资阳人化石地层时代问题的商榷	成都地质学院第四纪科研组	考古学报	2期	1974
放射性碳素测定年代报告（三）	中科院考古所实验室	考古	5期	1974
最早的四川人	龚培萱	旅游天府	2期	1982
关于资阳人的时代问题	范桂杰 胡昌钰	四川史研究通讯	1期	1983
邓小平与"资阳人"化石的发现	魏峡	文史杂志	2期	1997
邓小平和"资阳人"——访张圣奘教授	徐伯荣	四川党史	4期	1998
贾兰坡和资阳人	黄振富	文史杂志	6期	2001
邓小平与"资阳人"的发现	黄振富	老人天地	5期	2004
邓小平点将发现"资阳人"——半世纪前古人类头盖骨发掘现场老照片背后的旧闻	李泽民	中国档案	12期	2004
我参加"资阳人"发掘的经过及其认识	徐鹏章	文史杂志	2期	2005
四川筠连人类牙齿化石的发现	游天星	成都地质学院学报	3期	1983
		云贵川古人类旧石器时代考古交流会论文集		1984
川西发现晚更新世人类化石	宗冠福 黄学诗	化石	4期	1984
四川省甘孜藏族自治州炉霍县发现的古人类与旧石器材料	宗冠福等	史前研究	3期	1987

续表二

篇、书名	著(译)编者	出处	卷、期	年月日
三峡地区可能揭开早期人类活动的奥秘	黄万波	四川文物	2期	1985
巫山发现180万年前人类化石		四川日报		1986.11.30
巫山县发现180万年前古人类化石，人类起源亚洲说有了新证据		人民日报		1986.12.1
巫山发现早更新世古人类化石	宁荣童	文物报		1987.1.1
对人类起源的追踪——巫山早期人类化石发掘记	于竟祁	瞭望周刊	21期	1987
三峡高地觅踪——记亚洲东部早期人类化石的发现	黄万波	化石	1期	1988
三峡高地觅踪——黄河、长江、珠江：还是长江有希望（续）	黄万波	化石	1期	1988
三峡高地觅踪（续）	黄万波	化石	3期	1988
三峡高地觅踪（续）	黄万波	化石	4期	1988
四川发现200万年前人类化石		人民日报		1988.11.19
记巫山早期古人类化石的发现	杨兴隆	四川文物	1期	1989
四川巫山发现早期猿人牙齿化石		成都地质学院学报	2期	1990
人类黎明的曙光——"巫山人"发现记	宁荣章	中国文物报		1991.9.1，1991.9.8
巫山猿人遗址	黄万波 方其仁	海洋出版社		1991
简论巫山猿人发现的学术价值	黄万波	光明日报		1992.8.30
巫山猿人研究工作取得新突破	陈福明	中国文化报		1992.9.20
巫山猿人陈列馆受到社会各界好评	万县地区环境保护局	四川环境	1期	1993
长江巫峡：人类可能起源在这里	唐探峰	今日中国	2期	1993
轰动世界的"巫山人"	宁荣章	四川文物	6期	1993
巫山龙骨坡人类门齿的归属问题	王谦	人类学学报	15卷4期	1996
寻找人类久远的回声——"巫山人"发现记	杨亨荣	文史杂志	3期	1997
震惊世界的"巫山人"——长江三峡龙骨坡发现古人类化石来龙去脉	唐探峰	江海侨声	19期	1997
震惊世界的巫山人	唐探峰	中国三峡建设	12期	1997
寻找最早站起来的中国人	杨亨荣	人民日报（海外）		1997.4.30
"巫山人"发现始末	唐探峰	光明日报		1997.8.16

续表三

篇、书名	著(译)编者	出处	卷、期	年月日
三峡地区最新发现两百万年前就有人类活动	袁晔	人民日报（海外）		1997.12.9
巫山龙骨坡遗址发掘研究综述	徐自强	中国文物报		1998.4.15
古人类研究新发现：200万年前巫山人	沈英甲	科技潮	2期	1998
科学家为"巫山人"验明正身证实：我国二百万年前就已出现人类		科学中国人	4期	1998
人类起源于非洲吗？长江"巫山人"化石的发现将彻底揭开人类起源之谜	马成广	文化交流	4期	1998
巫山人：从200万年前走来	崔黎丽	对外大传播	5期	1998
震撼世界"巫山人"——关于人类起源的故事	李斌 孙敏莉	深圳特区科技	5期	1998
龙骨坡——中华远古历史的第一篇	黄万波 徐自强	中华文化画报	6期	1998
龙骨坡"母女"出山记	徐自强	炎黄春秋	9期	1998
震撼世界的"巫山人"（上）（下）——关于人类起源的故事	李斌 孙敏莉	科技潮	11、12期	1998
溯源寻祖探巫山	马成	记者观察	12期	1998
科学家进一步证实——人类200万年前已在三峡地区活动	李斌	人民日报（海外）		1998.4.6
巫山人与龙骨坡文化	徐自强	文献	1期	1999
追寻巫山猿人遗址	郭久麟	重庆与世界	2期	1999
法国旧石器专家贝达教授评龙骨坡新发现的石器	侯亚梅	化石	3期	1999
200万年前古人类已在三峡一带活动		中国地名	4期	1999
从巫山龙骨坡文化探索人类的起源	黄万波	重庆三峡学院学报	6期	1999
龙骨坡史前文化志（第1卷）	黄万波	中华书局		1999
龙骨坡史前文化志（第2卷）	黄万波	中华书局		2000
龙骨坡史前文化志（第3卷）	黄万波	中华书局		2001
巫山县龙骨坡地层的电子自旋共振测年	陈铁梅等	人类学学报	19卷1期	2000
巫山龙骨坡似人下颌属于猿类	吴新智	人类学学报	19卷1期	2000
龙骨坡遗址改写人类历史	陈敏	瞭望	47期	2003
在龙骨坡探寻人类起源	何旭	重庆日报		2003.11.26
龙骨坡能不能改写人类起源学说	陈朝君等	光明日报		2003.11.30

续表四

篇、书名	著(译)编者	出处	卷、期	年月日
龙骨坡会改写人类历史吗	辛 华	中国矿业报		2003.12.16
在中国寻找人类起源的足迹	陈 敏	记者观察	1期	2004
把猿啼留住	子 荫 庚 晋	野生动物	4期	1999
三峡有没有猿猴	沈英甲	北京科技报		2005.8.3
四川北川县发现古人类牙齿化石	叶茂林	人类学学报	3期	1991
记北川县采集的化石材料	叶茂林 邓天富	四川文物	6期	1993
古蔺发现人类化石	胡世勋	四川文物	3期	1993
长江巫峡溶洞内发现古人类遗址	冯永峰	光明日报		1999.12.3
长江三峡河梁人与河梁文化的发现及其意义	徐自强	中国文物报		2001.2.14
三峡淹没区探明旧石器时代人类活动遗迹	裴树文等	中国文物报		2001.4.18
奉节地缝 考古揭谜	路 易	重庆商报		2001.5.30
奉节发现古人类活动痕迹	华 勇	中国矿业报		2001.6.9
14万年前的奉节人——天坑地缝地区发现古人类遗址	黄万波等	中华书局		2002
三峡兴隆洞出土12—15万年前的古人类化石和象牙刻划	高星等	科学通报	23期	2003
人类可能的发源地——中国的西南地区	童恩正	四川大学学报（哲社）	3期	1983
		中国西南民族考古论文集		1990
远古的四川	管维良	重庆师院学报（哲社）	4期	1983
四川是研究人类起源的重要地区之一	贾兰坡	四川文物	4期	1984
云贵川在研究人类起源问题中的地位	张兴永	云贵川古人类旧石器时代考古交流会论文集		1984
四川与人类起源	张兴永	四川文物	2期	1995
三峡地区中更新世晚期至晚更新世早期人类的适应生存方式	裴树文等	人类学学报	23卷增刊	2005
康藏高原上发现旧石器	杨 玲	四川日报		1960.6.12
炉霍的打制石器	李 森 李海鹰	雅砻江上游考察报告		1985
汉源发现旧石器时代的文物		光明日报		1960.7.2
四川汉源县富林镇旧石器时代文化遗址	杨 玲	古脊椎动物与古人类	3卷4期	1961

续表五

篇、书名	著(译)编者	出处	卷、期	年月日
富林文化	张森水	古脊椎动物与古人类	15卷1期	1977
四川汉源狮子山旧石器	陈全家	人类学学报	1期	1991
成都平原的石器	赵殿增	成都日报		1980.3.17
铜梁旧石器的发现及其重要意义	重庆市博物馆	重庆师院学报（哲社）	1期	1980
铜梁旧石器文化之研究	李宣民 张森水	古脊椎动物与古人类	19卷4期	1981
铜梁旧石器遗址自然环境的探讨	张森水等	古脊椎动物与古人类	20卷2期	1982
珍贵的"铜梁文化"	叶作富	重庆日报		1983.4.7
四川资阳鲤鱼桥旧石器地点发掘报告	北京大学历史系考古教研室等	考古学报	3期	1983
四川资阳等县石器时代文化	四川省文管会	考古	6期	1983
资阳人B地点发现的旧石器	李宣民 张森水	人类学学报	3卷3期	1984
鲤鱼桥与观音洞文化关系初探	范桂杰 胡昌钰	考古与文物	4期	1984
资阳九曲河地点旧石器研究简报	李宣明	云贵川古人类旧石器时代考古经验交流会文集		1984
重庆市市区发现旧石器 约两万年前重庆已有人类居住	李宣明 王川平	重庆日报		1983.8.28
略谈重庆文物考古的新发现		四川文物	4期	1984
合川县境内发现旧石器时代文物	唐禹等	重庆晚报		1987.1.18
重庆九龙坡区发现新、旧石器时代遗物	董晏明	四川文物	6期	1989
桃花溪旧石器	李宣民	人类学学报	2期	1992
四川黔江更新世哺乳动物化石及打制石器	张新永等	长江流域第四纪地质及流域综合开发问题学术讨论会论文摘要汇编		1986
攀枝花市发现旧石器时代晚期洞穴遗址	晏德忠	四川文物	1期	1988
三峡淹没区旧石器时代考古训练班结束 丰都桂花村遗址发掘获得重大成果	蒋迎春	中国文物报		1996.1.28
丰都烟墩堡旧石器遗址发掘成果丰硕	林圣龙	中国文物报		1997.2.2
四川烟墩堡旧石器遗址入选我国1996年十大考古新发现	三峡工作队	人类学学报	2期	1997
烟墩堡遗址研究	冯兴无等	人类学学报	3期	2003

续表六

篇、书名	著(译)编者	出处	卷、期	年月日
丰都井水湾旧石器遗址再次发掘	李国洪	中国文物报		2000.6.18
井水湾旧石器遗址初步研究	裴树文等	人类学学报	4期	2003
三峡井水湾旧石器遗址的自然环境	裴树文等	海洋地质与第四纪地质	4期	2004
三峡地区枣子坪旧石器遗址	裴树文等	人类学学报	3期	2004
舟家路口旧石器遗址初步研究	陈福友等	人类学学报	4期	2004
高家镇旧石器遗址1998年出土的石制品	裴树文等	人类学学报	2期	2005
三峡库区和平村石器遗址	冯兴元	人类学学报	23卷增刊	2005
奉节鱼复浦遗址发掘获初步成果	冯恩学 陈国庆	中国文物报		1998.5.27
奉节出土约十万年前刻画痕迹	周其俊	文汇报		2001.9.28
三峡库区考古获重大发现10万年前旧石器时代露天遗址出土		文汇报		2000.5.12
我国南方旧石器时代晚期文化的若干问题	张森水	人类学学报	2卷3期	1983
中国西南的旧石器时代文化	童恩正	中国西南民族考古论文集		1990
试论中国西南地区的细石器	李永宪	中国考古学会第九次年会论文集		1997
中国西南地区旧石器时期考古的主要成果与文化类型的探讨	张森水	苏秉琦与当代中国考古学		2001
四川古人类旧石器时代考古	范桂杰 胡昌钰	云贵川古人类旧石器时代考古经验交流会文集		1984
三峡工程淹没区旧石器时代文化遗址调查报告	李 毅 陈 琯	史前考古学新进展——庆贺贾南坡院士九十华诞国际学术讨论会论文集		1999
三峡库区的旧石器时代的信息和意义	高星等	中国古生物学会第22届学术年会论文摘要集		2003
三峡地区的旧石器	卫奇	中国考古学研究的世纪回顾——旧石器时代考古卷		2004
Data on West China Artefacts	D. S. Dye	Journal of the West China Border Research Society	Vol. 2	1924–1925
Prehistoric Remains in His-Kang or Eastern Tibet	J. H. Edgar	Journal of the West China Border Research Society	Vol. 6	1933–1934
A Late Neolithic Culuture in Szechwan Province	D. C. Graham	Journal of the West China Border Research Society	Vol. 7	1935
Implements of Prehistoric Man in the West China Union University Museum of Archaeology	D. C. Graham	Journal of the West China Border Research Society	Vol. 7	1935

续表七

篇、书名	著(译)编者	出处	卷、期	年月日
Neolithic Sherds from Wei Chow	D. C. Graham	Journal of the West China Border Research Society	Vol. 10	1938
四川威州彩陶发现记	林名均	说文月刊	4卷	1944
四川藏区孟董沟的磨制石器	徐鹏章	文物参考资料	6期	1955
四川理番县佳山寨史前拾遗	凌曼立	考古人类学刊	21、22期	1963.11
四川理县汶川县考古调查简报	四川大学历史系考古教研组	考古	12期	1965
马尔康县发现新石器时代早期墓葬	文星明	阿坝报		1981.4.9
四川姜维城遗址	王鲁茂 黄家祥	中国文物报		2000.11.26
汶川姜维城发现五千年前文化遗存	王鲁茂 黄家祥	中国文物报		2000.11.26
汶川古长城挖出惊世宝藏	汤晓初 周正茂	学子	4期	2003
汶川姜维城发掘的初步收获	黄家祥	四川文物	3期	2004
四川汶川姜维城遗址发掘取得重要成果	辛中华	中国文物报		2004.7.2
岷江上游先民的史前家园——营盘山遗址	蒋成 陈剑	中国古都研究	19辑	2002
巴蜀文明史被改写——历时三年发掘显示，营盘山遗址代表了5000年前长江上游地区文化发展最高水准	周其俊	文汇报		2003.12.2
营盘山考古改写5000年长江文明史		新华每日电讯		2003.12.8
营盘山：5000年前的走廊中心	陈剑	西藏旅游	1期	2004
营盘山：揭开古蜀人的神秘面纱	张帆	中国西部	2期	2004
茂县营盘山遗址群再现岷江上游五千年前辉煌	陈剑	中国文物报		2004.12.22
营盘山遗址面面观	陈剑 陈学志	中国文物报		2004.12.22
岷江上游新石器时代文化遗址调查及营盘山考古试掘综述	陈剑等	阿坝师专学报	4期	2004
营盘山遗址——藏彝走廊史前区域文化中心	陈剑等	阿坝师专学报	1期	2005
营盘山遗址再现"藏彝走廊"5000年前的区域中心——岷江上游史前考古的新进展	陈剑	藏学学刊	2辑	2005
岷江上游新石器时代文化的初步研究	徐学书	考古	5期	1995

续表八

篇、书名	著（译）编者	出处	卷、期	年月日
岷江上游考古新发现述析	蒋 成 陈 剑	中华文化论坛	3期	2001
岷江上游考古发现新石器遗址	蒋成等	中国文物报		2002.1.2
岷江上游新石器时代遗存新发现的几点思考	江章华	四川文物	3期	2004
浅议岷江上游新石器时代文化	陈卫东 王天佑	四川文物	3期	2004
波西、营盘山及沙乌都——浅析岷江上游新石器文化演变的阶段性	陈 剑	中国社科院古代文明研究中心通讯	8期	2004
岷江上游新石器时代遗存及相关问题探讨	辛中华	四川文物	1期	2005
岷江上游新石器文化演变的阶段性	陈 剑	成都文物	2期	2005
四川新津县发现新石器时代遗物	罗永祚	考古通讯	3期	1957
四川省新津县修觉山首次发现新石器时代石器	汤玉玖	文物	4期	1982
新津县首次发现新石器时代有孔石斧	汤玉玖	四川文物	3期	1984
新津县发现新石器时期石器	颜开明	成都文物	4期	1984
本市首次发现一处新石器时代遗址	周尔泰	成都日报		1982.9.1
四川成都发现新石器	周尔泰 潘云磨	化石	2期	1983
成都发现史前文化遗址	熊艳	人民日报		1999.1.12
成都发掘出较大规模史前古墓群	熊 艳 徐旭忠	人民日报（海外）		1999.2.9
关于成都市区新发现的几处新石器时代遗址的几个问题	李明斌	成都文物	3期	2003
成都发现4000年前村落遗址	刘 海 熊 艳	人民日报		2003.11.5
蒲江县多次发现新石器时代文物	廖启清	成都晚报		1983.7.9
大邑县韩场乡三墩村发现穿孔石斧	汤玉玖	四川文物	1期	2001
雅安石器调查记	魏达议	文物参考资料	1期	1958
雅安沙溪遗址发掘及调查报告	四川省文物管理委员会等	南方民族考古	3辑	1990
四川雅安沙溪遗址陶器及相关问题的初步研究	李明斌	考古	2期	1999
四川省汉源县大树公社狮子山发现新石器时代遗址	刘盘石 魏达议	文物	5期	1974

续表九

篇、书名	著(译)编者	出处	卷、期	年月日
四川汉源县大树乡两处古遗址调查	中国社科院考古研究所四川工作队	考古	5 期	1991
四川石棉县考古调查	石棉县文化馆	考古	2 期	1982
荥经发现新石器时代的文物	周丙华 李晓鸥	四川日报		1985.1.9
荥经同心村发现石器	李炳中	四川文物	1 期	1994
四川宝兴发现独特石制品	宋甘文	中国文物报		2000.12.6
大渡河中游先秦文化探析	陈 剑	中华文化论坛	1 期	2003
大渡河中游先秦考古学文化的分期及相关问题	陈 剑	中华文化论坛	4 期	2005
四川凉山彝族自治州喜德县的新石器时代遗址	王恒杰	考古	1 期	1979
四川西昌礼州新石器时代遗址	礼州遗址联合考古发掘队	考古学报	4 期	1980
试论西昌礼州遗址及其与周围文化的关系	赵殿增	凉山彝族奴隶制研究	1 期	1981
西昌礼州新石器时代遗址之检讨	黄家祥	四川文物	4 期	2000
西昌杨家山新石器时代晚期遗存	刘世旭 王兆棋	文物资料丛刊	5 期	1981
四川西昌市横栏山新石器时代遗址调查	西昌市文物管理所	考古	2 期	1998
四川西昌市经久大洋堆遗址的发掘	西昌市文管所等	考古	10 期	2004
四川会理县发现瓦石田遗址	陶鸣宽 赵殿增	文物资料丛刊	5 期	1981
四川会理县粪箕湾墓群发掘简报	会理县文管所等	考古	10 期	2004
四川普格县新石器时代遗址调查简报	凉山州博物馆、普格县文化馆	考古与文物	5 期	1982
四川普格县瓦打洛遗址调查	凉山彝族自治州博物馆等	考古	6 期	1983
四川盐源县轿顶山发现新石器时代遗址	四川凉山彝族自治州博物馆等	考古	9 期	1984
凉山地区近年来发现的部分石器介绍	凉山彝族自治州博物馆	凉山彝族奴隶制研究	1 期	1981
略谈四川凉山州石器的下延使用问题	黄承宗	四川文物	1 期	1985
四川凉山州新石器文化调查	黄承宗	考古与文物	4 期	1990

续表一○

篇、书名	著(译)编者	出处	卷、期	年月日
西昌商周考古获重大成果	张正宁	中国文物报		1995.2.26
安宁河流域的古遗址	凉山州博物馆、西昌市文管所	四川文物	1期	2000
安宁河流域重要的古文化遗存初探	姜先杰	中华文化论坛	4期	2002
金沙江流域新石器遗址的文化类型问题	马长寿	考古	10期	1987
浅析金沙江流域新石器时代文化类型	周志清	中华文化论坛	4期	2002
金沙江流域早期考古的几个问题	赵殿增	中华文化论坛	4期	2002
由石棺葬遗存谈对金沙江中游新石器时代文化的再认识	徐学书	中华文化论坛	4期	2002
四川宜宾南部首次发现新石器遗物	四川大学历史系考古实习队	考古与文物	4期	1984
岷江下游宜宾河段再次发现新石器时代遗物	魏宁等	四川文物	3期	1989
泸定磨西石器见闻记	杨嘉铭	甘孜州史志	2期	1990
丹巴县中路乡罕额依遗址	陈祖军 陈学艺	甘孜州史志	2期	1990
达县发现新石器时代石器加工场	马幸幸	中国文物报		1990.5.17
绵阳发掘边堆山新石器时代遗址	何志国	四川文物	2期	1990
四川绵阳市边堆山新石器时代遗址调查简报	中国社会科学院考古研究所四川工作队	考古	4期	1990
绵阳边堆山文化初探	何志国	四川文物	6期	1993
广元出土大量有地层根据的细石器	叶茂林	中国文物报		1991.2.5
四川广元中子坝的细石器遗存	中国社会科学院考古研究所四川工作队	考古	4期	1991
四川广元市张家坡新石器时代遗址的调查与试掘	中国社会科学院考古研究所四川工作队、四川广元市文管所	考古	9期	1991
广元市鲁家坟新石器时代遗址调查记	郑若葵 唐志工	四川文物	3期	1992
巴中月亮岩和通江擂鼓寨遗址调查报告	雷雨 陈德安	四川文物	6期	1991
四川江油市发现新石器时代洞穴遗址	胡昌钰	中国文物报		2005.11.30

续表一一

篇、书名	著（译）编者	出处	卷、期	年月日
四川夔峡口发现古文化遗址	陈培绪	文物	5 期	1959
四川省长江三峡水库考古调查简报	四川省博物馆	考古	8 期	1959
我省长江三峡水库文物调查队发现大批重要文物古迹	胡人朝	四川日报		1959.8.25
川东长江沿岸新石器时代遗址调查简报	四川省博物馆	考古	8 期	1959
九龙坡发现新石器遗址	董晏明	重庆日报		1981.3.6
重庆市长江河段新石器时代遗址调查与试掘	重庆市博物馆	考古	12 期	1992
四川嘉陵江中下游新石器时代遗址调查	重庆市博物馆	考古	6 期	1983
渠江流域古遗址调查简报	四川省文物考古研究院	四川文物	6 期	2005
四川忠县发现新石器时代遗址	袁明森 庞有林	考古通讯	5 期	1958
忠县㽏井沟新石器时代遗址试掘简况	忠县试掘工作组	文物	11 期	1959
四川忠县㽏井沟遗址的试掘	四川省长江流域文物保护委员会文物考古队	考古	8 期	1962
忠县甘井沟遗址群发掘获重要成果	孙 华 赵化城	中国文物报		1999.3.24
忠县井沟口遗址群发掘获重要成果	孙 华 赵化城	重庆历史与文化	1 期	2000
揭开巴人之谜的窗口：四川忠县中坝遗址	王鲁茂 巴家云	历史月刊	68 期	1993
忠县中坝遗址发掘获重大成果	孙智彬	中国文物报		1999.2.10
中坝遗址新石器时代遗存初论	孙智彬	四川文物	3 期	2003
1998 年全国考古新观：12 米文化层 5000 年无字史书——忠县中坝遗址	孙智彬	文物天地	6 期	2003
中坝遗址抢救文物 20 万件	夏桂廉	光明日报		2003.2.14
重庆忠县中坝遗址文化地层的现场揭取	陈仲陶	中国历史文物	3 期	2004
取证历史 5000 年——2002 年冬至 2003 年春中坝遗址考察和提取地层保护工作追忆（上、下）	李维明	中国文物报		2004.1.30, 2004.2.6
中坝文化与宝墩文化辨	孙智彬	中华文化论坛	3 期	2005

续表一二

篇、书名	著(译)编者	出处	卷、期	年月日
四川长江流域文物考古队在巫山发现新石器时期墓葬群	胡人朝	重庆日报		1960.2.25
巫山县发现原始社会墓葬群	新华社	光明日报		1960.3.11
四川巫山大溪新石器时代遗址发掘记略	四川长江流域文物保护委员会文物考古队	文物	11期	1961
巫山发现新石器时代人类化石	第四纪科研组	成都地质学院学报	1、2期	1975
巫山、大溪、火爆溪新石器末期墓群简记	王家祐	资料	1期	1976
试论大溪文化与屈家岭文化、仰韶文化的关系	李文杰	考古	2期	1979
巫山大溪遗址第三次发掘	四川省博物馆	考古学报	4期	1981
试论大溪文化	张之恒	江汉考古	1期	1982
试论大溪文化陶器的特点	张绪球等	江汉考古	2期	1982
大溪文化与巫山大溪遗址	林 向	中国考古学会第二次年会论文集		1982
试论大溪文化	何介钧	中国考古学会第二次年会论文集		1982
浅议大溪文化与屈家岭文化的关系——与张之恒同志商榷	向绪成	江汉考古	1期	1983
从关庙山遗址看大溪文化的分期——兼评目前大溪文化的分期	向绪成	江汉考古	3期	1983
对大溪文化中几个问题的探讨	王 杰	江汉考古	1期	1984
浅谈大溪文化的陶支座	卢德佩	史前研究	4期	1984
论鄂西大溪文化	卢德佩	江汉考古	1期	1985
屈家岭文化与大溪文化关系中的问题探讨	王 杰	江汉考古	3期	1985
浅说大溪文化陶器的渗碳工艺	李文杰 黄素英	江汉考古	4期	1985
略论大溪文化	任式楠	中国考古学研究——夏鼐先生考古五十年纪念论文集	1集	1986
大溪文化的类型和分期	李文杰	考古学报	2期	1986
大溪文化陶器纹饰浅析	高中晓	湖南考古辑刊	3辑	1986
对大溪文化两个问题的看法	李龙章	武汉大学学报（哲社）	6期	1986
探访祖先的足迹——大溪文化见闻		光明日报		1986.12.20

续表一三

篇、书名	著(译)编者	出处	卷、期	年月日
大溪文化玉器渊源探索——兼论有关中国新石器时代文化传播、影响的研究方法	杨建芳	南方民族考古	1辑	1987
		中国古玉研究论文集（上册）		2001
大溪文化图腾说辨析及相关问题	胡顺利	江汉考古	1期	1987
屈家岭遗址下层与大溪文化晚期是同类文化性质的遗存吗	王 杰	江汉考古	2期	1987
关于大溪文化关庙山类型的分期问题	何介钧	江汉考古	2期	1987
略谈大溪文化的彩陶	卢德佩	史前研究	3期	1987
从划城岗中一期遗存看大溪文化与屈家岭文化的关系	李龙章	江汉考古	4期	1987
大溪文化之最	李文杰	江汉考古	1期	1988
试谈快轮所制陶器的识别——从大溪文化晚期轮制陶器谈起	李文杰	文物	10期	1988
论大溪文化与其它原始文化的关系	王 杰 田富强	江汉考古	2期	1989
陕西旬阳出土大溪文化的石铲	张 沛	农业考古	2期	1990
试论湖南大溪文化	王 杰	考古	3期	1990
对长江三峡地区大溪文化早期遗存的一点认识	向绪成	江汉考古	3期	1990
略谈大溪文化陶纹的图案设计与艺术技法	郭 凡	江汉考古	3期	1990
论大溪文化	徐祖祥	南方民族考古	3辑	1990
试论大溪文化的发展和社会形态	王 杰	华夏考古	4期	1990
大溪文化中的猪嘴形陶支座	王晓宁	四川文物	4期	1990
大溪文化、屈家岭文化及薛家岗三期文化空心陶球初识	方建军	考古与文物	2期	1991
大溪文化陶支座用途剖析	何光岳	武陵学刊（社科）	2期	1991
	孟华平	江汉考古	3期	1991
论大溪文化	孟华平	考古学报	4期	1992
大溪文化综论	吴汝祚	江汉考古	2期	1993
屈家岭文化与大溪文化关系的新证据——屈家岭遗址第三次发掘的认识	林邦成	中国文物报		1993.10.17
江陵朱家台出土的大溪文化"砖墙"	杨权喜	中国文物报		1994.5.22

续表一四

篇、书名	著(译)编者	出处	卷、期	年月日
鄂西地区大溪文化的去向和屈家岭文化的来源	沈强华	江汉考古	4期	1994
从仰韶文化与大溪文化的交流看黄帝与嫘祖的传说	王震中	江汉考古	1期	1995
试论大溪文化的变迁	徐祖祥	四川文物	1期	1997
大溪文化猪嘴形陶支座		江汉考古	2期	1998
巫山大溪遗址的考古发现与研究	杨 华 丁建华	四川文物	1期	2000
大溪、北阴阳营和薛家岗的石、玉器工业	张 弛	考古学研究	4辑	2000
大溪文化彩纹饰简析	闵 萍	史前研究（2000）		2000
论大溪文化	孟华平	奋发荆楚探索文明——湖北省文物考古研究论文集		2000
配合三峡文物抢救巫山大溪遗址再次发掘	邹后曦 白九江	中国文物报		2001.9.7
巫山大溪遗址再次发掘发现丰富遗存	邹后曦 白九江	中国文物报		2002.5.10
大溪遗址新石器遗存的初步分期	白九江	南京大学历史系考古专业成立三十周年纪念文集		2003
试论大溪文化类型及其交互作用	吴贤龙	湖南考古2002（下）		2003
解开大溪人的丧葬之谜——巫山大溪遗址	白九江	文物天地	6期	2003
简析大溪文化彩陶艺术	陈文武 骆燕燕	三峡大学学报（人文）	2期	2005
大溪文化的代表——城头山遗址考古	海 石	集邮博览	11期	2005
四川巫山县魏家梁子遗址的发掘	中国社会科学院考古研究所长江三峡工作队	考古	8期	1996
试论魏家梁子文化	吴耀利 丛德新	考古	8期	1996
重庆巫山魏家梁子发掘新石器时代遗址	重庆市文化局、凉山州博物馆	中国文物报		2004.6.11
巫山锁龙遗址发掘有重要收获	成 研	中国文物报		1999.3.7
重庆巫山古城遗址人民医院工地有新发现	雷兴军 裴 健	中国文物报		2004.7.16
重庆市博物馆在巴县等地开展文物普查发现新石器时代遗址及古墓葬群等	重庆市博物馆	重庆日报		1981.2.24

续表一五

篇、书名	著(译)编者	出处	卷、期	年月日
九龙坡区发现新石器遗址	董晏明	重庆日报		1981.3.5
重庆地区发现新石器时代遗址	新华社	四川日报		1981.5.9
重庆发现新石器时代遗址		新华文摘	7期	1981
重庆市长江河段新石器时代遗址调查与试掘	重庆市博物馆	考古	12期	1992
江津王爷庙新石器时代遗址	陈丽琼 申世放	几江	3期	1981
江津燕坝发现新石器时代遗址	黄中幼等	重庆晚报		1987.8.1
奉节老关庙遗址第三次发掘获成果	赵宾福等	中国文物报		1996.3.24
奉节县原始文化初探	赵宾福	青果集——吉林大学考古系建系十周年纪念文集		1998
四川奉节老关庙遗址第一、二次发掘	吉林大学考古学系	江汉考古	3期	1999
考古发掘资料的真实性和客观性不容怀疑——就重庆老关庙遗址地层关系等问题与孙华先生商榷	赵宾福	考古与文物	增刊	2004
从中坝和大溪看老关庙下层文化的分期与年代	赵宾福	中国边疆考古学术讨论会论文摘要		2005
试论重庆万州中坝子遗址夏商周时期文化遗存	王建新 王涛	江汉考古	3期	2002
锁定峡江新石器土著文化——丰都玉溪、玉溪坪文化	袁东山	文物天地	6期	2003
万州苏和坪遗址考古发现独特的古代文化	袁东山 彭学斌	中国文物报		2002.5.24
重庆云阳大地坪发掘新石器时代聚落遗址	席道合	中国文物报		2003.7.30
重庆云阳大地坪遗址进行第三次发掘	席道合	中国文物报		2004.7.23
云阳大地坪新石器时代至夏商时期遗存	席道合	中国考古学年鉴·2004		2005
The Lithic Industries of Prehistoric Szechwan	郑德坤	Journal of the West China Border Research Society	Vol. 14A	1942
华西的史前石器	郑德坤	说文月刊	3卷7期	1942
四川史前文化	郑德坤	学思	2卷9期	1942
汉中区的史前文化	陆懋德	说文月刊	3卷11期	1943
四川石器时代译文资料	四川省文物管理委员会	编者刊		1983

续表一六

篇、书名	著(译)编者	出处	卷、期	年月日
四川试掘新石器时代遗址收获很大	张祥光	光明日报		1959.10.15
略谈四川的新石器时代文化遗址	冉光瑜	历史知识	5期	1983
四川原始文化类型初探	赵殿增	中国考古学会第三次年会论文集		1984
四川考古工作取得新收获	蜀人	中国文物报		1990.6.7
川渝新石器文化有重要发现	樊力等	中国文物报		2001.2.7
重庆地区的远古文化	董其祥	史学通讯	2期	1983
关于长江三峡地区古文化遗址分布的几个特点	马继贤	江汉考古	4期	1988
四川万县地区考古调查简报	中国社会科学院考古研究所四川工作队	考古	4期	1990
峡江地区新石器时代遗存的谱系研究	孟华平	华夏考古	3期	1993
三峡地区新石器时代早期文化	杨权喜	中国文物报		1993.10.17
三峡地区史前文化初论	杨权喜	南方文物	1期	1996
川东史前文化初探	王鲁茂	四川文物	3期	1997
川东长江沿岸史前文化初论	江章华 王毅	四川文物	2期	1998
三峡地区的打制石器	杨权喜	中国文物报		1999.1.20
自然环境对三峡新石器文化发展的影响	武仙竹	中国文物报		1999.2.3
峡江地区龙山时代遗存初步研究	李明斌	东南文化	1期	2000
从考古资料寻找长江三峡地区新石器时代城址遗迹的新线索	杨华	重庆师院学报（哲社）	1期	2000
三峡地区新石器时代古城遗址的考古与研究	杨华	中南民族学院学报（人文）	3期	2000
对三峡坝区新石器时代墓葬的初步认识	杨权喜	湖北省考古学会论文选集（三）		2000
川东长江沿岸先秦考古学文化的初步分析	江章华	中华文化论坛	2期	2002
再论川东长江沿岸的史前文化	江章华	四川文物	5期	2002
对长江三峡地区新石器时代文化遗存的认识	杨华等	四川文物	5期	2003
三峡地区次生规程分析与玉溪坪遗址的采集实践	白九江	重庆历史与文化	1期	2004
重庆峡江地区的四种新石器文化	赵宾福	文物	3期	2004

续表一七

篇、书名	著(译)编者	出处	卷、期	年月日
考古学文化的"命名"与"易名"——以"老关庙下层文化"和"哨棚嘴文化"概念为例	赵宾福	东南文化	4期	2004
三峡新石器时代至商周时期考古的新局面和新课题	冰白	武汉大学学报（人文）	6期	2004
渝东峡江地区新石器时代文化谱系概论	孙智彬	中国社科院古代文明研究中心通讯	8期	2004
重庆峡江地区的新石器文化	赵宾福	文物	8期	2004
大巴山脉与川北史前文化的探讨	马幸辛	四川文物	5期	1993
Some Ancient Circles, Squares, Angles and Curves in Earth and in Stone in Szechwan, China（四川古代石器——古代四川大地和石块的圆、方、角与弯曲构造）	D. S. Dye（沈允宁）	Journal of the West China Border Research Society	Vol. 4	1930-1931
		四川文物	2期	1995
A Preliminary Report of the Hanchow Excavation	D. C. Graham	Journal of the West China Border Research Society	Vol. 6	1933-1934
Extract from a Letter Regarding the Hanchow Excavation	D. C. Graham	Journal of the West China Border Research Society	Vol. 7	1935
广汉古代遗物之发现及其发掘	林名均	说文月刊	3卷7期	1942
广汉中兴公社古遗址调查简报	四川大学历史系考古教研室	文物	11期	1961
广汉县发现四千年前的居住遗址	陈显丹	四川日报		1982.5.21
四川广汉三星堆遗址的新发现	杨林	文物天地	6期	1986
广汉发掘三星堆蜀文化遗址	广汉三星堆遗址发掘组	四川日报		1986.4.25
四川广汉三星堆遗址发掘所获甚丰，早期蜀国都邑重见天日	金勋琪	人民日报（海外）		1986.8.24
迄今我国发现数量最多，形体最大的青铜雕像群	白建钢 余长安	光明日报		1986.12.10
沉睡数千年，一醒惊天下	杨永年	香港文汇报		1986.12.21
铜像之王——四川广汉现三千年前稀世文物目睹记之一	白建钢	光明日报		1986.12.30
头像之谜——四川广汉现三千年前稀世文物目睹记之二	白建钢	光明日报		1986.12.31
黄金面罩——四川广汉现三千年前稀世文物目睹记之三	白建钢	光明日报		1987.2.23
"天外来客"——四川广汉现三千年前稀世文物目睹记之四	白建钢	光明日报		1987.2.24

续表一八

篇、书名	著(译)编者	出处	卷、期	年月日
"神树"和"羊"——四川广汉现三千年前稀世文物目睹记之五	白建钢	光明日报		1987.2.25
上古巴蜀文明的重大发现——三星堆遗址与"三星堆文化"	陈德安 陈显丹	文史杂志	1期	1987
巴蜀史研究的新篇章	林 向	社会科学研究	2期	1987
广汉三星堆遗址	四川省文物管理委员会等	考古学报	2期	1987
试析三星堆商代一号坑的性质及有关问题	陈德安 陈显丹	四川文物	4期	1987
"三星伴月"话蜀都——三星堆考古发掘琐记	林 向	文物天地	5期	1987
三星堆话蜀都——三星堆考古发掘琐记	林 向	文物天地	5期	1987
川西考古的重大发现	陈显丹 陈德安	人民画报	6期	1987
广汉三星堆遗址一号祭祀坑发掘简报	四川省文物管理委员会等	文物	10期	1987
中国美术史的重大发现	范小平	中国美术报	32期	1987
三星堆遗址——半世纪以来川西考古的最大发现	金勖琪	瞭望（海外）	46期	1987
三星堆：璀璨的古蜀文化遗址	闵云森	四川日报		1987.4.18
我国商代考古获重大成果——广汉揭露出两个大型祭祀坑	陈德安 陈显丹	中国文物报		1987.10.1
广汉商代蜀国祭祀坑出土珍贵文物	金勖琪	人民日报（海外）		1987.10.9
广汉三星堆遗址资料选编（一）	广汉三星堆博物馆筹备处	广汉市文化局		1988
记广汉三星堆遗址的发现及其发掘	陈显丹 陈德安	文物天地	1期	1988
论广汉三星堆遗址的性质	陈显丹	四川文物	4期	1988
侧记广汉古蜀文物	刘戡毅	故宫文物	6期	1988
蜀国古都三星堆	陈显丹	中国文物报		1988.2.16
"芝麻开门吧"——广汉青铜实物发掘记	闵云森	人民日报（海外）		1988.4.26
广汉三星堆遗址发掘概况、初步分期——兼论"早蜀文化"的特征及其发展	陈显丹	南方民族考古	2辑	1989
古代中国西南的世界文明	段 渝	先秦史研究动态	3、4期	1989

续表一九

篇、书名	著(译)编者	出处	卷、期	年月日
广汉三星堆遗址二号祭祀坑发掘简报	四川省文物管理委员会等	文物	5期	1989
广汉三星堆一、二号坑两个问题的探讨	陈显丹	文物	5期	1989
三星堆一、二号坑几个问题的研究	陈显丹	四川文物·广汉三星堆遗址研究专辑		1989
早期蜀文化与广汉三星堆遗址	杨荣新	四川文物·广汉三星堆遗址研究专辑		1989
三星堆祭祀坑器物出土情况		四川文物·广汉三星堆遗址研究专辑		1989
三星堆祭祀坑出土器物		四川文物·广汉三星堆遗址研究专辑		1989
广汉三星堆遗址与祭祀坑出土器物		四川文物·广汉三星堆遗址研究专辑		1989
三星堆遗址社会性质初探	晓昆	四川文物·广汉三星堆遗址研究专辑		1989
三星堆遗址性质补证	孙智彬	四川文物·广汉三星堆遗址研究专辑		1989
广汉三星堆一、二号祭祀坑出土铜器成分的分析	曾中懋	四川文物·广汉三星堆遗址研究专辑		1989
三星堆遗址与古代西南文化关系初论	罗开玉	四川文物·广汉三星堆遗址研究专辑		1989
三星堆祭祀坑会否是墓葬	张明华	中国文物报		1989.6.2
商人礼仪艺术中的萨满教特征及对四川广汉三星堆新近发现的推测（摘要）	伊利莎白·C.约翰逊（石应平）	南方民族考古	3辑	1990
广汉三星堆遗址的初步分期	黄家祥	考古	11期	1990
古蜀文物富于世界性特征	段渝	社会科学报		1990.3.15
三星堆遗址	陈德安	四川文物	1期	1991
广汉三星堆二号祭祀坑出土铜器成分的分析	曾中懋	四川文物	1期	1991
丙烯酸树脂在三星堆出土象牙保护中的应用	黄维贤	四川文物	1期	1991
说盾——三星堆遗址出土器物杂考	林向	成都文物	1期	1991
谈三星堆遗址的保护工作	敖天照	文物工作	2期	1991
广汉三星堆一号、二号祭祀坑几个问题的探讨	宋治民	南方民族考古	3期	1991

续表二〇

篇、书名	著(译)编者	出处	卷、期	年月日
三星堆：中国西南新发现的青铜时代遗址	葛岩、K. M. 林道夫（吕公义）	四川文物	6期	1991
三星堆考古发现与巴蜀古史研究	赵殿增	四川文物·三星堆古蜀文化研究专辑		1992
鱼凫考——也谈三星堆遗址	胡昌钰 蔡革	四川文物·三星堆古蜀文化研究专辑		1992
四川广汉三星堆遗址的发现与研究	段渝	历史教学问题	2期	1992
三星堆文化与西南地区文化传播的源流	庄文彬	四川文物	2期	1992
三星堆遗址出土文物三题	黄家祥	四川文物	2期	1992
记广汉地区最早的一次科学考古发掘	江章华 陈星灿	文物天地	3期	1992
广汉三星堆文化探秘	唐楚臣	楚雄师范学院学报	4期	1992
试论三星堆遗址的分期	孙华	天府新论	4期	1992
		南方民族考古	5辑	1992
三星堆"祭祀坑说"唱异——兼谈鱼凫和杜宇的关系（待续）	徐朝龙	四川文物	5期	1992
三星堆"祭祀坑说"唱异——兼谈鱼凫和杜宇的关系（续）	徐朝龙	四川文物	6期	1992
广汉月亮湾遗址发掘追记	马继贤	南方民族考古	5辑	1992
三星堆文化的启示	王子岗	文史杂志	6期	1992
三星堆祭祀坑出土文物选	四川省文化厅文物处等	巴蜀书社		1992
简要评介"三星堆文化"遗址	周真林	成都师专学报（文科）	1期	1993
		西华大学学报（哲社）	1期	1993
四川广汉三星堆陶塑动物	陈显丹	文物天地	2期	1993
三星堆珍宝鉴赏	陈显丹	文物天地	3期	1993
关于三星堆器物坑若干问题的辩证	孙华	四川文物	4期	1993
关于三星堆器物坑若干问题的辩证（续）	孙华	四川文物	5期	1993
三星堆文化与古蜀文明——关于三星堆文化研究的争论和前景	段渝	天府新论	6期	1993
三星堆器物坑的年代及性质分析	孙华	文物	11期	1993

续表二一

篇、书名	著(译)编者	出处	卷、期	年月日
三星堆遺跡における二つの遺物埋納土穴の性格をめぐって——"一号坑"を"鳧蜀王滅族坑","二号坑"を"魚鳧宗廟破壞坑"と説く	徐朝龍	紀要（茨城大教養）	25号	1993
三星堆与巴蜀文化	李绍明等	巴蜀书社		1993
三星堆文化	屈小强等	四川人民出版社		1993
三星堆一、二号坑的性质及其他	巴家云	文史杂志	1期	1994
四川广汉三星堆商代祭祀坑为农业祭祀说	彭明瀚	农业考古	1期	1994
广汉三星堆器物坑之再研究	李先登	中国历史博物馆馆刊	2期	1994
对三星堆文明——古蜀文明研究的回顾与思考	曲玉缘	中国史研究动态	3期	1994
广汉三星堆一、二号祭祀坑礼俗研究	李安民	四川文物	4期	1994
从月亮湾到三星堆——葬物坑为盟誓遗迹说	王仁湘	文物天地	6期	1994
广汉三星堆器物坑之性质研究	李先登	中国文物报		1994.8.21
中国考古文物之美3：商代蜀人秘宝——四川广汉三星堆遗迹	四川省文物考古研究所	文物出版社、光复书局		1994
从古蜀国人种谈三星堆祭祀坑的年代	屈小强 李殿之	文史杂志	1期	1995
三星堆遗址"祭祀坑"年代为春秋说	徐学书	社会科学研究	1期	1995
三星堆文化与二里头文化关系及相关问题	杜金鹏	四川文物	1期	1995
三星堆文化是蜀文化的先声	王子岗	四川文物	1期	1995
三星堆商代器物坑探幽	林小安	文物天地	3期	1995
長江上流域における青銅時代の華：三星堆文明	徐朝龍	日中文化研究	7号	1995
古蜀文化——三星堆遺址について	徐朝龍	東海史学	29号	1995
广汉三星堆器物坑之再研究	李先登	先秦史与巴蜀文化论集		1995
三星堆文化若干问题辩证	何志国	先秦史与巴蜀文化论集		1995
对三星堆文化的研究趋向的思考	石应平	先秦史与巴蜀文化论集		1995
三星堆蜀都古城古国探微	教天照	先秦史与巴蜀文化论集		1995
论广汉三星堆两座窖藏坑的性质及其相关问题	王燕芳等	四川文物	增刊	1996

续表二二

篇、书名	著(译)编者	出处	卷、期	年月日
三星伴明月——古蜀文化探源	屈小强	四川教育出版社		1996
对三星堆文化若干问题的认识	李伯谦	考古学研究	3集	1997
广汉三星堆遗址环境考古调查	贺晓东	四川文物	4期	1997
广汉三星堆遗址一、二号坑的时代性质的再讨论	陈显丹	四川文物	4期	1997
三星堆文化与巴蜀文化的关系	何志国	四川文物	4期	1997
古蜀文化源远流长——广汉"三星堆"遗址揽胜	曹弘	四川统一战线	4期	1997
古蜀瑰宝——四川广汉三星堆遗址	陈德安	中华文化画报	5、6期	1997
三星堆器物坑饰"鱼凫"纹金杖与弓鱼国墓地"鸭首"形铜旄	高大伦	中国文物报		1997.10.12
封禅考——兼论三星堆两坑性质	樊一 陈煦	四川文物	1期	1998
三星堆遗址的发现与研究	陈德安	中华文化论坛	2期	1998
三星永耀 精气长存	樊一	中华文化论坛	2期	1998
巴蜀文化与中原文化的关系试探	张天恩	考古与文物	5期	1998
三星堆·震惊世界的考古发现	腾伟明	巴蜀史志	6期	1998
20年中国考古文化之我见——兼说龙虎凤文化与三星堆文化	王家祐	文史杂志	6期	1998
三星堆 縱目仮面の復元鋳造成	三船温尚等	高岡短期大学紀要	12号	1998
三星堆遗址居民的族属	胡昌钰	跋涉集		1998
三星堆 中国5000年の謎——驚異の仮面王国	稲畑耕一郎等	世田谷美術館		1998
三星堆·中国古代文明の謎——史実としての「山海經」	徐朝龍	大修館書店		1998
三星堆：长江上游文明中心探索	陈德安等	四川人民出版社		1998
三星堆寻梦	樊一	四川民族出版社		1998
广汉月亮湾遗存试析	李明斌	华夏考古	1期	1999
中国龙虎凤文化考古新发现	王家祐	四川文物	1期	1999
蜀王诸妃祈子图——三星堆遗址石边璋纹饰新解	庞永臣	文史杂志	2期	1999
三星堆文化の担い手"蜀"人と謎の戈基人	古賀登	综合文化	2号	1999
三星堆文化研究	王毅 张擎	四川文物	3期	1999

续表二三

篇、书名	著(译)编者	出处	卷、期	年月日
关于三星堆二号"祭祀坑"出土文物的定名、用途及时代问题	张增祺	考古	4期	1999
三星堆石器矿物成份的初步报导(1)	张如柏	四川文物	6期	1999
三星堆祭祀坑	四川省文物考古研究所	文物出版社		1999
三星堆史话——古蜀风雷	李成元 罗南	广汉市三星堆博物馆		1999
关于加强三星堆文物及环境风貌保护工作的八点建议	章玉钧	中华文化论坛	2期	2000
享誉海内外的三星堆	陈显丹	四川文物	2期	2000
重论三星堆祭祀坑不属鱼凫氏	冯广宏	成都文物	3期	2000
三星堆古文化、古城、古国遗址发现始末	敖天照	巴蜀史志	4期	2000
三星堆探秘	张学渊	巴蜀史志	4期	2000
三星堆——三星堆故名及文化背景	白剑	文史杂志	6期	2000
三星堆之谜破译在即		四川统一战线	8期	2000
三星堆文化与夏文化	段渝	中国文物报		2000.8.2
三星堆遗址研究展望	王宇信	中国文物报		2000.9.6
三星堆：古蜀王国的圣地	陈德安	四川人民出版社		2000
二号祭祀坑文物精华	东方弘文	四川人民出版社		2000
三星堆史话——古蜀幽灵	李成元 罗南	广汉市三星堆博物馆		2000
广汉三星堆大事记（1929－2000.2）	陈显丹	中华文化论坛	1期	2001
笔谈三星堆——提高对三星堆文化认识的科学性	李绍明	中华文化论坛	2期	2001
三星堆研究面临的问题必须以科学的态度来对待	范小平	中华文化论坛	2期	2001
三星堆考古收获概要	赵殿增	中华文化论坛	2期	2001
三星堆热与锄头考古学	林向	中华文化论坛	2期	2001
笔谈三星堆	李复华等	中华文化论坛	3期	2001
加强三星堆学术研究乃当务之急	黄剑华	中华文化论坛	3期	2001
三星堆考古发现的学术意义	黄剑华	洛阳工学院学报（社科）	3期	2001
吴城与三星堆	李昆 黄水根	南方文物	3期	2001
三星堆考古发现的重要意义	黄剑华	成都文物	3期	2001

续表二四

篇、书名	著(译)编者	出处	卷、期	年月日
三星堆文化疑迷之我见	冯广宏	成都文物	3期	2001
又一个神秘的"天外来客"——我所见到的一个并非从三星堆出土却造型同类的青铜雕像	李祥林	成都文物	3期	2001
跨世纪破译三星堆	赵斌	旅游	3期	2001
寻找三星堆文化的来龙去脉——成都平原的考古最新发现	林向	中华文化论坛	4期	2001
三星堆文明与中原文明的关系	黄剑华	中原文物	4期	2001
商代文字来源缺失环节的域外觅踪——兼论三星堆器物刻符	何崝	四川大学学报（哲社）	4期	2001
惊世三星堆	伍潇	风景名胜	8期	2001
美专家出语惊人——三星堆青铜器使用了焊接术	李作勇	电焊机	12期	2001
一个充满活力的学科生长点——苏秉琦先生指导下的三星堆考古	赵殿增 陈德安	苏秉琦与当代中国考古学		2001
三星堆人的探讨	林小安	中国文物世界	189期	2001
三星堆往事	陈显丹	中国文物报		2001.1.17
三星堆探索	赵殿增	中国旅游报		2001.2.9
点击三星堆	冯学敏 梅子	广东旅游出版社		2001
古蜀文化三星堆	肖潜辉	中国旅游出版社		2001
三星堆发现发掘始末	肖先进	四川人民出版社		2001
三星堆文化探秘及《山海经》断想	刘少匆	昆仑出版社		2001
三星堆文化源流考略	蒋南华	贵州文史丛刊	1期	2002
三星堆文化疑迷续见	冯广宏	成都文物	1期	2002
三星堆出现了"世界第九大奇迹"	刘春和	上海集邮	2期	2002
略论巴蜀考古新发现及其学术地位——《三星堆考古研究》序	李学勤	中华文化论坛	3期	2002
论三星堆文化与宝墩文化之关系	陈显丹 刘家胜	四川文物	4期	2002
三星堆发现的文化意义	屈小强	巴蜀史志	4期	2002
三星堆遗址鱼凫说质疑	冯广宏	四川文物	5期	2002
三星堆文化和古蜀文明的新探讨——黄剑华著《古蜀的辉煌》序言	谭继和	四川文物	5期	2002

续表二五

篇、书名	著(译)编者	出处	卷、期	年月日
古蜀的辉煌——三星堆文化与古蜀文明的遐想	黄剑华	巴蜀书社		2002
古国寻踪——三星堆文化的兴起及其影响	江章华 李明斌	巴蜀书社		2002
扶桑与若木——日本学者对三星堆文明的新认识	西江清高	巴蜀书社		2002
三星堆：震惊天下的东方文明	黄剑华	四川人民出版社		2002
古蜀文明与三星堆文化	肖 平	四川人民出版社		2002
众神之国——三星堆	胡太玉	中国言实出版社		2002
无字天书——来自三星堆的天启与神示	白 剑	四川人民出版社		2002
三星堆史话	广汉市教育学会等	四川人民出版社		2002
三星堆新论	季元龙 吴 红	西南民族学院学报（哲社）	1期	2003
三星堆古文明神秘消失的环境演化研究	傅 顺	成都理工大学学报（社科）	1期	2003
三星堆文化来自羌夏文明的传播	白 剑	阿坝师范高等专科学校学报	2期	2003
三星堆文化的美学价值	黄剑华	巴蜀史志	4期	2003
三星堆与巴蜀文化区	林 向	巴蜀史志	4期	2003
神奇的三星堆 灿烂的蜀文化	高大伦	中国审计	4期	2003
试析三星堆遗址	李维明	四川文物	5期	2003
三星堆遗址与殷商文明	秦文生	中原文物考古研究		2003
三星堆与巴蜀文化区	林 向	中国文物报		2003.8.15
殷商文明暨纪念三星堆遗址发现七十周年国际学术研讨会论文集	三星堆博物馆、中国殷商文化学会	社会科学文献出版社		2003
奇异的凸目——西方学者看三星堆	罗 泰	巴蜀书社		2003
神秘的王国——对三星堆文明的初步理解和解释	孙 华 苏荣誉	巴蜀书社		2003
长江流域青铜器研究	施劲松	文物出版社		2003
三星堆器物坑的再审视	施劲松	考古学报	2期	2004
论三星堆古蜀文化的开放性特征	谭晓钟	文史杂志	3期	2004
巴蜀文化研究的期待——《三星堆与长江文明》前言	李学勤	中华文化论坛	4期	2004
三星堆遗址保护的实践与思考	张耀辉	中华文化论坛	5期	2004

续表二六

篇、书名	著(译)编者	出处	卷、期	年月日
三星堆遗址发掘记	王谦	文史春秋	7期	2004
三星堆文化外来因素的分析——兼论早期蜀文明与中原夏商文明的关系	王巍	中国社科院古代文明研究中心通讯	8期	2004
三星堆遗址	王嘉信	上海集邮	8期	2004
四川广汉市三星堆遗址仁胜村土坑墓	四川省文物考古研究院三星堆遗址工作站	考古	10期	2004
三星堆探秘	于平	人民教育	22期	2004
三星堆访古	伍鹏杨等	时代教育	28期	2004
三星堆·遗址原真性·修复原则	徐松龄	世界遗产论坛·明清皇室陵寝专辑		2004
三星耀天府：三星堆文化和巴蜀文明	周新华	浙江大学出版社		2004
三星堆考古研究	赵殿增	四川人民出版社		2004
三星堆文化大猜想：中华民族与古犹太人血缘关系的破解	苏三	中国社会科学出版社		2004
三星堆文明与古地理环境	刘兴诗	成都理工大学学报（社科）	1期	2005
三星堆遗址环境地质现状评估及问题防治	张跃辉等	四川文物	1期	2005
三星堆遗址保护的实践与思考	张耀辉	中华文化论坛	1期	2005
三星堆器物坑不是祭祀坑	白剑	阿坝师专学报	1期	2005
航测图上的三星堆考古线索	冯广宏	成都文物	1期	2005
鲧、禹神话与三星堆遗址	肖先进 邱登成	中华文化论坛	2期	2005
茂县牟托村"翼龙"与三星堆龙之比较——兼论三星堆文化向北传播的途径	于春	考古与文物	2期	2005
三星堆文明消失原因的古环境因素探讨	付顺等	地质科技情报	3期	2005
三星堆遗址仁胜村土坑墓的思考	宋治民	四川文物	4期	2005
震惊世界的"三星堆"	赵玉兰	山西老年	5期	2005
三星堆文化与巴蜀文明	赵殿增	江苏教育出版社		2005
三星堆与长江文明	郝跃南	四川文艺出版社		2005
三星堆图志	四川省地方志编纂委员会	四川人民出版社		2005
三星堆：古蜀王国的神秘面具	三星堆博物馆	五洲传播出版社		2005

续表二七

篇、书名	著(译)编者	出处	卷、期	年月日
四川昭化县宝轮院发现秦代以前墓葬群遗址	西南博物院	文物参考资料	8期	1954
成都羊子山古墓文物出土		四川日报		1956.4.26
成都近郊发现西周土台建筑遗址		四川日报		1956.7.21
西周土台被发掘		成都日报		1956.7.21
成都羊子山第172号墓发掘报告	四川省文管会	考古学报	4期	1956
成都羊子山土台遗址清理报告	四川省文管会	考古学报	4期	1957
略谈羊子山遗址	赵殿增	成都文物	1期	1984
羊子山建筑遗址新考	林 向	四川文物	5期	1988
羊子山土台遗址出土打制石器的性质与年代试析	叶茂林	四川文物	5期	1988
羊子山土台考	孙 华	四川文物	1期	1993
羊子山地区考古的几个问题	王家祐 李复华	四川文物	4期	2002
成都青羊宫古遗址清理简报	四川省文管会	考古通讯	2期	1956
成都青羊宫遗址试掘简报	四川省博物馆	考古	8期	1959
青羊宫古蜀文化遗址	宕 泉	成都文物	1期	1983
成都发现一处春秋战国时期文化遗址	周尔泰	成都晚报		1985.3.30
成都市岷山饭店工地发现古文化遗址	周尔泰	成都文物	2期	1985
成都市指挥街又发现一处古遗址	巴 人	成都文物	2期	1986
成都指挥街周代遗址发掘报告	四川大学博物馆、成都市博物馆	南方民族考古	1辑	1987
十二桥发掘出的古建筑遗址表明——古蜀人生产力水平已较先进	吴 刚	成都晚报		1986.6.21
成都十二桥商代遗址出土文物		文史杂志	5期	1987
古蜀文化的瑰宝——成都十二桥商代遗址	张肖马	文史杂志	5期	1987
成都十二桥商代建筑遗址第一期掘简报	四川省文物管理委员会等	文物	12期	1987
试论十二桥遗址及其保护	李昭和 陈古全	成都大学学报（社科）	1期	1988
成都十二桥遗址发掘纪实	张肖马	文物天地	6期	1996

续表二八

篇、书名	著(译)编者	出处	卷、期	年月日
试论三星文化、十二桥文化与周邻文化的关系	江章华	成都文物	1期	1998
继广汉三星堆后四川最重大考古发现金沙遗址惊世现身	杨祖越等	中国西部	3期	2001
金沙遗址挖出的遗憾	苑 坚 熊 艳	瞭望	17期	2001
金沙遗址惊世现身——继三星堆遗址后最重大考古发现	周其俊	文汇报		2001.4.2
"金沙遗址"性质尚待确认——可能是祭祀地，也可能是作坊址	周其俊	文汇报		2001.4.3
金沙遗址再次改写四川历史	熊 艳 苑 坚	新华每日电讯		2001.4.4
金沙遗址再次凸显古蜀灿烂文明——三星堆不再孤独	干德明 傅敬蓉	中国文化报		2001.4.7
金沙遗址及其它	容 膝	文艺报		2001.4.28
3000年历史的纯金器惊现成都	万 辛	中国黄金报		2001.5.15
金沙遗址新世纪的惊世发现	肖 平	中国艺术报		2001.11.2
四川成都金沙遗址发现最大远古卜甲	宋 阳	中国矿业报		2001.11.10
继三星堆后四川最为重大的考古发现——成都近郊金沙发现古蜀国中心遗址	朱章义等	中国文物报		2001.12.7
古蜀都邑遗金沙	刘 蓉	四川日报		2001.12.7
金沙：闪耀古蜀国珍宝的辉煌	朱章义等	中国文物报		2001.12.19
成都金沙遗址的发现与文物抢救记	张 擎 朱章义	中国历史文物	1期	2002
金沙遗址出土象牙、骨角质文物现场临时保护研究	肖 璘 孙 杰	文物保护与考古科学	14卷2期	2002
成都金沙遗址的发现、发掘与意义	朱章义等	四川文物	2期	2002
成都市西郊金沙村龙山遗址试掘	成都市文物考古工作队、成都市文物考古研究所	华夏考古	3期	2002
三千年金沙重放金光	朱章义	大自然探索	3期	2002
金沙——一个可能是古蜀国都邑的地方	王方等	文物天地	5期	2002
成都金沙遗址的发现与发掘	成都市文物考古研究所	考古	7期	2002

续表二九

篇、书名	著(译)编者	出处	卷、期	年月日
成都金沙遗址的几个问题	朱章义 张擎	中国古都研究	19辑	2002
金沙遗址发现广场	陆薪羽	文汇报		2002.9.11
金沙淘珍——成都市金沙村遗址出土文物	成都市文物考古研究所、北京大学考古文博院	文物出版社		2002
又见金沙	李文	文物天地	1期	2003
古蜀都邑——金沙遗址	王方等	百科知识	2期	2003
成都金沙遗址出土文物相关问题的讨论	陈显丹	中华文化论坛	4期	2003
金沙遗址惊现世人 古蜀文明璀璨夺目	魏晓霞	中国旅游报		2003.3.10
古蜀金沙——金沙遗址与古蜀文明探析	黄剑华	巴蜀书社		2003
金沙遗址与古蜀都邑探析	黄剑华	成都文物	2期	2004
金沙遗址出土象牙的由来	黄剑华	成都理工大学学报（社科）	3期	2004
金沙遗址出土古象牙的现场清理加固保护	肖璘等	文物保护与考古科学	16卷3期	2004
人种学及古DNA分析在成都金沙遗址及相关诸遗存研究中的应用	王毅 颜劲松	四川文物	3期	2004
金沙遗址出土金面具探析	黄剑华	巴蜀史志	3期	2004
成都金沙遗址Ⅰ区"梅苑"地点发掘一期简报	成都市文物考古研究所	文物	4期	2004
成都金沙遗址出土金属器的实验分析与研究	肖璘等	文物	4期	2004
从金沙遗址发现历史	逸民	四川省情	4期	2004
金沙又现国宝——近日出土的3000年前的彩绘人头木雕价值不亚于"太阳神鸟"它是近3年来金沙考古最重要的发现	王嘉	成都日报		2004.12.25
走进古蜀都邑金沙村——考古工作者手记	成都市文物考古研究所	四川文艺出版社		2004
金沙遗址推想	杨正苞 朱开元	文史杂志	2期	2005
中国文化遗产标志：太阳神鸟		南方文物	4期	2005
关于成都金沙遗址时代的探讨	宋治民	中国边疆考古学术讨论会论文摘要		2005

续表三〇

篇、书名	著(译)编者	出处	卷、期	年月日
金沙象牙从何处来	萧易	成都日报		2005.7.18
太阳神鸟，成都三千年的名片	赋格	南方周末		2005.10.13
金沙考古：太阳神鸟重现	黄剑华	成都时代出版社		2005
金沙：再现辉煌的古蜀王都	成都市文物考古研究所	四川人民出版社		2005
金沙：21世纪中国考古新发现	成都市文物考古研究所	五洲传播出版社		2005
成都市核桃村商代遗址发掘简报	成都市考古工作队	文物	4期	2003
四川成都市小南街古遗址发掘报告	成都市文物考古研究所	考古学集刊	14集	2004
成都发现战国时代墓葬	张才俊	四川日报		1963.5.22
市郊首次发现战国巴文化墓群	陆德良	成都晚报		1964.7.25
成都百花潭中学十号墓发掘记	四川省博物馆	文物	3期	1976
发掘战国时期无棺古墓	李恩雄 郑光福	成都文物简讯	2期	1980
金牛区出土一批战国中、晚期文物	李恩雄 郑光福	成都日报		1980.8.7
成都市金牛区发现两座战国墓葬	成都市文管处	文物	5期	1985
成都战国土坑墓发掘简报	四川省文管会	文物	1期	1982
二十三中校园内发现战国时期墓葬	李大业	成都日报		1982.3.30
青龙公社发现一座战国木椁墓	郑光福 范友才	成都日报		1982.6.12
成都西郊战国墓	四川省博物馆	考古	7期	1983
成都方池街发现古文化遗址	徐鹏章	成都文物	2期	1984
成都方池街出土石人像及相关问题	吴怡	四川文物	6期	1988
成都方池街蜀文化遗址出土石器的微痕研究	傅正初	南方民族考古	5辑	1992
成都市方池街古文化遗址初探	周尔泰	四川文物	1期	2003
成都方池街古遗址发掘报告	成都市博物馆考古队等	考古学报	2期	2003
成都京川饭店战国墓	成都市博物馆考古队	文物	2期	1989

续表三一

篇、书名	著(译)编者	出处	卷、期	年月日
成都三洞桥青羊小区战国墓	成都市文物管理处	文物	5期	1989
成都发现大型战国木板墓	张肖马 罗伟光	中国文物报		1989.12.8
我市又发现一大型战国木板墓	雷玉华 朱章义	成都文物	3期	1990
成都中医学院战国土坑墓	成都市博物馆考古队	文物	1期	1992
成都罗家碾发现二座蜀文化墓葬	罗开玉 周尔泰	考古	2期	1993
成都化成小区战国墓发掘清理简报	成都市考古队	成都文物	4期	1996
战国文物在蜀出土		人民日报（海外）		1996.12.23
成都西郊金鱼村发现的战国土坑墓	成都市文物考古工作队	文物	3期	1997
成都市金沙巷战国墓清理简报	成都市文物考古工作队	文物	3期	1997
成都地区战国考古学遗存初步研究	李明斌	四川文物	3期	1999
成都西郊省水利设计院土坑墓清理简报	成都市文物考古工作队	考古与文物	4期	2000
成都龙泉驿区北干道木椁墓群发掘简报	成都市文物考古研究所、龙泉驿区文管所	文物	8期	2000
成都西郊石人小区战国土坑墓发掘简报	成都市文物考古研究所、成都市文物考古工作队	文物	4期	2002
新繁发现战国时代遗址	喻权域等	四川日报		1956.12.4
新繁县发现周代遗址		四川日报		1957.6.5
四川新繁、广汉古遗址调查记	王家祐 江甸潮	考古通讯	8期	1958
四川新繁县水观音遗址试掘简报	四川省博物馆	考古	8期	1959
从新繁水观音遗址谈早期蜀文化的有关问题	沈仲常 黄家祥	四川文物	2期	1984
巴塘等县发现一批两千多年前的古代民族墓葬	童恩正 曾文琼	甘孜报		1978.10.7
四川甘孜县吉里龙古墓葬	四川省文管会、甘孜州文化馆	考古	1期	1986
新都发现一座战国木椁墓	李复华	四川日报		1980.6.9

续表三二

篇、书名	著(译)编者	出处	卷、期	年月日
新都战国木椁墓的文化性质	沈仲常	四川日报		1980.7.6
四川新都战国木椁墓	四川省博物馆、新都县文管所	文物	6期	1981
新都战国木椁墓与楚文化	沈仲常	文物	6期	1981
四川新都战国木椁墓主人身份的有关问题	胡昌钰	民族论丛	2辑	1982
新都战国蜀墓里中原文化和楚文化因素初探	李复华 匡远滢	西南民族研究		1983
新都战国木椁墓文化因素剖析	孙智彬	江汉考古	1期	1986
新都马家乡战国墓墓主人身份考	胡昌钰	成都文物	1期	1986
新都调查发掘一批蜀文化遗址	陈云洪	中国文物报		1994.4.24
四川新都县桂林乡商代遗址发掘简报	成都市文物考古工作队、新都县文物管理所	文物	3期	1997
新都发现商周遗址为破译古蜀文化之谜提供了新证据	周其俊	文汇报		2001.10.19
考古专家根据现场遗存推断新都商代遗存分布较广	周其俊	文汇报		2001.10.22
四川会理县发现瓦石田遗址	陶鸣宽 赵殿增	文物资料丛刊	5期	1981
四川西昌一号墓发掘简报	凉山彝族自治州博物馆	考古学集刊	3集	1983
四川普格县瓦打洛遗址调查	凉山彝族自治州博物馆等	考古	6期	1983
泸沽湖畔出土文物调查记	黄承宗	考古	10期	1983
四川犍为县发现巴蜀墓	王有鹏	文物资料丛刊	7期	1983
四川犍为县巴蜀土坑墓	四川省博物馆	考古	9期	1983
四川犍为县巴蜀墓发掘简报	四川省文管会	考古与文物	3期	1984
四川犍为金井乡巴蜀土坑墓清理简报	四川省文管会	文物	5期	1990
荥经发掘三座战国古墓	戴善奎	四川日报		1983.7.9
荥经县曾家沟出土一批战国时期的重要文物	陈显双	四川文物	创刊号	1984
四川荥经县烈太战国土坑墓清理简报	李晓鸥 刘继铭	考古	7期	1984

续表三三

篇、书名	著(译)编者	出处	卷、期	年月日
四川荥经县曾家沟战国墓群第一、二期发掘	四川省文管会等	考古	12期	1984
四川荥经水井坎沟岩墓	四川省文管会、雅安地区文教局	文物	5期	1985
四川荥经同心村巴蜀墓的清理	四川省文物管理委员会、荥经严道古城遗址博物馆	考古	1期	1988
四川荥经曾家沟21号墓清理简报	四川省文管会、荥经县文化馆	文物	5期	1989
四川荥经南罗坝村战国墓	荥经严道古城遗址博物馆	考古学报	3期	1994
四川荥经县同心村巴蜀墓的清理	荥经严道古城遗址博物馆	考古	7期	1996
蒲江县战国土坑墓	四川省文管会、蒲江县文管所	文物	5期	1985
四川大邑五龙战国巴蜀墓葬	四川省文管会、大邑县文化馆	文物	5期	1985
四川大邑县五龙乡土坑墓清理简报	四川省文管会等	考古	7期	1987
四川省通江县发现商周文化遗址		人民日报		1987.5.6
陕西旬阳县发现的巴蜀文化遗物	张沛	四川文物	3期	1989
渠县连续出土珍贵巴蜀文物	王建伟	中国文物报		1989.7.28
峨眉山市的巴蜀文化遗物	陈黎清	四川文物	6期	1990
四川芦山出土的巴蜀文化器物	周日琏	考古	10期	1991
芦山思延乡战国墓清理报告	郭凤武	四川文物	5期	1994
芦山县发现巴蜀文物	郭凤武	四川文物	3期	1995
宝兴发现战国墓群	王焰	中国文物报		1992.9.6
略谈会理土坑墓	邝晓	四川文物	4期	1992
会理发掘土坑墓群	李应权	中国文物报		1993.4.25
四川宝兴汉塔山战国土坑积石墓发掘报告	四川省文管会等	考古学报	3期	1999
四川广汉、什邡商周遗址调查报告	陈德安等	南方民族考古	5辑	1992
2004年广汉烟堆子遗址商周时期遗迹发掘简报	四川省文物考古研究院等	四川文物	2期	2005
都江堰与秦公墓的出土文物	李受天	成都文物	4期	1996
四川石棉县永和乡战国土坑墓	四川省文管会、石棉县文管所	考古	11期	1996

续表三四

篇、书名	著(译)编者	出处	卷、期	年月日
三台郪江镇首次发现战国文物	左启	中国文物报		1998.1.4
四川巴县铜罐驿发现重要古代墓葬		文物参考资料	10期	1954
巴县铜罐驿冬笋坝发现古代墓群	殷树林	重庆日报		1954.7.7
四川巴县冬笋坝战国和汉墓清理简报	前西南博物院、四川省文管会	考古通讯	1期	1958
冬笋坝文化概论	何泽宇	四川文物	增刊	1996
巫山圣泉池发现战国遗址	陈培绪	文物	8期	1959
记瞿塘峡盔甲洞中发现的巴人文物	童恩正	考古	5期	1962
四川省涪陵县白涛区小田溪发现春秋战国时期巴人墓葬	涪陵文化馆	文物	1期	1973
四川涪陵地区小田溪战国土坑墓清理简报	四川省博物馆等	文物	5期	1974
四川涪陵小田溪四座战国墓	四川省文物管理委员会、涪陵地区文化局	考古	1期	1985
巴蜀觅遗珍——四川小田溪九号墓发掘记	李昭和	文物天地	5期	1996
试论涪陵小田溪墓地的分期与时代	蒋晓春	江汉考古	3期	2002
巴国王陵惊现三峡？——一处墓葬出土百余件高等级随葬品	杨磊	新华每日电讯		2003.2.14
涪陵出土墓葬疑为巴国王陵	杨磊	人民日报		2003.2.15
重庆小田溪墓群发掘出土大批巴人文物	刘豫川等	中国文物报		2003.3.7
重庆市涪陵区小田溪墓群发掘成果喜人	重庆市文物考古所	重庆历史与文化	1期	2003
万县麻柳沱遗址发掘获重要成果	高蒙河 杨群	中国文物报		1998.12.6
三峡麻柳沱遗址考古发掘的主要收获	上海大学文学院文物考古研究中心	上海大学学报（社科）	1期	1999
重庆麻柳沱遗址又获考古新成果	高蒙河等	中国文物报		2000.11.29
三峡麻柳沱遗址的考古实践与收获	高蒙河等	文化遗产研究集刊	2辑	2001
万州区麻柳沱遗址	周后曦	重庆历史与文化	2期	2003
1999年重庆万州麻柳沱遗址发掘简报	复旦大学考古队	文化遗产研究集刊	3辑	2003
万县中坝子遗址发掘获重要成果	张宏彦	中国文物报		1998.11.11

续表三五

篇、书名	著(译)编者	出处	卷、期	年月日
重庆市万州区中坝子遗址第三次发掘简报	西北大学文博学院	考古与文物	3期	2002
重庆万州中坝子遗址第四次发掘简报	西北大学考古队	文博	3期	2002
试论重庆万州中坝子遗址夏商周时期文化遗存	王建新 王涛	江汉考古	3期	2002
万县龙宝区三峡工程库区古墓葬的调查与发掘	厦门大学历史系考古教研室	东南考古	2辑	1999
重庆市万州区上中坝遗址发掘记略	西北大学考古队	文博	4期	2000
重庆市万州区塘房坪遗址1998年发掘简报	重庆市文化局、陕西省考古研究所	考古与文物	1期	2003
塘坊坪文化初论	张天恩	考古学研究	5辑上册	2003
重庆市万州黄陵嘴遗址发掘简报	广西壮族自治区文物工作队等	广西考古文集		2004
重庆万州大坪墓群人骨鉴定	李法军	四川文物	3期	2005
重庆万州大坪发现东周巴文化墓群	盛国宝 周创华	中国文物报		2005.2.25
四川忠县涂井乡永兴、李园两处古遗址调查简报	四川省文物考古研究所三星堆遗址工作站、忠县文物保护管理所	四川文物	3期	1995
忠县永兴乡两处遗址的主要收获	方刚	重庆历史与文化	2期	2003
四川奉节县新浦遗址发掘报告	吉林大学考古学系	考古	1期	1999
奉节老油坊遗址考古发掘竣工	陈国庆	中国文物报		1999.4.25
四川奉节老油坊遗址试掘报告	吉林大学考古学系	江汉考古	3期	1999
奉节上关遗址发掘一批重要墓葬	袁东山 白九江	中国文物报		1999.7.18
三峡库区奉节上关遗址发掘出一批重要墓葬	重庆市博物馆考古队	重庆历史与文化	1期	1999
三峡库区云阳李家坝遗址	陈剑	中国文物报		1996.5.19
三峡库区李家坝遗址发掘获重大成果	黄伟等	中国文物报		1999.2.21

续表三六

篇、书名	著(译)编者	出处	卷、期	年月日
重庆云阳县李家坝Ⅰ区水田遗址发掘简报	四川大学历史文化学院考古学系等	考古	11期	2001
重庆云阳李家坝东周墓地1997年发掘报告	四川大学历史文化学院考古学系等	考古学报	1期	2002
峡江巴文化寻踪——重庆云阳李家坝遗址1997年发掘记略	罗二虎	中华文化论坛	2期	2003
廪君部落——云阳县李家坝遗址	黄伟 白彬	文物天地	6期	2003
李家坝巴人寻踪	黄伟 白彬	三峡记		2003
晚期巴文化李家坝类型初论	罗二虎	四川大学学报（哲社）	5期	2004
重庆云阳县李家坝遗址1997年度发掘简报	四川大学历史文化学院考古系等	考古	6期	2004
三峡库区李家坝遗址发掘结束	黄伟 白彬	2003中国重要考古发现		2004
故陵访古——寻找三峡库区楚墓引起的	蒋宏耀 张立敏	科学出版社		1997
三峡库区发现巴人遗址千年巴人之谜可望解开	杨新河	人民日报（海外）		1997.2.12
四川开县余家坝战国墓葬发掘简报	山东大学考古系	考古	1期	1999
重庆开县余家坝墓地2000年发掘简报	山东大学考古学系等	华夏考古	4期	2003
重庆余家坝巴人墓地的发掘收获	陈淑卿 王芬	山东大学学报（哲社）	1期	2004
重庆市开县余家坝墓地2002年发掘简报	山东大学东方考古研究中心等	江汉考古	3期	2004
渝东大昌盆地新发现东周楚墓地	盛定国 邓建强	中国文物报		2001.12.7
三峡地区又发现一大规模巴人墓地	栾丰实	中国文物报		2002.4.12
宣汉发现巴人文化遗址	李廷尧等	四川日报		2000.8.16
四川宣汉发现巴人文化遗址	李廷尧 丁代书	人民日报（海外）		2000.8.18
四川发掘罗家坝先秦遗址	王鲁茂 何振华	中国文物报		2000.10.8
试论罗家坝遗存	马幸辛	四川文物	5期	2002
罗家坝惊现千古文化谜团	李秋怡	四川日报		2003.4.24

续表三七

篇、书名	著(译)编者	出处	卷、期	年月日
罗家坝遗址大型青铜器破土而出	刘蓉	四川日报		2003.6.30
四川宣汉罗家坝遗址再度发掘	陈祖军	中国文物报		2003.7.23
长江上游文明史再次改写——四川罗家坝遗址发掘纪实	周其俊	文汇报		2003.9.5
宣汉罗家坝遗址研究价值	王荣成 陈红斌	达县师专学报（社科）	1期	2003
罗家坝遗址考古发掘又获重大发现		四川文物	5期	2003
罗家坝遗址是探索巴文化的重要地区——罗家坝遗址笔谈	徐光冀	四川文物	6期	2003
罗家坝遗址与巴文化探索笔谈——罗家坝遗址笔谈	高炜	四川文物	6期	2003
关于宣汉罗家坝遗址发掘的几点想法——罗家坝遗址笔谈	王仁湘	四川文物	6期	2003
罗家坝遗址发现随想——罗家坝遗址笔谈	高大伦	四川文物	6期	2003
罗家坝遗址33号墓葬相关问题探讨——罗家坝遗址笔谈	陈显丹	四川文物	6期	2003
略谈罗家坝遗址M33的时代和族属——罗家坝遗址笔谈	段渝	四川文物	6期	2003
对罗家坝出土青铜器的几点看法——罗家坝遗址笔谈	张肖马	四川文物	6期	2003
宣汉罗家坝遗址的重要意义——罗家坝遗址笔谈	陈祖军	四川文物	6期	2003
罗家坝遗址与周边古文化遗址的关系——罗家坝遗址笔谈	马幸辛	四川文物	6期	2003
关于宣汉罗家坝巴墓发掘的几点看法——罗家坝遗址笔谈	江章华	四川文物	6期	2003
罗家坝遗址与巴之源流的探索——罗家坝遗址笔谈	李昭和	四川文物	6期	2003
罗家坝考古与"巴賨文化"	林向	四川文物	6期	2003
笔谈宣汉罗家坝战国大墓	宋治民	四川文物	6期	2003
罗家坝惊现千古文化谜团	李秋怡	四川日报		2003.4.24
罗家坝遗址大型青铜器破土而出	刘蓉	四川日报		2003.6.30
长江上游文明史再次改写——四川罗家坝遗址发掘纪实	周其俊	文汇报		2003.9.5
再论罗家坝遗存	马幸辛	达县师专学报（社科）	1期	2004

续表三八

篇、书名	著(译)编者	出处	卷、期	年月日
罗家坝巴人遗址与川东北旅游形象的再造	谢元鲁	达县师专学报（社科）	3期	2004
四川宣汉罗家坝遗址2003年发掘简报	陈卫东 陈祖军	文物	9期	2004
川东北考古发现的"巴文化"辨	林向	成都文物	2期	2005
城固宝山：1998年发掘报告	西北大学文博学院	文物出版社		2002
打开早期巴蜀文化秘密的一把钥匙——评介《城固宝山》	张天恩	四川文物	1期	2005
四川战国墓葬试析	宋治民	四川文物	5期	1990
试论四川地区战国墓中的青铜工具	黄晓枫	华夏考古	4期	2002
周秦文化在四川的发现和研究	宋治民	周秦文化研究		1998
从考古材料看四川盆地在中华文明形成与发展过程中的地位	江章华	中华文化论坛	4期	2005
考古学上より見た古代の巴蜀	狩野直禎	古代文化	28卷3号	1976
巴蜀文化	町田章	世界考古学事典（上）		1979
光耀夺目的巴蜀"文化矿"	北海	成都日报		1980.6.12
巴蜀文化的分期、断代和渊源试说	李复华 王家祐	四川史学通讯	3期	1983
巴蜀文化的考古学分期	赵殿增	中国考古学会第四次年会论文集		1983
略说巴、蜀墓葬的随葬品组合和纹饰符号的异同	陈显丹	四川史学通讯	5期	1984
巴蜀および嶺南地方の青銅器文化をめぐる若干の問題	西江清高	東南アジア歴史と文化	13号	1984
四川、云南的青铜文化	王世民	新中国的考古发现和研究		1985
船棺铜印辩巴蜀	阳晓	成都文物	2期	1986
重视方法论的探索——谈巴蜀文化考古	朱秉璋	四川文物	1期	1987
陕西紫阳白马石巴蜀墓发掘简报	陕西省安康水电站库区考古队	考古与文物	5期	1987
巴蜀文化几个问题的探讨	赵殿增	文物	10期	1987
陕西旬阳县发现的巴蜀文化遗物	张沛	四川文物	3期	1989
巴蜀文物杂识	孙华	文物	5期	1989
川东北考古文化分期刍论	马幸辛	四川文物	6期	1989

续表三九

篇、书名	著(译)编者	出处	卷、期	年月日
近年巴蜀文化考古综述	赵殿增	四川文物·广汉三星堆遗址研究专辑		1989
巴与蜀考古文化对象的考察	佟柱臣	南方民族考古	3辑	1990
峨眉山市的巴蜀文化遗物	陈黎清	四川文物	6期	1990
巴蜀地区青铜文化的两个问题	雷玉华	成都文物	4期	1991
论古代巴蜀的石室文化	李炳海	天府新论	1期	1992
试论早期巴蜀文化遗址的特征	江章华	成都文物	2期	1992
试论巴蜀文化与原始文化的关系	王燕芳	成都文物	4期	1992
		四川文物	6期	1995
汉水上游巴蜀文化的踪迹	王炜林 孙秉君	中国考古学会第七次年会论文集		1992
略说晚期巴蜀文化之陶器	李明斌	成都文物	1期	1995
从蜀墓腰坑的设置看巴蜀文化与关中文化的交流	彭文	西北史地	2期	1995
		先秦史与巴蜀文化论集		1995
		四川文物	4期	1996
		考古与文物	6期	1996
宝鸡茹家庄等处西周墓葬与古巴蜀文化关系管窥	张天恩	先秦史与巴蜀文化论集		1995
西周弓鱼氏遗存几个问题的探讨	田仁孝等	先秦史与巴蜀文化论集		1995
汉水上游巴蜀文化初论	刘军社	先秦史与巴蜀文化论集		1995
巴蜀文化新论	林向	成都出版社		1995
巴蜀青铜文化的演进	段渝	文物	3期	1996
巴蜀文化陶釜略论	李明斌	考古与文物	6期	1996
考古学からみた巴蜀文化	小澤正人	日中文化研究	10号	1996
巴、蜀文化源流粗疏	王宏	江汉考古	3期	1997
巴蜀文化与中原文化的关系试探	张天恩	考古与文物	5期	1998
蜀文化与巴文化	宋治民	四川大学出版社		1998
巴蜀考古与三大起源问题	林向	文史杂志	1期	1999
试论蜀文化与巴文化	宋治民	考古学报	2期	1999
		宋治民考古文集		2004
巴蜀文化北区の考古学的研究と発见——陕南城洋地区を中心として	赵丛苍	古代学研究	145号	1999
巴蜀文化中的小平底器及尖底器	徐国章	文史杂志	1期	2000

续表四〇

篇、书名	著(译)编者	出处	卷、期	年月日
鄂西地区与成都平原夏商时期巴蜀文化陶器研究	杨 华	湖北省考古学会论文选集	3辑	2000
四川盆地的青铜文化	孙 华	科学出版社		2000
试论巴蜀文化的陶质炊器	郭继艳	四川文物	1期	2001
巴蜀文化与周边文化的相关问题	宋治民	成都文物	1期	2002
三星堆与巴蜀文化研究七十年	段 渝	中华文化论坛	3期	2003
从汉中出土文物看商与巴蜀氐羌的关系	王寿芝	文博	4期	2003
长江上游的巴蜀文化	赵殿增 李明斌	湖北教育出版社		2004
巴蜀文化中的楚文化因素	邹芙都	衡阳师范学院学报	4期	2005
论湖南战国墓出土的巴蜀文物和巴人墓	高至喜	楚文化研究论集	6集	2005
蜀史新探——试论成都平原的早期青铜文化	刘文杰	民族论丛	2辑	1982
城固铜器群与早蜀文化	李伯谦	考古与文物	2期	1983
关于蜀文化的几个问题	宋治民	考古与文物	2期	1983
古蜀文化和中原文化关系的再认识	范小平	美术史论	3期	1988
成都平原早期蜀文化遗存初析	林 向	成都文物	3期	1988
早期蜀文化与广汉三星堆遗址	杨荣新	四川文物	1期	1989
早期蜀文化的再探讨	宋治民	成都文物	1、2期	1989
早期蜀文化分期的再探讨	宋治民	考古	5期	1990
试论早期蜀文化的影响范围	李 连	成都文物	4期	1989
早期蜀文化与商文化的关系	郑振香	中原文物	1期	1993
商代社会疆域地理的政治架构与周边地区青铜文化	卢连成	中国历史地理论丛	4期	1994
从什邡战国时期墓葬再谈楚文化入蜀有关问题	杨 剑	先秦史与巴蜀文化论集		1995
古蜀与中原文明之比较	冯广宏	成都文物	3期	1997
早期蜀文化与商周文明	宋治民	四川文物	1期	1997
西周弓鱼氏遗存几个问题的探讨	田会孝等	文博	5期	1994
宝鸡弓鱼国墓地渊源的初步探讨——兼论蜀文化与城固铜器群的关系	张文祥	考古与文物	2期	1996
关于蜀文化渊源的学习札记	宋治民	四川文物	3期	1995

续表四一

篇、书名	著(译)编者	出处	卷、期	年月日
川南蜀人墓葬和蜀国南疆	唐长寿	四川文物	4 期	1995
川西平原的蜀文化与商文化入川路线	张玉石	华夏考古	1 期	1995
古蜀文化的发现与研究	林 向	寻根	4 期	1997
蜀文化神秘面纱的揭开	李学勤	寻根	4 期	1997
蜀文化尖底陶器初论	宋治民	考古与文物	2 期	1998
蜀文化尖底陶器续论——兼谈成都金沙遗址的时代	宋治民	四川文物	6 期	2005
成都地区战国考古学遗存初步研究	李明斌	四川文物	3 期	1999
古蜀王国器物造型之内涵	陈显丹	中华文化论坛	1 期	2000
先蜀文化的初步探讨	李明斌	四川文物	3 期	2001
成都平原青铜文化考古的新进展	江章华	古代文明研究通讯	8 期	2001
成都平原的先秦文化	孙 华	苏秉琦与当代中国考古学		2001
论蜀釜与秦釜	李明斌	成都文物	1 期	2002
成都平原先秦文化初论	江章华等	考古学报	1 期	2002
从三星堆到金沙村——成都平原青铜文化研究札记	李明斌	四川文物	2 期	2002
蜀文化大转移的政治意义	李复华	成都文物	3 期	2002
三星堆及金沙遗址文物考古与历史考古的三个难题	胡 定	四川建筑	3 期	2003
从青铜礼器看蜀文化的传承	高大伦	追寻中华古代文明的踪迹——李学勤先生学术活动五十周年纪念文集		2002
再论蜀文化的渊源	宋治民	成都文物	3 期	2003
从三星堆、金沙遗址出土文物看蜀文化大转移的政治意义	李复华	中国历史文物	5 期	2003
成都平原青铜文化考古的新进展	江章华	长江流域青铜文化研究		2003
从三星堆、金沙出土金器探索早期蜀文化	魏 崴	文史杂志	2 期	2005
成都平原的文明起源问题	施劲松	中华文化论坛	4 期	2005
寻找成都平原失落的古文明	刘继安 陈 默	资源与人居环境	11 期	2005
探秘成都：古蜀文化的遗宝	霍 巍	成都晚报		2005.2.23
金沙江流域早期考古的几个问题	赵殿增	中华文化论坛	4 期	2002
试论金沙江流域及云南青铜文化的区系类型	杨 帆	中华文化论坛	4 期	2002

续表四二

篇、书名	著(译)编者	出处	卷、期	年月日
攀枝花先秦考古发现与研究	马云喜	中华文化论坛	4 期	2002
湘西土家族出土遗物与巴人的关系	熊传新	西南师范学院学报（哲社）	4 期	1980
汉水上游巴文化的探讨	唐金裕	文博	1 期	1984
汉水上游巴文化与殷周关系的探讨	唐金裕	文博	1 期	1988
川东北考古文化分期刍议	马幸辛	四川文物	6 期	1989
从考古材料看巴文化的主体性	余军	湖北民族学院学报（社科）	2 期	1990
略论古代的巴	杨权喜	四川文物	1 期	1991
略论巴文化与巴族的迁徙	尹盛平	文博	5 期	1992
"巴文化"与毗邻诸文化关系概说	张雄	中南民族学院学报（哲社）	4 期	1993
鄂西巴文化遗存的发现与研究	杨华	四川文物	3 期	1994
湘西巴迹初探	郭伟民	四川文物	5 期	1994
从鄂西考古发现谈巴文化的起源	杨华	考古与文物	1 期	1995
三峡考古可望解开巴人之谜	王军	光明日报		1997.4.15
夏、商、西周至春秋时期的巴人遗存考	王然	文物考古文集		1998
早期巴文化的分期与特征	王晓田	跋涉集		1998
三峡考古与巴文化研究	赵冬菊	贵州民族研究	4 期	2000
		中央民族大学学报	2 期	2001
		三峡大学学报（人文）	3 期	2001
四川盆地巴文化的探索	林向	中华文化论坛	4 期	2005
试论三峡、宜昌地域的巴楚文化	彭万廷 王家德	考古学集刊	11 集	1997
三峡地区巴、楚文物与巴楚文化研究	赵冬菊	巴楚文化研究		1998
三峡考古与巴文化初探	赵冬菊	考古与文物	增刊·先秦考古	2002
试论峡江地区夏商周时期出土有釜与巴	金国林	四川文物	3 期	2003
试论峡江地区夏商周时期的釜与巴文化的关系	金国林	四川文物	3 期	2004
从重庆地区考古材料看巴文化融入汉文化的进程	蒋晓春	文物	8 期	2005
烟雨三峡：三峡的巴文化	汤惠生	中国文物报		2005.2.25
关于长江三峡地区古文化遗址分布的几个特点	马继贤	江汉考古	4 期	1988

续表四三

篇、书名	著(译)编者	出处	卷、期	年月日
三峡地区史前文化初论	杨权喜	南方文物	1期	1996
试论三峡地理环境与原始文化的关系	王家德	四川文物	3期	1996
峡江地区的先秦文化	孙 华	国学研究	6期	1999
		文化的馈赠：汉学研究国际会议论文集（考古学卷）		2000
三峡地区远古至战国时期古城遗迹考古研究（上）——兼说与湖北、湖南及成都平原地区古城遗迹比较	杨 华	湖北三峡学院学报	1期	2000
三峡地区远古至战国时期古城遗迹考古研究（下）——兼说与湖北、湖南及成都平原地区古城遗迹比较	杨 华	湖北三峡学院学报	3期	2000
廊道理论对三峡史前聚落认识的启发——景观生态学理论与考古研究思考之一	何 驽	中国文物报		2000.5.3
长江三峡地区西周、东周时期文化遗迹的考古发现研究	杨 华	三峡大学学报（人文）	2期	2001
川东长江沿岸先秦考古学文化的初步分析	江章华	中华文化论坛	2期	2002
冲突与整合——川东长江沿岸商周时期考古学文化变迁的初步分析	江章华	成都文物	3期	2002
再论川东长江沿岸的史前文化	江章华	四川文物	5期	2002
重庆云阳地区古代聚落演变初论	潘碧华	文化遗产研究集刊	3辑	2003
重庆奉节先秦时期考古的主要收获——来自长江三峡库区的两个考古学个案研究	赵宾福	史学集刊	3辑	2004
试论鄂西地区商周时期考古学文化的变迁——兼谈早期巴文化	江章华	考古	11期	2004
从近年来三峡考古新发现看楚文化的西渐	余 静	江汉考古	1期	2005
从三峡地区与东部平原的对比看考古学文化中的环境因素	尹宏兵	江汉考古	2期	2005
聚落考古中的墓地规模——以重庆万州墓群为例	麻赛萍 高蒙河	考古与文物	3期	2005
重庆、鄂西地区商周时期甲骨的类型学研究	蒋 刚	江汉考古	4期	2005
夔文化的考古学证据	孟华平	楚文化研究论集	6集	2005

2. 秦汉

篇、书名	著(译)编者	出处	卷、期	年月日
青川发现一批战国土坑木椁墓	尹显德	四川日报		1980.1.15
秦帝国形成過程の一考察——四川省青川戦国墓の檢討による	間瀨収芳	史林	67卷1期	1984
关于四川青川战国墓的年代		中国钱币	1期	1990
青川战国墓研究	黄家祥	成都文物	3期	1991
略论四川战国秦墓葬的分期	宋治民	中国考古学会第一次年会论文集		1979
略论四川的秦人墓	宋治民	考古与文物	2期	1984
四川荥经古城坪秦汉墓葬	荥经古墓发掘小组	文物资料丛刊	4期	1981
成都市上汪家拐街遗址发掘报告	成都市文物考古队、四川大学历史系	南方民族考古	5辑	1992
成都发现秦代墓群具有巨大研究价值		人民日报		1993.2.15
成都出土8座秦代古墓群	周俏春	人民日报		2003.7.12
盐源近年出土的战国西汉文物	凉山彝族自治州博物馆等	四川文物	4期	1999
Notes on the Cave Tombs and Ancient Burial Mounds of Western Szechwan	T. Torrance	Journal of the West China Border Research Society	Vol. 4	1930–1931
Notes on the Han Dynasty Grave Collections in the West China Union University Museum of Archaeology	D. C. Graham	Journal of the West China Border Research Society	Vol. 9	1937
Excavation of a Han Dynasty Tomb at Chungking	D. C. Graham	Journal of the West China Border Research Society	Vol. 10	1938
重庆掘出汉代古墓		四川月报	12卷3、4期	1938
卫聚贤报告汉墓试掘经过		国民日报		1940.4.28
		说文月刊	3卷4期	1941
沙坪坝发现古墓纪事	金静庵	说文月刊	1卷合订本	1940
重庆江北汉墓之发掘		图书季刊	2卷3期	1940
重庆附近之汉代三种墓葬	常任侠	说文月刊	3卷4期	1941
整理重庆江北汉墓遗物纪略	常任侠	说文月刊	3卷4期	1941
关于发现汉墓的经过	郭沫若	说文月刊	3卷4期	1941
汉墓漫谈	孙宗文	说文月刊	3卷4期	1941
重庆发掘汉墓之检讨	黎凤翔	学海	19卷20期	1942

续表一

篇、书名	著(译)编者	出处	卷、期	年月日
重庆附近的汉代墓葬	醒元	学术杂志	1卷1期	1943
汉墓摘记	姚鉴	中国学报	1卷4期	1944
重庆的汉墓	卫大法师	旅行杂志	19卷1期	1945
西南博物院筹备处清理重庆江北相国寺汉墓	西南博物院筹备委员会秘书处	文物参考资料	7期	1954
重庆江北相国寺的东汉砖墓	沈仲常	文物参考资料	3期	1955
重庆化龙桥发现1800年前的东汉砖墓	胡人朝	四川日报		1957.6.29
江北地区发现汉墓群	杨兴隆	重庆日报		1957.11.30
重庆发现汉墓群		文汇报		1957.12.10
董家溪发现东汉砖墓	胡人朝	重庆日报		1958.6.16
重庆市化龙桥东汉砖墓的清理	胡人朝	考古通讯	3期	1958
江北雨花村发现东汉砖墓	胡人朝	重庆日报		1959.3.11
本市南岸区首次发现西汉古墓已出土珍贵文物五十余件		重庆日报		1978.5.25
本市南岸上新街发现完整的东汉岩墓	王新南	重庆日报		1979.7.22
江北区发现东汉墓	王新南	重庆日报		1980.9.29
重庆出土的东汉"江州庙官"砖小释	邓少琴	历史知识	2期	1981
江北发现西汉古墓发掘出有铜器、陶器二十多件	胡人朝	重庆日报		1981.1.28
重庆市南岸区的两座西汉土坑墓	龚廷万 庄燕和	文物	7期	1982
重庆市中区发现一座西汉墓	王川平 刘豫川	重庆日报		1982.12.25
黄花园发现西汉巴人墓	胡人朝	重庆日报		1983.1.12
重庆发现西汉后期土坑木椁墓		成都晚报		1983.1.25
弹子石发现西汉前期文物	顾其位 刘国甫	重庆日报		1983.4.10
重庆市发现西汉陶井圈	蒋万锡	考古与文物	4期	1984
重庆市临江支路西汉墓	重庆市博物馆	考古	3期	1986
重庆市黄花园发现西汉墓葬	胡人朝	文物	12期	1986
重庆市水泥厂东汉岩墓	郭蜀德	四川文物	2期	1987
重庆江北陈家馆西汉石坑墓	胡人朝	文物	3期	1987

续表二

篇、书名	著(译)编者	出处	卷、期	年月日
江北县发现东汉出土文物	曹世明	重庆晚报		1987.4.12
枣子岚垭一建筑工地发现两处东汉古墓葬	董谦	重庆晚报		1987.1.24
重庆市枣子岚垭汉墓清理简报	林必忠	四川文物	2期	1991
重庆江北汉墓出土大批陶制文物,陶俑或立或坐神态各异	宋红军	文汇报		2000.4.18
重庆江北发掘石室墓	邹后曦 林必忠	中国文物报		2000.5.10
重庆清理梁家山崖墓群	林必忠 刘春鸿	中国文物报		2001.12.7
九龙坡发现重庆地区罕见汉代画像砖墓	林必忠 刘春鸿	重庆历史与文化	2期	2004
四川万县市发现的汉墓	石正	考古通讯	4期	1957
重庆万州安全墓地1998年汉墓发掘简报	重庆市文化局、陕西省考古研究所	文博	4期	2001
重庆万州钟嘴发现东汉墓地	鲁博文	中国文物报		2001.8.12
考古类型学的实践与思考——重庆万州石地磅汉代M2初步研究	黄颖	文化遗产研究集刊	3辑	2003
重庆万州区钟嘴东汉墓发掘简报	山东省博物馆等	华夏考古	1期	2004
重庆市万州胡家坝汉魏墓葬发掘报告	南京师范大学文博系等	东亚古物	[A卷]	2004
四川奉节县风箱峡崖棺葬	四川省博物馆	文物	7期	1978
四川省奉节县营盘包东汉土坑墓清理简报	吉林大学考古学系	江汉考古	1期	1999
四川省奉节县三峡工程库区砖室墓清理报告	吉林大学考古学系	江汉考古	3期	1999
重庆市奉节县毛狗堆遗址第一次发掘简报	中国文物研究所等	江汉考古	3期	2001
重庆奉节县三峡工程库区崖墓的清理	吉林大学边疆考古研究中心	考古	1期	2004
重庆奉节县周家坪墓地发掘简报	武汉大学历史文化学院考古系	江汉考古	2期	2005
清汉墓大批文物得出土	涪陵《群众报》	四川日报		1982.10.12
四川涪陵西汉土坑墓发掘简报	四川省文管会、涪陵县文化馆	考古	4期	1984
四川涪陵东汉崖墓清理简报	四川省文管会	考古	12期	1984

续表三

篇、书名	著(译)编者	出处	卷、期	年月日
四川涪陵三堆子东汉墓	四川省文管会、涪陵地区文化局	文物资料丛刊	10期	1987
涪陵县易家坝西汉墓发掘简报	重庆市博物馆、涪陵县文化馆	考古与文物	5期	1990
合川东汉画象石墓	重庆市博物馆、合川县文化馆	文物	2期	1977
重庆合川市南屏东汉墓葬群清理简报	重庆市博物馆、合川市文保所	华夏考古	2期	2000
荆竹坝M18号崖棺两具尸骨的鉴定	秦学圣	民族学研究	4辑	1982
四川巫溪荆竹坝崖葬调查清理简报	四川大学历史系考古专业崖墓科研小组	考古与文物	6期	1984
巫溪南门湾一号棺清理简报	万县地区博物馆、巫溪县文管所	四川文物	3期	1991
綦江发现数百座汉代岩墓		中国文物报		1988.1.1
四川武隆县江口镇汉墓清理简报	四川省文管会、武隆县文化馆	考古与文物	6期	1990
丰都名山镇汉墓清理简报	吴天清	四川文物	3期	1991
丰都发现古墓群	刘亢	光明日报		1994.3.4
重庆丰都槽房沟发现有明确纪年的东汉墓葬		中国文物报		2002.7.5
丰都漕房沟墓群	杨小刚	重庆历史与文化	2期	2003
丰都袁家岩遗址发掘的初步收获	李大地	重庆历史与文化	2期	2003
重庆丰都和石柱县崖墓调查与研究	王禄	华夏考古	4期	2004
璧山的汉墓和画像石棺为全省之最	张永信	重庆地方志	5、6期	1992
江津沙河发现东汉纪年崖墓	黄中幼	四川文物	4期	1994
永川市清理东汉崖墓	王昌文	中国文物报		1998.8.16
重庆云阳旧县坪遗址发掘获新突破	王洪峰	中国文物报		2004.12.15
重庆市云阳县马粪沱墓地2002年发掘简报	郑州市文物考古研究所	文物	11期	2004
三峡麦沱墓群两度发掘获丰收	尹检顺	中国文物报		1999.8.25
重庆巫山麦沱汉墓群发掘报告	重庆市文化局等	考古学报	2期	1999
重庆巫山麦沱古墓群第二次发掘报告	重庆市文化局等	考古学报	2期	2005
重庆梁平发掘五座崖墓	杨正亭	中国文物报		2001.4.11

续表四

篇、书名	著(译)编者	出处	卷、期	年月日
清理发掘南川市梁家山崖墓群小记	林必忠 刘春鸿	重庆历史与文化	2期	2002
重庆市三峡库区发现汉代简牍	邵卫东	中国文物报		2002.3.22
重庆三峡库区首次发现木简	洪峰	中国文物报		2002.8.16
三峡重庆库区发现汉代简牍	王松涛	中国文物报·收藏鉴赏周刊		2002.2.6
乌江下游地区东汉墓砖研究	颜道渠 张仕峰	重庆历史与文化	2期	2004
乌江流域首次出土东汉纪年砖室墓发现丹砂线索	林必忠 颜道渠	重庆历史与文化	2期	2004
重庆市忠县石匣子墓地2004年度发掘简报	北京大学考古文博学院三峡考古队、中山大学人类学系	南方文物	2期	2005
An Excavation at Suifu	D. C. Graham	Journal of the West China Border Research Society	Vol. 8	1936
四川宜宾发现汉墓	吴仲实 胡秀庐	文物参考资料	9期	1954
四川宜宾汉墓清理很多出土文物	吴仲实等	文物参考资料	12期	1954
四川宜宾市郊发现东汉砖墓九座	赵希铭 刘师德	文物参考资料	10期	1955
四川宜宾市翠屏村汉墓清理简报	匡远滢	考古通讯	3期	1957
宜宾市郊发掘清理东汉时期珍贵文物	前宜 保生	四川日报		1979.8.14
四川宜宾县黄伞崖墓群调查及清理简报	四川大学历史系78级考古实习队、宜宾县文化馆	考古与文物	6期	1984
宜宾双龙、横江两区岩穴墓调查记	四川大学历史系考古专业78级实习队、宜宾县文化馆	考古与文物	6期	1984
宜宾市山谷祠汉代崖墓清理简报	四川省博物馆、宜宾市文管所	文物资料丛刊	9辑	1985
宜宾清理发掘六座东汉崖墓	王朝卫 朱艺	中国文物报		1998.9.30
四川宜宾横江镇东汉崖墓清理简报	四川省文物考古研究所	华夏考古	1期	2003
四川宜宾真武山发现一座东汉崖墓	宜宾市博物馆	华夏考古	1期	2003
乐山的蛮洞	钱歌川	星期评论（重庆）	6期	1940

续表五

篇、书名	著(译)编者	出处	卷、期	年月日
所谓蛮洞	方欣安	星期评论（重庆）	15期	1941
四川乐山境内汉墓之发现		图书季刊	新3卷1、2期	1941
乐山的蛮洞	咮橄	说文月刊	3卷4期	1941
乐山汉代崖墓石刻	李复华 曹丹	文物参考资料	5期	1956
乐山麻浩汉代崖墓	山高	成都晚报		1983.6.13
乐山麻浩汉崖墓揽胜	王若谷 胡绍君	文史杂志	3期	1986
乐山麻浩崖墓研究	唐长寿	四川文物	2期	1987
试论四川东汉崖墓的研究价值	王子岗	四川文物	2期	1987
四川乐山麻浩一号崖墓	乐山市文化局	考古	2期	1990
乐山市中区东汉崖墓的调查收获	罗娅玲	四川文物	6期	1990
四川乐山市中区大湾嘴崖墓清理简报	四川乐山市文管所	考古	1期	1991
乐山肖坝崖墓发现东汉早期题记	帅秉龙	四川文物	6期	1992
四川乐山市沱沟嘴东汉崖墓清理简报	乐山市崖墓博物馆	文物	1期	1993
乐山市崖墓墓阙调查记	唐长寿	考古与文物	1期	1993
四川乐山麻浩一号崖墓年代商榷	何志国	考古	8期	1993
乐山麻浩鱼村崖墓清理简报	胡学元	四川文物	1期	1995
论乐山市东汉崖墓的研究	周俊麒	四川文物	6期	1997
乐山崖墓研究综述	向玉成 肖萍	乐山师范学院学报	1期	2001
郭沫若与乐山崖墓研究	向玉成	郭沫若学刊	3期	2001
乐山白崖山崖墓题名史料研究	肖萍	乐山师范学院学报	6期	2001
乐山崖墓和彭山崖墓	唐长寿	电子科技大学出版社		1993
彭山考古之重要发现		图书季刊	新4卷1、2期	1943
四川大学历史博物馆调查了彭山、新津的汉代崖墓	成恩元	文物参考资料	5期	1955
四川彭山县崖墓简介	梅养天	文物参考资料	5期	1956
彭山发现岩墓与砖墓相结合的墓制	帅希彭	四川文物	4期	1986
四川彭山一座残岩墓	彭山县文保所	考古	5期	1991
四川彭山汉代崖墓	南京博物院	文物出版社		1991

续表六

篇、书名	著(译)编者	出处	卷、期	年月日
四川彭山汉代崖墓 A上区	南京博物院	文物出版社		1991
彭山发现汉代纪年砖	方明	中国文物报		1998.6.14
Ornamented Bricks and Tiles from Western Szechwan	D. C. Graham	Journal of the West China Border Research Society	Vol. 10	1938
四川新津等地汉崖墓砖墓考略	商承祚	金陵学报	10卷1、2期	1940
四川新津县发现古文物	汤济仓	文物参考资料	2期	1955
四川新津县堡子山崖墓清理简报	四川省博物馆文物工作队	考古通讯	8期	1958
四川新津发现东汉崖墓	李复华 何国涛	四川日报		1963.5.31
新津的东汉岩墓	汤玉玖	成都文物	2期	1985
汉代砖棺	姜晓文	成都文物	4期	2003
夹江千佛岩东汉崖墓清理简报	周杰华	四川文物	6期	1988
四川峨眉山市东汉墓	邱学军	考古	6期	1994
眉山出土东汉陶棺	邝晓	中国文物报		1994.1.2
四川广汉彭县边界发现汉代古物	元	华西文物	1期	1951
彭县太平乡农民挖掘古墓造成死伤事故	陈建中	文物参考资料	8期	1956
新繁发现汉墓	李受天 刘叔谅	工商导报		1955.4.20
四川新繁县发现东汉墓葬		文物参考资料	6期	1955
四川新繁清白乡东汉画像砖墓清理简报	四川省文管会	文物参考资料	6期	1956
官渠堰工地发现一批汉砖		四川日报		1955.12.19
四川一座汉墓的遭遇	任锡光	文物参考资料	11期	1956
成都扬子山的西汉墓葬	沈仲常	考古通讯	6期	1955
记成都扬子山一号墓	于豪亮	文物参考资料	9期	1955
成都站东乡汉墓清理记	徐鹏章	考古通讯	1期	1956
成都北郊天回乡发现西汉墓	任锡光	考古通讯	6期	1956
成都北郊洪家包西汉墓清理简报	四川省文管会	考古通讯	2期	1957
成都洪家包西汉木椁墓清理简报	四川省文管会	考古通讯	3期	1957
成都西门外清理出古井群	唐淑琼	文物参考资料	5期	1957
成都天回山崖墓清理记	刘志远	考古学报	1期	1958

续表七

篇、书名	著(译)编者	出处	卷、期	年月日
成都东北郊西汉墓葬发掘简报	四川省文管会	考古通讯	2 期	1958
成都郊区凤凰山发现西汉木椁墓	沈仲常 陆德良	考古	4 期	1959
成都天回山发现三座土坑墓	德	考古	8 期	1959
成都凤凰山西汉木椁墓	四川省博物馆	考古	8 期	1959
跳蹬河发现西汉古墓	历	成都晚报		1963.9.28
青白江区发掘西汉土坑木椁墓	李恩雄 郑兴福	成都日报		1979.5.11
成都远郊青白江发现西汉竖穴土坑木椁墓	王黎明 李恩雄	成都文物简讯	2 期	1979
川棉一厂发现"永平"年号汉砖	王黎明	成都文物简讯	1 期	1980
成都出土一大型石椁东汉墓葬	郑兴福 李恩雄	四川日报		1980.8.10
四川成都曾家包东汉画像砖石墓	成都市文管处	文物	10 期	1981
市区发现两口汉代古井		成都日报		1982.11.13
新南门外出土一座小型古墓	李恩雄	成都日报		1982.11.13
成都市燃灯寺发现一座汉砖拱墓	毛求学	成都晚报		1983.5.21
燃灯寺东汉墓	毛求学	成都文物	1 期	1983
成都石羊西汉木椁墓	四川省文管会	考古与文物	2 期	1983
凤凰山发现两座古墓	毛求学	成都晚报		1983.8.4
成都市发现东汉双陶棺墓	钟铁	四川日报		1983.10.22
成都凤凰山发现一座西汉木椁墓	徐鹏章	四川文物	创刊号	1984
市北郊发现西汉木椁墓	石父	成都文物	1 期	1984
成都昭觉寺汉画像砖墓	刘志远遗作	考古	1 期	1984
曾家包二号墓墓门画像考辨	张建	成都大学学报（社科）	1 期	1988
成都萧家村汉墓发掘纪要	江章华等	成都文物	4 期	1991
成都凤凰山西汉木椁墓	徐鹏章	考古	5 期	1991
成都方池街汉井清理简报	王仲雄	成都文物	1 期	1995
成都青龙乡汉代砖室墓清理	李加锋	文物	4 期	1997
成都君平街遗址发掘简报	成都文物考古工作队	成都文物	4 期	1998
成都市光荣小区土坑墓发掘简报	成都市文物考古工作队、成都市文物考古研究所	文物	11 期	1998

续表八

篇、书名	著(译)编者	出处	卷、期	年月日
成都西郊西窑村 M3 东汉墓发掘简报	成都市文物考古工作队	四川文物	3 期	1999
成都市青白江区跃进村汉墓发掘简报	成都市文物考古工作队、青白江区文管所	文物	8 期	1999
成都青白江区发现崖墓群	刘雨茂 朱章义	成都文物	1 期	2000
四川成都市石人坝小区汉墓清理简报	成都市文物考古工作队	考古	1 期	2000
成都三座东汉墓出土文物简介	徐鹏章 曾咏霞	成都文物	2 期	2000
浅谈成都地区汉代水井	刘复章	成都文物	3 期	2000
成都西郊省水利设计院土坑墓清理简报	成都市文物考古工作队	考古与文物	4 期	2000
成都市青白江跃进村西汉墓三题	宋治民	四川文物	1 期	2002
成都发现大规模汉代墓葬群		光明日报		2003.11.15
成都市高新区勤俭村发现汉代砖室墓	成都市文物考古研究所	四川文物	4 期	2004
四川双流县牧马山发现岩墓	任锡光	文物参考资料	8 期	1956
双流县协合公社发现汉代木椁墓	冯先成	成都文物简讯	1 期	1978
双流黄佛乡发现岩墓	毛求学	成都文物	4 期	1984
双流华阳乡沙河村崖墓发掘简报	李加锋	四川文物	6 期	1991
四川简阳洛带乡西汉、东汉墓清理	任锡光	考古通讯	4 期	1957
简阳黄泥坪汉墓清理简报	方建国 唐朝君	四川文物	2 期	1990
四川简阳县鬼头山东汉崖墓	内江文管所、简阳文化馆	文物	3 期	1991
四川简阳县夜月洞发现东汉崖墓	方建国 唐朝君	考古	4 期	1992
四川焦山、魏家冲发现汉代崖墓	郭立中	考古	8 期	1959
四川大邑县马王坟汉墓	丁祖春	考古	3 期	1980
大邑县西汉土坑墓	宋治民 王有鹏	文物	12 期	1981
新都马家山 22 号墓清理简报	新都县文管所	四川文物	4 期	1984
新都东汉崖墓出土的几件文物赏析	李齐乐	成都文物	3 期	1985
新都县马家山崖墓发掘简报	四川省博物馆、新都县文管所	文物资料丛刊	9 辑	1985

续表九

篇、书名	著(译)编者	出处	卷、期	年月日
新都县发现汉代纪年砖画像砖墓	张德全	四川文物	4期	1988
新都廖家坡东汉崖墓《石门关》铭刻考释	魏启鹏	四川文物	3期	2002
		中国书画	8期	2005
成都新都东汉墓《石门关》铭刻考释	连劭名	文博	1期	2004
东汉陶三轮马车保护与修复	李 钢 李 跃	成都文物	4期	2004
关于四川郫县东汉墓门石刻题字的看法	胡顺利	四川文物	4期	1985
郫县汉代何武墓	李万霖	四川文物	2期	2002
四川郫县古城乡汉墓	成都市文物考古工作队、郫县博物馆	考古	1期	2004
大邑县董场乡残画像砖墓拾粹	胡 亮	成都文物	4期	1990
内江筑路民工发现汉代古屋石洞		华西文物	1期	1951
内江县连续发现三座汉代古墓		科学通报	5期	1951
内江筑路民工发现汉代古墓		文物参考资料	2卷6期	1951
四川内江市发现东汉砖墓	陆德良	考古通讯	2期	1957
内江发现了汉代古墓		四川日报		1957.10.28
内江市中区红缨东汉崖墓	雷建金 曾 健	四川文物	4期	1989
内江市关升店东汉崖墓画像石棺	雷建金	四川文物	3期	1992
内江七孔子汉代崖墓清理简报	罗仁忠	四川文物	4期	1996
内江东汉崖墓调查与探讨	万立新 杨 华	四川文物	2期	1997
内江市岩墓情况综述	袁国腾	四川文物	5期	1997
南充出土汉砖	岳 生	旅行杂志	27卷8期	1953
南充发现汉墓群	湛业武	中国文物报		1988.6.10
南充发现东汉崖墓群	湛业武 谭海泉	中国文物报		1992.7.5
泸州市郊发现东汉岩墓群		四川日报		1973.3.17
四川长宁"七个洞"东汉纪年画像崖墓	四川大学历史系考古专业78级实习队、长宁县文化馆	考古与文物	5期	1985
合江县出土东汉石棺	王开建	四川文物	3期	1985

续表一〇

篇、书名	著(译)编者	出处	卷、期	年月日
四川合江县东汉砖室墓清理简报	谢荔 徐利红	文物	4 期	1992
四川合江县东汉砖室墓石棺盖"玄武"质疑	夏忠润	文物	3 期	1993
合江张家沟二号崖墓画像石棺发掘简报	王庭福	四川文物	5 期	1995
珙县西汉土坑墓	崔陈	四川文物	2 期	1987
南溪县长顺坡画像石棺清理简报	颜灵	四川文物	3 期	1996
富顺县发现汉代石棺	陈凡	四川文物	3 期	1985
西康雅安沙溪村发现汉墓	西南博物院筹备委员会秘书处	文物参考资料	5 期	1954
四川雅安小山子岩墓出土器物	李直祥	考古与文物	3 期	1988
夹金山北麓发现汉墓	宝兴县文化馆	文物	11 期	1976
四川宝兴陇东东汉墓群	四川省文管会、宝兴县文化馆	文物	10 期	1987
宝兴县赶羊沟汉墓清理简报	王焰	四川文物	5 期	1997
四川荥经古城坪秦汉墓葬	荥经古墓发掘小组	文物资料丛刊	4 期	1981
四川荥经水井坎沟岩墓	四川省文管会等	文物	5 期	1985
荥经县牛头山发现汉墓	李炳中	四川文物	2 期	1995
四川荥经县牛头山发现汉墓	李炳中	考古	11 期	2000
芦山芦阳镇汉墓清理简报	郭凤武	四川文物	4 期	1993
四川彰明县常山村崖墓清理简报	石光明等	考古通讯	5 期	1955
四川彰明佛儿崖墓葬清理简讯	石光明等	考古通讯	6 期	1955
绵阳北外何家山嘴发现汉墓	郑灵生	文物参考资料	3 期	1956
四川绵阳发现木板墓	赵殿增 巩发明	考古	4 期	1983
四川绵阳市发现西汉初期墓	绵阳地区文化馆、绵阳市文管处	考古与文物	2 期	1986
四川绵阳河边东汉崖墓	何志国	考古	3 期	1988
绵阳杨家镇汉代崖墓清理简报	何志国	四川文物	5 期	1988
绵阳抢救清理一汉墓	胥泽蓉	中国文物报		1989.11.24
绵阳再次发现汉代崖墓	胥泽蓉	中国文物报		1990.3.22
四川绵阳何家山 1 号东汉崖墓清理简报	何志国	文物	3 期	1991

续表——

篇、书名	著(译)编者	出处	卷、期	年月日
四川绵阳何家山2号东汉崖墓清理简报	何志国	文物	3期	1991
绵阳发现大型西汉木椁墓	文齐国	中国文物报		1992.4.12
绵阳发现东汉纪年崖墓	何志国	中国文物报		1992.8.9
绵阳市公安干校发现的汉墓	许蓉	四川文物	1期	1992
绵阳再次清理西汉大型木椁墓	唐光孝	中国文物报		1993.7.25
绵阳清理东汉早期砖石墓	胥泽荣	中国文物报		1994.9.4
绵阳市吴家汉代崖墓清理简报	季兵	四川文物	5期	1994
绵阳发现大型西汉木椁墓	齐国 长江	人民日报（海外）		1995.6.3
绵阳双包山2号汉墓出土大批珍贵文物	胥泽荣	中国文物报		1995.12.3
绵阳清理一座东汉纪年崖墓	唐光孝	中国文物报		1996.8.11
四川绵阳永兴双包山一号西汉木椁墓发掘简报	绵阳市博物馆、绵阳市文化局	文物	10期	1996
绵阳永兴双包山二号西汉木椁墓发掘简报	四川省文物考古研究所、绵阳市博物馆	文物	10期	1996
绵阳双碑白虎嘴发现崖墓群	唐光孝	中国文物报		1998.12.23
两千年前的地下车马阵——绵阳永兴双包山2号西汉木椁墓发掘记	文齐国	文物天地	3期	1998
绵阳永兴发现西汉墓葬群	何志国 胥泽蓉	中国文物报		1999.1.24
试析绵阳永兴双包山西汉二号墓墓主身份	唐光孝	四川文物	2期	1999
略谈绵阳出土的汉代铁器	胥泽蓉	四川文物	6期	2000
浅谈绵阳永兴西汉木椁墓出土木器	许蓉	四川文物	6期	2000
绵阳崖墓的初步研究	唐光孝	四川文物	6期	2000
四川绵阳双包山汉墓出土金汞合金实物的研究	孙淑云等	中国文物保护技术协会第二届学术年会论文集		2002
四川绵阳市发现一座王莽时期砖室墓	何志国 胥泽蓉	考古	1期	2003
四川绵阳市朱家梁子东汉崖墓	绵阳市博物馆、绵阳市文物稽查勘探队	考古	9期	2003
四川绵阳出土的西汉饱水漆木器的前期保护工作	金普军等	文物保护与考古科学	16卷1期	2004

续表一二

篇、书名	著(译)编者	出处	卷、期	年月日
四川省绵阳市永兴双包山西汉墓出土漆、木器文物保护研究	韦荃等	文物保护与考古科学	16卷2期	2004
绵阳双包山一、二号西汉木椁墓出土漆器的检测报告	李映福 唐光孝	四川文物	3期	2005
四川绵竹县西汉木板墓发掘简报	四川省博物馆、绵竹县文化馆	考古	4期	1983
绵竹发掘一座西汉古墓	陈明 龙赶	四川日报		1985.4.23
江油发现东汉一大型岩墓群	曾昌林	中国文物报		1989.5.5
江油市河西崖墓清理简报	宋建民	四川文物	5期	1991
剑阁青树村汉墓清理简报	母学勇	四川文物	5期	1989
剑阁县演圣镇截山村崖墓发掘简报	四川省文物考古研究所、剑阁县文管所	四川文物	3期	2004
广汉县发现古"雒城"砖	陈显丹	四川文物	3期	1984
四川广汉发现的东汉雒城遗迹	沈仲常 陈显丹	中国考古学会第五次年会论文集		1988
德阳市发现汉代古城遗址	张志武	四川文物	1期	1988
青川发现西汉早期木椁墓	文然	四川日报		1989.3.21
广元清理东汉画像砖室墓	王剑平	中国文物报		1994.10.16
广元清理东汉画像砖室墓	梁咏涛等	中国文物报		2000.7.16
四川茂汶羌族自治县考古调查	短绠	考古	9期	1959
四川阿坝州发现汉墓	四川省博物馆	文物	11期	1976
平武县藏区发现秦汉时期文物	尚彦鑫	四川日报		1980.10.15
汶川出土西汉文物	吴坤伦	中国文物报		1991.6.16
川西北高原首次发现汉代遗址	桑戈洛 阮开清	中国文物报		1994.1.9
杂谷河下游西汉岩墓调查简报	徐学书	四川文物	2期	1989
杂谷脑河下游"崖墓"似墓非墓	二根米	阿坝师范高等专科学校学报	4期	2005
四川凉山发现汉墓	林声	考古	3期	1965
西昌县天王山第十号墓发掘清理简报	西昌地区博物馆	凉山彝族奴隶制研究	2期	1978
四川西昌天王山十号墓清理简报	凉山彝族自治州博物馆	考古	12期	1984
西昌县西郊公社一大队第一号墓清理发掘报告	西昌地区博物馆	凉山彝族奴隶制研究	2期	1978

续表一三

篇、书名	著(译)编者	出处	卷、期	年月日
四川西昌一号墓发掘简报	凉山州博物馆	考古学集刊	3集	1983
四川凉山西昌发现东汉、蜀汉墓	凉山州博物馆	考古	5期	1990
西昌市经久乡发现西汉李音墓	夏学华	四川文物	1期	1991
西昌发现东汉水井和村落遗址	王镒	四川文物	4期	1992
冕宁县三块石古墓葬清理发掘简报	冕宁县文化馆等	凉山彝族奴隶制研究	2期	1978
德昌县五一公社果园大队古墓清理发掘简报	西昌地区博物馆、德昌县文化馆	凉山彝族奴隶制研究	2期	1978
昭觉县城北公社热赫溪东汉墓清理简报	四川省博物馆、凉山州文化局	凉山彝族奴隶制研究	2期	1978
四川西昌礼州发现的汉墓	礼州遗址联合考古发掘队	考古	5期	1980
记凉山州越西县华阳村出土文物	凉山州博物馆、越西县文化馆	凉山彝族奴隶制研究	1期	1981
四川越西华阳村发现蜀文物	凉山州博物馆、越西县文化馆	文物资料丛刊	7期	1983
四川越西县聊家山发现战国西汉铜铁器	毛瑞芬 邹麟	考古	5期	1991
四川雷波县糖房坝发现崖墓	刘世旭 熊玉久	考古与文物	4期	1986
雷波县糖房坝岩墓群调查记	凉山州博物馆	民族论丛	4期	1986
雷波县岩葬族属初探	刘旭	四川文物	5期	1988
盐源发现汉代石室墓	李荣友	四川文物	4期	1992
盐源发现古代民族墓葬和祭祀坑	刘弘 唐亮	中国文物报		2001.9.14
四川盐亭东汉崖墓出土文物简记	四川省博物馆、盐亭县文化馆	文物	5期	1974
四川三台县发现东汉墓	三台县文化馆	考古	6期	1976
四川三台发现一座东汉墓	三台县文化馆	考古	9期	1992
三台新德乡东汉崖墓清理简报	景竹友	四川文物	5期	1993
三台首次发现东汉纪年崖墓	钟治	中国文物报		1996.3.10
三台永明乡崖墓调查简报	景竹友	四川文物	1期	1997
三台县崖墓再次利用的探讨	景竹友	四川文物	3期	1997
三台调查汉晋崖墓群文物遗存	杨存贯 钟治	中国文物报		2000.8.23

续表—四

篇、书名	著(译)编者	出处	卷、期	年月日
四川三台郪江崖墓群2000年度清理简报	三台县文化体育局、三台县文管所	文物	1期	2002
三台县牌坊垭唐代崖墓清理简报	钟治	四川文物	2期	2002
四川三台郪江汉晋墓群调查记	钟治	中国历史文物	4期	2002
四川郪江流域崖墓考古获重大发现	刘章泽等	中国文物报		2002.12.18
三台郪江崖墓发掘获重要成果		四川文物	1期	2003
四川三台郪江崖墓群柏林坡1号墓发掘简报	四川省文物考古研究院等	文物	9期	2005
四川遂宁船山坡崖墓发掘简报	四川省文管会	考古与文物	3期	1983
遂宁县笔架山崖墓清理简报	四川省博物馆	文物资料丛刊	9辑	1985
四川遂宁市发现两座东汉崖墓	庄文彬	考古	8期	1994
中江县玉桂乡东汉崖墓调查简报	王启鹏 王孔智	四川文物	5期	1989
四川中江塔梁子崖墓发掘简报	四川省文物考古研究所等	文物	9期	2004
安岳县林凤镇松林村东汉崖墓清理简报	廖顺勇	四川文物	5期	2000
广安发掘山水岩崖墓	刘敏	中国文物报		2000.4.9
四川甘孜发现藏族古墓群		新民晚报		1984.7.17
四川开县红华村崖墓清理简报	四川省文管会、开县图书馆	考古与文物	1期	1989
四川渠县城坝遗址发现西汉木椁墓群及汉代城址	刘化石等	中国文物报		2005.12.2
达县市曹家梁东汉墓清理简报	马幸辛	四川文物	6期	1992
四川省达县市曹家梁东汉墓	四川省达县地区文化局	考古	1期	1995
四川达县市西汉木椁墓	马幸辛 汪模荣	考古	3期	1992
达县三里坪4号汉墓清理简报	张明扬 任超俗	四川文物	1期	1997
旺苍县洪江镇汉墓清理简报	赵树中	四川文物	4期	1987
浅谈巴中崖墓	汪信龙	四川文物	5期	1992
四川巴中发现罕见汉代崖墓群		新华日报		2000.6.13
中国崖葬制	向觉民	星期评论（渝版）	28期	1941
四川的蛮洞与湘西的崖葬	贺昌群	星期评论（渝版）	37期	1941

续表一五

篇、书名	著(译)编者	出处	卷、期	年月日
四川崖墓考略	杨枝高	华文月刊	1卷6期	1942
四川蛮洞发掘记	岑家梧	民族学研究集刊	6期	1948
中国与东南亚之崖葬文化	凌纯声	"中研院"史语所集刊	23本下册	1981
高县岩穴墓及其石刻考	何泽宇	民族学研究	4辑	1982
川东峡江地区的崖葬	林向	民族学研究	4期	1984
宜宾岩穴墓与川南古代的僚人	刘豫川	四川文物	2期	1987
四川叙南崖墓调查纪略	四川大学历史系考古专业78级实习队	考古与文物	1期	1985
试析川、黔两省崖葬的特点与地理环境的关系	曾令一	四川文物	4期	1985
川东南崖葬族属初探	王和平	西南民族学院学报（哲社）	3期	1986
试论四川东汉崖墓的研究价值	王子岗	四川文物	2期	1987
四川崖墓开凿技术探索	罗二虎	四川文物	2期	1987
四川崖墓的初步研究	罗二虎	考古学报	2期	1988
崖墓资料汇编	乐山市文物保护研究所等	编者刊		1990
古代西南民族崖葬研究	罗开玉	考古	5期	1991
四川东汉崖墓文化现象透视	庄文彬	四川文物	5期	1992
鄂西与川东地区岩穴墓分析	余博洲	四川文物	2期	1993
川南东汉崖墓初探	丁天锡	宜宾学院学报	3期	1993
乐山崖墓与彭山崖墓	唐长寿	电子科技大学出版社		1994
试论中国南方的岩洞葬	罗二虎	考古	6期	2000
四川汉代砖墓调查	郑德坤	旅行杂志	18卷8期	1944
漢代磚墓の変遷とその分佈について	山田幸一	関西大学東西学術研究所紀要	12辑	1979
四川汉代砖室墓的初步研究	罗二虎	考古学报	4期	2001
四川早期同穴合葬墓初论	吴桂兵	四川文物	5期	2000
汉墓石刻画像与墓主身份等级研究	罗伟先	四川文物	2期	1992
岷江流域汉画像崖墓分歧及其它	唐长寿	中原文物	2期	1993

续表一六

篇、书名	著(译)编者	出处	卷、期	年月日
四川西汉土坑木椁墓初步研究	何志国 李国清	远望集——陕西省考古研究所华诞四十周年纪念文集		1998
		四川文物	3期	2002
浅谈成都地区汉代水井	刘复章	成都文物	3期	2000

3. 蜀汉、两晋、南北朝

篇、书名	著(译)编者	出处	卷、期	年月日
晋蜀掘骨记	杨钟健	禹贡	7卷5期	1937
四川发现三国墓		新华文摘	10期	1981
保山汪官营蜀汉墓清理简报	保山地区文管所	云南文物	12期	1982
四川崇庆县五道渠蜀汉墓	四川省文管会、崇庆县文化馆	文物	8期	1984
四川忠县涂井蜀汉崖墓	四川省文管会	文物	7期	1985
三国时期陵寝制度的衰落及其根源	刘炜	四川文物	1期	1986
江安县黄新乡魏晋石室墓	崔陈	四川文物	1期	1989
云南保山发现的蜀汉遗存	耿德铭	东南文化	2期	1992
保山坝蜀汉墓的考古发现及研究	耿德铭	东南文化	3期	1993
巴县白市驿发现蜀汉砖室墓	李国良	四川文物	5期	1994
三台出土蜀汉墓志砖	钟治	中国文物报		1997.5.11
成都龙泉魏晋墓清理报告	薛登	成都文物	3期	2001
四川雅安雅尔撒遗址发现三国墓葬	苑坚	人民日报		2003.6.27
习水蜀汉岩墓题记画像考释	侯绍庄 钟莉	贵州文史丛刊	4期	2003
四川新繁发现魏晋时代的墓葬	匡远滢	文物参考资料	8期	1955
四川新繁清白乡古砖墓清理简报	四川省文管会	文物参考资料	12期	1955
成都羊子山的晋代砖墓	沈仲常	文物参考资料	7期	1955
成都扬子山发现六朝砖墓	沈仲常	考古通讯	6期	1956
四川昭化宝轮院屋基坡崖墓清理记	张彦煌 龚廷万	考古通讯	7期	1958
四川昭化宝轮镇南北朝时期的崖墓	沈仲常	考古学报	2期	1959
南岸玄坛庙发现六朝岩墓	蒋万锡	重庆日报		1979.9.18
四川广元鞍子梁西晋崖墓的清理	广元市文管所	文物	8期	1991

续表一

篇、书名	著(译)编者	出处	卷、期	年月日
西昌小花山出土的墓砖	黄承宗	四川文物	3期	1996
四川什邡发现5座两晋时期崖墓	延 端 周俏春	人民日报		2003.5.10
成汉墓考古记	王 毅 罗先伟	成都文物	2期	1986
旧传恒侯巷的张飞衣冠坟——发掘确认系成汉晚期墓葬	金勋琪	成都晚报		1986.6.22
成汉"玉衡九年行中阆月十日始"砖铭考释	邓代昆	四川文物	1期	1989
成都外南成汉墓主试探	林集友	四川文物	6期	1989
成都外南成汉墓主再探	林集友	四川文物	1期	1997
成汉墓小考	吴 怡	四川文物	2期	1992
"玉衡二十四年亲诏书立"与成汉墓主人	吴 怡	文物考古研究		1993
西昌首次发现成汉墓	刘世旭 刘 弘	中国文物报		1990.8.9
西昌市西郊乡发现成汉墓	刘世旭	四川文物	3期	1991
西昌清理成汉墓群	张正宁	中国文物报		1992.11.1
绵竹县出土南齐纪年砖	宁志奇	四川文物	1期	1987
略淡四川新发现的六朝书像砖	袁曙光	四川文物	3期	1989
四川绵阳西山六朝崖墓	绵阳博物馆	考古	11期	1990
绵阳北郊龟山发现六朝墓	邓世红	四川文物	5期	1991
四川绵阳市园艺乡发现南朝墓	何志国 唐光孝	考古	8期	1996
三台老马乡和里程乡出土的两晋南北朝文物	景竹友	四川文物	6期	1998
三峡六朝文化可与南京六朝中心媲美	赵 霞 赵 骥	文汇报		1997.12.4
重庆万州区上沱口南朝墓葬发掘简报	山东省博物馆、重庆市博物馆	华夏考古	3期	2003
重庆晒网坝一座晋代墓葬的发掘	山东省博物院	江汉考古	1期	2004
重庆忠县大坟坝六朝墓葬发掘报告	北京大学考古文博学院	东南文化	4期	2005

4. 隋唐、前后蜀与宋、元

篇、书名	著(译)编者	出处	卷、期	年月日
四川新津县发现古文物	汤济仓	文物参考资料	2期	1955
我市出土一隋代小型铜棺式骨灰盒	李恩雄 郑光福	成都文物简讯	3期	1980
成都化工厂隋墓清理简报	罗伟先	四川文物	4期	1986
巴中发现隋唐崖墓	吴朝均	四川文物	2期	1994
四川邛崃城郊发现唐代古物	容媛	燕京学报	33期	1947
四川邛崃县出土的唐灯台及其它	邓佐平	考古通讯	5期	1957
四川邛崃唐龙兴寺灯赞原文实录	成恩元	考古通讯	2期	1958
四川邛崃发现唐代民居建筑基础	杨林	文物天地	6期	1986
四川万县唐墓	四川省博物馆	考古学报	4期	1980
也谈四川万县唐冉仁才墓	蒙默	四川文物	1期	1989
对冉仁才生平的几点认识	陈剑	四川文物	4期	1990
四川西昌市郊小山火葬墓群试掘记	凉山州博物馆	考古与文物	1期	1981
盐源铁柱小释	黄承宗	思想战线	4期	1981
成都发现隋唐小型铜棺	李恩雄等	考古与文物	3期	1983
四川什邡出土的十二属相金带	郑绪滔	四川文物	4期	1985
四川什邡县出土金腰带	胡昌钰	文物	5期	1985
四川出土一条唐代金腰带		人民日报		1985.5.5
成都罗城1、2号门址发掘简报	成都市博物馆考古队	南方民族考古	3辑	1991
成都发现一处唐代罗城城垣	蒋成 颜劲松	中国文物报		1995.3.5
成都发现唐代城市排水渠		四川水利	3期	1995
唐"都管七个国"六瓣银盒考	周伟洲	唐研究	3卷	1997
唐"都管七个国"六瓣银盒与"白狗羌国"	徐庭云	唐研究	4卷	1998
"都管七个国"银盒所涉两国考	尚民杰	文博	2期	2002
成都市西郊土桥村筒车田唐墓	成都市文物考古工作队	四川文物	3期	1999
四川成都市西郊化成村唐墓的清理	成都市文物考古研究所、成都市文物考古工作队	考古	3期	2000
成都杜甫草堂出土唐代文物	一夫	杜甫研究学刊	3期	2001

续表一

篇、书名	著(译)编者	出处	卷、期	年月日
杜甫草堂出土唐代陶瓷器物初探	丁浩	中国历史文物	2期	2002
成都杜甫草堂博物馆发掘出唐代文物		中国文物报·收藏鉴赏周刊		2002.1.9
杜甫草堂发现唐代居住遗址碑文	熊艳	中国文物报·收藏鉴赏周刊		2002.2.27
遗址见证杜甫当年生活在浣花溪畔出土唐代圆亭遗址	陆薪羽	文汇报		2002.9.7
杜甫草堂出土"神龛"	杨渝泉	杜甫研究学刊	1期	2002
杜甫草堂唐代遗存的信息与价值	丁浩	杜甫研究学刊	1期	2002
从草堂唐碑出土略谈古今草堂寺之争	周维扬	杜甫研究学刊	1期	2002
杜甫草堂水系一期工程出土精美文物	杨渝泉	成都文物	2期	2004
浅谈杜甫草堂水系工程出土文物	杨渝泉	杜甫研究学刊	4期	2004
杜甫草堂出土唐代"茶"字壶	杨渝泉	杜甫研究学刊	1期	2004
成都市南郊唐代爨公墓清理简报	成都市文物考古研究所	文物	1期	2002
大邑县出土唐代墓葬	大邑县文化馆	四川文物	2期	1985
四川青神县唐墓清理记	李水成	考古与文物	1期	1986
理县发现唐维州故城	徐学书	中国文物报		1989.5.12
松潘发现唐代墓群	赵永红 李生禄	中国文物报		1993.9.5
四川松潘县松林坡唐代墓葬的清理	中国社会科学院考古研究所四川工作队、松潘县文管所	考古	1期	1998
眉山县伏东胡营墓葬清理简报	邝晓	四川文物	4期	1994
三台发现唐代观音寺遗址	左启	四川文物	4期	1995
三台发现唐代墓葬群	钟治	中国文物报		1999.8.4
四川发现唐朝"大军区"	鄢然	文汇报		1999.6.1
四川甘孜州首次发现唐墓	扎西次仁	中国文物报		2000.7.5
2004年广汉烟堆子遗址晚唐、五代墓地发掘简报	四川省文物考古研究院、德阳市文物考古研究所	四川文物	3期	2005
四川丹棱县龙鹄山发现唐代崖墓	张志刚	四川文物	4期	2005
三峡考古发掘工作取得进展发现大规模唐建筑遗址	李韧	文汇报		2002.3.26

续表二

篇、书名	著(译)编者	出处	卷、期	年月日
重庆云阳明月坝遗址出土唐代卜甲的初步研究	白彬	四川大学学报（哲社）	4 期	1998
龟卜与畲田	杭侃	中国文物报		2002.7.12
云阳明月坝唐代遗址面貌渐清晰	李映福	中国文物报		2003.2.5
明月坝上的唐代小镇	李映福	文物天地	6 期	2003
四川地区唐代砖室墓分期研究初论	刘雨茂 朱章义	四川文物	3 期	1999
2004 年广汉烟堆子遗址晚唐、五代墓地发掘简报	金国林 于春	四川文物	3 期	2005
王建墓的发掘	李致刚	旅行杂志	19 卷 4 期	1945
The Royal Tomb of Wang Chien	Cheng Te-K'un	Harvard Journal of Asiatic Studies	VoL.8, nos3, 4	1945
		Sinologica	VoL.Ⅱ, nos1	1949
成都抚琴台发现古墓	容媛	燕京学报	30 期	1946
考古报道	大沂	文物周刊	12 期	1946
驾头考	冯汉骥	史学论丛	1 期	1949
五代前蜀王建墓地宫门作复原	杨有润	考古通讯	3 期	1955
四川省博物馆举办的"王建墓出土文物展览"		四川日报		1955.9.16
优美的古代艺术遗产——王建墓出土文物介绍	刘志远 刘廷璧	工商导报		1955.9.26
王建墓漆器的几片银饰件	杨有润	文物参考资料	7 期	1957
王建墓内出土"大带"考	冯汉骥	考古	8 期	1959
前蜀王建墓出土的平脱漆器及银铅胎漆器	冯汉骥	文物	11 期	1961
前蜀王建墓发掘报告	冯汉骥	文物出版社		1964
前蜀王建墓发掘报告（修订再版）	冯汉骥	文物出版社		2002
王建墓出土的玉大带	张兴哲 濮禾章	成都日报		1980.12.11
外国学者研究王建墓	秦方瑜	成都日报		1981.3.2
冯汉骥与王建墓的发掘	马文彬	成都风物	5 辑	1983
王建墓保坎的修复工程	马文彬	四川文物	2 期	1986
王建墓十二武士辨——兼谈十二神	王援朝	史学月刊	6 期	1987
王建墓后室石像像主质疑	秦方瑜	成都大学学报（社科）	4 期	1990

续表三

篇、书名	著(译)编者	出处	卷、期	年月日
王建墓后室石像像主再质疑	秦方瑜	成都大学学报（社科）	1期	1992
王建墓棺床石雕风化原因的研究	曾中懋	成都文物	1期	1991
浅谈王建墓室内支撑及石拱观测	严家栩	成都文物	4期	1991
王建墓石刻保护	王建墓博物馆	成都文物	3期	1992
王建墓揭顶维修工程中的考古新发现	马良云等	成都文物	4期	1992
王建墓葬新探	秦方瑜	成都大学学报（社科）	2期	1993
王建与王建墓	钟大全	文物出版社		1993
王建墓之谜	秦方瑜	四川大学出版社		1995
王建墓防渗、排水和通风工程及其稳定性的研究	曾中懋	文物保护与考古科学	8卷2期	1996
永陵被盗年代小考	樊一	四川文物	3期	2000
从永陵出土文物谈金银平脱器的盛衰	曾如实	四川文物	3期	2000
漫话永陵博物馆仿古建筑	郭扬	四川文物	3期	2000
纪念永陵考古发现六十周年	严晓琴	成都文物	1期	2003
王建墓棺床四周雕刻风化原因的研究	曾中懋	文物科技研究	1辑	2004
王建墓维修保护工程中的考古新发现	马良云	中华文化论坛	4期	2005
成都北郊站东乡高晖墓清理简报	徐鹏章 陈久恒	考古通讯	6期	1955
前蜀晋晖墓清理简报	四川省文管会	考古	10期	1983
五代前蜀魏王墓	薛登	成都文物	2、3期	2000
"前蜀后妃墓"应为前蜀周皇后墓	张亚平	四川文物	1期	2003
四川华阳县发现五代后蜀墓	任锡光	考古通讯	4期	1957
四川彭山清理后蜀墓一座	任锡光	文物参考资料	3期	1958
四川彭山后蜀宋琳墓清理简报	四川省博物馆文物工作队	考古通讯	5期	1958
成都东郊发现张虔钊墓	历史文物组	成都文物简讯	1期	1978
张虔钊墓	翁善良	成都日报		1979.2.15
成都市东郊后蜀张虔钊墓	成都市文管处	文物	3期	1982
五代后蜀孙汉韶墓	成都市博物馆考古队	文物	5期	1991
后蜀张虔钊、孙汉韶墓棺床石刻内容初探	翁善良	文物考古研究		1993

续表四

篇、书名	著(译)编者	出处	卷、期	年月日
孟知祥墓	钟大全	成都文物简讯	2期	1979
后蜀孟知祥墓与福庆长公主墓志铭	成都市文管处	文物	3期	1982
孟知祥墓门的建筑特点	李显文	成都文物	1期	1983
孟知祥墓	钟子周	成都文物	1期	1985
成都无缝钢管厂发现五代后蜀墓	成都市博物馆考古队	四川文物	3期	1991
阆中铁塔佛顶尊胜陀罗尼经序拓片介绍	郝承琳	四川文物	3期	1991
成都出土的尊胜陀罗尼经石刻	朱章义	成都文物	1期	1999
成都市五代墓出土尊胜陀罗尼石刻	成都市文物考古工作队	四川文物	3期	1999
试论成都化成村五代墓出土的尊胜陀罗尼石刻	朱章义	四川文物	3期	1999
成都东门大桥出土佛顶尊胜陀罗尼石经幢	黄晓枫	文物	8期	2000
略谈成都近郊五代至南宋的墓葬形制	洪剑民	考古	1期	1959
成都指挥街唐宋遗址发掘报告	成都市博物馆、四川大学博物馆	南方民族考古	2辑	1990
成都指挥街遗址孢粉分析研究	罗二虎等	南方民族考古	2辑	1990
成都指挥街唐宋遗址分期	罗二虎	成都文物	4期	1991
成都发现唐宋大型排水渠	阿禾	中国文物报		1995.7.9
成都梁家巷唐宋墓葬发掘简报	成都市文物考古工作队	四川文物	3期	1999
成都市李家沱唐宋时期的墓葬	成都市文物考古工作队	四川文物	2期	2000
成都光华小区唐宋墓葬发掘简报	程远福	成都文物	1期	2000
成都高新区唐宋墓发掘简报	王方 王仲雄	成都文物	3期	2000
成都西郊西窑村唐宋墓葬发掘简报	成都市文物考古研究所	东南文化	7期	2003
杜甫草堂发现唐宋民居遗址的意义	杨渝泉	四川文物	5期	2005
成都市西郊外化成小区唐宋墓葬的清理	成都市文物考古研究所	考古	10期	2005
蒲江发现后蜀李才和北宋魏训买地券	李平	四川文物	1期	1990

续表五

篇、书名	著(译)编者	出处	卷、期	年月日
四川西昌城郊出土唐宋时期八角形图案墓冢石	黄承宗	考古与文物	2期	1986
重庆云阳乔家院子遗址唐宋时期遗存	西北大学考古队	江汉考古	3期	2002
四川南溪李庄宋墓	王世襄	中国营造学社汇刊	7卷1期	1944
宜宾旧州坝宋墓	莫宗江	中国营造学社汇刊	7卷1期	1944
四川宜宾埝沟扁有带雕刻的古墓	刘师德	文物参考资料	12期	1954
宜宾翠屏山发现宋墓和明墓各一座	赵希铭	文物参考资料	2期	1956
四川泸州凤凰山发现带雕刻的宋墓	刘师德	文物参考资料	11期	1955
泸州市发现南宋石室墓	谢荔 陈文	四川文物	2期	1995
泸县宋墓——中国石刻之乡的又一重大考古发现	周科华 荣远大	中国文物报		2002.12.4
四川泸县出土大批精美宋代石刻——为研究四川宋代社会、生活和艺术史提供丰富资料	周科华 荣远大	中国文物报		2002.12.4
泸县宋墓考古发掘工作取得重大收获		四川文物	1	2003
243幅地下石刻——泸县南宋墓可与华蓥安丙墓相媲美	荣远大 周科华	文物天地	2期	2003
泸县宋墓	四川省文物考古研究所等	文物出版社		2004
泸县宋墓"朱雀"初释	王家祐	四川文物	2期	2005
长宁县的宋代岩墓	王秦岭	四川文物	3期	1984
川西的小型宋墓	刘志远 坚石	文物参考资料	9期	1955
我对《川西的小型宋墓》一文的意见	洪剑民	文物参考资料	10期	1956
贯彻实事求是的精神——再谈"川西的小型宋墓"	刘志远	文物参考资料	1期	1957
谈广州小北宋墓的争论	杨有润	文物参考资料	5期	1957
成都外东沙河堡16号宋墓清理简报	林坤雪 傅汉良	文物参考资料	5期	1956
成都外东跳蹬河发现宋代墓葬	傅汉良	考古通讯	6期	1956
四川华阳县北宋墓清理简报	四川省文管会	文物参考资料	12期	1956
成都市郊的宋墓	陈建中	文物参考资料	6期	1956
成都华阳清理了四座宋墓	任锡光	文物参考资料	5期	1957
南宋火葬墓小记	苟治平	成都文物简讯	2期	1979

续表六

篇、书名	著(译)编者	出处	卷、期	年月日
中兴镇东发现双棺宋墓	毛求学	成都晚报		1983.7.14
成都东郊北宋张确夫妇墓	翁善良 罗伟先	文物	3期	1990
金鱼街宋井清理简报	朱章义等	成都文物	4期	1992
成都宋代小型墓葬初探	雷雨华	成都文物	2期	1992
		文物考古研究		1993
成都琉璃厂窑宋双鱼纹盆	吕成龙	四川文物	3期	1993
四川成都市西郊金鱼村南宋砖室火葬墓	成都市文物考古工作队	考古	10期	1997
成都市石羊乡新加坡工业园区宋墓发掘简报	成都市文物考古工作队	四川文物	3期	1999
成都北郊甘油村发现北宋宣和六年墓	成都市文物考古工作队	四川文物	3期	1999
成都西郊沙湾宋墓清理简报	成都市文物考古工作队	成都文物	1期	1999
成都北郊南宋墓清理简报	成都市文物考古研究所	成都文物	4期	1999
十陵镇宋墓清理简报	龙泉区文管所	成都文物	4期	2000
成都市南郊北宋赵德成墓清理简报	王方	四川文物	3期	2001
成都市龙泉驿区南宋宋兴仁夫妇墓清理简报	成都市文物考古研究所、龙泉驿区文管所	考古与文物	增刊·汉唐考古	2002
成都市二仙桥南宋墓发掘简报	成都市文物考古研究所、成都市文物考古工作队	考古	5期	2004
成都宋墓出土真文石刻与"太上真元大道"	张勋燎 白彬	考古	9期	2004
四川金堂县的宋代石室墓	陆德良	考古通讯	6期	1957
四川省东山灌溉渠宋代遗址及古墓清理简报	四川省博物馆	考古	8期	1959
四川温江县发现南宋窖藏	温江县文化馆	考古	4期	1977
双流农民李玉良挖出一批南宋金银文物	王华高 杨魏	成都日报		1981.5.30
双流县发现北宋砖室墓	刘平 王黎明	成都文物	1期	1984
四川双流县出土宋代银铤	成都市文管处	文物	7期	1984

续表七

篇、书名	著(译)编者	出处	卷、期	年月日
四川崇庆县城出土宋代银碗	陈显双	考古与文物	1期	1983
四川大邑县安仁镇出土宋代窖藏	大邑县文化馆	文物	7期	1984
灌县发现两座古墓	灌县文管	成都文物	1期	1985
四川都江堰市青城山宋代建福宫遗址试掘	中国社会科学院考古研究所四川工作队等	考古	10期	1993
宋代石刻墓 惊现石牛村	卞再彬	成都文物	4期	2001
邛崃县北宋墓清理简报	邛崃县文管所	四川文物	3期	1985
四川什邡出土宋代银碗	郑绪滔	四川文物	2期	1986
四川蒲江县五星镇宋墓清理记	四川省文管会、蒲江县文化馆	考古与文物	3期	1986
四川省蒲江县发现两座宋墓	四川省文管会	考古与文物	5期	1986
四川省蒲江县宋墓出土的木架不是胡床	李哈屏	考古与文物	4期	1988
一件工巧的宋代折叠木枕——关于四川蒲江宋墓出土木架的正名	陈增弼	文物	7期	1990
蒲江县宋朝散大夫宋德章墓出土文物	龙 腾	四川文物	2期	1995
蒲江北宋宋烒墓出土文物	龙 腾	四川文物	5期	1996
蒲江县宋墓出土文物	龙 腾	成都文物	2期	1997
蒲江北宋魏忻、魏大升墓清理简报	龙 腾	四川文物	6期	1997
简阳县发现南宋纪年墓	方建国	四川文物	3期	1987
四川简阳县发现一座宋墓	方建国	考古	12期	1988
郫县崇兴乡南宋墓	陈厉清	四川文物	6期	1992
新津五津镇宋代砖室墓清理小记	郑 伟	成都文物	1期	1995
青白江区宋墓发掘简报		成都文物	4期	2002
破坏文物应受处分 绵竹县联社打毁宋代古炉		文物参考资料	7期	1954
四川绵阳平政桥发现宋墓	李复华 江学礼	考古通讯	5期	1956
四川绵阳出土的宋代"权军"铁器	郑灵生	考古	8期	1961
绵阳魏城公社出土的宋代窖藏银盘	陈显双	文物	4期	1974
四川绵阳杨家宋墓	何志国	考古与文物	1期	1988
绵阳刘家河出土的宋代文物	胥泽蓉	四川文物	1期	1992

续表八

篇、书名	著(译)编者	出处	卷、期	年月日
四川昭化县曲回乡的宋墓石刻	沈仲常 陈建中	文物参考资料	12期	1957
四川广元石刻宋墓清理简报	四川省博物馆、广元县文管所	文物	6期	1982
记广元宋墓腰坑出土文物	魏达议	文物资料丛刊	7期	1983
四川广元宋墓石刻	盛伟	文物	12期	1986
广元南宋墓杂剧、大曲石刻考	廖奔	文物	12期	1986
四川广元张家沟北宋砖室墓	唐志工	考古	7期	1995
广元出土一座南宋墓	唐志工 梁永涛	中国文物报		2002.6.7
四川广元清理一座南宋石室墓	梁泳滔	中国文物报		2002.2.8
四川江油发现宋代窖藏	江油县文保所	考古与文物	6期	1984
剑阁宋代窖藏综述	母学勇	四川文物	3期	1992
剑阁发现宋代砖井	母学勇	四川文物	1期	1999
北川县香泉宋墓	邓天富	四川文物	5期	1991
江油发现宋代窖藏	曾昌林	四川文物	3期	1996
江油发现精美宋代窖藏铜器	黄石林	四川文物	4期	2004
青川县竹园金子山乡宋墓清理简报	青川县文管所、四川省文物考古研究所	四川文物	2期	2001
四川德阳县出土的宋代银器简介	沈仲常	文物	11期	1961
四川德阳县发现宋代窖藏	四川省文管会、德阳县文管所	文物	7期	1984
四川广汉县雒城镇宋墓清理简报	四川省文物考古研究所等	考古	2期	1990
四川广汉南宋窖藏玉器	邱登高等	中国隋唐至清代玉器学术研讨会论文集		2002
四川彭山发现宋墓两座	任锡光	文物参考资料	3期	1958
南宋虞公著夫妇合葬墓	四川省文管会、彭山县文化馆	考古	3期	1985
南宋虞允文墓考	王德友	四川文物	6期	1997
彭山发现宋代纪年砖	帅希彭	四川文物	3期	1991
彭山凤鸣山发现宋墓	方明	四川文物	5期	1992
彭山发现南宋窖藏	帅希彭 方明	四川文物	1期	1996

续表九

篇、书名	著(译)编者	出处	卷、期	年月日
四川洪雅宋墓发掘简报	四川省博物馆、洪雅县文化馆	考古	1期	1982
乐山宋墓清理简报	乐山市文管所	考古与文物	6期	1993
井研县北宋黄念四郎墓清理简讯	曾清华	四川文物	1期	2002
峨眉山市罗目镇宋代窖藏发掘简报	黄家祥	四川文物	1期	2003
四川三台县发现一座宋墓	三台县文化馆	考古	6期	1973
三台出土宋代窖藏	景竹友	四川文物	4期	1989
四川荣昌县沙坝子宋墓	四川省博物馆、荣昌县文化馆	文物	7期	1984
谈荣县宋墓浮雕的保护	彭 慧	成都文物	3期	2001
四川阆中县出土宋代窖藏	阆中县文化馆	文物	7期	1984
仁寿县举办宋墓出土文物展览	莫洪贵	四川文物	3期	1986
仁寿县古佛乡宋墓清理简报	莫洪贵	四川文物	5期	1992
四川西昌陶家山古墓清理简报	西昌地区博物馆	考古	3期	1982
四川西昌三坡火葬墓调查记	黄承宗	考古	3期	1983
西昌发现古代火葬墓	黄承宗	考古	9期	1984
西昌北山古代火葬墓出土铜俑	黄承宗	文物	6期	1988
西昌陆续发现大理国时期火葬墓群	刘世旭	中国文物报		1988.11.18
西昌发现宋元时期茶具	黄承宗	四川文物	1期	1997
四川雷波县糖房坝发现岩葬		考古与文物	4期	1986
安县发现宋代骨灰盒丛葬墓	刘光宝	四川文物	4期	1985
安县塔水镇发现宋代纪年墓	谢明刚	四川文物	4期	1987
富顺县发现大型宋墓	徐雄伟 李茂清	四川文物	2期	1989
渠县渠南乡宋墓出土文物	王建纬	四川文物	1期	1990
渠县发现一南宋石室墓	王建伟	中国文物报		1990.1.18
资中发现宋代石室墓	孙晓明	四川文物	1期	1992
资中宋右丞相赵雄墓记实	杨祖垲	四川文物	6期	1995
资中县亢溪乡宋代窖藏清理简报	杨祖垲	四川文物	6期	1997
内江顺河大菩萨山宋代画像石墓	雷建金等	四川文物	1期	1993
威远永利皇坟坝宋墓	威远县文管所等	四川文物	2期	1993
四川遂宁宋墓出土生肖俑	刘化石	中国文物报		2002.11.20
四川一北宋古墓发掘		中国文物报·收藏鉴赏周刊		2002.1.9

续表一〇

篇、书名	著(译)编者	出处	卷、期	年月日
岳池后山古墓群清理简报	刘敏等	四川文物	5期	1994
岳池后山瓮棺葬	陈涛	四川文物	5期	1994
岳池代家坟古墓群发掘简报	刘敏	四川文物	2期	2003
芦山县发现宋代三彩器物	陈华	四川文物	1期	1995
雅安对岩宋墓	赵彤	四川文物	1期	1998
记华蓥市阳和乡宋墓出土文物	袁明森 张玉成	四川文物	1期	1996
南宋安丙家族墓地发掘获重要成果	王鲁茂 陈祖军	中国文物报		1996.7.21
安丙墓发掘的重要收获	陈祖军	四川文物	增刊	1996
1996全国十大考古新发现之一——四川华蓥安丙家族墓地	陈祖军	中华文化画报	5、6期	1997
南宋安丙墓有关石刻索隐	陶喻之	四川文物	3期	1998
安丙家族墓文物考古测绘探讨	丁军等	四川文物	3期	2001
南宋安丙家族墓地的发掘及意义	刘敏	中国历史文物	6期	2002
四川华蓥安丙家族墓地出土玉童及玉石简述	唐云梅	中国隋唐至清代玉器学术研讨会论文集		2002
北宋宋构夫妇墓葬的发现与初步研究	刘雨茂 荣远大	四川文物	3期	1999
安县南宋纪年墓清理记	谢明刚 刘佑新	四川文物	6期	2000
巴中县出土宋代窖藏	程崇勋	四川文物	4期	1989
巴中城区宋墓清理简报	岳钊林 程英	四川文物	2期	1994
达川清理两座宋墓	马幸辛等	中国文物报		1998.8.23
达川市发现宋代墓葬	马幸辛等	四川文物	1期	1999
达县九岭乡发现宋代墓葬	张明扬	四川文物	4期	2000
四川达州清理一批宋墓	马幸辛	中国文物报		2001.12.7
蓬溪宋墓中的宗教石刻	刘新尧	四川文物	5期	1989
四川蓬安县西拱桥村宋墓简介	郑幼林 李力	中国隋唐至清代玉器学术研讨会论文集		2002
南充市嘉陵区木老乡韩家坟宋墓清理简报	四川省文物考古研究所、南充市嘉陵区文物管理所	四川文物	2期	2004

续表——

篇、书名	著（译）编者	出处	卷、期	年月日
四川汶川县姜维城宋代遗存发掘简报	辛中华 郭富	四川文物	4期	2005
四川大足县发现带有雕刻的宋墓	邓之金	文物参考资料	10期	1954
四川大足县继续发现带精美雕刻的宋墓	蒋美华 邓之金	文物参考资料	8期	1955
大足发现宋代墓室	陈典	四川日报		1960.8.30
重庆大足龙水镇明光村磨儿坡宋墓清理简报	重庆大足石刻艺术博物馆	四川文物	5期	2002
南岸区发现宋墓群		重庆日报		1957.12.18
石坪桥发现宋代石椁墓群	胡人朝	重庆日报		1959.3.11
重庆井口宋墓清理简报	重庆市博物馆历史组	文物	11期	1961
合川发现南宋古墓	刘洪琴等	重庆晚报		1987.3.14
綦江县城郊发现南宋墓群	康孝永	重庆晚报		1987.8.12
江津出土一批宋代石雕	林桂春	重庆晚报		1987.10.14
永川发现宋代崖墓	王昌文	四川文物	6期	1989
邻水县合流镇后坝南宋墓清理简报	四川省文物考古研究所、邻水县文物保护管理所	四川文物	3期	2003
重庆市涪陵区石沱遗址1998年度发掘报告	北京市文物研究所三峡考古队、重庆市涪陵区博物馆	北京文物与考古	5辑	2003
四川宋墓札记	王家祐	考古	8期	1959
四川宋墓出土的宋代银器简介	沈仲常	文物	11期	1961
谈四川宋墓中的几种道教刻石	霍巍	四川文物	3期	1988
四川宋代合葬墓的两个问题	朱章义	成都文物	3期	1992
从川西宋墓看当时妇女在家庭中的地位	朱章义	文物考古研究		1993
试论四川宋墓	陈云洪	四川文物	3期	1999
四川华阳县发现元代墓葬	张才俊 袁明森	考古通讯	5期	1957
四川成都西郊元墓的清理	匡远滢	考古通讯	3期	1958
本市青白江区发现元墓	青白江文管所	成都文物	2期	1984
四川华阳县发现元代墓葬	张才俊等	考古	5期	1957

续表一二

篇、书名	著(译)编者	出处	卷、期	年月日
四川成都市西郊元墓的清理	匡远滢	考古	3期	1958
四川简阳东溪园艺场元墓	四川省文管会	文物	2期	1987
四川西昌杨家山火葬墓群	凉山州博物馆	文物资料丛刊	10期	1987
西昌新发现元代经幢	唐亮	四川文物	4期	1992
西昌发现元代礼拜寺文物	陈世松等	四川文物	6期	1992
三台出土元代窖藏	景竹友	四川文物	6期	1993
三台窖藏时代商榷	刘毅 任荣兴	四川文物	6期	1994
三台发现元赵垠祖墓碑	方晓	四川文物	1期	1994
四川西昌发现元代铁权	黄承宗	四川文物	2期	1995
岳池九龙镇元券顶石室墓清理简报	夏智慧	四川文物	1期	2000
重庆市两路口劳动村元墓	重庆市文物考古所	重庆历史与文化	2期	2003
重庆市两路口劳动村元墓清理简报	重庆市文物考古所	四川文物	2期	2004
新都五星啤酒厂工地宋明墓发掘简报	田春春等	成都文物	3期	1998
本市发现元末农民起义领袖明玉珍墓		重庆日报		1982.5.8
重庆市发现元末农民起义领袖明玉珍的墓葬		史学情报	4期	1982
明玉珍及其墓葬研究	重庆市博物馆	重庆地方史资料组		1982
四川重庆明玉珍墓	重庆市博物馆	考古	9期	1986
重庆发现明玉珍墓	庄燕和	历史知识	3期	1988
明玉珍墓为衣冠冢考	刘孔伏	四川地方志	1期	1990
重庆江北明玉珍墓为衣冠冢考析	胡人 文翰	四川文物	5期	1993

5. 明、清

篇、书名	著(译)编者	出处	卷、期	年月日
新都发现干尸古墓	元	华西文物	1期	1951
四川新都县发现明代软体尸墓	四川省文管会	考古通讯	2期	1957
一具完整的明代女软尸		四川日报		1956.6.18

续表一

篇、书名	著(译)编者	出处	卷、期	年月日
"新都一号"女软体尸及其他	肇 世	成都日报		1956.10.24
温江发现一批明代软体尸		四川日报		1956.8.23
成都白马寺工地清理了明墓九座	佘德章	文物参考资料	3期	1956
成都白马寺第六号明墓清理简报	四川省文管会	文物参考资料	10期	1956
华阳县发现明代文物		四川日报		1956.10.18
四川华阳明太监墓清理简报	唐淑琼 任锡光	考古通讯	3期	1957
四川岳池县明墓的清理	杨 仁	考古通讯	2期	1958
成都梁家巷发现明墓	江学礼	考古	8期	1959
本市发现明代墓葬	张才俊	成都晚报		1963.6.19
成都凤凰山明墓	中国科学院考古研究所等	考古	5期	1978
石灵公社发现明藩罗江王妃赵氏墓	钟大全	成都文物简讯	2期	1979
我市发现明初古墓葬	晓 里	成都文物简讯	2期	1980
明蜀僖王墓经发掘并进行维修	傅全章	四川日报		1980.3.18
明代蜀僖王墓	翁善良	成都文物简讯	1期	1980
		成都日报		1980.4.19
明代蜀僖王墓	成都文管处蜀僖王墓发掘小组	成都文物简讯	1期	1981
朱悦燫墓	冯先成	成都文物简讯	1期	1981
西郊三洞桥附近发掘出一具完整的明代古尸	姚继林	成都日报		1982.6.13
明代杨旭墓清理发掘简况	成都市博物馆考古队	成都文物	2期	1989
成都出土一座太监古墓	李 灿	北京晚报		1991.11.27
明代苏荣墓清理简报	蒋成等	成都文物	1期	1992
成都青龙场明墓发掘简报	成都市文物考古工作队	成都文物	3期	1997
成都明蜀王府北城垣发掘简报	成都市文物考古工作队	成都文物	4期	1997
成都发掘锦江区琉璃乡潘家沟村明蜀王及王妃墓	谢 涛	中国文物报		1998.2.22
成都明蜀王陵	薛 登	成都文物	2期	1999
成都明蜀王陵（中）	薛 登	成都文物	3期	1999

续表二

篇、书名	著(译)编者	出处	卷、期	年月日
成都明蜀王陵（续三）——昭王陵的发掘及蜀府陵墓寝园规制考释	薛登	成都文物	4期	1999
明蜀定王次妃墓发掘记	刘雨茂等	成都文物	4期	1999
成都发现明蜀定王次妃王氏墓	刘雨茂等	中国文物报		1999.9.12
成都城郊发掘明代古墓	温志航	文汇报		1999.3.9
成都市琉璃乡明蜀定王次妃墓内空气质量及汞的测试与防护	肖璘	四川文物	6期	1999
为全面揭开长江上游历史提供新证据明蜀王宫遗址在蓉发现	周其俊	文汇报		2001.10.13
成都明代蜀僖王陵发掘简报	成都市文物考古研究所	文物	4期	2002
明蜀藩太监墓志集释	蒋成等	四川文物	4期	2001
成都地区明墓中的对联文化	张茂华	四川文物	4期	2002
成都红牌楼发现明蜀藩太监墓葬群	荣远大	中国文物报		2003.9.24
成都市老西门明代桥址发掘简报	成都市文物考古研究所	四川文物	6期	2004
四川冕宁县出土明代彩绘陶罐	刘世旭	文物	8期	1979
铜梁县清理了两座石椁墓	胡人朝 王新南	重庆日报		1980.7.13
四川铜梁县明代石椁墓	重庆市博物馆	文物	2期	1983
铜梁县发现明工部尚书李养德家族墓葬	张国良 叶作富	四川日报		1985.7.13
四川铜梁明张文锦夫妇合葬墓清理简报	铜梁县文管所	文物	9期	1986
铜梁县发现明代石椁墓	叶作富	四川文物	4期	1986
铜梁县发现明代大化墓地	王刚	重庆晚报		1987.2.12
四川铜梁明张叔佩夫妇墓	叶作富	文物	7期	1989
记明代高县崖墓及其石刻	何泽宇	民族论丛	1辑	1981
明兵部尚书赵炳然夫妇合葬墓	四川省博物馆、剑阁县文化馆	文物	2期	1982
豪华的李洪都墓	李森	渡口日报		1983.9.28
阿懿坟发掘记	李森	渡口日报		1984.5.29
凉山、渡口瓮棺葬及其族属问题	李绍民	四川文物	4期	1984
内江市出土明代兵部尚书阴武卿墓志	雷建金	四川文物	3期	1987
内江明代布政使司右参议刘龙谷墓	罗仁忠	四川文物	2期	1995

续表三

篇、书名	著(译)编者	出处	卷、期	年月日
宜宾清理发掘明左将军郭城墓	王朝卫 朱艺	中国文物报		1999.4.11
宜宾县革坪村明代郭成石室墓清理简报	黄家祥 王朝卫	四川文物	5期	2002
四川平武明王玺家族墓	四川省文管会等	文物	7期	1989
巴中明墓清理记	程崇勋	四川文物	6期	1991
荣县乌龟颈明代墓群清理简报	邵彬	四川文物	6期	1992
南充县出土明代窖藏	覃海泉	四川文物	2期	1993
三台县塔山镇发现明代窖藏	李清奇	四川文物	3期	1994
蒲江出土一批明代石雕像	龙腾	中国文物报		1995.7.30
蒲江出土奉直大夫孙礼墓志铭	龙腾	四川文物	6期	1998
岳池明墓清理简报	刘敏	四川文物	4期	1996
安县发现明代浮雕砖室墓	谢明刚	四川文物	1期	1998
绵竹出土明末大学士刘宇亮遗物	宁志奇	四川文物	2期	2000
重庆市万州区上中坝遗址发掘	冉万里 刘瑞俊	文博	4期	2000
彭州明蜀藩王宗室墓述略	沈洪民	成都文物	2期	2003
合川南屏官山明代墓群清理简报	黄理	重庆历史与文化	2期	2003
潼南新胜发现明代石香炉	徐林	四川文物	3期	1995
重庆潼南县发现明代纪年墓葬	林必忠 刘春鸿	中国文物报		2005.6.29
明代巨大石椁惊现茂县龙腾梁子	二根米	阿坝师范高等专科学校学报	4期	2005
西昌县发现"大顺"城砖	黄承宗	光明日报		1977.11.11
四川西昌县发现"大顺"城砖	黄承宗	文物	5期	1977
西昌明清古城墙	张正宁	四川文物	4期	1992
在重庆发现的与《红楼梦》有关的文物	胡邦炜	重庆日报		1980.10.12
谢家湾发现清代墓葬	杨美富	重庆晚报		1987.8.18
上清寺一工地发掘出一具完好的清代男尸	江地	重庆晚报		1987.10.7
重庆发现清代奇特墓群	黄豁 王俊勇	光明日报		2003.7.27
合川赤水乡古赤水县遗址的调查	刘豫川	四川文物	6期	1992
康定鱼通新发现的清怀远将军墓考	任新建	四川文物	4期	1992

续表四

篇、书名	著(译)编者	出处	卷、期	年月日
蒲江发现一批清代地方文书	龙腾	中国文物报		1998.7.5

（三）考古专题

1. 船棺葬

篇、书名	著(译)编者	出处	卷、期	年月日
四川船棺葬发掘报告	四川省博物馆	文物出版社		1960
评《四川船棺葬发掘报告》	逊时	考古	7期	1961
评《四川船棺葬发掘报告》——兼评逊时同志的书评	王世民	考古	8期	1961
四川郫县发现战国船棺葬	郫县文化馆	考古	6期	1980
四川蒲江县巴族武士船棺	蒲江县文化馆	考古	12期	1983
蒲江朝阳乡发现古代巴蜀船棺	龙腾	四川文物	3期	1991
蒲江鹤山镇发现战国船棺	龙腾	中国文物报		1998.3.25
成都市蒲江县船棺墓发掘简报	成都市文物考古工作队、蒲江县文管所	文物	4期	2002
四川彭县发现船棺葬	赵殿增 胡昌钰	文物	5期	1985
四川绵竹县船棺葬	四川省博物馆	文物	10期	1987
什邡发现战国船棺葬墓群	范小平	中国文物报		1988.9.16
什邡发现新型船棺葬	郑绪滔	四川文物	3期	1991
什邡荥经船棺葬墓地有关问题探讨	宋治民	四川文物	1期	1999
蜀人船棺葬群首次出土		人民日报		1988.10.29
成都发掘船棺独木棺墓葬	钟和	文汇报		2000.9.28
成都市中心发现大型船棺独木棺	干德明	中国文化报		2000.10.21
成都发现距今两千五百年战国墓葬	李韵	光明日报		2000.10.17
古蜀国故地出土大型船棺独木棺墓葬	颜劲松 陈云洪	中国文物报		2000.12.13
成都开明蜀国大型船棺独木棺墓葬出土	王义等	中华文化画报	1期	2001
开明蜀国的大型王族墓地	颜劲松 陈云洪	文物天地	3期	2001

续表一

篇、书名	著(译)编者	出处	卷、期	年月日
成都市商业街船棺、独木棺墓葬初析	颜劲松	四川文物	3期	2002
闹市地下的辉煌——成都大型船棺葬的发掘	颜劲松 陈云洪	寻根	5期	2002
成都市商业街船棺、独木棺墓葬发掘简报	成都市文物考古研究所	文物	11期	2002
成都市商业街开明蜀国大型王族墓地初析	颜劲松 陈云洪	中国古都研究	19辑	2002
巨型船棺浮出水面 古国之谜有待破译	肖平	中国艺术报		2002.3.1
成都市商业街墓葬的问题	宋治民	四川文物	6期	2003
商业街船棺遗址出土漆器		成都文物	2期	2005
成都市商业街战国时期船棺、独木棺墓葬的人骨	张君	新世纪的中国考古学——王仲殊先生八十华诞纪念论文集		2005
四川古代的船棺葬	冯汉骥等	考古学报	2期	1958
关于四川"船棺葬"的族属问题	沈仲常 孙华	民族论丛	2辑	1982
"濮"与船棺葬关系管见	梁钊韬	思想战线	6期	1985
"濮"与船棺葬关系小议	梁钊韬	中南民族学院学报	增刊	1986
从船棺葬俗考查巴蜀的族源	唐昌林	历史教学问题	5期	1990
古巴蜀船棺葬探析	杨晓杰	志林大观	1期	1998
		巴蜀史志	4期	1998
船棺葬族属新探	施劲松	先秦史与巴蜀文化论集		1995
论船棺葬	陈明芳	东南文化	1期	1999
蜀人船棺新探	刘蓉	四川日报		2001.7.27
战国秦汉时期巴蜀丧葬习俗——船棺葬及其民俗文化内涵	段塔丽	中国历史地理论丛	1辑	2002
关于川渝地区船棺葬的族属问题	黄尚明	江汉考古	2期	2005
		四川文物	3期	2005
寻觅古蜀国王	颜劲松等	文明	7期	2005
船棺葬、早期铜鼓和不对称形铜钺	施劲松	新世纪的中国考古学——王仲殊先生八十华诞纪念论文集		2005

2. 石棺葬

篇、书名	著(译)编者	出处	卷、期	年月日
四川理县发现很多石棺葬	李绍明	文物参考资料	7 期	1955
四川理县佳山石棺葬发掘清理报告	阿坝州文管所、理县文化馆	南方民族考古	1 期	1987
四川茂汶营盘山的石棺葬	茂汶羌族自治县文化馆	考古	5 期	1981
四川茂汶羌族自治县石棺葬发掘报告	四川省文管会、茂汶县文化馆	文物资料丛刊	7 期	1983
茂汶羌族自治县元、明时期的石棺葬	高维刚	四川文物	3 期	1985
四川茂汶别立、勒石村的石棺葬	茂汶县文化馆	文物资料丛刊	9 期	1985
茂汶县石棺墓清理简报	高维刚	四川文物	2 期	1986
马尔康孔龙村发现石棺葬墓群	陈学志	四川文物	1 期	1994
四川茂县牟托一号石棺墓及陪葬坑清理简报	茂县羌族博物馆、阿坝藏族羌族自治州文管所	文物	3 期	1994
茂县牟托石棺葬与冉氏之国	夏麦陵	先秦史与巴蜀文化论集		1995
关于四川牟托一号石棺墓及器物坑的两个问题	施劲松	考古	5 期	1996
关于岷江上游牟托石棺墓几个问题的探讨	霍巍	四川文物	5 期	1997
四川茂县牟托石棺墓的初步研究	李先登 杨英	中国历史博物馆馆刊	1 期	1998
古代四川の岷江上流域における楚系青銅器の伝播と受容——牟托一号石棺墓出土の青銅礼楽器の分析を中心として	岡本真則	史観	153 册	2005
四川汶川县昭店村发现的石棺葬	叶茂林 罗进勇	考古	7 期	1999
巴塘等县发现一批两千多年前的古代民族墓葬	童恩正 曾文琼	甘孜报		1978.10.7
四川巴塘、雅江的石板墓	甘孜考古队	考古	3 期	1981
甘孜巴塘发掘出大量古代石棺葬	格勒	甘孜报		1982.3.30
四川雅江呷拉石棺葬清理简报	甘孜州文化馆、雅江县文化馆	考古与文物	4 期	1983
炉霍县发现"石棺葬"墓群	陈显双	四川文物	4 期	1984
四川炉霍卡莎湖石棺墓	四川省文物考古研究所等	考古学报	2 期	1991

续表一

篇、书名	著(译)编者	出处	卷、期	年月日
炉霍石棺葬族属争议——兼论炉霍石棺葬与草原细石器的关系	陈明芳	南方文物	1期	1996
四川甘孜发现大型古墓群		光明日报		1984.7.18
四川甘孜县吉里龙古墓葬	四川省文管会、甘孜州文化馆	考古	1期	1986
甘孜发现石棺墓群	谭小涛	四川日报		1983.11.9
新龙谷日石棺葬试掘散记	格勒	四川民族	3期	1986
新龙谷日的石棺葬及其族属问题	格勒	四川文物	3期	1987
木里县的古代石棺葬	黄承宗	凉山彝族奴隶制研究	1期	1980
石棺葬	马云喜	渡口日报		1983.4.19
四川盐边县石棺葬发掘简报	渡口市文管处	考古与文物	2期	1986
		民族论丛	4期	1986
四川宝兴县汉代石棺墓	宝兴县文化馆	考古	4期	1982
四川宝兴县的石棺葬	宝兴县文化馆	考古与文物	6期	1983
试论宝兴县五龙瓦西沟石棺墓的时代	陈显双	四川文物	6期	1992
四川汉源大窑石棺葬清理简报	汉源县文化馆	考古与文物	4期	1983
The Slate Tomb Culture of Li-fan	Chen Te-k'un	Harvard Journal of Asiatic Studies	Vol. IX, nos. 2	1946
Some Observations on Ch'i-Chia and Li-fan Pottery	S. M. Kaplan	Hsrvard Journal of Asiatic Studies	Vol. XI, nos. 1-2	1948
岷江上游的石棺葬文化	冯汉骥	工商导报		1951.5.20
中国的巨石文化与石棺葬介绍	徐知良	人文科学	2期	1958
岷江上游的石棺葬	童恩正 冯汉骥	考古学报	2期	1973
四川西北地区石棺葬族属试探——附谈有关古代氏族的几个问题	童恩正	思想战线	1期	1978
		中国西南民族考古论文集		1990
关于"石棺葬文化"的几个问题	沈仲常 李复华	中国考古学会第一次年会论文集		1979
岷江上游石棺葬的族属初探	陈宗祥	西南民族学院学报（哲社）	1期	1981
康南石板墓族属初探——兼论纳西族的族源	李绍民	思想战线	6期	1981
石棺葬文化中所见的汉文化因素初探	沈仲常 李复华	考古与文物	4期	1983
岷山上游石棺墓族属试探	曾文琼	中央民族大学学报（哲社）	1期	1984

续表二

篇、书名	著(译)编者	出处	卷、期	年月日
《羌戈大战》的历史分析——兼论岷江上游石棺葬的族属	林 向	四川大学学报丛刊	20辑	1984
岷江上游石棺葬族属探源	李汝能	西南民族学院学报（哲社）	4期	1985
白石崇拜遗俗考	沈仲常 黄家祥	文博	5期	1985
从民族调查看茂汶石棺葬的白石随葬	邓廷良	考古与文物	6期	1985
周原卜辞中的"蜀"——兼论"早期蜀文化"与岷江上游石棺葬的族属之二	林 向	考古与文物	6期	1985
石棺葬译文资料集	四川省文物管理委员会 考古研究所	编者刊		1985
石棺葬起于对石的崇拜吗	景 爱	文物天地	2期	1986
论岷江上游石棺葬文化的分期与族属	李复华 李绍明	四川文物	2期	1986
试论岷江上游"石棺葬"的源流	徐学书	四川文物	2期	1987
川西和滇西北的石棺葬	宋治民	考古与文物	3期	1987
试论川西石棺葬文化与辛店文化及"唐汪式"陶器的关系	陈德安	四川文物	1期	1989
川滇西部及藏东石棺墓研究	罗开玉	考古学报	4期	1992
岷江上游石棺葬之谜	董 古	文史杂志	3期	1993
紫阳马家营石棺墓初论	王炜林	考古与文物	1期	1994
试论巴蜀石棺墓出土的黑灰陶	唐昌朴	中南民族学院学报（哲社）	4期	1994
金沙江中游早期石棺墓文化初论	杨甫旺	楚雄师专学报（社科）	2期	1996
浅论岷江上游"石棺葬"之族属	罗进勇	四川文物	6期	1996
岷江上流域战国时代石棺墓の一考察	小澤正人	史观	135册	1996
试论青衣江上游的石棺葬文化	罗二虎	四川大学学报（哲社）	3期	1999
Stone Sarcophagus 与"石棺葬"	杨哲峰	中国文物报		2000.12
西南地区"石棺葬"的发现与研究	杨哲峰	中国文物报		2001.7.22
岷江上游石棺葬文化与滇文化、滇西青铜文化关系探讨	徐学书	中华文化论坛	3期	2001
岷江上游的石棺墓	谢 辉 江章华	四川文物	1期	2002
云南地区石棺葬的分区研究	郭继艳	四川文物	2期	2002

续表三

篇、书名	著(译)编者	出处	卷、期	年月日
由石棺葬遗存谈对金沙江中游新石器时代文化的再认识	徐学书	中华文化论坛	4期	2002
藏彝走廊地区石棺葬所属人群探讨	石硕	康定民族师专学报	1期	2005
康区石棺葬遗存考察记——横断山脉地带文物考古调查记之一	霍巍	康定民族师专学报	2期	2005
20世纪西南地区石棺葬发现研究的回顾与思考	罗二虎	中华文化论坛	4期	2005

3. 大石文化遗址

篇、书名	著(译)编者	出处	卷、期	年月日
The Megalithic Remains of the Chengtu Plain	冯汉骥 郑德坤	Journal of the West China Border Research Society	Vol. 16A	1946
西昌坝河堡子大石墓发掘简报	四川省金沙江渡口西昌段、安宁河流域联合考古调查队	考古	5期	1976
西昌坝河堡子大石墓第二次发掘简报	西昌地区博物馆等	考古	2期	1978
西昌县西郊公社一大队第一号墓清理发掘报告	西昌地区博物馆	凉山彝族奴隶制研究	2期	1978
西昌县天王山第十号墓清理发掘简报	西昌地区博物馆	凉山彝族奴隶制研究	2期	1978
西昌河西大石墓群	西昌地区博物馆等	考古	2期	1978
四川西昌一号墓发掘简报	凉山州博物馆	考古学集刊	3集	1983
四川西昌市郊大石墓	凉山州博物馆	考古	6期	1983
四川西昌北山、小花山、黄水塘大石墓	凉山州博物馆	文物	5期	1990
凉山州昭觉县石板墓发掘简报（初稿）	凉山彝族地区联合考古队	凉山彝族奴隶制研究	1期	1977
四川凉山昭觉石板墓发掘简报	凉山彝族地区考古队	考古学集刊	1集	1981
四川凉山昭觉石板墓的族属和古代的邛渖人	张勋燎	四川大学学报（哲社）	3期	1981
凉山州喜德县拉克公社大石墓发掘简报（初稿）	凉山彝族地区联合考古队	凉山彝族奴隶制研究	1期	1977

续表一

篇、书名	著(译)编者	出处	卷、期	年月日
四川凉山喜德拉克公社大石墓	凉山彝族地区考古队	考古	2期	1978
喜德拉克幸福七队大石墓清理简报	凉山州博物馆、喜德县文化馆	凉山彝族奴隶制研究	1期	1982
四川喜德县清理一座大石墓	凉山州博物馆、喜德县文化馆	考古	3期	1987
冕宁县三块石古墓葬清理发掘简报	西昌地区博物馆、冕宁文化馆	凉山彝族奴隶制研究	2期	1978
冕宁县明清藏族石板墓	刘世旭	四川文物	6期	1990
德昌县五一公社果园大队古墓葬清理发掘简报	西昌地区博物馆、德昌县文化馆	凉山彝族奴隶制研究	2期	1978
凉山"大石墓"调查记	黄承宗	凉山彝族奴隶制研究	2期	1979
米易弯丘的两座大石墓	凉山州博物馆	考古学集刊	1集	1981
大石墓	马云喜	渡口日报		1983.5.3
四川普格县小兴场大石墓	凉山州博物馆等	考古与文物	5期	1982
四川普格小兴场大石墓群的调查和清理	凉山州博物馆、普格县文化馆	文物资料丛刊	10期	1987
理县桃坪大石墓调查简报	阿坝州文管所	四川文物	3期	1992
川康史前大石文化遗址的检讨——物质文化史研究资料		中国考古	1册	1950
四川西南地区大石墓族属试探——附谈有关古代濮族的几个问题	童恩正	考古	2期	1978
试论四川西南地区石墓的族属	唐嘉弘	考古	5期	1979
凉山彝族自治州大石墓族属试探	陈宗祥 王家祐	中国考古学会第一次年会论文集		1979
大石墓族属的再议	林 向	凉山彝族奴隶制研究	1期	1980
邛都夷与大石墓的族属问题	李绍明	西南民族学院学报（哲社）	2期	1981
康南石板墓族属初探——兼论纳西族的族源	李绍明	思想战线	6期	1981
西南地区的"石板墓文化"	蔡 葵	西南民族历史研究集刊	3集	1982
四川西部石棺葬和大石墓的几个问题	宋治民	中国考古学会第四次年会论文集		1983
试论川西大石墓的起源与分期	刘世旭	考古	6期	1985
也谈川西南大石墓的族属和邛人的族源问题	刘世旭	民族论丛	4期	1986
四川大石文化研究	董其祥	重庆师范大学学报（哲社）	2期	1987

续表二

篇、书名	著(译)编者	出处	卷、期	年月日
西南地区的"大石墓"及其族属问题	张增祺	考古	3 期	1987
安宁河流域大石墓的再探索	李 连	西南民族学院学报（社科）	1 期	1987
川西南与滇西大石墓试析	罗开玉	考古	12 期	1989
川西南大石墓与巴蜀文化之比较	刘世旭	四川文物	2 期	1990
大石墓追踪寻源	雷玉华	文史杂志	3 期	1990
四川大石遗址揭秘	谢芳琳等	历史大观园	11 期	1991
川西南大石墓与邛都七部	刘 弘	文物	3 期	1993
巨石之谜的解释——近二十六年来西南地区"大石墓"的探索历程	杨哲峰	中国文物报		2000. 11. 1
近二十六年来西南地区"大石墓"的研究综述	杨哲峰	中国史研究动态	4 期	2001
神奇的大石墓	刘 弘	风景名胜	1 期	2004
大石墓：挖出一个更大的谜	宋 明	中国民族报		2004. 10. 22

4. 悬棺葬

篇、书名	著(译)编者	出处	卷、期	年月日
Ancient White Men's Graves in Szechwan Province（四川古代的白人坟）	D. C. Graham（秦学圣）	Journal of the West China Border Research Society	Vol. 5	1932
		凉山彝族奴隶制研究	1 期	1980
The "White Men's Graves" of Southern Szechwan（川南的"白人坟"）	D. C. Graham（秦学圣）	Journal of the West China Border Research Society	Vol. 7	1935
		凉山彝族奴隶制研究	1 期	1980
说"白人"坟	包渔庄	边政公论	4 卷 7、8 期	1945
四川珙县"僰人"悬棺及岩画调查记	四川省博物馆、珙县文化馆	文物资料丛刊	2 辑	1978
古僰悬棺	曾水向	四川日报		1979. 10. 5
僰人悬棺	黄 彤	成都日报		1980. 12. 15
奇妙的葬俗	丁祖春	历史知识	1 期	1980
四川珙县洛表公社十具"僰人"悬棺清理简报	四川省博物馆、珙县文化馆	文物	6 期	1980
悬棺葬资料汇集	中国悬棺葬学术讨论会秘书组	编者刊		1980

续表一

篇、书名	著(译)编者	出处	卷、期	年月日
僰人岩	何裴卿	四川日报		1981.3.15
宜宾地区悬棺葬调查记	重庆市博物馆	考古	5期	1981
奇异的古代僰人悬棺	王苗	新观察	14期	1981
叙南悬棺葬调查记	蒋万锡	民族论丛·悬棺葬研究专集		1981
记高县明代岩墓及其石刻	何泽宇	民族论丛·悬棺葬研究专集		1981
"僰人悬棺"清理杂记	曾水向	民族论丛·悬棺葬研究专集		1981
"僰人悬棺"人骨初窥	秦学圣	民族论丛·悬棺葬研究专集		1981
"僰人悬棺"岩画中所见的铜鼓	沈仲常	民族论丛·悬棺葬研究专集		1981
珙县"僰人悬棺"岩画中的球戏	沈仲常	贵州民族研究	2期	1982
高县岩穴墓及其石刻考	何泽宇	民族学研究	4辑	1982
珙县僰人悬棺		重庆日报		1983.8.27
僰人悬棺		四川		1985
悬岩上的秘密	吕红文	旅游天府	3期	1983
四川筠连县僰人湾一号悬棺清理简报	四川大学七八级考古专业实习队、筠连县文化局	考古与文物	6期	1983
"僰人悬棺"颅骨的人种学分析	朱泓	南方民族考古	1辑	1987
四川珙县"僰人"悬棺	崔陈	文物天地	2期	1989
中国悬棺葬	陈明芳	重庆出版社		1992
百仞高崖之上的千古奇观——中国悬棺葬管窥	彭华	宜宾学院学报	3期	1994
僰人悬棺的维修和加固	曾中懋	四川文物	6期	1996
如梦悬棺	张建蓉	四川戏剧	3期	1999
夔峡中发现悬棺葬	陈培绪	文物	5期	1959
四川奉节县风箱峡崖棺葬	李莉	文物	7期	1978
大宁河罕见的一景 神秘的悬棺	夏鹏章	水利天地	1期	1988
四川东部乌江流域悬棺葬调查简况	陈明芳	四川文物	4期	1985
四川乐山地区崖穴悬棺葬调查报告	马琦	考古	11期	1988
崖墓稽古录	刘铭恕	中国文化研究汇刊	6卷	1946

续表二

篇、书名	著(译)编者	出处	卷、期	年月日
四川悬棺葬	石钟健	凉山彝族奴隶制研究	1期	1979
川南民族的悬棺问题——僰人悬棺乎？僚人或仡僚悬棺乎	芮逸夫	中央周刊	9卷11期	1947
中国与东南亚之崖葬文化	凌纯声	"中研院"史语所集刊	23本下	1950
略谈珙县"僰人悬棺"的族属问题	李复华	凉山彝族奴隶制研究	1期	1979
谈西南的岩棺葬制	邓少琴	凉山彝族奴隶制研究	1期	1980
"都掌蛮"和"土僚"——四川珙县悬棺族属辨	唐嘉弘	文物	11期	1980
岩画、"阿旦沐"、都掌蛮——关于珙县悬棺葬墓主的族属	沈仲常	文物	11期	1980
悬棺葬资料汇集	中国悬棺葬学术讨论会秘书组	编者刊		1980
悬棺之谜	齐克	羊城晚报		1981.3.24
四川悬棺葬的研究	董其祥	西南师院学报（哲社）	1期	1981
古代南方少数民族悬棺葬俗	曾文琼	西南民院学报（哲社）	2期	1981
"都掌蛮"铜鼓与"僰人悬棺"——兼评夜郎"五茶夷"的族属	李衍垣	贵州社会科学	3期	1981
夜郎僰人及其葬式	庄园禾	夜郎考		1981
民族论丛：悬棺葬研究专集	四川省民族事务委员会	编者刊		1981
悬棺、都掌蛮与铜鼓	唐嘉弘	贵州社会科学	3期	1982
悬岩上的秘密	吕红文	旅游天府	3期	1982
试论悬棺葬的族属及性质	曾文琼	民族学研究	4辑	1982
悬棺、铜鼓及其他——也谈悬棺葬族属有关的问题	李伟卿	民族学研究	4辑	1982
从民间故事看川南悬棺葬的族属	杜品光	民族学研究	4辑	1982
		民族研究文集		2000
"僰人悬棺"辨疑	蒙默	思想战线	1期	1983
论悬棺葬的起源地和越人的海外迁徙	石钟健	贵州社会科学	1期	1983
试论悬棺葬的族属及性质	曾文琼	民族学研究	4期	1984
为川南"僰人悬棺"正名	李绍明	民族学研究	4期	1984
古代的悬棺葬	唐嘉弘	文史知识	10期	1984
都掌蛮铜鼓与僰人悬棺	李衍垣	川南文博	2期	1985
悬棺、铜鼓及其他	李伟卿	川南文博	2期	1985

续表三

篇、书名	著(译)编者	出处	卷、期	年月日
珙县悬棺葬研究中的几个问题	蜀石	西南师范大学学报（社科）	4期	1985
"僰人悬棺"质疑	唐嘉弘	民族学与现代化	3期	1986
悬棺之谜	晓帆 范仲成	中国民间文艺出版社		1986
宜宾岩穴与川南古代的僚人	刘豫川	四川文物	2期	1987
"僰人悬棺"颅骨的人种学分析	朱泓	南方民族考古	1辑	1987
论四川岩椁墓的形成与族属	唐昌朴	中央民族学院学报	1期	1988
川南岩葬及有关问题初探	丁天锡	民族研究	4期	1988
我国南方地区悬棺葬与崖洞葬之比较研究	陈明芳	中央民族学院学报	5期	1989
		民族研究文集		2000
我国悬棺葬研究中应注意的几个问题	刘翔	四川文物	3期	1991
铜鼓与悬棺葬——再论悬棺葬的族属问题	陈明芳	广西民族研究	3期	1991
也谈闽赣川黔地区悬棺葬几个问题的比较研究——兼与林蔚文同志商榷	陈明芳	南方文物	1期	1991
闽赣川黔等地崖（悬）棺葬诸问题再探——兼答陈明芳同志	林蔚文	南方文物	1期	1992
也谈闽赣川地区悬棺葬几个问题——与林蔚文同志商榷	陈明芳	考古与文物	1期	1993
自然环境与文化——以僰人悬棺葬等文化现象为案例	靳薇	人文地理	1期	1993
西南丝绸之路上的悬棺葬及其族属	陈明芳	南方文物	4期	1993
中国悬棺升置技术刍议	陈明芳	中央民族学院学报	2期	1993
鄂西与川东地区岩穴墓分析	余博洲	四川文物	2期	1993
神奇的三峡悬棺	邵红峰	风景名胜	2期	1994
话说悬棺葬	海潮	农村实用技术与信息	3期	1996
四川珙县悬棺族属考	刘振垠	西南民族学院学报（哲社）	6期	1996
论四川悬棺葬礼俗的几个问题	黄伟	四川文物	增刊	1996
三峡悬棺葬的文化内涵	谢应光	四川文物	2期	1997
三峡千古悬棺之谜	陈洪春	旅游	8期	1997
三峡悬棺是如何放上去的	武仙竹	文物天地	3期	1998
云南永善县发现的僰人悬棺葬考略	夏廷安	四川文物	3期	1998

续表四

篇、书名	著(译)编者	出处	卷、期	年月日
三峡悬棺亮出谜底	康丽莎	科技信息	5期	1998
魂归峭壁——悬棺与崖葬	罗二虎	四川教育出版社		1998
论悬棺葬的兴起与消失	唐圣清	消费经济	2期	1999
大宁河悬棺考察记	冉瑞铨	中国三峡建设	6期	1999
奇异的僰人悬棺葬	陈明芳	大自然探索	10期	2000
悬棺的主人是谁	刘牛	大自然探索	10期	2000
中国悬棺葬研究概况及其展望	陈明芳	史前研究（2000）		2000
僰人悬棺之谜	江小阳	中国西部	6期	2001
重庆丰都和石柱县崖棺葬调查与研究	王豫	重庆历史与文化	2期	2002
		华夏考古	4期	2004
解开千古悬棺之谜	李玮 张万金	检察风云	14期	2003
珙县僰人悬棺"红筷子"研究	韦安多	凉山大学学报	3期	2004

5. 古器物

篇、书名	著(译)编者	出处	卷、期	年月日
三巴金石录	周其悫	成都存古书局		1918
华阳金石钞	王简	成都美学林		1932
三台金石文物	左启	民盟三台艺术院等		1998
都江堰市金石录	都江堰市地方志编纂委员会	四川人民出版社		1999
Notes on Two Small Bronze Lamps in the West China Union University Museum of Archaeology	D. C. Graham	Journal of the West China Border Research Society	Vol. 9	1937
跛蜀郡器	张希鲁	旅行杂志	17卷9期	1943
成都白马寺出土铜器辨	商承祚	说文月刊	3卷7期	1942
成都白马寺古墓损毁勘查报告	川西文教厅社教科	文物参考资料	2卷11期	1951
成都南郊出土的铜器	赖有德	考古	8期	1959
试论百花潭嵌错图象铜壶	杜恒	文物	3期	1976
成都百花潭铜壶与《豳风·七月》	王文才	四川师院学报（社科）	4期	1981
成都的战国"宴饮、水陆攻战"铜壶	胡昌钰	成都文物	1期	1985

续表一

篇、书名	著(译)编者	出处	卷、期	年月日
南郊出土的西周铜罍	苟志平	成都日报		1978.8.9
成都南郊出土大型西周铜罍	平记	成都文物简讯	1期	1978
成都出土一批战国铜器	成都市博物馆	文物	11期	1990
成都战国墓出土铜鸡小考	申树业	成都文物	1期	1991
成都白果林小区狩猎纹铜壶试析	江章华、李加锋	文物考古研究		1993
成都出土铜鸟考	姜世碧	成都文物	3期	1998
新津出土蜀王虎钟考略（附图）	黄希成	说文月刊	3卷12期	1944
新津县首次发现商代青铜瓿	李中华	四川文物	5期	1994
四川甘孜附近出土的一批铜器	安志敏	考古通讯	1期	1958
彭县发现全套铜酒器，器上镌有铭文估计是西周器物	王家祐	光明日报		1961.1.18
记四川彭县竹瓦街出土的铜器	王家祐	文物	11期	1961
四川彭县濛阳镇出土的殷代二觯	徐中舒	文物	6期	1962
彭县发现一处西周铜窖藏	周述烈	四川日报		1980.6.5
四川彭县出土的铜器	冯汉骥遗作	文物	12期	1980
四川彭县西周窖藏铜器	四川省博物馆、彭县文化馆	考古	6期	1981
彭县出土的西周铜罍	胡昌钰	四川史研究通讯	1期	1983
彭县致和乡出土战国青铜器	廖光华	四川文物	1期	1989
彭县竹瓦街青铜器窖藏考辨	李明斌	南方文物	1期	2002
竹瓦街铜器群与杜宇氏蜀国	赵殿增	四川文物	2期	2003
彭县竹瓦街铜器再分析——埋藏性质、年代、原因及其文化背景	孙华	长江流域青铜文化研究		2003
彭县竹瓦街青铜器窖藏几个问题的探讨	李明斌	成都文物	2期	2004
四川涪陵新出土的错金编钟	邓少琴	文物	12期	1974
四川郫县红兴公社出土战国铜器	李复华	文物	10期	1976
巴蜀式青铜器	杉本宪司	世界考古学事典	上册	1979
四川简阳出土的战国青铜器	四川省博物馆、简阳县文化馆	文物资料丛刊	3期	1980
论新都出土的蜀国青铜器	李学勤	文物	1期	1982
试探新都战国墓青铜器不锈之原因	曾中懋	考古与文物	3期	1982
论新都蜀墓及所出"邵之飤鼎"	段渝	考古与文物	3期	1991

续表二

篇、书名	著(译)编者	出处	卷、期	年月日
邵之飤鼎疑辨	冯广宏	四川文物	1 期	1997
四川会理出土一组编钟	陶鸣宽	考古	2 期	1982
巴蜀铜器纹饰图录	刘瑛	文物资料丛刊	7 期	1983
四川汉源出土商周青铜器	岳润烈	文物	11 期	1983
论巴蜀青铜器	杜乃松	江汉考古	3 期	1985
试论巴蜀文化的铜器——兼论巴蜀与中原文化的关系	叶小燕	中国考古学研究——夏鼐先生考古五十年纪念论文集	2 集	1986
四川峨眉县出土一批战国青铜器	陈黎清	考古	11 期	1986
四川峨眉县战国青铜器的科学分析	峨眉地区文物管理所、自然科学史研究所	考古	11 期	1986
清升乡出土战国时期编钟	陈维海 甘勇	四川日报		1986.4.10
试析巴蜀器物上的龙凤虎纹饰	冯一下	四川文物	1 期	1987
部分四川青铜器的科学分析	何堂坤	四川文物	4 期	1987
磷——巴蜀式青铜兵器中特有的合金成分	曾中懋	四川文物	4 期	1987
四川绵竹县发现西周小臣伯鼎	绵竹县文管所	考古	6 期	1988
汶川发现西周时期蜀文化青铜罍	徐学书	四川文物	4 期	1989
巴蜀青铜器	四川省博物馆	成都出版社		1990
		澳门紫云斋出版有限公司		1990
宜昌地区所见周代巴蜀铜器刍议	王家德	江汉考古	1 期	1991
试析巴蜀青铜器上的虎图像	吴怡	四川文物	1 期	1991
巴蜀地区青铜文化的两个问题	雷玉华	成都文物	4 期	1991
四川越西县聊家山发现战国西汉铜铁器	毛瑞芬等	考古	5 期	1991
湖北出土的巴式青铜器及相关问题	王晓宁	四川文物	6 期	1991
叙永出土古代铜鼎	周世华	四川文物	3 期	1992
出土巴蜀铜器成分的分析	曾中懋	四川文物	3 期	1992
巴蜀金银错犀牛铜带钩的复制	王海阔	四川文物	6 期	1992
四川茂县出土大批青铜器	阿日文 徐葵	中国文物报		1992.6.10
川东地区散藏的青铜绳纹甬钟	幸晓峰	四川文物	2 期	1994

续表三

篇、书名	著(译)编者	出处	卷、期	年月日
中国青铜器全集·第13集·巴蜀	中国青铜器全集编辑委员会	文物出版社		1994
邯郸出土的"蜀西工"酒樽	郝良真	文物	10期	1995
茂汶新出与子鼎跋	魏启鹏	先秦史与巴蜀文化论集		1995
虎形饰青铜器的分布传播及巴蜀文化特色问题刍议	刘明科等	先秦史与巴蜀文化论集		1995
蜀器二比	孙敬明	先秦史与巴蜀文化论集		1995
从张庄桥汉墓所出铜器看蜀赵两地的文化交流	郝良真等	先秦史与巴蜀文化论集		1995
论弓鱼国墓地出土的青铜器	王桂枝	先秦史与巴蜀文化论集		1995
会理新近收藏的几件青铜器	唐翔	四川文物	2期	1998
四川西南山地盐源盆地出土的战国秦汉青铜树	林向	华夏考古	3期	2001
盐源青铜艺术初探	钟雅莉	中华文化论坛	4期	2002
仁寿出土战国双耳铜钫	钟建明	四川文物	3期	2002
三峡地区首次发现鄂尔多斯式青铜带扣	雷雨	中国文物报		2003.1.3
浅析铜罍在巴蜀青铜文化中的地位及其特点	吴怡	四川文物	5期	2002
巴蜀青铜器工艺研究综述	姚智辉	四川文物	3期	2004
试论峡江地区夏商周时期的釜与巴文化的关系	金国林	四川文物	3期	2004
云阳县马粪沱墓出土战国晚期汉代青铜器的分析研究	姚智辉等	江汉考古	2期	2005
峡江地区部分青铜器的成分与金相研究	姚智辉等	自然科学史研究	2期	2005
四川芦山县发现战国铜剑及印章	陆德良	考古	8期	1959
"楚公䣙"戈	高至喜	文物	12期	1959
"楚公䣙戈"辨伪	于省吾 姚孝遂	文物	3期	1960
对"楚公䣙戈辨伪"一文的商讨	高至喜 蔡季襄	文物	8、9期	1960
关于"楚公䣙"戈的真伪并略论四川"巴蜀"时期的兵器	冯汉骥	文物	11期	1961

续表四

篇、书名	著(译)编者	出处	卷、期	年月日
"楚公䟒戈"真伪的我见	商承祚	文物	6期	1962
"大武開兵"铜戚与巴人的"大武舞"	俞伟超	考古	3期	1963
关于"大武戚"的铭文及图像	马承源	考古	10期	1963
"大武"舞戚续记	俞伟超	考古	1期	1964
再论"大武舞戚"的图象	马承源	考古	8期	1965
虣䇂果戈跋	沈之瑜	文物	9期	1963
关于"蜀戈"的命名及其年代	张忠培	吉林大学学报（社科）	3期	1963
四川涪陵的秦始皇二十六年铜戈	于豪亮	考古	1期	1976
"蜀月"、"蜀守"与"臯月"小议——涪陵廿六年秦戈两关键铭文释读辨正	陈平	文博	5期	1985
记成都交通巷出土的一件饰有"蚕纹"的铜戈	石湍	成都文物简讯	1期	1978
西周"蚕纹"铜戈	石湍	成都日报		1979.9.3
记成都交通巷出土的一件"蚕纹"铜戈	成都市文管处	考古与文物	2期	1980
成都市出土的一批战国铜兵器——兼论蜀式兵器的渊源和发展	四川省文管会	文物	8期	1982
略谈成都出土的几件青铜兵器	卢升弟	成都大学学报（社科）	1期	1988
"蛇"的启示——小议新都蛇纹古剑	王有鹏 朱奎洪	成都日报		1980.11.17
盐边县发现古铜柄铁刃剑	叶大槐	凉山彝族奴隶制研究	1期	1981
阆中县出土虎纹铜钺	张启明	四川文物	3期	1984
高县从废品收购站拣选出一柄巴式剑	何泽宇	四川文物	3期	1984
潼南县出土巴蜀式铜钺	世华	四川文物	4期	1985
从郫县一件饰有鸟纹的战国铜戈说起	梁文骏	成都文物	4期	1985
四川万县发现两千年前的刀剑		文物天地	5期	1985
大渡河南岸发现蜀式青铜剑	宋治民	考古与文物	6期	1985
四川出土殷周古刀剑		新民晚报		1985.7.18
四川绵阳出土战国铜兵器	何志国	文物	3期	1986

续表五

篇、书名	著(译)编者	出处	卷、期	年月日
鄂西发现一批周代巴蜀青铜器	王家德	四川文物	1期	1987
茂汶石棺葬墓出土"青铜短剑"	罗进勇	四川文物	1期	1987
朝天码头挖出战国时期兵器	晓霞	重庆晚报		1987.4.19
四川青川出土秦始皇时期铜戟		人民日报		1988.10.8
四川青川出土九年吕不韦戟	尹显德	考古	1期	1991
芦山出土青铜鞘短剑	钟坚	四川文物	1期	1990
湖北出土的巴式青铜器及相关问题	王晓宁	四川文物	6期	1991
巴蜀柳叶形剑渊源试探	江章华	四川文物	1期	1992
巴蜀铜兵器上虎纹与巴族	李明斌	四川文物	2期	1992
金阳发现青铜兵器	王兆祺	四川文物	4期	1992
四川广元收藏的一件兽纹铜戈	郑若葵 唐志工	文物	7期	1992
四川青川县出土九年吕不韦戈考	黄家祥	文物	11期	1992
浅谈"以人祠虎"纹青铜戈	傅成金 陈敏卫	四川文物	3期	1993
会理发现一柄青铜剑	唐翔	四川文物	4期	1993
南川出土青铜器	罗晓耘	四川文物	6期	1993
四川西昌发现战国"车大夫长画"铭文戈	张正宁	考古与文物	5期	1993
巴蜀铜錞与巴蜀之师	刘弘	四川文物	6期	1994
永川发现战国青铜剑	王昌文	四川文物	1期	1995
三台县郪江镇出土战国青铜剑	左启	四川文物	1期	1998
河南南阳市发现巴蜀式铜剑	包明军 李华冰	华夏考古	2期	2004
湖南张家界出土战国铭文戈小考	陈松长	古文字研究	25辑	2004
从四川两件铜戈上的铭文看秦灭巴蜀后统一文字的进步措施	童恩正 龚廷万	文物	7期	1976
		中国西南民族考古论文集		1990
我国西南地区青铜剑的研究	童恩正	考古学报	2期	1977
		中国西南民族考古论文集		1990
我国西南地区青铜戈的研究	童恩正	考古学报	4期	1979
		中国西南民族考古论文集		1990

续表六

篇、书名	著(译)编者	出处	卷、期	年月日
铜戈——反映巴蜀文化的珍贵文物	李复华 章映阁	四川日报		1981.2.1
我国西南地区铜柄铁剑研究	宋世坤	中国考古学会第三次年会论文集		1981
山字格剑	李 森	渡口日报		1983.10.26
云雷纹戈	李 森	渡口日报		1983.11.16
宝鸡茹家庄、竹园沟墓地出土兵器的初步研究	卢连成等	考古与文物	5 期	1983
王权的象征——钺	李 森	渡口日报		1984.2.7
试论无胡蜀式戈的几个问题	霍 巍 黄 伟	考古	3 期	1989
鎏锡——铜戈上圆斑纹的制作工艺	曾中懋	四川文物	6 期	1989
巴蜀式青铜剑虎斑纹的铸造工艺	曾中懋	四川文物	5 期	1993
巴蜀柳叶形剑研究	江章华	成都文物	1 期	1995
		考古	9 期	1996
论四川出土的青铜矛	李健民	考古	2 期	1996
试探川东北出土的巴蜀铜兵器	马幸辛	四川文物	2 期	1996
巴蜀古文戈铭试读	冯广宏	四川文物	6 期	1996
先秦巴蜀青铜兵器研究	吕建昌	军事历史研究	2 期	1997
蜀戈与巴蜀钺述评	张肖马 李家峰	成都文物	3 期	1998
中国古代巴蜀式青铜剑上的虎斑纹装饰——古代锡汞齐的证据	亚历山大·科索拉波茨等（曾中懋）	四川文物	5 期	1999
论巴蜀文化虎纹戈的类型和族属	杨 勇	四川文物	2 期	2003
巴国青铜矛的科技分析与保护	陈 斌	西安文物考古研究——西安市文物保护考古所成立十周年纪念		2004
试析西南夷地区的三叉格铜柄铁剑	苏 奎 尹俊霞	四川文物	2 期	2005
成都市博物院几件院藏青铜兵器的分析研究	姚智辉等	文物保护与考古科学	2 期	2005
汉蜀郡严氏铜洗		艺林旬刊	42 卷	1929
汉代金马书刀	曾 庸	考古	7 期	1959
四川宝兴出土的西汉铜器	宝兴县文化馆	文物	2 期	1978
四川彭山县出土新莽西顺郡铜板	丁祖春	文物	11 期	1979

续表七

篇、书名	著(译)编者	出处	卷、期	年月日
双流县出土西汉铜钟	王泽枋	成都日报		1980.6.9
郫县出土东汉铜器	梁文骏 潘瑞明	文物	11期	1981
资阳东汉墓出土铜俑等文物	王有鹏	四川文物	2期	1984
芦山发现一尊汉代青铜人像	钟坚	文物	10期	1987
四川广元出土一批汉代铜器	唐志功	考古	5期	1990
绵阳出土的东汉铜马	小禾	四川文物	5期	1991
西昌出土东汉永和元年铭文双鱼洗	张正宁	四川文物	4期	1993
东汉时期的戒指在达县市出土	任超俗	四川文物	2期	1992
宜宾市郊区出土东汉铜洗	丁天锡 周值桑	四川文物	6期	1993
重庆巫山县东汉鎏金铜牌饰的发现与研究	重庆巫山县文管所、中国社科院考古所三峡工作队	考古	12期	1998
潼南首次出土东汉铜釜	姜孝云	中国文物报		2001.3.7
三峡古墓群出土一金龙	陆靳羽	文汇报		2002.10.14
青羊场挖出唐代铜像	杨又润	四川日报		1958.5.7
华蓥市发现古代铜铃	雷平	四川文物	2期	1994
唐代铜钟	龚节流 陈世雄	文物	9期	1981
重庆万州中坝遗址发现唐代佛教金铜造像	冉万里	考古与文物	2期	2004
三峡库区出土40多尊唐代镏金铜像		艺术市场	3期	2004
三峡库区出土唐代鎏金铜像		光明日报		2004.2.6
一件征集的铜佛像	王黎明	成都文物	1期	2005
四川温江县发现南宋窖藏	温江县文化馆	考古	4期	1977
成都南郊发现宋代窖藏铜器	翁善良	考古与文物	6期	1983
大邑县出土宋代铜牛灯	胡亮	四川文物	3期	1984
万源黄龙寺古钟	廖扬凯	四川文物	1期	1985
四川什邡出土宋代银碗	郑绪滔	四川文物	2期	1986
江油县发现宋代窖藏	黄石林	四川文物	2期	1987
仪陇县立山乡发现南宋窖藏	王永平	四川文物	5期	1988
通江铁溪乡天井村窖藏铜器	岳钊林	四川文物	1期	1989

续表八

篇、书名	著(译)编者	出处	卷、期	年月日
峨眉山市罗目镇出土宋代窖藏	陈黎清	四川文物	1期	1990
岳池县双鄢乡出土铜器窖藏	张道远	四川文物	4期	1990
华蓥市高兴镇出土的窖藏银锭	袁明森 张玉成	四川文物	1期	1991
剑阁宋代窖藏综述	母学勇	四川文物	3期	1992
成都琉璃厂窑宋双鱼纹盆	吕成龙	四川文物	3期	1993
四川发现淳化御赐精银	黄岳明	中国钱币	1期	1994
宋代铜制中国象棋浅析	曾昌林	四川文物	6期	1995
成都市彭州宋代金银器窖藏	彭州市博物馆、成都市文物考古研究所	文物	8期	2000
彭州宋代金银器赏析	郑小萍	四川文物	4期	2002
四川彭州宋代金银器窖藏	成都市文物考古研究所、彭州市博物馆	科学出版社		2003
江油发现精美宋代窖藏铜器	黄石林	四川文物	4期	2004
探索四川宋元器物窖藏	谢明良	近千年来中国美术史研究国际学术研讨会论文集		2001
新发现的元代金牌及元代牌符文献研究	李晓菲	西南民族学院学报（哲社）	12期	2002
重要的考古成果，珍贵的出土文物——四川古代窖藏琐记	史占扬	四川文物	4期	2002
甲饰	王献唐	说文月刊	3卷7期	1942.8
四川宜宾护士学校砸毁明代铜象		文物参考资料	9期	1954
四川洪雅九胜山明墓出土的银锭	四川省文管会	考古通讯	3期	1956
四川洪雅县明墓出土的银锭文字	刘志远	文物参考资料	5期	1956
四川少年李宁挖到明代金银器物全部交给了国家		人民日报		1981.4.18
西充县出土明代铜器窖藏	李南书	四川文物	3期	1985
南充县出土明代窖藏	刘畅	四川文物	4期	1985
四川宜宾市合江门出土明代铜炮	宜宾市文物管理所	考古	7期	1987
绵阳市红星街出土明代窖藏	何志国	四川文物	1期	1990
南充县出土明代窖藏	覃海泉	四川文物	2期	1993
大竹出土明代铜器	余和平	四川文物	1期	1994
重庆长寿县出土的明代窖藏金银器	王豫	东南文化	5期	1994

续表九

篇、书名	著(译)编者	出处	卷、期	年月日
邛崃县发现鎏金铜造像窖藏	何小伟	四川文物	4期	1988
都江堰市出土的"龙纹铁炉"探索	王纯五	四川文物	4期	1998
张献忠"大顺赤金"戒指	赵树中	四川文物	1期	1985
蒲江县发现清代窖藏银锭	龙腾	四川文物	6期	1989
雍正赐岳钟琪铜官刀	陈志学	四川文物	3期	1993
乐山大佛寺的三口大钟	帅秉龙	四川文物	3期	1996
三件清代铜质造像的化学保护技术处理	金普军	四川文物	1期	2004
沙尔公社发现古代铁铠甲	肖顺松	阿坝报		1981.5.16
张献忠大顺三年铜镜	袁炎兴	文物	1期	1960
四川省出土铜镜	四川省博物馆、重庆市博物馆	文物出版社		1960
从大顺年号镜浅谈对张献忠的历史评价	李桓贤	江西历史文物	1期	1981
张献忠大顺三年铜镜	苏成纪	四川文物	2期	1984
东汉铜鉴	冯先成	成都日报		1978.10.19
甘肃天水县发现蜀汉铜镜	刘大有	文物	9期	1979
江油县出土汉、唐铜镜各一面	梁安礼	成都晚报		1983.3.31
江油发现唐代海兽葡萄镜	黄石林	四川文物	3期	1984
江油发现汉代铜镜	黄石林	四川文物	4期	1984
江油市博物馆藏铜镜的初步研究	宋建民	四川文物	3期	2002
四川三台县发现一批宋镜	三台县文化馆	考古	7期	1984
从唐大和元年铜镜谈传世"饭牛镜"	罗家容	文物	7期	1984
雅安市出土宋代铜镜	张朝武	四川文物	4期	1985
"大吉官"及"永安三年"镜辨误	王禹浪	四川文物	2期	1986
丹棱发现宋代桃形青铜镜	万玉忠	中国文物报		1988.6.17
丹棱县出土宋代桃形青铜镜	万玉忠	四川文物	1期	1989
四川省丹棱县出土宋代桃形铜镜		考古与文物	3期	1990
四川绵阳出土一件汉代铭文铜镜	何志国	文物	2期	1989
四川绵阳出土的古代铜镜	何志国	文物	1期	1992
西昌发现的金代四鼠葡萄铜镜	王兆祺	四川文物	6期	1989
四川西昌北山出土古代铜镜	黄承宗	文物	10期	1993

续表一〇

篇、书名	著(译)编者	出处	卷、期	年月日
西昌出土宋"高士"图铜镜	黄承宗	四川文物	1期	1995
渠县历史博物馆收藏铜镜评鉴	王建纬	四川文物	3期	1990
四川渠县出土汉代神兽铜镜	王建纬	考古	3期	1993
四川资中出土一件云纹托月官铜镜	胡清友	文物	4期	1990
资中征集到宋代"仙人驾鹤"铜镜	黄先敏	四川文物	3期	1991
阆中馆藏铜镜选鉴	张启明	四川文物	6期	1992
会理发现金代摩羯镜	唐翔	四川文物	2期	1993
仪陇出土唐代朱雀葡萄佛手铜镜	李蚊蛟	四川文物	2期	1993
巴中出土东汉龙虎铜镜	赖万林	四川文物	6期	1993
青神发现唐代八卦铜镜	鲁树泉	四川文物	2期	1994
新津县出土金代双鱼铜镜	李兴玉	四川文物	2期	1994
"汉家长宁"铜镜考	李振华	四川文物	5期	1995
荣县出土宋代鼎形八卦铜镜	邵彬	四川文物	5期	1995
仁寿出土宋代八卦铜镜	王德友	四川文物	3期	1996
从新出考古材料论我国西南的带柄铜镜问题	霍巍	四川文物	2期	2000
神兽镜相关问题探究	李军	南方文物	2期	2000
四川何家山崖墓出土神兽镜及相关问题研究	霍巍	考古	5期	2000
神兽镜与龙虎镜	赵幼强	中国文物报		2000.2.6
掘获铜鼓		广益丛报	113号	1906.7.20
铜鼓研究发凡	陈志良	旅行杂志	17卷2号	1943
四川大学历史博物馆所藏古铜鼓考	闻宥	明达出版社		1953
铜鼓续考	闻宥	明达出版社		1954
古铜鼓图录	闻宥	上海出版公司		1954
汉晋以来铜鼓发现地区图	李家瑞	考古	9期	1961
彝族不是使用铜鼓的民族——兼对《汉晋以来铜鼓发现地区图》的商榷	杜杉	考古	8期	1962
略述中国古代铜鼓的分布区域	何纪生	考古	1期	1965
四川会理出土的一面铜鼓	会理县文化馆	考古	3期	1977
试论中国古代铜鼓	汪宁生	考古学报	2期	1978
中国南方铜鼓的分类和断代	李伟卿	考古	1期	1979

续表——

篇、书名	著（译）编者	出处	卷、期	年月日
彝族与铜鼓	李伟卿	凉山彝族奴隶制研究	1期	1980
关于铜鼓的争鸣——首次铜鼓讨论会简记	蒋廷瑜	民族研究	4期	1980
诸葛亮和铜鼓	章映阁	成都日报		1980.8.7
诸葛亮与铜鼓	李复华 章映阁	四川日报		1982.3.21
略谈凉山的铜鼓	黄承宗	中国古代铜鼓研究通讯	1期	1981
四川宜宾出土铜鼓	兰 峰	考古	12期	1983
试探中国南方铜鼓的族属	李伟卿 席克定	西南民族研究		1983
论古代西南铜鼓与中原文化的关系	李先登	天津师范大学学报	1期	1984
兴文县出土铜鼓	丁天锡	四川文物	3期	1984
川苗刺绣图案与铜鼓	成恩元	贵州民族研究	4期	1984
我国西南地区一种新的青铜文化（上）（下）	王 涵	云南文物	15、16期	1984
布拖县联布乡铜鼓考略	毛瑞芬	四川文物	1期	1985
谈谈凉山彝族与铜鼓	黄承宗	贵州民族研究	2期	1985
宜、泸两地市藏铜鼓介绍	白 章 泽 雨	川南文博	2期	1985
旧文献记载川南地方铜鼓资料的辑录	骆凤文	川南文博	2期	1985
宜宾县石城山"岩山碑"与铜鼓	丁天锡	川南文博	2期	1985
铜鼓海船纹的猜想	家 祐 徐兰洲	川南文博	2期	1985
四川古代铜鼓的分布及其族属研究	董其祥	川南文博	2期	1985
达县文管所收藏的两面铜鼓	罗丕林 王和平	四川文物	4期	1985
古蔺县出土一面铜鼓	胡世勋	四川文物	1期	1987
会理县果园乡出土铜鼓	包月河	四川文物	5期	1989
四川凉山古代铜鼓族属初探	胡立嘉	四川文物	6期	1990
盐源汉墓出土战国铜鼓	刘世旭 李荣友	中国文物报		1991.5.12
叙永县出土铜鼓	周世华	四川文物	3期	1991
西南民族学院馆藏两面铜鼓考略	戴 奎	四川文物	3期	1995
僚人与冷水冲型铜鼓的关系	邱 明	云南民族学院学报（哲社）	1期	1997

续表一二

篇、书名	著(译)编者	出处	卷、期	年月日
成都武侯祠铜鼓考——兼论铜鼓的起源	古元忠	成都文物	4 期	1998
唐代吐蕃的两面铜鼓	李露露	四川文物	3 期	2003
川南都掌蛮铜鼓文化探讨	屈 川	民族研究	3 期	2004
也谈"僰人"悬棺岩画中的铜鼓形象	屈 川	西南民族大学学报（人文）	9 期	2004
四川大学历史博物馆所藏古铜鼓考、铜鼓续考	闻 宥	巴蜀书社		2004
《川南都掌蛮铜鼓文化探讨》观点简介	屈 川	宜宾学院学报	4 期	2005

6. 碑刻

篇、书名	著(译)编者	出处	卷、期	年月日
大梁访碑记	张相文	地学杂志	1 卷 2 期	1910
Sacred Stones and Associated Traits in Eastem Tibet and Contiguous Regions	J. H. Edgar	Journal of the West China Border Research Society	Vol. IV	1930 – 1931
四川访碑录	刘喜海	艺文杂志	1 卷 2、4、5 期	1936
有关羌族历史的石刻	闻 宥	考古与文物	2 期	1980
四川地震碑石	江在雄	考古与文物	2 期	1987
四川历代碑刻	高 文 高成刚	四川大学出版社		1990
什邡鉴园碑刻	四川省什邡市建设委员会	编者刊		1995
白帝城竹枝词碑园	魏靖宇	巴蜀书社		1995
白帝城历代碑刻选	魏靖宇	中国三峡出版社		1996
巴蜀道教碑文集成	龙显昭 黄海德	四川大学出版社		1997
蜀碑著录述评	胡昌健	成都文物	1 期	1998
民国拓本《萃珍阁蜀砖集》	王明发	四川文物	1 期	2002
新中国出土墓志：重庆	胡人朝	文物出版社		2002
四川历代关庙碑文研究	文廷海	四川文物	5 期	2003
巴蜀佛教碑文集成	龙显昭	巴蜀书社		2004
天风五石	卢 前	文史杂志	3 卷 5、6 期	1944

续表一

篇、书名	著(译)编者	出处	卷、期	年月日
樊敏碑考略（附图）	任乃强	说文月刊	4 卷	1944
《东汉巴郡太守樊敏碑》考	谢凌	四川文物	1 期	2000
雅安新出汉碑两种——何君阁道碑、赵仪碑	四川省文物考古研究院等	巴蜀书社		2005
汉碑中有关农民起义的一些材料	曾庸	文物	8 期	1960
綦江汉隶字碑杂识	文守仁	四川文献	65 期	1968
四川郫县犀浦出土的东汉残碑	谢雁翔	文物	4 期	1974
四川省郫县犀浦出土汉代残碑	狩野直祯	史窗	33 号	1975
四川郫県犀浦出土の東漢残碑をめぐって——漢代財産税の検討	好並隆司	史学研究	142 号	1978
		四川文物	2 期	1984
四川郫县东汉残碑的性质和年代	张勋燎 刘磐石	文物	4 期	1980
犀浦出土东汉残碑是沔石"赀簿"说	蒙默	文物	4 期	1980
广汉所出永元八年砖跋——关于古代鹰猎的一则札记	闻宥	四川大学学报（哲社）	2 期	1985
裴岑纪功碑	黎人忠	四川文物	5 期	1994
四川芦山县东汉赵仪碑考	郭凤武	成都文物	3 期	2003
"丞相诸葛令"碑	四川省三台县文化馆	文物	5 期	1983
"丞相诸葛令"碑不可信	徐无闻等	文物	8 期	1983
泸州发现的武侯祠遗址及石刻	邹锡汇	历史知识	6 期	1983
诸葛亮碑帖汇考	陶喻之	书法研究	1 期	2003
三国碑刻存目	谭良啸	成都文物	3 期	1985
巴渝之《枳杨府君碑》	胡昌健	中国文物报		1992.4.12
国之瑰宝枳阳府君碑	胡成子	重庆晚报		1988.4.29
		四川文物	6 期	1992
西晋《杜谡墓门题刻》探微	古元忠	成都文物	1 期	1998
成汉"玉衡九年行中闰月十日始"砖铭考释	邓代昆	四川文物	1 期	1989
李乌弥勒千佛碑	何先红	四川文物	5 期	2003
北周强独乐为文王造佛道二像碑记跋	刘节	金陵学报	1、2 期	1940

续表二

篇、书名	著(译)编者	出处	卷、期	年月日
北周文王碑	胡文敬	成都文物简讯	1期	1980
		成都日报		1980.11.25
		成都文物	1期	1983
北周文王碑	辛风	成都文物简讯	3期	1980
从强独乐建周文王佛道造像碑看北朝道教造像	丁明夷	文物	3期	1986
北周文王碑及造像问题新探	薛登	成都文物	3期	1987
强独乐建周文王佛道造像碑未佚	薛登	文物	8期	1987
北周文王碑真伪考	荣远大 刘雨茂	成都文物	1期	2000
《北周文王碑》及相关遗迹辨正	薛登	成都文物	4期	2003
Free Translation of a Stone Tablet at Lifan	T. Torrance	Journal of the West China Border Research Society	Vol. 6	1933－1934
理番新发现隋会州通道记跋	岑仲勉	中研院史语所集刊	12本 1、2册	1945
四川理县隋唐二石刻题记新证	李绍明	思想战线	3期	1980
梓州《大隋皇帝舍利塔铭》	景竹友	故宫文物月刊	232期	2002
唐故文林郎守益州导江县主簿飞骑尉张府君墓志跋尾	刘师培	国粹学报	58期	1909
川南简阳筑路民工发现唐代佛像石碑		文物参考资料	8期	1951
有关李白碑文二则	王少华	书评	4期	1979
四川冕宁县发现吐蕃石刻	黄承宗	文物	10期	1982
唐三教道场文碑	李胜	成都文物	1期	1983
新出土的高力士墓碑	马芳印	龙门阵	4辑	1984
韦君靖碑考析一、二	刘蜀仪	大足县志通讯	2、3期	1985
《韦君靖碑》考辨	刘豫川	重庆师范大学学报（哲社）	3期	1985
有关《韦君靖碑》中的几个疑点浅析	刘蜀仪 张化	四川文物	1期	1986
浅谈韦君靖碑的历史价值	李胜	内江师范学院学报		1986
大足唐代韦君靖摩崖碑探讨	龙腾	四川文物	3期	1996
北山石刻《韦君靖碑》"颖川"辨	陈灼	四川文物	2期	1999
大足北山石刻《韦君靖碑》"颖川"、"河内"辨	龙腾	四川文物	5期	2000

续表三

篇、书名	著(译)编者	出处	卷、期	年月日
《嘉州凌云寺大佛像记碑》的发现及其考析	罗孟汀	四川文物	4期	1986
关于新发现的韦皋碑记	魏奕雄	四川文物	3期	1993
天下最大的石碑	干树德	东南文化	6期	1993
韦皋《大像记》三碑的碑文	干树德	文献	3期	1994
韦皋《大像记》碑史迹考略	干树德	中华文化论坛	4期	1996
话说乐山大佛摩崖纪事碑	魏奕雄	文史杂志	4期	1996
天下奇碑——韦皋《大像记》碑	干树德	文史知识	6期	1996
乐山大佛南宋"天宁阁"碑质疑及新发现的"大像阁考"碑文探讨	师秉龙	四川文物	1期	2005
韦皋与韦南康纪功碑	袁守新等	四川文物	6期	2005
乐山大佛碑刻为何弥足珍贵	魏奕雄	科技日报		2004.11.13
碑中遗珠——阆中唐《何居士记》碑	刘文刚	中国典籍与文化	3期	1992
灌县石刻	江犁	成都日报		1981.10.25
罕见的石刻大字	丁艾	四川日报		1982.8.29
灌县灵岩山唐代石经	胡文和	四川文物	2期	1984
都江堰灵岩山出土唐石刻经板	傅敬蓉 干德明	中国文物报		1996.8.18
灵岩山真有唐僧取回的经书吗	卞再斌	成都文物	4期	2002
严武与《南山表碑》	苟廷一	四川文物	2期	1988
丹棱唐代松柏铭碑	万玉忠	四川文物	2期	1987
唐邛州刺史狄君碑及狄仁杰墓考	苏健	中原文物	2期	1991
张祎与巴州《南山记》碑	苟廷一	四川文物	1期	1992
杜甫书严公九日南山诗石刻考辨	干树德	四川文物	5期	1992
武隆发现唐代墓志	周霖	中国文物报		1995.7.30
梓潼天字山密林中发现"魏公寺碑"	刘长荣	四川文物	6期	1999
"绵阳第一碑"与盘古王表石	王德奎	文史杂志	2期	2000
蒲江县出土唐碑述略	龙腾	成都文物	4期	2000
成都出土唐爨守忠墓志铭的探讨	龙腾	成都文物	3期	2002
唐开承简墓志考释——兼论唐代蜀中特殊地位	刘连香	四川文物	1期	2003
唐阆州讽国县令郑融墓志考释	刘建	书法丛刊	4期	2003
蜀石经校记	缪荃孙	国粹学报社		1912

续表四

篇、书名	著(译)编者	出处	卷、期	年月日
蜀石经春秋谷梁传残石	罗振玉	吉石庵丛书三集本		1917
蜀石经残字一卷	陈宗彝	百一录金石丛书本		1921
宋拓蜀石经残本	刘体乾	编者刊		1921
宋拓蜀石经跋	刘体乾	四存月刊	5期	1921
孟蜀石经	刘体乾	编者刊		1926
蜀石经考异叙录	吴检斋	努力学报	1期	1929
蜀石考异叙录	吴承仕	国学论衡	5期	1935
蜀石经残字跋（附金祖同跋）	罗希成	说文月刊	2卷4期	1940
题蜀石经毛诗残石	罗希成	责善半月刊	1卷17期	1940
历代石经考	慕寿祺	责善半月刊	2卷4期	1941
蜀石经和北宋二体石经	徐森玉	文物	1期	1962
毋昭裔与蜀石经	魏陶	成都日报		1962.10.11
近代出土的蜀石经残石	周萼生	文物	7期	1963
蜀石经考	文守仁	四川文献	43期	1966
孟蜀石经	王家祐	成都日报		1980.6.2
后蜀石经幢在九眼桥出土	梁明森	四川日报		1983.3.28
"讲学图"与"蜀石经"	史劲	成都文物	2期	1984
蜀石经述略	李志嘉 樊一	文献	2期	1989
孟蜀石经残石	袁曙光	文物天地	5期	1989
孟蜀石经	王家祐等	四川文物	6期	1992
后蜀孟知祥墓与福庆长公主墓志铭	钟大全	文物	3期	1982
《大唐福庆长公主墓志》中的新史料	钟大全	成都文物	3期	1984
许璠墓志铭考释	伍仕谦	成都文物	2期	1984
后蜀《利州都督府皇泽寺唐则天皇后武氏新庙记》碑和广元县皇泽寺的武则天像辨析	李之勤	考古与文物	3期	1988
前蜀晋晖墓志考释	袁曙光	四川文物	6期	1989
五代前蜀李氏墓志铭考释	马文彬	四川文物	3期	2003
宋苏适墓志及其他	李绍连	文物	7期	1973
蘇適墓誌をめぐって	足立豊	書論	5号	1974.11
苏东坡与马券碑	彭泽良	四川群众文艺	3期	1980

续表五

篇、书名	著(译)编者	出处	卷、期	年月日
蘇東坡《表忠觀碑》刻石攷	田上一惠	中田勇次郎先生頌壽紀念論集		1985
苏轼手书《醉翁亭记》石刻	陈留美	中州今古	1期	1988
苏东坡四大楷书名碑	何家治	人民日报（海外）		2003.11.13
三苏祠馆藏苏东坡四大楷书名碑	何家治	文史杂志	2期	2004
四川荣县北宋《九域守令图碑》的发现	邓少琴	历史知识	3期	1981
北宋石刻"九域守令图"	郑锡煌	自然科学史研究	1卷2期	1982
九域守令图碑	贾克	四川文物	2期	1988
沈括《守令图》与荣县《守令图》关系探原	郭声波	四川大学学报（哲社）	3期	2002
欧阳询与《化度寺碑》	陈滞冬	成都晚报		1984.12.6
试论大足南山淳祐十年碑记的价值	陈世松	四川文物·石窟研究专刊		1986
赵懿简公神道碑刻在大足的年代和由来考	邓之金 草莱	四川文物	1期	1986
大足《懿简公神道碑》考略	陈明光	考古与文物	4期	1986
大足《懿简公神道碑》考证	虞云国	宋史研究通讯	1期	1987
		考古与文物	3期	1990
宋苏符行状碑及墓砖铭文	张忠全	四川文物	2期	1986
石柱发现宋代摩崖碑记	武陵人	中国文物报		1988.4.1
黄甸宋碑考释	刘泰焰	四川文物	4期	1988
《黄甸宋碑考释》补记	刘泰焰	四川文物	2期	1989
《唐李先生彰明县旧宅碑》考释	刘友竹	四川文物	2期	1989
李白旧宅记碑辩正	吴丹雨	四川文物	5期	1991
南宋果州团练使任天锡墓碑	李启良	文博	4期	1989
从新发现《薛仙洞记》碑证青城古籍之误	钟天康	四川文物	1期	1990
遂宁《宝梵院显公修造碑》考证	周群华	四川文物	3期	1991
资阳出土南宋诉讼碑	黄世希	四川文物	3期	1993
安岳发现南宋行状碑	傅成金	四川文物	4期	1993
宋簿尉杨祖祐圹志铭考	陈小波	四川文物	4期	1993
北宋武都居士张纮墓铭	宁志奇	四川文物	6期	1993
绵竹出土《武都居士墓志铭》质疑	赵海萍	四川文物	4期	2005

续表六

篇、书名	著(译)编者	出处	卷、期	年月日
川西宋墓和陕西、河南唐墓出土镇墓文石刻之研究——道教考古专题研究之三	张勋燎	南方民族考古	5辑	1993
三台"涪城旧县"出土宋碑	左启 张兵	中国文物报		1995.8.6
三台发现北宋古碑	左启	四川文物	3期	1996
宋刻《颜氏干禄碑》在三台面世	左启	中国文物报		1996.3.24
三台县花园镇南宋孔子圣像碑	钟治	四川文物	5期	1997
三台宋刻《颜氏干禄碑》	左启	四川文物	2期	1997
《颜氏干禄字书》综述	方晓	四川文物	1期	2005
北宋宰相何桌之印章及墓碑	高俊英 王德友	四川文物	5期	1995
仁寿发现虞迪简墓志碑	叶晓莉	四川文物	1期	1999
钓鱼城土地岩题刻初考	池开智	重庆历史与文物	2期	2002
瞿塘峡壁题刻保护工程报告——长江三峡工程文物保护项目报告·丁种第2号	重庆市文物局等	文物出版社		2003
《宋刻〈唐柳本尊传碑〉校补》文中"天福"纪年的考察与辨正	陈明光	四川文物	3期	2004
《宋刻〈唐柳本尊传碑〉校补》文中"天福"纪年的考察与辨正——兼大足、安岳石刻柳本尊"十炼图"题记"天福"年号的由来探疑	陈明光	世界宗教研究	4期	2004
石柱县惊现宋代珍贵摩崖石刻档案	黄钰财	中国地名	6期	2004
		中国档案报		2004.12.6
宋代墓志铭的虚与实及其反映的历史变化——苏轼乳母任采莲墓志铭探微	柳立言	北京论坛(2005)文明的和谐与共同繁荣		2005
西昌大理时期石刻的综述	黄承宗	大理文化	5期	1982
茂汶较场坝点将台元将题刻	陈世松	历史知识	4期	1984
元代黄华老人墨迹碑	马冰	成都文物	3期	1985
西昌发现元代梵文石碑	黄承宗	文物	2期	1987
北川小坝元代至元石刻题记考略	李绍明	四川文物	2期	1989
元代礼拜寺文物——西昌三坡阿拉伯文碑考释	陈世松	宁夏社会科学	5期	1992
三台发现元赵垠祖墓碑	方晓	四川文物	1期	1994

续表七

篇、书名	著(译)编者	出处	卷、期	年月日
"元赵埌祖墓碑"宜称"元赵府君墓碑"	唐德明 左 启	四川文物	4期	1996
赵庆成其人与三台元碑的史料价值	陈世松	四川文物	4期	1995
大足宝顶始祖元亮晓山考——大足石刻《临济正宗记》碑研究	黄夏年	中华文化论坛	4期	2005
玄宫之碑	重庆市博物馆	重庆日报		1982.5.30
《玄宫之碑》杂议	薛新力	重庆日报		1982.7.11
《明玉珍玄宫之碑》初析	胡昭曦	四川大学学报（哲社）	3期	1982
谈元末徐寿辉农民政权的年号和国号——附录《玄宫之碑》碑文	刘孔伏 薛新力	学术月刊	5期	1984
明夏睿陵"玄宫之碑"的研究	董其祥	四川文物	2期	1984
重庆明玉珍睿陵出土《玄宫之碑》	胡人朝	考古与文物	4期	1984
《玄宫之碑》的"平成都"句解	薛新力	历史知识	4期	1984
明玉珍及其玄宫碑——记重庆"大夏"国史料的发现	董其祥	源流	2期	1985
论《玄宫之碑》的史料价值	章采烈	江汉论坛	4期	1986
释明玉珍睿陵《玄宫之碑》	徐文彬	考古	9期	1986
《玄宫之碑》十五字断句管窥	刘孔伏	成都大学学报（社科）	3期	1987
重庆出土文物:《玄宫之碑》	张光明	重庆与世界	2期	1999
《安氏土司纪功碑》简介	马云喜	渡口日报		1983.7.26
从"安氏宗祠碑"发现经过想到的	王 杨	渡口日报		1985.7.23
蜀碑记十卷补十卷	王象之著、李调元补	成都薛崇礼堂		1941
蜀碑记补	李调元	辽阳书社		1990
凉山发现明"播州营"石刻碑记	李绍明	文物	3期	1975
江油发现明代泰山石奇字碑	皮光明 梁安礼	成都晚报		1983.7.9
九丝城与明碑	王德勋	四川文物	4期	1987
兴文县建武城明碑九丝山石刻考述	屈 川	四川文物	1期	1990
宜宾县石城山《崖山平蛮碑》考析	丁天锡	四川文物	5期	1998
平武报恩寺圣旨碑		四川	5月号	1985
四川发现李白诗碑		新华文摘	10期	1981

续表八

篇、书名	著(译)编者	出处	卷、期	年月日
从《李白集校注》谈到新发现的李白诗碑	朱易安	河北大学学报（哲社）	4期	1981
渠县明代李白诗碑的几个问题	王建纬	四川文物	2期	1989
四川渠县南阳寺李白诗碑考辨	何勇	乐山师范学院学报	7期	2005
张大千补书的赵贞吉诗碑	黄江陵	四川文物	2期	1986
升庵坟墓神道碑碑座出土	王德伟 邱晋南	成都晚报		1986.2.10
明卢雍撰书之《颜鲁公祠之碑》	李蚊蚣	四川文物	1期	1988
朝阳洞石刻题记与关尹子	刘敏	四川文物	5期	1988
明代重修越西城记碑	邹麟 韩世德	四川文物	1期	1989
余母张氏墓志铭考略	周杰华	四川文物	4期	1989
剑阁发现明代禁止早婚石碑	母学勇	四川文物	4期	1989
峨眉山金顶铜碑	彭桂芳	四川文物	5期	1989
尹东郊《重新凌云寺记》碑跋语	干树德	四川文物	6期	1996
四川明代万历年间禁止早婚碑初探	白彬	四川大学学报（哲社）	4期	1990
《九莲山平盖治观音寺碑铭》初探	颜开明	四川文物	3期	1991
访昆明现存杨慎碑刻	王海涛	大理师专学报（哲社）	1、2期	1992
剑阁发现两通明禁早婚摩岩石刻	宵明远 峥嵘	中国文物报		1994.9.4
蒲江出土明奉直大夫孙礼墓志铭	龙腾	四川文物	6期	1998
内江发现明末高僧丈雪行实碑	罗仁忠	中国文物报		1995.3.5
邻水古驿道旁存留的禁止早婚石碑	刘文元	四川文物	1期	1996
西昌出土的明代平民墓志	黄承宗	四川文物	4期	1996
大邑发现明姚葵夫妇墓志铭	郭仕文	成都文物	1期	1997
南充新发现《任翰墓志碑》考释	文廷海	四川文物	3期	2001
明蜀藩太监墓志集释	蒋成	四川文物	4期	2001
陈以勤《游金田寺》碑刻试析	夏智慧	四川文物	1期	2002
乐山凌云寺张三丰画像碑考订	毛西旁	四川文物	1期	2002
四川省博物馆藏明代《陶松山墓志铭》	何先红	四川文物	4期	2002
大足宝顶始祖元亮晓山考——大足石刻《临济正宗记》碑研究	黄夏年	中华文化论坛	4期	2005
川东发现记载地震的碑石（明清）	胡人朝	考古与文物	1期	1986

续表九

篇、书名	著(译)编者	出处	卷、期	年月日
四川张献忠碑记	林名均	逸经	33卷72-76期	1937
四川地区有关明末农民起义的一些碑石	胡昭曦	四川大学学报（哲社）	3期	1978
张献忠"七杀碑"是怎么回事	胡昭曦	历史知识	1期	1980
张献忠大西政权的文物——"圣谕碑"	沈仲常 冯国定	文物	6期	1982
张献忠的"圣谕碑"	肖祥苏 向启杰	四川地方志通讯	3期	1983
《天生城碑记》辨	晨曲	四川大学学报（哲社）	1期	1998
刘文秀与《蜀王碑》	李振华 骆坤琪	四川文物	1期	1989
《蜀王睿制天生城碑记》探讨	龙腾	四川文物	5期	1992
《大西驳骑营都督府刘禁约碑》名称辨正	杨济堃	历史知识	3期	1981
威远营刻石考补正	李苑文	禹贡	3卷6期	1935
灌县何君墓表	林思进	华西学报	5期	1937
从《何先德墓碑》的发现谈"秉笔实录"	钟天康	灌县风物	6期	1982
成都蒙文圣旨碑考释	韩儒林	中国文化研究所集刊	2卷1-4期	1941
蜀儒陶闿士墓表	欧阳渐	四川文献	87期	1969
翰林院编修胡峻墓志	林思进	四川文献	91期	1970
市地震考古调查组最近在南川、黔江活动发现清咸丰年间发生地震的碑刻		重庆日报		1979.8.31
咸丰三年茂汶《瓦寺土司差役碑》初析	张勋燎	四川大学学报丛刊	5辑	1980
綦江县发现石达开题刻	邓长新	重庆日报		1981.1.24
四川黔江小南海地区的《两河口义渡碑》	胡人朝	重庆师范学院学报（哲社）	1期	1982
西秦会馆的两篇建馆碑记及其译文	罗成基	井盐史通讯	1期	1982
朝鲜使者碑	冯修齐	成都日报		1982.2.18
新繁龙藏寺的朝鲜使者碑考释	攸文	成都文物	3期	1985
《御制泸定桥碑记》考析	文荣普	四川文物	3期	1984
新津修觉寺诗碑	杜辛	成都文物	2期	1985
宋刻《唐柳本尊传》碑校补	陈明光	世界宗教研究	2期	1985

续表一〇

篇、书名	著(译)编者	出处	卷、期	年月日
邓石如五体书帖碑刻	李蚊蛟	四川文物	3 期	1985
合江发现记录石达开来合石刻	合江县志办	四川地方志通讯	3 期	1985
石达开横江大战重要碑铭、遗址	周基华	四川文物	5 期	1992
西蜀李拔一诗碑	啸 海	旅游天府	1 期	1986
安县发现李调元手书碑文	卢 卫	四川文物	2 期	1986
罗真观发现李调元亲笔诗碑	刘期文	四川文物	3 期	1987
龙爪堰碑记与阿尔泰治蜀	史复珍	成都文物	2 期	1986
会理县发现清代禁止赌博碑	廖廷畅	四川文物	4 期	1988
记载金川之战的三个御碑	陈长绵	民族	12 期	1989
仪陇《重修离堆山忠贤祠记》碑	李蚊蛟	四川文物	2 期	1990
垫江发现警言碑	程世明	四川文物	2 期	1990
开江县的清代"罚戏"石刻	孙仁良	四川戏剧	1 期	1991
金堂发现四川义和团运动新资料——介绍三星桥吴公碑	詹绪河	四川文物	5 期	1992
新繁发现曾兰书法碑刻	李义让	四川大学学报（哲社）	1 期	1993
《昭觉开山碑》初探	曲比石美 杨明洪	四川文物	4 期	1993
		思想战线	4 期	1993
梓潼《战绩歌》碑、鸭鹤岩碑考	谢汉杰	四川文物	6 期	1993
巴中司城乡苟氏宗祠四通石碑评述	苟廷一	四川文物	6 期	1993
御制惠远庙碑文校注——兼说七世达赖喇嘛移居惠远寺	张虎生	中国藏学	3 期	1994
龙母与"龙母墓碑"	陈铁军	四川文物	2 期	1994
岳池榜山石刻及庙宇考	舒晓华	四川文物	5 期	1994
遂宁市中区清代墓碑石刻的艺术价值	彭高泉	四川文物	6 期	1994
雅安市发现三通地方戏曲史石刻碑	赵婕妤	四川文物	1 期	1995
		中国文物报		1995.8.20
井研县三江镇发现泸沙酒碑	唐安娜	四川文物	4 期	1996
岳池《兰亭序》碑刻考	舒晓华	四川文物	6 期	1996
清代黄云鹤蜀中遗碑考述	古元忠 刘笑平	成都文物	1 期	1997
清代《严禁婪索碑》	王建纬	四川文物	2 期	1997
乐山发现何绍基手书碑文	帅秉龙	四川文物	3 期	1997
三台清《潼川营牌示批词》碑	钟 治	四川文物	3 期	1997

续表一一

篇、书名	著(译)编者	出处	卷、期	年月日
清代新都《上马沙堰章程碑记》	李受天	成都文物	3期	1997
三台南琛寺遗碑简介	左启	四川文物	4期	1997
清代临邛古氏墓碑考——兼论元明清四川大移民历史渊源	古元忠	成都文物	4期	1997
三台《重修火神庙碑序》	左启	四川文物	6期	1999
梓潼天字山密林中发现"魏公寺碑"	刘长荣	四川文物	6期	1999
荣县《义和团碑记》浅析	周绍泉	成都文物	3期	2000
江油窦湍山清代碑刻	李生	四川文物	6期	2000
清奉政大夫李世广墓碑	左启	四川文物	6期	2000
蜀府重修丹景山殿宇暨补造功德碑记	唐吉星重刊、曹家贵译注	彭州金华寺		2001
文物保护应尊重历史本来面目——广安"邓时敏神道碑"质疑	陈世松	四川文物	3期	2004
成都发现"驷马桥记"碑拓片	高文	成都文物	4期	2004
童家娴墓志	吴芳吉	四川文献	37期	1965
宜宾"县正堂于示碑"考释	蔡永旭	四川文物	4期	2005
富顺"保障东南"摩崖石刻	杨荣新	四川文物	2期	1984
冯玉祥与"还我河山"	周志征	四川文物	2期	1984
张大千补书的赵贞吉诗碑	黄江陵	四川文物	2期	1986
蒲伯英撰书《杨府君夫人合葬墓表》试析	张道远	四川文物	1期	1992
熊家祠堂的《公议留学规费章程》木碑	邻文	四川文物	1期	1996
雪山红军标语	四川省阿坝藏族自治州小金县文化馆	文物	1期	1960
雅河南北剿匪诸役阵亡将士墓志铭	薛岳	四川文献	44期	1966
川陕革命根据地石刻标语选编	四川省博物馆	编者刊		1979
川陕根据地金融事业石刻标语	田茂德	四川金融研究	5、6期	1983
江油红军纪念碑	王少志	四川文物	4期	1986
光照千秋的川陕苏区红军碑林	刘寅	四川文物	1期	1989
中国工农红军第三集团军外出证章	萧雁南	四川文物	6期	1990
熊国炳与《川陕省苏维埃政府布告》碑	苟廷一	四川文物	6期	1990
天全县最近征集到红军布告	裴大元	四川文物	3期	1991
川陕苏区的石刻标语	王明渊	四川文物	4期	1991
川陕苏区的石刻文献	王明渊	四川文物	1期	1994

续表一二

篇、书名	著(译)编者	出处	卷、期	年月日
川陕苏区将帅碑林	肖登国	四川党史	6期	1995
川陕苏区的红军石刻标语	张明扬	四川文物	5期	1996
川陕苏区红军碑林	吴慧龄	四川党史	6期	1996
四川地区红军标语研究	陈必	四川文物	5期	1999
大巴山红军石刻文物的保护现状与对策	张学林	四川文物	1期	2003
李家钰将军夫人李刘氏碑述略	安家荣	成都文物	2期	1986
观三绝碑记	刘梦秋	文史杂志	5卷 3、4期	1945
三绝碑	曾缄	成都晚报		1962.7.7
武侯祠里的唐碑	张师俊	成都日报		1978.8.31
三绝碑	章映阁 杨千廷	四川日报		1980.2.24
		旅游天府	1期	1980
蜀相"诗碑"	章映阁	成都日报		1980.10.16
成都武侯祠的碑刻概说	田旭中	成都文物	3期	1985
成都武侯祠的"三绝碑"	谭良啸	四川文物	3期	1987
成都武侯祠遗碑研究	古元忠	四川文物	1期	1990
三绝碑	陶元甘	文史杂志	1期	1992
三绝碑的来历		文史杂志	1期	1992
裴度与诸葛武侯祠堂三绝碑	邱文选	沧桑	5期	1996
武侯祠内三绝碑	邱文选	山西老年	6期	1997
读《汉丞相武乡侯祠记》碑札记	清明子	四川文物	6期	2002
武侯祠碑刻之沿革与现状（一）	李兆成	四川文物	4期	2003
武侯祠碑刻之沿革与现状（二）	李兆成	四川文物	5期	2004
武侯祠碑刻沿革与现状（三）	李兆成	成都大学学报（社科）	6期	2005
明嘉靖《诸葛武侯祠堂碑记》释读	卫永锋	四川文物	5期	2004
武侯祠中的"诫子碑"	卿三祥	四川文物	5期	2004
《汉平襄侯姜公碑记》与姜公祠	李景焉 卿之祥	四川文物	5期	2004
一块无人辨识的古代石碑	王翁儒	文物参考资料	10期	1957
注意保护历史地震碑林	何国涛 甘遐荣	四川日报		1980.2.26
白帝城碑刻	杜礼臣	四川日报		1980.3.22
叹碑刻横卧荒草中	刘奇晋	成都日报		1980.9.1

续表一三

篇、书名	著(译)编者	出处	卷、期	年月日
白帝城六言诗碑	夏溶	四川日报		1981.1.11
凉山州建成历史地震碑林		四川日报		1982.1.19
新都宝光寺的一座诗碑	汪潜	旅游天府	3期	1982
白帝碑林多隽永	张开	成都晚报		1983.1.14
刻在岩壁上的月传	彭家胜	文史资料选辑	6辑	1983
新都龙藏寺碑刻	陈廷乐	成都文物	2期	1984
		四川文物	3期	1986
百子图碑铭摩岩辑录	邹锡汇	泸州史志通讯	2期	1985
四川的地震碑石	陆联康	地球	3期	1985
石刻档案趣闻录之一——独特的西昌地震碑林	梁思奇	四川档案	2期	1987
峨眉山仅存的两通道教碑	骆坤琪	四川文物	2期	1988
钓鱼城有关碑刻的初步研究	王川平	四川文物	1期	1990
钓鱼城碑刻初探	刘基灿	西南师范大学学报（哲社）	4期	1997
觉苑寺碑碣考	黄邦红	四川文物	1期	1990
流光溢彩的峡江史墨	张新明	四川文物	5期	1995
读白帝城碑林	唐刚	中国三峡建设	6期	1996
白帝城历代碑刻选	魏靖宇	中国三峡出版社		1996
长江三峡摩岩石刻	邵红峰	史志文汇	3、4期	1997
关于《东坡苏公帖》石刻	胡昌健	四川文物	6期	1997
泸定铁庄庙地震碑考释	郑志明	四川文物	4期	1998
嘉陵江流域历代洪水碑刻考论	蔡东洲	四川师范学院学报（自然）	2期	1999
"绵阳第一碑"与盘古王表石	王德奎	文史杂志	2期	2000
南北方丝路名碑荟萃 川陕滇三省联袂齐飞	凉博	中华文化论坛	3期	2001
夔门石刻搬迁记略	王勇	文博	3期	2003
三峡两岸题刻多	王风竹	文物天地	6期	2003
切割夔门石刻	王勇	文物天地	6期	2003
瞿塘峡壁题刻保护工程报告	重庆市文物局等	文物出版社		2003
三苏祠馆藏苏东坡四大楷书名碑	何家治	文史杂志	2期	2004
白帝城竹叶碑	曾崇得	英语辅导（疯狂英语阅读版）	5期	2004
盐亭县古石碑铭文初考	钱玉趾	成都文物	2期	2005
浅谈荣州碑刻	文管锁	自贡日报		2005.1.17

7. 印章

篇、书名	著(译)编者	出处	卷、期	年月日
修筑宝成铁路青工李海章发现汉朝朔宁王太后印章		文物参考资料	7 期	1954
成都发现的汉校尉银印	杨有润	文物参考资料	12 期	1957
四川芦山县发现战国铜剑及印章	陆德良	考古	8 期	1959
李自成永昌元年"仪陇县契"	黄明兰	文物	9 期	1959
大西农民革命政权的三方铜印	王平贞	文物	6 期	1974
四川苍溪出土两方元"万州诸军奥鲁之印"	袁明森	文物	10 期	1975
记去年底出土的清代铜印"马边理民督捕通判郑方"	石 湍	成都文物简讯	2 期	1978
清代铜印	石 湍	成都日报		1978.11.30
巴蜀铜印章	重庆市博物馆历史部	艺苑掇英	7 期	1978
金堂县发现"长宁夷人指挥第三都朱记"铜印	金堂县文化馆	文物	9 期	1980
我国古代叟族的印章	叶其峰	文物	9 期	1980
汉晋少数民族所用印文通考	陈 直	秦汉史论丛	1 辑	1981.9
金堂县发现一方北宋铜印	肖荣昌等	成都文物简讯	2 期	1980
新都战国墓中的一方铜印	李复华 章映阁	四川日报		1981.8.30
国宝"金印"	李树文 李 勇	四川日报		1982.3.27
芦山县发现汉印两方	付良柱 钟 坚	四川日报		1983.6.27
我区发现一枚巴蜀印章	甘蕴群	金牛风物		1983
"汉匈奴为鞮台耆且渠"印考释	唐嘉弘	人文杂志	1 期	1984
重庆市博物馆征集一方龟纽金印	胡人朝	考古与文物	1 期	1984
四川、陕西、河南出土十方古代官印	胡人朝等	考古与文物	1 期	1984
万历御印	骆坤琪	旅游天府	1 期	1984
"文安开国"铜印初识	胡心怡	成都文物	4 期	1984
甘孜州发现大西农民政权的一方鎏金铜印	扎西次仁	四川文物	4 期	1984
芦山县发现两方汉代官印	付良柱 钟 坚	四川文物	4 期	1984
古玺考释	于豪亮	于豪亮学术文存		1985

续表一

篇、书名	著(译)编者	出处	卷、期	年月日
芦山县出土"关内侯印"考略	骆承镒	四川文物	1期	1986
甘肃通渭县发现"绵州防御使印牌"	何钰	四川文物	4期	1986
越西发现一方明代官印	韩世德等	中国文物报		1987.10.1
四川简阳出土明代道家用印	方建国	文物	11期	1987
晋"南夷长史"印考辨	胡顺利	四川文物	3期	1987
简阳发现"邛州印牌"	方建国	四川文物	4期	1987
金川发现清乾隆年间土司印章	张孝忠	四川文物	4期	1987
合川出土的宋"普泽庙印"及其相关问题	刘豫川	四川文物	4期	1987
巴蜀符号印章的初步研究	刘豫川	文物	10期	1987
凉山彝族的五颗土司印信	尔布什哈	四川文物	1期	1989
泸州市文管所收藏一颗明代御赐图章	吴孟辉	四川文物	2期	1989
苍溪出土两方官印的时代和价值	龙腾	四川文物	4期	1989
金川发现清代土司印章	毛万良 张孝忠	民族	5期	1989
昭觉县四开乡出土十七方铜印	俄解放	四川文物	1期	1990
四川芦山出土巴蜀符号印及战国秦汉私印	周日琏	考古	1期	1990
"巴蜀印章"与古代商旅	何元粲	四川文物	2期	1990
羌族土司印信	余少方	四川文物	4期	1990
梭磨宣慰司印	王晓春	四川文物	1期	1991
平昌泥龙乡出土汉代铜印考析	马幸辛	四川文物	1期	1991
释四川平昌出土"立义行事"印	王人聪	中国文物报		1991.6.2
贵州兴仁汉墓出土"巨王千万"与"巴郡守丞印"	宋先世	四川文物	6期	1991
四川近现代徽章集（一）	袁愈高	四川大学出版社		1991
华蓥市高兴镇出土一方古代铜印	袁明森 张玉成	四川文物	2期	1992
四川出土青铜晚期印章	罗伯特·琼斯（杨秋莎）	四川文物	2期	1992
汉代西南诸郡太守封泥考略	刘弘	四川文物	6期	1992
遂宁发现"佛法僧宝"铜印	彭高泉	四川文物	6期	1992
南川征集的"三桥"龟纽篆印	黄节厚	四川文物	3期	1993

续表二

篇、书名	著(译)编者	出处	卷、期	年月日
四川昭觉县发现东汉武职官印	毛瑞芬 邹 麟	考古	8期	1993
四川芦山县博物馆收集的唐和南明官印	周日琏	考古	8期	1993
蒲江船棺墓与新都木椁墓出土印章的研究	吴 怡	四川文物	3期	1994
什邡船棺葬出土一枚"十方雄王"印章	郑绪滔	四川文物	5期	1994
仪陇出土宋、金铜印考	王永平	四川文物	5期	1994
四方铜印管窥	夏智慧	四川文物	5期	1994
杨庶堪印章试析	王晓渝	四川文物	2期	1995
"寅侯之朌"印考	赵 彤	四川文物	5期	1995
北宋丞相何桌之印章及墓碑	高俊英 王德友	四川文物	5期	1995
三台宋墓出土"三宝"铜印	左 启	四川文物	5期	1995
南明"提督川陕总兵关防"印及相关问题	陈 钢	四川文物	5期	1995
达川市发现"佛法僧宝"铜印	任超俗	四川文物	5期	1995
蒲江道教"北极驱邪院印"考	龙 腾	四川文物	5期	1995
巴蜀铜印章探微	胡昌健	四川文物	5期	1995
彭山道教铜印与道教养生	王家祐	道家文化研究	7辑	1995
四川道教古印与神秘文字	冯广宏 王家祐	四川文物	1期	1996
我国古代的印章	黄剑华	四川文物	2期	1997
一枚清代四川第一次运动会纪念章	黄岳明	四川文物	2期	1998
郫县发现元代"崇宁县尉司印"	张道远	四川文物	4期	1998
什邡船棺葬出土方形王印考	钱玉趾	文物	10期	1998
四川宝兴出土巴蜀符号印等文物	杨文成	文物	10期	1998
巴蜀铜印	高 文 高成刚	上海书店出版社		1998
汶川县苏维埃主席印章	黄清华	四川文物	1期	1999
巴蜀铜印浅析	高 文	四川文物	2期	1999
"以诺"印章浅释	杨 春	四川文物	4期	1999
清代四川总兵的一个藏文令牌	孟庆芬	中国西藏	1期	2000
巴蜀铜印文字释读	冯广宏	成都文物	2期	2000

续表三

篇、书名	著（译）编者	出处	卷、期	年月日
浅谈三方宋代四川官印	谢凌	四川文物	2期	2003
早期牌印制度的实物见证——记南宋荣州防御使印及印牌	邵磊	四川文物	5期	2003
略考巴蜀地区的道教法印——以"灵宝大法司印"为例	李远国	文史杂志	6期	2003
宣汉罗家坝铜印初探	冯广宏	成都文物	2期	2004
巴蜀印章试探	成家彻郎（常耀华）	四川文物	2期	2004
巴蜀印人	周正举	巴蜀书社		2004

8. 水文考古

篇、书名	著（译）编者	出处	卷、期	年月日
长江上游宜渝段历史枯水调查——水文考古专题之一	长江流域规划办公室等	文物	8期	1974
从石刻题记看长江上游的历史洪水——水文考古专题之二	长江流域规划办公室考古队水文考古研究组	文物	5期	1975
略谈长江上游"水文考古"	重庆市博物馆	文物	1期	1975
长江流域的水文考古	汤伟康	科学普及	3月号	1975
长江洪水题刻	史洪 万枯	地理知识	9期	1980
长江上游历史洪水题刻、碑记考察	胡人朝	西南师院学报（哲社）	3期	1981
长江古代水文站	单子恩	航海	6期	1981
川江水下奇观——水文石刻	邵红峰	旅游天府	4期	1986
川江水文石刻	杨顺成	水利天地	2期	1990
重庆"丰年碑"与涪陵"石鱼"	胡人等	重庆地方志	5、6期	1992
说重庆"丰年碑"与涪陵"石鱼"出水兆丰年	胡人等	巴蜀史志	3期	1993
四川古代水位标志	汪耀奉	四川水利	5期	1996
长江三峡工程水库水文题刻文物图集	水利部长江水利委员会	科学出版社		1996
三峡库区川江水文石刻与古代巴渝修禊习俗	胡昌健	文史知识	4期	1997
长江三峡库区堪称世界第一大古代石刻水文记录走廊	刘刚等	安徽日报		2000.11.30

续表一

篇、书名	著(译)编者	出处	卷、期	年月日
三峡库区堪称世界第一大古代石刻水文记录长廊	刘红俊	中国水利报		2000.12.9
论长江上游"水文考古"	胡人朝	重庆历史与文化	2期	2002
宋代长江水文题刻实录	何凤桐	贵州文史丛刊	1期	2002
长江三峡库区枯水题刻	段溯舸	气象知识	3期	2003
重点收集本省金石资料 市博物馆拓刻涪州石鱼	胡人朝	重庆日报		1962.4.21
重庆市博物馆拓制涪陵石鱼文字		四川日报		1962.5.3
四川涪陵"石鱼"题刻文字的调查	龚廷万	文物	7期	1963
古代的长江"水位站"——关于四川涪陵白鹤梁石鱼题刻	江永庆	光明日报		1974.1.6
古代水文站——涪陵石鱼	易哲文	科学实验	6期	1974
一座古代"水文站"——四川涪陵石鱼题刻	原更生	长江日报		1980.4.6
涪陵石鱼	李继威	旅游天府	4期	1981
涪州石魚の基礎的研究——古梁州名物考・金石篇附論（一）	久村因	名古屋大学教養部紀要A（人文、社科）	26辑	1982
从涪陵白鹤梁石鱼题刻看四川省的水旱灾情		四川水利史研究	1辑	1983
长江中的一座古代水文站——涪陵石鱼	长办重庆水文总站	四川水利史研究	1辑	1983
四川涪陵白鹤梁石鱼题刻是古代"水位站"	胡人朝	考古与文物	6期	1983
涪陵白鹤梁石鱼和题刻研究	丁祖春 王熙祥	四川文物	2期	1985
扬子江中的碑林	陈懋璋	文史杂志	3期	1986
隐没江底的珍迹——涪陵石鱼题刻	陶镇钧 袁贤纯	水利天地	4期	1987
涪陵白鹤梁"瑞鳞古迹"题刻	黄秀陵	四川文物	1期	1988
水中碑林——涪陵白鹤梁石刻档案	张志仁	四川档案	5期	1992
白鹤梁露出长江水面	黄放	水利天地	3期	1993
壮观的水中碑林——白鹤梁	王寰	旅游	4期	1994
长江中的奇观——石梁题刻		百科知识	4期	1994
白鹤梁——世界第一古代水文站	中国人民政治协商会议四川省委员会涪陵地区工作委员会	中国三峡出版社		1995

续表二

篇、书名	著(译)编者	出处	卷、期	年月日
水下碑林——白鹤梁	陈曦震	四川人民出版社		1995
三峡库区首次水下考古"古代水文站"白鹤梁题刻水下古迹有新发现	李夏	人民日报（海外）		1996.3.21
白鹤梁诗萃——鹤风鱼韵	陈曦震	四川人民出版社		1996
长江涪陵白鹤梁历史枯水题刻研究应用	江耀奉	长江志季刊	1期	1997
白鹤梁调查	孙健	福建文博	2期	1997
"石鱼出水"的文化意韵	曾超	涪陵教育学院学报	3期	1997
长江涪陵白鹤梁题刻在科学文化领域中的应用	汪耀奉	四川水利	6期	1998
长江涪陵白鹤梁历史枯水题刻研究应用	汪耀奉	水文	2期	1999
水下碑林——白鹤梁	唐探峰	水利天地	1期	2000
国之瑰宝——白鹤梁	唐探峰	中国三峡建设	2期	2000
白鹤梁题刻保护问题及其与水域环境的关系	黄真理	文物保护与考古科学	1期	2001
试论白鹤梁石鱼文化的科技理性精神	曾超	重庆三峡学院学报	6期	2001
浅议"石鱼出水兆丰年"	曾超	涪陵师范学院学报	2期	2002
民间符号语的历史记录——长江白鹤梁题刻管见	周晏	重庆教育学院学报	1期	2003
涪陵白鹤梁"元符庚辰涪翁来"题刻考	胡昌健	四川文物	1期	2003
白鹤梁水文题刻及其保护	郝国胜	中国历史文物	3期	2003
水下碑林——白鹤梁	本刊编辑部	涪陵师范学院学报	5期	2003
白鹤梁		少年科学（中法合作）	12期	2003
白鹤梁题刻	陈曦震 陈之涵	重庆出版社		2003
三峡库区涪陵河段泥沙淤积及对白鹤梁题刻影响的研究	张绪进等	中国水力发电工程学会水文泥沙专业委员会第四届学术讨论会论文集		2003
涪陵白鹤梁唐代石鱼与周易文化	黄秀陵	四川文物	2期	2004
千古绝唱——白鹤梁	李世权	涪陵师范学院学报	4期	2004
葛修润与白鹤梁	肖会会	科学大观园	6期	2004
白鹤梁沉浮记		科学生活	3期	2005
白鹤梁石刻题名人考按五十六则	李胜	重庆师范大学学报（哲社）	6期	2005

续表三

篇、书名	著(译)编者	出处	卷、期	年月日
《水下碑林白鹤梁》题刻释文校读记	李　胜	重庆社会科学	10期	2005
白鹤梁还能风采依旧吗	高立洪	中国水利报		2001.1.13
保护白鹤梁题刻	王金华	中国文物报		2001.5.23
白鹤梁保护工程十年	李宏松	文物天地	6期	2003
白鹤梁题刻——世界第一古代水文站在长江三峡水库库底的原址水下保护工程简介	葛修润	2005年云冈国际学术研讨会论文集（保护卷）		2005
龙脊石	彭献翔	四川日报		1980.7.12
云阳梁天监石刻	彭献翔	四川文物	5期	1989
龙脊石题刻	彭献翔	四川文物	1期	1991
四川屏山县禹帝宫石柱洪水题刻考	史　洪	考古与文物	4期	1981
重庆的"丰年碑"	胡人朝	重庆日报		1981.3.29
我市发现宋代的洪水标志和题记	龚廷万	重庆日报		1984.8.24
灵石·雍熙·丰年——重庆朝天门历代枯水文石刻题记文献考	刘中一	重庆市中区史志	1期	1986
长江水下丰年碑	曹竟成	治淮	1期	1993
重庆朝天门江底题刻的历史资料	刘豫川　黄晓东	中国文物报		1996.2.4
重庆朝天门灵石题记	杨　铭	四川文物	6期	1997
龙床石——长江上游水下题刻	李盛林	四川文物	1期	1986
丰都水下题刻潔水池	李盛林	四川文物	1期	1987

四、科技医卫

（一）科学技术

篇、书名	著(译)编者	出处	卷、期	年月日
历史上的四川科技人物介绍	刘德仁　沈庆生	社会科学研究	创刊号	1979
四川古代科技人物	刘德仁等	四川人民出版社		1980
巴蜀科技史研究	四川省文史馆	四川大学出版社		1995

续表一

篇、书名	著(译)编者	出处	卷、期	年月日
火井飞焰照天垂——巴蜀科技史略	查有梁 周遂志	四川人民出版社		2001
汉代画像反映的中国科技	高文	成都文物	2期	2002
光绪四年清廷对我州的一次科学调查	王茂良	甘孜州史志	2期	1990
中国西部科学院概况	中国西部科学院	编者刊		1933
中国西部科学院	李乐元	科学通报	4期	1950
卢作孚与西部科学院	陶志平	重庆晚报		1988.5.11
中国西部科学院	赵宇晓 陈益升	中国科技史料	2期	1991
卢作孚与"中国西部科学院"	朱珠	巴蜀史志	1期	1992
中国西部科学院理化研究所始末	张藜	中国科技史料	2期	1995
爱国实业家卢作孚与中国西部科学院	侯德础 赵国忠	四川师范大学学报（社科）	1期	2000
镌刻在档案中的中国西部科学院	唐润明	档案与史学	6期	2004
中国西部科学院创建的缘起与经过	潘洵	中国科技史杂志	1期	2005
合川县科学馆概况一览	合川县科学馆	编者刊		1935
四川省立教育科学馆五年概况	国立编译馆	编者刊		1944
抗战时期重庆科技发展述略	何一民	西南师范大学学报（人文）	1期	1993
抗战时期重庆的科学技术	程雨辰	重庆出版社		1995
近代留欧美学生与四川科学事业	何瑞明	巴蜀史志	2期	2003
四川省地方志天文史料汇编	四川省科学技术委员会、四川省哲学社会科学研究所	编者刊		1977
汉代四川天文学趣史	冯一下	历史知识	1期	1980
落下闳与太初历	陈世松	四川日报		1963.2.17
我国古代杰出的天文学家——落下闳	本所省志资料组鲁子健整理	资料	3期	1977
巴郡落下闳	鲁子健	历史知识	4期	1980
落下闳与黄门老工考	鲁子健	历史研究	5期	1980
世界杰出天文学家落下闳	查有梁	中华文化论坛	1期	2002
新都七星墩汉墓与汉代天文	张德全	四川文物	3期	1989
四川汉代天文坛——新都七星墩汉墓群	张德全	中国汉画学会第九届年会论文集（上）		2004

续表二

篇、书名	著(译)编者	出处	卷、期	年月日
苏州天文图	新城新藏	自然	3号	1936
苏州石刻天文图	席泽宗	文物参考资料	7期	1958
苏州南宋天文图碑的考释与批判	潘鼐	考古学报	1期	1976
苏州石刻天文图恒星位置的研究	杜升云	北京师范大学学报（自然）	2期	1982
再现的文明：石刻文献与宋代天文学——对南宋苏州石刻天文图科学史料价值的重新解读	韩毅	宋史研究论丛	6辑	2005
川北历史上的天文学家	潘永学	四川档案	5期	2005
凉山彝族的历法	王胜利 陈宗祥	凉山彝族奴隶制研究	2期	1978
凉山彝族太阳历考释	刘尧汉	彝族社会历史调查研究文集		1980
凉山彝族二十八宿初探	邓文宽 陈宗祥	凉山彝族奴隶制研究	2期	1979
论彝族太阳历	陈久金 刘尧汉	中央民族学院学报	3期	1982
彝族历法是阴历不是太阳历	罗家修	西南民族学院学报（哲社）	4期	1983
彝族天文学史	陈久金等	云南人民出版社		1984
再论彝族历法是阴历不是太阳历	罗家修	西南民族学院学报（哲社）	2期	1986
中国彝族十月太阳历学术讨论会论文集	云南彝学学会、红河州民族研究所	云南民族出版社		1995
浅谈彝族天文学与数学之间的联系	阿牛史日	凉山民族研究		1995
凉山彝族古军旗彝历考	罗家修	凉山大学学报	4期	2000
凉山彝族古代天象观测的研究	黄承宗	凉山大学学报	4期	2001
蜀汉铜弩机	沈仲常	文物	4期	1976
灌县发现汉代弩机	王迎生	东南文化	3期	1992
诸葛亮的军事发明	马金林	中国民兵	11期	1992
四川江油出土三件有铭铜弩机	黄石林	文物	6期	1994
三国铜弩机考释	曾昌林	四川文物	2期	1997
诸葛亮元戎连弩初考	杨德全	成都文物	4期	1998
弩机·抛石机·火铳	黄石林	四川文物	6期	2000
战国至三国时期的弩机	谢凌	四川文物	3期	2004
诸葛连弩及其再发明初论	罗开玉 李希勇	四川文物	5期	2004
诸葛亮创制"十发连弩"	木子	中国文物报		2004.3.20

续表三

篇、书名	著(译)编者	出处	卷、期	年月日
我国独轮车的创始时期应上推到西汉晚年	文仙洲	文物	6期	1964
木牛流马（中国古代之飞船）	赤霞	江宁实业杂志	1期	1910.8.24
木牛流马解	金易	"中央日报"		1959.1.27
"木牛流马"并非诸葛亮发明	舒国藩	文史杂志	2期	1991
诸葛亮制木牛流马处	陈显远	旅游天府	3期	1982
陈从周、陆敬严力排众议提观点：木牛流马是独特的独轮车、车形似牛似马，具有特殊性能	沈定	文汇报		1983.5.22
木牛流马制作地点考辨	谭良啸	地名知识	5期	1983
木牛流马考辨	谭良啸	社会科学	2期	1984
"木牛流马"对汉代鹿车的改进及其对犁制研究的一点启示	孙机	农业考古	1期	1986
木牛流马是什么样的运输工具	闻合竹	文史知识	4期	1986
木牛流马辨疑	陈从周 陆敬严	同济大学学报（自然科学）	3期	1988
木牛流马辨	杨宝胜	物理通报	5期	1988
"江州车"和"木牛流马"	周晓薇 王其柿	文史知识	5期	1989
孔明首先发明半自动式机器人——木牛流马	刘昭民	科学史通讯	11期	1993
"木牛流马"是世界最早的机器人	可人	农业机械化与电气化	1期	1994
木牛流马新探	马儒君	科技文萃	9期	1994
世界上最早的机器人——木牛流马	张毅真	北方园艺	2期	1995
"木牛流马"及其他	贾弘	发明与革新	5期	1996
何谓木牛、流马	王晓	中原文物	1期	1997
用系统思想分析研究"木牛流马"	邹庆云	系统工程理论与实践	10期	1997
剑关险阻驱流马	史简	乡镇企业科技	8期	1998
"流马"是船不是车	史继刚	文史杂志	1期	1999
王湔：再现"木牛流马"	张海峰	今日中国	2期	1999
揭开"木牛流马"之谜的人	黄林原	中国西部	3期	1999
破解木牛流马之谜的汉中农民	邵文海	农村天地	10期	2000
木牛流马情结	安立志	瞭望新闻周刊	48期	2000

续表四

篇、书名	著(译)编者	出处	卷、期	年月日
以汉字分析法探索木牛流马如何走栈道运粮	林维盛	机械技术史（2）——第二届中日机械技术史国际学术会议论文集		2000
木牛流马今再现		中国医药报		2000.6.13
汉中农民揭开木牛流马之谜	邵文海	中国包装报		2000.7.27
对"木牛流马"的探讨	李迪 冯立升	寻根	4期	2002
		机械技术史（3）——第三届中日机械技术史国际学术会议论文集		2002
从褒斜道路况探"流马"功能	刘洁	四川文物	4期	2003
试论诸葛亮的"木牛流马"	张应二 王惠英	中国矿业大学学报（社科）	4期	2004
木牛流马	宋明明	小朋友	6期	2004
新都发现汉末三国之际三轮马车——疑为诸葛亮"木牛流马"	张渝新	文物保护与修复纪实——第八届全国考古与文物保护（化学）学术会议论文集		2004
木牛流马之谜	茹洪江 黄跃	中国档案报		2005.6.24
独轮车漫谈	湛友芳	四川文物	5期	1994
制造发明家何稠	刘诚	历史知识	3期	1980
初探苏东坡对科学的贡献	刘德仁	西南民族学院学报（哲社）	2期	1980
苏东坡对科学的贡献初探	季元龙等	四川师院学报（自然）	1期	1981
苏轼与科技	郭嫒	文史知识	2期	1987
苏轼科技活动简介	庆振轩 车安宁	甘肃社会科学	2期	1993
宋代四川地区科技文化发展述论	胡昭曦	王宽诚教育基金会学术讲座汇编	2集	1990
成都最早的记时钟——铜壶	盛昌	成都日报		1978.7.22
清代四川算学者著述记	严郭杰	图书季刊	新3卷 3、4期	1941
蜀贤算学论	严郭杰	图书季刊	新4卷 3、4期	1943
蜀贤算学著述记	严郭杰	图书季刊	新4卷 3、4期	1943
巴蜀古代数学源流	蒋术亮 向忠叔	大自然探索	2期	1987

续表五

篇、书名	著(译)编者	出处	卷、期	年月日
四元开方释要	郑之蕃	清华学报	2期	1924
海伦-秦九韶公式	燕霞	数学通报	3期	1955
秦九韶三斜求积公式的一个应用	沐定夷	数学通报	9期	1955
"海伦公式"的历史	李迪	数学通报	7期	1962
秦九韶雨深云厚例解的讨论	程廷熙	数学通报	1期	1963
秦九韶"三斜求积"公式的来历	古人元	中学数学	2期	1981
秦九韶三斜求积公式及其应用	薛飞 黄万尧	中学数学	2期	1981
关于大衍求一术的一个解释	唐太明	新疆师范大学学报（自然）	1、2期	1982
中国剩余定理和大衍求一术	钱克仁	中学数学教学	4期	1983
秦九韶三斜求积公式和海伦公式	蒯超英	中学数学	6期	1983
大衍求一术的特征及其程序化	段邦宁	世界科学	12期	1985
"大衍求一术"探秘	李子愚	怀化师专学报（自然）	1、2期	1986
《数书九章》大衍类算题中的数论命题	沈康身	杭州大学学报（自然）	4期	1986
《数书九章》中的几何问题	鲁又文	数学通报	6期	1986
《数书九章》"计浚河渠"题分析	白尚恕	数学通报	6期	1986
秦九韶"三斜求积"造术之探讨	程金华	湖北师范学院学报（自然）	1	1987
孙子定理和大衍求一术	万哲先	数学通报	1期	1987
秦九韶"以拟于用"的学术思想试析	骆祖英	浙江师范学院学报（自然）	2期	1987
秦九韶是如何得出求定数方法的	梅荣照	自然科学史研究	4期	1987
秦九韶求"定数"方法的成就和缺陷	王渝生	自然科学史研究	4期	1987
秦九韶、时日醇、黄宗宪的求定数方法	王翼勋	自然科学史研究	4期	1987
论秦九韶的"缀术推星"	查有梁	大自然探索	4期	1987
论述中国剩余定理的形成及其影响	潘天骥	九江师专学报	5期	1987
中国南宋大数学家秦九韶——纪念《数书九章》成书740周年	解延年	数学通报	8期	1987
用BASIC程序实现求高次方程实根的斯特姆秦九韶方法	陈维海 杜征	数学通报	1期	1988
秦九韶评传	张秀琴	山西大学学报（自然）	2期	1988
秦九韶与Avicenna之比较	劳汉生	陕西师大学报（自然）	2期	1988

续表六

篇、书名	著(译)编者	出处	卷、期	年月日
大衍术——《数书九章》中的一次同余式理论	孔国平	北京师范学院学报（自然）	2期	1988
"大衍数"和"大衍术"	董光璧	自然辩证法研究	3期	1988
秦九韶求定数法探讨	李兆华	陕西师大学报（自然）	3期	1988
秦九韶大衍术求定数方法新释	梁衍章	哈尔滨师范大学自然科学学报	4期	1988
秦九韶籍贯考	邵启昌	西南师范大学学报（自然）	4期	1988
关于秦九韶生平及其成就	莫绍揆	自然杂志	1期	1989
秦九韶对数学的杰出贡献	沈康身	自然杂志	1期	1989
秦九韶和他的《数书九章》	杨烈光	文史杂志	3期	1989
秦九韶对于方程术的贡献——纪念《数书九章》成书740周年	胡炳生	安徽师大学报（自然）	3期	1989
从"大衍术"到"大衍求一术"	王翼勋	苏州大学学报（自然）	1期	1990
利用秦九韶程序分析系统的相对稳定性	黄家兴	计算技术与自动化	4期	1990
秦九韶-海伦公式的两种新证	应长兴 杨学枝	中学数学	6期	1990
海伦-秦九韶公式与一类几何不等式	宿晓阳	数学教学通讯	4期	1991
秦九韶大衍术与高斯《算术探讨》	沈康身	数学研究与评论	2期	1992
宋代杰出的建筑工程学者秦九韶	傅钟鹏	建筑工人	2期	1992
酸效应系数和络合效应系数的计算——"秦九韶法"的计算程序	许声敏	韩山师专学报	3期	1992
《数书九章》与中国剩余定理		中学教研	5期	1992
中国的海伦公式	张启华	数学教学通讯	5期	1992
海伦公式的多种推导	邬月娥	中学教研	6期	1992
数书九章新释	秦九韶原著、王守义遗著	安徽科学技术出版社		1992
古典经济管理数学的一座世界高峰——秦九韶《数书九章》新探之一	许康	湖南大学学报（社科）	1期	1993
三斜求积公式的四种证法	张在明	六盘水师范高等专科学校学报	4期	1993
南宋秦九韶的抽样检验法	木柱	统计研究	5期	1993
用秦九韶算法实现双线性变换	李正英	计算技术与自动化	1期	1994

续表七

篇、书名	著(译)编者	出处	卷、期	年月日
中国的"大衍求一术"与古代印度不定分析理论比较研究	孙 康	辽宁师范大学学报（自然）	1期	1995
关于秦九韶-海伦公式的证明	孙梅魁	德州师专学报	2期	1995
大衍求一术珠算三法	倪青龙	黑龙江珠算	2期	1995
秦九韶的治学及其思想	徐品方	中学数学教学参考	1、2期	1996
《数书九章》与农学	曾雄生	自然科学史研究	3期	1996
秦九韶与"三斜求积"	是伯元	郧阳师范高等专科学校学报	4期	1996
秦九韶及其数学成就	刘复生	社会科学研究	4期	1996
秦九韶的求三角形面积公式	谈祥柏	时代数学学习（七年级）	11期	1996
三斜求积公式		中学数学	12期	1996
对大衍术化约方法同解性的证明	杨春宏 石素霞	河北师范大学学报（自然）	增刊	1996
秦九韶演纪积年法初探	王翼勋	自然科学史研究	1期	1997
从"物不知数"到"大衍求一术"——中国剩余定理诞生记	龙发山	中学数学教学参考	1、2期	1997
《数书九章》大衍类算题的若干注记	汪晓勤	浙江师大学报（自然）	2期	1997
关于"大衍术"源流的算例分析	王荣彬 徐泽林	自然科学史研究	1期	1998
《数书九章》中国之光	邵启昌	成都教育学院学报	2期	1999
大衍求一术在西方的历程	汪晓勤	自然科学史研究	3期	1999
正确全面地理解大衍总数术	莫绍揆	自然科学史研究	4期	1999
大衍术中求定数算法的现代计算机程序设计	傅海伦	山东师大学报（自然）	1期	2000
《数书九章》中的测量问题	韩祥临	湖州师范学院学报	3期	2000
《数书九章》"表望浮图"题与湖州多宝塔	韩祥临	中国科技史料	3期	2000
秦九韶算法在CACSD中的应用	李云峰	计算技术与自动化	4期	2000
秦九韶和"三斜求积"公式	马 明	初中生数学学习	10期	2000
伟大的数学家秦九韶	王中杰	四川安岳秦九韶纪念馆		2000
广义秦九韶法和仿秦九韶法	王 勇 熊 华	四川师范学院学报（自然）	1期	2001
秦九韶法与黄金分割律	《规划论》课题组	达县师范高等专科学校学报	2期	2001
试析秦九韶一家寓居湖州的原因	韩祥临	湖州师范学院学报	2期	2001

续表八

篇、书名	著(译)编者	出处	卷、期	年月日
一个数学问题的解决 造就三个伟大的数学家	晏能中	达县师范高等专科学校学报	4期	2001
四边形海伦－秦九韶面积公式的一个推广	刘烈华	中学数学教学	5期	2001
秦九韶	李敬	文史知识	7期	2001
也谈秦九韶公式的推导	费振鹏	时代数学学习（七年级）	18期	2001
《数书九章》中的管理学思想和管理模型探讨	但汉清 肖丽萍	决策科学理论与方法——中国系统工程学会决策科学专业委员会第四届学术年会论文集		2001
试论秦九韶与湖州的关系	韩祥临	中国科技史料	1期	2002
漫谈"大衍求一术"	薛志成	红领巾（高年级）	11期	2002
秦九韶和三斜求积术	张俊忠	中学数学杂志	12期	2002
秦九韶数学思想方法	查有梁	自然辩证法研究	1期	2003
从海伦公式谈起	吴振奎	中等数学	3期	2003
大衍术算法的推进和简化研究	刘芹英	河南科学	6期	2003
杰出数学家秦九韶	查有梁等	科学出版社		2003
"大衍求一术"与"一次不定方程"	丛山	淮南职业技术学院学报	1期	2004
秦九韶《数书九章序》注释	郭书春	湖州师范学院学报	1期	2004
秦九韶的数学道路	汤彬如	南昌教育学院学报	2期	2004
秦九韶与财税	阳登华	巴蜀史志	5期	2004
试论秦九韶《数书九章》的数学教育价值	汤慧龙	绍兴文理学院学报	9期	2004
秦九韶与《数书九章》	段记超 延洪彩	数理天地（初中版）	10期	2004
秦九韶和划时代巨著《数书九章》	黄伟亮	高中数学教与学	11期	2004
海伦和秦九韶	俞求是	初中生之友	18期	2004
《数书九章·序》今译	查有梁	中华文化论坛	1期	2005
论秦九韶的数学创新思维模式	刘邦凡	浙江万里学院学报	2期	2005
秦九韶《数书九章》在朝鲜半岛的流传与影响	郭世荣	内蒙古师范大学学报（自然）	3期	2005
秦九韶与"中国剩余定理"		小学教学设计	17期	2005
彝族数学初探	吴双等	西南民族学院学报（哲社）·中华彝学		1996
彝族毕摩插枝仪式中数学知识的应用	阿牛木支	西昌学院学报（自然）	4期	2005

（二）医药卫生

篇、书名	著（译）编者	出处	卷、期	年月日
两汉至宋元蜀医对医学发展的贡献	孔祥序	成都中医学院学报	3 期	1991
巴蜀道家养生史略	旷文楠	成都体育学院学报	2 期	1992
采药师——山图		西南民族学院学报（哲社）	3 期	1983
炼丹士——赤斧		西南民族学院学报（哲社）	3 期	1983
蜀医史话	王明杰 刘孝培	泸州医学院学报	4 期	1987
历代名医传选注（郭玉传）	苟香涛	云南中医学院学报	4 期	1979
历代蜀医考（一）——涪翁及其弟子程高、郭玉	辛 夫	成都中医药大学学报	1 期	1980
四川医林人物	陈先赋 林森荣	四川人民出版社		1981
绵州涪翁诗碑注释	谢克庆 和中浚	成都中医药大学学报	3 期	1995
东汉医家郭玉	周一谋	中国临床医生	3 期	1983
郭玉传（译注）	邹 刚	辽宁中医杂志	10 期	1986
中国古代名医和皇帝对话	傅维康	中医药文化	3 期	2001
西汉人体经脉漆雕考——兼谈经脉学起源的相关问题	何志国	故宫文物月刊	150 期	1995
双包山汉墓出土的针灸经脉漆木人形	马继兴	文物	4 期	1996
人体经脉漆雕年代及相关问题考察	何志国等	四川文物	1 期	1997
绵阳双包山汉墓出土的经脉漆木人形浅议	刘澄中	故宫文物月刊	183 期	1998
西汉人体经脉漆雕再考	何志国	四川文物	6 期	2000
孙思邈入川考	张厚墉	陕西中医学院学报	5 卷 3 期	1982
介绍我国现存最早的一部产科专书——经效产宝	式 平	中级医刊	5 月号	1956
最早的一部妇产科学专著——经效产宝	江静波	浙江中医	1 月号	1959
昝殷与《产宝》	辛 夫	成都日报		1979.6.23
昝殷与《经效产宝》	毛光骅	中医药学报	3 期	1991
五代时期的本草著作及其特点	尚志钧	安徽中医学院学报	4 期	1989
李珣及其"海药本草"的研究	范行准	广东中医	3 卷 7、8 期	1958

续表一

篇、书名	著(译)编者	出处	卷、期	年月日
一位研究中药的波斯人——关于《海药本草》的作者	谭子经	羊城晚报		1964.9.10
系出波斯之李珣及其海药本草	罗香林	香港大学五十周年纪念论文集	2 集	1966
李珣《海药本草》拾遗（一）	王旨富	成都中医药大学学报	4 期	1981
李珣《海药本草》拾遗（二）第一部 玉石十一种	王旨富	成都中医药大学学报	2 期	1983
海药本草 第二卷 草部四十种	王旨富	成都中医药大学学报	3 期	1983
李珣及其《海药本草》小考	尚志钧	江苏中医药	5 期	1982
海药本草	李 珣 马福月	文献	3 期	1983
《海药本草》成书年代及作者之疑	樊 一	中医杂志	9 期	1983
《海药本草》与《南海药谱》之异同	樊 一	新中医	3 期	1985
唐代海外药物的传入与李珣《海药本草》	王 棣	成都大学学报（社科）	4 期	1991
中国回族医药文化探讨（二）	张俊智 陈卫川	中国民族民间医药杂志	3 期	1994
海药本草（辑校本）	李珣著, 尚志钧辑校	人民卫生出版社		1997
李珣与《海药本草》	汪 悦	南京中医药大学学报（社科）	1 期	2001
《海药本草》中所载西域药物初探	王兴伊 史 红	中国民族民间医药杂志	1 期	2003
《十八反》出自《蜀本草》	吴东山	中医药文化	4 期	1991
《嘉祐本草》增引的"唐本"考察	虞 舜	中华医史杂志	1 期	2004
现存《蜀本草》中《新修本草》佚文考	虞 舜	南京中医药大学学报（社科）	3 期	2004
彰明附子记作者杨天惠考	冯汉镛	中医杂志	7 月号	1958
中国第一部助产学——十产论	高德明	广东中医	11 期	1958
杨康候《十产证论》与手法助产	曾文斌	按摩与导引	3 期	2002
唐慎微の经史证类备急本草の系统とその版本	渡辺幸三	東方学報（京都大学）	21 册	1952
证类本草和本草衍义的几个问题	王筠默	中华医史	4 期	1954
关于证类本草的一些问题的商榷	马继兴	中华医史	3 期	1955
明刊证类本草的版本及其有关问题补记	王筠默	江西中医药	7 期	1955

续表二

篇、书名	著（译）编者	出处	卷、期	年月日
唐慎微及其著作"证类本草"	赵燏黄	中药通报	2期	1958
从证类本草看宋代药物产地的分布	王筠默	医学史与保健组织	2期	1958
从《证类本草》所引资料看陶弘景的本草学贡献	尚志钧	医药通报	6期	1963
读证类本草须知	渡辺幸三	池坊学园短期大学纪要	1期	1965
四川名医唐慎微	辛夫	成都日报		1979.6.7
历代蜀医考（二）——唐慎微与《证类本草》	辛夫 林森荣	成都中医学院学报	2期	1980
诸家辑本《神农本草经》皆出于《证类本草》白字	尚志钧	江苏中医杂志	2期	1982
《证类本草》白字《本草经》文原出于陶弘景之手	尚志钧	安徽中医学院学报	4期	1983
唐慎微与《证类本草》	周一谋	中药材科技	6期	1984
《证类本草》《药性赋》《本草备要》《本草从新》介绍	林乾良	中医杂志	10期	1984
《证类本草》白字考异	尚志钧	安徽中医学院学报	1期	1986
简论《经史证类备急本草》的文献学价值	王大妹	南京中医学院学报	1期	1986
《重修政和经史证类备用本草》也要校点	尚志钧	安徽中医学院学报	2期	1986
唐慎微	长青	山西中医	5期	1987
《证类本草》阅读方法	房景奎	中医函授通讯	3期	1990
旁引经史证本草的先驱（唐慎微）	郭秀梅 崔仲平	吉林中医药	4期	1991
《证类本草》中黑字别录药来源的讨论	尚志钧	中医药学报	5期	1992
《神农本草经》到《证类本草》的递嬗关系	刘大培	皖南医学院学报	4期	1993
《证类本草》陶序和《名医别录》历史关系之辨析	尚志钧	中华医史杂志	1期	1994
重视《证类本草》的研究	赵文业	中医文献杂志	2期	1996
《证类本草》引《抱朴子》文字汇考	王家葵	宗教学研究	2期	1998
吴普所引神农药性与《证类》"本经药"所引神农药性同异考	尚志钧	中华医史杂志	3期	1998
《证类本草》"墨盖"下引"唐本""唐本注"讨论	尚志钧	中华医史杂志	2期	2002

续表三

篇、书名	著(译)编者	出处	卷、期	年月日
历代蜀医考（四）——韩懋与《韩氏医通》	辛 夫	成都中医学院学报	4期	1980
读《韩氏医通》记	杨莹洁	四川中医	3期	1983
《诸病源候论》《韩氏医通》《医贯》《医醇賸义》介绍	丁光迪	中医杂志	7期	1984
《韩氏医通》学术思想初探	李佛基	成都中医学院学报	3期	1988
三子养亲汤药理研究简报	郑作文 赵 一	广西中医药	3期	1988
三子养亲汤药理实验研究	刘继林等	四川中医	11期	1989
略论韩懋在诊断学上的成就	尹国有	四川中医	11期	1990
三子养亲汤的药理研究	郑作文等	中药药理与临床	3期	1992
《韩氏医通》养治法索要	徐光星	浙江中医学院学报	1期	1995
三子养亲汤的研究进展	潘洪平	中成药	10期	1995
三子养亲汤的研究进展	潘洪平 潘毓宁	中成药	12期	1996
韩懋食疗药膳方法初探	曹 彦	药膳食疗研究	1期	1998
漫谈三子养亲汤	哈小博 肖 娴	开卷有益（求医问药）	1期	2000
三子养亲汤及其味药脂肪酸成分的分析	赵红等	大连大学学报	6期	2001
三子养亲汤镇咳、祛痰、平喘作用的药理研究	梁文波等	中药药理与临床	2期	2003
三子养亲汤的化学成分研究	赵红等	中医药学报	2期	2003
三子养亲汤提取溶媒的筛选和药效学试验研究	张新勇等	江苏药学与临床研究	5期	2003
三子养亲汤中"三子"的鉴别要点	赵 红 杨 骥	实用中医药杂志	5期	2003
试述三子养亲汤的构理与运用	熊成熙 郑德明	安徽中医临床杂志	6期	2003
《韩氏医通》学术特点浅析	马佐英 何 山	江西中医学院学报	4期	2004
历代蜀医考（五）——杨慎及其医学著述	辛 夫	成都中医学院学报	1期	1981
杨升庵《男女脉位图说》与医学轶事	毛志品	中国民族民间医药杂志	4期	1996
晚清四川普及类医著的产生和影响	和中浚	中华医史杂志	1期	1994

续表四

篇、书名	著(译)编者	出处	卷、期	年月日
历代蜀医考（三）——成都女医家曾懿传略	辛夫	成都中医学院学报	3期	1980
清代女中医曾懿及其《医学篇》简介	屠揆先	中医杂志	4期	1981
成都女医家曾懿	陈先赋	成都日报		1981.3.5
曾懿女医晚年医学轶事	胡翘武 胡国俊	四川中医	10期	1985
人寸诊补证	廖平	存古书局		1914
内经平脉考	廖平	存古书局		1915
难经经释补正	徐大椿释，廖平补正	存古书局		1915
难经经释补正	徐大椿释，廖平补正	中国书店		1985
伤寒杂病论古本	廖平	存古书局		1919
诊络篇补证	杨上善撰，廖平补正	千顷堂书局		1923
巢氏宣导法	廖平	上海大东书局		1936
廖季平先生医学行状述评	廖果	山东医科大学学报（社科）	4期	1989
晚清四川普及类医著的产生和影响	和中浚	中华医史杂志	1期	1994
廖平对《伤寒论》唐古本的文献研究	王使臻 李洪雷	中华医学实践杂志	9期	2003
涪陵古本《伤寒杂病论》概述	魏雪舫	国医论坛	6期	2004
成都名医外传（一）——陈景和	刘静庵 董永华	成都中医学院学报	1期	1981
成都名医外传（二）——范静涛	刘静庵	成都中医学院学报	3期	1981
成都名医外传——杨时清	刘静庵	成都中医学院学报	1期	1982
沈绍九医话	沈绍九	人民卫生出版社		1975
读《沈绍九医话》后研讨	沈仲圭	成都中医学院学报	1期	1980
成都名医外传——沈绍九	刘静庵	成都中医学院学报	2期	1982
对《成都名医外传——沈绍九》一文的意见	廖宾甫 杨莹洁	成都中医药大学学报	2期	1983
医林圣手卢火神	崔柳 伯为	成都风物	4辑	1982
已故名医郑仲宾治疗暴崩验案	郑惠伯 郑家本	四川中医	1期	1990
夔门名医郑仲宾生平事略	郑邦本	成都中医学院学报	4期	1992
医艺相通，贵在精勤——《德艺千秋》（罗文谟的艺术生涯）读后感	谢海洲	实用中医药杂志	1期	2001

续表五

篇、书名	著（译）编者	出处	卷、期	年月日
绵阳市现代名医录	李孔定	绵阳市卫生局、绵阳市中医协会		1987
遂宁名医荟萃（一）	蒲庆祥 邵章祥	遂宁市卫生局、遂宁市中医学会		1987
川东通行的医事歌谣	李璞	歌谣周刊	77号	1925
Medicinal Plants of Chengtu Herb-shops	胡秀英	Journal of the West China Border Research Society	Vol. 15B	1945
忆1945年成都霍乱流行	卫志	成都晚报		1964.9.3
西医传入重庆史话	李君仁	重庆地方志	5、6期	1995
仁济医院史料选	谢守平	重庆市档案馆		1986
南充地区人民医院志（1937-1986）	南充地区人民医院志编辑领导小组	编者刊		1987
四川省南充市中心医院志（建院六十年纪）	四川省南充市中心医院志编辑领导小组	编者刊		1996
江津县人民医院志（1939-1987）	重庆市江津县人民医院	编者刊		1990
成都市妇产科医院院志（1938-1998）	陶世英等	成都市妇产科医院		1998
成都市第二人民医院院志（1892-2002）	成都市第二人民医院院志编写组	成都市第二人民医院院志编纂办公室		2002
绵阳市中心医院志（1939-2000）	绵阳市中心医院	编者刊		2000
西南制药三厂厂志（建国前-1987）	西南制药三厂	编者刊		1988
川陕苏区医疗卫生工作探析	张玲 胡澜	达县师范高等专科学校学报	3期	2005
试论民国时期卢作孚在北碚的卫生建设对"乡村现代化"的意义	龙海	重庆社会科学	9期	2005
四川中药概况	凌一揆	成都中医学院学报	3期	1982
巴蜀中医文论	安浚	科学技术文献出版社		1991
四川中医药史话	赵立勋	电子科技大学出版社		1993
土家族医药史探讨	彭延辉等	中国民族民间医药杂志	2期	1994
川东石柱土家族民间急救医药简释	陶昔安	中国民族民间医药杂志	4期	1994
土家族医药概述	田华咏	中国民族医药杂志	1期	1996
土家族医药史考	罗文华	中国民族民间医药杂志	2期	1998

续表六

篇、书名	著(译)编者	出处	卷、期	年月日
晚清土家族名医程其芝与《云水游集》	张宗端	中医文献杂志	1期	2000
土家族医药研究回顾	田华咏	中国民族医药杂志	3期	2001
略论土家族医药文化圈中南北流派的学术特点	田华咏	中国民族民间医药杂志	2期	2005
明代以前土家族医药8种治疗方法	杨德胜	中国民族医药杂志	4期	2005
重庆市土家族、苗族医药概况	瞿显友等	中国民族民间医药杂志	5期	2004
川黔滇邻区苗族医药文化探析	马太江	西南民族大学学报（人文）	11期	2004
论三峡民族医药文化的形成及学术特点	田华咏 滕建卓	中国民族医药杂志	4期	2004
略论三峡民族医药发展史	田华咏 滕建卓	第四届全国民族医药学术交流暨《中国民族医药杂志》创刊10周年庆典大会论文集		2005
羌族医药的特点	黄仁琼	中药材	8期	1990
羌药资源及其分布规律的研究	秦松云等	自然资源学报	1期	1996
羌族民间医药的调查研究	秦松云等	中国中药杂志	8期	1996
羌族医药的历史及现状简介	包希福	全国首届侗医药学术研讨会论文专辑		2004
Tibetan Medicine	W. R. Morse	Journal of the West China Border Research Society	Vol. 3	1926–1929
西康之医药	汪衮风	蒙藏周报	68期	1931
康人的健康与卫生	兰希夷	康导月刊	4卷	1942
一种边区病——瘴子	杜顺德	康导月刊	5卷 11、12期	1944
甘孜地区藏药成方选介	赵佐成	中医杂志	10期	1981
贡嘎山地区名贵中草药	宋明琨	中草药	8期	1985
振兴藏医药发展民族卫生事业——从甘孜、阿坝两州藏医药的历史和现状浅论对藏医药管理工作的对策	罗珍淮	中国卫生事业管理	1期	1987
米庞嘉措及其《人体所需八方》	李鼎兰	内蒙古中医药	4期	1989
古老藏医绽开新花——阿坝州藏医药简史	袁家驹 朱勇	民族	11期	1993
四川藏区藏医药史话	张兴乾 张辉煊	四川藏学研究	1辑	1993
再探古藏本草——《索玛能扎》	张兴乾 张辉煊	四川藏学研究	2辑	1994

续表七

篇、书名	著(译)编者	出处	卷、期	年月日
嘉绒藏区金川藏医伤科探要	杨德贵 张靖康	中国中医骨伤科	3期	1997
略谈藏医学在安多地区的兴起和发展	供确仁青（牡丹）	四川藏学研究	8辑	2004
巫医在倮人中的地位	鲁儒林	新宁远	1卷 6、7期	1941
凉山彝族民间医药浅谈	肖崇素	凉山彝族奴隶制研究	1期	1977
彝族医药史	李耕冬 贺廷超	四川民族出版社		1990
彝医植物药	李耕冬 贺廷超	四川民族出版社		1990
彝医植物药（续集）	李耕冬 贺廷超	四川民族出版社		1992
彝族医药简介	关祥祖	云南中医学院学报	1期	1991
彝族医药	阿子阿越	中国医药科技出版社		1993
彝族医药学概论	关祥祖	中国民族民间医药杂志	1期	1994
简论彝族医药	方文才等	西南国防医药	4期	1994
古代彝医史料琐谈	阿子阿越	中华医史杂志	4期	1994
中国彝医	刘宪英 祁涛	科学出版社		1994
四川凉山彝族医药研究	邹居易 吉伍吕哈	中国民族医药学会首届研讨会论文汇编		1996
彝族医药简史	罗清国	中国民族医药杂志	增刊	1997
彝族医药：彝家瑰宝		民族团结	12期	1998
略论彝族医药古籍中的传统文化意蕴	陈春燕 王敏	楚雄师专学报	1期	2000
彝族医药古籍文献综述	王敏	彝族古文献与传统医药开发国际学术研讨会论文集		2002
古彝文医药典籍论述	朱崇先	彝族古文献与传统医药开发国际学术研讨会论文集		2002
彝文古籍中记载的彝族医药	张仲仁	彝族古文献与传统医药开发国际学术研讨会论文集		2002
试论中国彝族医药的源流	王敏	彝族古文献与传统医药开发国际学术研讨会论文集		2002
彝族医药学源流综述	饶文举	彝族古文献与传统医药开发国际学术研讨会论文集		2002

续表八

篇、书名	著（译）编者	出处	卷、期	年月日
古代彝医动物药史略	余惠祥	彝族古文献与传统医药开发国际学术研讨会论文集		2002
试论彝族社会"巫""医"之分离	李东舰	彝族古文献与传统医药开发国际学术研讨会论文集		2002
四川德昌金沙傈僳族医药卫生史略	郭成圩等	华西医科大学医学史教学组		1985
纳日人的民间疗法	李达珠 辜甲林	中国民族民间医药杂志	5期	1995
摩梭人的民间疗法	喇优抓 邓磊	中国民族民间医药杂志	6期	1996
泸沽湖摩梭人的民俗与医学	李茂琼	中国民族民间医药杂志	4期	1997